JN118230

比較アジア経済論を求めて

原 洋之介

書籍工房早山

第５－１図　インドネシアの産業別労働生産性の推移

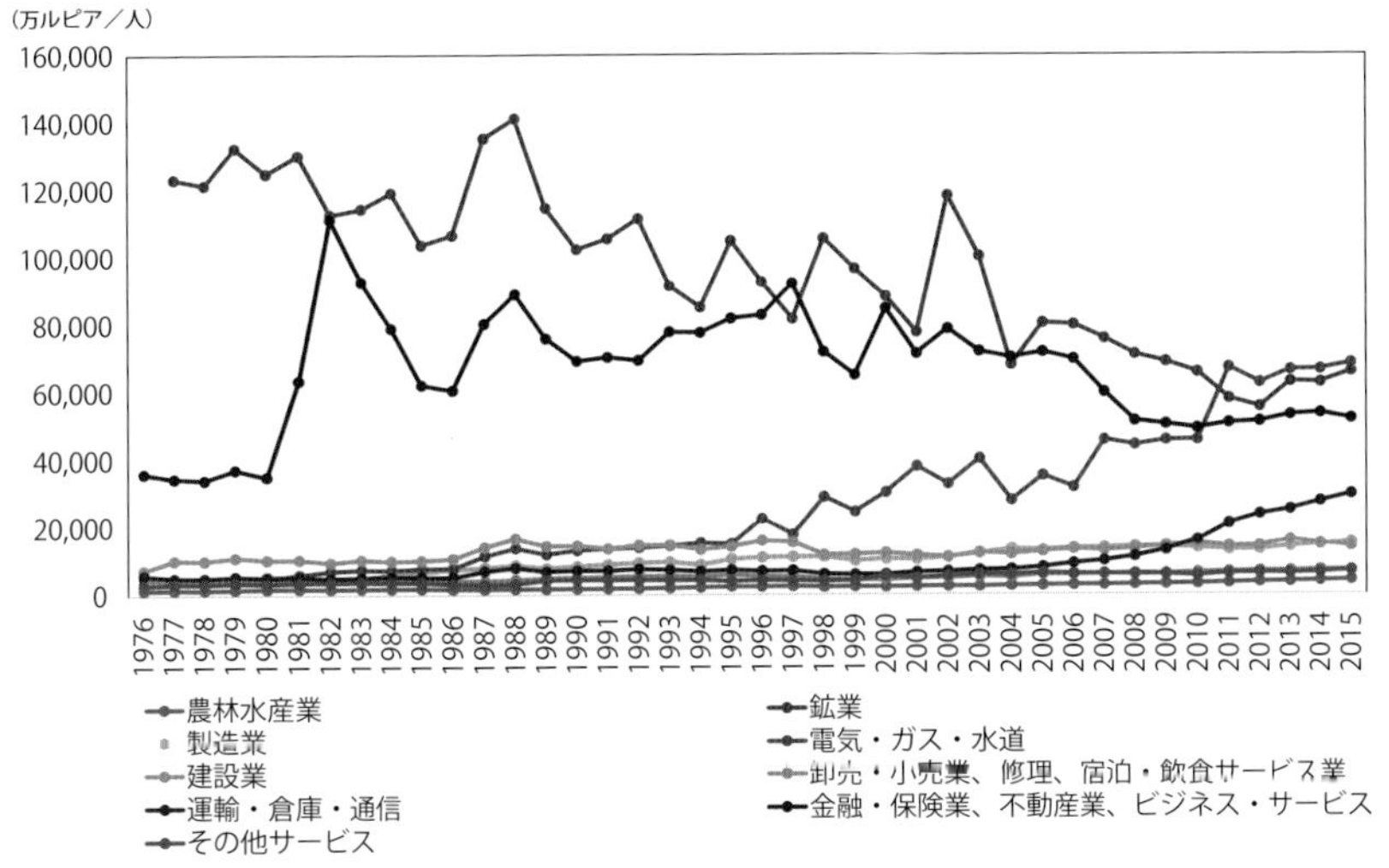

資料）"APO Productivity Database 2017"(APO) から作成。

第５－５図　タイの産業別労働生産性の推移

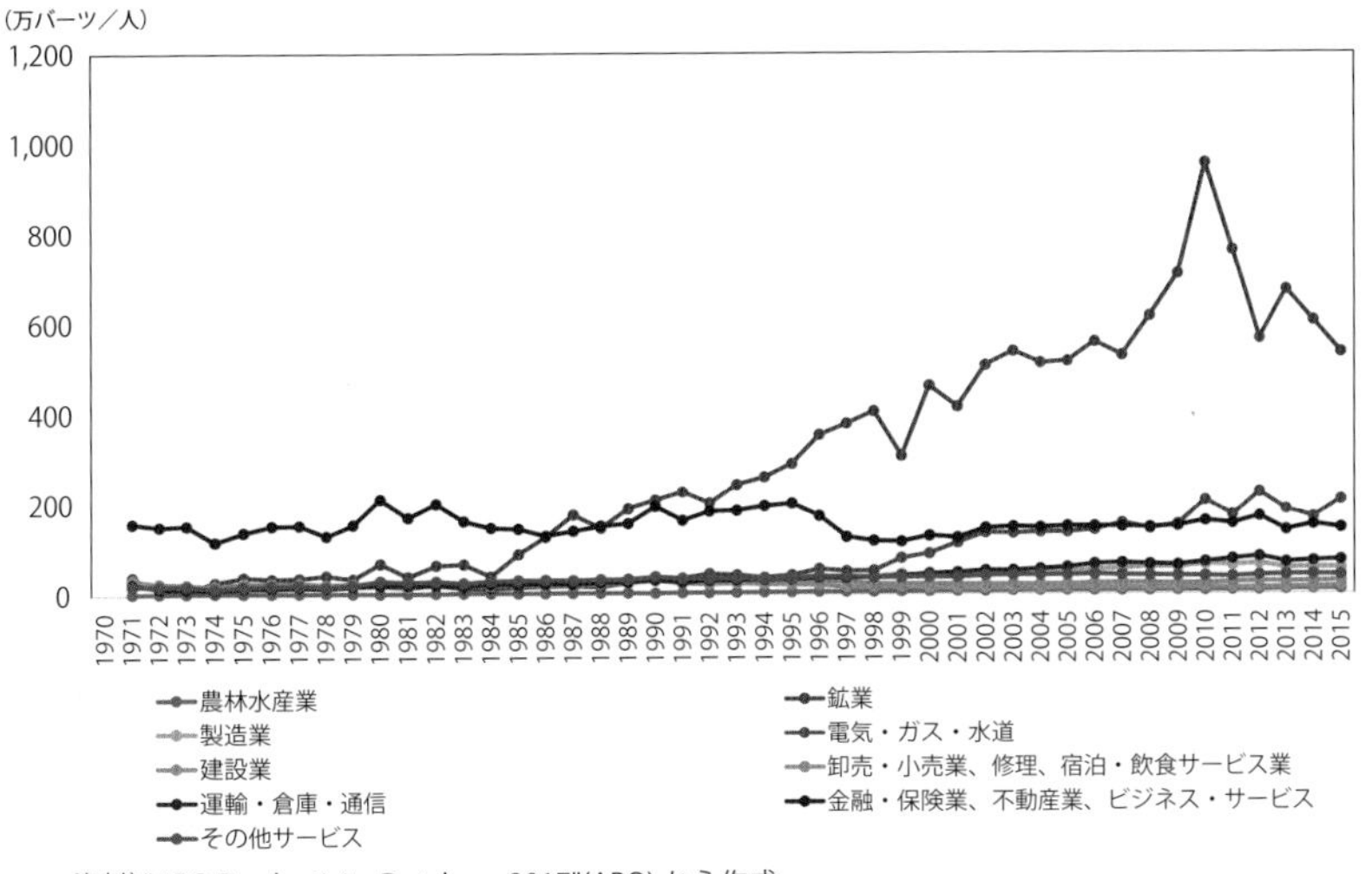

資料）"APO Productivity Database 2017"(APO) から作成。

第７－７図　中国の産業別労働生産性の推移

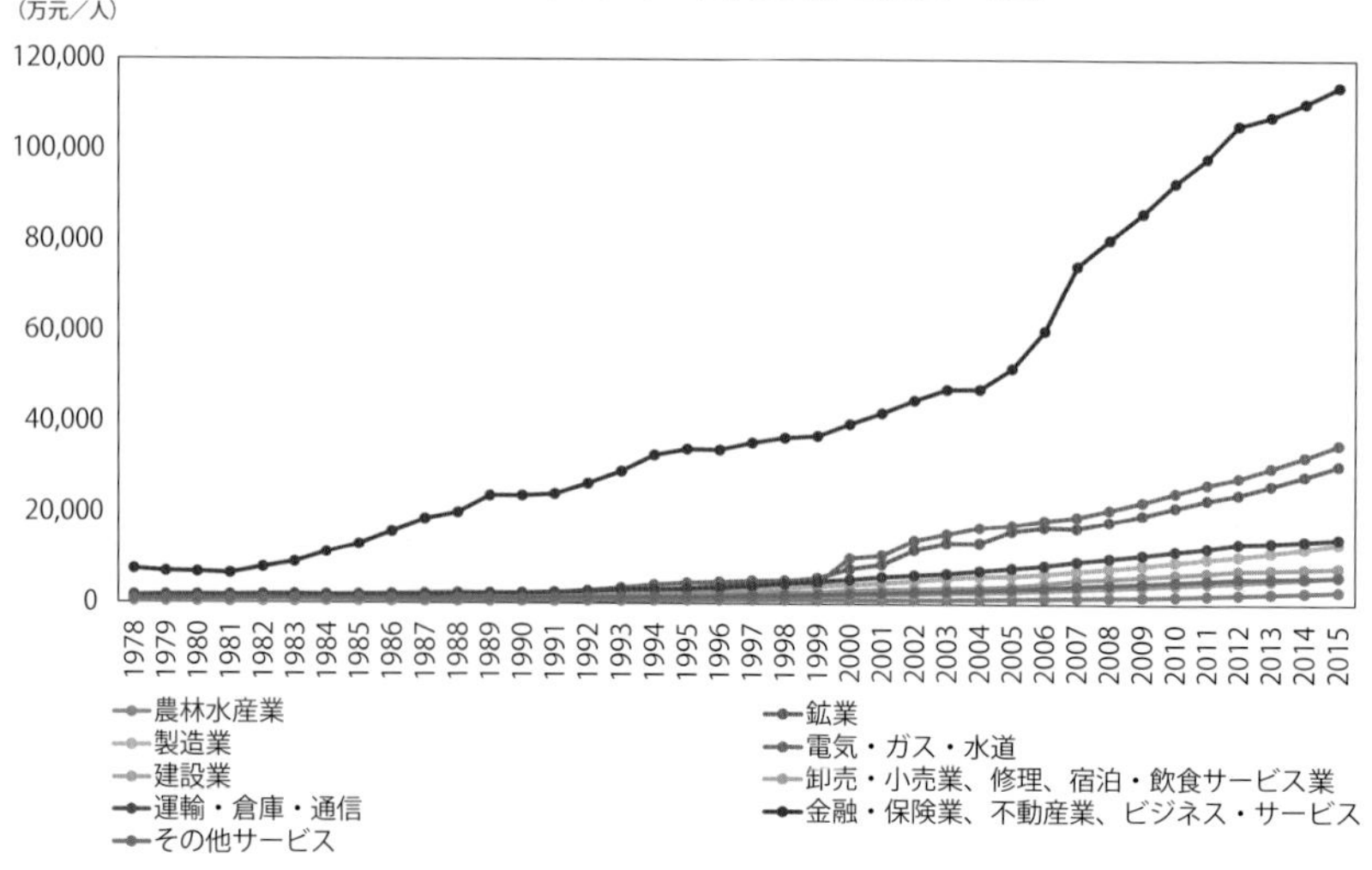

資料）"APO Productivity Database 2017"(APO) から作成。

第７－８図　インドの産業別労働生産性の推移

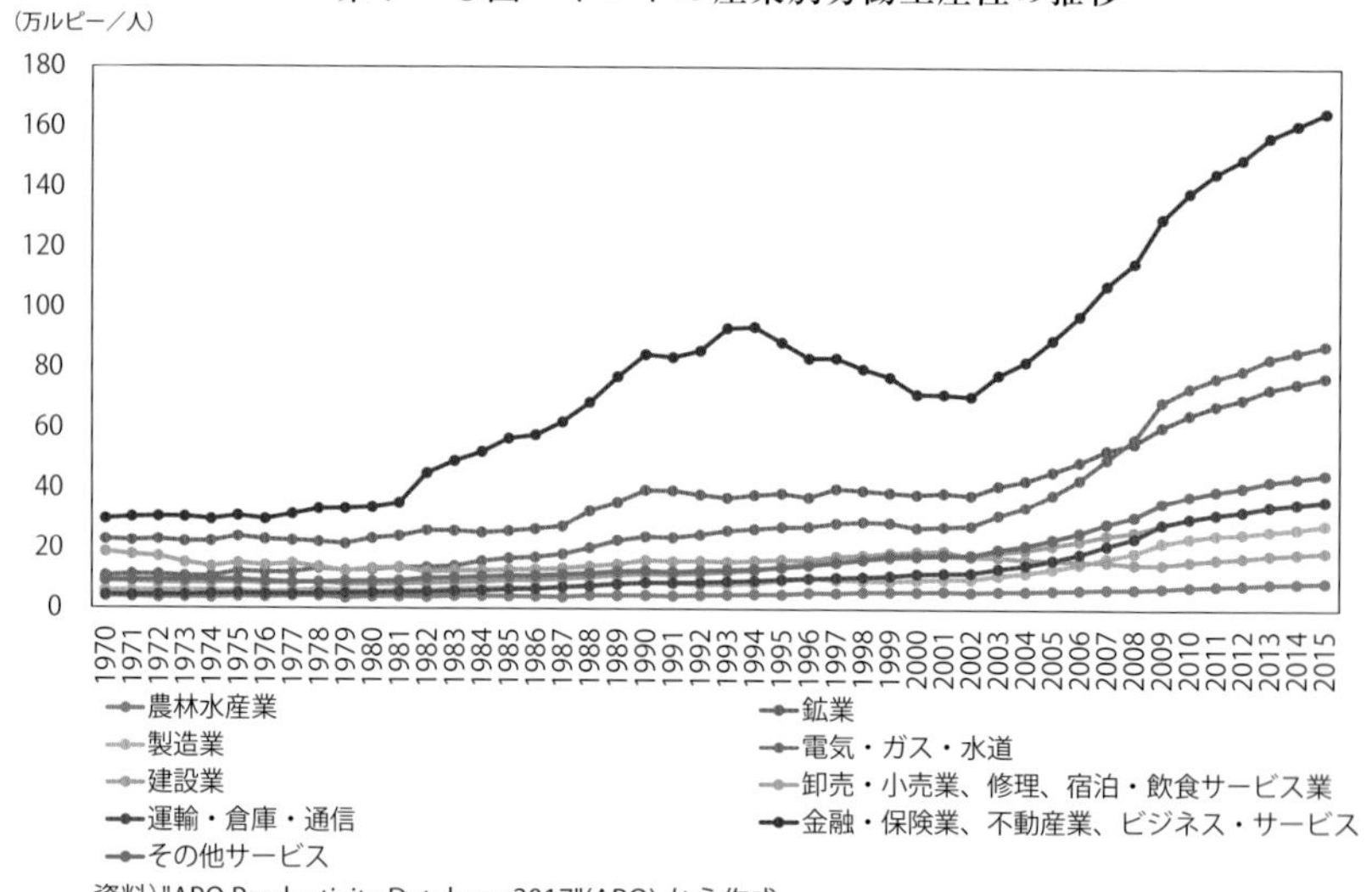

資料）"APO Productivity Database 2017"(APO) から作成。

比較アジア経済論を求めて

はじめに

原洋之介が亡くなり一年近く経とうとしている。

それは突然の出来事であって、原を知るものにとって、あの豪快な笑い声、優しさに満ちた他者への眼差しに触れる機会をもうもちえず、また、生前に受けた恩や薫陶への感謝を伝えることも出来ず仕舞いの別れとなった。

本書は、原が政策研究大学院大学にて記した研究報告を、同僚であった政策研究大学院大学の関係者が中心となり書籍化したものであり、原の最後の書籍となる。原は、ここ数年にわたり、研究生活の集大成として、アジアや日本での経済発展の変遷と未来、また、日本の農政・農業経済学について、これまで培った知見を纏める作業を進めてきた。所属した政策研究大学院大学の政策研究院にて、「アジア研究」という研究会を主宰していたのはその一環であった。

学者原洋之介をどう形容して良いだろうか。開発経済学者、農業経済学者、アジア研究者、地域研究者といった言葉が浮かぶものの、どれか一つには収まらない。幅広い分野において研究業績、書籍を残し、何学の研究者であったのかは原と関わりをもった各々の接点により変わるものと言えよう。昨今、学問の専門性がより高度化するとともに、研究対象を狭い対象に絞る傾向は、経済学のみならず、どの学問分野でも生じていることかと思う。何学という狭い範疇にカテゴライズすること自体、原には高らかに笑われる気もする。それだけスケールの大きな学者であった。

一つの学問範囲に留まらず、経済、地域研究、歴史といった観点からアジアおよび日本での発展を読み解こうとした原の長年の知的格闘の歩みは、第一部の『比較アジア経済論を求めて—「農業経済学からアジア研究へ」の研究遍歴を振り返って』をご覧いただきたい。

第二部には、一九九六年に原が著した「アジア・ダイナミズム」から二〇年近く経った二〇一五年に、『「開発の罠」をどう捉えるか—アジア・ダイナミズム再考』として纏めた研究報告を載せている。アジアの経済発展は原がライフワークとして見てきたものであり、また、本稿には、原が敬愛したヒックスへの論考が含まれている。

「アジア研究」研究会を通じて纏めた研究報告が、本書の第三部から第七部である。計画では、インドネシアやラオスなど他国を対象に更に研究報告を引き続き纏める考えであったが、それは叶わぬこととなった。しかしながら、二一世紀のアジア全体、また、日本、東南アジア、中国及びインドの発展変遷について、原の眼差しから見て考えたものがここに残されている。

日本の農政については、本書第八部に「ペザンティズム農政」を載せている。原は、アジア経済、開発経済の分野での功績が広く知られるが、東京大学教授を辞する前後から、東京大学で農業経済学を学んだ者の「義務」として日本の農業経済について纏める作業を進め、複数の書籍も残している。本章は、日本の農政、農業経済に対する原の深い知見が垣間見られるものである。明治維新以降一五〇年にわたる農務官僚による農政を纏めたものだが、その中で過去の土地政策に関わる理念、思想は時代遅れのものではなく、人口減少が進むこれからの日本で必要となされる経済社会を構築するためにも重要と評している。歴史を振り返りつつも、見ていたのは日本の未来であった。

終章として（第九部）、アダム・スミスに対する論考を含めた。そのはしがきにあるように、原は五〇年にわたり資本主義と農業とが両立しうるか問い続けてきたという。アダム・スミスの「国富論」を再読する中で、スミスが資本主義と農業の関係を的確に論じていたことを再発見し、原自身が問い続けた疑問に対する解について第九部で纏めている。

本書に含めた内容からも、原はアジア経済論、日本の農業経済と非常に幅広い分野を対象に仕事をしてきたことが、改めて認識されるものと思う。これまでの仕事の中で、経済、歴史、地域固有性の視点を持って、過去から二〇世紀にいたる変化を捉えてきた。そして国際社会、各国において様々な難題が生じている二一世紀の現在、この先への懸念を持ちつつも、アジアと日本の発展に対して希望を見ていた。その眼差しが形となったものが本書と言えよう。

最後に、この「はじめに」においては、敬称を略してあえて原と書いた。それは、本書が単に先生の知己の間での私家版として残すのではなく、原洋之介の書籍として広く一般の読者に知って欲しいとの切なる思いからである。

故原洋之介先生追悼企画発起人一同より

原先生への心からの敬意と感謝を申し上げます。

二〇二二年三月

故原洋之介先生追悼企画発起人一同

目次

第二部　「開発の罠」をどう捉えるか――アジア・ダイナミズム再考　67

第三部　二一世紀のアジア経済をどう捉えるか　アジア・ダイナミズム再考
——長い歴史的パースペクティブの下に　237

第四部　日本経済の一五〇年——成長局面移行に伴う成長政策と政策理念の変遷に焦点をあてて　307

装幀　加藤光太郎
組版　岩谷　徹

第一部　比較アジア経済論を求めて(1)

——「農業経済学からアジア研究へ」の研究遍歴を振り返って

はしがき

二〇一八年一〇月三一日に、政策研究院での「アジア研究」会で、自らのアジア研究について報告する機会があった。時間の制約もあって、いささか不十分な報告になってしまったことが非常に気にかかっていた。そこで、報告では触れなかった論点も含めて、自らのアジア研究の遍歴を振り返っておこうと思って執筆したのが本報告である。

その意味で本報告は二〇一八年一〇月三一日の報告の「追加」であるが、この報告を書いていて、はっきりと確認できたことがある。それは、東洋文化研究所に勤めて以降、アジア各地の歴史や社会・文化の研究者たちと出会えたことによって、長い歴史的パースペクティブと比較の視点から、アジア地域の経済を分析しなければならないことを、私自身確信するようになったことである。もし開発経済系の研究機関に所属していたら、ある特定地域の限られた経済問題の研究だけに専念していたかも知れない。その意味でも、東洋文化研究所で研究生活を送れたことは、幸運であった。つくづくこう考えているところである。

二〇一八年一二月

原　洋之介

川野重任

「真に優れた境界領域の研究、開拓はディシプリンに徹し、しかもその限界を十二分に自覚した少数のすぐれた頭脳にしてはじめてできる。」（『農業発展の基礎条件』東大東洋文化研究所、一九七二年）

マルク・ブロック

「一つあるいはいくつかの相異なる社会状況から、一見してそれらの間にある種の類似性が存在すると思われる二つあるいはそれ以上の現象を選び出し、選び出された現象それぞれの発展の道すじをあとづけ、それらの間の類似点と相違点を確定し、そして類似および相違が生じた理由を可能な限り説明することである。」（マルク・ブロック、『比較史の方法』講談社学術文庫、二〇一七年）

『アンナ・カレーニナ』の名文にならっていえば、「豊かな国の経済は互いに似通っているが、貧しい国はそれぞれの理由で貧しいのである」。

（文中敬称略）

はじめに――東南アジア紀行

まず、なぜ私がアジアに興味をもつようになったのかについて述べよう。

東京大学駒場で留年していた一九六五年三月、米軍の北ベトナムへの空爆が始まり、いよいよベトナム戦争が本格化していった。また同年の九月にインドネシアで、スカルノ政権に対するクーデタであった九・三〇事件が起こり、スハルト政権が誕生することになった。またこの年には日韓条約も締結され、我が国が植民地化していた朝鮮半島の南の韓国だけであったが、いわゆる「戦後処理」も終わりを迎える。こんないろいろな動きを見聞していくうちに、アジア、東南アジアというのは一体どういうところなのだろうと、思い出したのがそもそものきっかけだった。

農業経済学専攻の大学院生から、東洋文化研究所に勤務しはじめた一九七二年には、まさに田中角栄首相によって日中国交回復が実現された。そしてその翌年七三年の冬に、私はフィリピン、インドネシア、そしてタイを訪れることになる。タイでは、その年の一〇月に、全国的に組織化されていた大学生連合が、独裁政権の首相だった軍人たちを追放した「スチューデント・レボリューション　学生革命」が起こっていた。そして、一二月末にバンコクを離れ、香港経由で日本に帰ってきたのだが、その直後の七四年正月に田中角栄首相が訪問し、学生たちによる大反日暴動に見舞われた。田中首相に対する反日デモは、ジャカルタでも起こっていて、当時の日本と東南アジア諸国の関係は、今とはまったく違っていたのである。そういう時代であったといわざるをえない。

その後、私は国連機関アジア太平洋経済社会委員会に農業発展計画の専門家として勤めることになった。学生時代に知己を得ていた大来佐武郎と、大学院生時代師事した大川一司に勧められて、七五年夏から二年間バンコクに滞在した。この二年間、私は本当に貴重な体験をすることができた。というのは、七六年一〇月に、三年前に実現していた民主的政治体制が、軍人のクーデタでつぶされることを目の前で体験することができたからだ。このクーデタによって多くの学生が殺害され、今でも「流血のウェンズディ」としてタイ人に記憶されている出来事となっている。この一連の事態を通じて、「民主化とは簡単に実現されるものではない」、こういった事実を身をもって実感しえたのである。

反日デモや軍事クーデタといった東南アジアでの出来事を受けて、東大教養学部教授衛藤瀋吉と京都大学東南アジア研究センター所長の市村真一が、「アジアとの文化摩擦」という科学研究費助成による大型の研究会を組織した。端的にいうと、反日暴動が起こったのはなぜか、を総合的に解明しようという研究であった。全体で一〇個ぐらい研究班ができたのだが、私もその一つに参加した。そして「もう一つの経済摩擦」という論考を、当時青木昌彦らが編集委員をしていた『季刊　現代経済』に書いたことを記憶している。

ところで、タイでの七三年一〇月の「学生革命」の背景には、ベトナム戦争が終結に向けて動いていた事態があった。一九五〇年代末、当時首相であったサリットは、インドシナ地域における共産主義勢力の拡大に強い危機感を抱いていた。サリットが年末に死去する一九六三年の三月には、軍事基地利用のためのタイ・米国軍事協定が調印され、東北タイのコーラート空港が米軍用の兵枯基地に改造されている。その後タノーン＝プラパート体制下で一九六五年から北ベトナムへの爆撃が恒常化され、アメリカの北ベトナム爆撃のうち八割が、コーラート等の空港から発進する米軍機によっておこなわれたのであった。さらにアメリカはタイに対して地上軍の南ベトナム派遣を要請するにいたった（ちなみに、後にタイからの北爆の一環として多大の空爆を受けたラオスの人々は、この戦争を「アメリカ戦争」と名付けていることを後に知った）。

一九七一年七月に、突然ニクソン米大統領が北京を訪問することが公表された。この訪問は、ベトナムからの名誉ある撤退のための環境づくりを目論んだものであった。そして一〇月には中華人民共和国の国連加盟が実現している。こうして、七三年の年明けにはパリでベトナム和平協定が結ばれた。その後一九七五年四月一七日のプノンペン陥落。四月三〇日サイゴンに解放勢力が無血入城し、ベトナム戦争は実質的に終結する。一二月三日ラオス人民民主共和国の発足と王制廃止。一九七六年一月五日カンボジア王制廃止。七月三日南北ベトナムの統一、ベトナム社会主義共和国が発足。このような経過でベトナム戦争は終結したのであった。

ちなみに、ニクソンの北京訪問が公表された一九七一年八月一五日に、アメリカ政府はドルと金との交換を停止する政策を、これまた突然に発表した。ベトナム戦争による財政赤字が膨大になり、ドルの信認が大きく揺らいでいたことを受けてのアメリカ政府の決定であった。そして一九七一年一二月には、ドルは金と完全に切り離された通貨となり、戦後の国際通貨体制を支えていたブレトン・ウッズ体制は崩壊し、円は変動相場制に移行することになったのである。

この決定について、当時ニクソン大統領の補佐官をしていたヘンリー・キッシンジャーが、その『回顧録』で、ドルの金からの切り離し決定に際して国務省が次のような想定をおこなっていたことを正直に書いている。「アメリカのこの決定に対して、西欧は自国通貨の切り上げをしてでも、黒字の見返りにえたドルを売り自国通貨を持ち帰るだろう。しかし、日本や東南アジアは、ドルをあたかも金の裏づけがある通貨として取り扱い続けて、ドルを保持しつづけるであろう。」これを読んだとき、この声明が八月一五日だったことに加えて、日米関係の実態とはこういうことだったのだと実感したことを今でも記憶している。

このことはさておき、このような国際情勢の激変の中で、一九七七年八月一八日マニラにて、後に「福田ドクトリン」と通称される日本のアジア外交方針が福田赳夫首相によって表明された。我が国は、平和に徹し軍事大国にはならず、東南アジアの国々との間に心と心のふれあう相互信頼関係を築きあげる。そして、わが国は「対等な協力者」の立場にたって、アセアンおよびその加盟国の連帯と強靭性強化の自主的努力に対し、志を同じくする他の域外諸国とともに積極的に協力し、またインドシナ諸国との間には相互理解に基づく関係の醸成をはかり、もって東南アジア全域にわたる平和と繁栄の構築に寄与する、と。これがドクトリンの骨子であった。

タイから帰国後も私は、毎年東南アジアへの旅を続けながら、この地域が大きく変貌していくさまを、目の当たりにしてきた。特に、一九八五年のプラザ合意以降、日本企業の東南アジア進出は、私の想定をこえて急激に増加していった。そしてこのような民間部門の経済活動によって、日本と東南アジアとの間には、投資や貿易の面で、事実上の経済統合が進展した。しかし、一九九七年香港の中国返還が実現した翌日に、タイのバーツが売りに出されたことをきっかけとして、東南アジア諸国がいわゆる「アジア金融・経済危機」に見舞われることになった。世界銀行が「東アジアの奇跡」とまで評するようになっていたタイやインドネシアが、大きな危機に見舞われ、やがて大きな政治変動につながっていくことになったのである。

この危機に対して、我が国の政府は財務省を主体とするいくつかの緊急支援政策をおこなっている。そして、二〇〇〇年代にはいって、小泉政権による「東アジア共同体」構想が表明されることで、民間主導の事実上の経済の統合化を、経済連携協定の締結を通じて、相互利益を増進させる、政府による「地域主義的」戦略が進められるようになった。さらにアセアンは現在、ベトナムまで含んだ、東南アジアに位置する一〇カ国全部を成員とする連合になっており、東南アジア経済共同体の形成にまでその相互関係を深化させている。この時期には、七〇年代半ばにあった「反日運動」といった動きは、もはやほとんど見られなくなったのである。

しかし二〇〇〇年代にはいってから、東南アジア諸国は、直接投資受入れをエンジンとした輸出主導の経済成長に蔭りが見え始めて、かつ国内での所得分配も悪化傾向にある、いわゆる「中進国の罠」に陥った状態が続いている。さらに、民主化という政治面での近代化は、特に大陸部東南アジアの諸国では挫折しているといわざるをえない。その典型がタイ王国である。一方、島嶼部東南アジアのインドネシアやフィリピンでは、政党選挙による政権交代が定着しつつあるようだ。そして、東南アジア諸国でのこれら政治・経済面での動きの背景には、二一世紀にはいって以降急速に台頭してきた中国の影響力の拡大があることは、間違いないであろう。

こう振り返って、私はベトナム戦争が本格化し、そして七〇年代にはいって終焉していく時期に、東南アジア紀行をはじめていたことに、改めて気がついた。ベトナム戦争の終焉に向けた動きこそが、私がバンコク滞在中に体験したタイでの政変の重要な要因になっていたのである。そしてこの戦争が終焉したあと、日本と東南アジアとの国際関係は大きく変質してきた。一九九五年、ベトナム政府に対して、市場経済移行でベトナム政府がどういう経済政策をとるべきかについて勧告・提案をおこなう研究プロジェクトに参加することになった。その最初の会議がハノイで開催された折、その会場の近くに国交回復したアメリカの大使館に星条旗がはためいていたが、大使はまだ着任していなかった。北爆のニュースに触発されて、東南アジアへの興味をもち始めた私にとって、実に印象的な体験であった。

このように、ほぼ半世紀における東南アジアの経済開発の歩みや民主化への苦悩に満ちた動きは、まさに私の旅での見聞からきているのである。(2)

以下、自らのアジア経済研究の基本的課題を決めることになった学生時代に学んだことからはじめて、ほぼ時間の流れに沿いながら、私の研究遍歴を紹介していきたい。

第一章　農業経済学からアジア研究へ

東大農学部農業経済学科とは

東大駒場で一年留年した後、私は農学部農業経済学科に進学した。経済学部ではなく、農業経済学科に進学したことが、それ以降の私の研究に決定的な影響を与えてくれたことに、改めて今気が付いているところである。

当時ミクロ経済学は「価格理論」と呼ばれていた。確率論と統計学。農業経済学としては、これら経済理論をどう日本農業の理解に適用するかを学ぶ。具体的には、コブ・ダグラス型生産関数の計測を通じた農業生産の分析、米や農産物の市場制度論、農業金融論など。さらに農政学。農業史。農政史。農業経営論。加えて世界農業と日本農業を比較する比較農業論。そして一つの農村に短期間ではあるが住み込んでおこなう農村調査。以上が、わたしの学部生時代の農業経済学科のカリキュラムであった。

なぜ、このような科目構成になっていたのであろうか。経済学部すらいまだ設置されていなかった時代に農学部で、「農業経済学」という専門分野の確立を担った東畑精一は、農業経済学とはどういう専門分野であるべきかについて、経済学部で農業経済学を担当していた大内力との対談で次のように語っている。「農業以外の産業を研究する経済学者は、日本が外国と共通ではないという意識が乏しい。ところが農業は、西洋の農業論で日本の問題を解こうとしても、てんで初めから受け付けない。だから何とか別個の範疇を考えなければならんという現実問題にぶつかったのは、

日本では農業経済学であった。」(「農業経済学問答」『経済セミナー』昭和三四年七月)

東畑精一は私が農業経済学科に進学した時には、すでに東大を退官していたので、私は東畑先生の講義を直接受講したことはない。そして、学生時代にこの対談録を読んだかどうかも、定かではない。しかし、今振り返ってみて、はじめて、東畑精一の発言を本当に理解しえたのが、市場経済の均衡理論を学んだ後であったことに気が付いた。大学院進学後、ヒックスの『価値と資本』やサミュエルソンの『経済分析の基礎』などを読み、これらの経済理論書を私流に解読するなかで、市場の資源配分機能の威力を、数学という「強力な言語」として利用しながら、見事に演繹的に論理的に解き明かすこれら「純粋経済学」は大変魅力的であった(3)。だが、そこで「想定」ないし「前提」されている「市場」とはあまりにも形式的で抽象的で、現実に存在している市場とはかなり距離のあるものであることは認識できた。確かにこれら理論経済学の進化によって「経済分析のツール」が精微化されたことは間違いない。しかしながら、この剃刀のように鋭い武器だけでは、日本農業の問題は切りきれない。東畑精一がこのように考えていたことは間違いないだろう。

東畑精一は後年、次のようにも記していた。「統計解析的な機運も急に盛りあがってきた。近代経済学の概念の多くが統計的操作に堪えるものに近かったことは、この機運を促進した。」続けて「総じて他産業や金融等は世界に共通的な事態と論理とを持っているが、日本農業となると世界の先進国の農業との間に余りにも大きな形態的、構造的差異を持っている。そのため日本農業の解明には西洋の理論をそのまま適用しえない。独自の解明を必要とする。そのような空気を最もつよく呼吸していたのが日本の農業恐慌の問題に悩んでいる学生諸君であった。」(『私の履歴書』「18　大学の日々」)

国民経済の中での農業の位置を解明する研究。具体的には、産業間での労働生産性の格差を論じた過剰就業論。また産業間の資本収益性の格差に焦点をあてた農業金融論。そして、近代製造業を典型とする近代部門と、江戸期まで国民経済の核であった伝統部門との相互接触による経済発展論である二重構造発展論。これら多様な論点を学生時代に学ぶことができたことは幸運だったといわざるをえない。

私が学部生・大学院生の時代を通じて接した、大川一司、川野重任、逸見謙三等々先生方のほぼ全員は東畑精一の学生であり、かつ「ＴＥＡ」と称された農業と理論経済学研究会のメンバーでもあった。川野は東洋文化研究所でアジア農業発展論の構築、逸見は東大農業経済学科で世界農業構造の国際経済学分析を担当されていた。また東畑が指摘していた「統計的操作」の分野を本格的に開拓されたのは一橋大学経済研究所の大川一司であった(4)。

振り返ってみると、私が最も強い影響を受けたのは、明治以降日本の経済発展の分析を踏まえて、ある国の経済発展をどう捉えるのかという問題設定の仕方にあったと今は考えている。明治以降のわが国の「近代経済成長」とは、外来の新要素と歴史的に引き継いだ在来の旧要素とが絡みあって進んできた「二重構造的発展」といえる経路を辿ってきた。この二重構造的発展の本質は、外来的要素と在来的要素の単なる併存にあるのではなく、両要素の動態的な相互作用にある。外来的要素もわが国の風土に合わせて選択的に導入されるし、またその定着過程で様々な変容を受けるであろう。他方、在来的要素も外来的要素との遭遇において排除されたり、種々に変質してきた。それらは優勝劣敗の結果である場合もあれば、人々の選択の結果である場合もあったであろう。かように新旧二つの要素が相互に変容しながら、相互にからみあって進んでいくところに二重構造的発展の本質がある。こうした経済の捉え方である。

さらに具体的に言うと、一つの国民経済が、近代化のために導入された、利潤最大化を目指す資本制的近代産業と、前近代から継承した家族経営を行動原理とする在来産業という、異質の部門から構成されている二重構造経済であるというという捉え方を学んだわけである。このような経済においては、技術進歩の速度が資本制部門の代表である近代的製造業で早くて、在来産業の典型農業では遅いので、労働生産性の格差は、経済発展に伴って拡大していく傾向がみられる。つまり、経済発展という歴史過程においては、アメリカ流の経済学が暗黙に想定しているように非常にスムーズに産業間の資源配分がうまくいくプロセスではない、ということを学生時代に学んだ。私は、こういった二重経済の発展という捉え方に立って、アジアの経済発展を考えていくようになっていったのであった。

アジア経済研究へ

一九五九年東畑精一が東大退官後、新設されるアジア経済研究所長となり、ここからわが国のアジア研究の体制づくりがはじまったといえよう。その相談役ともいうべき副所長として、川野重任が東大東洋文化研究所教授と併任でアジア研究の基礎づくりを担ったからである。当時アジア諸国は、政治的に独立したばかりで、かつその経済中心は農業であった。こういった事情もあってか、農業経済学者であった両先生達が戦後日本のアジア研究体制つくりを担ったのであろう。

さて、東畑精一は『私の履歴書』「一九　経済学部の兼任教授」で次のように記している。「わたしは昭和一四年四月から東大経済学部の兼任教授となって、植民政策の講義を担当することになった。これは終戦の時まで続いた。」続けて「植民地問題はわたしの専攻の農業問題とははなはだ類似している面を持っている。ヨーロッパ人がアメリカやオーストラリア等に移住する植民地問題はいざしらず、イギリスがインド、オランダがジャワ、フランスが仏印、または欧州諸国がアフリカ各地に持っている植民地においては、つまり移住植民地ではなくして支配植民地においては、外国人と土着人との間には社会的にも経済的にも大きな相違があった。資本主義と前近代的なるものとの間の、明確な対立があった。」「植民者が本国で習熟していた経済経営原則をアフリカで実行しようとしても、好都合に進まず失敗する。このような次第で植民地はどこでも二重複合社会、多元的社会が形成される。植民政策はこの事態に面して、いかに生産を―本国の立場から―増大させるかに目標を置いてきた。」さらに「日本の農業問題も前に記したように、資本主義的純粋経済の原則からははなはだ隔たっている事態が支配的で、その意味では日本経済は二重構造である。ただ植民地ではこの二重性が、日本の場合と異なって民族の二（多）重性と結びついている点に大きな相違がある。」そして「経済学部に就任する以前に朝鮮と台湾に行って米の生産事情を視察したことがあり、朝鮮については大川一司君と共同して書物を著したことがあった。[5]この両植民地（当時の公称は外地）に少しばかりなじんでいたのは、私の講義に役だった。」

私も、東南アジア経済研究をおこなうことを決めていた大学院生時代に、植民地時代以降の東南アジア経済・経済史に関する読書を続けた。西欧の植民地学、ファーニバル「複合社会論」やブーケ「二重経済論」を熟読した。続けて、そのころ出始めていたアメリカの東南アジア研究も読みはじめた。後で述べるアメリカの人類学者ギアツのインドネシア農業・経済の歴史的発展を対象とした作品。さらに特にベトナム戦争を背景として書かれたスコットの「農民のモラル・エコノミー」論やポプキンの「合理的な農民」といった研究書がそれである。それと同時に、日本の農林省官僚による、ビルマ、タイ、インドネシアの農業経済論の著作も精読した[6]。右に紹介した東畑精一の文章を読んで、学部生時代から農業経済学科で学んでいたこともあり、東南アジア農業問題や経済開発の研究に、割合スムーズに進めたのだ、ということに気が付いた次第である。

ところで、昭和二二年に、農林省に農業総合研究所が設立されている。かねてから和田博雄を中心として農林省で案を練っていた農業の社会科学的研究所であった。「その以前に各省には多くの研究所が付置されていたが、社会科学の研究者はほとんど初めてのことであった（東畑　前掲書　二三）。」最初の所長を務めたのは、東畑精一であった。東大農学部教授との併任であった。

その大きな目的の一つは経済学研究の本格化であった。「農林省には経済学がほとんどなかった。」「米の統制のためのパリティー方式の採用、米作統計の整備、また生糸輸出に大きく関係する為替相場の決定等々、このような経済学の武器を扱いうるものが農林省には少なかった。農総研はその補充をしなければならない。」このように東畑は語っていた。

さらに、もう一つの目的は世界の農業経済の研究であった。「世界の農業の中に日本農業を捉えつけて考察することが急務であると思う。これは単なる個別研究ではなく、またパーソナル・パーフォーマンスとして果し得る仕事ではない。それこそ総合研究的な体制の下に進めるべきものであろう。農総研は多数の人材を擁している点から考えても、この現在の大きな課題に挑戦してほしいものである。日本農業はそれを待ちかまえている。」

農業総合研究所では、日本農業だけでなく、アメリカ、ヨーロッパ、ソ連等社会主義圏、そしてアジアを中心とした発展途上地域の農業の社会科学的研究が組織化されることになった。それは、農業経済に主眼が置かれていたとはいえ、「世界研究のための」研究機関と言ってもよいような組織であった。そしてアジア経済研究所が発足すると、滝川勉氏など、アジアを対象としていた研究者がアジア経済研究所に移り、アジア農業・農村研究をリードしていくことになった。それゆえ非常に幸いなことに、大学院生のころから、私もこれら諸先達の研究会に参加させてもらったのであった。

第二章　四冊のアジア経済論の著作と比較農業論

アジア研究と経済理論の間で

既にふれておいたように私は、学生時代からアメリカでの東南アジア研究の作品を読みはじめていた。とりわけ、文化人類学者クリフォード・ギアツが若き時代に執筆した、インドネシアを対象とした研究『ジャワの宗教』、『農業のインボリューション』、『行商人と王子』さらに『ある一つの都市の社会史』、『ヌガラ―一九世紀バリの劇場国家』を熟読した。というのは、その頃私は、島嶼部東南アジアの大国であり「多様性の中の統一」を国家目標として政治的独立を果たしたインドネシアに大きな興味を抱いていたからでもあった。

特に知的刺激を受けたのが、同じ年一九六三年に出版されているにもかかわらず、相互の関係には何らの言及もないという不思議な関係にある、農業発展を対象とした『農業のインボリューション』と、企業経済の発展を論じた『行商人と王子』であった。そして、これらの中で記述されている、インドネシアの経済発展のいくつかの側面――具体的には商品の取引される市場、農村経済における土地利用や労働利用、また機械等の工業製品の生産の場といった各領域での経済進化――を、経済理論に基づいて解読する作業を始めた。

学生時代に頭に叩き込まれた二重経済発展論を、東南アジア諸国において、古くから存在している在来的仕組みと、植民地化によって導入された近代的制度との、対立と同時に習合というダイナミックな相互作用のプロセスを解明する理論枠組みを著者なりに構築しようとしたのである。このような意図を明確にするために、「アジア研究と経済理論の間で」というサブ・タイトルを付けて、一九八五年に『クリフォード・ギアツの経済学』を書き上げた。

右に紹介した諸側面のひとつ、商品の取引される市場に関しては、多数の売手と買手とが相対で農産物等の価格を決める「騒々しくかつ攻撃的な交渉」で彩られるバザールと、常設店舗での工業製品の固定価格での取引との、異なった「市場」が存在している。このことをどう経済理論で理解するのか。この問題について、ギアツはアメリカの理論経済学の主流学会誌「アメリカン・エコノミック・レビュー」に掲載された論考「バザール経済」――サブ・タイトルは「農民の市場販売における情報探求」――で、市場経済理論を革新させたジョージ・アカロフの「レモン財の市場」に言及してこう述べる。(7) その必要はないと思うが、この論文について少しだけ紹介しておこう。買手が売りに出されている中古車の品質について無知である場合、売手が大きく価格を下げると、その中古車は品質が悪いと判断して、取引そのものが成立しなくなる。こういった可能性を指摘した論文である。(8)

後に触れる積りだが、この論文は、市場参加者が商品の品質について完全情報をもっていることを前提として組み立てられている新古典派市場論を、その基本から批判するジョセフ・スティグリッツらの不完全情報市場経済論の嚆矢となった。

ギアツは、この論文を引用しながら、なぜ不完全情報に彩られているバザールでの取引が、消え去ることなく、存在しているのかを問う。売手と買手とが、「顧客関係」、すなわち相互の信用関係といった社会的関係を形成しているからである。信用供与を契機とする顧客関係は、まさに「敵対的相互作用」を基調とするバザール経済の「システムとしての欠陥」を個々の商人レベルで克服しようとする工夫である。ギアツはこのように分析していたのであった。

このギアツの分析を受けて私は、このようなバザールと常設店舗での定価販売という市場の併存の要因やその相互関係の変化に関しては、イギリスの理論経済学者ジョン・ヒックスが提示していた「伸縮価格型市場」と「固定価格型市場」という区分を援用すべきだ、と指摘をし、私なりの解読を試みた。

ちなみに付記しておくと、当時アメリカで開発経済学の主流となっていた、ハロッド＝ドーマ成長モデルについて、ギアツは、「外国にいるイギリス人がロンドンにいるときよりもイギリス人的になるのと同じように、経済学者はマサチューセッツ工科大学にいるときよりも第三世界にいるときの方がより数量分析志向に（エコノメトリカルに）なっている」と、『文化の解釈学』におさめた論文のなかで皮肉たっぷりに書いていた。ギアツ自身がインドネシア研究を、経済学者ベンジャミン・ヒギンズが主査であったマサチューセッツ工科大学のインドネシア研究プロジェクトに参加することを通じてはじめた事実をふまえてみるとき、ギアツのこれらの発言は非常に興味深いものといえよう。一九六〇年前後から急速に盛んになってきた、アメリカを中心とした東南アジア研究の中に、経済学者がハロッド＝ドーマー・モデルの各国への適用というかたちで参画していたことを想いおこすとき、ギアツのこれらの文章は今のわれわれにとっても非常に示唆的ではないだろうか。

以上のような議論をあえておこなったのは、経済理論をめぐる上での私なりの問題意識もあったからである。そのころまでに、私は市場経済というのは存在するものではない、歴史的に生まれ出てくるものだ、こう確信するようになっていた。しかし、アメリカで制度化され、我が国でも大きな影響力をもち始めていたいわゆる「新古典派経済学」で、このようなことは問題にすらなっていなかった。市場とは、どこにでも存在している。こういったことを、何の懐疑もなく初めから前提とした市場経済論が主流だった。

先ほど触れた、アカロフやスティグリッツらの不完全情報市場経済論もそれなりに魅力的で私の問題意識とも親和的であった。だが、これらの非新古典派経済理論は、歴史を捉える上では、それほど有効ではないと考えていた。こんな知的葛藤を抱えていた学生時代に、ヒックスが、非市場的な慣習経済のなかでの「市場の勃興」を論じた『経済史の理論』に出合えた。その議論のポイントは、ヒックス自身の言葉で紹介すると、以下のようである。「組織の一形態としての市場は、商人の、そして引き続いては金融業者の創造物であり、商品市場と金融市場とは市場制度が本来あるべき場である。」続けて「土地市場と労働市場の形成に進む場合、市場制度は比較的支配しにくい領域に浸透しつつあるか、あるいはそれを「植民地化」しつつあるのである。この領域においては、市場原理は適合しないか、適合できるとしても困難をともなう。そこに抗争が生ずることになる。」先ほど触れておいたように、学生時代に学んだ二重経済の発展論をさらに進化させるための手がかりを求めていたタイミングで、ヒックスのこの本に出合えたのは偶然とはいえ幸運であった。『ギアツの経済学』は、このヒックスの市場発達論を下敷きにして書いたものとなっている。(9)

新古典派開発経済学をこえて

『ギアツの経済学』を公刊した一九八五年ごろには、貿易の自由化だけでなく資本移動も自由化され、「深いグローバライゼーション」が急速に深化しはじめていた。そしてこの動きと連動して、発展途上国の経済政策に関する議論でも、「開発経済学における新古典派の復興」という現象が顕在化してきた。

インド出身のディーパック・ラルが『開発経済学の貧困』を公刊し、統制主義的な経済政策がもたらしている国内価格体系の「歪み」を撤廃することが、発展途上国の経済成長には不可欠であると主張した。その後この提案は「価格体系を正しくさせよ getting prices right」というスローガン、後にワシントン・コンセンサスと呼ばれるようになった政策提案として、ＩＭＦや世界銀行によって普及されることになっていった。

この動きを批判し、「開発経済学における新古典派の復興」と命名したのが、ビルマ出身のラ・ミントだった。ミントは、発展途上国の経済開発上の最重要な問題は、政策による歪みではなく、市場、特に労働や資本という生産要素市場が、国内で分節されている経済の二重構造そのものである。近代部門では銀行、伝統部門では高利貸しというように、資本市場は分節されている。近代部門では組織労働者、伝統部門では未組織労働者というように分節されている。この要素市場の分節化は、政府の政策がつくり出したものがすべてであるとは言えず、基本的には、要素市場がいまだ未発達であるからである。したがって、政策による歪みをとりはらえば自動的に要素市場が効率的に機能して経済成長が実現するとはいえない。このように、ミントは主張したのであった。

「復興してきた新古典派開発経済学」は、まさにハーシュマンのいうように、発展途上国にはその経済社会の特性に適した経済理論が必要となるといった主張は間違いで、先進国・発展途上国いずれを問わずひとつの経済理論でその経済分析が可能であるとするモノ・エコノミックスの復権であった。さらにハーシュマンは、ＩＭＦや世界銀行のエコノミストたちを「その国・地域経済の実態的把握といった最重要の知的課題に割く時間を極力最小限にして、アメリカの新古典派主導の学界で認められた経済理論に忠実に論文を書き上げることに使う時間をなるべく多くとろうとする客員エコノミスト・シンドローム」に陥っているとまで、強烈に皮肉っていたことに注目しておきたい。

さて、このころ東南アジア以外の地域へ、たびたび旅をすることになった。古代から文明の移転などで東南アジアに大きな影響を与え続けたインド訪問がとりわけ印象的であった。デリー、カルカッタ、そしてボンベイ。それぞれ短期間だけではあったが、ヒンドゥー文明として一括されているインドが実は、多様な異なった生活様式をもった地域から成り立っていることを確認することができた。しかしながら、どこに行っても、カースト制とも関連する大量の失業者が存在していることも同時に知ったのである。私が出会ったインド人は口癖のようにこの国は、「世界で最大の民主主義国家だ」と言っていたが、この政治体制にもかかわらず、大量の貧困層が存在していたのである。なぜこのような事態となっているのか。この疑問を解きたく、その原因を解明しうる労働市場モデルを探求し始めて、インド、特にベンガル地域生まれのアマルティア・センやパーサ・ダスグプタ等の労働市場分析や不平等論を読みはじめた。そして、効率賃金モデルによって労働市場の不完全性を解明する研究に出合った。

さらに「比較の手法によるイスラームの都市性研究」という大型研究プロジェクトに参加することになり、サウジアラビア、エジプトなどの西アジアに出かける機会もできた。当時、ムスリムがその住民の支配的な部分を占めているイスラーム圏の多くの地域において、イスラームの原点に戻ろうという復古主義ないし原理主義的な潮流が台頭していた。そしてこの「イスラームの復興」と呼ばれるようになった事態を背景として、経済面では、資本主義経済システムとも社会主義経済システムとも違う異質の経済システムの構築をめぐる議論が、注目を浴びるようになっていた。その代表が、銀行運営から利子を排除する動きであった。経典コーランに「リバー（利子）をとってはいけない」

という教えが書き込まれていることを踏まえての、いわば「原理主義的」政策の復興であった。

実は、この西アジアへの旅以前に、これまたイスラーム国家であるパキスタンに、何度か旅をした。一九八五年夏、イスラマバードにあるパキスタン開発経済研究所を訪問した際、所長ナクビー博士から、パキスタンにおける無利子銀行を核とするイスラーム経済化の動きと同時に、その経済理論的背景について講義を受けたことがあった。またミーナイ博士は「人々の貯蓄行動は、資本主義国でも利子率といった変数にそれほど感応的ではないことはケインズが指摘している」とも語っていた。パキスタンでのこのような経験もあったので、西アジア地域での「利子のない銀行」を核としたイスラーム経済システム、別言するとイスラーム的市場経済の秩序論について、不十分ながらも、いくつかの考察をおこなうことが出来たのであった。

インドの貧困問題分析、西アジアの無利子銀行論。このいずれの課題に接近するには、「政府の政策による価格の歪み」にしか注目しない「復興した新古典派開発経済学」のパラダイムが全く有効ではないことは明らかであった。そこで、この新古典派市場理論とは全く異なった、アカロフの「レモン」市場モデルやそれを労働や金融市場に拡張したスティグリッツの不完全情報市場理論に注目して、「貧困と労働市場――南アジア経済論の一側面」、「利子と金融市場――西アジア経済論の一側面」といった論考を書くことになった次第である。

一九九二年に、それらを取りまとめてサブ・タイトルを「新古典派開発経済学をこえて」とした『アジア経済論の構図』を上梓した。この書物で主張したかったことは、実は簡単なことであった。『アンナ・カレーニナ』の名文にならっていえば、「豊かな国の経済は互いに似通っているが、貧しい国はそれぞれの理由で貧しいのである。」こんな簡単で当たり前のことだったのである。

開発主義的政策体系と社会の反応

『アジア経済論の構図』にも収録したが、私は以前に東洋文化研究所での研究報告として「東南アジア比較経済論の構図」と題した論考を書いて、二つの問題を論じていた。

第一は、国内経済運営様式と経済成長誘発能力との関連である。タイとビルマはいずれも輸出を軸とする経済であった。そして、多くの人は、一九六〇年代までは、ビルマの方がタイよりは豊かな国であった、と言っていた。しかし、その後ビルマは経済的な鎖国状態になり、経済は停滞してしまった。一方、タイは、経済的に開放的で、それなりの経済成長を実現させてきた。隣りあったこの両国で、なぜこんな違いが生まれたのだろうか。

タイでは、一九五〇年代末にサリット将軍がクーデタによって「独裁的温情主義」と称される権威主義政治体制を確立させると同時に、経済政策面では民間の経済活動に介入する政策をとらなかった。一方、ビルマでは、一九六〇年代はじめ、これまたネー・ウィン将軍が軍事クーデタで政権を奪取し、「ビルマ式社会主義体制」を確立させ、民間企業の国有化、国家による流通機構に対する全面的統制を強行した。このような国内経済運営体制の違いが、経済成長を誘発する点で、まったく異なった影響を与えた。私はこう分析したのだった。

第二は、市場経済のワーキングと社会構造との関連である。一九五〇年代はじめ、フィリピンの方がタイよりははるかに豊かな国であった。しかし、それ以降フィリピンの経済は停滞したのに対して、タイの一人当り所得の成長率はフィリピンよりかなり高かった。この両国の経済運営の基本は、同じく民間経済活動の自由を保証する市場経済システムであるが、どうして、こんな違いが生まれたのか。この疑問への回答として、私はタイ社会が「同質社会」、一方、フィリピンが、東南アジアでは例外的な「分節社会」であるという違いに求めた。その典型的な例として両国の農産物輸出増加がもたらす農村社会への影響を見ておこう。タイでは、農業が自作農によって営まれているので、為替レート切り下げによって輸出が増加すれば、その経済的利益は農家所得の増加に結びつく。一方、フィリピンの農村社会では、地代取得者である少数の地主層と、賃金収入に依存している土地無し農業労働者層とに両極分解しており、為替レート切り下げからの経済的利益は少数の地主層のものになってしまう。これが私の回答であったのだった。

さて、一九七〇年代後半以降、東南アジアに位置するタイ、インドネシア、マレーシア、そしてフィリピンの四カ国の経済発展の調査研究を続けてきたので、私は、そろそろ、その成果を比較の視点からまとめようと考えていた。おりしもそのころ、村上泰亮教授の『反古典の政治経済学』が上梓され、日本の経済発展の歴史的経験を踏まえて組み立てられ、発展途上経済の分析にも適用可能な「開発主義的政策論」が提示されていた。そこで、村上のこの政策論を比較の参照基準として、前記した「東南アジア比較経済論」で提起しておいた論点に沿って執筆を続け、一九九五年に『東南アジア諸国の経済発展』というタイトルで公刊した。

東南アジア四カ国に限定しても、その政治経済システムは決して同じではない。このことを念頭において、まず政治体制の違いによって、「開発主義的政策」と一括される経済政策において、「どの国でも同じ政策が採用されるとは限らない」という事実を明らかにする。次いで、社会構造の差異によって、経済学的には「同じような望ましい経済政策体系さえ採用されれば、どの国でも市場経済の秘める普遍的な威力によって経済成長が実現される」とする命題は成立しないということを明らかにする。こういった、私が解明したかった論点を明示的に示すために、「開発主義的政策体系と社会の反応」というサブ・タイトルを付けたのであった。

端的にいうと、政府が「笛」を吹く。では、果たして社会は政府が吹いた笛に反応して「踊る」のか？また政府は、どんな「笛」を吹くのか？こういう問いを軸にして私は、四カ国の経済発展を、やや長い歴史的パースペクティブの下で比較観察することにしたのである。

その際、村上の「開発主義的政策体系」を、近代的工業化を目指した「産業政策」だけに限定するのではなく、工業化によって大きな影響をうける農業に対する「農業政策」をも含めた政策体系として拡張して考察することにした。このような分析の枠組みを設定したのは、学生時代から身についていた二重経済論という理論的枠組みの下で、東南アジア諸国の経済発展の比較をおこないたかったからだ。[10] そして、この二つの政策をほぼ以下のように捉えておいた。産業化（工業化）政策―政策対象は、数少ない近代企業。その生産技術は、「規模の経済」をもつ。工業製品市場は、独占・寡占競争型市場。ついで農業政策―政策対象は伝統的農業を営む膨大な農民。生産技術は、規模の経済性を発揮しにくいものが中心。なお、農産物市場は、完全競争型市場である。

タイは、選挙は実施するが、基本的にはチャクリー改革以降の官僚、特に軍人官僚が統治する体制の下で、市場経済に介入することを極力おさえた経済運営を通して、漸進的な産業化を実現させてきた。フィリピンは、政治的エリートと経済的エリートがほんの少数の家族に属し、分離していない寡頭支配体制であったことで、経済が停滞し続けた。マレーシアは、典型的な複合社会であったことを受けて、政府の強い介入政策によってマレー優先型の産業化を実現させようとしてきた。そして、東南アジアで最大の人口大国であるインドネシアでは、スハルトが構築した新秩序体制下で、「開発と安定」とを大義名分とした、工業・農業両面での輸入代替型開発というフルセット主義戦略によって、経済発展を実現させてきた。

ほぼ以上が、私の出した比較の要点である。もちろん、一九九〇年代以降現在までの各国での政治経済の変化を踏まえると、私のこの比較には、修正すべき点は多々あるが、執筆時には以上のように捉えていたのだった。

余談にわたるがこの研究の過程で、市場経済と社会構造との関連を考察するについて、先に紹介した、効率賃金仮説を導きだした理論の前提条件に関し、市場参加者の保有する情報が不完全である場合には、新古典派の「厚生経済学の基本定理」が主張していたように、市場の効率性と資産分布のあり様とは、無関係であるという命題が成立しえないことが明らかになった点は特筆に値すると思う。

すなわち私はジョン・スチュアート・ミル以来、経済学の中で正統的であり続けてきた、市場経済の効率性と市場経済参加者間での資産分配のあり様とが分離可能であるという命題が成立しえないことを示したのである。不完全情報経済理論のこのような理論的結論は、市場経済の効率性が、どこの国・地域でも、普遍的に実現しうるという考えに大きな疑問を投げかけることになった。理論経済学者が演繹的に示してくれたこのような理論からも、私は大きな影響を受けたのであった。(11)

資本主義のネットワークと発展の地域性

世界銀行から『東アジアの奇跡』と題する報告書が出版された一九九〇年代初頭、私はこの報告書の対象となっているタイやインドネシアに足繁く旅を続けていた。確かにこれらの諸国ではその二〇年くらい前に、かって「奇跡」ともてはやされた我が国に似た高度経済成長が展開されていた。だが同時に、「深いグローバライゼーション」が急激に進むなかで、それまで関税や資本移動制限などで守られていた「国民経済」の熔解すらが垣間見えるようにもなっていたのである。そして私は、国内金融市場を急速に世界市場に開放し、多量の短期資本が流入してインフレがすすみ、かつ為替レートの過大評価によって非貿易財である土地の急速な値上がりなどのバブルが生じていることにも気がついていた。そしてこれらの見聞を踏まえて、「資本主義のネットワークと発展の地域性」という副題をつけた『アジア・ダイナミズム』を書きあげたのだった。

まず、経済を動かす力をもつ「資本主義」という概念を改めて考え直すべきであろうと考えて、歴史学者フェルナン・ブローデルの資本主義論の洞察力に注目した。そして、この拙著が出版された翌一九九七年夏に、世界銀行によって奇跡を実現していると称賛された東南アジア諸国は、移り気なグローバル資本の移動で大きな危機に見舞われた。これによって、資本主義という概念を見直さなければならないという私の想いは確信となった。そして、学生時代以降、アジア経済を捉えるとき、常にその理論的基準としてきた二重経済論では、現在のアジア経済研究には不十分であることにはっきりと気が付いたのである。

我が国では、マルクス学説に強く影響されてか、資本主義とは生産力の上昇という発展段階に応じて「近代」に生まれた歴史的な生産様式として理解されていた。しかしそれでは、現在世界経済の現実を的確に捉えることはできない。マルクスの歴史発展段階論とは決定的に違って、ブローデルは、その記念碑的作品『物質文明・経済・資本主義交換のはたらき』のなかで、歴史を通じてあらゆる時代に、資本主義、市場経済そして物質生活・物質文明という三つの階層が存在し続けてきたことを強調していた。資本主義は、どの時代にもそれを取り囲む経済社会とは異質の原理で動く一つの部分社会集合として存在してきた。これは経済制度の歴史発展段階論とは全く異なる。時代によって資本主義のスケールとその影響力に大きな変化がみられはするものの、この三層構造はどの時代を通じても同時に並存している。この通歴史的にみられる階層の同時性・共時性こそが、歴史のダイナミズムの変わることなきエネルギーを発生させる根拠である。ある地域・国でどういう経済制度・仕組みが展開し維持されていくかは、何世紀にもわたる社会全体の運動に規定されている。そして現代は、過ぎ去った諸世紀をその糧として生まれており、歴史的発展という広がりを含んでいる。

このような魅力的なブローデルの歴史論のエッセンスを

踏まえて、現代世界経済の構造転換のエンジンとなっている力を表現するために、サブ・タイトルに「資本主義のネットワーク」と表現したのだった。この三階層の定義等については、後に説明するので、ここでは論じないことにする(後述)。

『アジア・ダイナミズム』では、この資本主義は、その巨大な力によって、世界中の多くの地域・国を、広域的な「ネットワーク」に結合させてきたこと。その過程で、その時代時代に、発展の中心と周辺という世界経済の構造を再生産し続けてきたこと。そして、前世紀末ころからは、発展途上段階にいまだあるアジア諸国においても、政治的独立以降成立していた「国民経済」という枠が熔解しはじめていること。これらの事実を論じた。そして、拙著の公刊直後に、東南アジアで金融・経済危機が発生したことで、ブローデルのいう資本主義の力が内在させている荒々しさが、図らずも露呈されることになったのである(12)。

サブ・タイトルの二つめは「発展の地域性」である。そこでは、比較対象をアジア全域に拡大して、それぞれの国の経済発展の間に、どういう類似性と相違点がみられるかを検討した。そこでは、既に紹介しておいたように、インドや西アジア地域も比較の対象に含めた。そこでは、どんな国・地域であろうと、その現在の経済発展は、それぞれの国・地域の過去を継承した発展経路をたどってきているということ、換言すれば、アジア諸国・地域の経済が、それぞれに固有な歴史経路に沿って進化してきたことを確認することを試みたのである。

この「経済発展の歴史経路依存性」という捉え方の典型として、是非ここで紹介しておきたいのは、中国である。我が国のこの隣国に関して、私は大略次のような議論を提示してきた。

「開発経済学者の間で市場経済への移行政策に関して、漸進方式がよいかそれともショック療法がよいのかといった議論が盛んにおこなわれている。そして、中国とロシアの市場経済への移行の比較から、中国が採用したような漸進方式の方が成功しやすいといった議論が展開されている。移行政策のタイプに関するこの種の議論が全く無意味であるとはいえないが、こういう比較論は最も肝要な問題を避けた議論になってしまっているのではなかろうか。問題の急所は、漸進方式であれショック療法であれ、市場経済への移行政策という「笛」を政府が吹いたときに、果たして国民・社会がそれに合わせて「踊る」のかどうかという事態にあるはずである。」

「中国社会には、このような政府の政策に充分に反応しうる社会構造や歴史があった事実を強調しておくべきであろう。農民もエリートも市場経済に巻き込まれ、すでに一八世紀には中国全土を覆う原料・食糧の国家的市場が形成されていた。財産は交易と手工業によって蓄積されるようになり、町は都市へと発達した。銭荘や票号など中国独自の銀行や送金機構、会館などの同郷者の組織が生まれ、交易活動に便宜を与えた。労働市場においても、口入れ屋という仲介業者によって契約労働制として、かなり広い地理的範囲にわたって単純労働力の配分がおこなわれていたのである。村と世界市場とは、農村の小市場町・集散地・上海等開港場と、幾重にも重なった（中略）流通の鎖で結ばれていた。牙行と呼ばれる仲介機構の、一見すると過剰とも見える発達こそが、中国社会を特徴づける非常に重要な事実であった。この中国の市場構造は「細分化した細胞」として捉えられうるものであろう。個々の細胞は、無数の壁で仕切られていながら、同時に上下や左右に開放されており、互いに競合関係にあるが、各種ブローカーがその間の調整作用をおこなっている。需給や価格の情報は細胞間を流れ、部分は全体に有機的に統合されているし、また細胞である各単位は、クラブに似た「契約的性質」をもったものとなっている。」

「中国人の社会的行動の大きな特徴は、自分の周りに役に立つ人間関係のネットワーク「関係グアン・シ」を張りめぐらせることである。（中略）同族・同郷・同業といった種々の契機で集団形成がおこなわれてきた。特にこれら多様な契機にもとづく集団・組織の形成においては、共通して「股分」の提供とその提供に応じた利益のシェアリングという仕組み（「合股」）がみられている。中国の企業経営には、この仕組みが投影しており、資本の提供も労働サービスの提供も、そして経営能力の提供も全くこの股分の提供とみなされている。（中略）そして、ある意味では優れて実力競争を重んじてきた社会の中で、誰でもが自らの責任とリスク負担とでこれら経済・経営活動に参入しえたのである。中国の社会つまり民間部門には、商業活動を活性化しうる社会関係形成エネルギーが歴史的に備わっていたといってよいであろう。」

「中国の現在の経済活性化を支えているものが、中国に伝統的な以上のような社会関係とそれに支えられた個々人の自由な活動であることは間違いのない事実であろう。中国の経済改革とは、国営企業の改革がいまだうまく行われていないことを考えると、「市場経済への移行」と性格づけるよりは、その実態は「伝統的要素の復興、ないしそれへの回帰」であるとしか性格づけることができないのではなかろうか。」

以上のような中国経済の捉え方も含めて、アジアの特定の地域を専攻する歴史家ではないため、「経済発展の歴史経路依存性」という視点だけに偏った、粗削りで不十分なアジア経済の展望となってしまったことは、間違いない。にもかかわらず、思いきってアジア全域に対象を広げて比較を試みたことで、明らかになったこともあったと思っている。それは、どんな社会であれ、そこでの経済発展が、新古典派経済学者が、暗黙にではあれ、その実現を期待しているような「完全競争型市場」という「ひとつ」の原理・制度でしか実現されえないという命題は間違いである、という点にある。我々はこの認識をさらに進めて市場経済の発達という歴史には、地域性という「多くの」形態がありうることをはっきりと認識しておく必要がある。アジア地域内を見渡しても、近代的要素と伝統的要素と絡み合いは、多様な形態がありうる。これが「発展の地域性」を論じた作業の結論であった。(13)

比較農業論

ところで、私がはじめて学部生向けの講義で担当したのは「比較農業」という科目であった。何を講義したかは、正確には覚えていないが、中部タイの稲作農村とジャワの農村とが、それぞれの開発過程の違いによって、「開かれた農村」と「閉ざされた農村」といった「対照的な」農村になっているといったことを話したように記憶している。

ギアツは『農業のインボリューション』で、大川一司の日本経済論を参照しながら、ジャワ農業史と徳川期以降の日本農業とを、「二重経済の発展」という視点から比較する試みをおこなっていた。「日本では、資本集約的部門の労働生産性が上がるにつれ労働集約的部門の労働生産性も上昇した。しかし、ジャワでは資本集約的部門（砂糖工場）の労働生産性が上がっても労働集約的部門の労働生産性は変わらなかった。日本を発展させ続け最終的に持続的な成長の高みへと押し上げた二部門間のダイナミックな相互作用は、ジャワにはなかった。」「対照的なコースへの分化の決定的要因は、伝統的な労働集約的・零細・家族経営・水田二毛作というタイプのエコシステムが、一連の近代経済制度に関連づけられていくそのやり方なのである。日本の農業は拡大する民族資本の工業システムと補完的な関係にあったのに対して、ジャワの農業は外国経営のアグロインダストリーと補完的な関係にあった。」この差が決定的であった。端的にいうと、オランダの植民地政策によってジャワ農業のインボリューションがもたらされた。そして、「ブーケが二重経済論の原因であるとみなしたオランダ人とジャワ人の経済心理の差異は、実際には大部分オランダが近代部門をもちこんだことの結果であったのである。ジャワ人は静的であったが故に貧しくなったのではなく、貧しかったが故に静的になった」と。インドネシアは、砂糖生産という「都市化しない工業化」から現在「工業化しない都市化」へと変質してきている。離陸から持続的成長へと歩んだ日本に対して、ジャワはインボリューションによって静的拡張経路にしかすすみえなかった。「日本の経済史は、ジャワが不幸にも（そこから）外れてしまった規範ではないし、またジャワの経済史も神のおかげで日本が幸福にも免れることができた病理を示しているのではない。むしろ日本の経済史は、いくつかの決定的な変数が置き換えたジャワの歴史であり、そこに比較の重要性がある。」

この比較は、非常に興味深く重要なものである。しかし、ジャワと日本という二地域だけの比較では、共通性と差異との識別は不十分となってしまう可能性が大きいのではなかろうか。もう一つジャワや日本とは違って一九世紀後半になって初めて開拓され、人口密度も高くない中部タイの農業を対象に加えることで、比較による共通性や差異がより明確になってくると考えて、講義では、この三点比較による観察を講義したこともある。[14] レヴィ・ストロース研究とアフリカ研究の第一人者である川田順造教授との会話からも、三点以上での比較が重要であることを教えられたこともあった。[15]

東大を離れてから、明治以降の「内国植民地」としての北海道と沖縄の農業開拓史を比較する作業をおこなうにいたった。北海道は、カリフォルニア開拓期とほぼ同時代に開拓された新開地である。一方、沖縄は、琉球王朝時代以降の農業慣行が存続していた旧開地である。この異質な日本の南北の地域を、本土・内地日本の農業発展史との比較も意識した三点間で比較することを試み、その結果を『北の大地・南の列島の「農」』(二〇〇七年)として公刊した。

「北の大地」北海道は、明治維新以降の近代化において急激な発展を実現した。未開の原野を民間に払下げるという植民地的開発には、国の膨大な財政資金が投入された。特に道庁設置以降、内地から民間の資本家を有利な条件を与えて誘致した。誘致に賛同した資本家も開拓を投資と考えていた。畑作農業の適地と見做された十勝地方では、投機的土地所有者を媒介するブローカーが多数発生し、土地資産の売買も盛んであった。また華族農場といわれた小作農場経営では、内地に居住していた不在地主は産業資本の利回りに規定される土地収益だけを求めたし、また小作人も流動的で「小作権」を売買することも常態となっていた。まさに、アメリカ型に近い市場原理を基盤とした土地所有・利用の仕組みがみられたといってよい。

近代日本農業史のなかで、北海道では「売るための」大規模な資本家的農業経営が誕生し、畜産物まで含めた商業的農業が基軸となった。その一方で、内地から移住してきた農民や道民の需要に応じて、亜寒帯でも米生産が拡大していった。そのいずれにも、土地払下げから農事試験研究まで、明治政府は財政資金投入を含めて積極的な働きかけをおこなった。その結果、この北の大地は一貫して内地からの移民や入植者の受入れ地であったのである。

北の大地に比べて、「南の列島」沖縄は大きく異なった経路を辿ることになった。一九世紀末に、沖縄でも「前近代」の土地制度が廃止され、近代的土地制度が導入された。しかし、沖縄独自の土地相続制度もあり、本土のような「農家」は成立しなかったし、また家産としての農地といった観念も発達しなかった。そして、土地所有には強く制約されることなく、小作や一時預かりという形態で経営規模を労働力の数に応じて柔軟に増減させる、旧くからの土地利用の慣行がほぼそのまま持続した。沖縄は、琉球王国といった独立した政治体制を形成した歴史をもち、独特の政治・社会・経済制度が存続していた。割替えに基づく零細土地の分散保有という歴史条件のもとで、明治になって商品作物サトウキビが導入された。南の列島は旧開地であり、例えば割替え制度をもっていた北ベトナムといくつかの類似点をもっていたようである。

古くから米つくりは存在していたが、それが亜熱帯の米作であったため、日本本土からの米作技術の直接的移植は不可能であった。だが、台湾での植民地経営で手一杯であったためか、沖縄での米に関わる農事研究は無視され続けた。また、この地の商品作物として重要であったサトウキビもその製品は黒糖であり、本土を含めて消費市場は限られていた。このように商品作物、農民の自給食糧作物ともに、昭和にはいって台湾で改良された生産性の高い品種が導入されるまで、沖縄の農業生産力は低いままであった。沖縄では、農産品・作物の商品化ではなく、本土への出稼ぎや南洋群島への移民というかたちで「労働力の商品化」がすすんだのである。

明治維新以来の近代化のなかで日本においても、土地所有や利用のかたちは決して全国一律ではなかった。北海道と沖縄の土地所有・利用のかたちは、相互に異質であっただけでなく、初期条件や歴史経路の違いに依存して、内地・本土とは大きく異なった展開を辿ってきた。地方的変種を亜種と呼ぶ生物学上の命名法にしたがえば、北の大地、南の列島、このふたつが日本文明の「亜種」であることは間違いないであろう。これが、私が見出した結論であった。

このような、北海道と沖縄の農業の比較の作業を終えた後、ごく最近まで、アジア農村への調査紀行を続けながら、私は同じアジアといわれる地域でも実に多様な農業・農村が存在していることを確認してきた。そして私なりの結論として、歴史的にみて旧開地で人口稠密な地域と、近代以降に開拓が開始された新開地とでは、まったく異質な農業構造と農村社会が存在していることを、発見することができたのだった。旧開地では、まず自給用の農業生産が主体で、かつ長い歴史の経過の中で構築されてきた、土地所有・利用の慣行や雇用慣行が今も存在している。これに対して、新開地では、古くから存在してきた土地所有慣行や雇用慣行もほとんど存在せず、市場に売りだすという、資本主義的農業が発展してきていた。旧開地の農業発展は、伝統要素と近代要素との対立と習合という困難な課題を抱えてきている。これに対して、新開地では伝統要素が存在しなかったので、スムーズに近代的要素が導入されたのであった。

以上のような発見をまとめるべく、『アジアの「農」日本の「農」』(二〇一三年)を上梓した。内容は、ほぼ以下の通りである。東畑精一・大川一司『朝鮮米穀経済論』と川野重任『台湾米穀経済論』の解読を通じた二つの地域の植民地時代の農業発展の比較。さらに、タイ、ベトナム、ラオス、ミャンマー、ジャワならびに中国の農業・農村経済の比較史。そして、これらアジア各地域との比較の視点からの日本農業発展の特質の析出の試み。先に述べておいたように、私が最初に担当した学部生への講義は「比較農業」であった。この講義を担当したのは、ほんの数年であったが、その後もずっとこのような講義は重要であると考え続けてきた。二一世紀になった現在でも、いや今こそ、比較農業論といった講義は重要になっている。私は以上のように確信していたので、自分が考えている比較農業論を公刊しておくことが私に課された責務であると思い、執筆したのである。

ところで、これらの論考を執筆しているときには、いまだはっきりとした比較史の進め方のあるべき方法を認識してはいなかった。しかし最近になって、フランスの「アナール学派」の創設者であったマルク・ブロック『比較史の方法』を精読することで、比較史の意義を確認することができた。

ブロックは、比較についてこう書いている。「一つあるいはいくつかの相異なる社会状況から、一見してそれらの間にある種の類似性が存在すると思われる二つあるいはそれ以上の現象を選び出し、選び出された現象それぞれの発展の道すじをあとづけ、それらの間の類似点と相違点を確定し、そして類似および相違が生じた理由を可能な限り説明することである。」まさに、比較の方法を用いることで、ある現象がある社会に独自か否かの検証や、独自と思われた現象も決してそうではなかったといった事実を発見できる。これがブロックの方法なのだ。

ブロックは、比較を二つのタイプに区別している。「射程の長い比較」と「近接・同時代の諸社会の比較」とである。私の二つの比較農業論でいえば、『北の大地・南の列島の「農」』は後者であり、『アジアの「農」日本の「農」』は前者である。「比較史の方法」の訳者である高橋清徳は以下のように記している。「ブロック自身は述べていないが、それは仮説検証の論理であると捉えていい。」「仮説設定、検証、修正、再検証というプロセスを経て、納得のいく正確な説明論理が組み立てられていくわけである。換言すれば、歴史家の場合であれ、社会科学者の場合であれ、比較の方法を用いることは、実際の実験が不可能な領域への実験的論理の適用なのである。」この解説を踏まえれば、少なくとも三つ以上の事例の比較という「実際の実験が不可能な領域」での「実験的論理の適用」によってこそ、真に問われるべき問題が「発見」されることになろう。

もちろん、私がブロックの提唱する方法を厳密に適用したなどとは思っていないが、比較を試みた私の方法も、それなりに有効であったのではないか、と少々安堵しているところである。

第三章　近代・伝統という二重経済論から、資本主義・市場経済・基層社会という三層構造論へ(16)

資本主義と市場経済

『アジア・ダイナミズム』を紹介したとき既に指摘しておいたように、アジア経済の歴史的ダイナミズムを的確に捉えるためには、学生時代に身につけた二重経済論だけでは不十分であり、ブローデルが提示してくれた資本主義・市場経済・物質生活という経済の三層構造論を取り入れることが必要であると、考えるようになった経緯は既に述べた。では、この三層構造論と経済発展論とをどう接合させるのか。以下、この問題についての私の見解を紹介しておきたい。

三層構造の中間にある市場経済を、ブローデルは「農村活動・屋台・工房・商店・取引所・銀行・大市そして当然ながら市と結び付いた、生産と交換のメカニズム」と特徴づけている。この市場経済は多数の同質的主体間での競争をその基本としているため、散在している多数の消費者と生産者がともに「予想外のことの起こらぬ透明な交換、各自があらかじめ一部始終を知っていて、つねにほどほどのものである利益が大体推測できるような交換（ブローデル『歴史入門』「第二章　市場経済と資本主義」）」をおこなうことができる。そういう規則性・透明性を制度的に保証するものとして、「交換の道具類」とでも表現しうる「市・店・銀行・大市・取引所」が発達してきた。そのため、人々は安心して自らが所有する私有財産を商品として交換しあうことが可能となった。ブローデルはこう指摘し、続けて以下のように書いている。

「こうして、正否はともかく、人々は、交換がそれ自体で決定的な役割を、均等をもたらす役割を持つものであり、競争によって格差を均等化し、供給と需要を調整するものであり、要するに、市場が隠れた慈しみ深い神であると信じるようになる。まさしく、アダム・スミスの「見えざる手」であり、自己調整能力をもった一九世紀の市場であり、それこそが経済の要であり、自由放任がその通行証である」と。さらに追記して、「何より市場競争の利点（「人類が初めて手にしたコンピュータ」）を認めるにしても、少なくとも、市場による生産と消費の結び付きが不完全なものでしかないことを指摘しておく必要がある。その結び付きが部分的なものに留まっているということからだけでも、不完全であることは免れがたい。部分的という言葉を強調しておこう」と書いているのである。

ブローデルは、「市場経済しか目に入らないという危険性、それを微に入り記述することによって、まるでそれが圧倒的な力を持つ永遠の存在であるかのように言う危険性がある。しかし、市場経済とは、大きな全体の中の一部分にすぎないのである。というのも、その本質は、生産と消費を仲介するということに尽きるから」であると指摘する。そしてこのような市場経済に対比して資本主義を、「普通ほとんど利他的でない目的でおこなわれる、資本投入という絶えざる賭け」であり、どんなところからでも利潤を作りだそうとして、常に前進的に自己拡大しようとする大商人・営利企業がおこなう経済活動の束であると、ブローデルは特徴づける。その活動の領域は何処でもまた何でもい、つまり資本の論理とは基本的にジェネラリストの論理である。その淵源は、歴史はじまって以来冒険商人に担われてきた遠隔地交易・金融活動にある。資本主義の本性とは、決して競争ではなく独占にある。資本主義は、独占ないし寡占という力を利用して、自らがそのなかで活動を展開させる経済環境を不連続的に変化させていき、更なる利潤をえようとする終わりなき経済活動である。ブローデルは、こう述べていたのである。

一九九七年夏、タイからインドネシアや韓国へと伝染する東アジア金融経済危機が発生した直後に私は、『グローバリズムの終宴』という小著を書いた。そこで指摘しておいたように、歴史の一時点で捉えられた空間軸における経済の三層構造は、ブローデルに独自の時間軸概念ともほぼ以下のように対応している。資本主義・市場経済は、「出来事エヴェンヌマン」という短期時間、ないし「複合循環コンジョンクチュール」という中期期間に対応し、物質生活は「長期持続ロング・デュレ」という長期時間に対応している。私はこう指摘しておいたのだった。

ヒックスの市場経済論

ブローデルのいう「隠れた慈しみ深い神」のことを、ヒックスは『経済学の思考法』「序」で「全体としてははっきりと需要と供給によって動く、より競争的な市場である組織化された市場」と性格づけている。そして、ワルラスが舞台に登場させたオークショナーが価格調整全体を中央集権的に取り仕切る「完全競争」市場は、現実には稀にしか存在しないことを強調している。このような市場とはまったく異質の、オークショナーではなく「商人的仲介者によって価格がつけられる組織化されていない伸縮価格市場」を、ヒックスは「商人的経済」と表現している。『ギアツの経済学』のなかで紹介しておいたバザール経済とはまさに、この商人が自生的につくりあげた仕組みなのである。ヒックスの商人的経済は、ブローデルのいう市場経済とその本質において同じものといえる。

既に紹介しておいたが、ヒックスは『経済史の理論』「第七章　農業の商業化」で「市場の勃興」について、以下のように記している。「組織の一形態としての市場は、商人の、そして引続いては金融業者の創造物であって（中略）、商品市場と金融市場とは、市場制度が本来あるべき場である。」ブローデルも、資本主義の本質は状況依存性にあり、「その強さの秘訣は適応と再転換の速さに」あり、専門化とは無関係であるとしながらも、金融業だけはその例外であり、それこそ資本主義にとって「自分の領分」に属するといっている（『交換のはたらき』「第四章　自らの領域における資本主義」）。資本主義とは、商品・金融を問わず、自らとは違う領域にいる経済主体が情報を不完全にしか保有しえない状況を巧みに利用して、情報仲介に専門化することでネットワークをつくり拡大させていくものである。このように、ブローデルの資本主義の担い手とは、ヒックスの市場生成の担い手に、ほぼ対応していることは明らかなのではないだろうか。

そして、このような資本主義にとって、モノづくりは「他人の領分」の活動であるとブローデルは指摘している

（前掲書「第三章　生産あるいは他人の領分における資本主義」）。その代表といえる「産業資本主義」とも通称される工業生産においては、固定資本財への投資が必要となり、利益実現には少なくとも数年かかる。こういった工業生産は、資本主義の純粋原理からみると、利益実現までの時間が長く、かつ収益予想も不確実なものでしかありえない。また工場での生産には、人々の組織化が不可欠であり、この組織づくりにはその社会での人間関係のあり様といった要因が強く関連してくる。こういった要因のために、金融市場は長期資金である付加資本を工業生産に十分に回すといった機能を果たしえないのである。

さらに農業は、特定の土地・自然を基盤とし、そこに歴史を築いてきた人々の社会的な関係のなかで営まれる生産活動である。資本をもつ者が農地の購入によって農業生産を営む活動は、「農業資本主義」といえよう。このような資本家的農業まで含めて、そこでの資本形成の時間単位は、土地を含めた自然への働きかけが不可欠であるため、製造業に比べてもはるかに長い。また、生産が気候変動などに強く左右されるため、収益は常に不確実でリスクに満ちている。さらにその生産活動は、村落社会といった歴史的形成物に深く埋め込まれていることが多い。そのため、農業は、資本主義にとって工業以上に「他人の領分」に属している。資本主義が、こういう農業の持続的成長に必要な長期的資本の需要に対して、付加資本を十分に提供することなど、まずありえないはずである。

ここで注目しておきたいのは、商人が自らの利益を追求する動機でつくりだす市場は、土地や労働という生産要素の利用にはあまり適した経済取引の仕組みではない事実を、ヒックスが強調していることである。「土地市場と労働市場の形成に進む場合、市場制度は比較的支配しにくい領域に浸透しつつあるか、あるいはそれを植民地化しつつあるのである（『経済史の理論』「第七章　農業の商業化」）。」続けて労働市場についてヒックスは、以下のように書いている。「もっとも完全に商業化した労働市場は臨時労働に対する市場であって、そこでは従者はいつ解放されるかわからないし、主人の方もいつ見限られるかわからないのである。労働市場が商品市場に似せて形成された場合にはそのようなものとなる。賃金労働者に対する市場は、必ずしもこういった性格をもっているとは限らないし、また完全にこうした性格のものであるわけもない。しかし、商業化そのものが、このような方向に市場を動かしていくのである（「第八章　労働市場」）。」このように指摘するヒックスが、商品市場の成長と要素市場の展開とは別個に論じられるべきであると確信していたことは、間違いないと思われる。

いずれにせよ、資本主義と市場経済とを区別することは、経済理論のあり方を考える上で非常に重要なことであろう。経済学説史家根井雅弘は、アダム・スミスの「見えざる手」が資本の移動を論じたものであることに注目して古典派経済学は、資本の移動における自由な競争に焦点をあてており、新古典派経済学での完全競争・不完全競争論に典型化されているような価格をパラメーターとする商品市場での競争とは、異質の議論であることを強調している（根井『経済学とは何か』）。また、スミスら古典派経済学にあっては競争とは、企業ないし資本家の参入競争のことであったのである（根岸隆「『国富論』と現代経済学」）。利潤追求を動機として経済を動かす資本主義の力学と、価格変化を媒介とする商品の需給調整を担う市場経済の力学とは、やはり異質なものと捉えておくべきではないだろうか。

東畑精一の農業信用論

ここで「資本主義的純粋経済の論理からははなはだ隔たっている事態」の重要なポイントである農業への銀行の信用供与の特質を論じた東畑精一の議論「農業信用の理論」（東畑　一九三一）を紹介しておこう。これは、先生がボン大学でシュンペーターの指導を受けていた留学中に執筆した論考である。

「金融の世界は永久に固定したる愛児を有せず、何れの経済部門にも中立であって之れを吸引する経済的な能力と位置を有するものに向って流れて他に容易に流れず。換言すれば農業金融は夫れ自体として閉鎖され固定する世界ではない。」こう指摘した東畑は、さらに続けて、「何れの経済部門にも中立的な」金融、つまり、「世界に共通的な」「資本主義的純粋経済の原理」を体現する近代的銀行の農業への生産信用供与に関して、次のように指摘している。「現今殊に所謂旧開国一般に於いては其の国農業の発展に実に多くの困難が横たわっている。農業自体が極めて長き期間に亙って始めて一経済循環を終えること、多くの疑慮危険を其の期間に含み易き農業金融の長期性が信用能力に欠くる所あるは言うを埃たず。」このように、二〇世紀はじめに日本農業が「劣位産業化」しつつあった現実を踏まえて、東畑は、すべての産業を平等に評価する「中立的な」金融機関、銀行は、将来の利益率が不確実な農業への信用供与には消極的にならざるをえないのだという冷静な認識を提示していた。

「斯くして新生産方法を実施せんことを図る能才が次第に外界に走り去る。農村の所謂衰微とは斯かる経路をさすに他ならぬ。また農業内に於ける新方法は旧開国を捨てて漸次新開国へと走って実行せられる。」「旧開国の金融機関は斯くして将来に乏しき農業を捨てて、農業に投資すべくんば即ちこれを自国の外において行ふ。之れ即ち植民其の他に基く農業的帝国主義に外ならない。而して此の種の資本の輸出は他種の経済部門よりも常に先きである。何故ならば新開国に於いては、他種の経済部門の将来的見込みが大きくないから。斯くして農業的帝国主義（工業原料を求める帝国主義と共に）他種の夫れに先立つのである。斯かる経路の結果として考えられるもの二つあり。曰く、内地に於ける農業生産手段の流出による其の価格高騰。他に新開国、植民地より内地に流れ込む農産物に依る其の価格低下作用之れである。共に旧開国の農業を圧迫して益々農業信用能力を阻害するは明かである。」

東畑による以上の議論は、金融こそが資本主義にとって本来の領分に属するものというブローデルの議論に重なるものといってよい。そしてこの認識こそが、その本性上グローバル化を促進される資本主義と農業、つまりブローデルのいう物質生活との関係を論じる出発点となるのではないか、私はこのように考えていたといってよい。

農業発展の捉え方

ブローデルは、無意識や慣習的行動が支配している、資本主義にとっては最も縁の薄い領分である物質生活・物質文明が、いつの時代にも経済の下層に存在していることを強調している。それは、現在も多くの地域に存在している「農」の世界といってよいだろう。長い歴史時間を貫いて持続して存在してきた「非市場領域」といえるこの基層にみられる変化について、『歴史入門』「第一章　物質生活と経済生活の再考」で、「つねに変動し続ける人間の数量は、諸個人がそのことを意識することなしに、人類の運命のかなりの部分を支配する」と指摘している。

さて斎藤修は、『比較経済発展論』「序」で、物質生活・

文明の歴史変化を解明するためには、「ボズラップ的な農業発展の途とヒックス＝ブローデル的な市場経済観」とを整合的に理解する必要があるのではないかと、指摘している。ここで言及されている農業発展の途とは、エスター・ボズラップが『農業成長の諸条件』で提出している次のような仮説のことであろう。人口増加の結果として土地の相対的希少性が増大しその利用率が上昇し、それに適合的な技術と農業制度が新しく生まれてくる。「われわれにとって、農業の耕作システムが、異なる自然条件への適応であると見做すことは非現実的なものであり、むしろ耕作システムは、人口規模の差異の結果であると説明する方が妥当であることがわかった（第一四章　展望と意義）。」まさにそれは、歴史的に長期持続してきた物質生活という基層における「数の重量」を重視したブローデルの歴史論と相通じる議論といってよいだろう。

「インドネシアのジャワでは、オランダ人が渡来した一六〇〇年当時、島の大部分はまだ森林休耕ないし薮地休耕という長期休耕システムの下にあった。だが、植民地時代の各時期の報告を比較してみると、いくつかの地域で人口が急速に成長した結果、長期休耕から短期休耕へ、短期休耕から一毛作および多毛作へと、継続的な変化のあったことが明らかになる。また一六〇〇年頃から一八五〇年にかけての近世期日本では、戦国争乱のあと政権交代が国内平和を創り出し、その前半期に人口は急速に成長した。そして農耕において、灌漑と購入糞尿や干鰯を利用することによって、二毛作が可能となり、また平均農業経営規模は縮小した（「第五章　耕作諸システムの共存」）。」以上のような多様な歴史事例を踏まえて、ボズラップは「土地が作付けされる頻度」に重点をおいて、人口密度の上昇に伴って、森林休耕耕作、薮地休耕耕作、短期休耕耕作、一毛作そして多毛作へというように耕作システムが変化していくという仮説を提示している（「第一章　土地利用のダイナミックス」）。

さらに「第九章　土地保有 land tenure 決定要因としての土地利用システム」において「土地保有の問題を外生的変数として取り扱うというこの伝統的手法を受け入れるわけにはいかない」ことを強調し、自らが提出した土地利用システムの進化段階に沿って土地保有制度も進化するという、次のような仮説を提示している。

「土地私有制が出現する以前の部族社会段階では村落が

一般耕作権を保有し、定期的に土地の再配分「割替」がおこなわれていた。だが人口増加につれて、個々の耕作区画に対する個別家族の結びつきがより恒久的になると、土地の誓約貸借という慣習 the custom of pledging land が現われ、各家族が特定耕作権を保有するようになっていく。そして更に人口増加が続き、多毛作といった集約的土地利用システムへの進化と併行して、耕作者自身が自分の土地を所有するか、あるいは貨幣地代もしくは現物地代を支払って土地所有者から借りるという近代的土地保有制度が生まれてくる（第一二章　近代的土地保有における投資への刺激）。」

ところで現在開発経済学のなかでボズラップ仮説は、人口増加によって土地利用率の向上が不可欠となり、その必要に誘発されて、それに適合的な技術や農業制度の革新・進化が展開していくという「誘発的技術・制度進化」仮説として一般化されている。しかし、土地への人口圧力の高まりという同じような条件に直面しても、それに誘発されて生じる制度変化のパターンは、土地・人口比という、ひとつの外生的要因によってほぼ一義的に決まるのであろうか。確かに、歴史を大きく鳥瞰するとボズラップ仮説があてはまることも多いであろう。なぜなら、端的にいってこの仮説は「必要は発明の母」というイギリスの格言そのものだからだ。つまり、あまりにも常識的であるので、何となく誰でもが納得してしまう仮説といえよう。しかし、そうであるが故の危険性もあることを軽視してはいけない。虫瞰してはじめてみえる細かい差異があることは、私は間違いない事実として存在すると思っている。

第四章　日本研究へ

あと少しで、日本は明治維新後一五〇周年を迎える（本報告刊行は二〇一八年）。数年前から、このことを意識し始めて、我が国の明治以降の近現代史を自分なりに再考してみようと考えるようになった。というのは、我々の世代はあと少しで、明治維新以降の歴史の半分を生きることになるからである。七五年間における自らの体験を踏まえて、それ以前の七五年間も含めて、我が国が辿ってきた一世紀半の時代とは、どういうものであったのか。そのことを考えておくことは、我々の世代に課された宿題なのではないのか。そんなことを私は意識するようになった。

随分以前から、日本の経済や歴史、端的には明治以降の日本の経済発展について私は、大きな関心を抱き続けてきた。一九七〇年代以降、アジア諸国を訪ねる旅の中で、各国の経済学者から「日本の経済発展の成功の秘密は何ですか」といった類の質問を受けることが多かった。こういう質問に的確に答えるためにも、日本経済発展に関する研究について、私なりに勉強しておくことが必要であったからでもあった。そして、今から一〇年ほど前の東大で停年を迎える頃になって、自分の出発点となった農業経済学とはどのようなものであったのかを小生なりに、再確認しようと考え、明治以降の農業経済学の歴史的回顧を試みた。明治以降、多くの農業経済学者や農政論者は、ドイツやアメリカに留学して、経済学や農政学を学んできている。こういう論者たちが、欧米で学んだ学問を踏まえながらも、日本農業の個性的問題を、どういう方法や視点から捉えようとしてきたのかに焦点を当てて、日本農業経済学の学説の展開史を、私なりに振り返ってみようと考えたのである。その結果を『「農」をどう捉えるか』というタイトルの書物として、二〇〇六年に上梓した。またこの学説史研究と並行して、先に触れておいた、日本の南北に位置する「内国植民地」とも称される北海道と沖縄の農業発展の道すじの類似点と相違点とを、本土日本との比較も念頭において、比較する作業をおこなった。このような作業を続ける中で、先ほど記しておいた、我々の世代に課された知的宿題を、はっきりと意識するようになれた。

そこでまず、私の原点回帰でもある日本農業経済学説の歴史的回顧の試みを紹介しておこう。

『「農」をどう捉えるか』

「近代経済成長過程での労働や資本という要素の市場の発達や構造は、日本では欧米とは違ったものであった。ましてや、複雑な歴史的経路に規定される土地、土地用役の市場は、その発達の程度や構造・機能の点で、大きく西欧やアメリカとは異なっていたといえよう。そしてその背景には、明治以降日本農業が、小規模な家族経営を基本単位とする生産組織、劣悪な土地人口比率、水稲単作型生産といった、前近代から受け継いだ制度の根本的変化を伴うことなく、発展してきたという歴史的個性が存在していたのである。」

「どういう経済学的仮説・理論が生まれるかは、間違いなくそれぞれの地域・国の経済発展の歴史的経路と個性に依存している。他の分野に比べて農業経済学の場合には、この傾向が顕著であろう。アメリカの農業経済学は、基本的に自国の経済・農業の発展経路を前提として発達してきた。そして日本の農業経済学は、「新開国」アメリカとはかなり異なった経路で発展してきたいわば「旧開国」日本の農業発展を踏まえて、構築されてきた。このことを改めてはっきりと認識し、アメリカ流の新古典派経済学が日本農業経済の研究において、アカデミックな「特権的位置」を占めている訳ではないことを理解しておかねばならない。」

こんな問題意識で本書を執筆したことを的確に伝えるために、サブ・タイトルを「市場原理主義と農業経済原論」としたのであった。いうまでもないが、市場原理主義とは、アメリカの新古典派経済学のことであり、農業経済原論とは、日本農業の歴史的特性を踏まえた農業経済学のことである。このサブ・タイトルによって、普遍的経済法則を解明したというアメリカ流の市場経済理論では、日本農業の実態を的確に捉えることはできない。この論点を具体的に示すことを目標として、明治以降の学説史を回顧する作業を進めた。

明治期においては、新渡戸稲造の「農業本論」、柳田國男の「時代ト農政」。大正・昭和前期については、那須皓の「公正なる小作料」論、東畑精一の「日本農業の展開過程」。そして戦後期については、大川一司や川野重任らの「過剰就業論」、さらにアーサー・ルイスの「無制限的労働供給による経済発展論」を日本に適用した大川の「日本経済の転換点論」。これらを学説史の検討の対象とした。そして、この作業を通じて、学生時代にはじめて接した二重構造経済論とは、どういう含意をもったものであるのか、を改めて確認することができたのであった。

ところで、私が特に注目したのは柳田國男の農政論だ。ご存知の読者もいると思うが、柳田の旧姓は松岡であり、大学卒業後農商務省農政課に勤務した農政官僚であり、実に多くの農政論・日本農業農村論に関する論考を書き残している。実は柳田は、小生が中学・高校時代を過ごした姫路の北部神崎郡辻川に生まれ育っている。そして兵庫で中学・高校生時代を過ごした私にも、松岡君という同級生がいたが、彼は柳田の親族であった。こんなこともあり、高校生時代から、柳田の民俗学には興味をもっていた。

そして農業経済学科に進学してから、若き時代に柳田が、かなりの農政論を書いていることを知り、先に触れた『時代ト農政』以外に『最新産業組合通解』『日本農民史』『都市と農村』、そしていくつかの大学でおこなった講義録『農政学』や『農業政策』を読むようになったのである。その中で、最も興味深かったのは、当時の農政批判のかたちでより鮮明かつ鋭角的に提示している「中農養成策」という短い論考であった。「吾人は必ずしも有力なる農業保護説の天下に呼号せらるるを欲するものにあらず。（中略）わが国農地の面積の狭小にして農家の数のはなはだ多きことは、一朝一夕の減少にはあらず。（中略）予はわが国農戸の全部をして少くも二町以上の田畑を持たしめたしと考う。」このような農業経営規模の拡大にとっては「土地の分合交換を盛んならしむること」こそが最も効果的な政策手段であるというのが、柳田の見解であった。

しかし同時に、「一筆一反歩以下の面積を有する田畑は、いっさいこれを分割することを禁止すべし。（中略）さらに、村の耕地は村に属すという旧時代の思想を復活し、村民の共同団結をもってなるべく他村他郡県の人の手に所有を移さざるの手段を講ずるを要す。」つまり「村の土地は村で利用する」というわが国の歴史的伝統を守らなければならないとも主張している。要するに、柳田の農政論は、当時増えつつあった不在地主ではなく、「本当に真の生産性を担っている中農」を育成することを目指したものであった、といってよい。そして柳田は、常々「学問救世」ということを強調していたという。農政学とは、貧しい農民の生活水準を引き上げうる学問でなければならない。柳田はこのように確信していたのだろう。

柳田は「農業経済と村是」と題する論考（『時代ト農政』に収録）で「今日の時節に必要なのは西洋の農業経済学の普及ではなく、日本の農業経済学の開発である。（中略）学問でも何でも役に立つのは国産でありますが、日本では聖徳太子・吉備大臣の昔から舶来の学問でなければ価値がないように思う悪い癖がありまして、（中略）今日ほど農業経済の学問の進歩せむ時代も珍しいのであります。」と書き記している。このことからも分かるように、柳田も、「日本の農業問題は、普遍的な原理を追及する経済学では解けない」という東畑精一の想いとほぼ同じ問題意識をもっていたといってよいであろう。

そして、明治以降の農政論の系譜を追いかけていて、気が付いたことがある。その一つが、日本の明治以降の土地制度は土地所有者に対して、強い所有権を付与している事実である。世界で最も強いといっても過言ではあるまい。英国の土地所有権は利用権に近く、最終処分権は政府がもつと考えられているし、フランスやアメリカには、公的機関による強い先買権や優先的領有権が存在している。これに対して日本では、江戸期までは、「村の土地は村で利用する」といった伝統的制度が機能しており、土地の所有・利用には公的な管理がおこなわれていたのだが、事態は明治期に一変する。地租改正事業によって、最終処分権まで含む強い所有権が土地所有者に認められるようになって以降、現在まで何の変化もないのである。比較農業論の視点からも、この事実は決して忘れてはならない論点であろう。

そして何より、この学説史の検討をおこなったことによって私が気づかされたのは、実施された農業政策を評価するためにも、それを立案した論者がどういう「政策理念」をもっていたのかを明らかにすることが必要であることであった。この作業をおこなったことで得た最大の教訓であった、といってもよい。後にふれるような農業政策理念の変遷を考察するようになったのは、この学説史の検討の過程で、各論者の農政論を理解するのは、彼らが身につけていた思想ないし理念にまで踏み込むことが必要である、と痛感したからに他ならない。

近代経済成長の局面分析

ここで「近代経済成長」といっているのは、明治維新から戦時体制が始まるまでの時期である。さて、前世紀末の東南アジアでの金融経済危機の後、今世紀になって世界銀行など国際機関からアジア諸国は「中進国の罠」に陥っているという議論が登場してきた。しかし、この議論は、それまで各国の成長を担ってきた労働集約的製造業が、より後発の国々の世界市場への登場によって、苦境に陥ってきた現象だけに注目した問題提起に過ぎないのではないか。こう考えたのは、第一次世界大戦後に日本経済は、国内経済構造が大転換する時期を迎え、多大な困難な問題に直面したという歴史的経験のことが頭にあったからである。この時期、日本は明治以来のキャッチ・アップ型の経済成長によって、当時の世界経済の中で、現在のアジア諸国と同じく「中進国」の段階に達しており、同時に近代産業である製造業と在来部門である農業との間での労働生産性格差が拡大するなど、産業構造において大きな転換が生じていたのである。

そこで、中進国段階に達した現在のアジア諸国経済の問題を、比較の視点から研究するための参照基準を明確にするために、近代日本が経験した、このような国内経済構造の大転換とそれがもたらした経済政策の変貌を明確にする作業をおこなった。その分析結果を私は『開発の罠』をどう捉えるか—アジア・ダイナミズム再考』「第三章　近代日本における二重経済の成立：発展局面の移行過程における「踊り場」の経済構造と経済政策」としてまとめた。

松方デフレから第一次世界大戦終了までの間、近代産業と在来産業とは、その労働生産性に格差はあったものの、それが拡大しないという意味での「均衡成長期」であったといえよう。この期の政府の殖産興業政策は、ガーシェンクロン流にいえば、何を「借りる」のかという選択において、工業の技術よりも、金融や法人企業という制度と、運輸・通信という公益事業の分野の技術を何よりも先に借りた。そうした制度や社会資本は、先進国イギリスでは工業技術の発展の後に充実された。だが、後発国明治日本では、工業の発展が企業の組織や運輸・通信手段を変化させたのではなく、企業組織や運輸・通信手段を先に充実させ、いわば容器をまず整えることによって、内容の充実をはかった。このような政策は、市場（機能）拡張型政策といえよう。

しかし、昭和恐慌以降になると、近代部門での労働生産性は上昇を続けた一方で、農業では停滞基調となる「不均衡成長期」が招来した。この時期の世界経済をみると、先進工業国では一九世紀末頃、既に自由な競争の時代が終わりはじめていた[17]。そして第一次大戦を経て、それ自身が生み出し、自由な競争の時代の終わりを告げさせることになった巨大な生産力の発展と、そうした経済システムの下での分配の不平等が拡大していた。まさに日本でも同じ問題が発生しており、政府は市場拡張型政策を継続できなくなり。市場介入型政策の採用へと転換せざるをえなくなっていた。近代製造業における、過剰競争による製品価格の値崩れを阻止するためのカルテル結成の容認。米価維持・保護のための米穀統制や小作調停法。これらはその代表であった。

近代日本が辿ったこのような転換期の経験を踏まえて、私は、以下のような「成長局面の移行」といった分析枠組みを提案してみた。近代経済成長とは、いくつかの成長局面を通過していく歴史過程である。「成長局面」とは、産業構造、資源配分の機構、そして経済政策といった複数の重要な側面からなる経済制度がその基本型を変質させることなく持続する二〇・三〇年間ほどの期間と定義しておこう。そして経済発展の過程では、世界経済の変質といった外的要因の変化と、国内経済の変質という内的要因の変質とが相まって、それまで効率的に機能してきた経済制度が非効率となり、新しく出現した内外要因に適応しうる経済制度に移行せざるをえない状況が生まれることになる。「中進国の罠」とは、経済発展が開始された以降の初期成長を実現させてきた経済制度の有効性・効率性が問われるような段階にいたって顕在化してくる現象のことである。そして、このような成長局面の移行は、スムーズに進化するプロセスには非常に困難な時代をもたらすであろう。というのは、それまで効率的・効果的に機能してきた経済制度の変更である以上、この移行は大きな困難を伴う「不連続的な」シフトとなることは、容易に予想されるからである。このような成長局面の移行は「断続的均衡経路 punctuated equilibrium」として捉えられよう。そして、成長局面の移行期の生じる問題は、制度がひとつの均衡から別の均衡に移っていく「踊り場」で生じる政策課題であるともいえよう。アジア諸国の経済発展を、歴史的視野の下に研究する際のひとつの理論的仮説として、このような論点を提出してみたのであった。

農商務省の政策理念の変遷

以上のような成長局面の移行に関連して、政府、具体的には当時の農商務省の政策理念はどのように変質したのか。この点を明確にするために『戦前期日本の近代経済成長再考――農商務省の政策理念に焦点をあてて』を執筆した。その際、農商務省を代表する人物として、石黒忠篤と吉野信次に着目した。二人とも自身の著作もあり、またオーラル・ヒストリーともいうべき、いろいろな人が両氏から聞き取った記録も残っていたので、参考にしたことは言うまでもない。ちなみに、一九二五年の農林省と商工省への分立後、石黒は農林省、吉野は商工省を代表する官僚となっている。

特に私が印象深かったのは、石黒忠篤、吉野信次、双方とも、恐慌期から、いよいよ政府が民間の市場経済に介入しなければいけないという局面にはいった時、「我々は明治憲法下に官僚となって、政策介入はしてはいけないという理念のもとに仕事をしてきたので、本当に戸惑った」と言っていたことである。二人とも、政策理念も変えなければいけないのだが、それには大変苦労したと、言っていたことである。特に、地主―小作問題への対処において、地主の農地所有権の絶対的不可侵性に阻まれた石黒にとって、政策理念の変更は困難な課題であったようだ(18)。

特に個人の財産権には政府も関与してはならないという明治憲法が制定されて以降、政府官僚は市場に介入してはならないという理念の下に、政策決定をおこなってきていた石黒にとっては。その理念を捨て去ることになるので、大変困難であったのだろう。短いがその趣旨は明快な二人の発言には、国内経済構造の大きな変質に、政府がどう対応すべきかを決めるに際して、政策理念そのものを変えないといけないという重要な課題が、見事に表れているのではないだろうか。「政府が民間の自由な経済活動を保障し、行政機能としては個人的所有権の保護を主要な任務とする一九世紀的国家体制」自体が、変質を迫られていた時である。成長局面の移行とは、政府がもつべき政策理念の変化という面でも、大きな苦難を伴う過程であったことも、忘れてはならないだろう。

現代経済成長の局面分析

一九七〇年代はじめまでの高度経済成長は一時期「日本の奇跡」とまで評された。これは、明治以降日本が国家目標としてきた、西欧へのキャッチ・アップ型成長が達成されたことを意味していた。しかし、近代以降の目標が達成された後、日本経済は低成長期にはいり、前世紀末くらいからゼロに近い成長となっている。このような現代成長期について、その成長の動きをどう捉えるか、またどう成長局面に区分するのか。この点に関しては、いまだ明確な構想をもつに至っていないので、ここでは深尾他『日本経済の歴史　第六巻　現代二』のいくつかの論考を援用して、簡単なスケッチを描くだけにしておこう。

まず、戦後期の経済成長の動きを、三つの指標でみておこう（深尾他）。高度成長期（一九五五—七〇）は、一人あたりGDP成長率八・二%、労働生産性上昇率七・五%。総要素生産性TFP上昇率四・二%。次いで安定成長期（一九七〇—九〇）では、それぞれの率は、三・六%、三・九%、一・五%。そして長期停滞期（一九九〇—二〇〇〇）では、〇・七%、〇・六、〇・三%。

ここでは、第三の指標TFP上昇率に関する「生産性動学による分析」（深尾）だけに注目しておこう。一九九〇年代以降に製造業のTFP上昇が減速した主因は、内部効果の低下と負の退出効果であった。内部効果の低下は、比較的小規模な工場において顕著であった。製造業における長期停滞期のTFP上層減速は、ほとんどが中小企業が所有していた中小工場で起きていた。大工場ではこの期間TFPはむしろ加速していた。

多くの産業で企業規模間の生産性格差が拡大し、中小企業がTFP上昇に取り残されたことも、日本の生産性上昇を停滞させた。たとえば機械産業では、一九九〇年代以降進んだ生産の海外移転や、現地生産を含むサプライ・チェーンのグローバル化によって、組立をおこなう大企業と部品を供給する中小企業の間の取引関係が流動化し、大企業からの技術のスピル・オーバーが低下した可能性がある。

さらに重大な問題は、日本経済の脱モノづくり化、別の言い方ではサービス経済化という国内経済構造の大転換である（森川）。高度経済成長期には、工業化とサービス化がほぼ平行して進んできた。しかし、キャッチ・アップ型成長が終焉した一九七〇年代半ば以降、サービス業のシェア拡大が加速化し、現在サービス産業が日本経済全体のパフォーマンスを規定するようになってきている。そして最大の問題は、サービス部門のTFP上昇率が概して低いことである。生産性上昇率が高い製造業とそれが低いサービス産業が併存する経済において、所得水準の上昇に伴ってサービス業のウエイトが次第に上昇していく結果、経済成長率は長期的に鈍化していく傾向にある。この傾向は、既にいくつかの国で経験されており、「ボーモル病」と言われている。果たして、これからの日本は、この病にどう対処していくべきなのであろうか。

ポスト・開発主義の時代の産業政策とそれを支える政策理念

通産省（経産省）が所管する産業政策においては、一九七〇年代頃から、戦間期に生まれた開発主義的産業政策を超えて、カルテルの容認などの市場介入政策から撤退していった。一九六二年に国会に上程された特別産業振興臨時措置法が、成立しなかったことは、まさにこの象徴であった。それは、ポスト・インダストリアリズムへの移行といってもよい政策理念の転換だったといえよう。その後、産業政策は、個別の産業分野を対象とする政策から後退し、日本産業全体がどうあるべきかを提案する「ヴィジョン政策」へと変貌していくことになった。旧来の意味での「産業政策」は、もはや存在していないと、いってもよいのではないだろうか(19)。

さらに、特に一九八五年のプラザ合意以降、日本企業がアジアへの直接投資を増加・加速化させ、アジアと日本との間での「生産ネットワーク」が形成されることを受けて、貿易自由化だけでなく、アジア地域に直接投資した日系企業の現地での活動を側面から支援する通商施策へと重心を移すようになってきている。

一方、農林水産省が所管する農業政策においても、一九六〇年代以降貿易自由化を順次実施することで、経済のグローバル化に対応してきた、といえる。さらに、新大陸国アメリカではなく、ドイツ、フランスという旧開国農業へのキャッチ・アップを目指す農業基本法を制定した。しかし同時に、戦時期からの食糧管理法に基づく主要農産物市場への介入は続いたのである。一九七〇年代にはいった頃から、兼業農家の急増などを受けて、明治以降農政の基調であった「ペザンティズム農政」、つまり「農村、農業、農民をつねに同質一体として把握した」農政からの転換があったことは間違いないと思われる。借地による農業経営の規模拡大を目指した農政が追及されるようになったことも事実であるが、一方で耕作放棄地が増加するが、経営規模の拡大も成功したとはいえない状態が続いてきた。いずれにせよ、産業政策のごとき明確な政策理念の転換はなかったといえよう。

近代産業と農業とのこのような大きな違いが、産業政策と農業政策を規定する基本的理念の変遷において、大きな違いを生みだすことになった。こう言っていいのではないかと思われる。(20)

「構造改革」という理念の登場

さて、一九九〇年代に日本経済が長期停滞局面に突入したことを受けて、登場してきたのが「構造改革」という政策理念である。これは、政府の規制政策を撤廃せよという新自由主義的理念に基づいたものであった。構造改革論者は、政府の規制が生み出している「価格の歪み」を正しい価格に是正するために、政府の介入を撤廃すべきだと声高に主張している。それはまさに「新古典派経済学の復興」そのものといってよい。ある意味では、明治初期の市場機能拡張型政策へ戻れという提案でもあったといえよう。そして、この政策理念は、産業政策から農業政策、そして福祉政策といった経済政策すべてを律する考え方となってきているようである。

しかし、現在提唱されている構造改革戦略だけで、停滞した各産業の生産性を向上させうるような市場機能拡張型の政策となるのであろうか。その主張の底に透けてみえるのは、やや誇張していうと、アメリカのミクロ経済学に描かれている理論を、その通り実行すれば、万事うまくゆくという、単純かつ素朴な考え、いや信仰である。日本経済の現実を直視すれば、かって大川一司が「傾斜構造」(「歴史的視点からの構造分析」）と名づけたように、製造業内部にも、そしてサービス部門内部にも大きな生産性格差が存在し、かつTFP上昇率で示される生産性向上力においても無視できない格差が存在している現状である。このような経済構造に起因する難題を解決するのに、果たして「構造改革」によって民間企業に誘発させたインセンティブだけで本当に充分なのであろうか。いずれにせよ、この構造改革論は、もし政府が規制を緩和・撤廃しても、効果があがらなかったら、「規制改革がいまだ不十分だから、さらにもっと改革しろ」といった逃げ道を用意している政策提案でもある。[21] 先に紹介した生産性動学による冷静な分析を踏まえて、「日本再生」のための政策理念をどのように構築するのか。こういった難問に地道に取り組むしか、途はないのではないだろうか。

「課題解決型先進国」日本の責務

先に提起しておいた、我々世代に課された宿題にどうこたえるのか、に関して、私自身はいまだ明快な見解をもつには至っていない。今まで触れなかったが、現在の日本経済の停滞の背後には、人口減少という大きな問題が横たわっていることは間違いない。この人口問題への対応こそ、現在日本に課された最大の難題と言ってよいだろう。しかし残念ながら、この難問にどういう政策理念で対処していくべきか。この点もいまだ全く不透明なままなのである。

アジア地域においても、「中進国の罠」を抜け出して次の成長局面に移行できたとしても、経済成長率は低下していくことになるであろう。タイや中国に続いてインドネシアでも、「人口ボーナス」が早晩終焉することは確実であるからだ。我が国が今直面している大きな困難を克服しうる政策体系を作り出すことに成功すれば、アジア諸国に対しても多大の教訓を与えうるものとなるだろう。

現在日本が直面している難問を克服する政策体系とそれを支える政策理念の確立こそが、我が孫たち世代に対して、我々世代が背負っている責務である。そして、それは日本の将来世代だけでなく、アジア諸国にとっても、重要な教訓を与えるものとならなければならない。これこそが、「世界の中での課題解決型先進国」（末廣）としての日本に課された最大の課題だといえるのではないだろうか。

注

(1) いうまでもないが、本書全体を通じての見解は、著者個人のものであり、政策研究院、又、著者が所属する組織としての見解を示すものではない。

(2) 私のアジア紀行については、拙稿『東南アジアの政治と経済』を参照のこと。

(3) この「純粋経済学」という表現は、東畑が若き日ボン大学留学中に中山伊知郎と出会ったことによるものであったようである。東畑『私の履歴書』「16　シュムペーター先生」参照のこと。

(4) 宇都宮高等農林学校勤務時に大川がおこなった食糧消費関数の推計や米の生産関数推計の研究（一九四五年『食糧経済の理論と計測』）は、西川俊作によってわが国における最初の本格的計量経済学の確立を担ったものとして位置づけられている（西川『計量経済学のすすめ』一九七〇年）

(5) 東畑精一・大川一司『朝鮮米穀経済論』日本学術振興会一九三五、ならびに川野重任『台湾米穀経済論』同一九四一。

(6) 長田秋雄『インドネシアの農業経済』（一九五八）溝口房雄『ビルマの農業経済』（一九五八）尾崎忠二郎『タイの農業経済』（一九五八）。全て農林水産業生産性向上会議「世界農業経済概観」シリーズである。

(7) バザールの実態調査としてギアツは、Sug: The Bazar Economy in Sefrou (Geertz eds. *Meaning and Order in Moroccan Society*, Cambridge University Press 1979) を書いていることも注記しておこう。

(8) 実はこの論文は、インドのカルカッタで執筆されている。

(9) ヒックスの経済学については、拙稿『ヒックス『経済史の理論』再考』（本書未収録）を参照のこと。

(10) 村上もこのことに注意を払っていた。村上は「システムとしての開発主義」という概念を導入して、近代的工業化政策には、他産業との格差の拡大といった影響も考慮にいれて、格差を緩和させる再分配政策も必要であることを強調している。

(11) この点については、拙著『アジア・ダイナミズム』「II　市場経済論」を参照のこと。

(12)『アジア・ダイナミズム』を書く一〇年以上前に、私は、世界経済が抱えるこのような問題について、ひとつの論考を書いていた。それは、世界産業構造と国際的資本移動には、歴史的にみて、長期波動が存在していることを、「雁行形態論」で有名な赤松要教授が提唱した「世界経済の同質化と異質化のダイナミックス」論を踏まえて書いた「重層的追跡と国際市場システム」という論考であった。『アジア経済論の構図』に収録した。この議論をさらに深めるためにも、ブローデルの議論が重要であると判断したのであった。

(13) ここでは触れていないが、テキストとして書いた『現代アジア経済論』では、「モノが移動しそれを媒介とする人々が活躍する場としての域圏」と「それ自身が歴史性をもつ生態基盤の上に形成された個性的な地域単位」との相互的絡み合いとして、世界経済史を捉える「グローバリズムと地域性の経済学」という私流のアイデイアを紹介している。

(14) 拙著『開発経済論 第二版』「第六章」、『現代アジア経済論』「第四章」を参照のこと。

(15) 中世以降の日本史を理解するには、西日本と東日本という二つの対象の比較ではなく、東北という第三地域を比較の対象に加えることにより正確な理解が可能になる。中世史家本郷和人はこう主張している(『考える日本史』)。

(16) 以下で紹介する、ブローデルの歴史論とヒックスの経済史の理論とを接合される試みに関しては、拙著『エリア・エコノミックス』(『ギアツの経済学』の改定版)と『アジアの「農」 日本の「農」』を参照のこと。

(17) このような転換の背後には、『ギアツの経済学』のところで紹介しておいたヒックスの市場経済の発展を援用すると、「伸縮価格型市場」が支配的な経済から、「固定価格型市場」が支配的になる経済へと転換した、といえよう。

(18) 戦後農地改革においても、この問題が、石黒の下で鍛えられた東畑四郎や小倉武一といった、当時の農林官僚たちにとっても、最も困難な課題であったようである。詳細は本書第八部『ベザンティズム農政』を参照のこと。

(19) 一九六三年に中小企業基本法を制定して、その近代化を推進しようとした中小企業政策には、大企業との格差是正のための「不利補正策」という保護主義が含まれていた。この点では、中小企業政策は、農業政策に似ていたともいえよう。

(20) 戦後の農政理念の変遷につては、本書第八部『ペザンティズム農政』を参照のこと。

(21) 実は二〇世紀末、金融危機に見舞われたアジア諸国に対して、IMFや世界銀行が突き付けた政策改革案は、まさにこの構造改革論であった。この提案を受け入れた国で、何が起こったかについては、拙著『グローバリズムの終宴』を参照のこと。また日本農業での「規制緩和」政策が抱える問題点については拙著『アジアの「農」 日本の「農」』Ⅳ部を参照のこと。

参照文献

原洋之介著書

『クリフォード・ギアツの経済学——アジア研究と経済理論の間で』リブロポート　一九八五年。

『アジア経済論の構図：新古典派開発経済学をこえて』リブロポート　一九九二年。

『東南アジア諸国の経済発展：開発主義的政策体系と社会の反応』東京大学東洋文化研究所　リブロポート　一九九五年。

『アジア・ダイナミズム——資本主義のネットワークと発展の地域性』NTT出版　一九九六年。

『グローバリズムの終宴　アジア危機と再生を読み解く三つの時間軸』NTT出版　一九九九年。

『エリア・エコノミックス——アジア経済のトポロジー』NTT出版　一九九九年。

『現代アジア経済論』岩波書店　二〇〇一年。

『開発経済論　第二版』岩波書店　二〇〇二年。

『「農」をどう捉えるか——市場原理主義と農業経済原論』書籍工房早山　二〇〇六年。

『北の大地・南の列島の「農」——地域分権化と農政改革』書籍工房早山　二〇〇七年。

『アジアの「農」日本の「農」——グローバル資本主義と比較農業論』書籍工房早山　二〇一三年。

『「開発の罠」をどう捉えるか：アジア・ダイナミズム再考』政策研究大学院大学研究報告　二〇一五年。

『前近代日本の近代経済成長再考：農商務省の政策理念の変遷に焦点をあてて』政策研究大学院大学研究報告　二〇一七年。

『東南アジアの政治と経済—多様な地域の歴史を歩く』政策研究大学院大学研究報告　二〇一七年。

『ペザンティズム農政—近現代日本農政思想をどう継承するのか』政策研究大学院大学研究報告　二〇一八年。

『ヒックス『経済史の理論』再考—比較市場経済発展論の理論的基盤を求めて』政策研究大学院大学研究報告　二〇一九年。

邦語文献

大川一司『日本経済の構造——歴史的視点から』勁草書房　一九七四年。

斎藤修『比較経済発展論——歴史的アプローチ』岩波書店　二〇〇八年。

末廣昭『新興アジア経済論　キャッチアップを超えて』岩波書店　二〇一四年。

東畑精一「農業信用の理論」『横井時敬博士追悼論文集　農業経済の理論と実際』一九三一年。

根井雅弘『経済学とは何か』中央公論新社　二〇〇八年。

根岸隆「解説『国富論』と現代経済学」アダム・スミス『国富論』

山岡洋一訳　日本経済新聞社　二〇〇七年。

『私の履歴書』日本経済新聞者　一九七四年。

深尾京司・中村尚史・中林真幸編集『岩波講座　日本経済の歴史』『第三巻　近代一』『第四巻　近代二』『第五巻　現代一』岩波書店　二〇一七年。

『第六巻　現代二』「序章　第一節　成長とマクロ経済　深尾他」「第四章　鉱工業：構造変化と生産性停滞　第一節　製造業の長期的動向　深尾京司」「第五章　第一節　サービス経済化の加速と多様化　森川正之」二〇一八年。

村上泰亮『反古典の政治経済学』中央公論社　一九九二年。

翻訳

ヒックス、J・R『経済学の思考法—貨幣と成長についての再考』貝塚啓明訳　岩波書店　一九八五年。

『経済史の理論』新保博・渡辺文夫訳　講談社学術文庫　一九九五年。

ブローデル、フェルナン『物質文明・経済・資本主義　15—18世紀　交換のはたらき』山本淳一訳　みすず書房　一九八六年。

ブローデル、フェルナン『歴史入門』金塚貞文訳　中公文庫　二〇〇九年。

ボズラップ、エスター『農業成長の諸条件　人口圧による農業変化の経済学』安澤秀一・安澤みね訳　ミネルヴァ書房　一九七五年。

英文

C. Geertz "The Bazaar Economy: Information and Search in Peasant Marketing", *The American Economic Review* May 1978.
D. Lal *The Poverty of Development Economics* Harvard University, Press 1985.
H. Myint "The Neoclassical Resurgence of Development Economics: Its Strength and Limitations" Meir eds. *Pioneers in Development*: Second Series Oxford University Press 1987.
A. Hirschman "A Rise and Fall of Development Economics" Essays in Trespassing: *Economics to Politics and Beyond* Cambridge University Press 1985.

第二部　「開発の罠」をどう捉えるか

――アジア・ダイナミズム再考

はじめに

ここ数年、留学生を相手に「東アジア経済論」と「農業経済学」の講義を担当してきた。この講義の準備のためにも、めまぐるしく変化しているアジア各国の経済を調査することを続けてきた。さらに講義に参加してくれた留学生たちが、近代以降の日本の歩みや現状に大きな関心をもっていることを痛感した。そこで両講義において、日本の経済発展や農業問題について、できる限り日本の研究者たちが自らの国の経済・農業問題にどういう手法で取り組んできたのかをも含めて、講義するようにしてきた。

本報告は、これら講義のための研究調査と関連文献の再読をおこなう過程で書きとめてきたノートを、できるだけ多くの人からコメントを受けたいという想いで、纏めたものである。報告の副題を「アジア・ダイナミズム再考」としたのは、ほぼ二〇年前に上梓した『アジア・ダイナミズム――資本主義のネットワークと発展の地域性』（NTT出版　一九九六年）を補足することも意図していたからでもある。

改めて、このような教育・研究活動を続けられる環境を与えてくれている政策研究大学院大学に、心からの謝意を表しておきたい。

二〇一五年三月

原　洋之介

序章　キャッチ・アップ過程の多様性

大分岐から大収斂へ

二〇一〇年に、中国のGDPはアメリカに次いで世界第二位になった。アンガス・マディソンの推計によると、アメリカのGDPが中国を追い抜くのは一九一〇年代であり、一八二〇年には中国のGDPは世界の総GDPの二八・七パーセントを占めていた（マディソン　一九九〇年）。そしてこの趨勢のまま成長が続けばまもなく再び中国が世界のトップに立つことになろう。さらに遅くとも二〇五〇年までには、インドがアメリカを抜いて世界のナンバー2になるとも予想されている。アジア開発銀行の報告書『アジア二〇五〇年』は、現在の成長率が持続していけば、アジアの名目GDPが二〇五〇年には世界全体の名目GDPの五〇％を超え、まさに「アジアの世紀」が始まると予想している（ADB　二〇一一年）。世界経済の中核は、少なくとも一八世紀初頭まではアジアにあったが、その後二～三世紀の間ヨーロッパそしてアメリカへと移っていった。そして二〇世紀末になって再びアジアへと戻ってくる大きな歴史のサイクルが出現した。まさに世界経済は、歴史の中で再びアジアに向かってその重心を移動させる、アンドレ・フランクのいう「リ・オリエント」（フランク　二〇〇〇年）というドラマである。

世界経済の構造における以上の変化は、一八世紀末から一九世紀はじめに世界規模で生じた経済の「大分岐」の時代が一九五〇年頃に終焉し、その後アジア諸国が西欧アメリカに追いつくという「大収斂」に時代にはいったともいえる歴史的な転換を意味している。世界経済史のこのような大きなドラマとは、どんなものであったのかを再確認するためにも、ロバート・C・アレンの『なぜ豊かな国と貧しい国が生まれたのか』を簡単に紹介しておこう。

「第一章　大いなる分岐」の図一で、マディソンの推計値を用いて、日本と台湾、韓国を除外すると、一八二〇年の一人当たりGDPが高かった国ほど、ほぼ二世紀経過した二〇〇八年までの成長倍率が大きかったことを改めて確認している。そして「格差拡大の方程式」と名づけられているこの統計的観察が明らかにした世界経済の「大いなる大分岐」は、歴史的には一五世紀末にコロンブスら偉大な冒険家が切り開いた「最初のグローバル化」とともにはじまったことを指摘している(第二章)。その後一七世紀には、オランダやベルギーという低地地方諸国がまず経済的先進地域となった。そしてイギリスはこれら地域に対して「産業革命」といわれるキャッチ・アップを実現させて追いついた。さらに一八二〇年以降には、西ヨーロッパとアメリカとがイギリスへのキャッチ・アップを果たした。概ね一七六〇年から一八五〇年までのイギリスの百年平均成長率は、年一・五%程度でこの速度は、イギリスに続く諸国がキャッチ・アップする速度よりも遅かった。逆にいうと、キャッチ・アップした国々はイギリスから技術を輸入することで、比較的急速に成長できた。以上のような数世紀、特に大西洋経済圏が確立された一九世紀からほぼ二世紀が、世界経済の中で「豊かな国」と「貧しい国」とが産み出された「大いなる大分岐」の時代であった。

日本は、「格差拡大の方程式」が示された図一で、この方程式が当てはまらない国、つまり一八二〇年の一人当たりGDPが低かったにもかかわらず、二〇〇八年までの成長率が非常に高かった国として示されている。明治日本は、低賃金国であったが、他の国に比べて教育水準が高く、管理的な能力が高い国であった。明治政府は、合衆国や西ヨーロッパで使われた「工業化の標準モデル」を真似しようとした。だが、それ以上に廃藩置県によって旧来の内国関税を撤廃し、鉄道網を建設することで、国内市場の統合を達成したことが最も重要であった。その一方、金融機構の設立には半世紀かかり、西洋の国々と不平等条約が結ばれていたため、産業を振興するため関税障壁を使うことはできなかった。このような状況の中で、日本がとった戦略は非常に独創的であった。政策レベルでは、政府がベンチャー投資家になって、特定の企業に補助金や資本を供給するようになった。このような「戦略的産業政策」が発明され、二〇世紀にはいって不平等条約が撤廃された後も、有効な政策として利用された。技術レベルでは、日本は西洋技術を低賃金国で費用対効果が出るものに設計し直した点で大変素晴らしかった（日本語版へのプロローグ）。

特に一九〇五—四〇年の帝国主義期の日本のおこなった「ビッグプッシュ型工業化」戦略は、条件つきでの成功というべきものであった。年二％という一人当たり所得の成長率は、それほどのものではなく、合衆国の一・五％をわずか上まわる程度であった。経済成長が緩慢であることを反映しているのは、労働市場の脆弱性である。大企業の賃金は高かったが、農業や零細企業における賃金は、労働需要が弱かったために低く抑えられていた。これらの部門では、手工技術や単純な機械のみが用いられ続けていた。近代部門と在来部門は共生関係にあった。つまり近代部門の生産工程の中で、手仕事が最も安上がりである部分があれば、在来部門の零細企業に下請けに出された（第八章）。

一八七〇年から一九四〇年にかけて、日本が達成した経済成長は他に類のないものであったが、それでも成長のスピードは合衆国の成長よりも若干速い程度であった。だが、貧しい国々が西洋に二世代（六〇年相当）でキャッチ・アップするには、この程度のスピードでは遅すぎ、GDPはその期間を通じて継続的に六％以上で成長し続けなければならなかった。日本は一九五〇年以降、成長をこのレベルにまで加速させ、キャッチ・アップを果たした。日本は短期間でキャッチ・アップに成功した、世界でもまれな一握りの国々のひとつなのである。（日本語版へのプロローグ）。

そして、アレンは「ビッグプッシュ型工業化」と題された最終章を、中国に関する次の文章で締め括っている。「もし、この国が次の三〇年間、一九七八年以降の三〇年と同じほど急速に成長するならば、中国と西洋の格差を完全に埋めるだろう。ちょうどクリストファー・コロンブスとヴァスコ・ダ・ガマの航海以前と同じように、中国は世界で最も大きな製造業の国になるだろう。これで世界の歴史は一巡したということになる。」

「東アジアの奇跡」を産み出したもの——「雁行形態的発展」

では、どのようにして、成長がある国から別の国へと移転し、東アジア地域が一国だけでなく地域としての高度経済成長という、世界銀行の報告書が「東アジアの奇跡」とも称したドラマは実現されたのであろうか。その中核を取り出してみると、以下のようにいえる。労働集約的産業が、日本から韓国、台湾という東アジアNIESへ、ついでNIESからアセアン4へと移転され、日本やNIESはより資本集約的産業、そして技術集約的産業へと移行していく。日本がアメリカを追いかけ、その日本をNIESが、さらにアセアンがNIESを追いかけるというドラマである　このダイナミズムに中国も参入してきた。開発経済学において、キャッチ・アップ型工業化ないし重層的追跡過程と呼ばれてきた出来事である。

そしてこのダイナミズムを生み出したのは、特にプラザ合意以降の円高に誘引された日本からの東アジアへの直接投資が主役となって作りあげた生産ネットワークやグローバル・サプライ・チェーンであった。この動きによって、地域内の各地にダイナミズムの担い手となった「ある特定の分野に属し、相互に関連した企業と機関からなる地理的に近接した」産業クラスターが形成された。その典型例が、アジアのメガ都市といわれるバンコクや上海である。円高基調の定着とほぼ同時期に起こった生産技術のフラグメンテーション化という革新によって、部品など中間財の生産が生産工程の中で自立するようになり、東アジア地域内で最終財ではなく中間財の貿易の比重が急速に上昇していった。二〇一〇年でみると、日本、韓国、中国、アセアンからなる経済圏において、その域内貿易比率は六〇%弱に達している。中国・アセアン貿易が、産業内水平貿易（企業内貿易）と伝統的垂直貿易の結合によって急増し、東アジア諸国の貿易構造は「太平洋トライアングル」から「東アジア・トライアングル」へ移行していった。まさに一九九〇年代にはいって以降、アジア地域内の相互依存体制が深化する「アジア化するアジア」（末廣昭　第三章　二〇一四年）が進んでいるのである。

ところで、世界の歴史を振り返ると、その誕生以来国際貿易は存在していた。しかしその規模と内容は、一九八〇年頃を境にして世界史の転換といっていいほど劇的に変化した。というのは、この時期を境として開発途上地域が国際貿易において一次産品ではない商品の分野で主要な輸出国となってきたのである。いうまでもないが、それまで熱帯の発展途上地域は原材料など一次産品を輸出してきたが、現在ではこれらの地域からの輸出の八〇パーセントは工業製品となっている。まさに製造業製品を輸出する先進国と一次産品を輸出する熱帯の途上国という二極に分裂した世界経済の構造が、終焉したといえるのである。

あえて説明する必要もないが、一次産品の生産は基本的には土地を利用しており、その輸出は土地所有者に利益をもたらす。地域によってはその土地を小農民が所有する場合もあるが、ほとんどは大地主が最大の受益者であった。このため一次産品に基づく貿易は大きな所得格差を生み出すことが多かった。これに対して、部品も含めて製造業製品生産は、土地よりも労働力を利用する。そして製品の輸出機会が増せば労働需要が増大する。開発途上国には、豊富に労働力が存在しており、製品輸出の拡大によってこの労働者層に発展の利益を広汎に普及させることができる。つまり所得分配の不平等化を伴わない経済成長が実現できるわけである。

一九七〇年代頃まで先進国の賃金は発展途上国の賃金の数十倍も高かったが、それでも先進国がグローバルな製造業を支配していた。それは、先進国が世界に対して貿易障害を築いていたからである。だがそれ以上に重要であったのは、先進国では製造業で生産規模を拡大させることでコストの節約を図ることができ、これによって大きな賃金格差による影響を排除できたことであった。だが一九八〇年代以降、このような条件が急速に壊れてきた。ポール・コリヤーが的確に指摘しているように、規模の経済による利益を相殺するほど賃金格差が大きくなった場合には次のような事態が生まれる。ある企業が高賃金の地域から低賃金の地域に移転し、破産することなく生き延びたとする。そうすると他の企業も、移転してきて、最初の企業も利益をえて両社とももちこたえるだけでなく、事業は好転していくであろう。そうするとまた新しい企業も移転してくることになる。日本や欧米からアジアへの企業の移転はこういう経過で生み出された。そうしてひとたびこういう直接投資による企業の移転がはじまると、低賃金地域に企業の集積が膨らみ爆発的な変化が生まれる。つまり「集積の利益」が発生し、産業クラスターによってメガ都市が誕生する。勿論現在でもアジアには、大量の過剰労働力が存在しているため、アジアの賃金の欧米への収斂にはまだ相当の時間がかかるであろう（コリアー　第六章　二〇〇八年）。

以上のような重層的追跡過程といわれてきた出来事は、

現在経済学で多用されている概念を用いると、まさに世界規模での収斂コンバージェンスである。ここで強調しておきたいのは、最近経済学界で盛んに議論されているこのようなコンバージェンス論は、決して新しい議論ではないという事実である。既に八〇年位前に赤松要の提示した明治以降の日本産業発展に関する雁行形態論という、後進地域の先進地域へのコンバージェンスのメカニズムについて実に的確な理論が存在しているのである。「雁が飛ぶ」という表現は、明治以降輸入していた製品において、二〇世紀にはいって以降、その国内生産が増加し生産性が上がって輸出産業になっていった日本の産業発展の型を表現するために赤松が使いはじめたものであった。具体的には、綿糸産業、ついで綿布産業に関して、輸入、国内生産、輸出のグラフが小さな山形カーブの連鎖となっていた図柄が空飛ぶ雁の姿とよく似ていることから「雁行形態」と名づけられたわけである。そしてこの議論はある個別産業の発達だけに関するものではなかった。ある国が輸入代替で特定の製品の生産を増大させていくと、先進諸国の産業構造は同質化していくことになる。しかしこの同質化の過程においては、国家間の競争になるので、再度各国は他国と異質化を進めざるをえなくなる。先進諸国は世界経済の構造変動過程において、同質化の矛盾を脱却しようとして、高度異質化と広域化の努力を繰り返してきた。高度異質化とは、産業・製品・品質ならびに生産方法においていっそう高度化する（付加価値をつける）ことによって、後進国の追跡に対して一歩先んじて異質化（差異化、差別化）を図ることを指した。また広域化は、通商あるいは政治によって新市場を開拓して交易の地域的拡大を図りながら異質化関係を構築しようとするものであった。交通技術は「道路と帆船」「鉄道と汽船」「自動車・飛行機・ディーゼル船」の三段階を経て発達し、この技術革新が地理的距離の制約を弱めることで、広域経済圏を確立させる基礎条件を作り出した。さらに、同質化・異質化、再度の高度同質化・高度異質化という各国経済のダイナミズムがコンドラチェフの波を生んだという議論もおこなっている。以上が赤松の雁行形態型経済発展論の骨子であった（Akamatsu 1961, 1962　赤松一九六五年）。

確かに、ここ二〇年ほどの間には、末廣が強調しているように、液晶テレビがその典型であるが、「新製品を開発した日本企業の世界シェアが、短い期間に急速に低落し、韓国・台湾さらには中国の新企業が、生産量で日本企業を上回り、グローバル市場を席巻するという新しい現象が生じてきた（末廣　第一章　二〇一四年）。」そしてその背景には、液晶テレビのようなモジュラー商品のアジア諸国での生産拠点の立地に示されているように、一九九〇年代以降に世界とアジアで生じた「技術パラダイム変化」の中で「キャッチ・アップの前倒し」（藤本・新宅　二〇〇五年）ともういうべき事態が存在しているのである。

以上のような、日系企業の直接投資が生み出してきた「キャッチ・アップの前倒し」といった事態を踏まえて振り返ると、赤松の雁行形態発展論には、いくつかの重大な欠陥が内在していることには間違いはない。だが赤松のこの議論が、現在盛んに議論されているコンバージェンス論が想定している収斂メカニズムのエッセンスを実に的確に提示していることを忘れてはならないであろう（原二〇〇一年）[1]。

「中所得国の罠」――「後発性の利益」の活用によるキャッチ・アップのほぼ必然の帰結

さて、世銀報告『東アジアの奇跡』でアジア諸国の経済成長の優等生とまで評されたタイでは、直接投資の積極的受入れによる輸出主導の経済成長を軸とする経済成長戦略が、現在近隣のより賃金の安い国からの競争圧力もあって、大きな曲り角に立っている。いまだ外資依存型の輸出主導成長システムが続いており、国内消費の拡大や内需中心へのシフトは起きていない。端的にいえば、外国企業が資本、技術、部品、材料、輸出市場まで、労働力以外の全てをセットとして持ちこんで実現した成長であった。タイだけでなく、かつて低所得国であったアジアの多くの国は、直接投資の積極的受入れなどによって国外で開発された技術を使い、労働集約的な低コストの製品を輸出して国際市場で競争し、成長を遂げてきた。しかし、こういう経済成長によって中所得レベルに達すると、賃金が上昇しはじめそれまで経済成長を主導してきた産業で競争力が徐々に失われていく。今この事態は、ギルとカラスが執筆した世界銀行報告書『東アジアのルネッサンス』（ＡＤＢ　二〇〇七年）で「中進国の罠」と名づけられ以来、注目されている。それは「要素投入型成長路線」が限界に達したといってもよい現象である。

同時に、タイだけでなく他の東アジアの中所得国でも、農民と都市住民の世帯所得の格差が拡大している。この国内所得分配の不平等化は、国内市場の拡大を鈍らせるために、さらなる輸出の増大が必要となるという状態が続いている。アジアの中所得国は、主要産業でのさらなる生産性向上と同時に所得分配の平等化の達成という二つの困難な政策課題に直面しているのである。アジアで高度成長に成功した中進国は、「経済的アップ・グレーディング」と「所得分配改善」という二つの課題に直面していると、ドナーもいっている（Doner 二〇一五年）。これらの政策課題を以下本報告書では、それぞれ「生産性（向上）の政策」、「再分配の政策」と呼ぶことにする。そして著者は、この二つの側面を含めて「中進国の罠」を捉えるべきだと考えている。

マイケル・スペンスも『マルチスピード化する世界の中で』において、多くの新興国がさらなる成長と分配不平等化への対応の両面で、苦労していることを指摘している。「第三〇章　新興国は高成長を持続できるか」で次のように論じている。多くの新興国は、今までとは異なる持続可能な高成長のパターンに移行できるかどうかという岐路に立っている。これは途上国にとって、また世界経済全体にとって、非常に重要な問題である。新興国では、拡大する中産階級に支えられ、内発的な成長の推進力が徐々に強まることが必須となっている。つまり、成長とともに重要なのは、分配の問題なのである。新興国は今後も所得格差の拡大や基本的サービスへのアクセスの不平等度に起因する、国内的緊張の高まりを制御していかなければならない。そして、中国も、このような「中所得国の罠」に陥っていることを強調している（第三二章）。中国は、家計所得や消費水準の引き上げ、つまり投資に比べて極端に高い貯蓄率の引き下げといった方向へ早急に政策転換することが必要である。同時に、所得格差拡大という流れを税制の根本的改革などで逆転させなければならない。スペンスは、こう強調している(2)。

いずれにせよ、後発国ほど初期成長率はそれ以前の後発国よりは高くなるという国際レベルでの収斂現象は、A・ガーシェンクロンが半世紀前に提出していた「後発性の利益」（ガーシェンクロン　第一章　二〇〇五年）という命題と密接にかかわるものである。「東アジアの奇跡」の第一走者であった近代日本の経済発展の特質を「圧縮過程」compressed or telescoping processと捉えた大川一司らの議論（大川・小浜　一九九三年）もこのガーシェンクロン命題を踏まえたものである。後発国においては、先進経済から進んだ技術や経済組織を「借りてくる」などして導入できる「後発性の利益」が存在している。そのため、後発国での工業化はその国の過去とは不連続なかたちで起こり、かつ「規模の経済」が働く機械など資本財生産部門が重要になるので、企業と工場規模は大きくなる傾向をもつ。このようなガーシェンクロンの議論は、イギリスから大陸西欧、そしてロシアといった一九世紀の世界に存在していた先進―後発の傾斜秩序を踏まえた命題であった。

後に詳しく論じるが、戦前日本の先進国へのキャッチ・アップ過程は、しばしば「二重構造的な成長」と特徴づけられる。後発国であればあるほど、移植技術に負うところの大きい鉱工業部門における労働生産性に比べて、それ以前から存在していた農林業の生産性は相対的に低位にとどまる傾向が続いた。この傾向は、後進性の程度が高い国では、キャッチ・アップのために先進国から技術や組織を借用すれば、ほぼ必然的にそういった構造が生まれるという意味で、ガーシェンクロン的な状況といってよい。

さて、斎藤修が『比較経済発展論』「第八章　諸国民の工業化」で指摘しているようにキャッチ・アップの過程は、「ガーシェンクロンが想定したよりははるかに複雑で、多様な、そしてそのキャッチアップをもたらす仕組において、なかなか収斂しない過程であった。」その代表的な事例は、近代工業部門での熟練労働の養成にみられた西欧と日本の異なった仕組みであった。伝統的制度の衰退と発展のパターンは、日本と西欧では正反対であった。西欧では、商業におけるアプレンティス制度が早期に衰退し、製造業における徒弟制度は長く機能し続け、近代工業が興隆してからも工場徒弟制度へと脱皮した。伝統的な職人の技能養成システムである徒弟制は、工場制度が確立しても、英国やドイツでは「工場徒弟」「工場マイスター制」というかたちで近代産業の中に再編されることが珍しくなかった。これに対して徳川日本の場合は、職人の仲間組織は制度としての実態が弱まり、その代わり商家奉公人制度が内部化を伴いつつ拡充していった。斎藤のこの指摘が的確に教えているように、後発国のキャッチ・アップ実現過程の仕組みは決して単一ではなかった。歴史経路依存性といわれるように、キャッチ・アップ開始時の初期条件の差異によって多様な仕組みが存在したし、存在しているのである。

さらに、この歴史経路依存という過程において存在し続けていた「農村における旧い体制」の歴史的意義をどう捉えるのか。斎藤もこの問題に関しては「対立する見解が存在している」と書いている。「旧い体制・制度」がキャッチ・アップにとっては障害に過ぎないので克服され破壊されるべき対象であるのか、それともキャッチ・アップ過程で不可欠な機能を果たしうるものなのか。この問題の検討も決定的に重要であろう。

「成長局面」のシフト

世界で専門家と称されてきた人々の、世界経済の「大収斂」ドラマの主役であったアジア経済に対する見方は、驚くほど大きく変化してきた。他の地域に位置する発展途上国が停滞から脱しえない中で、アジア特にその東部の国々が高度の経済成長を実現させてくると、彼らは「東アジアの奇跡」といった評価を与えた。ところが、前世紀末に金融・経済危機が起こると、突然「クロニー資本主義」だと批判し、またこの危機以降の経済成長が、成長力の弱いものであることが顕在化すると「中所得国の罠」に陥っているといいはじめた。特に世界銀行がこういった見解を次々と公表したこともあって、我々もこれらの評価に影響され、いやもっと端的にいうと振り回されてきたようである。

既に少し述べておいたように、筆者はアジア経済が過去半世紀位の間に経験してきた「奇跡」としての高度成長と、「中所得国の罠」とよばれる主導産業の停滞と国内分配の不平等化とは、後発国のキャッチ・アップが生み出した事態であり、それらを統一的に理解することが必要であり、かつそれが十分に可能であると考えている。具体的にいえば、奇跡ともいわれた高度成長は赤松要の雁行形態的発展論で、また罠ともいわれるような国内経済構造の変化は大川一司の二重構造的経済発展で、的確に分析できる。そして、日本の経験の分析のために生み出されたこの二つの発展論は、先ほど紹介しておいた「戦前日本の先進国へのキャッチ・アップ過程は、しばしば二重構造的な成長と特徴づけられる」という斎藤のコメントが語っているように、いずれもガーシェンクロンが強調した「後発性の利益」という議論を踏まえていることで、ほぼ統一的な分析の枠組みとなっているのである。

貿易構造の面からみて、製造業が輸入代替から国内生産へ、そして輸出産業へとその役割を変質させながら成長・

発展していくことを実証したのが、赤松の雁行形態論であった。これに対して、貿易部門だけでなく、それをも含んだ国内経済構造面に注目して工業化による発展過程を議論したのが、大川の経済成長分析であった。近代経済成長のリーディング部門だけでなく、そこへ労働力を供給する在来部門、特に農業部門をも取り入れた国民経済全体の構造変化を、「近代部門―伝統部門」の間での労働力の再配分に焦点をあてて分析したので、「二重構造的経済発展」論といわれている。この二重構造論と雁行形態論とは、勿論相互補完的な関係にある。

ただここで注目しておきたいのは、『経済発展論　日本の経験と発展途上国』「第一章　経済発展の歴史的分析――工業化による経済発展局面の移行」の中で、大川らが明治維新以来一世紀におよぶ日本の近代経済成長を、幾つかの「成長局面」に分け、それら局面間の「移行」に焦点をあて分析をおこなっていることである。彼らは、一八六八～一九一九年の第一主局面と、一九二〇～七五年の第二主局面という、二つの長い局面の時期区分を提案している。この「経済成長局面」とは、経済発展のパターンやメカニズムの特徴によって他の局面と区別される期間のことである。なぜ第一次世界大戦が終わった頃に主局面が移行つまりシフトしたと判断したかに関して、大川らは、次の三つの基本的な変化が生じていたことを重視していた。第一に近代部門と伝統部門の相互関係に大きな変化が生じたこと。第二に、未熟練労働の実質賃金の動きがそれ以前とは異なり上昇しはじめたこと。そして第三に、輸出面で、非耐久消費財から耐久財への移行がみられはじめたこと。そして大川らが「日本では、これら三つの変化がほぼ時期を同じくして起こっている。しかしこれがどの発展途上国でも同時に起こるというわけではない」と注記していることも付記しておこう。

大川らはこう指摘した上で、成長局面のシフトつまり移行に関して、次のような指摘をおこなっている。「発展局面の移行は、われわれが社会的能力 Social capability と呼ぶもののレベルアップによってもたらされる。社会的能力とは、先進国のすすんだ技術を導入し、それを模倣する能力のことである。（中略）社会的能力向上過程は、通常、不断の過程で、時系列的にみてその水準が急に上昇する点（キンク点）はない。これは、教育、訓練、生産を通ずる学習 learning by doing といった社会的能力を規定する諸要因の性格による。（中略）ここで指摘しておきたいのは、ある発展局面からつぎの発展局面への移行は、自動的な現象ではなく、国内的にも対外的にも多くの困難を解決して初めて実現するものである、ということである。」

局面シフト期における社会的能力の重要性に関しては、末廣も以下のように指摘している。「「後発性の利益」は、すべての後発工業国にとって開かれた機会であるが、あくまで機会でしかない。この機会チャンスを実際の経済発展に結びつけるためには、当該国に「工業化の社会的能力」が備わっていることが必要不可欠の条件となる。この社会的能力を、私は工業化の担い手と工業化を支える制度・組織に分けて、東南アジア諸国を事例に検証した（末廣　第四章　前掲書）。」

さて、「中進国の罠」とは、「後発性の利益」を十分に活用して経済発展を開始した途上国が、経済発展を続ける歴史的過程でほぼ必然的に直面する経済問題であるといってよいであろう。もう少し詳しくいうと、経済発展とは、いくつかの発展局面を通過していく歴史過程である。先の大川らの定義とも重なるが、「成長局面」を、産業構造、資源配分の機構、そして経済政策といった複数の重要な側面からなる経済制度がその基本型を変質させることなく持続する二〇、三〇年ほどの期間と捉えておこう。そして経済発展の過程では、世界経済の変質といった外的要因の変化と、国内経済の変質といった内的要因の変質によって、それまで効率的に機能してきた経済制度が非効率となり、新しく出現した内外要因に適応しうる経済制度に移行せざるをえない状況が生まれることになる。「中進国の罠」とは、経済発展が開始されて以降の初期成長を実現させてきた経済制度の有効性・効率性が問われるような段階にいたって顕在化してくる現象のことである。そして、このような成長局面の移行が、スムーズに進化することは非常に困難であることも事実である。それまで効率的・効果的に機能してきた経済制度の変更である以上、大川らも指摘していたように、この移行は大きな困難を伴う「不連続的な」シフトとなることが普通であろう。この発展局面の移行の経過は「断続的均衡経路 punctuated equilibrium」として捉えることも可能であろう。そして、成長局面の移行期の生じる問題は、制度がひとつの均衡から別の均衡に移っていく「踊り場」（青木　第二章　二〇一四年）の過程で生じる政策課題であるというべきものなのである。

現代開発経済学へのコメント

ここで少し脇道にそれるかもしれないが、以上述べてきたようなアジア諸国の経済発展の歴史的展開を的確に理解するために、現代主流となりつつある開発経済学がどれほど有効な分析の枠組みとなりうるのかを少し検討しておこう。現代我が国においても、開発経済学において、実証的なエビデンスに基づく政策提案を目指した研究が主流となりつつある。その研究で重要視されている「信頼性の高いエビデンス」とは、できるだけ「バイアス」をコントロールした調査方法、統計手法によってえられた実証研究の成果という意味である。このような動きを支えているのが、個別家計といったミクロ主体に関する多量のデータの蓄積と、それらを解析する統計学的に厳密な手法の開発である。世界の多くの地域での貧困世帯に関するデータ、具体的には家計収入から、保有資産・負債、さらには家計構成員の特性に関わるデータが、膨大に利用可能となっている。さらに、これら大量データを用いる計量分析における統計学的に厳密な手法、例えばパネル・データ分析における推定法、さらに「ランダム化比較試験」といった手法の開発である。そして同時に、従来の合理的経済人の仮定に基づく経済主体による最適化の仮定に依存しつつも、そのような単純な合理的仮定に批判的な行動経済学や実験経済学の登場である。

このような研究の代表作といっていい、バナジー＝デュフロ『貧乏人の経済学』「第一〇章　政策と政治」は、政策や制度が貧しい人々の生活に本当にどう影響するのかを理解するためには、「下からの眺め」つまり彼らを取り巻いている地域的な小さな制度・政策の実態を解明しなければならないことを強調している。筆者も、このような現在主流となりつつある研究が、政策提案に深くかかわらざるをえない開発経済学において、過去にはなかった多くの知見を与えてくれるようになっていることは、高く評価しているところである。

しかし同時に、無視できない欠陥もあるのではないかと考えている。第一にこれらの研究には、しばしば国際機関等が収集した大規模家計調査によるデータが使用されるが、このような大規模データによる分析だけでは、分析者が実態についての十分な知識をもたないため、分析結果の解釈を誤る危険性が潜在している。そして、この欠陥よりある意味で重要であるのは、実証上の厳密性を「過度」に重視するため、研究対象を限定せざるをえないという欠陥である。また、最適化行動をおこなう主体ではないということで、これらミクロ分析が「産業」といったレベルでの経済への関心を失っているのも、類似の欠陥といえよう。「小文字の政策・制度」（バナジー＝デュフロ　二〇一二年）だけに議論を集中することになり、結果として、それより曖昧性が高まるが、より長い歴史時間とより広い地域空間に関わる、アセモグル＝ロビンソンが『国家はなぜ衰退するのか』で注目していたような「中・大文字の政策・制度」が軽視されることになっているのではなかろうか。統計学的に信頼性が確認されたエビデンスの導出に拘る余りに、開発政策についても部分的な側面での提案だけに止まり、たとえばなぜ貧困が歴史的に生じてきたのかといった大きな問題への対応といったことが殆ど無視されてしまっているようである。そこにはこのような政策の方が、独裁政治体制かそうではないのかといった政治体制の如何にかかわらず、適用可能な政策になっているという研究者の自信もあるのだろう。皮肉をこめていうと、政治体制の差異といった外部からはその変更を強制することがほぼ不可能な論点を排除して、外部から援助しやすい問題に分析を限定させてしまっているようである。別の言い方をすれば、現在主流となりつつある開発経済学は、シュンペーターのいう「分析のツール」の精緻化ではあっても、長いタイムスパンでの経済変化を捉える「ヴィジョン」を欠落させるという大きな問題点を内包させているのではなかろうか。

経済開発の問題を論じるには、それぞれの地域の経済を構成している多相・多様な仕組みを、その歴史的変化まで含んで理解することが、やはり必須なのではなかろうか。この点と関連して、加藤弘之の興味深い重要な問題提起を紹介しておこう（加藤　二〇一四年）。加藤は、制度を下層から順に次のような四つのレベルに分けている。最も基層にあるレベルⅠの「慣習や社会規範」、続いてその上のレベルⅡに位置する「大文字の制度　所有権、法律、憲法」、さらにその上のレベルⅢにある「小文字の制度　ゲームのルール、政府の役割」、そして最上層のレベルⅣに位置するものとして「制度の運用」をあげている。続けて、それぞれのレベルの制度について、以下のようにその性格を特徴づけている。レベルⅠは、一〇〇年から一〇〇〇年ほど不変である。レベルⅡは、バナジー＝デュフロのいう「大文字の制度」に相当し、一〇年から一〇〇年不変である。

レベルⅢは、「小文字の制度」を意味し、一年から一〇年のタームで変化する。これには、ゲームをプレーする手法や政府の役割などが含まれる。レベルⅣは、資源の分配と利用にかかわる新古典派の世界であるが、別の言葉で表現すれば制度の運用にかかわるレベルである。こう論じた後、慣習や社会規範の上に「大文字の制度」が形成され、さらに「大文字の制度」を基礎として「小文字の制度」が制定される。一般的にいえば、近代化（制度化）とは、慣習や社会規範が支配していた状態から、政治や経済でそれぞれ独立した制度が次第に形成され、精緻化されていく過程を意味する。ただし、このような制度進化の過程は一直線には進むとは限らない。以上が制度論への加藤の提案なのである。

いずれにせよ、古いタイプの開発経済学は現在でもやはり必要なのではなかろうか。地域・国民経済・世界経済といった経済圏内での、モノ、カネ、ヒトの移動という「資源配分」の歴史的変化といった問題に改めてアプローチすることが必要となっているのではなかろうか。そして強調しておきたいのは、我が国には既に、近世以降の日本の経済発展、さらに中国や東南アジアの経済史を踏まえた、開発経済学の大きな遺産が存在していることである。現在我が国を含めてアジア地域が直面している経済問題を、長い歴史軸の下で捉え、また各国・地域間で比較分析するためには、たとえそれが古くても先達が残してくれた開発学の知的遺産を踏まえるべきなのではなかろうか。

本部の構成

以下本部では、次のような順序で議論を展開していく予定である。

第一章では、前世紀半ばからの今日までの他地域に比べて相対的に高いアジア地域での経済成長を、より長い歴史的視野の下で的確に理解しうる理論的枠組みを構築する手がかりとして、ジョン・ヒックスが『経済史の理論』で提示している、市場経済の歴史的形成モデルの筆者なりの読み方を提示する。そこでは、市場経済を律する秩序の形成や、市場経済がその中から勃興・成長してくる慣習的農業経済のあり様に関しての比較制度論的な読み方を提示する。「ともすると西洋の学者の議論は、アセモグル＝ロビンソンの議論がそうであるように、都市、工業、法の支配というような西洋近代化の象徴的なファクターに焦点をあてて、東アジアにおけるそれらのあり様を論じようとする。そうした西洋の制度的発展を理念型とした比較論は、ではアジアの経済発展が、なぜ突如遅れて起こったか、ということに関して、単純な政治的決定論に依拠するという危なさを持っている（青木　第四章　二〇一四年）。」青木昌彦がこのように指摘している「危なさ」に陥らないためにも、比較制度論的捉え方の確認は、必須の課題であるはずである。

次いで前世紀後半期以降に実現した近代日本の工業化過程を分析する理論として、多くの経済成長研究者は、経済発展論の古典ともされるアーサー・ルイスの無制限的労働供給による工業化モデルを適用してきた。このルイス・モデルを再検討するために第二章では、『経済史の理論』の最終部分でのヒックスの産業革命論を検討することで、ルイスの議論ではやや曖昧であった、経済成長に不可欠な資本家による投資の意思決定要因と、産業革命の進行が労働市場に及ぼす構造変化とをより明確化することを試みる。

以上のいわば理論編を引き継いで、第三章では、近代日本経済における二重経済の形成過程をやや詳しくみていく。具体的には先に触れたように、大川らが主局面の移行期としていた、第一次大戦後の時期における日本経済の構造変化と、この移行が必要としていた政策的課題に対する政府の対応を明確にする。さらなる生産性上昇の実現という課題と、国内諸階層間での所得分配の悪化に対処する再分配の実施。この相反する可能性が高い、「生産性の政策」と「再分配の政策」というデュアル・トラック政策の展開の様相を探ってみる。

続けて第四章では、インドネシアとタイという東南アジアの二か国を取りあげて、それぞれの国での高度成長過程とそのプロセスにおける「中所得国の罠」の発生、それへの政府の対応を、近代日本の経験と比較しながら、明らかにしていく。両国ともに、前世紀末の金融・経済危機によって、それまでの経済成長を支えてきた政治経済システムの欠陥が露呈した。この危機以降直面し続けている次の成長局面への移行という困難な課題に挑戦する「生産性の政策」と「再分配の政策」に焦点を当てながら、その展開を類似点と相違点とを明確にしながら考察していく。

そして、第五章では、高度経済成長を下支えしてきた慣習的経済としての農業・農村経済のあり様とその変容を、近代日本そして中部タイとジャワに限ってであるが、探っていく。そこでは、それぞれの地域で歴史的に自生的に形成された慣習や社会規範の違いによって、農村経済発展の制度的仕組に差異が存在してきたこと、並びにそのような経済制度の基盤に依存している経済制度は、長い歴史を通じて、いくつかの地域で、潜在的には消滅せず今も生き延びてきていることを示す。

そして最終章では、まず市場経済移行と経済成長双方で局面移行期に入っている中国経済が直面している「開発の罠」を簡単ではあるが展望する。続けて、ウオルト・W・ロストウの経済発展段階論での最終段階「高度大衆消費社会」に達した結果として生じてきた「開発の罠」を論じ、日本がとるべき基本戦略を提示してみることにする。その際、アジア中所得国が「中進国の罠」を抜け出して次の成長局面に移行できたとしても、地球環境問題の悪化や資源制約の重圧が深刻化することが確実な二一世紀の世界経済を踏まえると、以前のような高度経済成長を長期にわたって実現させることはできないであろう。こういった論点をも念頭において、「世界の中での課題解決型先進国」として日本を再建させるために何を構想すべきかを論じることにする。

第一章　アジアにおける市場経済の発達
――ヒックスの『経済史の理論』を手がかりに

石川の問題提起

開発経済学の中核的研究課題とは、市場の形成・発達の過程をどう捉えるかである。こう強調する石川滋は、『開発経済学の基本問題』「第六章　慣習経済と市場経済の浸透」の「注三」で、『経済史の理論』において、ヒックスが提示した市場の形成過程の議論に関して次のような興味深い指摘をしている。「市場経済の発生、発達について、それが公権力、慣習的農業社会および商人経済という三つの構成要因の間の相互関係として描きだされている。しかしそれは、実際にはヨーロッパ経済史のモデルであって、それをアジア諸国に援用しようとするさいにわれわれがつきあたるのは、アジア諸国とヨーロッパ諸国の間にあるらしい公権力や商人経済のあり方の相当に大きい差異である。またヒックスのモデルは慣習的農業社会の市場経済化については逆に扱いが陰伏的である。(3)」

研究対象としている国・地域の経済を、国際比較という作業を忘れずに、その地域に慣習経済の機能や変容まで含めた長い歴史経路を捉えて、「現代開発途上国の開発イッシューの適切な把握を土台とした」課題設定こそが開発経済学の基本問題である。こう主張する石川の開発経済学は、序章で述べた我が国の開発経済学の代表である。そして石川の開発経済学の最重要課題が市場経済の形成の分析であるという問題提起に、筆者は全面的に同意したい。かつて、ハリー・オーシマは『モンスーン・アジアの経済発展』で以下のように論じていた。市場とは、時計のような正確さで動く非人格的な神のような機械ではなく、人間によって動かされる複雑な制度であり、制度として効率的な働きをするようになるまでには長い時間を必要とする。現在、このことは多くの経済学者によって認められている事実である。

では、ヒックスはこの「長い時間」を要する市場の形成をどう捉えていたのか。これを明らかにするために、『経済史の理論』「第三章　市場の勃興」における『商人的経済 mercantile economy』つまり市場経済の発達論を復習しておこう。

ヨーロッパでの市場経済の勃興とその進化

「もっとも単純な交換ですらそれは一種の契約である以上、契約の保護は決定的に重要となってくる。」これが議論の出発点である。そのため、市場経済が隆盛に向かうには、財産の保護とともに契約の保護が、確立されることが必須の条件となる。だが商人と非商人との間では取引・交換の契約等において了解が成立することは、決して容易ではないであろう。しかし「商人的共同体 mercantile community が、ある社会的結合あるいは接合をすでに獲得して」おり、商人たちは「同じ言葉を話している」ので、相互了解はそれなりに可能であろう。商人は契約の中に仲裁条項、すなわち商人仲間が合意した仲裁条項を入れることによって契約を守らせるようにする。商人たちは、その国の政治的諸制度の助けをほとんど借りずに、自分達の間での調停によって十分に契約を守らせることができた。

だが取引の範囲が拡大するにつれて、商人的経済は、それに適合する政治的な、あるいは政治に支えられた法制度が生れると、さらに発展できるようになる。具体的には、契約・財産の保護のための法とそれを執行する裁判制度の確立である。そして裁判官や行政官だけでなく、政治支配者も商業に対して「心を動か」し商業が必要としているある種の援助、あるいは承認を与えることも必要となってくる。

こう指摘した後、ヒックスはヨーロッパ諸国が都市国家という歴史の局面を通過してきた歴史に注目している。「第五章　貨幣・法・信用」では、都市国家の経済的遺産として市民の自由や所有権、契約などを規定したローマ法が市場経済の発展にきわめて適合的であったとする。また、政治的権威の強化と並行して保証人や金融仲介人とその発展型としての銀行業など信用制度の整備が進んだことを論じた上で、有限責任会社（株式会社）制度が生まれ資本市場が発達したことが、「近代の局面」つまり産業革命をもたらした決定的要因であった。こう指摘している。そして、ヨーロッパ文明が都市国家局面を通過したという事実こそが、ヨーロッパの歴史とアジアの歴史の相違を解く重要な鍵である。「典型的な」都市国家を、商業をおこなう存在として捉えても、また西洋世界の歴史において、したがっていまや全世界の歴史において、中心的かつ決定的な重要性をもつ組織の一形態として捉えても、間違った判断を下したことにはならない。ヒックスは、こう強調している。

そして、第一次世界大戦後に、ヨーロッパで、政府の経済的力を強化させる「行政革命」が実現したことを最終章「第一〇章　結論」で強調している。それ以前の時代においては、政府が国民経済を成長・保護するための政策手段としては、関税くらいしか利用できなかった。しかし行政革命によって、数量的な統制や輸出入独占、資本移動に対する統制、関税以外の税体系、そしてマクロ的な財政・金融政策を実施することが可能となった。一九二〇・三〇年代に長期不況にも影響されて、アメリカや西欧諸国で「厚生・福祉国家」が誕生した経過をこう性格づけている。ヒックスは、産業革命を主軸とした西欧の現代経済史をこのように捉えていたのである。

想い起こしてみると、第一次大戦後とは、一八七〇年頃からはじまった「第一次グローバリゼーション」が終焉し、世界経済の激変から国民生活を守る国内政策・制度が確立しはじめた時代であった。そして、このような各国の政策を前提としたブレトン・ウッズ体制という世界経済のガバナンスが生まれ、一九八〇年代以降に「第二次グローバリゼーション」が本格化するまで続いたのであった（ロドリック　第二章　二〇一三年）。この事実をも念頭においてみると、ヒックスの経済史の捉え方は、単に「商人的経済」つまり市場経済の発達と国家・政府との相互関係を考えるときだけでなく、「深いグローバリゼーション」が進行していくであろう、これからの時代における世界規模での市場経済と各国家の経済政策・制度との関係を考えるためにも、実に重要な論点を提示しているのである。

アジア

先に紹介した、商人たちが同じ言葉を話し相互で取引に関して共通の了解をもつことを可能にしていた商人的共同体に関してヒックスは、「われわれの念頭には、ユダヤ人やパールシー教徒のことが浮かぶが、実際外国で活動している同様の由来をもつ商人集団については、それがどのようなものであっても同じことがいえるのである」と記している。そして「こういうことを基礎にして多くのことが可能となるのであって、それが事実行なわれたと結論せざるをえない例が他にも存在する。わたしは西洋の影響を受ける前の東アジアの法体系が、商人の必要とするもの、つまり財産の保護とか契約の保護とかに円滑に対処することができたとは思わない。しかしながら、昔の中国と日本で重要な商業の拡張があったことは疑いのないところである」と続けている。

ヒックスのこの議論をさらに検討するためにも、この「商人的共同体」のあり様と市場経済の発達とに関する、アブナー・グライフの、一一世紀から一二世紀にかけての地中海世界での遠隔地交易を担っていた二つの商人集団の対照的な発展経路についての分析をみておきたい。

北側のジェノバの商人たちは、キリスト教に影響されたであろう、個人主義的な価値観を共有していた。そのため遠隔地交易を担う代理人を選ぶ際に、その出自集団といった基準ではなく、その個人とその正直さや経済能力が重要視され、選ばれた代理人が不正直な行動をとるインセンティブを与えない水準の高い効率賃金を与えるような、個人主義的戦略を基本とする仕組みを発達させていた。このようなジェノバ商人が主体となった経済活動においては、共同体の規制からは相対的に自由に、純粋な経済的効率性に基づく経済制度が形成されていった。そして地中海世界が中世へと進む中で、ジェノバの商人達が作りあげた仕組みが、商人法と呼ばれた市場ガバナンスの仕組みへと発展し、都市国家局面を通過することで、取引に関する契約の実行を直接強制しうる公的権力を保持した第三者機関という制度が形成された（グライフ　第九章　二〇〇九年）。

これとは対照的に、南側のマグレブの商人たちは、それ以前にバクダッド方面から移りすんできたユダヤ人であった。かれらマグリビーは、遠隔の各都市との交易を担う代理人としては、同じユダヤ人共同体内の仲間を選んでいた。そしてこれら代理人に対して、もし背任行為をした場合には仲間集団から永久に追放するという、多者間の懲罰戦略に基づく集団主義的制裁システムを作りあげていた。マグリビーたちの密なる経済取引は、こういった集団主義的価値観ないし文化信念に基づく範囲内の限定されていた（グライフ　第三章　前掲書）。

ここで、『国富論』でのアダム・スミスの次のような指摘を想いだしておこう。「誰でも自分の資本をできるかぎり近い場所で使おうとし、その結果、国内の労働を最大限に支える形で使おうとする。資本で通常の利益率、少なくとも通常の水準よりそれほど低くない利益率を確保できるのであれば、そうする。このため、利益率が同じかあまり変わらないのであれば、卸売り商人はみな自然に、国内消費用の貿易より国内取引を選び、中継ぎ貿易より国内消費用貿易を選ぶ。国内取引であれば国内消費用貿易とは違って、自分の資本が長期にわたって目の届かないところにある状態が頻繁に起こるわけではない。それに、信用を供与した取引先の性格や状況を十分に知ることができるし、だまされることがあっても、熟知している法律で救済を求めることができる。中継貿易の場合には、商人は資本をいうならば二つの外国に投じており、その一部を母国にもち帰るとはかぎらないし、みずから監視し管理する機会があるとはかぎらない（「第四編　経済政策の考え方　第二章　国内で生産できる商品の輸入規制」）。」「土地に資本を投じれば、貿易に資本を投じる場合よりも、事業を直接に監視し監督できるし、思わぬ出来事で資産を失うことも少ない。貿易業の場合には、風と波によって資産を失いかねない。それに、相手の人格や状況を熟知することがまずできないまま、遠くの国の商人に巨額の信用を与えるので、人間の愚かさと不誠実さというはるかに不確かな要因によって資産を失いかねない（「第三篇　第一章　豊かさへの自然な道筋」）。」スミスがこのように強調していた中継貿易といった取引への資本投下ないし信用供与が不可避的に内在させている不確実性への対応戦略には、商人たちがその中に住んでいた社会のあり様に応じて、異なった対応があったというのがグライフの比較史上の発見であったといえよう。

さてヒックスは、先に紹介した記述に続けて「中国では明朝の初期において、いちじるしい海外商業の拡張が見られた（しかしながら、これは不思議なことに短期間しか続かなかった）」と記している。では、このように指摘される中国人商人とはどんな存在であったのか。中国では農民もエリートも市場経済に巻き込まれ、遅くとも一八世紀には中国全土を覆う原料・食糧の広域的市場が形成されていた。財産は交易と手工業によって蓄積されるようになり、町は都市へと発達した。銭荘や票号など中国独自の銀行や送金機構、会館などの同郷者の組織が生まれ、交易活動に便宜を与えた。労働市場においても、口入れ屋という仲介業者によって、かなり広い地理的範囲にわたって契約労働の形態で人材の配分がおこなわれていた。村と世界市場とは、農村の小市場町・集散地・上海等開港場と、幾重にも重なった土着の流通の鎖で結ばれていた。こうした牙行と呼ばれる仲介機構の、一見すると過剰ともみえる発達こそが、中国社会の特徴的な現象であった。このような仲介・請負のネットワークが余りに発達していたためか、中国にはヨーロッパの中世・近世にくらべて「大市や取引所といったより形式的・透明な歯車・装置は欠けていた」(ブローデル　二〇〇九年）のである。

ここでも『国富論』での議論を紹介しておこう。「インドのベンガル地方と中国の東部地域の一部でも、農業と手工業がきわめて早くから発達していたようだが、どれほど古くから発達していたのかは、信頼性が高いとヨーロッパで認められている歴史書では確認できない。ベンガルでは、カンジス川などの大河がエジプトのナイル川と同様に、多数の航行可能な支流に分かれている。中国の東部でも、いくつもの大河が多数の支流に分かれており、それらを相互につなぐことで、ナイル川やガンジス川より、おそらく両者を合計したより、広範囲な内陸航行が可能になっている。注目すべき点をあげるなら、古代にはエジプトもインドも中国も、外国との貿易には積極的ではなく、きわめて豊かな社会を内陸航行だけによって築いたとみられる（第一編第三章）。」さらに「中国ははるか以前から、世界でもとくに豊かな国であり、土地が肥えていて、耕作が進み、勤勉で、人口が多い国である。しかし、長い間停滞しているようだ。五〇〇年以上前の一三世紀に中国を訪れたマルコ・ポーロが農業、手工業、人口などについて描いた内容は、現代の旅行者が描く内容とほとんど変わらない。中国はおそらく、マルコ・ポーロの時代よりはるか以前に、その法律と制度の性格から可能な範囲の上限まで、富を獲得していたのであろう（第一編　第八章）。」

さて中国人の社会的行動の大きな特徴は、自分の周りに自己の利益になりうる人間関係のネットワーク「関係グアン・シ」を張りめぐらせるということである。中国においては、同族・同郷・同業といった種々の契機で集団形成がおこなわれてきた。特にこれら多様な契機に基づく集団・組織の形成においては、共通して「股分」の提供とその提供に応じた利益のシェアリングという仕組みがみられている。まさにグライフが分析した、集団主義的制裁システムであったマグリビーの商人共同体と同型の商人的経済のあり様である。

だがその一方で、経済活動、特に商業活動の制度的枠組みをサポートしようという関心が国家権力には欠如していた。村松祐次によると、公権力は「税を取ること以外に於ては、官民の間に極めて無関心な、放任的な関係が成立」していたという（村松 一九四九年）。民間人同士が合意した経済契約の保護に関しては、借り手が貸した金を返さなければ、自分の力であるいは何らかの秘密結社の力を借りて取り立てなければならないという自力救済が支配的であり続けた。また公権力の民間経済活動への介入に関しては、統一的な貨幣政策が採用されたこともなく、また民間主体相互での契約履行の執行といった市場秩序維持政策も欠如したままであった。これが長い歴史をもつ伝統中国の実態であった。巨大な帝国を統治することが至上命令であり、商業に「心を動かす」必要もあまりなかった中国の公権力の伝統の中に、市場経済の機能を公的ルールの下に効率化させていこうとする一貫した態度を見つけだすことが非常に困難であることは間違いなさそうである。(4)

さらに、ヒックスの日本についての記述にも少し言及しておこう。先に触れた「東アジアの法体系が、商人の必要とするもの（中略）に円滑に対処することができたとは思わない」という文章に付された「注一〇」では「明治維新の近代化の一環として、日本人が行なわなければならなかった法体系の急激な改革は、このことを示すものである」と指摘している。明治以降日本は西欧と同じような市場経済の発展経路にのったという理解であろうか。

「日本では一七世紀徳川政権下でいちじるしい国内商業の拡張があった。われわれの知るところでは、一七世紀の大坂商人達は、たとえば先物市場の確立のように、もっとも手のこんだ商取引を発展させることさえできたのである。」そして「注一一」では、「この大阪の商業は、西部および中部日本から将軍の首都である江戸への貢祖米の廻送から起こった。それはわれわれがすでに注目した市場の発展についての一つのすぐれた例である」と。このように、ヒックスは江戸期における商人的経済の成長について指摘しているのである。(5)

石川が問題提起していたヨーロッパとアジアとの公権力と商人経済との差異という観点に基づいて、ヒックスの市場経済の発達論を、筆者流ではあるが、以下のように整理しておきたい。「商人的経済」つまり「市場」の基盤とは、あらゆる取引が成立する根拠である契約の履行の保護である。このような保護の仕組みないし制度は、西欧では、まず商人仲間による商人法に代表される市場規律から、第三者による市場規律の仕組みへと進化してきた。一方、アジアの多くの地域では、同業・同族仲間での規律が支配的な商人経済が支配的なままである。そしてこのような商人的経済の進化にとって必須ともいえる公権力の進化は、西欧では都市国家から、市民社会に支えられた国民国家へと発展し、政治制度の仕組みも商業に対して「心を動かす」方向に進化してきた。そして、商人的経済の発展の近代の局面での産業化の進展の中での「行政革命」によって公権力の市場との関係は最終局面を迎えた。

一方、アジアでは、「これに匹敵できるものはアジアにはほとんどみられない。ヨーロッパの都市国家の誕生は地中海のおかげである。(中略)日本の瀬戸内海は地中海とくらべれば小さなものである。(中略)東シナ海自体はどうかというと、それは長い間、商業にとっては障害となっていた」とヒックスも書いているように、都市国家を経ないで、近代になって「国民国家」が形成された。そのため、前近代の「古い国家」「家産制国家」が持続してきた。また都市中間層の台頭によって民主化等政治制度の転換もみられるが、民主化プロセスの苦悩、乱気流がいまだ続いている。そしてヒックスのいう「行政革命」も不十分で、二〇世紀前半以降の日本を除いては、経済政策形成・実行能力、つまりガバナンスのあり様もいまだ引き続いて不十分である。こういえるであろう。

ヒックスの「農業の商業化」論

「土地と労働とは、いかなる経済であれ、またそれがどのように組織されていようとも、依存せざるをえない基盤であること、またある種の食糧生産と非食糧生産はほとんどどのような経済にも不可欠であることは、誰れも疑いを抱かない。しかし、組織の一形態としての「市場」は、商人の、そして続いては金融業者の創造物であって、農民や手工業者の創造物ではないことは、依然として事実である。」そして続けて、市場の勃興、とくに商人による経済取引が、「土地市場と労働市場の形成にすすむ場合、市場制度は比較的支配しにくい領域に浸透しつつあるか、あるいはそれを植民地化しつつあるのである。この領域においては、市場原理は適合しないか、適合できるとしても困難をともなう。そこに抗争が生じることになる。この抗争はきわめて初期のころからはじまり、(その形態は、重要な変化を受けつつあるが)われわれの時代にいたるまで続いている。」

ヒックスは「第七章　農業の商業化」で以上のように述べている。農業史の研究を概観すれば、すぐに理解できるように、ヒックスのいう「抗争」のかたちや程度は、ヨーロッパ内でも西欧と東欧、またヨーロッパとアジア、さらにアジア地域内でも、実に多様であった。既に紹介しておいたように石川は、ヒックスのモデルが慣習的農業社会の市場経済化についての扱いが陰伏的であり、現代アジア諸国の農業社会の市場経済化の解明には十分ではない、もっといえば不適切であると指摘していた。石川のこの問題提起にも筆者も賛成である。そこで以下ヒックスの農業商業化論を整理しながら、その農業論のアジア農村経済への適用可能性について、特に農村・農業における労働利用のあり方について考えていくことにしよう。

ヨーロッパ

市場の勃興以前の慣習―指令経済時代には、農村社会は、領主も農民もそれぞれが異なってはいたが、何らかのかたちで土地に権利をもっていた「領主―農民体制」下にあった。政治統治を担う領主は、農民からその生産物の一部を得ることで生計を立てる一方で、家臣団などによって外敵の武力攻撃から農民を保護した。さらに領主は、隣人との扮装の処理もおこなう裁判官でもあった。このように領主と農民とが「分業の利益」を享受していた慣習社会の土地利用・取引への「商人的経済」の参入は、まさに市場にとっては「比較的支配しにくい領域への滲透」であった。(6)

ヒックスは、領主―農民体制への商業の滲透を、二つの舞台で捉えている。第一の舞台は、土地取引の前にはじまった農産物の商品化である。それには次のような二つの経路があった。ひとつは、農民自身が行商人と交易したり、農村市場で交易をおこなったりすることからはじまる経路である。特に領主が貢租を貨幣で納めさせるようになると、農民による農産物の市場への販売は加速化する。もうひとつは、必要な貢租をえるためにおこなう従臣を通じての領主自身の交易である。領主が手にする貢租は、支配下の農民の生産物の分け前であるが、交易によって領主はそれをもっと望ましい形態に変えることができた。

ヒックスは「第二章　慣習と指令」で、この第二の経路を「収入経済 revenue economy」における商業化と性格づけている。収入経済とは、食料や他の必需品を耕作者から年貢として収取し、官吏に生活資料として提供するために用いられる非市場経済機構であり、市場の発展はこれを主要な背景として起こったと記している(7)。

そして、第二の舞台が、金融の滲透である。この舞台こそが第一の舞台よりも「もっと重要な」舞台であった。というのは、領主にも農民にも　明確な土地の「私的所有権」がそもそも存在していない慣習経済体制下で土地は、それ自体が売買の対象となる以前に、土地のいわば慣行的利用権をもつ領主が商人、特に金融業者から借入れる際にまず担保として供されるようになる場合が多かった。その際、領主の諸権利を、商人が理解しているような財産概念と多かれ少なかれ調和するものに変えざるをえなくなる。こうして、慣習経済下でも既に取引上不利な立場にあった農民の立場はますます不利になり、以前からもっていた権利の一部を失わざるをえなくなっていく。

特に労働力が相対的に豊富であれば、農民の抵抗力は弱く伝統的権利を失う状況に追い込まれよう。こうした状況になると、領主は「土地領主 landlord」つまり「地主」と呼ぶべき存在に転換する。そして、このような大きな転換が起こった後での、地主―農民関係の展開は決して一義的な形態をとったわけではない。ひとつは、地主がその所有地を農民に貸し出して耕作させる地主小作契約が展開していく経路である。この場合にも、土地を耕作する農民に何らかの生活を可能とするような安全保障を与えない限り、地代を引き出すことはできない。そのため年限を決めて土地を貸借する小作契約が展開するようになる。労働力が豊富である状況下では、農民が永代借地を確保できる取引上の力をもつということは考えられないからである。もうひとつは、このような地主小作契約という形態ではなく、土地領主が、監視人ないし荘司を仲介人として、自らの農地で労働力を雇用する農業経営が展開する経路である。この二つの方向での変容が、農民が離散したり農民が現実に死亡したりした一四世紀のヨーロッパでは、起こったのである。まさにヒックスが指摘しているように、「農民が諸権利を失う条件や方法が著しく多様である」という歴史的事実を軽視することは許されないであろう。

まず西欧では、土地領主は地代収入が減少すると、自らの財政困難への対応として土地を売却しはじめた。その場合、今まで支配下にあった農民に売却することが多かった。こうして次第に「独立農場経営 independent farming」者としての農民が誕生してきた。この歴史過程を、ボズラップは『農業成長の諸条件』「第九章　土地保有決定要因としての土地利用システム」で以下のように記述している。封建領主が耕作者の慣行上の諸権利を完全に排除することに成功し、ついには、すべての土地の私有者となり、耕作者たちは随意契約借地人 tenants-at-will という身分に落ちていった。このような歴史の典型例は、イングランドであった。近代英語では、封建領主と近代的不動産所有者との区別をおこなわないという事実をみても、封建領主が耕作者たちを彼の借地人にして、自ら土地所有者へと転換していったその完璧さが窺われる。すなわちいずれも landlord と呼ばれたと。第二章でも議論するように、エンクロージャーによってイギリス農業は、本格的に資本主義農業に転換したのであった。こういった「農業革命」は、小農的土地所有が支配的であった大陸ヨーロッパの多くの地域とともにまた我が国を含めたアジア地域とも大きく異なった農業の歩みであった(8)。

斎藤修『比較経済発展論』によると、西欧近世では農業において、古来栄えてきた商業資本主義が農業にも参入し、市場での購入を軸に土地所有へと向かい、大土地所有者層を生み出した。そして借地市場も活性化してきた。借地農も含めて農場経営者は、農業生産からの利潤の増大を求めて資本投下を盛んにおこなった。さらに大規模農場では、市場を通じて雇用労働者を調達した。イギリスでは、産業革命の前から既に、土地をもたず賃金だけで生計をたてる労働者層が存在しており、農業経営者もこれら賃労働者家計から労働力を調達していた。このように資本主義は、土地及び労働という生産要素市場の展開を活発にさせてきた。

一方、東欧では、農地の売却に頼らない土地領主の直接農場経営が展開した。地主は、人口減少・労働力不足への反応として、農民労働者を土地に縛り付けなければならなくなる。このようにして、前よりももっと厳密な意味で、農民は農奴 serf にならざるをえない。西欧の大部分の地域においては、すでに一四世紀においてさえ、農業の商業化があまりにも進みすぎていたので、農奴制への道が閉ざされていた。しかし、東欧はまったく異なっており、西欧の「独立農場経営」者ではなく、「従属農場経営 dependent farming」者としての農奴制 serfdom が強化された。人口の減少が止まった後も、人口の衰退に対する反応として生まれた慣習や社会制度は、容易に除去されなかった。プロシャ、ポーランド、ロシアでは、数世紀にわたって土地領主からなる貴族たちは、彼らに依存せざるをえない貧しい農民から取れるだけの貢租を搾り取っていた。

西欧では、土地へ市場経済が深く浸透し、習慣経済での「領主」から、土地の私的所有者となった「地主」が中心となる農村経済へと移行した。そこでは、リカードがモデル化したような資本家による借地まで含めた資本主義的大規模農業経営が成立した。一方東欧では、西欧とは全く異なって、労働取引への市場経済の滲透は深くなく、農奴制による大規模経営が展開した。まさに市場経済による土地取引の「植民地化」において「農民が諸権利を失う条件や方法」は著しく多様であった。そして西欧と東欧で、人口の衰退に対する反応として生まれた異なった習慣や社会制度は、容易に除去されなかったのである。

アジア――中国と日本

以上のヒックスが指摘している「歴史経路依存性」の視点からみれば、アジアで農業経済が長い時間をかけて進化してきた歴史のあり様は、西欧とも東欧とも異なったものであった。さらにアジア地域内でも、それぞれの地域での開発経路に依存してこれまた多様であった。以下中国と日本について少しみておこう。さらにアジア地域内における農業・農村経済の歴史的進化の多様性に関しては第五章でも、さらに議論する。

中国

宋代以後農法は、北方型の直播稲作から南方型の灌漑移植稲作へと移行していった。江南では、宋代の支谷平野を中心とする稲作から、一四世紀の明朝成立以降、デルタを開拓しそこでの稲作へと移行していった。そして、この新開拓地を中心として、永佃制（永代小作制）という土地制度が出現し、業主（地主）、大租主（自小作）と佃戸（小作）という階層が生まれた。業主とは元々の地主を指し、田底権（下土所有権）をもつ。大租主は、業主から借りた土地に水利工事を興し、土地の整備をおこない、土壌の肥沃度を高め、田面権（上土耕作権）をもつ佃戸である。彼ら大租主はしばしば土地を一般の佃戸に又貸しし、また佃戸は借りた土地の上に自己の家庭を築いた。この制度の下では、田面という上地の永小作権と底地の収租権とが、並んで永続してそれぞれ別の物権的権利となっていた。ひとつの地所にふたりの所有者が存在し、上地所有者は底地所有者の許可なく売払いが可能であったことから一田両主とも呼ばれた。また佃戸は、その権利を小作に出すこともできたので、一田三主ともいわれた。そして、このような重層的な土地制度の下で、租桟といわれる請負人が、小規模の土地を広域にわたりかつ複雑に入り組んだ形で所有する、複数の土地所有者の代理人として、数百場合によっては数千の小作人から地代を集め、それを地方行政官の納付し、その対価として手数料を受け取っていた（村松　一九七〇年）。租桟に参加する地主は、必ずしも血縁関係に立脚して結合しているのではなく、自発的に参加し租桟を通じて安定的な地代収入を得ていた。

業主と大租主・佃戸とは、経済的には平等といえないが、法的・社会的には平等であった。宋代になって、人民の土地所有権が確立し、佃戸は封建的な束縛から解放された。つまり身分制などに束縛されることはなく、小作人といえども「自由」な農民であったわけである。そして、「典売」慣行という質入による買戻しを前提とした所有権の移転も、明代に生まれたとも考えられている。永田制の根幹である二重所有権ないし分割所有権ともいえるこの仕組みは、土地所有権および賃貸権の商品化を促した。つまり中国では古くから農地の売買が盛んであった。また農民は、小さくても農地を所有しているか、土地所有者と契約した借地人であって、決して地主に従属していたのではない。同時代に西欧の農村居住者が土地に縛られていたに較べて、中国の農村民は経済的に自由であったのである（ポメランツ他第二章　五　二〇一三年）。

市場経済の発達につれて土地所有者つまり士大夫階層は、最も利廻りがよい投資先を求めて投機的な土地所有をおこなっていた。こういう経済行動の自然の流れとして一九世紀に、大土地所有者は都市の商業・工業へと投資し、農地との直接的関係をほぼ喪失した。以上のような歴史経路を辿ってきたため、その契約形態には地域差があったが、地主小作関係は基本的にドライな経済取引そのものであった。北部では、小麦作を軸とした畑作での短期小作契約が多く、一年契約が普通であり、分益小作契約が主であった。一方、南部では、稲作水田での長期契約が主であり、小作料の形態は定額小作が多く、また永小作権をもつ佃戸も多かった（イーストマン　第四章　一九九四年）。

日本

前近代の日本では、ヨーロッパとは決定的に異なって、家内手工業を副業としていた小農家の農業経営が支配的な存在であった。そして江戸期日本には、この小農層と領主とは、サムライという家臣団を媒介とする日本型の領主―農民体制が存在していた。この時代には既に、農産物の商品化がはじまりかつ相当程度発達していた。そしてその経路は、ヒックスの農業商業化の第一の舞台での二つの経路ともに存在していた。日本経済史でいわれる「農民的商品流通」と「領主的商品流通」である。

この領主的商品流通の代表が、前注（7）で紹介したヒックスのいう「貢納経済」を通じた米の商品化であった。幕藩体制下で諸大名が得た貢租米は、江戸だけでなく大阪の蔵屋敷へ廻送され、堂島の米会所で、正米取引と米請求権である米切手による帳合米取引とがおこなわれた。前者の正米取引によって現物の価格平準化が、そして後者の帳合米取引によって価格変動リスクを避ける保険機能が、実現されていた。とくに米切手を媒介として財市場と金融市場が一体化していた後者の取引が、ヒックスも注目していた先物市場であった（宮本　一九八八年）。また高槻泰郎が詳細な史料の解読で実証しているように、このような取引制度と決済制度からなる市場秩序は、商人たちが試行錯誤を経て作りあげた規則によって維持されていた。そしてこの商人自身が形成した秩序の上層に、幕府司法が控えていた。つまり大阪市場において大量の米が円滑に売買された背景には、周到に構築された重層的商秩序が存在したのである（高槻　二〇一二年）。

そして農業への市場経済の滲透の第二舞台においては明治維新直後に実施された地租改正が決定的に重要であった。土地に対する完全な私的所有権が法的に認められ、かつ地租を貨幣で納めざるをえなくなった。そのため、米穀農業において小作人が地主への小作料を現物で支払う慣行は残存したが、江戸期の領主的商品流通は消え去った。また土地が公式に担保になりうることになり、金融の滲透という第二の舞台も全開していくことになった。このようにこの「前近代」領主・農民体制が「フォーマル」には廃止されたという面では、地租改正は政治・経済制度の「革命」であった。だが明治以降の農村経済の進化は、江戸期の歴史遺産を引き継いだ歴史経路依存型の進化であったことも忘れてはならない。

西欧の歴史に比して徳川日本では、農業資本主義はその萌芽すらみられなかった。勿論、都市には多様な就業機会が存在していたが、そこへ労働力を供給したのは、農業生産を営む小農家計であった。徳川期にはいって以降、それ以前に存在していた土地を巡る重層的な「職」の体系は消滅して、土地に関する権利者が領主と農民の間に存在することはなくなっていた。そして江戸期日本においては、農民による土地所有は、自治的な機能をもつ村役人によって登記され、土地台帳の維持管理も村当局が担っていた。そして、農地の取引は原則的には同一村落内に限られ、村を跨って取引することはできなかった。近世に村切りによって村落が設けられて以降、質地請戻し慣行にみられるような「村の土地は村で利用する」という慣行も生まれていた。土地に対する「領有」権をもつ領主と「所持」権をもつ農民からなる重層的な土地制度の下で、農民、より具体的には農家の戸主の権利は、村によって保障されていたのである。さらに、農業生産に不可欠なローカルな灌漑システムの維持と利用は、村落共同体による自律的統治に委ねられた。小農の圃場が用水供給の地域システムに統合されており、村落の社会的活動への参加において、ただ乗りをする機会主義的な農家を排除する村「ハチブ」の慣行が成立していた。

一方、このような土地制度の下でも農民の中で、質入れなどで所有地を失って小作地を耕作する水呑百姓の割合は上昇した。この流れは明治期にはいってからも続き、初年ではその比率が二九％であったが、一九〇八年には四五％へ上昇している。この時代の土地法が、明治民法の制定によって「耕作権が地主的土地所有権に従属する」（小倉一九五一年）制度であったことも忘れてはならない。しかし、このような農村内での土地賃貸市場展開は、村落内の経済格差を拡大させたのではなく、むしろそれを抑止する力として働いた。そしてまた、人口圧力が高い日本で、この小作人割合の上昇は土地なし層の登場をもたらさなかったのである。

さらに斎藤修は、『農家経済調査』の個票をもちいた農外への不熟練労働の供給に関する回帰分析によって、農業生産力が低いほど労働供給量は多くなることを確認している。前近代から日本では、農業の生産力が養蚕など副業を含めた農法の改善で上昇すれば、農家世帯員の農家外への労働の供給価格、別の表現をすると留保賃金水準が上がり、自営業世帯が賃金労働者世帯に転換する確率は下がったといえる。このようにして、戦前期日本農村には、小作地比率がアジアの他の地域と比較しても高かったが、「土地なし層」はほとんど存在しない状態が続いたのである(斎藤第三章 一九九八年)。

ところで、ヒックスの議論には、先に述べた近世以降の日本に存在した、農民間の相互扶助といったコミュニティ原理への言及は一切ない。これは、ヒックスの農業商業化論が基本的に西欧、特にイギリスの歴史的経験を下に構築されているからであろう。イギリスは、基本的に農業経済も市場原理で構成されるようになった地域であった。次章で指摘するように、アーサー・ルイスのいう「労働の無限供給」給源とは、地主、小企業者等の温情や共同体の慣習によって一定の生活の質を保証されている存在である農民であった。このような農民は、農村経済への市場の浸透が徹底的であった西欧には、あまり存在していなかった。一方、アジア地域では、前近代の慣習経済体制の中で生まれ、その後近代にはいってからの市場経済の滲透の過程でも長らく生き残ってきた農民や農民家計は、まさにルイスの想定していたような存在であったのである。

第二章　「ルイス二重経済論」再考
——ヒックスの産業革命論を手がかりにして

ルイス・モデル

成熟段階に既に到達したともいえる現代の日本経済の構造をどう捉えるのか。この問題について吉川洋が大変重要な問題を提起している。『現代マクロ経済学』「四　新しいマクロ経済学」で、世界から一時期「日本の奇跡」とまでいわれた高度経済成長の要因を、大川一司とヘンリー・ロソフスキー著『日本の経済成長』に言及しながら、明治以来の農工間の生産性格差という二重構造が戦後高度成長の大きな要因のひとつであった、と吉川はいう。つまり、農・非農間での労働限界生産性の不均衡が、農業からの大量の労働力流出で解消されていったことこそが、高度成長の主たる要因であったと論じている（吉川　二〇〇〇年）。

まさに吉川も指摘しているように、戦後日本の高度成長は、ルイスが論文「無制限的労働供給の下での経済発展」において、発展途上国の経済発展モデルとして想定していた世界であった。続けて吉川は、二〇世紀末の日本経済も、生産性の部門間格差と伴う「多部門ルイス・モデル」で分析されるべきであると主張している。大川が「歴史的視点からの構造分析」（大川　一九七四年）で「傾斜構造」と名づけた、農業だけでなく製造業内部にも存在している大きな生産性格差という事態は、現在も厳然と存在している。先進国になったことをもはや疑う者がいないはずの日本経済ですら、こうである。だとしたら、現実の経済はいつまでたっても新古典派均衡理論が想定するような均衡状態には到達しえないのではないのか。

暗黙裡ではあれ、正統派経済学徒がその達成を想定している生産要素市場での完全競争均衡では、いうまでもなく産業・企業間でそれぞれの限界生産性がすべて等しくなっている。そしてこの場合には、国民経済全体としての生産量は、生産要素の賦存量と技術だけで決まる。つまり、需要は生産量の決定とは無関係となり、「セイの法則」が成立する。しかし、先進国ですら常態となっている生産要素市場での産業・企業間での限界生産力の不均衡とは、労働・資本ともに不完全雇用状態におかれている状態である。つまり「真の」転換点は永遠に訪れないのではないか。ルイス・モデルは発展途上国だけでなく、先進国にも十分当てはまるモデルである。このような重大な問題を吉川は提起しているのである。

さて、開発経済学の古典ともいわれる「無制限的労働供給の理論」において、ルイスは「経済発展の理論の中心課題は従来国民所得の四～五％ないしそれ以下しか貯蓄・投資していなかった社会が、自発的貯蓄が国民所得の一二～一五％ないしはそれ以上にも及ぶ経済へと変貌をとげる過程をあきらかにすることにある」と書いている。ルイスは、ノーベル賞受賞記念講演「成長エンジンの減速」では、以下のように述べていた。学部の学生時代から、私を苦しめた問題のひとつは歴史的なものであった。産業革命の最初の五〇年間、英国の実質賃金は多かれ少なかれ一定水準に維持されてきたが、利潤と貯蓄は増加した。これは、投資の増加によって賃金が上昇し、資本の収益率は下落するという新古典派の枠組みとは噛み合わない。一九五二年八月のある日、バンコクの道を歩いている時、労働量は固定されているという新古典派の仮説を放棄すればいいことに突如気がついた。「労働の無制限供給」によって賃金は引き下げられ、高い利潤が確保されるからである。そして、労働の無制限供給は、究極的には人口圧力に発するものであり、人口動態周期の一局面での現象である。

前章でも触れておいたが、この人口増加以外に、ルイスは無限供給の源泉として、農民以外にも、小商人、半端仕事の従業者、家事手伝い人等にも言及している。しかし安場が指摘しているように、労働力の無限供給の給源であるためには、その供給者は普通の自営業者であってはならず、地主の温情や共同体の慣習によって一定の生活の質を保証されている存在、すなわち、ヌルクセがいう意味での、偽装失業者でなければならない。この条件が満たされている場合、経済発展が進み、一人当たり生産高が増加しても賃金はいっこうに上がらないかもしれない（安場　一九七一年）のである。(9)

ところで、ジョン・ヒックスが『経済史の理論』「第九章　産業革命」で、ルイスと全く同じく、実質賃金一定の下での産業化という問題を、イギリスの産業革命期の近代工業における利潤獲得と労働需要に焦点をあてて論じている（ヒックス　一九九五年）。ルイスの発展モデルは、不熟練労働力の一定賃金での無制限的供給と、利潤最大化原理で雇用量を決定する近代部門の労働需要とを鍵概念とするものであった。これに比較して、ヒックスの産業革命論は、近代部門の固定資本形成に起因する労働需要の変化と同時に、労働市場において長期契約対短期契約、あるいは熟練労働対不熟練労働といった二重構造が近代経済成長過程で出現してくることを明らかにしている。

本章ではまず、ヒックスの産業革命論をやや詳しく検討しルイスとの類似・差異をみていこう。続けて次章では、その理論的枠組みに沿って、次章で戦前期日本における二重構造経済の形成という経済史に関わる問題を考察していこう。

近代工業の勃興

一八世紀後半の産業革命期には、商業においてではなく、製造業の生産において用いられる固定資本財の範囲を著しく拡大させた「近代工業」が勃興してきた。ワットが発明した凝縮器による蒸気機関やアークライトが発明した紡績機械など新しい機械、このような新しい固定資本財の拡大は一度限りではなく継続しておこなわれた。つまり単に資本蓄積の増加だけでなく、「投資が具体化される固定資本財の範囲と種類」が拡大し続けた。このような固定資本財の多様化は、科学技術の生産活動への意識的な応用によって実現した。「科学の影響は繰り返しあらわれ、いわば無限に反復されるからである。これは固定資本への切替である。しかし、これが主要な切替えとなるのは、右に述べた発展によって、新しい固定資本財がきわめて安価に得られるようになってからなのである。」

産業革命の時代には「科学は技術者に刺激を与え、新しい動力源を開発し、その力を通じて人間の手にまさる精密さをつくりだし、機械の生産コストを低下させて機械利用の範囲を拡げる。このような科学の影響こそが、広大な変容を生み出す真の革新、真の革命なのである。なぜなら科学の影響は繰返しあらわれ、いわば無限に反復されるからである。これは固定資本への切替えである。しかし、これが主要な切替えとなるのは、（中略）新しい資本財がきわめて安価に得られるようになってからなのである。」以上のようにヒックスは産業革命論の章で論じている。

「概ね一七六〇年から一八五〇年まで」とされる産業革命時代には、「技術革新は産業革命の原動力であった。その中で代表的な発明は、蒸気機関や棉紡績機・綿織機、それから木炭の代わりに石炭を用いて鉄・鋼を溶解・製錬する新しい工程などであった。一九世紀の技術者は、一八世紀の発明をあらゆる分野に拡げて、機械化を進めた。」アレンも『なぜ豊かな国と貧しい国が生まれたのか』「第三章産業革命」（アレン　前掲書）でこう指摘している。ヒックスのいう近代工業の誕生・成長という過程がサイモン・クズネッツのいう「近代経済成長」という概念に非常に類似したものであることは間違いない。

前近代期の主役であった商人の資本であった「流動資本は、継続的に回転するものであり、それはたえず還流して再投資される。」ところが勃興してきた近代製造業の核をなす固定資本は「沈められる。つまり、それは特定の形態に具体化され、せいぜい徐々に一部ずつ解放されるにすぎない。」したがって、大きな不確実性の下で、多額の資金を固定資本として沈めようとする人にとっては「第三者から資金を借り集めることができる人（それは銀行でもよい）」から借り入れることができるようになっていなければならない。一八世紀前半までに、イギリスでは、この条件が満たされるようになっていた。「その時すでに金融市場が存在し、それを通じて種々の有価証券が円滑に売買されるようになっていたのである。」このようにヒックスは、近代工業の誕生・成長を可能にさせた重要な制度的条件のひとつが、金融組織面での経済制度の変化であったことを強調している。それは商業銀行組織の形成・拡大であり、この金融発展によって、貸付資金の利用可能性が量的に増大していくことが最も重要であり、信用供与の利子率が低下するということは、副次的であった。換言すると、資本市場の流動性が、それ自体非流動的である固定資本への長期的投資を可能にした。こうヒックスは語っている。

実質賃金一定での産業革命

「産業革命」といわれる近代製造業が勃興していた一八世紀後半期のイギリスで、GDPは増大していたが実質賃金は上昇していない。アレンも自らが収集し推計したロンドンでの実質賃金について、一七〇〇年から一八五〇年くらいまで、実質賃金ほぼ一定となっていることを確認している(アレン　第一章　前掲書)。この「興味深い経済史上の事実を巡って、長い間歴史家たちは議論を続けてきたが、残念ながら現在でさえその議論の決定的解答は与えられていない。」こう指摘してヒックスは、イギリスの「実質賃金の一般的水準が、(たとえば)一七八〇年と一八四〇年の間にわずかに上昇したにせよ、事実上低下したにせよ、それは賃金上昇のラグがなぜ生じたかという問題とは関係がない。」「実質賃金の上昇が工業化に遅れて起こった」のは何故かこそが、「説明されなければならない」問題であると強調している。

ヒックスはまずその第一の要因として、豊富な労働供給があったことを取りあげている。「過剰労働がなくならないかぎり、実質賃金はそれほど上昇しないと考えてよい。過剰労働がなくなるのに多くの時間がかかったということは、おどろくにあたらない。周知のように、人口は急速に増加しつつあった。そして、農業に追加的労働が吸収される機会はほとんどなかった。したがって、工業および都市における他の職業への労働供給は急速に増大していた。したがって、過剰労働が吸収されるためには、かなりの期間労働需要が労働供給の伸び以上に増大しなければならなかったのである。」まさにこれは、先に紹介しておいたように、ルイスがノーベル賞受賞講演で過剰労働の存在条件として強調していた人口増加の存在と全く同じ議論である。(10)

「農業人口は絶対数では一八五〇年代まで継続して増加しているが、農業人口はすでに長期にわたって非農業活動に余剰人口を供給していた。そして、その余剰人口は一八世紀後半と一九世紀前半に目だっている」とキャメロン・ニールが指摘している(キャメロン・ニール　第一一章　二〇一三年)。土地の集積・集中とエンクロージャーによって大規模農場が誕生した。キャメロンたちがイギリス型の「農地改革」であったというエンクロージャーは、開放耕地制度の下で存続してきた共有地・沼地・荒れ地を大規模農場へと囲い込んでいった。エンクロージャーは中世にもおこなわれていたが、一七世紀と一八世紀には議会立法により法的に認可され加速度的に進行していった。確かに、この耕地の囲い込みによる農業革命で生産性は上昇した。だがその一方で、以前の農村コミュニティは破壊され、土地を失った農民たちは、都市に流出せざるをえなかったのである。

ヒックスも「第八章　労働市場」で以下のように論じていた。産業革命以前に進んでいた都市化によって、農村から土地を失った人々は、立身出世ができるのではないかという期待によって都市に流入した。だが、流入してくる労働の大部分は、都市の雇用の観点からすると、きわめて低級労働であり、希望を実現できる人は極めて少ない。都市への人口流入は、農村における人口圧力の高まりに起因する土地不足からくる圧迫が大きいほど、より多くなる。工業化によって労働需要が拡大しても、これら低級労働者が雇用されることはあまりない。そして、農村に帰還することもできず、多くは、都市のスラムに住まざるをえなくなり、かつみつけ得た仕事場でも劣悪な作業場で苛酷な低賃金・長時間労働を強いられ、多くが都市で死亡した。この事態を経済史家は、過剰人口が存在する限り、農村からの人口流入も止まらず、都市で貧困層は再生産され続けていく「都市蟻地獄」と呼んでいるが、ヒックスは定常均衡である「プロレタリア均衡」と名づけている。

だが同時に、産業革命期以前から、農業がイギリス経済の発展に重要な役割を果たしてきた事実も忘れてはならない。アレンも産業革命以前に、イギリスでは、都市化と農村工業が進展し、食料供給源と労働力供給源としての農業分野において大きな変化が起こったことを強調している（アレン　第二章　前掲書）。農業労働者の一人当たり生産高は約五〇％増大し、ヨーロッパで最高の水準に到達していたという。多くの経済史研究が明らかにしているように、イギリスでは、産業革命に先行して、三圃制から「ノーフォーク農法」といわれる輪栽式への農法の転換があった。一七世紀後半以降には、こうした新しい輪作を導入することで、土地の肥沃度と穀物産出高が格段に増大していった。

そして「一八四〇年代半ばから七〇年代半ばまでの時期は、「高度集約農業」の時代であり、（中略）技術革新―軽量の鉄製犂、蒸気脱穀機、収穫機、化学肥料の広範な利用―によって、以前の新穀草式農法やそれに関連した技術を上回る生産性の上昇が達成された（キャメロン他　前掲書）」時代であったのである。だがこの農業生産力向上の動きは、同時にエンクロージャーによってイギリス農業が本格的に資本主義農業に転換した過程でもあった。こういった「農業革命」は、小農的土地所有が支配的であった大陸ヨーロッパの多くの地域とは大きく違っていた。そして第一章で論じておいたように、我が国を含めたアジア地域とも大きく異なった農業の歩みであった。またアジア地域内でも、これまた日本農業の歴史とは異なった地域も存在しているのである。[11] この問題は、第五章で改めて論じよう。

近代製造業の労働需要

さてヒックスは、以上の過剰な労働力の存在という労働供給のあり様よりは、勃興してきた近代工業における固定資本投資が労働需要に与える影響に焦点をあてて、なぜ賃金が上昇しなかったのかの解明を試みている。産業革命とも称されるようになる経済の大転換期に、機械がしばしば労働にとって代わったことは紛れもない事実であった。「ラダイツ運動が起こったのも当然である。経済学者たちは、このような事実を熟知していたけれども、それらは労働の可動性がないことの結果であるとして、常に軽視してきた。新しい技術を導入すれば、需要が減少する労働と、需要が増大する労働とが必ず生じる。しかし、この減少と増加の差引勘定はどうなるのであろうか。」

産業革命がもたらした労働市場へのインパクト、特に労働需要への影響といった歴史上の大転換を議論するには、ケインズの短期理論ではなく長期理論が必須である。こういう長期理論の構築にとって重要な手がかりを与えてくれるものとして、ヒックスは、「古典派」経済学者、特にリカードが『経済学および課税の原理』で提示していた、実質賃金率一定の下における労働需要の議論に注目している。リカードは『原理』最終版（一八二〇年）で付け加えられた「機械論」で「工業の労働需要と強い相関関係をもつのは、工業で用いられる資本全体ではなく、そのうち流動資本部分のみである」という仮定の下で、機械への投資が労働需要にどういう効果をもたらすかを検討している。[12] ヒックスはこのリカードの議論を次のように拡張している。

「新しい機械の導入といった、固定資本への切替えがあり、その結果として総資本ストックの成長率が上昇した場合には、流動資本の成長に対して二つのまったく相反する力が働く。固定資本部分の成長率が上昇するにもかかわらず、流動資本部分の成長率が現実に低下するということが十分に起こりうる。つまり、「労働節約的」である「発明」によって、もっとも直接的に影響を受ける労働についてのみならず、経済全般についても、労働需要の拡大が鈍化するかもしれないのである。つまり実質賃金は上昇しえなかったことになる。」

「一九世紀最初の四分の一、あるいは最初の三分の一ごろまでのイギリスにおいて、この種のことが現実に起こったと想像しても、およそ不合理であるとはいえない。(中略)人口増加という事実をともないながら、ゆるやかであるにせよ、このような(労働節約の)方向への動きが生じたことは、一般的に労働不足がなかったこと、またその結果として実質賃金の上昇がなかったことを説明するに十分であろう。」

「固定資本への転換が与えたこのような悪影響がすっかりなくなってしまい、固定資本の成長率の上昇が好影響のみをもたらすような時が訪れるであろうと予想することもできる。」このようにリカードは予想していたが、新しい固定資本、すなわち「機械」の導入を推進させたのは生産費の低下であった事実に気が付いていなかった。産業革命の時代、「固定資本の生産費が低下したので、従来用いられてきた手工業的方法に代わって、機械による生産方法を採用することが有利になったのである。しかしこの低廉化は一度かぎりのものではなく、継続して続いた。機械による生産方法が次々と新しい用途に適用されるようになったこと、すなわち、固定資本投資の第一次段階で起こったことが継続されること、これが固定資本の低廉化の一つの結果である。しかし、これとは別に、第一代目の固定資本(いまでは相対的に高価で能率の悪い)に代わって、もっと安価でかつ効率のよい新しい機械が置換えられるという結果も生じる。これは追加的貯蓄をまったく必要とせずに、さらに利潤(リカードの言葉では「純収入」)を増加させるであろう。」「ひとたび初期の固定資本ストックが増殖されたならば、いっそうの技術進歩によって、それ自体が生産力を増していく。その後の成長は貯蓄に対して何ら抑制効果をもたず、したがって、それは労働需要にまったく有利な効果を及ぼす。過剰労働力が吸収され、実質賃金が決定的に上昇するのは、まさにこの時点なのである。ここにいたって、この時点に到達するのにどうしてあれほど時間がかかったのかを理解することが可能となる。」

クロンプトンのミュール紡績機やアークライトのローラ

ーを組み合わせた水力紡績機といった「機械はすべて一重量単位の綿糸を生産するために要する労働時間を削減した。同時に一重量単位の綿糸を生産するのに要する資本を増加させた。産業革命の最大の成果は、一八世紀の発明が、以前の世紀のように一回限りのものにならず、むしろ継続的な技術革新の流れを開始したことである。」アレンもこう指摘していた（アレン　第三章　前掲書））。

リカード機械論の検討

以上の「産業革命」の議論をヒックスは、「付論　リカードの機械論」において、仮説的な数値例によって補足説明している。「リカードは好んで計算例をしめしたが、機械論の章ではその計算を仕上げていない。（中略）したがってわたしが自分自身で計算例を組立ててみることは役にたつだろう」として「実質賃金が一定」というリカードの仮定をそのまま踏まえて、固定資本への投資が労働需要にもたらす長期的影響を検討する数値例を提示している。その概要は以下の通りである。既にある機械を運転して消費財を生産する労働と新しい機械を製作する労働という二部門が存在している定常状態を初期状態として仮定し、次年度以降は一単位の機械の製作に必要な労働が初期状態より多く必要となるとする。一方、消費財生産においては一単位の生産に必要な労働はより少なくなり、各期で賃金をこえた消費財生産物の余剰が初期のままであるとも仮定されている。こういう数値例での簡単な計算をおこない、次のような結論を導いている。

最初のうちは、運転される新しい機械の数はわずかしか増加せず減耗していく古い機械を償うにはほど遠いため、消費財の生産高と雇用は減少していく。だが、追加利潤が少しでも貯蓄される限り、「最後には――それも非常に長い期間のあとに――経済は拡大の道を辿りはじめる。（中略）一回かぎりの技術改良でも、適切な貯蓄性向があれば、（それに賃金が上昇しなければ）、経済は定常状態から拡大に向うことができる。」そして計算例からの結論は、労働需要の大きさの決定にとって、労働量で測った新しい機械の制作コストが最も重要であるということである。このコストが低下する、別の言葉でいえば新しい機械の生産に必要な労働投入量がより少なくなれば、同じ規模の余剰つまり利潤からの投資であっても、労働需要が減少から増加に転じるまでの時間が短くなる。つまり、労働需要が拡大しはじめる時期を決めるのが、新しい機械の製造費であることを強調しているわけである。そしてこの付論を「本書においては、「イギリス産業革命」の歴史的事例の場合、主としてこのような方法で結果のきびしさの回避が可能となったものであろうという考え方を示したのである」と締めくくっている。

この分析に寄せられたコメントを受けてヒックスは、『経済学の思考法』「第Ⅸ章　解説と修正　三リカードの機械効果」で以下のような追加説明を加えている（ヒックス一九九九年）。まず「機械」を、一定時間に最終生産物の一定量を生産しうる能力をもつ設備の単位として定義している。続けて、能力単位の機械を生産するに要する労働量――建設係数――と最終生産物つまり消費財の生産に要する労働量――稼動係数――とに分けて、生産技術を捉える。そして、新技術が導入され新たな効率を発揮する機械が生産されはじめた時には、最終生産物を生産する現存するすべての機械は古い型式のものであるが、それを用いることが利潤を生むかぎり使用される。したがって、両労働係数が古い技術より高いとすれば新技術がより大きい利潤を生むということはありえない。したがって次の三つの可能性のいずれかが実現する場合に産業化が進展することになる。第一は係数のいずれもが新しい技術では低い場合。第二は建設係数の方が高いが、稼動係数がこれを相殺する以上に低い場合。第三は稼動係数が高いが、建設係数がこれを相殺する以上に低い場合。これらの可能性はいずれもありうるが、リカードが注目したのは、第二のケースである。リカードが想定していたこの場合と、「中立的技術進歩」つまり両方の係数がちょうど同じ比率で減少する場合とを比較してみよう。建設係数が上昇するケースでは、新しい高価な機械が生産されはじめるとき、利用可能な労働が古い機械による生産を維持するために必要とされるから、最終生産物を減少させることなしには、労働力を直ちに移動させることはできない。もし技術の変化が生じないとしたときにくらべて、最終生産物が減少することは避けられない。以上が追加説明である。

ヒックスの「付論」に戻ろう。「これが自分――そしてリカードが、と筆者は信じるが――主張しようとしている主要な論点である。利潤が生じる発明の採用が一時的な最終生産物の低下をまねくことは完全に可能である。そして、最終生産物が減少するのであれば、誰かが節約せざるをえないか、それとも他の用途から不変となる消費財が供給されなくてはならない。一時的に、実質賃金が低下するに違いない。これらの効果が機械化あるいは工業化の必然的な結果であると主張しているわけではないことが明らかになったと希望する。筆者が議論していることは、急速な工業化が容易に苦痛をもたらすと主張しうる、それなりの理論的な理由があることにすぎない。」

以上がヒックスの議論である。この議論がリカードの実質賃金不変という仮定の下で導かれたものであることを、改めて強調しておこう。「第九章　産業革命」の注一八でヒックスは、「流動資本と同じく、固定資本も体化された労働の賃金コストでその評価額が評価されると考えられていた。これは実質賃金が一定であるかぎり、（適当な単位をとれば）消費財の価格水準で、それを評価するのと同じことになる。そのとき、資本ストック（資本ストック全体）の価値というのは曖昧さをもたない概念である。（断念された消費財で測った）貯蓄と、投資（資本ストックの価値の増加分）とを均衡させることには何らの困難もない。」続けて「実質賃金が上昇するときになれば問題は別である。その場合に必要となる分析は、一九世紀後期の経済学者を混乱させたものであった」と記している。実質賃金が一定と仮定できなくなると、固定資本と流動資本との生産費の評価が一義的にはできなくなり、固定資本と流動資本、つまり「資本と労働」という生産要素間の代替の可能性を導入させないと、議論ができないことになるということである。そしてこの注に言及はないが、二〇世紀におけるこのような現代経済学の議論は、一九三二年に出版されたヒックスの処女作『賃金の理論』（ヒックス　一九五二年）からはじまったのである。

この処女作で提示された生産要素間の代替弾力性といった概念を取り入れたその後の理論に照らしていうと、ヒックスの議論は、流動資本対固定資本比で分類される技術進歩のタイプによる労働需要への異なる影響を論じたものといえよう。そして、産業革命の初期局面では、労働節約的技術進歩が支配的であったため、労働分配率は低下ないし一定、つまり上昇しえない状態にあり、実質賃金も上昇しえない。しかし、新しい固定資本財が継続的により低いコストで生産されるようになるにつれて、新しい固定資本財への継続的な取替が継続する。このような傾向が支配的になってきた産業革命の後期局面では、同じ経済余剰つまり利潤を原資として可能となる固定資本財はより安くなるので、労働分配率が上昇しはじめ、実質賃金も上昇しうるようになる。これがヒックスの議論なのである。

ヒックスは、先ほど紹介した「三　リカードの機械効果」で、以下のように論じている。技術変化はそれが利潤を増加させるかぎり、少なくとも一部の生産要素の限界生産力を増加させなければならない。「労働」と「資本」の間では、それぞれの生産要素の限界生産物が増加することも生じうるが、ひとつの要素の限界生産物が低下することも生じうる。したがって、新古典派的な見方では「いちじるしく労働節約的な発明」は、労働の限界生産性を低下させることもありうるが、新古典派は、資本の限界生産性が必ず増加し、利潤も必ず増加するという。利潤の増加は蓄積を促進し、資本の増加は「労働節約」的変化を伴うことがないので労働の限界生産力は必ず増加する。これはリカードが「機械論」で述べていた「一番よいこと」が達成された状態である。

こうヒックスが書いているように、リカードの議論と新古典派の議論との間に対応関係があることは間違いない。「しかし、新古典派の接近においては、「いちじるしく労働節約的な発明」を識別するのが何であるかがまったく明らかではない。したがって、過度に労働節約的な場合が重要であるか否かについて簡単には何もいえない。他の接近をとることによってこの点はずっと改善されると筆者は信じている[(13)]。」

少し補足しておこう。アレンはイギリスで産業革命が世界最初に起こった理由に関して、ヒックスがいまだ知りえなかったその後の研究成果を踏まえて次のように強調している。「イギリスに特有な賃金・生産要素価格［エネルギー価格と資本価格］のあり方に問題解明の鍵がある。賃金が割高で、エネルギーコストが割安なイギリス経済では、産業革命への道を切り開いた技術を発明したり、利用したりすることで、企業は利益を得ることができた。

技術との関連でもっと肝心なことは、イギリスにおいては賃金が資本の対価に比べて高かったことである。イギリス、特にイングランド北部とミッドランドの炭田地帯では、エネルギーは世界で最も安価であった。そのため、イギリスにおいては、他のどこよりも賃金に比べてエネルギーコストはさらに割安であった（アレン　第三章　前掲書）。」

いささか長い紹介になってしまったが、ヒックスは「第

一〇章　結論」で以下のように整理している。「リカードの「機械論」を思い起こそう。かれによれば、改良は最初の段階では労働節約なものとなりがちである。しかし、その初期の段階で生まれた超過利潤からの資本蓄積は、必然的に労働需要をもたらすものであった。もし、職業間の労働移動が（少なくとも結果としては）かなり行われている一国に話を限定すれば、このことは意味があるし、また経験にも合致している。放出された労働はふたたび吸収され、そして労働の不足が生じるにつれて賃金は上昇する。」

付記しておくとヒックスと同様に、シュンペーターも、労働節約的な機械の導入が最終的には労働需要の増加をもたらすという自らの議論をリカードは数値例で説明することに成功していないことを指摘していた。「永続的効果（著者追加—長期的には労働需要を増加させうるという効果）」という帰結は論究されている数字の例からは決して引き出されうるものではない。機械の導入によって労働需要が低下するという命題を主張するリカードの議論は機械の導入が喚起する出来事の経過のほんの一部分でしかない」ものである。リカードは、機械化が生産効率を上昇させるために、商品で表した総生産物が減少することはないということを完全に認知していた。つまり実質賃金所得が永久に減少し続けることはなく、また利潤と地代の購買力が機械化に伴う価格の低落によって増加させられるので、資本家と自然的生産要素の所有者が不変の貯蓄性向をもっているかぎり、涸渇した賃金基金は増加した貯蓄によってふたたび満たされるということになる。リカードの挙げた数字の例はこの結論を証明していないが、それは彼の賃金基金説の枠組みの中でかならず論理的に帰結されることである。」このようにシュンペーターは、ヒックスの計算例を直観的に先取りしていた。しかしその一方で、シュンペーターは自らの「賃金の理論」を自己批判したヒックスとは違い、現代流には「新古典派」を理論の疑いなき前提としていたようである。注記で、ヒックスの「賃金の理論」第六章を高く評価しているように、シュンペーターは生産過程における資本と労働のスムーズな代替を前提とする「新古典派」的思考に基づいていた（シュンペーター　第三編第六章（h）分配分と技術進歩　二〇〇五年）といえよう。

近代工業における、その範囲と種類が拡大した固定資本財の大量使用は、それを操る工場労働者などに恒常的な雇用を生み出した。ヒックスはこの点を「究極的には実質賃金の上昇にとってきわめて好ましい」ものと評価しつつ、より重要な問題として、実際には実質賃金の上昇が遅れたことを挙げる。その原因をヒックスは、農村における過剰労働力の存在と、固定資本の投資増に伴う流動資本不足に求めた上で、やがては新技術を取り入れた機械がより安価に供給されるようになって、労働者に回す資金に余裕が生じたことから、実質賃金は上昇するようになった。以上が、ヒックスの近代工業の労働需要の議論であった。

労働市場の構造変化

ヒックスは、このような近代工業の成長によって、実質賃金の上昇といった論点を超えて、雇用形態にも大きな質的変化が生じてくる事態を強調している。近代工業の誕生・成長とは、既にふれたように、近代科学技術の経済活動への応用によって、「投資が具体化される固定資本財の規模と種類」が「前近代」の工業に比べて、不連続的に飛躍的に拡大することであることから、このような固定資本財に馴染んだ労働力を「継続的」「恒常的」に雇用し続けていくことが、より効率的となり、そこに前近代の局面に対比するとき、より恒常的・長期契約的雇用形態つまり内部労働市場とよばれる組織が出現してくるという議論である。

産業革命論のひとつ前の章「労働市場」でヒックスは、次のように論じている。都市の自由労働市場が同質の労働力だけで成り立っているのではなく、等級別構成となっており、各等級の稀少度に対応して賃金格差が生じる。そしてもしある等級から他の等級への労働移動が容易であれば、また高級労働の低級労働への代替が容易であれば、低級労働が吸収される余地が存在する。しかし特に低級から高級等級への移動には克服することが困難な自由労働市場が迅速には対処できない障害、「高等教育」や「仕事を通じての訓練」が存在している。低い等級の労働者にとって、それを乗り越えるに必要な資金が不足しているために、特に都市への流入者の大半を占める低級労働者には障害を乗り越えることは非常に困難である。こういう事情があるため、特に仕事の現場での経験の積み重ねによる技能形成において、低級労働者が雇用主に我が身を委ね、徒弟期間のはじめの方は仕事に比べて過分の支払いを受け、終わりは過少の支払いを受ける徒弟契約・徒弟制度が発達したといってよい。

こういう議論を踏まえて、「産業革命」で以下のように論じている。「(工業主義にともなって成長した新しい職種に従事する労働者という広い意味での）工業労働者が最初は小さな集団で、そして徐々により大きな集団に結集し、ついには一つの階級を形成して、いまなお工業労働者の外におかれている臨時雇い労働者よりはいくらか恵まれるようになったということを、この分析（著者追加―今日のいわゆる「マクロ経済学」的方法）は軽視している。このようにして、過剰労働が一般的に消滅するよりかなり前に、工業労働者の賃金は上昇したであろう。」「賃金の一般水準を取り扱うことに満足しているかぎり、産業革命期に出現した労働市場の歴史的変化を理解することはできない。」「臨時雇い労働は前工業社会におけるプロレタリアートの典型的状態を示すものである。工業労働の状態はこれとは異なっていた。（中略）近代工業は固定資本の使用に依存する。（中略）まさにそれゆえに、恒常性をもつようにならざるをえない。「前工業社会におけるプロレタリアートは、いわゆる根なし草であったが、工業労働者はそうではなかった。」まさに、一方ではプロレタリア均衡に陥りがちな低級労働とそうではない近代工業に従事する労働という二重構造が労働市場に形成されてきたというわけである。

『経済史の理論』から数年後に上梓された『ケインズ経済学の危機』（ヒックス　一九七七年）「第三章　賃金とインフレーション」では、以下のように書いている。生産物を売買する市場において、通常買手はひとつの店に拘束されるわけではなく、一度買ったからといって、将来もその店で買わなければならない義理はない。つまり商品の市場は気まぐれな臨時的 casual なものである。こう指摘した上で、労働市場について次のように記している。「継続的な関係を持たない非正規雇用と、長い期間ともに働き続ける正規労働の違いは重要である。労働市場以外の他の市場でも同様の区別はある。」「これに対して労働市場は習慣的に決まった regular なものである。そこれは純粋に効率性の観点からしても、雇用主と労働者双方とも、雇用関係を継続的なものだと考えることができなければならない。労働者はいつでも他の職場に移る自由をもっているのだから、労働者が現状に満足していなければ、そうした信頼は生まれない。したがって、効率性のために、賃金契約は企業、労働者双方―とりわけ労働者によって「公正 fair」なものだとみなされるものでなければならない。」

ヒックスは、個人的感情をもつ人間の労働力を、単なる賃金率の調整だけで有効に活用しうるとは限らないことを重視していたために、このような組織の運営にあたっては、労働者集団がなんらかの意味で公平・平等に取り扱われているといった感情をもち続けることが必要となってくるという新古典学派の労働市場論では、明示的にふれられることのない論点を重要視していたのである。労働経済学で着目されてきた「内部労働市場」というかたちをとった企業組織は、それ自体はヒトとヒトとの密結合からなるネットワークの一種であるが、同時にその外側で展開している疎結合からなるネットワークのなかではひとつの単位として独立して行動していくものとなってくる。そして、このような工業部門における雇用形態が支配的になれば、労働市場における賃金決定においては、その外部たとえば過剰労働が存在している農業部門からの労働供給価格が重要な役割を果たすことはもはやなくなってくることになる。

ヒックスとルイス

ここでヒックスの議論とルイスの古典派発展モデルとを比較しておこう。安場が整理しているように、ルイスのモデルでは、経済発展が資本蓄積を通じて推進される過程で、資本主義部門の生産関数が一次同次である（著者追加—そして、技術進歩も中立的である）場合には、労働の無限供給が続く限り、資本労働比率は変わらず、この部門での分配率も変わらない。したがって、もし経済発展に伴って、経済全体に対する資本主義部門の割合が増大するならば、国民所得中の利潤のシェアは増大し、貯蓄率も増大する。このように経済発展につれて貯蓄・投資率が増大し、それがさらに経済発展を導くという循環を説明したことがルイス・モデルの最大の特徴であった（安場　前掲書）。ヒックスは自らの産業革命の分析を以下のようにまとめている。「経済全体の成長が速いほど、実質賃金率一定の下における労働需要はより急速に拡大するといってよい。成長率は貯蓄率に依存する。」産業革命期のイギリスにおいて現実であったように「利潤が貯蓄の主要な源泉であるという想定を付け加えれば、利潤が高くなればなるほど貯蓄は増加するといえるだろう。」「利潤が生みだされるようになるから、発明が採用され、利潤が高くなることは貯蓄が増加することを意味する。また貯蓄率の上昇は全体としての経済の成長率の上昇を意味する。そして、この経済成長率の上昇は、少なくともかなり長期にわたって平均してみれば、また労働全体についてみてみれば、労働需要のより急速な増大が生じることを意味する。」この記述からも明らかなように、ヒックスのリカード再読による産業革命論は、利潤の増加による資本蓄積と賃金一定の下での労働需要の拡大というルイスの「無制限的労働供給下の経済発展」というモデルと全く同型なのである。またヒックスは「過剰労働がなくならないかぎり、実質賃金はそれほど上昇しないと考えてよい」と記している。これは過剰労働が存在する経済成長局面では、農村部に居住する労働供給主体のもつ「最低生存水準」という留保賃金が賃金を決定する要因であったという意味で、ルイスとほぼ同じ議論である。また既に記しておいたように、ルイスもヒックスもともに、この過剰労働は人口増加によって生み出されたことを強調していた。そして、ヒックス、ルイス両者ともに近代工業の利潤増加に刺激された経済成長が就業機会を増加させるという「就業機会」説であったことも明らかであろう。

補足しておくと、大川一司も近代日本における特に農業に存在した過剰就業の要因として非農業における就業機会の制限を強調していた（大川「過剰就業　再論」一九七五年）。過剰就業の恒存は、摩擦や適応のラッグの所産ではなく、雇用機会の過少による。それは、他の事情が等しければ、全経済の成長率が大きくなるほど小となり、小さくなるほど大となる。過剰就業の存在は、基本的には経済成長率の相対的過少に基づくものである。ヒックスとほぼ同じように、資本の蓄積とそれとともに起こる技術進歩の速度とタイプによって決まる労働需要の増大率が十分に大きくならない経済発展の局面で、過剰就業が存在し続ける。これが大川の議論であった。

勿論ヒックスとルイスの間には、重要な違いもある。ルイス・モデルが、農業から近代工業へ移動する労働力は不熟練で同質なものとされている。これら労働力はヒックスの用語では「臨時雇い労働」「根なし草のプロレタリアート」「継続的な関係をもたない非正規雇用」である。ルイスのこのような想定に対して、ヒックスは、近代工業の勃興が必然的にもたらす労働市場の二重構造化、つまり近代工業で恒常的・継続的に雇用される労働者と、根なし草でしかない臨時雇い労働者とへの二極分化を重要視していた。かつてアルバート・ハーシュマンが、ルイス流の不熟練労働の無制限的供給モデルと労働市場の二重構造モデルとを接合させる必要がある、と強調していた（Hirshman

一九七九年)。まさにヒックスの議論は、この接合を可能にさせてくれる重要な論理を提示している。

ルイス・モデルの労働市場論では、農業から近代産業への労働力の供給価格が、後者の需要側とは無関係に前者においてのみ決定される「与えられたもの」であると仮定されていた。だが、産業革命の本格化に伴って労働市場のこのような構造の基盤が大きく変質してくることになる。つまり労働市場は、少なくとも不熟練労働以外の労働力は、近代企業の雇用戦略による需要価格に主導されていくような構造に変質していくことになる。以上のようなヒックスの理論は、ルイス流の過剰就業論を日本経済において実証する大川らの研究に対する、伊藤順一の「要するに、過剰就業における非農業部門の賃金率の決定が、理論的に未解決な課題ルース・エンドなのである」というコメント(伊藤 二〇〇五年)[14]に答えるために不可欠なひとつの論点を提示している。

さらに大川は「労働供給の変化—無制限的から制限的へ」において明治以来の近代経済成長の過程で、農業から流出する労働の供給価格を決めていた下層農の生活水準は、前近代の農業発展のあり方を歴史的遺産として引き継いだものであったことを強調している.「受け継いだ前近代の土地制度や農業構造は、国によって一様ではなく相当に相違する。近代経済成長のパターンは、前近代社会からその起点において相続した歴史的遺産によって強く影響を受け、したがって国・地域によって大きな相違が生まれる。そして前近代社会との連鎖について日本の経験から、私どもが学ぶことは、近代経済成長が前近代的要素の強く、長い存在のもとに進められてきたという基礎的な事実である。そのメカニズムは近代的要素と在来的要素の相互作用として、そして構造の変化は前者による後者の支配の過程として、最もよく理解されると思われる。」このような大川の問題提起をも念頭におきながら、日本における経済発展の歴史の中で、労働市場の構造がどのように変質していったのかを次章でみていこう。

コラム　ヒックスの新古典派生産関数批判

「筆者は、自己批判から始めざるをえない。ノーベル賞が筆者の「一般均衡と厚生経済学」に関する仕事に与えられた。これらは、疑いもなく『価値と資本』と、その直後から執筆した消費者余剰に対する論文を指している。これらは、最近になって論争の的となった「新古典派経済学」に関する標準的な文献の一部となった仕事である。しかし、これはずっと以前の仕事であり、筆者自身としてはそこからすでに抜け出してきた仕事に対して栄誉を与えられたことについては、複雑な心境にある。ここでどのように抜け出したかを説明しておきたい。」ヒックスは『経済学の思考法』の「序文と展望」で、以上のように述べている。

この『経済学の思考法』に採録されている、ノーベル賞受賞記念講演「経済成長の原動力」を、次のような発言からはじめている。「一九三二年にはじめて出版された筆者の『賃金の理論』には、「分配と経済進歩」と題された一章（第六章）がある。この章は『賃金の理論』における理論的な部分では最初に位置するので、この意味では経済理論に対する筆者の最初の寄与ということになる。今では、私は、この章をたいしたものとは思っていないし、これを書いて以降多くのことを学んだと思っている。」続けて「一九三三年から三五年にかけてわたしが到達した、新しい視点による最初の成果は、『賃金の理論』で書いたことを大いに恥ずかしく思わせるようなことであった。（おそきに失したが）私はそれがいかに不適切であるかを悟った。『賃金の理論』は、私がそれを書いていたときの世の中の現実とは何のかかわりももたなかった。私は病気を診断したが、現実に発生していたのはまったく別の病気だった。一九三二年の失業は、私が想定したものとは性格を全く異にしていた。」まさにこの講演は、「賃金の理論」を書いて以降の、自らの経済理論における変化を論じながら、いわゆる新古典派の生産関数分析にみられる欠陥を指摘したものとなっているのである。

『賃金の理論』は、労働のサービスと資本のサービスという二つの生産要素を投入とする生産関数を想定し、増加した生産要素に帰属する分け前が増加するのかどうかは、「代替の弾力性」によって示される生産関数の形状に依存する。これがこの書の理論の核であった。だが、賃金の上昇は労働を節約する発明の採用を促進するように思えるが、このような「誘発された発見」が生産関数自体の移動とみなすべきか、それとも不変の生産関数における代替とみなされるべきかは曖昧である。こう指摘した後、ヒックスは次のような反「新古典派」的議論を展開している。

「生産関数においては、「生産物」「労働」と「資本」は量であるが、それらを数量化するに際しては、異質なものをある種の均一物に還元する方法が存在していなければならない。だがこれら三つのいずれをとっても、この還元は簡単なことではない。労働の場合でも、頭数を数えるとか、一人当たり労働時間を数えることによっても、問題は解決されない。しかし、決定的なのは、資本の場合である。

資本財つまり資本ストックも、物理的に異質な多様な財を単一の単位で集計された量でなければならない。たしかにこの集計が可能な場合が二つある。第一の場合は、すべての要素が比例的に変化するという明白な場合がある。もうひとつの場合は、私自身が一九三九年（著者追加—『価値と資本』「第一部　第一章」）に明らかにしたといってよいが、財相互間の価格比、あるいは限界代替率が一定であるという場合である。前者の場合には、合成物は、物理的な「束」の数で示され、後者の場合にはひとつの価値額で集計すればよい。

資本ストックの場合、現実への適用という点では、第一の条件が近似的にも満足されるということは明らかに考えられない。というのは、発展する経済では、ある期間の終わりに、古い品目が償却され新しい品目がつけ加わり、その資本が期間の初めとは異なる財を含むことは、むしろ普通の経験であるからである。さらに第二の条件が満足されることもほぼありえない。生産関数論が想定しているように、資本が労働に比較して増加するとき、他の事情にして等しければ、資本の限界生産物は低下しなければならず、また資本の収益率も低下しなければならない。しかし、資本の収益率の低下は、(実質)利子率の低下を伴う結果、異なった財(たとえば異なった耐久期間をもつ財)の資本化価値は比例的には変動しない。したがって、これらの財の相互間の限界代替率が一定たりえないので、相対価格が一定という条件は維持されえないからである。」

以上のような「新古典派生産関数論」批判に続けて、ヒックスは次のように記している。「新古典派成長論を隆盛させるきっかけのひとつになった『賃金の理論』における「代替の弾力性」を提示した理論は、ピグー以来のイギリス経済学を踏まえたものであった。実は『賃金の理論』には、まったく異なった理論の端緒が見出される別の章(「第九章　賃金規制と失業」「第一〇章　賃金規制のなお一層の帰結」)がある。これらの章は、イギリスの読者にははるかに親近感のないベーム＝バヴェルクとヴィクセルの伝統に従っていたからであろう、読者には好意的に受け入れられなかったのである。」これらの章の延長線上に、『経済史の理論』が、また「オーストリア学派に戻る」ことになった『資本と時間』が位置している。「リカードの機械論」を検討するときに採用されている新しい機械の生産と、既にある機械での最終生産物生産という区別は、まさにオーストリア学派の「迂回生産」論を踏まえたものとなっているのである。

さらにヒックスは次のように続けている。「より高い賃金は、新投資に採用される技術に影響を与える。これらの技術は、同一時点においてはそうでなかった時にくらべて、概してより資本集約的であると考えよう。このような技術は、最終的には、雇用される労働量一単位当たりの生産量を資本集約的でない投資がおこなわれるときよりも引上げるであろう。しかしこの過程において(貯蓄・投資均衡における)投資量は、そうでないときにくらべて低くなるであろう。このような経済は、より高い雇用労働量単位当たりの最終の消費可能性産物を定常状態で「狙い」ながら、その状態に至る経路において(原則的には最終段階においても)、そうでないときにくらべて雇用量は低下するであろう。このことが、かつて筆者が『賃金の理論』において主張しようとしたことであると今では信じている。」

以上のように述べた上で結語として、発展途上国において、資本集約的な技術の選択によって、近代部門の労働需要が拡大していないことも、「同じ原理」で説明可能であると指摘している。このノーベル賞受賞講演に、『経済史の理論』を執筆する前後からのヒックスの経済学の方向性が過不足なく示されているのである。(15)

第三章　近代日本における二重経済の成立
――発展局面の移行過程における「踊り場」の経済構造と経済政策

均衡成長から不均衡成長へ

国民経済の「近代経済成長」といわれる歴史過程をどう捉えるべきなのか。これに関して斎藤修の『比較経済発展論』におけるアダム・スミスの経済成長論の整理は、非常に興味深い。スミスは、専門特化による技能の向上と労働生産性の増大という工場内分業だけでなく、中間財生産部門の特化が収穫逓増を伴って進む社会的分業によって、市場が拡大していくプロセスを論じた議論であったと指摘している（斎藤　第二章　二〇〇八年）[16]。産業革命期に登場した近代的工場とは、機械の存在とその機械を効率的に使いうる能力を体化した組織的労働という、それ以前とは大きく異なった特徴をもつものであった。生産特化によって、新たに中間財の生産部門が独立した産業として成立し、中間財の取引市場が生成してきた。このような市場の拡大過程において、標準化しやすい製品を生産している産業では、機械化が起こり、さらなる収穫逓増が実現する。このようにして、綿糸紡績や製鉄における技術革新が、いわゆる産業革命期に生じた。この古典的産業革命から二〇世紀初頭までの段階においては、規模の経済が働くのは中間財、特に基礎素材部門に限られていた。川下の産業はいずれも古典的な労働集約的なままであった。一般的にいって中間財や資本財の生産においては、ヒックスも「産業主義」（ヒックス　第Ⅱ章　一九九九年）で近代経済成長の重要な要素であると指摘していた「規模の経済」が働きやすい。そして産業革命とは、資本蓄積と分業とが相乗的に進んだ結果生じたところの産業構造上の変化でもあった（斎藤　第七章　二〇〇八年）。

このような「スミス的成長」という経済動態が、どんな国においても調和的に進行してきたわけでは、勿論ない。中村隆英が詳細に論証しているように、明治以来第二次世界大戦までの日本の近代経済成長は、大きく、その性格が大きく異なる二つの成長局面に分けられる。第一次大戦までの「均衡成長」期と、それ以降の「不均衡成長」期である（中村　序章　一九七一年）。そしてこのような局面の移行は、実に困難に満ちたものであった。我が国におけるこの移行の経験を具体的に検討するのに先立って、いくつかの主要経済指標の動きをみておきたい。

明治維新以来一九一〇年代中頃までは、製造業と農業両部門の労働生産性は、その水準に格差はあったが、上昇速度つまり労働生産性上昇率は大戦前後まであまり大きな格差はなかった。その後、特に一九二〇・三〇年代になると、近代的製造業における労働生産性は、基本的に上昇トレンドを維持したが、農業の労働生産性上昇率は大きく減速した。こうして、近代部門と農業等在来部門との間で労働の生産性格差が発生してきた。それは基本的には、産業の技術的性質に由来して製造業の生産性上昇率が他部門のそれを上回ったからであった。成長局面のこの転換は、後に述べるように、日本の経済社会に重大な影響を及ぼすことになったのである。

南亮進の整理によると、製造業生産労働者と農業年雇労働者の賃金、いずれの実質賃金は、一九〇二年から一九一五年ごろまで緩慢に上昇し、一九二二―二三年以降製造業賃金が急速に上昇している（南　一九七三年）。斎藤修の推計によると、製造業労働者の実質賃金は一八八二年から一九一四年までの年平均増加率は〇・七％でこれは一八世紀の上昇率と等しかった。そして一九一四年から二〇年までは七・五％に急上昇し、一九二〇年から一九三七年までは一・五％となっている（斎藤　第一章　一九九八年）。農工間賃金格差は一九〇〇―一九一〇年まで、ほぼ〇・六で安定していたが、その後一貫して低下し、一九三五年に〇・三までに低下する。格差が縮小傾向を示すようになるのは、第二次大戦後の一九五〇年代にはいってからである（南、前掲書）。一九二〇年代に、実質賃金が趨勢的に一定から上昇へと転じる中で、農業を代表とする在来部門の不熟練労働の賃金と後に述べるようこの時期に勃興してきた重化学工業を含む近代部門の熟練労働の賃金との格差が拡大してくることになった。つまり不均衡成長期に、労働生産性と賃金両面で、我が国経済の二重構造が成立したのである。

家計の所得分布の不平等度を測るジニ係数の動きに関しては、南が、データの不足から確定的な数値とはいえないという注記付きであるが、次のような推計結果を公表している（南　一九九六年）。一八九〇年代〇・三九五、一九〇〇年代〇・四三三、そして一九一〇年代〇・四八一である。また別のデータによって推計すると一九二三年〇・五〇五、一九三〇年〇・五一二、そして一九三七年〇・五四七となる。さらに、一九二〇・三〇年代において、農村の所得分布は都市に比べて平等であったが、戦後と比べると非常に不平等であり、それはある程度地主小作制の結果でもあった。そして都市の所得分布が大きく悪化したのに反して、農村での不平等化傾向は微弱であった。また農業日雇賃金と都市の製造業賃金・人夫の日雇賃金間の賃金格差は、一九一八年頃から一九三〇年代中頃まで格差を拡大させている。不均衡成長期に、日本で家計間の所得分布が不平等を高めていたことはほぼ間違いないであろう。

均衡成長局面

本章の課題である不均衡成長局面下での経済制度の展開を論じる前に、その前提である均衡成長期について短くみておこう。いくつかの産業への資金の貸付と国立銀行の育成。鉄道、郵便、電信網の形成。工部省による官業工場の設立とその払下げ。民間企業への資金、設備の貸与とその払下げ。つまり、日本の経済発展は、まず金融機関、海運、鉄道などの整備にはじまり、民間企業の成長も鉱工業が官営から民間に払い下げられることによってはじまった。中村隆英は、明治政府が採用した「殖産興業」政策のポイントをこう整理して、「それは、金融・交通・輸送などの分野がたち遅れて後発国としての避けがたい発展経路であったともいえよう（中村　第一章　一九七一年）」と記している。このような政策が採用された背景に、明治政府は関税自主権をもっておらず、「強制された自由貿易」体制の下で経済発展戦略を構想しなければならなかったという事態があったことも忘れてはならない。

改めて指摘するまでもないが、二〇世紀への転換期頃までは産業化の中軸は繊維工業を中心とした軽工業であった。日清・日露戦争後に鉄鋼や機械という重化学工業の生産増加率が軽工業を上回りはじめたが、これらの産業はいまだ国際競争力をもつことができなかった。その理由として岡崎哲二は、以下のように論じている。鉄鋼業の場合、賃金はヨーロッパの七分の一ないし三分の一程度であったが、資本財価格と金利の積で表される資本レンタルは高かった。すなわち、日本は相対的に低賃金・高資本レンタルの状態にあり、資本集約度の高い重工業はこの点で国際競争力における不利な条件を負っていた（岡崎　第一章　一九九七年）。

既に紹介しておいたように、第一次大戦前までは製造業労働者の実質賃金の年上昇率は低く、労働供給が「無制限的」であったといえる時代であった。つまり、賃金水準は農家からの子女の供給価格を基準として決まっていた時代であった。二〇世紀はじめの大規模工場の過半を占めた綿紡績業では、紡績労働者の大半は女工であり、その雇用契約は三〜五年であった。小池和男が強調しているように、ミュール紡績機からリング機への転換と、作業工程を徹底的に標準化させるソフトウエア技術の開発によって、経験の浅い女工を多量に雇用することが可能になった（小池　第六章　二〇〇九年）のである。一方、造船業などの重化学工業における男子労働力は、内部請負制度によって管理されていた。岡崎が指摘しているように、この内部請負は近代的な工場の中に伝統的な職人の作業組織が組み込まれた制度とみることができる（岡崎　第一章　一九九七年）。この制度は、ヒックスも注目していたように、伝統的な親方職工に委託することによって、労働者の規律付けと技能形成という基本的な課題を、企業が回避することを可能にした。

重化学工業化と恒常的雇用の発生

大川一司は、明治から一九七〇年頃までの日本の近代経済成長を、経済的後進性をもってスタートしたキャッチ・アップの歴史的過程として捉えている。このプロセスの中で、一九一三―一八年、一九三二―三七年、そして一九五六―六二年と三回あった、民間粗固定資本形成が急激に増加した「投資スパート」期に、経済成長メカニズムにおいて、重要な変化が生起したことに注目している（大川「投資スパートと資源配分」一九七四年）。第一回目のスパート期では、一九一一年に最終的に関税自主権が確立したことも関係して、特に機械等の生産者耐久財への投資の増大率が高くなり、かつ産出成長率も急速に上昇した。そしてこの投資スパートが産業構造に大きな変化を引き起こし、結果として二重構造が成立したとしている。

この不均衡成長期を大川らは、それまで輸入していた中間財や耐久生産財ないし資本財を生産する重化学工業や機械工業が発展軌道に乗ったことを重視して、「第二次輸入代替局面」と性格付けている。この局面の規定は、それ以前の時期が、繊維産業に代表されるような最終生産物の消費財の「第一次輸入代替局面」であったことに対して、この時期に中間財生産部門である金属工業や化学工業、また資本財生産部門である機械工業が発展してきたことを踏まえたものである（大川・小浜　第二章　一九九三年）[17]。

さらに大川らは、機械工業では、大型設備が不可欠な装置産業である重工業と違って資本集約化ではなく、熟練労働者の確保と技術進歩が発展の条件であったことを重視していた。機械工業は、鉄鋼業など重化学工業とは違い、資本労働比率は、鉄鋼業よりはるかに低く、繊維産業に近かった。それだけでなく、生産技術の特性として、装置産業である重化学工業とは、生産の分割可能性でも違っている。そして、それを使用する産業に大きな影響を与える耐久生産財である機械の価格は、この時期に大きく低下していた[18]。さらに、繊維産業の労働者が主として不熟練労働者であったのに対して、機械産業は熟練労働を必要とする。両産業の名目賃金率を比較すると、機械工業の方がかなり高い。繊維工業の賃金が低いのは、不熟練女子労働者の割合が高く、一方、機械工業の賃金が高いのは熟練男子労働者が多かったからである。

この不均衡成長期に近代産業部門のなかで寡占的ないし独占的な企業組織が生まれ、日本経済に大きな影響を与えるようになっていった事実も強調しておけねばならない。特に第一大戦中に輸入が途絶したこともあって、鉄鋼業、硫安工業、人絹工業などの重化学工業が勃興しはじめ、同時に電力の普及が製造業部門の生産技術に重大な変化を与えるようになっていった。代表例をあげれば、大戦期において人絹メーカーが増大したことに誘発されて、人絹用機械生産が拡大され、「規模の経済」が実現し生産コストが削減され機械価格は大幅に低下したのである。さらに一九二〇年代にはいって、資本レンタルの賃金に対する比が、国際競争の再開によって資本財価格が国際価格に裁定されたことで、低下している。さらにこの時期の金融システムの制度的な発展によって、市場金利が低下したことも資本レンタル・賃金比を低下させた（岡崎　第二章　前掲書）。まさに、この時期の重化学工業の勃興は、ヒックスが強調していた「新しい固定資本財の生産費の低下」による製造業の発展の典型例であったといえよう。

そしてこの時期、金属・機械工業が集中した工業地帯が誕生し、労働者世帯が定住・定着しはじめた。企業は、新しい機械の活用に必要な技能をもった熟練労働者の不足に悩んでいた。こうした状況の中で、企業側が年功序列賃金制度、終身雇用制を特色とする経営家族主義によって、労働者を把握しようとする政策の基盤もまた生まれた（中村　第七章　前掲書）。先に触れておいたように、造船業などの新しい工場においては、男子労働力は内部請負制度によって管理されていた。だが、新しい技術の導入に伴う生産過程の変化によって、従来の内部請負制における親方職工の重要な役割を支えていた伝統的な熟練の役割は低下してきた。そのため、新しい技術に対応した生産管理と技能形成のために、一九一〇年前後から、特に重化学工業関係の大企業では、内部請負制から労働者の募集・技能形成・生活管理・作業管理を直接おこなう企業が多くなった。企業内教育は、企業特殊的熟練の形成と企業帰属意識の向上を通じて、労働者の定着度を高める役割を果たした（岡崎　第二章　前掲書）のである。

こういう経過を経ながら、戦間期日本では重化学工業において労働力の主部分が、その程度に差はあれ、永続的雇用という形態をとるようになっていった。永続的に雇用されるこういう労働力は、固定資本の操作に「密着した」労働力のストックといえる。つまり近代工業においては、機械などの固定資本財とともに労働力も企業にとっては固定資本となりはじめたといえよう。このようにして我が国に登場してきた雇用形態とは、ヒックスが「効率性のために、賃金契約は企業と労働者双方、とりわけ労働者によって「公正」なものだとみなされるものでなければならない」と指摘していた雇用契約のはじまりであった。さらにいえば、効率性賃金モデルの「日本型」とでもいえる形態の誕生であったともいえるのではなかろうか（吉川　第六章　二〇一三年）。

さて、前章で紹介しておいたようにヒックスは、イギリスでの産業革命の進展に金融市場の発展が重要だったことを強調していた。不均衡成長期における日本の製造業の発展においても、銀行からの融資のあり様が重要な役割を果たしている。この点に関しては篠原三代平の資本集中仮説が興味深い（篠原「資本集中・二重構造と高度成」一九六一年）。「資本の集中がまだドミナントではなかった明治期には工業の規模別賃金格差はさほどひらかず、重化学工業の比重がようやく大きくなり、工業化と資本集中が進んだ大正中期以後に本格的に賃金格差が大きくひらいたという点からみて、格差発生に対する資本集中の役割には否定しがたいものがあると思う。」大正中期以降における数回にわたる金融恐慌が中小金融機関を倒産させ、財閥系などの大銀行が金融市場を支配するようになった。そして、これら銀行がその資金を同じ系列に属する重化学企業に集中させた。さらに、製造業部門内において、重化学工業の中核であった大企業と、それ以外の中小企業の半製品や部品の市場構造が異質であったことも、二重構造の形成を促進させた要因であった。大企業は、比較的硬直的な寡占価格で製品を販売できたが、競争相手が多数いる中小企業は、価格がその時々で動く伸縮的な競争市場に直面していた。一九二〇年代にはいってからのデフレ基調の中で、中小企業製品価格が大企業製品に比べてより大きく低下し、製造業部門内で賃金格差が拡大していった。これが篠原の仮説である。

労働市場における二重構造の形成

「不熟練労働者の調達問題は、工場立地地と農村とが距離をもつという「地理」に発した。これに対して、熟練労働者の調達問題は、近代産業技術の移入・移植によって熟練工養成が必須となった工業化プロセスという「歴史」から起こった。」このように実に巧みに近代日本での労働市場の発展を、梅村又次が性格づけていた（梅村「労働力の産業間移動」一九六一年）。一九一八年以降に製造業労働者の実質賃金が急上昇したことに表現されていたように、熟練労働力の不足は著しかった。熟練労働力の賃金は不熟練労働力の無制限的供給と直接には関係しない。第一次大戦までは農業就業者の絶対数は減少せず、工業部門への移動はほぼ農村人口の自然増加分の範囲内におさまっていた。だが大戦中は、大規模な農業人口の絶対減が生じた。ガーシェンクロンが、一般に後進国では近代的工業に必要な技能を身に着けたエリジブル労働力の形成が困難であるため、その賃金はかえって割高につくことを、イギリスと比べて後発国であった欧州の歴史を踏まえて強調していた（ガーシェンクロン　前掲書）。この仮説を踏まえると、年功序列賃金・終身雇用を中心とした「日本型」ともいえる労務管理は、近代的な熟練工業労働力を安価に育成する制度改革であったといえよう。一九二〇年代になって、近代部門内で企業規模間での賃金格差が生まれた。そして、「一九二〇年代中に近代工業部門における雇用は、伝統部門の労働市場と切れて、いわゆる二重構造が発生した。年功賃金体系と内部昇進制とが組み合わされた、新しい雇用形態が大企業の男子労働者を中心に形成されはじめ、男子労働力の占める新しい雇用形態の比重が急速に高まった（斎藤　一九九六年）。」まさに労働市場において二重構造が形成されたのであるが、それは近代経済成長が不可避的に生み出した重要な変化であった。そして、近代部門と伝統部門の労働市場が切り離されていくという発展経路は、まさにヒックスが分析している、産業革命によって誘発された労働市場の構造変化であったと捉えることができよう。

このような賃金格差が、労働力の質の差異によるものと考えることも可能であろう。例えば南は、一九二〇年代の労働市場の変質について以下のように論じている。「農業賃金の一九一〇―二〇年代の変動は、程度の差はあれ、製造業女子賃金にも見られる。興味深いことにこの変動は男子よりも女子に明確である。このことは女子労働の多くは不熟練工で農業労働と同一の市場に属しているが、男子労働に含まれる熟練労働はそれとは違った市場に属していることを物語る（南　二〇一三年）。」この議論のように、賃金格差の要因として質の相違があることを全面的に否定することはできない。

ところで、新古典派経済学者は教育年数などの指標で捉えられる労働力の質の差異によって、賃金の差異を説明しようとしている。このような議論は、質の違う多様な層の労働力市場すべてが、完全競争市場であるという前提のもとに組み立てられている。この前提が満たされない場合には、新古典派的アプローチを採用することはできないであろう。たとえば、大企業と中小企業の間に永く存在し続けてきた賃金格差を、異質な労働力ごとの需給均衡といった論理で説明することはいささか無理であろう。「著しく大きい賃金格差が長期にわたって存続すること」は、先に紹介した、生産物市場における大企業の価格支配力と金融市場における大企業への資金集中による賃金支払能力の違いという篠原仮説によってもっとも的確に説明できる。安場はこう指摘している（安場　前掲書）。さらに、大川一司も以下のように論じていた。「要素報酬率の不均等は〝不均衡〟的に説明されなければならない。〝理論的〟にはそういうことになる。ここに不均衡とは部門間の生産要素の再配分に関する。現実の成長過程は均衡破壊的であり、とりわけ、格差構造によって特徴づけられる日本経済の成長過程では産業ないし企業について主導的と追従的を区別し、そこに要素報酬率の〝不均衡〟的開差の持続的存在をみとめることは可能であるばかりでなく即現実的である（大川「産業構造変化とマクロ生産性上昇」一九七四年）。」

また農・非農間の労働移動を念頭において、川野重任も以下のように論じていた。「非農業部門では利潤部分の一部分与という形での一種の身分賃金制が成立しており、それが雇用制限をもたらしていること」ならびに「農業部門では共同社会的相互扶助の社会関係や伝統的労働慣行・労働志向がその労働力送出の規制要因となっていること（川野　一九五八年）。」川野は以上の二点を強調していることが注目される。前者の身分賃金制とは、「封建時代のそれとは異なるが、経済成長とともにいわば需給関係を離れて形成された一種の身分賃金体系」であると定義されていた。そして、その成立に関しては「むろん問題は単なる労働組合の存在だけに限られるものではなく、教育、訓練期間等を基準とする雇用慣行、雇用関係の一般的あり方等広汎な社会、経済事情に依存するものであり、それとして検討を要する」とされていた。これは現代理論的にいえば「内部労働市場の効率化に適合的な年功賃金制度」論である。「このような関係の下で成立する賃金構造はいわば企業の生産性を背景として、硬直的非弾力的な性格をもち、ここに非農業部門における就業機会制限の基本的原因がある」というのが、川野の見方である。これは、近代企業がもつ労働需要独占力を指摘したものであった。また少し付け加えておくと、後者の伝統的社会関係は、「農村内の複合契約」としてそれなりに「現代理論」的にも解釈可能なものであろう。

日本型二重経済の誕生

明治末頃まで、農業と工業との間における成長速度格差や所得格差の幅はあまり大きな問題とはならなかった。まず農業であるが、明治から大正の半ばまでは、新品種の導入・改良と耕地整理にもとづく「明治農法」の普及による生産性の上昇があった。だがそれ以降、農業技術の進歩は停滞気味となった。これに対して先に触れておいたように、第一次大戦を契機として、日本鉱工業の投資比率は躍進のスパート期を迎え、その効果として一九二〇年頃から鉱工業の生産効率は著しく改善された。その技術は、労働節約的かつ資本使用的として性格づけられるものであったが、固定資本投資の急激な拡張によって、総雇用者だけでなく恒常的な雇用者への需要が拡大した。これは、ヒックスが「産業革命論の結論」として「その初期の段階で生まれた超過利潤からの資本蓄積は、必然的に労働需要をもたらす」と記していた歴史的プロセスそのものであったといえるのではなかろうか。

そして、均衡成長期には、両部門の実質賃金は、上昇速度も非常に小さくほぼ一定であったし、また両部門間の格差も拡大していなかった。重化学工業化が核となった不均衡成長期にはいって、農工間賃金格差がはっきりと拡大しはじめ、熟練労働者の賃金が不熟練労働者の賃金に比べてより速く上昇した。均衡成長期の賃金動向は、農業等の在来部門からの労働供給という、供給側の条件によって規定されていた。既に多くの研究が示しているように、農業労働の平均生産性にほぼ等しかった農村での年雇賃金に規定された供給価格でのいわゆる「無制限的労働供給」の状態であった（南　二〇一三年）。「実質賃金の上昇がなぜ遅れたのか」という問いへの第一の解答としていた「過剰労働がなくならないかぎり、実質賃金は上昇しない」という、前章で紹介したヒックスの説明がこの時期の我が国にもそのまま妥当するといえよう。だが不均衡成長期にはいってからは、近代部門の労働需要という需要側の条件が主導することで、労働市場の二重構造化が形成された。こう整理して間違いないであろう。

斎藤修は『比較経済発展論』「第七章　産業革命」で、グレート・ブリテンの賃金データに関する研究をレビューして、イギリスの産業革命期の賃金動向について以下のように整理している。近世以来、実質賃金変化率と一人当たりGDP成長率の差は拡大傾向にあった。そして産業革命期とそれ以降の時期も、すべての時期で実質賃金の増加率は一人当たりGDPの増加率を下回っていた。「産業革命とともに実質賃金が長期的に低落するということはなくなった。（中略）しかし、近代経済成長の果実が社会のなかにおける労働者階級のレベルの底上げというかたちで実現するには、もう少しあとの時代を俟たねばならなかったのである。」

既に触れておいたように、リカード・モデルに依存したヒックスの議論を現代経済学流に解釈してみると、産業革命の初期局面では、労働節約的技術進歩が支配的であったため、労働分配率は低下傾向を示し、また実質賃金は上昇しえない。しかし、新しい固定資本財が継続的により低いコストで生産されるようになるにつれて、新しい固定資本財への取替が継続してきた産業革命の後期局面では、労働分配率が上昇するようになり、実質賃金も上昇しうるようになる。ヒックスのこのような仮説は、斎藤が整理したイギリスの産業革命期の賃金や労働分配率の動向を的確に説明している。ヒックスが構築した産業革命の段階論に、日本の近代経済成長の経験は基本的に見合っているといえる。大川・ロソフスキーは、近代製造業ではなく非農業部門に関してではあるが、一八八五年以来継続的な資本深化が続いており、資本浅化ないし資本拡大が起こった証拠はないことを確認している（大川・ロソフスキー「二重構造経済における労働の需要と供給」一九七三年）。リカード流には固定資本／流動資本比が上昇していたわけである。さらに同じく非農業での労働分配率であるが、一九一〇年代後半から二〇年代はじめを除いて戦前期には低下趨勢を示し、一九五〇年代以降に上昇傾向に転じている（南・小野一九七八年）。近代日本経済のこれらのパフォーマンスは、まさにヒックスが語っている産業革命のプロセスとほぼ同じものなのである。

新古典派経済学の枠組みにおいては、ヒックスの意味で中立的な技術進歩が起こっても、資本労働比率は不変である。だが労働の無限供給を含む二重構造的世界では、資本主義部門で中立的技術進歩が起こると、賃金よりも労働の限界生産力の方が高くなるため、利潤極大化を求める企業者は資本労働比率を低下させるはずである。レニス＝フェイはこのことを指摘し、資本蓄積の速度がかならずしも速くなかった明治日本の経済発展は、このような中立的技術進歩とそれに伴う資本浅化によって説明されるという仮説を提出していた。しかし、先に紹介したように、大川たちの実証などこの仮説を否定するものが多かったが、「レニス＝フェイの着想そのものはきわめて興味深いといわなければならない」と安場が指摘していたことも追記しておこう（安場　前掲書）。

斎藤は「熟練・訓練・労働市場―英国と日本」（斎藤一九八七年）において、イギリスの産業革命期における、ジェフリー・ウイリアムソンの熟練・不熟練労働者間の賃金格差の推計結果を踏まえて、両者ともに賃金は一八一五年から一九一一年までゆっくりと上昇し、その後格差が一九世紀中頃まで拡大し、それ以降縮小というパターンを描き出していることを指摘している。そして、イギリスでの熟練・不熟練賃金格差のこの長期的動きは、我が国の歴史的経験と類似しているが、両国の熟練労働の形成には大きな差異があったことを斎藤は強調している。

イギリスでは、ブルーカラーの熟練形成の方式としてのアプレンティス制度は、産業革命とその後の工業化の中で、ギルドないしは類似の組織による統制はなくなっていったが、生産の現場では生き残った。修業期間を終了した徒弟は雇職人ないし遍歴職人となって、多くの企業間を自由に移動するようになった。徒弟制度の強靭さ、職人的伝統と連続性ということはＯＪＴによる熟練養成を意味しているが、英国の場合、それが内部労働市場への志向と結びつて現れるということは、かなり後の段階になるまでみられなかった。つまり英国では、ＯＪＴと自由な労働市場とが組み合されたのである。

我が国の場合、モノづくりでの職人的伝統はそれほど決して強くなく、幕末・明治初期には技能訓練の方式としての徒弟制度は十分には機能しなくなりはじめていた。一方、商家で江戸期に形成された丁稚から番頭にいたる技能形成のアプレンティス制度である奉公人制度は、明治以降も個々の経営に独特の性格をもったかたちを維持したまま持続し続けた。そして、一九二〇年代半ば以降、徳川時代以来の商家での内部労働市場という伝統が、ホワイトカラーの技能育成と連動するかたちで、近代産業における日本型内部労働市場の形成が進んだ。英国と日本とは、外部の自由な労働市場か内部労働市場かという対比、またブルーカラーとホワイトカラーという対比において、対極的な位置にあったといえよう。斎藤がこう論じている(19)。

要約していえば、「二重構造」と呼ばれる賃金格差構造は、「工業化のスパート」が起こった一九二〇年代になって出現した。尾高煌之助も、後発国としての重化学工業化に関する要因として、工業化の足取りが速まり、製造業に新しい技術が導入されたこと、並びに企業組織や産業組織上の新機軸が導入されたことを強調している（尾高一九八四年）。日本においては第一次大戦後に両者の上昇率に格差が発生し二重構造が形成された。近代日本経済の最大の特徴とされる二重構造経済とは、決して近代経済成長の初期条件であったのではなく、その成長の結果として誕生した。こう結論づけてよい。

経済政策体系の変化―生産性上昇と再分配という二つの政策課題

さて、近代経済成長が均衡成長局面から不均衡成長局面に転換する「踊り場」において、政府の経済政策はどのように変化していったのか。この成長局面の移行期について、大川らは、技術と制度・組織別々でなく、それぞれの能力がバランスをとってレベル・アップすることが必須であると強調している（大川・小浜　第七章　前掲書）。そして、「市場メカニズムは、いつでもどこでも同じように働くわけではない。発展局面が若ければ若いほど、市場メカニズムは先進国のようには機能しない。（中略）また政府と民間の役割を機械的に分けてしまうのも非現実的である」と続けている。この問題提起を念頭におきながら、具体的に明治から昭和前期にかけての二つの局面の間で経済政策にどのような変遷が生じたのかを、以下みていこう。

ここで、不均衡成長期に入ってからの経済政策の特徴を的確に理解するための参照基準として、村上泰亮の「システムとしての開発主義」論（村上　第八章　一九九二年）を振り返っておくことにする。いうまでもないが、その中核は、世界経済の中での後発国の経済発展の主導部門である産業化を促進させる政策である。村上は、主導部門の発展が生産技術での「規模の経済」の実現が必須となっているため、それを無駄なく実現させるような政策を「産業政策」と名づけている。具体的には、先進技術導入やR＆Dへの政府補助による技術進歩の促進政策などである。また、価格引き下げを誘発させる過当競争は、生産を維持し続けることによってはじめて実現される費用逓減を阻害することが多い。そのため、「価格の過当競争」を規制するための価格カルテルを公認する政策も含まれる。これは、「国内ダンピング」規制のためのカルテルといってよい。

しかし、産業政策に支えられた重点産業の発展は、他産業との間に格差を引き起こす。したがって、これらの格差を緩和する再分配政策も、開発主義には必須となる。後発国の産業化への努力のアキレス腱は、分配の不平等化による社会的不満の発生である。ルイスの「無制限的労働供給」論以後の経済発展論は、所得の低い貧困な「過剰労働力」が農業または都市の「インフォーマル部門」に滞留していることを共通して強調している。角度を変えていうと、これらの経済発展論は、産業化が多くの場合、所得分配の悪化を伴うことを強調しており、いわゆるトリックル・ダウン仮説に強い疑問を呈する議論となっている。こう指摘して村上は、ルイスたちの経済発展論は新古典派の部分的批判という性格をもっていることを強調している。つまり、新古典派の経済理論が、労働市場も「完全」で、その威力によって、これは貧困層もより賃金の高い就業の場に移動できると想定していることを批判している。既に触れておいたようにヒックスも、自由労働市場では低級から高級へ不熟練労働者が上昇することが困難であることを強調し、また新古典派経済学者の多くが「労働の可動性」に楽観的であると批判していたことは前記したとおりである。いずれにせよ、産業政策は再分配政策なしには恐らく必ず失敗する。二つの政策は一体とみなさなければならない。これが村上のいう「システムとしての開発主義」である。

均衡成長局面

まず指摘しておかねばならないことは、明治維新政府が、輸入関税という政策手段を採用することができなかった事実である。我が国はいわゆる「自由貿易帝国主義」というレジームの下で、産業化をはじめなければならなかったのである。二〇世紀後半に誕生した現在のアジア諸国が国家建設のはじめから採用してきた輸入代替工業化のための関税による保護政策など、明治政府は採用できなかった。しかしその反面この低関税には、海外の資本財をはじめとする諸製品を比較的安く購入できるというプラス面もあった。さらに、「丸腰で」国際市場で競争せざるをえなかった輸出諸産業にとっては、自由競争の荒波に巻き込まれることによって体力をつけたものも少なくなかった。小池和男も、明治以降の産業化の中核であった綿紡績業に関して、政府が輸入関税の賦課などの政策手段をもちえなかったことに注目して「もし政府のお陰でないとしたら、アメリカを含め西欧などの先進国とくらべ、日本は民間主体でイギリスについて事実上の関税ゼロの壁を打ち破って世界市場で伸びてきためずらしい国、といわざるをえない」（小池　第六章　前掲書）と書いている。いずれにせよ、明治維新から近代経済成長開始までの時期であった一八六八―八五年において、明治政府は体系的な工業化政策をもっていなかったといってよい[20]。

この期の政府の開発政策に関して、中村は、ガーシェンクロンの「借りてこられた技術」というアイディアを援用して以下のように整理している（中村　第一章　一九七一年）。後発国であった明治日本は、何を「借りる」のかという選択において、工業の技術よりも、金融や法人企業という制度と、運輸・通信という公益事業の分野の技術を何よりも先に借りた。そうした制度や社会資本は、先進国イギリスでは工業技術の発展の後に充実された。だが、後発国明治日本では、工業の発展が企業の組織や運輸・通信手段を変化させたのではなく、企業組織や運輸・通信手段を先に充実させ、いわば容器をまず整えることによって、内容の充実をはかった。中村はこういっている。

一方、明治維新以降、直接税が賦課されていたのは、土地の私的所有権をもった地主・自作農だけであった。つまり農業・農村は、政府財政収入確保のために、他の産業や都市住民に比べて格段に重く課税されていた。このような「農業搾取政策」がとられていたが、同時に農業部門での生産性向上がなければ、政府収入の中心であった地租を課すこともできなかったので、いわゆる「明治農法」確立のための技術的・制度的政策である農業振興政策が実施された。さらに、今日の発展途上国とは違って日本では外国資本の流入はなかった。このような近代日本の成長局面期の経済政策を、大川らは、農業と工業の共存的発展によって地租による財政基盤の安定を図る「共存的発展政策 concurrent growth policy」であったと性格づけている（大川・小浜　第七章　前掲書）。

不均衡成長局面

一八九七年の金本位制採用以来、一九一七年の金輸出禁止まで、円の為替レートは固定されていた。ただ、綿糸・綿布産業の発展に代表される「第一次輸出代替」の成功[21]にもかかわらず、慢性的な外貨不足に悩まされていた。第一次大戦下のブームが終わった一九一九年に、円レートは大幅に切り下がった。さらに一九二三年の関東大震災で、円レートは一〇〇円当たり三八ドルへと、金輸出が禁止される前のレートの半分以下に落ち込んだ。その後いったん金本位制に戻るなど、試行錯誤が続き、最終的に一九三九年、一〇〇円当たり二三ドルまで円は切り下げられた。これは一八九七年レートの三分の一であった。両大戦間の日本経済は、資本流入と円切り下げの時代であったのである。

さて、一九二〇年代に円の実質為替レートは大幅に切り上がっていた。一方で名目為替レートは旧平価に近い水準に維持され、他方では大幅な経常収支赤字にもかかわらず貨幣供給が減少せず、国内物価とくに非貿易財価格が維持されて、実質為替レートの割高が持続していた。一九三一年にはじまった満州事変が、緊縮財政の維持を困難にさせ、かつ日本の国際的信用を傷つけ、資本逃避の動きに拍車をかけた。この年の暮れ一二月に政友会犬養毅内閣は大蔵大臣高橋是清の指導によって金輸出を禁止し、金本位制から離脱した。円為替レートの低下は放任され、実質為替レートも急速に切り下がり、第一次大戦前よりむしろ円安の水準となった。こうして一九三〇年代前半は再度輸出主導型の成長を迎えることとなった。また一九三二年には財政支出も、道路費、農業土木費、河川整備費など「時局匡救費」への支出も急増し、我が国ではじめて日銀引き受けの国債発行も実施された。高橋財政とは、為替レートの低下による輸出拡大と財政支出の拡大によって有効需要を追加するとともに、財政赤字の副次的作用として生じる金利上昇を低金利政策で抑えるという巧妙なポリシー・ミックスであった（中村　第二章　二〇〇七年）。

「生産性の政策」

ところで、一九一一年に最終的に関税自主権が確立した後も、近代的技術を体現した資本財にはきわめて低い関税率が適用され、それが一九三〇年代にも続いた。これは一種の輸入促進政策であったといってよい。輸入数量制限が一九三七年に課される以前は、保護の手段は関税だけであった。ところが、昭和恐慌、次いで一九二九年以降の世界恐慌の発生を受けて、経済危機への対応のために政府は産業の「合理化」を官製の運動としてはじめざるをえなくなり、企業合併などを勧めるようになった。これは重要な政策の転換であった。

一九三一年に重要産業統制法が制定された。その第一条で、同業者の二分の一以上が加わってカルテルを形成した場合には、主務大臣に届け出なければならないことが規定された。第二条では、そのカルテル参加者の三分の二以上の申請があって、その産業の公正なる利益を保護し、国民経済の健全なる発達を図るために必要だと認めたときには、そのカルテル外の業者に対して、カルテルの決定を守るように指示し命令することができるようになった。元来カルテル協定は任意団体で、その協定を守るか脱退するかは企業の自由である。また、破滅的競争の回避、企業利潤の保障を目的とする、アウトサイダーに対する主務大臣の協定服従命令を規定したこの第二条と同時に、消費者の保護を目的とする、需要者の利害に著しく反するカルテル協定に対する主務大臣の取消・変更権を認めた第三条もつけ加えられた。重要産業統制法は、企業保護というカルテル助成目的の介入と競争促進目的の介入という二面性を備えたものであったのだ。

カルテルの指導による「国民経済の合理化」を追求する商工省の積極的な運用姿勢を通じて二二部門のカルテルが「重要産業」の指定を受けた。その範囲は、財閥の直接の事業基盤であった石炭・産銅、および農林省との所轄権限の調整が不調に終わった肥料・石灰窒素は例外であったが、この時点で我が国の産業構成上大きな比重を占める産業部門のほぼすべてを網羅した。この重要産業統制法の成立という事実は、宮島英昭が指摘しているように「図式的にいえば、営業の自由と契約の自由を尊守し、結果として独占組織の活動を放任した一九二〇年代の体制は、昭和恐慌を境に、この法や関連法の成立とそれにもとづく行政介入を通じて独占組織を助成し、かつ規制する体制に転換した」とみることができよう（宮島　一九八六年）。

しかしながら、この政策対応は、既に重化学企業でそれ以前から進められていた企業経営の「合理化」を踏まえての政策展開であった事実を忘れてはならない。この間雇用はほとんど増加していないが、生産が急増し価格も低下していたために企業の利益率もはかばかしくはなかった。それゆえ、企業が淘汰されるのを防ぐためには合理化によるコスト切り下げ以外に方策はありえなかったのである。こうして、事業の財務的整理、工場の科学的管理の導入、カルテル等を含む生産・販売等の産業組織的合理化が目指されたわけである。そしてこれら企業は、政府の援助を求めて技術水準の向上に努力したり、先進国からの技術導入をおこない、一九三〇年前後には、多くの分野で技術水準は著しく強化されてきたのである。

大川らのいう日本における近代経済成長の「第二回目の投資スパート期」であった一九三一―三六年に、日本経済は高度経済成長を実現させているが、投資の中心は、民間製造業の設備投資であった。そこで、この時期の高度経済成長の要因を、西川・腰原が推計した産業連関表を使って分析した富永憲生の研究結果を紹介しておこう。業種別にみると、その主役は重工業および繊維身回り品工業であった。この期間もっとも高い成長率を記録した機械工業は、半ば以上が投資支出に支えられたものであった。また金属工業では、輸出の生産誘発効果が最大であり、かつ投資増の影響も大きかった。繊維身回り品および化学工業では、輸出需要が半ばを占め、次いで消費支出の需要創出効果が大きかった。輸出構造をみると、それまで輸出の主役であった生糸輸出は凋落し、綿織物の輸出が増加している。それ以外に増加したのは、人絹織物、毛織物、あるいは、機械・鉄等の重工業品などの新興輸出品であった。地域別輸出をみると、それまでの重要輸出先であったアメリカ、中国市場への輸出の伸びは最低となり、代わって満州国（関東州を含む）、中米、南米、満州以外のアジアへの輸出が増加し、同時に朝鮮・台湾への移出も増加している（富永一九八六年）。

そして一九三二年以降、円為替の暴落によって、輸入競争産業の対外競争力も大幅に強化され、多数の業種で輸入代替が急速に進んだ。また輸出も急増し、これら輸出入関連部門の多くの業種で、生産設備の拡張がおこなわれた。こうして、一九三〇年代前半期に高度経済成長が実現したのである。中村（中村　序章　一九七一年）は、明治以降の時期に関して、実質輸出額を、世界の輸入数量、日本の輸出価格指数／世界の輸入価格指数である国際比価によって説明する輸出関数を推計している。その結果、一八八一―九七年、一八九八―一九一三年の時期では、国際比価は有意ではなかった。一九二四―三八年では、国際比価の符号はマイナスで有意であった。この計測結果を「戦間期の交易条件の変化が輸出を加速した。当時進行していた産業合理化の効果が、国際比価の低下に結びついてここに投影されている」と中村は記している。

景気回復の中で物価上昇がみられるようになった一九三三年以後、重要産業法の運用は、恐慌期のカルテル助成による企業利潤の保障から、カルテル規制並びに競争の放任による重要産業の低廉豊富な商品供給の促進へとその重点を移動させることになった。恐慌期に同法のカルテル助成効果がもっとも顕著であった化学部門カルテルでは、競争が意識的に放任された。これは、宮島の指摘するように「競争制限による資源配分上の非効率の是正」であった。カルテル助成を規定した二条と公益を規定した三条とをあわせ備えていた重要産業統制法によって政府は、景気局面の変化に対応して、大企業部門の企業間競争条件に関して二面的な介入をおこなうことが可能となった事実（宮島一九八六年）も忘れてはいけないであろう。

「再分配の政策」

既に述べておいたように均衡成長期には、農業の生産性は、他産業と同じテンポで上昇してきたのであって、相対生産性も五〇％台で推移してきた。農村は平均して貧しかったが、それなりの農業技術の進歩もあり、また農家の次・三男が就業可能な雇用機会が都市で拡大したこともあって、農業人口はほぼ五五〇万人で維持され続けた。

第一次大戦当時、国際的な農産物価格の上昇を背景に、農業部門もブームを迎えた。しかしそのブームをきっかけに、日本の農業政策は大きな転機に立たされることになった。

一九一八年八月、農産物価格とくに米価の高騰とそれに基づく品不足に端を発した、都市の群集による「米騒動」が全国を襲った。こうして農業政策は転換を迫られた。米価をはじめとする農産物価格は都市住民のために引き下げられ、かつ安定した供給量を確保しなければならない。政府は米騒動以来低米価政策をとり、植民地の産米増殖事業も実施された。

米価は一九一九年まで上昇を続けたが、一九二〇年恐慌とともに反落し、一九二〇年代を通じてみれば、一般農産物価格と同様に低下を続けた。世界的にも一九二〇年代後半には、農産物の過剰が慢性化した「農業恐慌期」であった。この時期農産物価格の一般物価に対する割安化が急速に進んだ。植民地産米の流入によって米価が低落し、生糸の海外価格の低下のために繭価が下落して打撃を受けた日本の農村では、一九二〇年代後半にはすでに不況が深刻化していた。このような状況下に、小作争議は頻発し、農民運動も活性化しつつあったのである。

以上のような事態の展開を受けて、一九二〇年代の農業政策は、一方では耕地の拡張・改良等を進めつつ、他方では不況対策、小作対策に配慮しなくてはならなくなった。戦後恐慌直後の一九二一年には米穀法が制定され、米の「需給」調整のために、政府米の買入・売渡をおこなうことが定められ、米穀需給特別会計が設けられた。この制度は一九二〇年代前半の米価の回復期にはしばらく活発ではなかったが、二〇年代後半以降米価低迷期にはその役割が大きくなり、米買入のための財政負担も増大していった。小作問題のためには、自作農創設維持政策、小作権安定政策などが実施され、「小作（争議）調停法」も一九二四年に制定された。いわゆる「社会政策的農政」が発足した（大内　一九六〇年）のである。

一九二五年四月に農商務省は廃止され、農林省と商工省が設立された。この農林省新設と同時に、食糧政策に新たな枠組みが設定された。それは、食糧問題に対処するためには、一方で増産政策を強化し、同時に米穀法の第一次改正によって米穀法の運用を改め、収穫期の米価維持政策を強化することで内地米作の発展を図り、食糧自給を達成しようとするものであった。だが最大の障害として登場したのが朝鮮総督府による第二次産米増殖計画であった。しかも、農林省はこの計画の決定にはほとんど関与することができなかった。移入の増大する朝鮮米が内地の米価を圧迫したため、農林省が実施した米価維持政策は次第に機能しなくなった。まさに「食糧政策が内地農業保護の方向で再編成されるのは、昭和恐慌期をまたねばならなかった（大豆生田稔　一九八六、一九九三年）」のである。[22] そして一九三二年には、先にも述べておいたように政友会内閣によって、農村へ時局匡救費を中心とした公共投資が大規模に実施された。政策のためには大量の財政資金を必要とするが、米騒動以後の「都市」対策としての「社会政策」に加えて、「農民保護」の方針をも貫こうとして、このような政策体系が生み出されたのである。[23]

局面移行期の経済政策とその効果

均衡成長局面から不均衡成長局面への移行という「踊り場」において、政府が実施したいくつかの産業政策がそれなりの重要な役割を果たしたことは間違いない。だがこの政策対応が、既に重化学企業で進められた重化学工業の技術改良と労働力両面での合理化を踏まえた政策展開であったことを忘れてはならない。

民間企業の合理化の基本は、新しい技術を体現した資本設備を無駄なくかつ継続して活用するのに必須の技術的習練をもった労働力の育成であった。このような必要性に押されて、企業側が年功序列賃金制度、終身雇用制を導入して熟練労働者を把握しようとする企業組織の革新が始まったのである。熟練労働力の養成とは、近代産業技術の導入という「歴史」から必須となってきた課題であった。そしてアメリカで始まった大不況が日本を襲い、政友会内閣の下で、金輸出が再禁止され為替が低落した結果、輸入品価格が上昇し、それとの対抗も容易になった。またこの為替の減価というマクロ経済の変化は輸出を増大させたが、その背後には以上のような民間企業における「合理化」運動に代表される生産性向上という事実があったことも見落としてはならない。近代日本の局面移行期におけるこの経験は、政府の政策そのものではなく、それに積極的に反応した民間部門の自主的試行錯誤が最も重要であったことを語っているのではなかろうか。

先に紹介した村上の産業政策論は、戦後日本の高度経済成長期の産業政策という歴史的経験を踏まえた概念化されたモデルである。だが産業政策の骨子である、「規模の経済」がある産業での過当競争を避けるための「カルテル」形成といった点は、戦前期の不均衡成長期の「合理化政策」にも通じるとことがあるといってよいであろう。

この時期に採用された再分配政策の代表である農業政策について、中村は、この時期からの日本の米価政策は、日本の農村を安定させ、勤勉な労働力を再生産して都市に送り出す場となったことを指摘し、「むしろ必要悪だったのかもしれない」といっている。だが同時に、この時期の農業政策の転換が「現在にまで尾を引いている、日本農政のパラドックス」の出発となったとも記している（中村一九八五年）。まさに日本経済の成長局面の移行という時期に、地租の賦課や低米価政策といった農業搾取型農業政策から農業・農民保護政策へと農業政策は転換したのである。

ところで村上は、農業・農民保護に関しては、農産物価格とは無関係な所得支援という新古典派的手段と、価格を直接保護する反新古典派的手段とがあることを指摘している（村上　第八章　前掲書）。一九二〇年代に開始された農業・農民保護は、村上の概念では「価格や生産量に関連づけて行われる再分配という反新古典派的分配政策」といってよいであろう。この反新古典派的な再分配政策によって、中村も指摘していたように、衰退していく産業で働く人々の労働意欲が保存され、この時代経済全体に対して重要な貢献を果たすという効果もあったことを軽視してはならない。だが同時に、このような反新古典派的分配政策は中止すること、つまり「日没」させることが、経済的にも政治的にも非常に困難であることも事実である。この意味で、日本における成長局面移行期に採用された再分配政策は、評価が困難な経験を提示しているのではなかろうか。

第四章　「東アジアの奇跡」後「成長の踊り場」に立たされた東南アジア

――タイとインドネシア

「中所得国の罠」

　序章でも述べたように、中国や東南アジアの多くの国では、人口ボーナスという基盤に支えられた、外資導入による要素投入型経済成長は、もはや持続可能ではなくなっている。もっと端的にいうと、直接投資受入れに依存した受動的な生産技術導入という工業化・産業化戦略がその限界に直面しているのである。歴史的にみると、世界経済の大収斂の時代にはいって「生産するアジア」として台頭してきた東・東南アジアで、その生産の基盤が崩れるかもしれない状況に見舞われはじめているようである。そしてこのような状態は、二〇〇七年の世界銀行報告書『東アジア・ルネサンス』以来「中進国の罠」ないし「中所得国の罠」と呼ばれるようになっている。

　この罠を最近大野健一が『産業政策のつくり方』で、「ある国が与えられた資源やアドバンテージによって決まってくる所得水準にとどまりそれ以上上昇できない状況」と捉え「開発のわな」と表現している（大野　第一章　二〇一三年）。そしてこの罠からの脱却に関して、「プロアクティブな産業政策」が必要であることを提案している。政府は、グローバル化の圧力に対処しうる長期的な産業化に関する実行可能なマスター・プランを作りあげ、民間との間に密接で生産的な関係を築きながら、民間の技術能力と経営能力の向上を助けあるいは促すための積極的な政策を実施していかなければならない。さらに、このプロアクティブ産業政策の実施には、国際経済統合に耐えうるマクロ経済運営と同時に成長のひずみへの対処としての社会政策が必要であることも、大野は強調している（大野　第二章　前掲書）。

ところで筆者も、前世紀末のアジア経済危機直前に、その頃エコノミストの間で主流であった「東アジアの奇跡」論に異議を示すことも意図して書きあげた拙著『アジア・ダイナミズム』で、二一世紀にはいる時点で東南アジア経済が直面している政策課題を、ほぼ大野のいう産業政策・社会政策に対応するかたちで、以下のように論じたことがある。

まず「プロアクティブな産業政策」に関連しては、次のように指摘しておいた。数多くの調査研究を概観してみても、現在アジア諸国の高い経済成長をひっぱっている輸出産業ではっきりと労働生産性が上昇してきているとはとてもいえそうにない。マクロ統計で限界資本産出比をみてみても、低下傾向を示していない。まさに当時話題になっていた、アジアの成長が主として資源移転によるものであり、生産性向上の寄与は小さいとするポール・クルーグマンの「アジアの奇跡とは神話である」という指摘は基本的には正鵠を射ている。彼の指摘を前提とするなら、二一世紀を迎えるにあたって、アジア諸国にとっては、どうやって国内の主要産業で技術水準を向上させるかが決定的に重要な課題となっている。そのために政府は、将来的に有望と判断される産業を育成する政策的介入と、同時にそれらの産業を担いうる技術者を養成する高等教育機関の整備をおこなうべきである。これは「積極的経済ナショナリズム」とでもよべるような開発戦略である。

続けて、「社会政策」に関しては、前章でも論じておいたことだが、次のように指摘しておいた。明治以降の日本の近代史を振り返ってみると、大正時代から昭和初期にかけて、明治以降の産業化の中で国内総生産に占める製造業の比重が農業のそれを超えるという国内経済構造の大転換が生じている。その限りで経済発展に成功したといってよいが、この時期には農業・非農業間で労働生産性の格差が拡大し、国内の所得格差の拡大や農村の疲弊が重要な社会問題として、政治面でも無視できなくなってきた。そのため、多くの国の政府は、農産物価格支持政策を採用しはじめた。このような日本の歴史的経験と同じく、世界銀行が「奇跡」とまで評した高度成長を実現させてきた東アジア諸国においても、台頭してきた都市中産階層とスラム住民ら貧困層や零細農民との間で、所得格差が急速に拡大してきており、このような分配問題への政策的対応が急務となっている。

このように以前の拙著また大野が区別していた以上の二つの政策を、序章でも触れておいたが、以下「生産性（向上）の政策」「再分配の政策」と呼ぶことにする。そしてこれまた、同じく序章で指摘しておいたように、「中進国の罠」という問題は「後発性の利益」を大いに活用して経済発展を開始した途上国が、経済発展を続ける歴史的過程でほぼ必然的に直面する経済問題である。それまでの成長産業の停滞と所得分配の悪化とは、経済発展が開始され以降の初期成長を実現せてきた経済政策・制度の有効性・効率性が問われるような段階に至って顕在化してくる現象のことである。そして後発国のキャッチ・アップ過程においては、それぞれの国のもっていた歴史的初期条件の差異に規定された異なった多様な政治経済制度が、存在していた。また前章で論じた近代日本の経験が示しているように、この「罠」からの脱却をスムーズに進化させることは、経済だけでなく政治まで含めた政治経済制度をひとつの均衡から別の均衡に移行させることであり、非常に困難な移政策課題なのである。

このような問題関心の下に、以下本章では、タイとインドネシアを取りあげて、一九九〇年代半ばまでの「東アジアの奇跡」とまで評された高度成長局面から、前世紀末のアジア金融・経済危機への対応とその後の経済成長の停滞へと大きく揺れた過程を、政治体制の転換とも関連づけてみていこう。[24] 特に、上記した「生産性の政策」「再分配の政策」に焦点をあてながら、産業化の初期局面から「踊り場」へと、どういう政治経済的変容が進んできたかを検討していこう。

経済構造変化と国際競争力

さて両国における政治経済システムにみられる変容を具体的に考察する前に、近代日本の歴史的経験を念頭におきながら、いくつかの統計指標を検討しておこう。まず、Timmer and Vries が整理したデータに基づいて、タイとインドネシアの部門間労働生産性の動きをみておこう。タイでは、農業就業者比率は、一九六〇年八〇％弱から一九九五年四五％へ、そして減少率は小さくなったが、二〇〇五年に四〇%弱になっている。農業就業者の絶対数は、一九九〇年頃から減少しはじめている。一方、製造業就業者比率は、一九六〇年の五%から二〇〇五年に一六%に上昇している。二〇〇〇年価格表示での農業部門の労働生産性は、一九六〇年から二〇〇五年に三・四倍上昇している。一方、製造業の労働生産性は、同期間に五倍強に上昇している。農業労働生産性の製造業労働生産性に対する比率は、一九六〇年の〇・一六から八〇年に〇・一一へと低下し、その後はほぼ同じ水準にある。名目価格表示の労働生産性をみると、一九六〇年の〇・一九から低ト傾向にあるが、農業の対製造業交易条件の上昇もあり、二〇〇五年で〇・一五となっている。

　労働力が、労働生産性の相対的に低い農業部門からより生産性の高い他部門に移動したことが、どれくらい国民経済全体の労働生産性上昇に貢献したのか。これを検討したTimmer and Vries の計測結果をみると、アジア経済危機までは労働生産性が低い農業から生産性がより高い製造業等への移動がマクロ労働生産性の上昇に有意義に寄与していた。しかし危機後は、製造業雇用比は停滞し、農業から移動してきた労働力は、サービス業など製造業に比して労働生産性の低い部門に流入したので、マクロ労働生産性の上昇は停滞している。

　インドネシアで農業就業者比率は、一九七一年六六%から一九九五年に三八%程度に低下、その後はほぼこの水準で停滞している。農業就業者数は、一九七〇年以降九〇年頃まで増加して、九〇年以降減少局面にはいっていた。しかし経済危機以降、再度増加傾向を示している。製造業就業者比率は、七一年の八%から九五年に一四%に達し、その後は危機の影響もあり上昇はしていない。二〇〇〇年価格表示の農業部門の労働生産性は、一九七〇年から二〇〇五年に二・三倍に上昇している。一方、製造業の労働生産性は、同期間中に六・四倍に上昇している。農業労働生産性の対製造比率をみると、一九七〇年の〇・五一から九〇年に〇・二〇まで低下したが、その後低下傾向はみせていない。

　農業の対製造業交易条件が、一九七〇年から九〇年にかけて好転したことによって、名目価格で測った比率は、固定価格表示の比率より大きくなっていた。ただその後、農業の交易条件が悪化し、名目価格と固定価格双方の比較労働生産性の差はほとんどなくなっている。農業からのより生産性の高い部門への労働力移動が、国民経済全体の労働生産性上昇に与えた効果をみると、アジア経済危機までは この移動がマクロ労働生産性上昇にかなり貢献していた。しかし危機後、タイとほぼ同じく、低生産性部門からの労働移動がみられなくなり、経済全体の労働生産性上昇率も大きくスローダウンしてしまっている（Timmer and Vries 二〇〇九年）。

Narissara and Ikemoto に示されたタイの全国レベルでの家計所得のジニ係数は、一九六〇年代はじめの〇・四の水準から一九九〇年代初めまで一貫して上昇し〇・五以上になっている。しかしその後二〇〇〇年代にはいってからははっきりした低下傾向を示している。またタイで最も貧困な地域と言われる東北タイとバンコクとの所得格差は、拡大していない。だが東北タイ地域だけをみると、ジニ係数は上昇している。端的にいって、東北タイの農村で、豊かな農家の所得は上昇しているが、零細な小作農家の所得は停滞したままとなっているのである（Natissara and Ikemoto 二〇一二年）。

Dhanani 他の推計結果 Fig 5.3 によると、インドネシアの家計消費支出のジニ係数の動きは、一九六四年の〇・三五から、一九八八年の〇・三二へと低下している。但し一九七八年後一時〇・三八にまで急上昇している。一九八八年以後は上昇傾向に転じ、一九九六年には〇・三六にまで上昇し、再度二〇〇三年までは低下し、それ以降再度上昇傾向を示して二〇〇七年には〇・三六になっている。都市世帯のジニ係数は、全国データとほぼその係数値の動きも同じである。一方、農村世帯の係数は一九六四年の〇・三四から一九九〇年の〇・二五までは一貫して低下傾向を示し、その後は一九九六年の〇・二七への上昇、また二〇〇四年〇・二四への低下、そして再度二〇〇七年の〇・二九への上昇という動きを示している（Dhanani 他 二〇〇九年）。また、資源収入のある州とない州といった地域間の格差が話題になることが多いが、実はそれぞれの州内での都市・農村間格差の方が大きいのである（Takahashi 他 二〇〇八年）。

一点付記しておこう。インドネシアのジニ係数はタイのそれに比べて小さいが、これはインドネシアでの計測が家計の消費支出データに基づくものであり、タイの場合の家計所得とはデータが異なっていることによる。端的にいって所得と支出を比べると、豊かな家計の方が貯蓄率の高いことからも想像されるように、家計所得の方がより不平等が大きくなるからである。

続いて、両国の産業の国際競争力に関する指標をみておこう。二〇〇〇年と〇八年との顕示比較優位指数、顕示比較劣位指数の変化を計測した椎野・水野の結果をみると、タイでは比較優位が上昇していたのは、IT最終財、二輪車、自動車部品、プラスチック・ゴム、乗用車、エアコンである。自動車・部品の総輸出に占める構成比率は一九八一年〇・一％だったが二〇〇〇年には四・六％、そして二〇一三年には一三・八％へと増加している。一方、繊維製品はほぼ比較優位性をもたなくなり、衣類は比較劣位度を増加させている。総輸出に占める繊維・衣類の比率は、一九九〇年の一三・三％から二〇一三年には三・三％にまで減少している。また総輸出額に占める電気・電子製品の比率は、二〇〇〇年には二六％であったが、それ以降急激に減少して二〇一三年には一四・三％へと低下している。インドネシアでは、繊維製品・衣類がその程度を減少させているが、比較優位性を持続させており、またプラスチック・ゴムはタイと同様に比較優位性を強めている。その一方で、二輪車を除くほとんどの機械・器機はいまだ国際競争力をもっているとはいえない（椎野・水野　第三章二〇一〇年）。以上から、タイとインドネシアともに不熟練労働集約的な産業・業種の比較優位を失っていることは確実である。その一方で、これからの成長局面での基軸産業が何になるのか、少なくともインドネシアに関してはいまだ不透明であるといってよいであろう。

タイやインドネシアは、前章で考察してきたわが国の経験と比較して、二〇世紀後半になってキャッチ・アップ型産業化がはじまった「最終の後発経済」であったといってもよい。そしてその高度経済成長も、一九二〇—三〇年代の日本とは大きく異なり、商品貿易や資本移動の自由化が深化した経済のグローバライゼーションという国際環境の中で実現した。そのため、近代日本のように、部門間での労働生産性成長率において、均衡成長局面から不均衡成長局面への転換といった「明確な区切り」がみられなかったのではなかろうか。もっと端的にいうと、均衡成長局面はあったとしても非常に短く、産業化の早い局面で、不均衡局面にはいっていったといえよう。

タイ

「温情的独裁政治」から「半分の民主主義の時代」へ

一九五七年のサリット政権の成立から一九七三年の学生革命までの時期は、サリット、タノーム、プラパートなどの軍人とテクノクラットの同盟を中心とする「温情主義的独裁政治」（チャルームティアロン 一九八九年）体制下での「開発の時代」であった。そして、この時代の経済開発に関して決定的な影響を与えたのは、サリットによって一九六〇年前後に採択された政策体系であった。

その第一は、外資系企業も含めた民間企業活動の自由を保証したことである。保護関税の設定とその下での育成されるべき産業分野についての大雑把な明確化という政策介入はあったが、その枠組の下での外資系・中国系を含めた民間企業の経済活動の自由は保証した。育成されるべき分野での民間企業間での過当競争を避けるための政府による投資調整といった政策介入は、ほとんど排除されていた。また、優先企業への低利での融資といった金融面での政策誘導もほとんど実施されていなかった。第二に、政府の役割は道路等インフラストラクチュアの整備に限定されていた。そして第三に、国家財政収入確保の目的からの農業への課税は、米・ゴム等の輸出への課税だけに限定され、国内での商人・農民の自由な商業・生産活動への介入はおこなわれなかった。このようなサリットが採用した「市場に友好的な」政策体系に対しては、それまでの商業活動で利潤を蓄積していた中国系を中心とする層が積極的に反応して、輸入代替工業化の担い手となっていった。彼らは自由に経済的利益を求めて活動しえたために、関税賦課によって国内に拡大したビジネス・チャンスをうまく活用してその経済活動を展開していき、一九八〇年代にはいってからは輸出を主軸とする企業活動を展開するようになってきた。

タイにおける「民主主義の時代」の幕開けであった一九七三年から一九八八年までは、「権力共有の時代」であった（白石 第七章 二〇〇一年）。この時期に関しては、一九八〇年三月現役の陸軍総司令であったプレームが国王によって首相に任命され、八八年八月まで長期政権が続いたことに注目しておくべきであろう。この時期、総選挙は実施するが首相は軍のトップから選出し、下院議員と同数の上院議員を任命し、民選議員の国会での活動を監視するという「半分の葉の民主主義」期であったといわれている。

この時代、経済開発の波が押し寄せてきたタイの地方都市では、土建会社、ホテル、バス会社の経営などによって財を蓄えた層が生れ、やがて一九八〇年代半ばともなると、こうした地方有力者がそれまでバンコク在住のエリートの掌握していた政党に多大の影響を与えるようになった。こうしてタイの政治は、一九八八年以降、政党政治、金権政治の時代にはいった。そして経済でも、貿易、投資の趨勢に大きな変化が起こった。金融面では、九二年六月の貸出金利上限規制の撤廃、九三年三月のバンコク・オフショア市場の業務ライセンスの発給、産業投資面では九二年八月の石油化学製品製造の自由化、九三年一一月の乗用車組立工場の新設禁止措置の撤廃と自動車製造の完全自由化などが矢継ぎ早におこなわれた。そして、高度成長、バブル経済化、そして経済危機へと、激変を経験することになった。

白石隆が的確に整理しているように、サリット時代からの四〇年間を俯瞰してみると、政治参加の拡大という意味で「民主化」は進展したが、一方で国内政治構造も「分裂」し、さまざまな社会的利害対立を架橋する戦後日本の自民党のような包括的政党は、成立しなかった。タイにおける金融の自由化、為替・資本取引の自由化はこのような政治的文脈の中で政党政治の時代に実現された。政党政治の時代、政権は連立与党に支えられ、閣僚ポストは連立与党参加政党の議員数に応じて配分された。かつてサリットの時代に開発計画実施機関として設立され、イギリスで大学教育を受けた経済学者プォイが管理した大蔵省予算局は政党政治家の利益配分センターと化し、政策形成に果たすテクノクラットの役割もはるかに小さくなった。一九九七年の通貨危機の切っ掛けとなったバーツとドルの連動性維持政策が、大蔵省と中央銀行で合意でき、しかも政党政治家の反発を受けない現状維持の安易な選択であったことは否定できないであろう（白石　第七章　前掲書）。

経済発展につれて労働市場でも大きな構造変化が生起していた。元来労働力の取引は市場にとってはいささか厄介なものといえ、有能な人材の配分に際してはそれ自体純経済制度とはいいきれない学校が、各勤労者のもつ能力を人材を求めている企業者に知らせるシグナルの機能を果たすようになってくることが多い。タイでも現在労働力の取引・配分に関して、学歴が決定的に重要な機能を果たすようになってきている。そして女性の就業率も上昇しかつその高学歴化が進み、都市部での女性の結婚年齢も上昇し、子供の数も減少しはじめた。ただし、高学歴者は製造業ではなくサービス業に就業するといった商人資本主義的な行動がいまだ支配的であるようだ。

歴史的視点からは、タイ経済は常にその時々の世界市場・経済状態の変化に柔軟に適応しながら発展してきたといえる。一九世紀後半の米の輸出経済化の時代から今日の工業製品輸出の時代まで、タイの経済発展は常にタイをとりまく世界経済の状況変化に柔軟に適応してきた漸進型産業化であったといってよい。国際比較の視点から考えてみるとタイは、「国際市場のその時々の変化に柔軟に適応しながら、その後で国内に生起した諸問題に補償手段でもって対応する」しか生き残れない「小国」（Katzenstein 一九八五年）であったといえる。

「民主主義」タクシン政権とその後

さて、一九九七年タイはバーツ売りに端を発した大きな金融危機から経済危機に見舞われた。先にふれたバーツのドル・リンク政策によって、一九九〇年代にはいってからバーツの過大評価が続き、貿易収支が悪化し続けていた。これが大きな要因となって金融危機が発生した[25]。危機直後にタイが事実上のＩＭＦ管理体制下にはいったことで、それまで政権の安定を人質に自分たちの利権を守ってきた集団は、政策決定への強い影響力を発揮できなくなった。こうしてタイでは、システムの行き詰まりを克服することが可能となった（白石　前掲書）。また、この九七年には政治制度面でも重要な変化があった。先にふれたような「半分の民主主義」体制を「本格的な民主主義体制」に変革させることを目的として、新憲法が公布され、「民衆の政治参加拡大」を大義名分として「小選挙区比例代表制」が導入された。この選挙制度の下での二〇〇一年二月の総選挙で、「タイ・ラック・タイ（タイ国を愛するタイ人）党」が勝利し、「民意」の支持の下に党首タクシンの政権が誕生した。そして、デモクラシーではなく「タクシノクラシー」とも呼ばれる、「国のＣＥＯ」としての首相が「国の創造的破壊」を目指す政治が展開された。その一環として、一九九〇年代はじめのチュアン政権時代の地方分権化政策に対抗して、「チャンワット（県）」行政の再中央集権化も進められたのである（末廣　第五章　二〇〇九年）。

タクシンは「世界資本主義の時代についていかねばなら

ない」と宣言して「タイ王国の現代化」を政策アジェンダの中核に据えた。この「タン・サマイ（時代についていく）」改革の最重要アジェンダとなったのが、「官僚ではなく政党が主導する」方向への行政改革であった。政権誕生後すぐに、従事している公務員の数か、サービスに費やしている時間のどちらかについて、現行の最大限五〇％の削減を目指す公務員制度の現代化という大改革をはじめた。こうして「半分ではない民主主義の時代」が到来した。このような事態の展開の背後には、それまでのようにグローバルに展開する資本主義のネットワークに受身で適応していくだけでは二一世紀の国際経済競争を生き延びていけないのではないかという不安感があったことも間違いないであろう。

危機後の経済再建政策として、IT産業などのいっそうの競争力強化という現代化と同時に地方の農民の保護という「デュアル・トラック戦略」が採用された。その目的をタクシンは以下のように説明していた。「タイがその潜在的な国力や経済力を発展させていくためには、輸出の拡大と通貨の安定が不可欠であり、外国資本の呼び込みがきわめて重要です。しかし外国資本から利益を得るのは都市部のビジネスだけです。一方、農村部の「セータギット・ラークヤー（草の根経済）」は、機会さえあれば十分発展する潜在能力を持っています。ですから、彼らの能力を十分に引き出すためには、政府は投資資金やマーケティングの面で支援しなければならないのです。」末廣も指摘しているように、このような経済政策が、中進国化が不可避的にもたらした都市と農村との所得格差是正のために必要とされたものであったことも確かである（末廣　第五章　二〇〇九年）。

特に後者の「草の根経済」の発展は、経済危機に見舞われた一九九七年一二月四日の国王の次のような誕生日講話を意識したものであった。「近年、人々は大きな虎になるに狂奔してきた。しかし重要なことは虎になることではなく、自分たちの足で支える「セータギット・ポーピアン（足るを知る経済）」だ。今の経済の半分、いや四分の一を「足るを知る経済」に変えるだけでも十分である。」具体的には、複合農業、コミュニティ開発、環境との共存といった方向での地域農業開発の勧めであった。この発言を巧みに踏まえて、タクシン政権は多額の補助金を交付して「一村一品」運動を全国規模で展開させたのである。

タクシン政権は、公的債務削減を強く進めた。電話電信公団の運営において、銀行からの借り入れを極端に嫌い、内部留保、社債、株式に依存する直接金融方式をとった。このように、各種の国営企業の資金調達への公的関わりを削減することを断行した（末廣　第五章　前掲書）。それまで、政府貯蓄銀行GSB、農業・農協銀行BAAC、政府住宅銀行GHBという政府が管理する政策銀行三行が「事実上の補助金」といえる低利融資で国営企業を支えていた。しかし、タクシン政権は、これら政策銀行の資産運用先としての国営企業への貸し出しを大きく低下させた。そして国営企業の民営化と同時に、その活性化を資本市場への上場によって実現させることを図った。ただ、これらの政策には、商業銀行が大反対した。タクシン政権には、国営企業を民営化して証券市場を活性化し、証券市場中心の直接金融型システムを作りあげるという関心が強く、他方で商業銀行への抑圧というスタンスがあった。

ところで二〇〇〇年代にはいって、タイは、輸出機械の集積地として存在感を増し、輸出によって成長する経済へと転換した。さらに国内の中間財生産も伸び、結果として中間財の輸入依存度が低下し、中小企業を含む日系のサポーテイング・インダストリーが一気にタイへ進出し、自動車産業の裾野も広がった。エネルギー輸入は急激に伸びたが、完成品や機械の輸出が伸びたことで、全体として黒字貿易に転換した。直接投資は危機後も逃げず、むしろ増えた。このように前世紀末の金融危機から回復する過程で、タイ経済は製造業の大きな生産拠点に変貌し、アジアのサプライチェーンの重要な一角を占めるようになった。だが問題は、輸出企業が集積している産業クラスターは、国際製品取引のネットワークの中で「ロジスティカル」な機能しか果たしておらず、新製品開発といった「技術的機能」を果たしていないことである（Doner　二〇一五年）(26)。

こういう経済局面に立っている以上、タイでは、経済成長力のアップ・グレーディングを実現させ「踊り場」を抜け出すためには、大野のいう「プロアクティブな産業政策」が必要であろう。それでは具体的にタイ政府は、どんな対応をおこなってきたのであろうか。いくつかの例をあげると、一九八〇年代末に完成した東部臨海工業団地の建設や、タイ投資委員会による戦略的な外資誘致政策がその代表である（大野　第三章　第四章　前掲書）。生産向上のための研究が、観光業、砂糖産業、ゴム産業さらに自動車産業でおこなわれてきたことも事実である（Doner二〇〇九年）。これら個別産業分野での政府の取り組みとして、タイ政府によって一九九四年に設立された非営利団体「タイ自動車研究所ＴＡＩ」は注目に値しよう。この研究所は設立後、自動車産業マスタープランを作成し、新政策のたたき台を提案したり、官民あるいは企業間の意見調整を図ってきた。基本的任務は、政策研究と勧告、自動車部品生産者の集積支援と輸出促進である。また、企業のエンジニアやワーカーを訓練し、自動車工業試験場を運営し、政策文書の起草を担当している。そして九七年危機後に、農業まで含めた産業構造再編プログラムが作成されたが、これはタクシン政権成立後に廃止されている。

以上のような対応と関連して、これまた大野（大野　第四章　前掲書）が例示しているように、以下のような動きも重要であった。第一は企業におけるカイゼン活動である。無駄な動き・時間・工程を排除し、全員参加型で品質と生産性を向上させる運動である。ＪＩＣＡによって支援されている産業分野での最重要項目として技術協力の対象となっており、タイでも実施されている。第二は企業診断制度である。中小企業に対して、経営上の診断と助言をおこなうサービスで欧米のコンサルティング・サービスと類似のものである。診断、助言が融資と結びついて、はじめて中小企業支援として効果を発揮しうるものであろう。通貨危機後、現地中小企業支援策の中核としてインドネシア、マレーシア、ベトナムなど同じくタイでも診断士制度導入や融資との連携策が導入された。

第三は、工科大学である。外国人専門家でなく自国のエンジニアを養成し付加価値の高い産業を生み出すことは、途上国の産業化にとって最も重要な戦略であろう。タイでは日本留学生によるイニシアティブによって、泰日工業大学が二〇〇七年に設立されている。さらのその前身として、日本留学経験をもつタイ人によって一九七三年に泰日経済技術振興協会ＴＰＡが設立され、タイの地場の企業に対して、経営と技術に関する教育訓練を実施してきていたのである。

農業政策

タイの農政は、農業搾取という点で「途上国型農政の典型」であったといえる。タイの中核的農産物である米においては、一九七〇年代前半にはその名目保護率はマイナス三〇%、つまり国内価格が世界価格から三〇%程度低かった（Warr 二〇一〇年）。一九六〇年から一九八〇年代半ばまで、輸入代替産業を保護する政策の結果、国際収支は常に赤字となり、為替レートは過大評価される傾向にあった。そして米への輸出関税と為替レートの過大評価は、農家庭先価格を抑制することを通じて、農業発展に負の影響を与えた。このような政府介入によって最も利益を得たのは、都市住民でなおかつ最も裕福な家計であった。一方、農村住民、とくに稲作農家が最も大きな被害を受けた。一九八六年までは、ライス・プレミアム、輸出税、輸出割当制などの政策が講じられ、国内価格は国際価格より低くなる傾向にあったが、実質米価はこれらの政策のために安定していた（Siamwalla and Setboonsarng 一九七五年）。なお八六年以降、米の貿易は自由化されている。

一方、灌漑開発などのインフラ整備、種子代・水利費・化学肥料費への補助金や農家への低利での信用供与など、各種農民支援事業を実施しており、輸出税の撤廃と合せ考えると、八〇年代以降農業政策は農業保護に転換してきたといってもよいであろう（福井 二〇〇五年）。ただしタイでは、尿素肥料は基本的に輸入に依存していた。その輸入関税は、一九九〇年代にはいり低減されはじめ、二〇〇〇年代になって以降、ほぼゼロとなっている。

さて以下、米政策の展開をより詳しくみておこう。第二次大戦の戦後処理を巡って、連合国側に米で賠償金を支払う必要が生じたことで、流通への介入による米輸出の国家独占管理が始まった。一九五五年にこの国家独占が廃止され、米輸出への課税「輸出プレミアム」が始まった。その後、それ以外の課税が加わり、商業省が徴収する重量税プレミアムと、財務省が徴収する従価税である輸出税との体制となった。一九七四年これらの課徴金を原資にして農民援助基金が設立され、この基金が農業振興策に使われるようになった。

一九七八年から八五年まで、政府は生産費をカバーできる生産者米価を実現することを目的として「政府指導価格」を発表し続けた。だが政府による買い上げはごくわずかでしかなかった。八一年には、政府の権限で農協にこの指導価格を厳守させ、市場価格よりも割高で米を買い取らせたこともあった。そして一九八二年から、保有している籾米を担保にして、政府系金融機関ＢＡＡＣから時価の八割相当額の融資を六か月間低利で、農家が受け取れる「籾担保融資制度」が開始された。この制度では、農民は収穫直後の低米価時の販売を避け、値上がりを待って売ることができる。逆に米価が上昇しない場合には、担保流れにする。アメリカの商品融資スキームとほぼ同じこの制度は、現在まで続いている。

一九八六年にライス・プレミアム制度は廃止されたが、その後も農民援助基金は、引き続き農協の米集荷基金や米倉庫建設資金の低利融資に活用されてきた。二〇〇〇年代にはいると、質入れプログラムによる籾の買い付け量の比率は、総生産量の一〇数%から二〇%に上昇した。そして一〇年間で、農家は生産を刺激されて、年三回も稲を作付けするようになり、米の生産量は一・四倍に増加している。

二月にタクシン政権が誕生した二〇〇一年には、一五年ぶりに米価が暴落した。精米業者からの籾買い入れ拒否が相次いだこともあって、農民による国道占拠デモが発生した。こういう事態を受けてタクシン政権は、農村の貧困対策を進める一方で、トン当たり市場価格より一五〇〇バーツ高い価格で、二か月間で総量八七〇万トンまで買い上げる米市場介入計画を公示した。タイ米の輸出量がこれまで最高で精米七五〇万トンであったことを踏まえると、この計画はそれまで自由市場を原則としてきたタイの米政策を歴史的に転換させたものであった。市場価格に比べて一五〇〇バーツ高という価格支持は、稲作農民への政府助成であり、WTOをはじめとする貿易政策との間に大きな矛盾をはらんだものであった（山本 二〇〇四年）。

こういった政策が採用された背景には、一九八〇年代以降の農民・農村の変化、とりわけ自分たちの要求を政治に反映させようという農民運動の高まりがあった。そして、タイの政治家は、農村票が金ではなく「政策」によって集められることをはっきりと認識するようになった。市価よりもかなり高く質入れ価格が設定された時は、二〇〇一―〇二年、タクシンが都市部住民の厳しい批判にさらされていた二〇〇六年、そして親タクシンのサマット政権が反タクシン派と激しい政治闘争をしていた二〇〇八年である。とりわけこの二〇〇八年は、米の国際価格が前代未聞の水準に跳ね上がり、籾価もトン当たり一二〇〇〇バーツと半年前の二倍であった時に、政府は一四〇〇〇バーツという質入れ価格を決めているのだ（重富 二〇一〇年）。

二〇〇四年頃から農村への所得保障や信用供与がおこなわれ、BAACでは不良債権が顕在化した。だが、政策金融には参入制限があり、支店網もしっかりしていたことから、低利で貯蓄を集めることができ、かなりの超過利潤があり、農村への資金供与を続けることができた。だがいうまでもなく、質入流れとなった米は政府の在庫となり、政府は米の余剰在庫を抱え、BAACの不良債権も厖大化した。農家は生産を刺激されて年に三回も稲を植え、政府は価格支持で引き受けた米を在庫した。輸出業者にこの在庫を入札で販売する。しかし、この価格はしばしば買い付け価格どころか、市場価格以下になる。つまり、この市場価格以下での業者への売り渡しは輸出補助金をつけていることなのである。インラック政権は、二〇一一年一〇月からはじまる一年間で、三七六〇億バーツをこの質入れプログラムに投入した。これはGDPの三・四%に相当する。だが買入米を安く販売することで、約三分の一に当たる一三四〇億バーツが損失となってしまった。

「タクシン・ポピュリズムは金銭的な恩恵と同時に、一票によって自分たちの利益が実現するという政治的な覚醒を与えた。」「タクシンの政策もばらまきだが、一定の普遍性があった。インラックの政策は第二世代のポピュリズムといえる。アイデアは底をつき、特定層を優遇し、財政規律も踏み外すようになった。」「この制度に依存させることで、農民の自立を奪い、かつコメ市場も歪める。」こういった批判が声高に叫ばれるようになっていたのである。

インドネシア

スハルトの新秩序体制

インドネシアで工業化を軸とした産業化が本格的に始動しはじめるのは、一九六八年にスハルトが大統領に就任し、「オルデ・バルー（新秩序体制）」が成立してからである。スハルトのこの新秩序体制とは、一九四五年の政治的独立宣言以降長い期間持ち越されてきた体制選択の問題にはっきりとした区切りをつけるものであった。そこでは、基本的に民間企業の自由な経済活動を許す枠組の下形で経済開発を促進させていくという選択がなされた。しかしこの基本的枠組に加えて、国家が単なる民間企業活動の規制者としてだけでなく、民間の代理人としても経済開発の主体となったことに、インドネシアの開発戦略の大きな特徴がみられる。脱植民地化を目的として輸入代替産業として選定された諸業種に向けて、外国からの投資も含めた民間投資を誘導する輸入保護政策や租税政策を採用した。それだけでなく、国家自らが国営・公営企業を設立する「コーポラティズム資本主義」といってよい仕組みが形成されたのである。

以上のような国家主導型開発主義的政策体系がインドネシアで可能となったのは、いうまでもなく石油輸出からの大きな財政収入を国家が手中にしえたからである。このような財政収入が利用可能であったために、輸出農産物への重い課税といった搾取型農業政策を採用する必要は、インドネシアではそう大きくなかった。それ以上に、農業政策面では輸入財であった米の増産という輸入代替がその中心に据えられた。さらに製造業部門においても多くの業種で輸入代替型開発が進められてきたが、インドネシアがその領域内に多様な経済的小世界をもつ大国であったので、国内での分業体制の深化を図る輸入代替型開発がそれなりに有効であったのである。農業工業両面での輸入代替を核とするこのような開発戦略は、まさに「フルセット主義的」開発戦略であったといってよい。そしてこういう開発戦略の下で、華僑系財閥や企業グループが生れ、それぞれが銀行を設立して海外からドル建て資金を取り入れるようになっていった。

一九八〇年代に入り石油の国際価格が低下したことを受けて、直接的には石油に代替しうる輸出産業の育成を目的とする為替レートの大幅な切り下げが始まった。そして、さらなる為替の切り下げ予想による資本の国外流出を防ぐための金利引き上げの必要からの金融自由化と、為替切り下げによる輸入品の国内価格上昇を相殺させる輸入関税の引き下げという貿易自由化とがそれに続いたのが、一九八〇年代のインドネシア経済の構造調整政策であった。為替レートの切り下げによって、少なくとも一九五〇年代末からのジャワ以外の地域からの輸出を不利化させてきた政策がかなり修正され始めたことにも注目しておきたい。しかし、インドネシアのこの政策調整は、数多くの重要産業で輸入保護が残り貿易の自由化は不充分な段階に留まっていたし、また戦略産業に属する国営企業に関しては民営化のプログラムもなかった。その一方で、金融面での自由化が大幅におこなわれたという「普通ではない政策変更の順序」(世界銀行、『東アジアの奇跡』)を示したものであった。

また一九八〇年以降、民間に育成されてきたビジネス・クラスの政策的要求を政府も無視することができなくなり始めていた。一九八四年に政府の公的文書からプリブミ・ノンプリブミの区別が削除されたのは、ビジネス・クラスの中核にいる中国系の企業者・商人層の支持を必要としたからであろう。これら中国系ビジネスマンは、インドネシア特有の資本主義体制の一環を「権力なきブルジャジー」として担っていた。そしてまた華僑系ではないプリブミ企業も育成されてきた。さらに大切なことは、これら民間経済人の要求によって国内経済活動の自由化・規制緩和が進められたという事態である。スハルト体制下になって国家主導の産業化の中で育成されてきた民間ビジネス階層は、一九八〇年代にはいって、スハルトのコーポラティズム的代表制による政策決定に自らの力で挑戦するまでになってきたのである。ビジネス・クラスの勃興と同時にインドネシアでも都市中間層が育ってきており、これら都市中間階層はビジネス・クラスの政策要求を基本的には支持している。国内統治形態をみると、いわゆる「民主化」はタイに比べるとそれ程進まなかったが、経済政策に関しては権力の漸進的多元化が生起していたといえる。

二〇〇年以上にわたる長期の経済データを推計した数量経済史の研究（Zanden and Marks chap 2 二〇一二年）によると、スハルト時代は、インドネシアの二〇〇年の経済史の中で、TFPの成長率からみて、植民地時代の自由主義期から倫理政策期という一八七〇—一九一三の時期とともに、世界経済への統合を進めることで、経済成長が実現した「歴史的画期」であった。またスハルト新秩序体制とは、「安定の政治」と「開発の政治」を二大課題とする「開発独裁」の体制であった（白石 前掲書 第三章 第七章）。このスハルト体制下の「開発の政治」の重要な特質は、後に述べるように、農業開発を重要視したことであった。体制を長期的に安定させるためには、農民からの支持が必要であったので、この農業重視の開発戦略は、政権にとっては「合理的な選択」であったといってよい。

この農村戦略とも関連して、スハルトは政府・政権とその支持層によって構成されたゴルカルという一党支配政治体制を確立させた。スハルト大統領とゴルカル、そしてプルタミナ、ブロッグ、国営銀行などを経営した少数の軍人企業家とは、それまでミュルダールがいう「ソフト・ステート」であった体制を、政治的安定と経済発展に目的を絞った「機械」へと変質させた。そしてこれらのグループは、新秩序体制成立期に決定的に重要な役割を果たした、ウィジョヨを核とする、マクロ経済政策、金融政策、貿易政策を担当する「テクノクラート」の自由貿易戦略に対抗して、戦略産業育成を訴えたハビビやプリブミ企業家育成を提唱したギナンジャールなど、積極的な産業育成を主張する「アクティビスト」を形成した。この勢力は、例えば科学技術応用庁などによって、近代産業技技術の導入を進めた。そして、自由主義的エコノミストたちテクノクラートは、一九八〇年代中頃に見舞われた経済危機に際して、政策決定の場に招待させるだけとなっていった。このような変容はあったものの、スハルト体制とは、積極的産業育成を主張するアクティビスと自由主義的政策を主張するテクノクラートとの「相対的に良好なミックス」から成り立っていたといってよい(白石　第三章　前掲書)。

ところで一九九〇年代に、スハルト体制は、次第に先に述べたような「開発独裁」体制から「スハルト独裁」体制へと変貌し、スハルトの利益、スハルト・ファミリーの利益が最優先されるようになり、この「家族主義の政治」が体制の根幹にかかわる問題として表面化してきた。そして同時に、一九八〇年代の石油ブームの時代は終わり、一九八八年に大幅な金融自由化が実施された。この自由化政策によって、ドルとルピアの連動制の下で、海外の貸し手は為替リスクの負担なしにドルとルピアの金利差からの金利収入を期待でき、インドネシアの銀行も民間企業も海外からの多額の資金調達をおこなった。政府債務ではなく、民間債務が拡大したが、その債務管理体制はうまく機能しなかった。またドル建てで資金を調達した国営銀行、民間銀行によっても、政治圧力による不良な融資がおこなわれた。その中核にスハルトのファミリー・ビジネスがあった。この問題が背景にあり、一九九七・九八年の経済危機は、政治体制の危機へと深化し、政治レジームも大転換することになったのである(白石　第三章　二〇〇一年)。

ポスト・スハルト時代

前世紀末以降、スハルト時代の中央集権的権威主義体制から、民主制と極めてラディカルな地方分権化を組み合わせた政治体制の転換への模索が続いた。大きな転換の第一は、一九九九年成立の地方行政法による地方分権化と地方首長公選制の導入であり、第二が二〇〇〇年と二〇〇二年に続けて改正された憲法による大統領直接選挙制の導入であった。この選挙法に基づいた国民の直接選挙によって二〇〇四年にユドヨノ政権が成立した。これによって、スハルト体制というひとつの制度的均衡が崩れ、別の新しい制度的均衡が生まれたといえよう（佐藤　第三章　二〇一一年）。そして、このユドヨノ政権の開発戦略は、基本的にスハルト体制下と同様に、エコノミストを財務省や国家開発庁に、その他の省庁に経済ナショナリズムを重視するアクティビストを配置して実行された。この後者においては、スハルト政権下のハビビに代表される「テクノローグ」が退潮したのに対して、プリブミ系企業家兼政治家がその中核となった。彼らは、かつて華人企業家が代表していた実利優先の論理をも引き継ぎ、また旧タイプのテクノローグとは違って国営企業主体ではなく民間部門の活性化に軸を置く。そして華人企業家たちとは違って、堂々と政策形成に携わる地位をえたのである。

さて佐藤百合の整理（佐藤　第四章　前掲書）をみながら、二〇〇〇年以降インドネシア経済の動きの中から注目すべき事実を確認しておこう。まず貿易構造であるが、インドネシアから中国への輸出をみると、一九九〇年には六二％が工業製品であったが、二〇一〇年には七八％が原材料・鉱物性燃料・植物油、端的には石炭とパーム油という天然資源商品となっている。他方中国からの輸入では、一九九〇年には工業製品は六二％であったが、二〇一〇年には八九％に上昇しているのである。一方、対ＡＳＥＡＮ諸国では輸出・輸入ともにこの二〇年間で資源・一次産品と工業製品の比率は比較的安定している。以上のように、インドネシアの貿易構造は、中国とは資源と工業製品の非対称貿易、ＡＳＥＡＮ地域内では対称貿易という二面性を示すようになっている。

世界への輸出総額をみても、二〇〇〇年に五九％であった工業製品の比率は二〇一〇年には四一％へ低下し、代わって鉱物性燃料と植物油脂、特に石炭とパーム原油ＣＰＯが増加してきている。スハルト時代には権威主義的開発体制の下で、農業から工業への産業転換が進み、それに対応して貿易構造の変化も進んだ。しかし、ユドヨノ政権期には工業のシェアが落ち、農業や鉱業が上昇するというように、貿易構造のトレンドは明らかに変化してきている。工業の後退、農業・鉱業への回帰だけでなく、輸出品の加工度も低くなっている。例えば、ゴム製品ではなく天然ゴムがより重要となっている。加工度が低いと国際商品市況の変動に対して脆弱になる。端的にいってインドネシアは再度資源輸出国へと回帰し、再度「オランダ病」ないし「資源の呪い」といった問題が顕在化し始めているのである。

このような「資源大国の光と影」を示し始めている危機後の経済成長は、インドネシア国内では「ジョブレス成長」だとも批判されるようなものであった。GDPと雇用に関する統計（Dhanani 他　Table 2.1　前掲書）を検討してみると、危機前一九七六—九七年では、マクロGDPの成長率七・五%、農業三・三%、製造業一二・八%、そして雇用成長率は、二・九%、一・〇%、五・一%であった。それが危機後の二〇〇〇—二〇〇七年においては、GDP五・九%、三・三%、五・八%に対して雇用成長率は、一・五%、〇・二%、〇・九%へと低下している。

さらに労働市場の展開も少しみておこう。不熟練労働の実質賃金の推計（Zanden and Marks　Fig 9.4　前掲書）をみると、一九五〇年から一九六〇年前半まで低下し、一九六五年位から緩やかな上昇をみせ、一九七〇年代後半には停滞し、一九八〇年代以降一九九五年まで確実な上昇傾向を示している。この不熟練労働の実質賃金の雇用者一人当たりGDPに対する比率をみると、一九六〇年には〇・二であった比は一九七〇年に〇・三程度まで上昇した後、二〇〇七年まで低下を示し、二〇〇七年には一九六〇年にほぼ等しい水準まで低下している。前章で考察した近代日本の場合のように、不熟練労働者実質賃金がほぼ一定といった局面は、インドネシアではそれほど明瞭に確認できないが、大雑把にいって実質賃金がインフレ率の変動によってアップ・ダウンしながらもほぼ停滞していた一九八〇年頃までと、それ以降の上昇局面とに区分しても間違いとはならないであろう。

一九八六年から二〇〇〇年にかけての、ドル換算された業種別月賃金（Dhanani 他　Table 4.2　前掲書）をみると、まず繊維・ガーメントと電気・電子、乗り物との間に大きな格差が存在していることが分かる。いうまでもなく前者は、労働集約的で地場の中小企業も多い業種である。後者は、海外直接投資を受けて生まれた業種であり、不熟練労働者以上に熟練労働者を必要とする。さらに興味深いことに、一九八六年から二〇〇〇年にかけての賃金上昇率をみると、業種間でそれほど大きな差はないのである。インドネシアの場合、直接投資の受け入れによって多様な熟練労働力を必須とする業種が生まれたことで、熟練労働と不熟練労働の間の賃金格差は、工業化の内生的発展に対応して生まれたのではなく、外から持ち込まれたものといえよう。我が国のように、直接投資導入ではなく産業成長の歴史的過程の中で産業構造の転換によって、内生的にこの格差が拡大したのではない。

二〇〇七年度の統計（Dhanani他　Table 4.4　前掲書）をみると、全国全部門平均賃金と比べて農業賃金の相対的低位性は四八％、カジュアル労働では三七％、恒常的雇用者六八％と、相対的に低位となっている。その要因としては、一週間当り労働時間三六時間で、他部門四五時間より少ないこと、農業部門での賃金雇用の七〇％以上がカジュアル雇用であること、さらにSenior Secondary school以上の教育を受けた者の比率は、農業労働で七％である。他の部門全体では二五％なのに対して農業労働では七％に過ぎないのだ。これらの理由が考えられよう。(27)

加納啓良が整理した、一九八五年から一九九九年までの世帯種類別一人当たり年収の推移をみておこう（加納　第一二章　表一二・八　二〇〇三年）。最も所得の低い世帯は、農業労働者世帯と所有地〇・五ヘクタール以下の零細農家である。一九八五年で最も大きい年収をあげている非農業都市世帯は、最低年収層の二・一五倍の年収をえていたが、それが一九九九年には五．七一倍へと拡大している。農業労働者世帯と所有規模を問わず農家世帯の年収の増加率は、他のどの種類の世帯より低かった。そのため、農業労働者および零細農家と、都市、農村を問わず非農業世帯との間の所得格差は二〇世紀末の一五年間に大きく拡大した。

だが非農業世帯と非労働力世帯の年収の増加率を、都市と農村で比較すると農村の方が高い。これは農外収入による所得拡大効果が、都市よりも農村で大きいことを示す注目すべき事実である。公式統計では補足されていないが、農業労働者と土地持ち農家双方からなる農業従事者にとっては、兼業や副業の形での農外就業の機会が開かれていることを忘れてはならない。

さてユドヨノ政権も、経済成長における以上のような展開を認識してであろう、二〇一一年に「経済開発拡大・加速マスタープラン」を策定した。マスタープランを実現させる政策パッケージをみると、輸出工業、労働集約・資源加工業へのインセンティブ政策が盛り込まれており、産業構造改革に向けた明確な意図が読み取れる。そこには、製造業の他に、農業や「食糧農園」をも成長させるというヴィジョンが示されている。鉱業、サービス業の中にも、それぞれ競争力あるセクターに成長のエンジンを配置する。そして、全国各地でその地域の特性に適したセクターをみい出して、そこで雇用と付加価値を創出する。付加価値を創出するには、国内市場の購買力向上に応じた工業製品の輸入代替と、農鉱産物資源の切り売りから加工へと移行する輸出代替とを並行して進行させる。そして、多くの重要なセクターにおいては、長期的に生産性の向上や技術・知識の蓄積を実現させるための政策を実施する。まさに佐藤も指摘しているように、このマスタープランは「フルセット主義バージョン2」なのである（佐藤　第四章　前掲書）。

また、このようなマスタープランが作成された背景としては、次のような事態があったことも指摘しておこう。二〇一〇年アセアン中国FTAが発効した後、繊維、家具、から電気電子、自動車部品、機械まできわめて広範囲にわたる業界団体がこのFTA見直しを強く要求し、インドネシア政府が時限的輸入規制、規格厳守、安全基準の制度化等の措置を導入していたのである（白石・ハウ　第二章　二〇一二年）。

そして注目しておくべき点は、佐藤も強調しているように、このプランを発表した声明で、ユドヨノ大統領がプランを実現させるためには「政府の見える手が必要だ」と発言したことである。スハルト体制の崩壊後、ユドヨノ第一期政権も含めて、政権は基本的に政府介入を拒否して市場に委ねるという政策を採用してきた。だが、それはレッセ・フェールとは同義ではないという認識が二〇〇〇年代末に登場し、政府介入主義への回帰が起こったといえる。その例をあげれば、パーム原油に高率の、加工油には低率の輸出税をかけて国内加工を促す政策を導入したり、一兆ルピアを超える素材・川上投資への減免税制度を導入したりしている（佐藤　第四章　前掲書）のである。

さらに、ユドヨノ政権末期に至って、産業化に関する政策選択において、さらなる外資活用か、それとも国内資本重視かといった路線の鬩ぎ合いも顕在化しはじめていた。「資源の呪い」から脱却するためには、積極的に外資を活用して産業高度化と人材育成をすべき、という考えが叫ばれる一方で、東南アジア地域の市場統合を控えて弱者である国内資本・中小資本を外資から守るべきという考えも強調されはじめていたのである。

だが、タイに比べると「プロアクティブな産業政策」として注目しうるような政策は、いまだ不透明なままであるようだ。たとえば、タイのTPAのような動きはまだ本格化していない。佐藤も指摘しているように、インドネシアがこれから成長を続け工業部門を高度化させるためには、内実を伴った科学技術政策が必要となっている。既に多数存在している日本で科学技術を学んできた技術テクノローグたちの役割も重要となってくるであろう（佐藤　第七章前掲書）。

農業政策

インドネシアの農業政策は、米の輸入代替政策という点ならびに国家主導型農政という点で、タイとは全く異質な展開を示している。スハルト政権下での農業政策は、産油国の中では、食料増産を重視し続けてきた点で、非常にユニークなものであった。特に米増産に代表される「プロ食料」戦略は、米の古くからの生産基地であった、最も人口稠密なジャワ農民の所得向上を意図した「プロ・ジャワ」政策でもあった。

食糧調達庁BULOGによる米の国家独占貿易を柱とする価格支持・安定政策、灌漑施設の整備（既存施設の補修、維持管理）に重点がおかれた。村落単位の協同組合KUDや地方・農村に支店網をもつインドネシア庶民銀行BRIを、政府主導の「開発のエージェント」として、改良種子、肥料、資金を流す国家主導型の米増産目的の農業開発戦略であった。特に肥料価格は、一九七〇年以降その程度は軽減されて続けたが、常に世界市場価格に比べて低い価格で農民に供給され続けてきた。

ジャワでは、雨期の収穫期が三―六月であり、この時期に米価は低下する。そこでBULOG（ブロッグ）の買いオペはこの時期に集中する。この米は、バジェット・グループといわれる軍や公務員への供給と備蓄米に廻される。その調達量は原則的に無制限であったが、実態はブロッグの調達量は市場に流通される米の一〇％程度であった。だが、ブロッグによる米価安定がそれがそれなりに機能したのは、米市場がブロッグを中心に統合されていたからであった。そしてこの米価安定は、中央銀行からの流動性融資KLBIによって支えられていた。ブロッグの米調達オペは、年によって調達量が異なるため、一般会計ではなく機動力のある中央銀行の融資が利用された。いずれに時期にも、ブロッグへの融資の利率は六％であり、当時の市場金利一〇―一二％であったことを考えると金利面で優遇されていたことは明らかであった。さらに、ブロッグによる米輸入への融資もあった（頼　第二章　二〇一二年）。

一九六〇年代後半から、米増産を目的とし、生産者に生産インセンティブを与えるために米価安定政策を導入した。ブロッグはフロア・プライスを一キログラム当たり一三・二ルピアに設定し、生産者米価がこの水準を下回る場合には介入をおこなった。農民へのクレジット付きのパッケージでの投入要素供給計画であるビマス計画、またクレジットの付かない個別投入要素供給計画インマス計画が実施された。七〇年代には、食料価格を抑制するため、政府はこのビマス、インマス双方のプログラムを実施する一方で、国内市場を国際価格から隔離し、国内価格を国際価格より低い水準に抑制した。

八〇年代にはいり、米の最低価格算定方式は、生産の増加だけでなく、農民所得、インフレ率および他作物の価格とのバランスを考慮にいれた方式に改められた。政府は、生産者への価格政策と同時に、消費者向けの米基準価格である最高価格の設定もおこない、実勢価格である消費者米価がこのシーリングを超えた場合には、米を市場に放出し、価格を安定させることになった。その一方で、米に関して一九八〇年代後半、インドネシアが一〇〇％の米自給を維持し続けることが不可能だと認識されるようになり、米輸入制限政策は緩められ、不足の時に借入れ余剰があるときに返済するという「ベトナムからの米借入れ」政策が開始された。国内需要に「妥当な acceptable」価格で供給するために、ブロッグはかなりの量の輸入をおこなうようになっていった（Warr　前掲書）。

いずれにせよ、ブロッグによる国内の価格安定政策は、少なくとも七〇、八〇年代にはある程度成功を収めた。ただし、ブロッグによる価格安定化政策の効果も、一九九〇年代に入って疑問視されるようになってきた。ただ、国内実質米価は九〇年代中頃まで六〇年代の水準を上回ることはなかった（Timmer　一九九六年）。

原油に依存した輸入代替工業化政策が実施されていた一九八〇年代初めまでは、為替レートの過大評価は大きかったが、その後の構造調整政策の中でルピアの数次にわたる切り下げによって過大評価は解消されていった（Timmer　一九八〇年）。国民の主食ともいえる米の国内価格を上昇させないために、時には食料補助金を支出して世界価格より低めに設定した。肥料　尿素肥料の輸出は、貿易省からの特別の認可がなければ輸出できない輸出ライセンス制度が続いてきた。しかし貿易省は、世界価格より低い安定した価格で国内市場、農民に供給する政策を続けてきた。また米増産も、多額の投入物への補助金支出に支えられた「コストのかかる」政策であった。

このように農民支持政策が実施されたにもかかわらず、全体的にみて、農業セクターへの補助・保護の程度は低かった。例えば、一九八二―九〇年の米の国際価格・国内価格比は〇・九一であり、生産者価格・国境価格比も七六―八〇年平均で、〇・九八と一を下回っていた。ただし砂糖(国際価格の四―六倍の価格)、大豆、畜産物などは、例外的に手厚い保護を受けていた(Hill chap.7 二〇〇〇年)。

一九九七・九八年の経済危機後、IMFがその融資のコンディショナリティの一環として要求した政策変更によって、ブロッグの米独占販売権は廃止され、輸入業者が関税ゼロで自由に輸入できるようになった。一九九九年までインドネシアは米に輸入関税をかけていなかった。しかしルピアの大きな下落によって、インドネシアの米は輸出財になりうる可能性がでてきたため、政府は国内価格の高騰を恐れて、輸出を禁止する措置をとった。危機が一応終焉した後には、米輸出へのインセンティブも消え失せた(Warr 前掲書)。

一九九八年、貧困者向けに補助金付きで米を支給するRASKINプログラムがはじめられた(本台 第一章 二〇〇四年)。財務省は、通常価格と貧困者が支払う価格との差額に、貧困者に支給される米数量をかけた総額をブロッグに支払うことになったが、いうまでもなくこれは政府の財政負担となる。このように政府は農家を支援するために米価格を高く支持し、他方では貧困者を助ける政策を採用しているのである。そこで国内価格を維持し生産を刺激するために、一九九九年九月に一部の米につきブロッグの独占的輸入制度が再開された。砕け米含有率五%以内の上質米のみ無関税自由輸入が続けられ、他の品質についてはブロッグのみが輸入可能となった。

二〇〇〇年七月のIMFとの合意により、同年一月一日に遡ってブロッグ、輸入業者にかかわらず、すべての米輸入に一kg当たり四三〇ルピアの関税が課せられるようになった。二〇〇二年になってブロッグは米輸入の独占権を回復させ、かつ特別の不足の時は別にして基本的には米輸入が禁止されるようになった。そして現在まで、ほぼこのような状態が続いているのである。

近代日本との比較

以上からも明らかなように、タイとインドネシア、この両国のキャッチ・アップ実現過程の「仕組み」は、決して同じではなかった。一九世紀の帝国主義時代から外の世界からの影響に巧みに適応し続けてきた「小国」であったタイ。そして、植民地時代オランダの支配下にあった多様な地域をひとつの国として統合させ建国された「大国」インドネシア。経済開発のために採用された政治経済制度の仕組みも、インドネシアがフルセット主義開発戦略を採用できたのに対して、タイではそういった戦略採用はほぼ不可能であったというように、歴史経路に依存してそれぞれ個性的であったのである。以前著者はこの両国を、「開放社会における伝統官僚支配体制下での漸進型産業化」を辿ってきたタイ、「稠密社会における国家主導体制下でのフルセット型産業化」を選択したインドネシアと表現したことがある（原　第三章　第四章　一九九四年）。

本章の書き出しでも触れておいたが、タイやインドネシアは、二〇世紀後半になって産業化がはじまった、いわばほぼ最後ランナーともいえる「後発経済」であった。そのため、近代日本のように、部門間での労働生産性成長率において、均衡成長局面から不均衡成長局面への転換といった明確な区切りはみられなかった。近代日本では一九二〇年代にはいって、不熟練労働者の実質賃金が一定の局面から上昇へと転じる中で、農業を代表とする在来部門の不熟練労働の賃金と近代部門の熟練労働の賃金との格差が拡大してきた。つまり不均衡成長期に、労働生産性と賃金両面で経済の二重構造が成立した。しかし、タイやインドネシアではこのような賃金構造の局面変化は明確には確認できないようである。両国はほぼそのはじめから、二重経済という経済構造の下でキャッチ・アップを追求し続けてきたといってよいであろう。さらに補足しておけば、インドネシアでは毎年二五〇万人という若い人たちが新規に労働市場に参入し続けているという労働供給圧力が存在し続けている（白石　二〇一〇年）。またタイでも、過去数十年にわたって全国に大学を設立してきたが、卒業生が希望する職種に就職できないという「高等教育と労働市場のミスマッチ」が全国規模で生じている（末廣　第四章　二〇〇九年）のである。

さらに忘れてはならない点は、近現代日本と両国の経済発展の戦略が異質であったことである。特に一九八〇年代後半以降の両国のキャッチ・アップを目指した経済成長は、日本が戦前期から戦後の高度成長期に採用してきたような政府の開発主義的な介入ではなく、より自由主義的な「東南アジア・モデル」とでも呼べる形態での高度成長であったといえる。この東南アジア・モデルの特徴は、積極的に外国からの直接投資を自由に受け入れたということ、そして金融の自由化を工業化のはやい段階からおこなったことである。この東南アジア・モデルの方が、日本・モデルに比べるとより自由主義的であったといってよい。特に、外国直接投資の積極的受け入れによって、国内貯蓄の制約からもまた借り入れに伴う債務支払リスクの制約からも相対的に自由に、国内の経済成長率を引き上げてきた点は、我が国とは違う東南アジアの大きな特徴であった。

また、戦後日本の高度成長は、貿易は自由化されつつも資本移動には制限があったブレトン・ウッズ体制という国際経済レジームの下で実現したものであった。これに対してタイ、インドネシアの高度成長は、金融資本まで含めた資本移動が自由化されたポスト・ブレトン・ウッズ体制下で実現した。「日本の奇跡」とまでいわれた成長は、ロドリックのいう為替相場が安定していた「浅いグローバリゼーション」(ロドリック　第四章　二〇一三年)という国際経済環境の下での成長であった。これに対して「東アジアの奇跡」といわれた両国の高度成長は、為替相場が変動する「深いグローバリゼーション」ないし「ハイパー・グローバリゼーション」下での成長であった。この点も無視できないであろう。(28)

さて現在両国で、経済政策を規定する政治社会はどういう状況にあるのだろうか。白石・ハウは、以下のように分析している。まずタイでは、都市の中間階層、とくに上位中間所得層の経済的未来は、バンコクを中心としたメガ都市の国際競争力強化とともにある。彼らは「生産性の政治」を期待する。一方、地方、農村の住民の多くは、自分たちも「人並み」の生活ができるよう、セーフティネットの整備、所得移転の「再分配の政治」を期待している(白石・ハウ　第四章　二〇一二年)。一方、ユドヨノ政権の時代、インドネシアでは地方自治体首長公選制の導入によって、政治的争いは、各地域内での利権やポストを巡る妥協・交渉へと変質し政治的妥協が可能となっていった。特に民族が多様な地域では、多くの県や市が新設され、それぞれのエスニック・グループが中央から手厚く分与されるようになった資源の配分から利益を受け取れるようになった。このように宗教的対立も含めて、政治的対立が地方分権によって地方政治に封じ込められた結果、経済成長による雇用拡大を通じた貧困削減・国民生活の改善の実現という「経済成長の政治」が、統一国家インドネシアという理念とともに、中央でも地方でも、特に中産階級の間で、広範な合意をえるようになった（白石　二〇一〇年）。

さて、タイとインドネシアにおいて「生産性の政治」の核となる産業政策とは、基本的には外国からの直接投資の積極的受入れ以外に、重要なものはなかった。端的にいえば、外国企業が資本、技術、部品、材料、輸出市場まで、労働以外のすべてをセットとして持ちこんで工業化を実現させてきた。両国ともに、直接投資の積極的受入れによって国外で開発された技術を使い、労働集約的な低コストの製品を輸出して国際市場で競争し、成長を遂げてきた。しかし、こういう経済成長によって中所得レベルに達すると、賃金が上昇し始めそれまで経済成長を主導してきた産業で競争力が徐々に失われていく。そして現在「要素投入型成長路線」あるいは「直接投資に依存した受動的な技術導入戦略」はその限界に達しているのである。

この直接投資依存型技術導入とは、第二章で論じたヒックスのいう「新しい機械生産コスト」の削減を、近代日本のように国内機械産業の技術進歩等で時間をかけて実現させてきたのではなく、既に先進国でマニュアル化され中等教育終了程度の労働者でも使用可能になっていた技術を体化した資本設備を直接投資によってもちこむという「安価」な戦略であった。そして本章のはじめで述べておいたように、タイとインドネシアともに不熟練労働集約的な産業・業種の比較優位を失っているのである。その一方で、過去のような労働集約的輸出産業を基軸とした成長局面の次の成長局面での基軸産業が何になるのか、少なくともインドネシアに関してはいまだ不透明なままである。

さらに、三重野の研究（三重野　二〇一三年）が見事に描きだしているように、産業政策と密接に関連する金融市場のあり様にも、日本やアセアン諸国より先行してキャッチ・アップ過程に参入した韓国とは異なった歴史経路に依存した差異が存在していた。ガーシェンクロンの「歴史的視点からみた経済的後進性」（ガーシェンクロン　前掲書）が指摘していたように、工業化の後発国であったロシアと日本では、工業化に必要な金融部門に政府が強く介入して資金動員を誘導した。さらに韓国でも、また改革・開放以降の中国でも、ロシア・日本と同様に、金融部門に対して政府は積極的に介入してきた。

日本や韓国と比較すると、タイなど東南アジア諸国では、工業化に国内金融システムが果たしてきた役割は小さい。これら諸国では商業銀行が植民地時代を含めた時期から貿易業と関連して発達してきた歴史もあり、また経済開発が国家目標とされた後も、政府には金融部門への効果的な介入能力が備わっていなかった。さらに工業化において、直接投資の受け入れに強く依存することで、工業化に必須の資金を国内金融市場を経由しないで直接調達してきた。以上のような経過を辿ってきたため、これらの国々での企業の資金調達は、強く自己資本に依存し、外部金融が依然低調なのである。

このような東南アジアの典型国がタイである。タクシン政権が資本市場の育成のために二〇〇五年に試みた電源公社の上場は、強い反対デモで挫折した。一方で、企業金融の実態としては、証券市場に参加している企業は非常に少なく、基本的に自己金融志向であるのが、タイ企業の特徴である。商業銀行の製造業向け貸出比率は、一九九〇年代後半以降急速に低下している。つまり、商業銀行は製造業への関与を明らかに低下させてきた。このようにもっとも成長を牽引しているセクターへの銀行業の関与が低下し、金融と実物経済の乖離が顕著になっている。そして、直接投資による日系現地会社のほとんどは、上場していないのである（三重野　前掲書）。

「再分配の政治」の中心にある農業政策においては、日本や韓国といった東アジア諸国では、農工間労働生産性格差の拡大、都市・農村間での家計所得格差の拡大が問題となる経済発展局面に至って、農業保護政策が本格的に採用されるようになった。タイやインドネシアよりは早くキャッチ・アップ型経済成長を実現させたこれら東アジア諸国に共通してみられたこの動き（アンダーソン　二〇一〇年）と、両国の農業政策も基本的な趨勢としては同じ趨勢を辿ってきているといってよい。ただ勿論、両国の保護農政への推移は、日本・韓国とは異なったかたちを示しているのと同時に、両国間でも大きな差異がみられているのである。

タイでは米価支持政策によって農民所得の保護をおこな

ってきた。この米価支持という政策手段は政治的意思さえあれば容易に採用でき、かつその農民所得への効果も即効的に生じる。一方、その政策的コストとして、過剰米の堆積といった問題が発生している。一方、インドネシアの場合には、タイの米価支持に比べると、採用された政策手段は複雑で多様であった。その包摂率ははるかに限定的であったが、戦後日本と同様に、生産者米価と消費者米価とが区別されて政策的に決定されている。

ところで、経済成長の「踊り場」における近代日本の歴史的経験は、タイやインドネシアに対してどんな教訓をもっているのであろうか。まず産業政策に関しては、民間企業自身が「革新」、つまり技術だけでなく導入技術を効果的に活かして効率的な生産体制を確立させることが基本となるので、政府の政策による働きかけは間接的にならざるをえず、また即効性にも欠ける。プロアクティブな産業政策は、それが働きかけて効果がみられる水準にまで「地場」の民間企業自身が革新に取り組むことがないかぎり、有効な成果を生み出すことはできない。別の角度からいえば、政策は即効的には効果を生み出しえないものなのである。

前章で考察した我が国の一九三〇年代の産業政策が、果たしてプロアクティブな産業政策であったといえるのかについては多くの議論がまだ必要であろう。だが第三章でも指摘しておいたように、均衡成長局面から不均衡成長局面への移行という「踊り場」において、政府が実施したいくつかの産業政策がそれなりの重要な役割を果たしえたのは、既に民間企業にそれに効果的に対応できるような経営・技術改良での能力が育っていたからであった。つまり工業化の担い手である民間部門に、「後発性の利益」という開かれた機会を現実に経済発展に結びつけるために必須の「工業化の社会的能力」が育っていないと、政府の実施するプロアクティブな産業政策は効果を生むことはできないのである（末廣　第四章　二〇一四年）。この点で近代日本の産業政策は、ひとつの重要な教訓を与えてくれる歴史的事例となっていることは間違いないであろう。

このような産業政策に比べると、農産物価格の政策的支持は、割合容易に実施でき、かつ政策効果にも即効性がある。前章で指摘しておいたように、一九二〇・三〇年代で我が国政府が採用した米政策は、農村社会を安定させ勤勉な労働力を再生産して都市に送り出すことを支えたことは事実である。しかし同時に、この時期の農業政策の転換が「現在にまで尾を引いている、日本農政のパラドックス」の出発となったことも間違いない。このような反新古典派的分配政策は中止すること、つまり「日没」させることが、経済的にも政治的にも非常に困難であった。この意味で、日本における成長局面移行期に採用された再分配政策は、ある意味では「必要悪」であったといえるが、タイやインドネシアにはできれば、避けるべき「負の教訓」を与えていることも事実であろう。

東アジア経済統合に向けて

二〇一五年は東南アジア経済共同体の始まりの年となる。東南アジアにとって決定的に重要なこの時点でタイは、一九二〇―三〇年代の我が国と似て、一度成立した形式的にはほぼ完全な「民主主義政治体制」が一時停止され、選挙という正統な手続きなしでのプラユット政権下にある。いつ再度選挙が実施され民主主義の時代に復帰するのかは全く不透明なままである。こういう状況下で、誰がどういうヴィジョンの下に「生産性の政策」と「再分配の政策」を具体化させ実施していくのであろうか。またインドネシアでは、ごく最近ジョコ・ウィドド政権が成立し、「海洋大国化」を国策として排他的経済水域の実効的管理能力向上に取り組みはじめている。そして、国家経済開発庁の役割の強化や科学技術応用庁と教育文化省に属していた高等教育局とを統合した新省の設置などがおこなわれた。しかし、これから「開発の罠」への対応として、更なる生産性のアップ・グレーディングと所得分配改善に向けてどのような経済戦略が登場してくるのであろうか。内閣構成をみると、これらの政策決定に要求される専門知識をもつテクノクラートは財務省を除いて入閣していない。こういう体制で一体いかなる開発政策が登場してくるのであろうか。これらは、当り前であるが、いまはわからない。

いずれにせよ、現在両国が政治経済システムの大きな転換期に立っていることは間違いない。そしてその背景には、過去に経済成長を支えてきた政治経済両面での仕組みが、歴史的な「踊り場」に立たされている事実がある。我が国近代の歴史が伝えているように、この転換局面をスムーズに乗り切っていくことは本当に困難なものである。この一点も近代日本の教訓である。

最後になるが、両国がこれからどういう経済政策をとるべきかに関して、最新書『新興アジア経済論』で、末廣昭が「創造的経済（セータギット・サーンサン）」の選定において、「タイらしさ」が強調されたことに注目していることを紹介しておこう。二〇一三年に発表された投資委員会は、奨励する産業から繊維・衣類、スポーツシューズなど労働集約型産業を外した。鉄鋼、石油化学、機械工業など基礎産業、バイオテクノロジー、ナノテクノロジー、先端素材の技術開発など先端コア産業、自動車と他の輸送機械、電機電子と家電製品は、奨励産業としてリストアップされているが、これらは外国企業が圧倒的シェアをほこり、タイ企業の参入がほとんど期待できない分野である。だが一方で、代替エネルギーと環境サービスや食品・農産物加工など、タイ企業が競争優位を発揮できる分野が奨励産業として重要視されている。加工食品、ハーブ化粧品、天然ゴム製品、バイオ燃料は、国内資源を有効に利用できる製品であり、また観光・スポーツ、医療サービス、外国人向けロングステイ・高齢者介護施設などは、タイの国民性を活かすことを念頭においた選定である。こう指摘し、タイが「アジア地域の中で自分の居場所を見出し、それと引き換えに社会の安定を獲得できれば、それはタイ国民にとって決して間違った選択ではないと私は思う。「高所得国への移行」だけが唯一の道ではないと考えるからだ」と末廣は指摘しているのである。

勿論これからタイ政府が、末廣が強調しているこの「タイらしさ」の追求路線を採用するのかどうかは、現時点では全く不透明である。そしてインドネシアが資源偏重の経済構造からの脱却に向けて「インドネシアらしさ」の追求に重点をおく経済戦略を採用するかどうかも、全く不透明である。しかしたとえ、両国が「中所得国の罠」を抜け出して次の成長局面に移行できたとしても、地球環境問題の悪化や資源制約の重圧が深刻化することが確実である今世紀の世界経済の制約を踏まえると、以前のような高度経済成長を長期にわたって実現させることはできないであろう。そうである以上、末廣の指摘は重要な問題提起となっているはずである。この問題については、最終章で改めて考えてみよう。

補論——砂糖産業

我が国においても明治以降砂糖産業は、政府が強く働きかけ続けてきた産業である。一八七〇年代初頭、日本の砂糖輸入量は総需要量のおよそ七割を占め、外貨流出は膨大な額に上っていた。そこで明治政府は、砂糖の輸入制限にやっきとなると同時に、北海道で甜菜の栽培をはじめ、また日本領となった沖縄では砂糖きびの改良品種の導入などをおこない、また政府主導で製糖工場も設立された。こうして北の大地と南の列島での、砂糖産業が本格的に展開していくことになった。戦後になって一九六三年に輸入関税以外の貿易障害を撤廃する砂糖の輸入自由化が実施された。続いてその翌年に、甘味資源特別措置法が制定され、それ以降現在まで続く砂糖政策の基本枠が定まった。そして現在でもTPP協定の締結交渉で、その保護が問題となり続けている。またわが国だけでなくアメリカ、EUでも砂糖は保護政策で守られているのである。

さてタイでは、砂糖の国境での保護率は、米とは大きく異なって、変動はあるものの低下傾向を示していない。つまり国内価格は、つねに世界市場での価格を上回り続けてきている。砂糖に関しては、国際競争力が向上するにつれて緩和したものの、一貫して保護政策を採用してきた。インドネシアでも砂糖の国境での保護率は、タイと同じく、いやそれ以上に名目保護率は高く、国内価格は世界市場価格の四―六倍であった。このように砂糖産業は両国ともに強い保護の対象となっているのである。しかし、この保護政策の下での産業発展は、両国で大きく異なっていた。以下、加納の一連の研究（加納　一九九八、二〇〇三、二〇一四年）や山本博史のタイ糖業研究（山本　一九九八年）を参照しながら、両国の砂糖産業の展開を比較検討しておこう。

タイ

タイでは一九世紀後半に砂糖産業の育成が試みられ、輸出産業化の可能性もあった。しかし、中国起源の伝統的な製糖技術のままだった当時のタイ砂糖産業は、ヨーロッパ起源の近代技術によるジャワの砂糖業に太刀打ちできず、輸入ジャワ糖に圧倒されて衰退した。

一九六一年サリット政権下で、精製糖輸入が禁止されたが、これは自由貿易が基本であったサリット政権の政策では例外的な政策であった。国営のタイ砂糖公社を設立し、世界価格より高いレベルで国内卸売価格を設定した。かつ製糖工場は製品すべてを公社に売り渡すことになった。これらの政策によって、砂糖加工業への参入が増加し、一九六〇年代には、国内需要を満たすまでに成長し、カルテル結成などを通じて、寡占的な産業組織が形成された。だが輸出は、国内生産コストが高く困難であった。

一九七一年五月になって政府は、正式に輸出促進政策を決定した。国内卸売価格を世界価格より高く設定し、それより低い価格でおこなう補助金付き輸出がはじまった。このような保護政策は、近代的な大規模な圧搾機械を装備した寡占的な製糖産業の大きな政治力によって採用されるようになった。そしてこのような大規模製糖産業は、多量の甘蔗の適切なタイミングでの調達を必須とする。製糖は、高度に資本集約的産業であり、圧搾機をフル稼働させることが必須の条件であるからである。この頃から、甘蔗生産農民と加工業者の間で収入分配を巡る紛争が頻発しはじめた。甘蔗生産農民の組織化が進み、その交渉力も増大した。だが甘蔗栽培農家と製糖業は、甘蔗の価格を巡って利害は対立するが、双方ともに高度に組織化されている。そして政府の産業保護を求める点では利害が一致するので、他の輸出農産品ではないような、保護政策が実施され、国内砂糖価格を世界市場より高いレベルで安定化させてきた。

タイでは、九〇％程度の甘蔗生産は、いまだ天水依存でありそのため年々の生産量は変動する。また製糖工場も多く、かつそれぞれの製糖機械のキャパシティも大きいため、工場間で甘蔗の取り合いとなることが多かった。また甘蔗取引は、重量をベースとしていたので、農民は甘蔗の糖度など品質を気にすることもなかった。一九八四年に甘蔗・砂糖法が制定され、タイ甘蔗砂糖交易公社が設立され、砂糖輸出のためのベンチマークとなる価格が設定されることになった。

一九九〇年代にはいってから、砂糖生産の効率化がさらに重要視されるようになった。タイ製糖業は、面積当たり甘蔗の収量が低く、かつ競争相手の国々に比して糖度が低いという問題に直面していた。そこで、一九九〇年代から今日まで、甘蔗の品種改良に加えて灌漑施設の充実、甘蔗栽培の機械化などがおこなわれ、砂糖製糖技術も世界レベルに達するまでになってきた。その背景としては、砂糖の世界価格が上昇傾向にあったこと、さらに甘蔗圧搾量に応じて工場別製品販売クオータを与えるというシステムも、工場の製糖技術等の改善へのインセンティブを与える要因となった。

以上のように、サリット政権以来、国内価格支持のための政府統制、国内食品加工原料仕向けへの補助金を維持しながらも、砂糖産業が国際競争力を向上させていき、また国際市況が低迷した場合には政府が介入してきた。その結果砂糖の輸出量は世界第三位にランクされるまで増加し、甘蔗作付面積は、米、天然ゴムに次ぐほどに大きく拡大している。

タイで甘蔗は、灌漑田の拡がる米作地帯の外周に位置する畑作地帯で栽培されており、単位面積当たり収量はそう高くない。しかし高度に労働集約的であったかつてのジャワの甘蔗作とは逆に、少ない労働で大面積の土地に甘蔗を栽培する土地利用型の生産がおこなわれてきた。そのため、畑作における労働集約的な技術革新が主流となった第二次大戦後の甘蔗作発展の潮流の中では、むしろ有利な地位に立つことができた。また一九七〇年代から製糖工場の設備巨大化が進み、一工場の一日当たり甘蔗圧搾量は平均五〇〇〇トンを超えるなど、旧式設備に頼るインドネシアやフィリピンの砂糖産業よりも効率化が速いテンポで進んだ。こうして一九八〇年代以降、タイは東南アジアで最大の砂糖産出国および輸出国となったのである。

インドネシア

一七世紀にジャワ北海岸地域では、当時のタイと同様に、中国人の手で畜力による木製圧搾機を用いた甘蔗糖の製造がおこなわれており、オランダ東インド会社などによって海外へ輸出されていた。オランダは、一八三〇年にジャワにコーヒー生産の強制栽培制度を導入し、その後この制度は甘蔗の生産にも導入された。甘蔗生産のための灌漑設備や水路建設、また道路、鉄道の建設にも農民が徴発された。そして、砂糖はジャワの主要輸出品としての地位を確立していった。水力と鉄製機械を用いた製糖工場が作られ、生産された砂糖は国家独占企業であるオランダ商事会社によって、主としてヨーロッパ市場に輸出された。

その後強制栽培制度が廃止され、一八七〇年に砂糖法が制定されまた同年に農地法も成立して、住民所有の土地については私企業の賃貸借が認められ、国有地については私企業に七五年以下の長期借地権が認められた。そしてジャワの砂糖産業にはオランダの民間企業が進出し、一九世紀末までには、蒸気機関を動力とする近代的製糖工場が普及し、金融資本による産業の組織化も進んだ。

ジャワの甘蔗作はオランダ企業が経営する製糖工場の直

接管理の下におかれ、必要な耕地の多くは、村ごとで農民の水田を借りあげ、かつ甘蔗の供出も村単位でおこなわれるようになった。こうして、ジャワ農村には「製糖工場を頭として、農地と労働力を提供する農民たちを胴体とするケンタウロスのような奇妙な社会ユニット」（ギアツ二〇〇一年）が作り出されたのである。しかし、世界経済が長期大不況に突入し、その時代の大国による排他的閉鎖的ブロック経済化が進んだ一九三〇年代、砂糖輸出額は最盛期の六分の一にまで縮小しジャワでの製糖工場は半減してしまった。

独立後インドネシア、とくにジャワでの砂糖産業は、一九五七年オランダが所有していたエステートを国有化したものである。輸入保護等の政策があったものの、砂糖産業で新規投資は進まず生産技術も植民地時代のままであった。こうしたアンティーク化した工場での生産物は「プランテーション白糖」と呼ばれ、世界市場での競争力をもつような原料糖や精製糖とは比較できないものであった。国内の食品飲料産業も、エステート産の砂糖を原料として使用せず、輸入品に頼ってきた。米の場合と同様に、政府は政府所有の砂糖エステートを保護する目的で、世界市場価格より「妥当なacceptable」レベルで安定させる政策を実施してきた（Warr　前掲書）。こうして一九七〇年代以降、国内価格はほぼ世界価格の二倍の水準を維持し続け、甘蔗生産は徐々に回復・増加しはじめる。だが人口増加と砂糖の国民一人当たり消費量増大の結果、それ以降輸出余力は大きく失われていった。

スハルト政権下の一九七五年大統領令により、インドネシアの甘蔗作は、製糖工場が耕地を農民から借り上げて直接経営で栽培をおこなう従来の方式から、農民が栽培した甘蔗を製糖工場が受け取り、製造した砂糖を一定の比率で農民と製糖工場の間で分配する方式（住民甘蔗作）に転換した。また砂糖の流通は、国内の卸売と外国からの輸入双方ともブロッグの独占的管理に委ねられた。このため、インドネシアの国内砂糖市場は国際市場から遮断され、砂糖産業は政府の統制と保護の下におかれることになった。この新しい仕組みの下で、一九七〇年代から八〇年代にかけ、インドネシアの砂糖産業はそれなりの増産を達成した。しかし、それはもっぱら国内市場向けの生産に止まった上に、植民地期の旧式設備の大半が、製糖工場にそのまま温存されたため、生産の効率は低下していった。

形の上では農民が甘蔗作の主体として位置づけられたとはいえ、実際の栽培管理は依然として製糖工場の支配下にある場合が多く、「住民甘蔗作」の実態は政令（地方条例）により義務付けられた強制栽培に近いものであった。この点で、甘蔗生産農民と製糖工場との関係は、タイとは全く異なったものであった。さらに一九七〇年代後半から「緑の革命」が進んで、稲作の方が甘蔗作よりもずっと収益が大きくなったので、甘蔗作への農民の意欲も衰え、次第に作物管理も杜撰になっていった。こうして一九九〇年代までに砂糖産業は、国際競争力をまったく失ってしまった。

そしてアジア危機後ＩＭＦからの緊急救済融資を受け入れ、そのとき付加された条件によってブロッグの砂糖流通独占は廃止され砂糖輸入も自由化された。こうしてかつての砂糖輸出大国であったインドネシアは、国内に砂糖産業を残しながら砂糖輸入大国に変貌してしまったのである。

第五章　後発経済における慣習経済としての農業・農村経済の多様性

村落コミュニティの諸原理

序章で論じておいたように、アジア諸国のいわゆるキャッチ・アップ型経済発展のための経済システムのあり様は、それぞれの国の歴史経路依存に応じて多様である。ではこのような多様な経済発展経路において存在し続けていた「農村における旧い体制」の歴史的意義をどう捉えるのか。「旧い体制・制度」がキャッチ・アップにとっては障害に過ぎないので克服され破壊されるべき対象であるのか、それともキャッチ・アップ過程で不可欠な機能を果たしうるものなのか。この問いを念頭に置きながら、以下第三章で述べた一九二〇―三〇年代日本と、タイ、インドネシアの農業・農村経済のあり様とその変容をみていこう。

石川滋は『開発経済学の基本問題』「序文」で、西欧に比べて市場経済が「未発達」であったアジアでは、市場の不十分な資源配分機能を補完するために、代替的制度としての慣習経済体制下で構築された「コミュニティ的関係」が残存し、種々の役割を果たしてきた事実に注目している（石川　一九九〇年）。そしてコミュニティ関係の中で、共同体的雇用および所得決定という第一原理、共同体的規模経済という第二原理、共同体的商業活動という第三原理、そして、共同体的相互救済という第四原理の四つを強調している。第一と第四の原理は最低生存水準維持のための収入と仕事機会の保障を与える制度原理である。それは慣習経済の原点を形成するもので、どの国の慣習経済にも認められる。第二と第三の作動は明治以降最近に至るまでの日本の農業社会で突出しており、そこでの農業技術進歩、農家経済向上の原動力のひとつとなった。このように石川は、慣習経済の機能ないし役割を整理している。

続けて、慣習経済の地域特性を明確に捉えることができる計量分析でアプローチする論点を、以下のように指摘している。慣習経済における労働配分が、上記第一原理が含意する平均生産力（それが古典派的な最低生存水準を充たすかどうか）を基準としておこなわれているのか、あるいは市場経済原理通りの限界生産力を基準としておこなわれているのか実証することが必要である。さらに「過剰労働」という概念を、「労働供給主体である自営家族が、農村労働市場の支配的賃金率において、あるいは自己農場において家族労働の供給価格に相応する労働報酬率において追加労働供給をおこないたいが、それに対する需要が不足のため実現できない状態」として定義している（石川　第四章　一九九〇年）。いうまでもないと思うが、石川のこの議論は、第二章で論じたルイスの発展モデルの現実的妥当性をどう検証するのかということを念頭においた問題提起となっている。「生存資料部門の賃金と限界生産力との大小関係」という基準こそが、ルイス転換点理論の忠実な反映であり、転換点のもっとも厳密な判定を提供するものである。こう南も強調している（南　二〇一三年）。そしてまた石川の議論は、第三章で論じた近代日本における二重構造の形成とも密接にかかわるものとなっているのである。

アジアにおける農業での二つのタイプの雇用形態

石川の指摘に忠実に沿うかたちで、尾高煌之助「「全部雇用」のメカニズムを探る」（尾高　二〇〇四年）ならびにその改訂論文 Odaka, K. and Yuan, T. J.（二〇〇六年）は、日本、朝鮮、台湾そしてタイ、フィリピンという諸国・地域を対象として農業賃金がその労働の限界生産性で決まっているのか、そうではないのかを、農業生産関数の推計に基づく労働の限界生産力の確定という作業を通じて検証している。[30] その結果は、戦前日本と植民地期朝鮮では、農業賃金は農業労働の限界生産力ではなく平均生産性とほぼ一致していた。それ以外の高度成長期以降の日本、植民地期からの台湾、そしてタイ、フィリピンでは農業賃金と労働の限界生産性はほぼ一致していた。つまり、限界原理の成立が明確に求められなかったのは、戦前の日本と植民地期朝鮮だけだったと結論づけている。戦前期日本や植民地期朝鮮では、自家労働力を活用する稲作に特化した家族農業が支配的であった。男子年雇の賃金と比較してみると、賃金は限界生産性よりつねに高く、より平均生産性に近い。つまり市場原理ではなく、「世帯員取分均等化」というべき原理で決まっていた。これに対比して、植民地台湾、戦後タイ、フィリピンでは国際商品を作る商業的農業が発展した中で、相対契約によって賃金労働を多用する農業経営が重要であった。このために農業雇用は市場原理にしたがっておこなわれていた。このように農業経営のあり様の違いが、雇用メカニズムの差異を生み出したのではないのか。これが、尾高の結論である。

前期の日本に関する分析において尾高は、農業限界生産力と比較する賃金として年雇の一年間賃金を用いていた。大川も「おそらく一〇〇万程度であったろうと見られている年雇」について、「一八九〇年代のデータから見ると、男女平均の年雇賃金は、農業有業人口一人当り純農業生産との間にほとんど差がない」と記している（大川「労働供給の変化―無制限的から制限的へ」一九七四年）。尾高は戦前日本の農村での「年雇用」について以下のように書いている。「たしかに「雇い入れ」ではあるが、擬似家族構成員の一種と解釈するのがよいのではなかろうか。」この解釈が妥当だとすれば「年雇賃金として推定された報酬額が労働の限界生産性ではなく平均生産性に合致することは納得がゆく。さらにそのようないわば「前近代的」経済環境のもとでも、契約労働が存在する場合には、その給金は平均生産性ではなく限界生産性に等しいのも当然のことと理解される。」尾高はこう判断している。

ここでこの問題に関連して、既に紹介した日本経済の成長局面の移行を労働市場の構造変化に焦点をあてて分析した大川一司の議論も紹介しておこう。「過剰就業　再論」（大川　一九七五年）では「地租改正以降の農村構造の現実性に即しつつ」、「地主に小作料を支払って農業生産を行う小作農と上層農家（多くは地主手作り）の労働力雇用（年雇）」とからなる農村構造を想定する。そして上層農家では、労働の限界生産力に等しく賃金が支払われる。もしそうでなければ、手作りをおこなう上層農家で年雇が恒常的に成立していたはずはないからである。これに対比して、地代を支払った後の小作農の所得は、社会全体の勤労者の生活水準（SL）に等しいレベルに釘付けされる。そしてこの小作経営では、労働の限界生産力は生活水準よりはるかに低い。しかし上層・下層の両者が同じ農村内に併存している以上、年雇の賃金が小作人の生活水準と大きくかけ離れることはないはずであり、この両者は結局均等となる。こうして、上層農家と小作農家との間で、労働の限界生産力に無視しえない格差が発生することになる。そして、明治から一九六〇年頃までは、このSLという水準で、農業から資本主義部門へ労働が無制限的に供給されていた。以上が、大川の議論の骨子である。

年雇について柳田の『日本農民史』（柳田　一九三一年）での記述も紹介しておこう。「最初から小作人の手は剰っていた。小作地を耕作していただけでは、独立した農業を行うことがむずかしいようにできていた。小作人の大部分は一方に日雇として地主手作のために働き、また壮丁の一人二人を年季の作男に出して、ようやくいっぱいの仕事ができたのである。日雇・年雇の労銀は低かったが、飲食物等の実物給与があり、また草山・薪山の採取を許され、危急の場合には臨時の救助を受くる等、いろいろ無形の補給があってようやく周年の生活を支えまた損失を保険していたのである。」

尾高は論文の結びで次のように論じている。「経済史家の追及すべき課題は、経済計算のありよう（限界原理のありなし）によって経済合理性のありなしを云々することを超えて、家族の経済行動がいかなる原則のもとに営まれており、それが外的あるいは内的条件の変化によっていかに変容を遂げるかを究めるところにこそある。」「理論家は行動の源泉にある一般原則を明らかにしようと志すが、歴史家はそれと違い、一般原則が空間的・時間的文脈のなかで体現するヴァリエーションを発見し、そのゆえんを説明するところに探索の醍醐味を見いだすのである。」そして英文の改訂版では「以上の議論が本当だとしたら、何故こんな違いが生じたのかまた持続しているのか、について経済史研究者は真剣に研究しなければならない。そしてそのような研究は、狭い経済学だけでは不十分であり、インターディシプリナリーな研究が不可欠となってこよう」と締め括っている。尾高のこの問題提起を受けて、以下戦前期日本とタイ、そして尾高が考察の対象とはしていなかったインドネシアを取り上げて、それぞれの地域の農業・農村経済のあり様とその変容を比較検討していこう。

戦前日本

第三章で論じておいたように、近代日本では一九一〇年代以降農・非農業間での二重経済が形成された。特に第一次世界大戦終了後の二〇年ほどの時期は、世界的にも農産物が過剰趨勢を示し、世界市場でもまた我が国国内でも農産物価格が低下傾向を示す「農業恐慌」とも称される時期であった。このような時代環境の下で、農業と製造業との間で、労働生産性の上昇率に格差が生じ、農業労働の非農業に対する相対労働生産性が低下していった。そしてこのような日本経済の成長局面移行の中で、農村経済の構造にも大きな変化が生じていたのである。この時期、それまで日本農業の発展や農村経済の秩序を担ってきた地主など豪農層が、その主たる関心を農業生産からそれ以外の経済活動に移していった。まさに地主の農業生産への態度が「産業的な努力によって Efficiency profit（生産性利潤）を求めるよりも、供給を制約して Scarcity profit（稀少性利潤）にあずかるのが近道である」（東畑　一九六一年）というように変質していった。日本農業史研究で、地主層の「寄生化」とそれの反面としての「中農標準化」として整理されてきた農村・農業経済の変質である。さらに地主層の農業からの脱出に伴い、小農民自身による協同行動による農民組合の活動も活発化したのである。このような意味で、大正から昭和初期の農村経済の変容は、経済成長局面以降という「踊り場」における日本農村の歴史的個性を明確にさせるためにも、重要であった歴史的時期であったといってよい。

先に紹介した論考で石川滋も、この時期「地主手作りの衰頽」つまり「親方制度の崩壊」によって零細な小農群が支配的な農村社会が誕生したことに注目している（石川第六章　一九九〇年）。そして「地主手作り」といった豪農経営が支配的であった我が国の江戸期以来のコミュニティの伝統的単位は、典型的には大家族ないしその修正形態としての同族団体によって構成される村落であった。世襲的な本家、それに従属する形で親族分家、子方分家および子方によって構成されていたコミュニティ的関係の伝統的形態は、社会的にも経済的にもヒエラルキカルであった。石川はこう論じている。

石川がその特質を以上のように捉えていた、近代日本に存在していた慣習的農業・農村経済に関して、柳田國男の『都市と農村』「第六章　水呑百姓の増加」における次のような指摘も紹介しておこう。「我々の農業の三百年の変遷に、いちばん大きな交渉を有っていたものは、土地相続制度の実際の推移であった。」「農家ではおいおい産業を分割して、次男、三男にも幾分の独立を認め、小さな長百姓の数が殖えていく一方であった。」「多くの貧民を要した大農」である地主に仕えていた「年季奉公人がだんだんに今の小作人に進化した経路には、地主手作の衰頽ということが最も大なる交渉を有っている。（中略）奉公に年季を切って後は控え百姓の比較的自由な暮しをさせることになるとともにこの請負作の面積がやや多くなり、親方直営の区域を縮小する傾向の、現われたことは事実である。」「大農はその従属農民に自らの農地の一部を分与して分家させる。大農という本家親方から分家した子方は、分与された耕地面積はその生計には十分ではなかったため、必要に応じて本家つまり以前の大農の耕地を小作した。親方にとって直営地は縮小するが、子方を世話する負担からは解放される。また分家からは小作料を入手できる。」

以上のような農村変容の基盤にあった一九七三年の地租改正という近代日本の出発点を、柳田は、『日本農民史』「三　農民とその境遇の変化」で、「ひとつの革命」であったと評して、次のように記している。「土地を永代に根こそげに売ることが公認され、一般に土地に対する愛着心は減少し、他の多くの商品よりも以上に、土地を投機的売買の目的物とするようになって、それがまたいよいよ自作農減少の原因をなすに至り、従って土地と労力とを相対立する因子として考察せねばならぬ必要が痛切となった。」そして『都市と農村』「第七章　小作問題の前途」では、明治維新によって地租条例による「小農の分裂」が生じたことを強調している。地租改正によって、農地所有が収益性を生み出しうる経済条件が形成され、収益性追求だけを目的とする土地所有が登場し、土地は売買可能な財産となった。地主は、質地関係を巧みに利用するなどして土地兼併を図り、小作料の利回りに関心を収斂させていった。土地の財産化にともなって田地投資者としての地主が登場し、小作料収取だけを目的とする寄生地主が登場した。農業にも資本主義が浸透する条件が整ったという理解である。(31)

さて江戸・明治初期の手作り地主は、かなりの土地を小作に出していた。だが同時に、三―五ヘクタール程度の農地を直営し、数名の常傭労働者「年雇」を雇用して直営していた。そして手作り地主が村の本家であり、常傭労働者はその子方であった。つまりこの両者で成立している地主手作り制とは、伝統的なコミュニティ関係の典型例であった。だが一九〇〇年代になって、特に一〇年代にこの手作り地主制は衰退し、農村のコミュニティ的関係が市場経済的関係へ移行していった。手作り地主は倒産、あるいは土地売却によって寄生地主に土地を譲り、あるいは寄生地主化し、やがては小作争議が頻発するようになった。また小農民家族ないしその成員は、コミュニティ関係の庇護またはその制約を離れて、活発に農外雇用を選ぶようになった。既に第三章で述べておいたように、この背景には、日露戦争および第一次世界大戦に並行する急速な工業化によって農外での雇用機会が増大し、臨時雇用を含めて農村賃金水準が急騰し、雇用労働に依拠する直営が困難になったために。手作り地主制が崩壊したのである。

大内力も、豪農として存在していた地主が農業経営から離れて、単なる地主に転化していった理由を次のように分析していた（大内　第四章　一九六三年）。江戸期から受け継がれてきた豪農経営にしろ、新たに土地所有の集中をおこなった農民にせよ、その大経営は、むしろ小経営のたんなる寄せ集めであった。そのため、特別に安い労働力を調達できる場合にだけ、大経営は成立しうることになる。この点で、豪農経営はある時期までは、多かれ少なかれ旧時代の伝統と慣習の上にたって、隷属的な条件の下で小作貧農の労働力をみずからの経営のために動員できた。しかし、外部に労働市場が開け労賃水準が上昇しはじめると、先進地域から豪農経営が崩壊しはじめた。さらに、外部の資本主義的投資市場の発達につれて地主にとっては、農業に投資しその結果多少小作料が増収になる程度の収益率では、農業に対する生産的投資をおこなわなくなり、単なる地代取得者に転化していった。とくに農業恐慌の展開と日露戦争中や第一次大戦中の企業熱とがその傾向を強めた。

以上のような手作り地主層の衰退・崩壊の中で、農家規模構造における中農層のウエイトが増大した。日本農業史で重要視されてきた「中農標準化」傾向の開始である（栗原　一九四三年）。この時期は農外における工業化の進展と農内の市場経済の一層の発展がみられた時期でもある。しかし日本の農業社会として注目すべきは、この時期において江戸期以来の伝統的なコミュニティ的関係が引き続き作動し、農業生産力の上昇、ひいては農家所得増大のための原動力になった事実である。

石川は、このコミュニティ的関係の中で、「農事実行組合」その他の名前で呼ばれる部落ないし集落単位の組合「農家小組合」に注目している。この組合は、経常投入財の共同購入および共同販売、農機具、機械の共同購入、さらに共同利用、共同農事作業をおこなう農民組織である。共同購入・利用された設備は、小型であったが、一般の農家が購入するには値段が高すぎ、またその経済的使用のために必要な操業規模が小さすぎるという性質をもっており、小組合はその障害を克服してそれらが早期に導入されることを容易にした。また、共同販売・共同購入は組合の主たる活動であり、集落員を都市商人の独占的、購買独占的搾取から防衛する働きをしていたわけである。

経済不況・農業恐慌にみまわれた大正期における農家小組合の歴史的性格付けに関する野田公夫の分析（野田　第三章　二〇一二年）も紹介しておこう。日本農業は、農法という自然とのかかわりの点で、中耕除草・環境形成型農業という個性的な類型として捉えられる。そして江戸期に生まれた、小農のイエと彼らの共同体であるムラという社会的形態をとった農地所有と農業主体の仕組みは、明治以降の近代になっても、水田農業の高度化が最重要課題とされたために、大きく変容することはなく、むしろ耐肥性品種の選抜改良と肥培管理労働の緻密化に対応して強化された。明治期の助走を経て農家小組合は、大正期に爆発的に普及した。その中心的な活動は生産技術から、輸送手段の整備を背景にした「新しい都市需要への結合」と「それに対応した産地形成」および「中間商人の影響力排除」へと移っていった。これは、日本的小農の市場対応の姿であったのである。

また同じ時期、「小作料減免」を要求する小作争議が広域的に多発した。高率の小作料は引き下げられず、また耕作権自体もいつ取り上げられるかわからない状況下で、農民は農地所有権の取得を要求しはじめた。それは、小作化した農民は、「イエの資格」を取り戻すためにも、家産として農地の所有を再び求めるようになった。このような事態を前にして、国家もまた、自作化を目指して、明治以降拡大した地主制の縮小・緩和策を土地改革の基本方向として具体化していった。その到達点が農地改革であった。以上のような大正期の農家小組合は、明治期の農家組合に比べると、市場対応を課題とした機能集団としての性格を強く帯びていた。また、政府による上からの介入に強く影響されていた昭和期の小組合に比べれば、かなり自治的性格を確保していた。以上が野田の指摘である。

　詳細を論じる余裕はないが、この時期の農政は増大する小作問題への対応を軸として展開されたことを付記しておきたい。一九二〇年の小作制度調査員会設置、二一年小作法提案、それへの地主の猛反対、一九二四年小作調停法の成立、二六年小作調査会設置と自作農創設維持補助規則交付、そして三一年小作法案の議会提出と貴族院での審議未了。これらは、明治民法の下での土地耕作権が土地所有権に対抗できないような土地法の改正を巡る政策決定を巡る一連の動きであった。そしてこの時期は、大正デモクラシーから、二五年の治安維持法制定に象徴されるように、戦時軍事体制への転換期でもあった。こういった時代環境の中で、土地耕作権を土地所有権と対等なものとする土地立法は、結局日の目をみなかったのである。(32) いうまでもないが、これらの動きを前史として戦後農地改革が実施されたわけである。

中部タイとジャワの比較

　さて前章に続いて、東南アジアの二つの国、タイとインドネシアの農業・農村経済の比較観察をおこなっておこう。タイでは中部タイ、インドネシアではジャワ島、いずれも稲作が盛んなこの両地域の農業・農村経済のあり様は非常に対照的な姿を示している。そして幸いなことに、この両地域に関しては、農業労働の限界生産力と賃金とを比較した研究業績が存在しているのである。

　まずタイの農業経済のあり様を、新谷の研究を紹介することでみていこう。「正確な農業部門の賃金率データを得ることは困難であるということは周知の点」であり、農業賃金のデータとしてはカセサート大学のソンポーンが推計した一日当たりの賃金しかないと、新谷（二〇〇七年）は指摘している。ただしこの賃金は、現物の賄いは含んでいない。このように、タイでの農村・農業における賃金データは分析に耐えるほどには整備されていないことを踏まえて、総生産額から土地所得、資本所得並びに経常投入財費用を差し引いた残差を、男子換算労働日数で除して一日当たり賃金を推計しており、かつその推計値がほぼソンポーンのデータと整合的であることを確認している（Shintani 二〇〇三年）。さらに新谷は、自らが整備推計した、農作物、資本財、労働サービス、経常投入の時系列データを活用して、農業の生産関数を推計している（新谷　二〇〇一年）。

具体的には、年次というタイム・トレンドを導入した時系列での生産関数の計測である。この計測結果の労働の生産弾性値は、一九五〇年の〇・六三から九七年には〇・四四へ低下している。そして、時系列データによる生産関数推定結果による生産弾性値と「農業における労働分配率」がほぼ近似しており、賃金と限界生産力とが一致していると結論付けている。

さらに新谷（二〇〇七年）は、中部タイ・スパンブリ県での農家調査結果に基づいて水稲生産関数を推計している。その結果をみると、労働の生産弾性値は一九八七年〇・四四五〜〇・四五六、九八年〇・三九〇〜〇・三九六そして二〇〇三年〇・二七七となっており、前記のタイ国全域についての生産関数推計結果と同様に、労働生産弾性値は低下傾向を示している。タイでは一九九〇年以降、農林水産業の経済活動人口の絶対数が減少局面にはいってきたことを踏まえると、この生産弾性値の低下は稲作を含めて農業生産においては、農業賃金の上昇に誘因されて農業技術進歩が労働節約的バイアスをもっていたことを示している。つまり、それは賃金上昇への農民の「合理的反応」であったというのが新谷の結論である。

次いでインドネシアであるが、新谷（二〇〇四年）の紹介からはじめよう。観察対象の一九六一年から二〇〇〇年にかけて、タイとは異なりこの間ずっと農業部門の労働力の絶対数は増加し続けていた。一九五〇年から二〇〇〇年までのマクロ時系列データに基づいてコブ・ダグラス型農業生産関数を推計し、生産要素の生産弾性値に関して、労働〇・二七、土地〇・四九、資本〇・二四という結果をえている。この推計の労働投入量は人口センサスデータからの労働力数が使われている。そしてこれら労働の生産弾性値を用いて農業労働の限界生産力を推計してみると、それは観察期間全体を通して、ジャワ島水稲作賃金率、繊維産業の賃金率ならびに製造業賃金率いずれと比較しても、低かった。さらに自らが実施した、一九九九年におこなった西ジャワ州スカブミ県チサアート郡の農家調査にもとづく九三個のサンプル・データによる生産関数の推計結果の生産弾性値が、労働〇・二〇、土地（資本を含む）〇・五〇、経常財〇・四〇であった。これを時系列データと整合する付加価値タームに読みかえると、労働の生産弾性値はほぼ〇・三、資本を含む土地の生産弾性値は〇・七となる。ただしこの推計では、労働投入は農業労働投入日数である。

以上のような検討を踏まえて結論として、インドネシア特にジャワ農業には過剰就業が存在し続けているというのが、新谷の議論である。そして新谷は、マクロ時系列データを使った計測で、生産関数の異時点間シフト率を代理させる変数として導入した時期ダミー係数の負の推定値の絶対値が時間の経過とともにより大きくなっていることを踏まえて以下のように結論づけている。農業部門は増加する労働力の多くを受け入れざるをえなかったため、労働の限界生産力を大幅に増加させることができず、多数の過剰就業労働力を保有せざるをえなかったのであると。

さらに本台ら（二〇一三年）は、インドネシア中央統計局の州別農業賃金データを貧困ラインで標準化して実質農業賃金を推計している。その結果、ジャワの実質農業賃金が他の外島に比べてかなり低いことが確認されている。続いて二〇〇八年の食糧生産費調査の個票データに基づいたコブ・ダグラス型生産関数を推計し、労働の生産弾性値を生産関数に一次同次制約を課して事後的に求めている。労働投入データは、日数で計測された雇用労働と家族労働の合計量である。その結果は、バリ〇・三二、アチェ〇・〇五、北スマトラ〇・二一、西ジャワ〇・一六、中ジャワ〇・一五、東ジャワ〇・一四、南カリマンタン〇・三一となっている。そしてこの弾性値を用いて推計された労働の限界生産性と実質農業賃金とを比較して、ジャワでは、限界生産力は賃金の〇・四二〜〇・四六の水準であり、過剰労働が存在している。ジャワに対して外島地域のいくつかでは、限界生産力が賃金を超えており、ルイス流の転換点を超えているといえるのではないか。こう結論づけている。

両地域を比較すると、まず労働の生産弾性値は、中部タイの方がジャワより大きい。ここでは推計値を紹介しなかったが、土地の生産弾性値は逆にインドネシアの方が大きくなっている。このことは、ジャワは土地が稀少で労働が過剰な要素賦存の経済であり、中部タイは逆に土地が豊富で労働が稀少な経済となっていることを示している。そして尾高の仮説に則していうと、ジャワは戦前期日本や植民地朝鮮と類似の農村経済の仕組みをもっているということになろう。

東南アジア農村経済の対照的な二類型

ではどういうわけで、このような差異が生まれ今もなお違いが存在し続けているのであろうか。実は東南アジアには異なる農業経済の類型が存在することは、東南アジア研究者の間ではよく知られた事実である。そのひとつが、「緩んだ構造的社会組織」と総称される、共同休的規制が希薄で個人志向が優先している農村社会である。一九世紀半ば以来新しく開発され、人口が比較的稀少で、第一次産品の輸出余力があり、国際市場に開放された地域である。その開発過程で「大規模な国内人口移動により形成された新開地では共同体的結合が元来よわく、その崩壊はより徹底している」(石川　序章　一九九〇年)ため、慣習経済の存在が希薄な地域である。この意味で、この地域の発展の解明には、ラ・ミントが母国ミャンマーの歴史的経験から提出した未利用地の開拓による経済開発という「ミント・モデル」が今も有効であろう。ベトナムのメコン・デルタやミャンマーのエーヤーワディ・デルタと共にタイのチャオプラヤー・デルタとその周辺地域は、この類型の典型である。「開かれた農村」といってよい。

もうひとつは、厳格なメンバーシップ、集団固有財産、共同体規約、画然とした村落領域をもつなど共同体性が強く、その多くは一〇世紀以前の東南アジア古代期にすでに成立しており、前近代期に灌漑排水施設などが建設されていた農村社会である。人口密度がきわめて高く、第一次生産物の輸出能力をもたず、一人当たりの耕地面積が極端に狭小で自給的主穀生産が主流である。その意味では、未利用ないし不完全な利用しかされていない「過剰」労働の利用による発展という「ルイス模型（アジア版）」(石川二〇〇四年)が有効であり続けているといえよう。ジャワ、その中でも中部・東部ジャワは大陸部山地照葉樹林盆地を基盤とするタイ人集落、紅河デルタからベトナム中部沿岸地域にかけてのキン族集落と同じくこの類型に属する。「閉ざされた農村」といえよう。

著者は一九七〇年代末に、中部タイのアーントング県ポートング郡オンカラック村で稲作農家フィールド調査をおこなった。この村で多くの農家は、田植えや収穫という農繁期には、家計外から労働者を雇用しており、その賃金は一日当たりでみると、ほぼ村内外で存在していた様々な仕事の場での賃金とほぼ等しかった。またこの賃金は、調査結果の個票データを使って求めた、家族労働力も含めた労働日数での労働の限界生産力にほぼ等しかった(原　第三章　一九九四年)。ただ勿論稲作が雇用労働だけでおこなわれていたわけではない。稲作面積当たり家族労働投入量は、耕作面積が小さいほど大きくなっていた。農閑期には、この賃金水準よりは低い機会費用しかもたない家族労働が主体となっており、かつ経営面積が小さいほど家族労働の自己評価額は低くなっていたことを軽視してはいけないはずである。また、我が国戦前期にみられたような年雇用者は全く存在していなかった。

一九八三年に再度、アントーング県の北西に位置する、これまた小農地帯であるスパンブリ県ドン・チェディ郡に位置する、一〇〇戸強の農家から成り立っていた村に稲作調査のため数か月滞在して実態調査をおこなった。この村の稲作経営・経済のあり様は、以前調査したオンカラック村とほぼ同様であった（山田ら　一九八六年）。この村を含めてその近郊のいくつかの村で二〇〇四年自らが実施した農村調査の新谷による報告（新谷　二〇〇七年）によると、雨季、乾季ともに栽培されている米は、すべて高収量品種となっていた。そのため、面積当たり米の収量は二〇年前に比べて各段に上昇していた。それ以上に驚いたことに、栽培面積当たりの農民の労働時間は激減しており、ほとんどの農家は水田耕起、代掻き、播種、防除、施肥、収穫、脱穀を、自らの手ではおこなわず、大型のトラクター、脱穀機、コンバインを保有している農家に作業委託していたのである。

さらに、同じくこの地域を調査した、大塚啓二郎たちは、スパンブリ県では、一九八七年から二〇〇四年の間に、土地なし農家、土地を所有せず主に非農業で働く土地なし労働者家計が増加し、これらの家計の戸主は土地を相続しても売却していた。こうした家計の構成員は季節労働者として大都市で働くことが多くなり、自作地の割合は急激に減少している。そして、都市に移住した人々が相続した土地を貸し付けているため、この地域では定額契約の地主小作関係が拡大していたことが報告されている（大塚＋桜井第二章　二〇〇七年）。先に触れた筆者たちの調査では、娘夫婦がいまだ正式に相続していない親の農地を借り入れて米を栽培し、その収穫の一部を飯米として親に提供する親子間の地主小作関係が主流であった。この小作関係は、定額とも分益とも性格づけることが困難なものでもあった。二〇年位の間に、この地域の稲作農村での土地の賃貸関係は大きく変質していたのである。

以上のような稲作農法と家族員・外部労働力の利用・雇用、さらには地主・小作関係における大きな変化は、外部での労働市場の発達とそこでの賃金上層に対する農民の経済合理的対応であったといってよいであろう。だが、問題は何故抵抗もなく、農民はこういう市場経済合理的行動をとったのかである。このような農民の経済行動には、中部タイの農村社会の歴史的個性が背景にあることも無視できないはずである。彼らの「合理的行動」は先に紹介した「緩んだ構造」をもつフロンティア社会で育まれてきたものであったといっても間違いはなかろう。

古都アユタヤーからバンコクにかけてのチャオプラヤー河流域には、広大なデルタがある。このチャオプラヤー・デルタが稲作地として開発されるのは、一八五五年にイギリスとの間で結ばれたボウリング条約以降である。一九世紀後半は、世界経済の長期波動が上向きの時代であり、世界中で米需要の拡大が起こっていた。またこの半世紀は、大型輸送船の登場によって長距離輸送コストが大幅に低減されていった海運革命の時代でもあり、デルタの開拓は、こういう世界経済の潮流に誘導されたものであった。そして、世界市場の拡大につれて商品米生産は、熱帯デルタそのものであった新開地から、デルタよりは高みにあり、一九世紀以前から開かれていた周辺地域に拡散していった。そしてこの周辺に居住していた独立の小土地保有農民が、世界市場に売るための米づくりの新しい担い手として成長してきた。

新開の不在地主地帯であったデルタとその周辺の小農民地帯とは、人々の自由な移動・交流によって、相互に結びついていた。運河地帯では、高米価の時期には小作人に対する需要が著しく増加した。だがいったん天候や価格に由来する困難に直面すると、デルタへの入植者たちは、小作料徴収人を逃れて逃亡した。彼らはフロンティアに新しい土地を求め、そこをチャブ・チョーン（占有）して、自営農業を営んだ。一九五〇—六〇年代まで、土地フロンティアの拡大が依然として人口増加を上回っていた。人口圧力によって土地なし層に転落する瀬戸際に立たされる者は、あまりいなかった。劣悪な土地しか相続できなかった農民たちも、鍬一丁を受け取り、土地フロンティアへと旅立った。土地を失うかあるいは絶望的な負債を抱え込んだ世帯は、フロンティアの最前線へと移住し、いくばくかの土地を開墾して再出発できた。だがそういった開拓前線の農業は、土地面積当たり収量の低さ、高度の不安定性、資金難、限られた労働供給といった悪条件を抱えており、資本蓄積の可能性がきわめて限定されたものに止まっていた。

土地所有制度に関しては、一九〇九年に地券交付法が公布され、先ほどふれたチャプ・チョーンで農民が未利用地を占有した場合、まずは占有報告を受け付けた証書を発行し、一定期間内に実際の利用が確認されれば、確認印を与え土地利用の権利を証明することになっていた。そして、こうした利用証明書は、正確な測量と正式な手続きの下でチャノートへ転換されることになっていた。だが一九五〇年代前半でも、チャノートと利用証明書の交付率は合計で、農地面積の二六％に過ぎなかったのである。いずれにせよ、デルタ核心域の周辺まで含んだ中部タイ農村のフロンティア社会としての発展の姿とは、ほぼ以上のようなものであった。(33)

中部タイとは全く好対照でジャワには、古くから開拓がおこなわれてきた長い歴史をもつ人口稠密な農村社会が存在している。耕作する土地がなくなっても、中部タイのようにどこかへ移住することはできなかった。エスター・ボズラップは『農業成長の諸条件』「第五章　耕作諸システムの共存」でインドネシアのジャワでは、「オランダ人が渡来した一六〇〇年当時、島の大部分はまだ森林休耕ないし藪地休耕という長期休耕システムの下にあった。だが、植民地時代の各時期の報告を比較してみると、いくつかの地域で人口が急速に成長した結果、長期休耕から短期休耕へ、短期休耕から一毛作および多毛作へと、継続的な変化のあったことが明らかになる。」そして続けて「一六〇〇年頃から一八五〇年にかけての近世期日本では、その前半期に人口は急速に成長した。そして農耕において、灌漑と購入糞尿や干鰯を利用することによって、二毛作が可能となり、また平均農業経営規模は縮小した」と指摘している。まさに我が国と同じくジャワ農村は、長い開拓の歴史をもつものなのである。

インドネシアの土地法は、一九六〇年の農地法をその基本法としている。この農地法で土地の私的所有権は公認されているが、同時にオランダの植民地政府によって作られた一八七〇年の農地法では否定されていた慣習共同体処分権を復活させ、国家の管理権の方が農民の私的所有権より強いものとなっている。個人の所有権は、国家の権力に対してほとんど対抗できないような権利でしかない（加納第九章　二〇〇七年）。

ジャワでも、農業の商業化などによって、土地の集中化が進み、土地なし世帯の比率も上昇してきた。現在ほぼ農村内で四〇％を占めると推定されているこれら土地なし世帯の成員は、土地もち農民との間で多様な形態の小作契約を結んでいるし、またブル・タニと呼ばれる賃金労働を提供している。東部ジャワでは、分益小作や定額小作など多様な土地利用の仕組が存在している。バギ・ハシル（分益小作）は主としてサワーでみられ、マロといわれる地主と小作人がコストの半々を分担する契約が多い。小作料を現金で前払いするセワ（定額小作）では、年に稲作二回、パラビジャ一回という契約が多く、また期間はほぼ一年であった。またブル・タニに雇用機会を保障する伝統的慣行クドカンも存在し続けている。労働者は、労働力を提供するだけで、小作人のように経営的努力は要求されない。また別の村ではトゥバサン（収獲請負制）が広範にみられた。これは、プヌバス（収穫請負人）がプンドルップ（収穫労働者）を集め収穫作業を請負い、収穫物の販売で収入をえるやり方である。このような請負によって収穫に要する日時は短縮でき、農家はただちに次のシーズンの農作業を始めることができる（米倉　二〇〇六年）。

中部ジャワ、ジョクジャカルタ近郊のスレマン県の二つの農村における福井清一らの一連の研究報告も紹介しておこう。第一は、外部雇用の場での農家労働雇用である。この地域では、二〇〇〇年から〇二年にかけての農村調査で、農家の平均耕作規模は、〇・二ヘクタール程度と実に零細農家であった。そして、いずれの農村でも調査対象農家の家族構成員の雇用実態をみると、農外労働時間は七〇％以上であり、恒常的な職についている世帯構成員の割合が高い。一方、農業生産の中心である稲作への投下労働時間は、三〇％以下である。これは、戦後日本での経営土地規模の小さい農家における「基幹労働力の兼業での恒常的雇用」（荏開津　一九八五年）といっても間違いない事態であろう。そして、農民の意識調査で、稲作における家族労働と外部から雇いいれた労働とは、完全には代替可能ではないことを確認し、かつ計量経済分析によって家族労働の限界生産力が農繁期に雇用される家族外からの労働者への賃金よりも高くなっている可能性があることを指摘している（Mulyo et al.　二〇〇六年）。

第二は、地主・小作関係のあり様である。二〇〇七—〇八年の調査によれば、いずれの農村でも、地主の農地所有規模は平均で〇・六ヘクタール、小作農の所有規模は〇・四ヘクタールである。先ほど触れておいたように、商業、公務員、その他非農業に従事する人びとが引退し年金生活にはいって、農業が副業的となっている世帯が農地を貸し出している。これに対して小作農は、多くが農業を主たる職業としている。中部ジャワのこれら稲作農村地では、灌漑施設が整備されており、稲なら年に三期作も可能である。こういう状況では収量も安定しており、地主に有利な定額小作契約が支配的になるはずである。しかし、現実には分益小作契約が支配的となっている。これら農村では、相対的に豊かで収量も安定的な農地を保有する豊かな地主と、地主より貧しい小作農の間で、小作人に有利な分益契約が選択されている。逆に、高齢で貧しい地主が収量の不安定な農地を保有しているケースでは、地主に都合がいい定額小作が選択されている。いずれも、豊かな方が貧しい方を助ける契約となっている。中部ジャワのこれら農村では、小規模な在村地主が知り合いの小作農に農地を貸し出しており、地主・小作間の信頼関係が小作契約の形態を決めているといえる。一六四家計へのフィールド実験結果の回帰分析によって、地主・小作双方のリスク回避性向と損失回避性向を比較することで、以上の結論が導き出されている（福井、第一章　二〇一四年）。

そして第三は、アリサンといわれる自助組織である回転型貯蓄信用講への貧困層の参加である。いずれの農村においても、貧困家計へのアリサンへの参加率は高く、融資の対象からは排除されていない。どのような資産状況であろうと、小規模な借り入れは可能となっている。比較的富裕層が多い集落では、貧困家計は余裕資金をもつ富裕層からの支援を受けている。最貧層であっても返済不履行がほとんど生じないために、最貧困層が共同体内でアリサン・グループから阻害はされておらず、この信用講は小規模な借り入れについて重要な役割を果たしている。さらに、トービット・モデルの推計によって、急に多額の資金が必要となった家計では、夫ではなく妻が堅実でリスク回避的であるほど、貸し手となる裕福な家計から、多くの資金を借りいれていることも明らかにしている（福井、第四章　前掲書）。そしてこの事態は、第二の地主小作契約の選択とともに、ロバート・ジェイが以前農村調査で見つけていた「ゴトン・ロヨン」といわれる、豊かな者が貧しい者を扶助すべきという社会規範（Jay　一九六九年）が今も中部ジャワの農村に存在し続けていることを明らかにしている。

いずれにせよ、農村内での階層分化が進んできたにもかかわらず、石川のいうコミュニティの第一原理である「土地なし層包摂の社会的メカニズム」が存在し続けているのである（原　第四章　前掲書）。ではなぜ、ジャワで複雑な労働雇用の仕組みが生まれ今もなお存在し続けているのだろうか。この問題を考えるひとつの手掛かりとしてギアツの『農業のインボリューション』を紹介しておこう(34)。

「人口増加と資源制約の下でも、ジャワの村落経済は、他の多くの「低開発国」のように、大地主のグループと農奴まがいの抑圧されたグループの二つに両極分解することはなかった。むしろ、経済的パイをより多くのわずかな断片に分けることによって、すなわち、かつて私が別のところで「貧困の共有」として言及した方法によって、（著者追加―すなわち、かつて私が別のところで「貧困の共有」として言及した方法によって）ジャワは比較的高い社会的経済的同質性を維持していた」。

伝統社会以後的な（著者追加―一九世紀半ばの本格的植民地化以降の）村落の生産システムは、村の土地の全体に、さながら掌の網状血管のようにきめ細かく張りめぐらされた、労働の権利および労働の義務の、緻密な網状組織へ発展していった。ある者は、一方では他人の土地を借りて小作しようと求めながら、同時に他方では、自分のもつ一ヘクタールの土地の一部を、ひとり――もしくは二ないし三人――の小作人に貸しつけようとする。かくして、仕事を与えるという彼の義務と、彼自身の生存の必要条件とのあいだの平衡が保たれるのである。またある者は、収穫の五分の一の取り分とひきかえに、田植えと除草をおこなうことに同意、またはそのような機会を恵与されるかもしれないが、彼は彼で、その実際の作業を誰か他人に下請けに出してしまうかもしれず、この他人はまた、必要な労力の調達のために、賃労働者を雇ったり、隣人たちとある種の交換関係に入ったりするかもしれないのである。いつも駆り立てられるように動きつづける水稲作農村においては、分益小作とそれに付随する諸慣行こそが、増大する経済的パイを、いっそう多数の伝統的に固定された細片に分割し、よって、たとえ気がめいるほど貧しかろうと、とにかく相対的にきわめて均質の生活水準のもとで、一定の土地に巨大な人口を保持する手段なのであった。これらとは違った地域でなら、土地改革――農業資源の差別的支配にもとづく社会経済的差異の最小化――によって追求されたものを、そもそもわずかな土地しかもたなかったジャワの農民たちは、貧民のもっと古めかしい武器、すなわち労働の分散によって達成したのである。

ギアツが的確に指摘しているように、エコロジカルな視点から見た場合、インドネシアは、水田稲作サワーの生態系を基調とする内インドネシア地域（ジャワの大半とバリ、ロンボクの一部）と、焼畑耕作スウィデンの生態系を基調とする外インドネシア地域とに二分される。人口増加に対する焼畑耕作生態系の適応様式が分散的、非弾力的であるのに対して、水田稲作生態系のそれは、著しく集中的、膨張的である。すなわち、前者は耕作面積の外延的増加によって人口増加に対応してきたが、後者は耕作の集約化、とくに単位面積当たり収量増加という内縁的方向で対応してきた。外インドネシアにおける粗放な土地利用と低人口密度とは対照的に、内インドネシアでは、集約的土地利用と高人口密度農村社会が古くから存続してきた。とくに内インドネシアでも、水利用の点で最も水田稲作に適したクジャウェン地域、つまり中・東部ジャワで、この傾向が顕著であったのである。

南北ベトナム農村の比較

以上みてきた中部タイとジャワとの農村経済のあり様の対称性をさらに確認するために、ベトナムの紅河デルタとメコン・デルタの農業・農村経済の最近の動向を紹介しておこう。市場経済移行によって、計画経済時代の中国の人民公社に似た合作社は解体された。しかし現在でも、紅河デルタ農村では、新しい形態での合作社が水利の維持・管理を担当している。これは、合作社が伝統的自治村落ランの機能を引き継いでいることを示すものである。灌漑、洪水防禦の施設の維持・管理は「農業生産に固有な投資の不分割性や生産の外部性の問題を解決し、むら全体の産出増加を達成すること」（石川　序章　一九九〇年）という決定的な役割を果たす事業であるが、これはまさに石川のいう「むら共同体」の第二原理である。また、二〇〇〇年代にはいってから、畜産や野菜など高付加価値品目の流通面で専門的な新型の合作社が新たに設置されている。これはランの第三原理に対応するものである。さらにこの自治村落は、貧困削減のためのプログラムにおいて重要な機能を果している。貧困世帯に認定されると、社会政策銀行から低利融資が受けられる。貧困世帯リストは、伝統的な自治組織ソムからラン、そして行政村落サーへとボトム・アップで作成され、最終的に県で認められる。銀行融資は、集落での農民会、婦人会、退役軍人会のいずれかを通して申請され、また返済も大衆組織によってモニターされる。これら大衆組織は、共産党の組織ではあるが、実質的には伝統的な自治組織ソムやランの機能を引き継いでいる。これはコミュニテイの第四原理といえよう。

世界で最古に開拓された紅河デルタでは、古くから灌漑排水施設などが建設されて、人口密度がきわめて高く、第一次生産物の輸出能力をもたず、一人当たりの耕地面積が極端に狭小で自給的主穀生産が主流であった。運営組織、厳格なメンバーシップ、集団固有財産、共同体規約、画然とした村落領域をもったむら共同体は、既に一〇世紀以前成立していた。

「人口稠密な伝統的な北方アンナンやトンキン」で地主たちは、「彼らを抑制する〈社会的な〉文脈のなかで行動しているのである。地方権力と大衆の規範は、もっと強かった。というのは、地主たちの所有地は南部の地主たちのように広大なものではないし、植民権力の日常的なプレゼンスは南部ほど滲透していな」(スコット　第三章　一九九九年）かった。そして、ジャワ農村と同様に、紅河デルタ農村も「生存維持の危機を避けたり先のばして、苦しみを再分配できる」共同体という社会的仕組みを形成させていた（スコット　第七章　前掲書）のである。

その一方、メコン・デルタは、最も現代に近いところではじめて人間が利用するようになった人類史最後の生態空間であった。一九世紀後半から、未利用という点で「過剰」であったデルタが売るための米生産のために開拓されたのであり、密度の高いむら共同体など形成されなかった地域である。このメコン・デルタでは、二〇〇〇年代にはいってから、二〇ヘクタールを超える私営大農場チャンチャイが、米など作物栽培経営だけでなく水産業においても生まれている（高橋　二〇一三年）。歴史的にみても「コーチシナのメコン・デルタ」は「市場諸力が根強い先資本主義的社会秩序を相手に争わなくてもよいフロンティア地域」(スコット　第三章　前掲書）であり、下ミャンマーと同じく「はるかに構造的な分化が進み、それゆえ社会的にも分断されていた」(スコット　第七章　前掲書）のである。植民地時代新開のメコン・デルタでは、下ミャンマーに拡がるエーヤーワディ・デルタの新開地で成立したファーニバルが名づけた「工業的農業」と類似のプランテーション型の大経営が成立していた[35]。そして、社会主義的計画経済下にあった期間も二〇年程度と本当に短かった。また、北部ベトナムのように長い歴史を通じてむら共同体が形成されることもなかった。「小農家の商業的農家への土地の窮迫売却」（石川　二〇〇四年）を通じたチャンチャイの発展は、植民地時代以来の農業発展の歴史経路にそったものと捉えて間違いない。このメコン・デルタと市場経済発展の歴史的経路の点でほぼ同じなのが、中部タイの農業発展であった。いずれも、人口が比較的稀少で、第一次産品の輸出余力があり、国際市場に開放されて開発が進んだ地域である[36]。

さらに追加すれば、以上の「内向きで閉ざされた農村」と「外向きで開かれた農村」という対照的類型の中で、我が国の農業・農村発展は、北海道を除いて、間違いなく前者の類型に属する。一八世紀初頭に耕作フロンティアが消滅し土地に対する人口圧力が増大したが、「リカードの罠」に陥ることもなく、ボズラップ的経路を辿って農業が発展した、まさに「人類史上でもきわめて注目すべき出来事であった」（藤田　二〇一二年）といえよう。加えて、長い歴史の中で形成されてきた強固な集落が、一九二〇―三〇年代に農家小組合の活動を活発化させたことも、我が国農村で慣習経済が発揮した重要な機能を示していることも付記しておこう。

農業・農村経済の差異とその政策的含意

キャッチ・アップないし市場経済発達の歴史的転換における「旧い体制・制度」の機能をどう捉えるのか。この問いに戻ろう。タイ特に中部タイというほぼ二世紀位の歴史しかもたない新開地で形成された「開かれた農村」においては、キャッチ・アップ型経済成長の基本となる市場経済の発達に対しては、土地取引の商品化まで含めてその障碍となる農村の仕組みは発達していなかった。「市場諸力が根強い先資本主義的社会秩序を相手に争わなくてもよいフロンティア地域」では、そもそも強固な「旧い体制・制度」が形成されていなかったのである。これに対して、ジャワという長い歴史をもつ旧開地で形成されてきた「閉ざされた農村」は、市場経済の滲透が不可避的に生み出す「生存維持の危機を避けたり先のばして、苦しみを再分配できる」共同体という強固な社会的仕組みを形成させていた。これらの慣習経済は、未発達な市場経済を補完することで、キャッチ・アップ型成長をスムーズに進行させる積極的な機能を果たしている。こういえるのではなかろうか。

　また前者のタイプの新開農村では、土地取引にまで市場諸力が深く浸透することで、土地を集積する層と土地なし層へと「構造的な分化が進み、社会的にも分断され」た。そこで成立する地主小作関係も、短期的契約で小作は契約の継続に常に不安を抱え続けるものであった。これに対して後者のタイプの旧開農村では、たとえ土地を喪失して小作になるとしても、地主小作関係は長期的かつ分益契約であることが多く、小作にとってもリスクを軽減しうるものであった。また小作契約を結べない者も、多様な慣習によって農村内で「生存維持の危機」を避けることができた。このようにこの二つのタイプの農村において、まさに第一章で紹介した、ヒックスのいう「農民が諸権利を失う条件や方法」は、対称的であったのである。

　最後に前章で述べた農業政策、とくに米政策の両国での展開に大きな差異がみられた背景には、以上論じてきたような農村経済の差異があったことを強調しておこう。どんな農民にも一律の米価支持政策は、ほぼ同質の農民から構成される市場経済に親和的な農村経済を、一九世紀から歴史的に発達させてきた新開地であった中部タイに典型的にみられる「開かれた農村」に適合した農業政策であった。一方、協同組合や農民組織を媒介とした農業生産性向上・米価維持のための政策介入、あるいは貧困家計をターゲットとした政策は、土地なし層まで含んだ異質な階層間での共同扶助の仕組みを歴史的に発達させてきた旧開地での、市場経済とはやや疎遠な「閉ざされた農村」を踏まえての農業政策であったのである。

終章　異なった段階の「開発の罠」に直面している中国と日本

経済成長局面移行という「踊り場」に立っている中国経済

確かに中国は、タイやインドネシアとは違って、前世紀末に東アジアを襲った金融・経済危機に見舞われることはなかった。その大きな要因は、中国が短期資本の移動を厳格に管理していたからであった。だが二〇〇〇年代にはいってからの一五年間中国経済が順調に推移してきたわけではない。そして、危機後タイやインドネシアが経験したことにも劣らないような政治経済体制の揺れに、現在中国は直面しているのである。関志雄も『中国　二つの罠』「序章」で、「中所得国の罠」だけでなく、計画経済から市場経済への移行という「体制移行の罠」にも陥っていることを強調している。楊小凱が二〇〇〇年に「後発の劣位性、共和及び自由」と題した北京天則経済研究所における講演で、「中国が先進国から技術を導入することだけに頼り、制度改革を怠ったため、高成長は続かないだろう」と指摘したことも記している。

一九七〇年代末の改革・解放の開始以来、まず郷鎮企業の育成・発展を核として経済発展が実現した。八〇年代半ば以降、より本格的な市場化、国際化を受け、農村から都市への農民大移動が繰り広げられ、農村・都市戸籍という区別で築かれた無形の壁も意外に簡単に打ち崩された。そして、アーサー・ルイスが描いた途上国の二重構造経済における労働移動と経済成長のメカニズムが作動するようになった。つまり、産業ないし地域間の大きな労働生産性格差に後押しされた大量の労働移動が、中国において高度成長期の日本をも上回る高度成長を生みだす要因となったのである。市場経済化の進展は、改革解放体制の効果が本格化するまで表面に現れることがなかった潜在力を解き放つ過程でもあった。中国がもつ最大の資源は、何といっても農村部に存在する豊富な労働力であった。この意味で中国の高度経済成長は、低生産性部門から高生産性への大量の労働移動によって実現された点で、我が国の戦後高度成長とまったく同型であったのである。

ところで九〇年代末より、実質賃金の伸び率が経済成長率を上回るようになった。とくに二〇〇四年広東省などで「民工荒」と呼ばれる労働力の不足が現れたことで、中国経済も、労働過剰から不足へというルイス的転換点を迎えたといった議論が登場した。このような見解に対して、南亮進・馬欣欣「中国経済の転換点」、その改定論文「中国労働市場の変貌と転換点」は、省など地域ごとの一九九〇年から二〇一〇年までのデータを用いてコブ・ダグラス型農業生産関数を推計し、ルイス的転換点にはいまだ達していないという結論を導いている。この期間中に農業労働の生産弾力性が上昇したことに示されているように、その労働限界生産力も徐々に上昇している。だが中国農村には依然として、限界生産力が農村での生存水準に達しないかなりの量の過剰労働が存在し続けている。以上が南たちの結論である。しかし同時に、関が指摘しているように、これまでの高度成長を支えてきた「人口ボーナス」は、一人子政策の影響もあって終焉し始めているのである。

現在、貧富の格差はアメリカ並みになっている。全国レベルでの所得階層間格差を示すジニ係数は、一九八八年の〇・三八から二〇〇七年には〇．四八にまで上昇している（加藤　第八章　二〇一三年）。農民の貧困に関しては、二〇〇三年の胡・温体制成立以降、食糧生産農家に対する直接支払制の導入、農民の重い負担となっていたさまざまな課徴金や農業税の廃止、さらに中卒までの義務教育費の無料化、新型農村合作医療制度の構築などの「三農」政策が実施された。このような政策の施行に伴い、いくつかの地域の農村で農家所得が上昇したことは間違いないであろう。しかしこれらの農業政策だけでは、農民所得上昇を持続的に実現させることが困難であることは確実である。

一部特権階層とそうではない層の間の「経済機会の不平等」は、もはや多くの中国人にとって我慢ならない状態に至っているといってよい。毛沢東の生まれ故郷湖南省や人民公社が最初に設立された河南省などの農村で、「貧しきこと」ではなく、「不平等を憂う」毛沢東思想が復活している。一〇年続いた胡・温政権下で、先に述べた農村政策が実施されたにもかかわらず、権力と市場経済との癒着から生まれた「権貴資本主義」なる利権構造が、空前の規模で拡大強化され、腐敗が蔓延していったといわれている。

そしてもうひとつ、この高度経済成長はもはや持続不可能となり始めているようだ。二〇一一年でみて、GDPに占める投資の比率はアメリカ一六%、日本二一%なのに、なんと中国では四九%に達している。この率は同じく一時期奇跡とも称された時期の日本、韓国で実現された歴史的最高値を一〇%も上回っている。ところが、家計の消費のGDP比をみると、アメリカ七一%、日本六六%なのに対して中国は三五%でしかない。こういった異常な構造をもつ経済が長期持続することがありえないことはほぼ自明であろう。この事態を政府も認識しているからであろう、温首相は「われわれは今後五年間、さらには相当の長期にわたり経済発展方式の転換を主要任務とする」と何度か発言していたのである。

所得分配の悪化によって、消費性向の高い低所得層の所得は上昇していない。そのため、持続的成長の条件である家計消費支出を上昇させうる経済の仕組はいまだ存在していない。「国進民退」「国富民窮」といわれるように、政府は国有企業に手厚い支援を続けて、民間企業の経営を圧迫している。そして国有企業は、利潤追求だけを追求し、勤労者たちの年金を充実させることなどしていない。現在中国は、政府投資と国有企業優遇という構造ゆえに経済成長戦略の転換ができないという「罠」にはまり込んでいるといわざるをえないであろう。

いずれにせよ、改革解放後の中国経済がその成長局面の転換期ないし移行期という「踊り場」に達していることは間違いがない。そしてこの移行期を乗り切るための「生産性（向上）の政策」「再分配の政策」双方にとって、経済活動の活性化に必須のイノベーションへのインセンティブを阻害し、かつ富の国への集中を促進させている「官」主導の経済システムを支配の核としている一党独裁体制のラディカルな再構築が不可欠であることも間違いなかろう。そしてこの改革は、全国隅々に至る巨大組織である中国共産党内での利権の根本的再配分を断行することでもある。そうである以上、一九三〇年代の日本さらにタイやインドネシアの現状と同じく、いやそれ以上にこのような成長局面の移行が、スムーズに進化することは、非常に困難なのである。これまで効率的・効果的に機能してきた経済制度の変更である以上、この移行は、政治体制の変化・転換まで含まざるを得ず、東南アジアの中所得国に比べて、より大きな困難を伴う「不連続的な」シフトとならざるをえないのではなかろうか。

中国の経済システムの捉え方

では、そのような困難なシフトが、近い将来本当に実現されるのだろうか。この問いに答えるには、現在中国の経済制度の特徴を的確に捉えることが不可欠である。その作業に重要な視覚を与えるのが、加藤弘之が近著『「曖昧な制度」としての中国資本主義』で提起している興味深い中国経済の捉え方である。

加藤は、改革開放以降の中国の経済成長メカニズムを、次のように強みと弱みという面から整理している（加藤第八章 二〇一三年）。強みの第一は、民営化が不徹底であったにもかかわらず、先進資本主義国を上回る激烈な市場競争が存在したことである。次いで第二は、意思決定の圧倒的な速さを可能にした共産党指導が最優先される政治経済システムの優位性である。この強みの裏面としての弱みの第一は、国有と民営とが併存する混合体制の下で、不平等な競争条件を押し付けられた民営企業に対する圧迫や、国有企業には退出のメカニズムがなく、イノベーションへのインセンティブが根付いていないことである。第二は、地方政府間の成長競争、官僚の昇進競争が、コストを度外視した巨大プロジェクト建設という浪費を生み出し、多くの地域でのバブル経済の発生や環境破壊を引き起こしてきたことである。最後は、官僚・党支配層の利益集団化による汚職の蔓延である。[37]

このような強みと弱みとをコインの裏表のようにもつ中国流の資本主義の特徴は、中国が歴史的に引き継いできた制度的特質を基礎として、生産力を上昇される経済発展と、市場移行という体制移行を同時に進めた「二重の移行」過程ではっきりとその姿を現してきた。加藤は、現在中国でみられるそのような資本主義の仕組を、二つの意味での「曖昧な制度」であると性格付けている。そのひとつは、歴史的に継承されてきた制度的特質としての「曖昧さ」であり、自由度が高い制度設計や「包」(請負)の多用などがこれに含まれる。もうひとつは、社会主義から資本主義への体制移行過程で生じた「制度の空白」が引き起こす「曖昧さ」である。

ところで、ここでいう「包」とは、共産党革命以前の中国経済の特質を論じた柏祐賢が『経済秩序個性論II——中国経済の研究』で中国経済社会の根幹にある仕組ないし制度として提出した概念である。そこで、柏の議論を紹介しておこう。中国の経済社会は、歴史を通じて多様な不確実性に満ち続けている。そうした中で「人と人との間の取引的営みの不確実性を、第三者をその間に入れて請け負わしめ、確定化しようとする」のが「包」、ないし「包的倫理的規律」である。そして「中国社会においては、あらゆる営みが「包」的な律動を持っている。」具体的な事例には、以下のようなものがある。田底権を所有する業種(地主)、田面権を持つ大租戸(自小作)、そして佃戸(小作)といった伝統的中国における重層的な土地所有制度の下での上層から下層への農耕の連鎖的請負。このような複数の土地所有者の代理人として、数百から数千の小作人から地代を集めそれを地方行政官に納付し、その対価として手数料を受け取っていた租桟。皇帝の財務部から群、次いで県といった下位の地方行政体への徴税の請負。農村の小市場町から集散地そして上海等開港場と幾重にも重なった流通の各レベルで、上位の大商人から商品取引の請負をおこなう多数の商人。そして、経営者は「包」的委託者でしかなく、かつ雇用者である労働者も、程度の差はあれ、仕事の一部を別の労働者に請け負わせる「包」的な委託者となっている企業組織。(38)

さらにこのような中国経済の捉え方は、決して柏だけではないのである。第一章で紹介しておいた村松祐次以外には、中国の市場構造を「細分化した細胞」として捉えた斯波義信の議論が注目される。個々の細胞は、無数の壁で仕切られていながら同時に、上下や左右に開放されており、互いに競合関係にありながら各種ブローカーが調整作用を果たしている。需給や価格の情報は細胞間を流れ、部分は全体に有機的に統合されているし、また細胞というそれぞれの単位は、クラブに似た「契約的性質」をもったものとなっているという訳である(斯波 一九八三年)。さらに、ブローデルも、牙行とよばれる仲介・請負のネットワークが余りに発達していたためか、中国にはヨーロッパの中世・近世にくらべて「大市や取引所といったより形式的・透明な歯車・装置は欠けていた」(ブローデル 二〇〇九年)と指摘している。

さてここで、加藤がより重要であるとしている第一の意味での曖昧性の議論に戻ろう。具体的には、国有、集団所有、民営これら三つの制度の区別が曖昧であり、これらが重なる分野では、古くからの伝統である「包」(請負)が復活して活用されるようになった。改革解放後の最初の成長局面で高度成長を牽引した農業成長をもたらした農家への農業経営請負制は、「包干到戸」といわれる。またその後の経済発展を担った地方財政請負制度も「含」の事例である。資源の所有権は、形式的な制度としては民有、国有、集団所有に区分されている。だが、これら三つの曖昧な制度が重なりあう領域では「制度化された曖昧さ」が充ちており、その様々な領域での不確実性を軽減する工夫として「包」が利用されている。(39)

このような経済取引のあらゆる分野にみられる伝統的な「包」という請負の仕組みに関して、加藤は次のようにその通歴史的な重要性を強調している。「一般的にいえば、近代化が進み、リスクが細かく計算可能となるにつれて経済活動の不確実性が減少していき、先進国では請負はごく限られた領域に限定されていく。ところが、中国では、前近代はもとより近現代に至っても、「包」が中国の経済システム全体を覆うように存在し、さまざまな活動を規定している」(加藤 第二章 前掲書)と。(40) アメリカや日本など近代化が長い期間を通じて進んできた先進国経済においても、不確実性は減少していない。金融のグローバル化などによって、情報技術革新があったにもかかわらず、不確実性は増大してきており、減少したわけではない。このことを考えると、「包」の再活性化・復活は決して不思議なことではない。歴史的に継承されてきた制度である「包」の再生は、「市場経済への移行」というより「伝統的市場の復興、ないしそれへの回帰」と捉えるべきなのではなかろうか。(41) ヒックスも『経済史の理論』「第二章」で、経済活動に関わる規則に関して「たとえ成文化された諸規則といえども、個別の場合にあうように解釈され適用されることが必要である。しかも、以前の例に基づいてそれらを解釈するしか方法は存在しない。申し合わせについていえば、それが非公式であればあるだけ、よりいっそう先例に依存せざるをえない。したがって、それは長期にわたる連続性により多く依存することになる。（経済活動のための）組織が、青写真として上から完全に指令されることは不可能である。それは、いかなる時でも過ぎ去ったものの上に、たえず基礎をおいて成長していかねばならないのである」（ヒックス第二章）と指摘していることも付記しておこう。

そして加藤は、このような「曖昧な制度」は、これからも存在し続けるだろうと記している（加藤 二〇一四年）。その第一の理由は、比較制度分析学派が強調しているように、制度変化には歴史経路依存性が強く作用することである。次いで第二の理由は、「曖昧な制度」が中国の国情に合致しているからである。発展段階の違う多様な地域からなり、すべての地域に全国一律の制度を適用することは困難である。また、そういった全国一律の政策の押し付けが最適であるとはいえないはずである。

かつて司馬遼太郎は、次のように指摘していた。中華・中国文明には、世界の他の大文明と対比してみて、現在といえども過去の一部でしかないという厄介きわまりのない歴史性が付きまとっている。そのためであろう、漢代以後千年来の歴史を顧みても、どうも国家の本質が変化したとはいえそうにない[42]。司馬のこの指摘に関連して、中国史専攻の岡本隆司の指摘も紹介しておこう（岡本 エピローグ二〇一三年）。「つい半世紀前、いったんはその伝統経済を破壊したはずの中国共産党は、「改革開放」という名のもと、あらためて経済発展を追求している。三〇〇年以上の伝統経済でみられた特徴が、さまざまに再現しても、決して不思議ではない。（中略）もちろん、いまグローバル化のただ中にいる中国の経済を、まったく伝統経済と同一視することはできまい。とはいえ、数百年にわたって、伝統経済が根づよく続いた近代中国史の過程は厳存する。（中略）現代中国にみられる歴史との共通性は、単なる表層的な類似現象では断じてない。構造的な連続とみるべきである。」

第一章でも紹介しておいたように、アダム・スミスは『国富論』で次のように記していた。「中国ははるか以前から、世界でもとくに豊かな国であり、土地が肥えていて、耕作が進み、勤勉で、人口が多い国である。しかし、長い間停滞しているようだ。（中略）中国はおそらく、マルコ・ポーロの時代よりはるか以前に、その法律と制度の性格から可能な範囲の上限まで、富を獲得していたのであろう（第一編 第八章）。」二五〇年ほども前にスミスがこのように指摘していた如く、「曖昧な制度」としての経済体制が続き、「その法律と制度の性格から可能な範囲の上限」に張りついたまま、中国は「長い間停滞」を続けるのであろうか。いずれにせよ、中国の経済システムの将来展望はいまだ非常に困難なままなのである。

日本が直面している「開発の罠」

さて間違いなく、日本も、「ある国が与えられた資源やアドバンテージによって決まってくる所得水準にとどまりそれ以上上昇できない状況」という「開発の罠」（大野）に陥っている。しかしいうまでもなく、その罠の内容は、タイ、インドネシア、そして中国とは全く異なっている。それは、ウオルト・ロストウの経済発展段階論を援用していえば「離陸」からの本格的工業化へと向かう段階への過渡期での「罠」ではなく、最終の「高度大衆消費社会」にほぼ到達した段階の中での「罠」とでもいうべきものであろう。

では、このような「踊り場」で、我が国はどのような課題に直面しているのであろうか。まずは「生産性向上の政策」であるが、日本のように産業構造が成熟し、かつ人口減少局面にはいった社会で、一体どういう「成長戦略」が望ましくかつ現実的なのか。過去一〇年以上、我が国では金融市場での利子率がゼロに近い水準にはりついたままである。水野和夫が強調している「利子率革命」である（水野　二〇一二年）が、その背景にはモノづくりの場での利潤率の長期停滞という事態が存在していることを忘れてはならない。こういう状況の中で金融政策の緩和を通じて貨幣供給量を増加させ、物価上昇によって実質金利をいくらゼロ以下に減じても、そう簡単にはモノづくりでの生産的投資は増加しないであろう。この点でも、アベノミクスが日本経済再生のための「第一の矢」として実施してきた金融政策だけでは、何の問題の解決にもならないことは、いうまでもなかろう。さらに、ここ二年間続けられている空前の金融緩和によって、我が国の交易条件は大きく悪化している。実は二〇〇〇年にはいってから、交易条件は二〇〇八末から〇九年初めを除いて、悪化トレンドを示していたのだ。しかし「円安が定着したら生産拠点が日本に戻ってくる」といった財界の一部からの期待は全く実現されておらず、かつて高度成長の柱であった日本製造業の復活の兆しもみえていない[43]。日本の産業構造が、高度経済期からこのような状態に大きく転換したのは、序章で指摘しておいたように、東南アジア諸国や中国が我が国からの直接投資の積極的導入を梃として、産業内水平貿易と伝統的垂直貿易とが結合することで、「東アジアの奇跡」とまでいわれたようなキャッチ・アップ型の工業化を実現させてきたからでもあったのである。

間違いなく、日本経済はもはや高い経済成長を望めない状態にある。そして人口減少が短期間に止まることも予想できない以上、日本経済のこれからに過去のような「高度成長」の再現を夢見ることは現実的ではないし、また決して望ましくもない。ケインズが「孫の世代の経済的可能性」(ケインズ　一九三〇年)で論じていたように、孫の世代では、資本蓄積が過去二〇〇年ほどの間発揮してきた資本主義の動因である「複利の威力」はもはや意味をもたなくなるであろう。そのため、科学技術と複利による資本蓄積によって人間が得た経済的豊かさを、これからは、賢明に心地よく、善良に生きるためにいかに用いるかという問題を熟考することが必須となっているのである。武田晴人も『脱・成長神話』(武田　二〇一四年)で「立ち止まること、つまり「ゼロ成長」という状態が続くことを前提に、先進国は(著者追加—福祉や環境面で快適な地域社会の持続性を高めることに対して)より効率的な資源利用を図り、私たちの生活を人間的な豊かさに導いていくことが必要」と強調している。

ついで「再分配の政策」である。多くの統計が語っているように、日本の富の分配も、アメリカほどではないが一極集中への動きを示しはじめている。トマ・ピケティが『二一世紀の資本』で強調している、富の分配を不平等化させる大きな要因である、世襲的高所得階層の形成といった問題と我が国も決して無縁ではない。この点での相続税・所得税の累進課税の強化といった「再分配の政策」が現在決定重要であることは間違いない。

しかしここでは、第三章で論じた再分配政策の代表であった農業政策に限定して論じておこう。農政においても、日本は政策的対応が非常に困難な問題に直面している。二〇一五年一月に日本とオーストラリアとのEPAも実行段階にはいり、またTPPの締結も急がれている。そこで問われているのは、我が国とは全く異質の発展経路を辿ってきたアメリカやオーストラリアの大規模資本主義的農業との競争にどう対応するのかという問題である。現在日本農政の基準となっている前世紀末に制定された食料・農業・農村基本法に照らしていうと、成長産業としての農業再生ないし「農企業」の育成を促進することが急務となっているということである。まさに「産業政策」としての農政の確立である。これは半世紀以上前の農業基本法制定以来、いまだに存在し続けている「旧くて新しい」問題である。(44)

もうひとつは、現在の基本法で強調されている「農村」の再生という課題である。我が国の農山村が、人口が社会減から自然減となった「人の空洞化」、農林地の荒廃という「土地の空洞化」、そして集落機能の脆弱化という「ムラの空洞化」によって崩壊の危機に直面してはじめて既に久しい。さらにいえば、農地とそこでの耕作を家産・家業として継承してきた日本型直系家族制度も崩壊し始め「イエの空洞化」も進んでいる。このような状態に陥っている農山村の再生を巡って、現多くの提案がなされ始めているが、その大半は農業成長ではなく農村に居住する人々を対象とする「地域政策」ないし「社会政策」といえるものである。そして、産業政策としての農政の目的と地域・社会政策としての農政。この両者の政策目標は、調和させるのが実に困難な関係にあり、両立がほぼ不可能なディレンマに囚われたままである。端的にいうと、TPPという「大改革」と、「小規模」「分散」「複合化」「近隣循環」からなる地元原理を基盤とする農山村再生とは鋭い対立関係にあるのである。(45) そして、農業・農村政策におけるこのディレンマと先に述べた産業政策面での手詰まりは、ともに「成熟国の罠」とも表現できるものであろう。

日本における経済近代化政策の歴史的経験

ところで、明治維以降の経済近代化の展開の中で、第三章で論じた戦前期から今日までの産業政策・農業政策の、特に戦後改革以降の展開について、ここで詳しく触れる必要は、多くの研究書もあるゆえ、ないであろう。ただ一時期「日本の奇跡」とまで評された戦後の高度成長期には少し触れておきたい。

この高度成長は、どのような要因で実現したのか。タイ、インドネシアそして中国の高度成長期と同じく、都市への人口大移動と世帯数の増加と、それに支えられた耐久消費財の大衆的普及という需要拡大によって、設備投資が活性化され高度成長が実現した。高度成長とは全体として、ひとつの要因が因となり果となって絡みあうダイナミックな過程であった。またその前提条件として、戦後改革の中で資産面での貧富の格差が大幅に改消された事態も重要であった。この意味では、高度成長が戦後の所産であったといえるだろうし、また東南アジアと中国とは大きく異なっていたことも間違いない。しかしそれと同時に、後で簡単に触れるように、少なくとも二〇世紀にはいってからの種々の面での経済制度的進化という歴史的前提が存在していたから、高度成長が可能であったことも軽視できない。そして上にのべた人口移動・世帯数の増加という条件が消滅したことで、一九七〇年代末に高度経済成長の時代は終焉したのである（吉川　一九九七年）。

この「日本の奇跡」といわれる第三の投資スパートによる高度経済成長が実現した歴史的前提として、大川一司らは「物的資本は戦争によって大きな損害を受けたが、技術的知識や人的能力はほとんど失われていなかった。（中略）民間企業は、昔からある産業であれ新しい産業であれ、その投資計画をたてるときには、（著者追加―第一次世界大戦以前から、民間企業内で蓄積されてきた）工業生産に関する人的能力を前提にすることができた」（大川・小浜　第七章前掲書）ことを強調していた。さらに戦後の経済企画庁の設立と経済審議会による経済再建・成長政策は、「国民に将来に対する信認を植えつけることであった」とも指摘していた。

通産省がこの時期おこなった産業政策の中核は、これからの経済成長の軸となる「戦略」産業の振興政策であった。その際政府が採用した政策手段の代表は、開発銀行を通じる政策金融（開銀融資）、法人税の減免、特別償却制度、補助金、外国技術輸入に対するライセンスなどであった。[46] そして一九六〇年はじめまでは、これら戦略産業を含めて、輸入割当を主たる保護手段として産業保護政策がとられていた。その後一九六〇年代からは、各産業の国際競争力を勘案しながら輸入自由化が推進され、そのはじめとして、すぐ後に触れるように既に国際競争力をもっていた機械製品の輸入が自由化された。もうひとつ、海外からの資本導入に対しては、一九五〇年公布の外資法によって強い規制が課せられていたのである。一九六四年にＩＭＦ八条国に移行後、規制緩和がおこなわれたが、本格的な資本自由化は一九七〇年代前半になってからであった。通産省が当時もっとも恐れたことは、外国企業に日本経済が支配されることであった。[47]

戦後日本の工作機械工業は民間主導で急速に発展した。工作機械に対する需要は、直接的には耐久生産財生産のために増大し、その背後には日本全体での急速な投資拡大があった。第三次投資スパートが日本の工作機械需要を増大させ、輸入代替も進展させた。同じ状況は、第一次世界大戦頃の第一次スパート期にもみられた。機械全般に対する需要が伸び、生産が拡大して、多くの生産者による過当競争が出現した[48]。この事例に注目することで、大川らは高度成長を引き起こしたのは、政府の産業政策そのものではなく、民間企業の主体的な経営合理化や技術革新であったことを強調しているのである。

さらに大川らは、政府の産業政策において、一九五〇年代には基礎産業の規模拡大が目標であり、一九六〇年代には「過当競争」を避けることに重点をおいた。このことからも明らかなように、政府の産業への行政指導の基本方針は、企業数を調整して大規模化させて国際競争力を強化させようとしたことであった、と指摘している。勿論規模の経済性が働く資本集約的な装置産業の場合には、この方針は経済合理知的であったが、規模効果の小さい技術集約産業の場合には、このような大規模志向の政策介入は民間からそれほど受入れられなかったことも忘れてはならない。以上のように、一九五〇年代末から貿易自由化を本格化させたが、資本移動、特に短期資本移動の自由化には慎重であり続けた。要約すれば、通産省が所管していた産業政策は、基本的に貿易自由化と整合的な方向へと、産業政策的介入を変容させていったといってよい。

農林省が所管する農業政策の展開は、通産省が所管する産業政策とは大きく異なっていた。戦後復興期が終わった一九五〇年代はじめになって、農家と都市勤労者との間の所得格差の是正が大きな問題になりはじめた。戦後すぐに食糧緊急措置法の下で政府が食糧調達に関して大きな力をもったと同時に、米生産者価格の決定にパリティ方式が導入された。一九五二年に農業協同組合の第一回全国大会が開かれ、この米価決定において農家と都市家計との所得格差是正が取りいれられた。これが、それ以降の食糧管理法下での生産者米価引き上げという戦後保護農政の出発点となったのである。その後生産者米価決定方式は、一九六〇年にパリティ方式から生産費・所得補償方式へと切り替えられたが、これによってもっと明瞭に農家の所得補償が米価決定の基準とされることになったわけである。とくに、自家労働の自己評価に際しての参照基準とされた非農家での賃金水準が、高度成長下の六〇年代以降上昇し続けたので、米価は毎年引き上げられることになった。これがまさに戦後日本農政の最大の特徴ともなり、また最大の問題点ともなったわけである。

これら農業保護の動きと同時に、一九六〇年に貿易為替自由化計画大綱を策定し、貿易自由化の具体的スケジュールを公表し、同時にトウモロコシなどの飼料穀物や大豆の関税をゼロとする貿易自由化が開始された。その後多くの品目での自由化の実施を経て九三年の暮れのガット・ウルグァイ・ラウンド農業合意に基づいて、米は関税化特例措置、米以外の国家貿易品目と既に大幅に数が減っていた輸入制限品目は、数量制限が廃止され関税化された。WTO成立後の九九年には、二一世紀における農業政策の基本を明確にする食料・農業・農村基本法が制定され、かつ米も関税化された。こうしてついに、すべての農産物貿易の国境調整処置は、関税だけとなったのである。

戦後期全体をみると、「二股に分かれた食料システム」というべき農業部門が形成されてきたといえる。堅固に保護・助成された伝統的な米経済と、ほぼ完全に世界市場に開かれ自由化された分野の二つである。後者の自由化は、アメリカ主導ではじめられ、その後アグリビジネス関連の多国籍企業の展開を通じて、日本は世界で最も輸入依存度の高い食料経済をもつ国となっている。一方の国家的な米体制も、この自由化の波と無縁ではなく、また人口動態や食料生活の変化などの国内要因などによって、ゆっくりとした、そして引き返せない衰退をはじめている（カッツェンスタイン　第六章　二〇一二年）のである。

さて、第三章でも論じておいたように、日本の産業政策に関する多くの論は、戦後日本の高度経済成長期の産業政策を踏まえた概念化されたモデルである。しかし産業政策の骨子である「規模の経済」がある産業での過当競争を避けるための「カルテル」形成は、戦前期の不均衡成長期の「合理化政策」にも通じるところがある。日本において産業政策が成功した、いな失敗しなかったのは、政府の政策そのものではなく、それに積極的に反応した民間部門の生産性上昇への自主的試行錯誤があったからである。こう結論づけておきたい。

これまた第三章で論じておいたように、一九二〇年代に開始された農業・農民保護は、政府が米の支持価格を操作する「価格や生産量に関連づけて行われる再分配という反新古典派的分配政策」であった。この政策が、都市勤労者家計に対して低位にあった農家所得を引き上げるなど、「再分配の政策」としてそれなりに有効に機能したことは否定できない。だが今世紀に入る頃から、先に述べたWTO農業合意など国際経済ルールの変更に適応するべく、農業・農民保護政策は、生産量に影響を与えない農家への直接支払いへという「新古典派的分配政策」に移行しはじめている。こういう政策の基本路線での変更があったが、米価政策の歴史的展開が示しているように、一度採用される とその欠陥が明らかになった後にも反新古典派的分配政策は中止すること、つまり「日没」させることが、経済的にも政治的にも非常に困難であった。これも、我が国農政が教えている重要な教訓であろう。

ところで歴史的に展望してみて、我が国では産業政策的介入が、市場主義的論者が主張するような資源配分の効率性に決定的ダメージを与える「歪み」を大きくさせることはなかったといえる。そしてこのような事態の背後には、わが国の経済社会で形成されてきた歴史的個性ないし発展経路が横たわっていたのである。その辺を拙稿「開発経済学と「日本の経験」」(原　二〇〇二年)を援用することでみておこう。

明治以降の産業政策による民間への介入は、比較制度論がいう「市場拡張的開発主義国家 market-enhancing developmental state」というレジームの下での政策介入であったといえる。これは政府が、将来的な成長可能性が大きいと判断した産業分野に限って、その民間企業者に、例えば輸出実績といった客観化しうるパフォーマンス基準に基づいて補助金を移転させることを通じて、産業化を促進させようとする政治経済体制である。こういう開発主義的政策が有効であるためには、その政府の政策が長期的に継続するという信頼を民間部門の経営者が広く抱いていることが必要となる。日本では、キャリア官僚が経済・産業政策を運営してきたために、こういう政府・民間間での信頼関係は充分に存在していた。そしてまた日本には、決して敵対的ではない「公・私」関係という歴史的伝統が存在していたことも無視できない。政府といえども、それは市場経済というゲームの主要なプレィヤーである。その行動の動機やその形態は、その国の歴史経路に依存しているものなのである。

明治維新以降、特に二〇世紀にはいってからの市場経済システムの進化とは、種々の領域で取引費用を削減させる方向での制度的工夫を核とするものであった。具体的には、企業内部組織の形成とか金融仲介機関の発達というかたちで現れたが、これらはまさに政府と市場との丁度中間に位置する経済組織・制度の形成であった。そしてこのような経済制度の形成において、日本の伝統的な社会構造は積極的な役割を果たしたのである。これら日本の近代経済成長を支えた諸制度の形成に、政府の働きかけが全く関与しなかったわけではない。しかしそれは基本的に、第三章で触れておいたように、民間の経済主体が工夫して作りあげてきた自己拘束的な仕組み・制度であった。

さらに前近代にまで視野を拡げると、これら市場拡張型の政府介入は、江戸後期の特産物振興に対する各藩政府の関わりにその起源をもち、明治期においては日露戦争後経営の中で登場した工業化促進政策がその始まりであった。第一は金融の分野であり、政府出資の特殊銀行の設立である。第二は、海運業、造船業に標的を定めての企業育成策である。序章でも紹介したように、これらの明治政府の経済開発政策を、アレンは、「戦略的産業政策」と性格づけていた。勿論「政府の役割」を過大評価する誤ちを犯してはならないが、これらの経験がその後の市場拡張型政策介入を準備したことも間違いない。次いで、一九二〇年代以降、日本の政策担当者・官僚の中で資本主義経済への批判と政府の手による経済計画化への志向が現われた。アレンはこの時期を、「帝国主義期日本のビッグプッシュ型工業化」と性格づけていた。この時期の経済政策は、次第に戦争のため統制経済論のような形態をとるようになった。その背景には、アレンが「労働市場の脆弱性」と表現していたような、第三章で論じておいた二重構造経済の生成とその下での国内諸階層間での所得分配の悪化が、政策上最重要な課題として浮上していたことがあった。この時代の経済統制論という資本主義への批判と計画化への志向の底には、市場メカニズムの機能がもつ不完全性に対する冷静な認識が潜んでいたことも間違いがない。そのひとつの典型例が金融政策である。銀行行動の自由を大幅に認めた戦間期日本で、不良貸付によって銀行の倒産が続出した。この経験は、銀行活動の完全な自由化がなされた経済システムが不安定化への傾向を潜在的に内在させているという事実を、日本の政策担当者・官僚にはっきりと認識させたといえる。いずれにせよ、こういう歴史的経過の積み重ねを通して市場拡張的政策介入が次第に形成されてきたのである。

要約すると、「日本の経験」の中で特筆すべきは、他の諸国に比して、市場拡張型政策介入が大きな失敗を経験しなかった事実であろう。政府の政策介入は、時として市場経済システムの効率的発達を阻害してしまうことが多い。まさにそれは「経済システムの根本的な政治ディレンマ」とよばれている事態である。しかし、日本においては公・私的関係が決して敵対的ではなかったといった歴史経路に支えられたためであろう、このディレンマに悩まされることは少なかったといえよう。端的にいうと、明治以降我が国の経済社会では、市場経済システムへの参加者がほぼ全員、各自なりに熱心に働こうとするインセンティブをもちえていたといえる。別の面からいうと、日本は、たとえばインドのカースト制のような社会構造を発達させたことのない「同質社会」であったことが重要であった[49]。ゲーム論的には、同質性が高いので、政府を含めた他者の行動が自分の行動と同じだとほぼ全員の人々が期待できたので、非効率なナッシュ均衡に陥いることはなかった、といえるのではなかろうか。

序章で触れておいたように、世界規模で拡大・深化するグローバル市場経済へ参入することで、欧米先進国への「追いつき」を目差してきた近代日本の経験とは、結局何であったのか。一九世紀後半以降日本では、世界市場環境や産業技術の大きな変化に対応して、種々の取引領域で組織や制度が進化してきた。そしてその最重要な特徴は、この進化が基本的に歴史経路依存型であったということである。経済開発のために効率的な制度・経済システムは、その地域・社会の社会構造や歴史を基盤としてしか形成されえない。遅くとも一九八〇年代までの日本の政治経済システムは、先進国へのキャッチ・アップに向けた成長過程の各局面に対応した「合理的な」システムであったという評価を超えて、日本の社会・歴史に深く組み込まれたシステムであったと捉えておくべきであろう。

「課題解決型先進国」日本の責務

以上に論じてきたようなキャッチ・アップ型の経済成長を実現させてきた日本の経済システムが、一九八〇年代後半から二〇一〇年代半ばの現在に先ほど述べた「成熟国の罠」に陥るまでに、どのように展開し変貌していったかを簡単にでも論じる余裕はない。ただ、資本移動の自由化によるバブル経済化から、タイ、インドネシアが金融危機に見舞われたのと同年に、バブル崩壊による金融危機に直面し、その後ほぼ現在まで続くデフレ趨勢、経済停滞へと大きく揺らいだ過去四半世紀は、高度大衆消費社会にはいった我が国経済社会の長期的展望を真剣に議論すべき時代であったはずである。既に人口動態が人口減少局面にはいりかけていたことは顕在化していた。だが残念ながらこの時期、「構造改革によって再度経済成長を」といったヴィジョンだけが声高に叫ばれ続けるだけだった。その一方で、現在待ったなしの課題となってしまっている先の「成熟国の罠」にどう対応するのかといった議論は、ごく最近まで低調であった。

我々は、ケインズが「人口減少の経済的帰結」(ケインズ一九三七年)で、成熟経済における「人口が増加から減少に転ずることによって予め予想される重要な社会的帰結」について次のように発言していたことを真剣に検討すべきであったのではなかろうか。「静止人口または減少人口の状態に適応するように、われわれの資本蓄積に対する姿勢が徐々に進化していくことが可能となるならば(中略)現行のわれわれの体制の自由と独立を維持できるという利点と、資本蓄積とそれに付随する資本からの報酬の重要性が低下し、それらが社会制度において本来あるべき水準に戻るにしたがって、(所得分配の不平等化を止めることが出来ない)われわれの体制の欠陥が次第に消えていくという利点」、この二つの利点を実現させることが可能となる、こうケインズは、この論考の七年前の「孫の世代の経済的可能性」での主張に人口減少の影響を付け加えて、論じていたのである。

先に言及した著作で、武田は「「最先進国」日本の挑戦」と題して次のように記している。「この一〇年、二〇年が失われたわけではなく、それは次の時代の経済社会を模索していく挑戦のプロセスと位置付け直すことができるはずです。そして、その意味で過ぎ去った夢を追うことで時間を無駄にすることなく、歴史的評価を得られるように新しい発想で挑戦的な試みを続ける必要があります。経済成長という時代の記憶のない若者たちには、経済成長という呪縛、成長神話から自由な発想があるはずです(武田 終わりに 前掲書)」。先にふれた、我々が今直面している「成熟国の罠」をどう克服するのかについて、「新しい発想での挑戦な試み」に早急に取り組まねばならない。そのような試みこそが、末廣のいう「世界の中での課題解決型先進国」（末廣　終章　前掲書）として日本を再建させることを可能とするはずである。そして、現在直面している罠の克服策を具体化させることは、我が国の将来つまり我が孫たち世代に対する、現在生きている我々世代の責務なのである。

さらに、たとえアジア中所得国が「中進国の罠」を抜け出して次の成長局面に移行できたとしても、早晩成長局面が「高度大衆消費」段階に近づくにつれて経済成長率は低下していこう。タイや中国に続いてインドネシアでも、「人口ボーナス」が終焉するであろう。さらに、地球環境問題の悪化や資源制約の重圧が深刻化することが確実なこれからの世界経済の姿を踏まえると、アジア諸国も以前のような高度経済成長を長期にわたって実現させることはほぼ不可能であろう。この点で、我が国が今直面している罠を克服しうる経済社会面での戦略構想の形成は、アジア諸国の将来に対しても多大の教訓を与えうるものとなろう。

注

(1) この雁行形態的発展という概念は、戦後日本のアジアへの経済外交で大きな意味をもつものになった。この点については、カッツェンスタイン「二章　地域秩序」（二〇一二年）を参照のこと。

(2) この所得分配は、国内要因だけでなく、経済のグローバル化・金融化にともなう「富の極端な一極集中」という動きも含めて捉えるべき問題であろう。

(3) 石川経済学の知的遺産に関しては拙稿（原　二〇一五年）を参照のこと。

(4) グライフは、ヒックスのこの議論を、ヨーロッパでは都市が、中国では宗族が、人々の協力関係の形成に決定的な役割を果たしたことに注目して、両地域の経済発展経路が大きく分岐したと論じていることを注記しておこう。Grief and Tabellini 2010.

(5) 岡崎哲二『江戸の市場経済』は、幕藩体制下で発達していた株仲間が、西欧における商人法による市場統治の仕組みと同型であったという仮説を提示している。これはヒックスの議論を補強するものであろう。

(6) マルク・ブロックは、中世の領主は、土地の所有者ではなく、社会の統治者であったと指摘している（ブロック　一九五九年）。またボズラップも、部族の首長とは、私的土地所有者＝地主ではなく、地方統治者であり、彼等に支払われる慣習的贈与は、地代というより公的職務に対する報酬であったと論じている（ボズラップ　第九章　一九七五年）。

(7) この収入経済は、翻訳者は注記で「貢納経済」と訳すことも可能であると指摘している。

(8) ボズラップは、イギリスのインドでの植民政策について以下のように指摘している。「いちじるしく異なる二つの経済的機能に対して、ともに地主landlordという語をあてていることが、イギリス植民地行政官たちの誤った認識を説明するのに役立ちうる。すなわち、彼らは部族的または封建的土地所有制度について明察を欠いていたのである。植民地行政官たちは、部族的首長や封建領主を、いずれも公的機能をもたない私的土地所有者のごとくにとり扱った（ボズラップ　第一一章　一九七五年）。

(9) ルイスは農業で技術進歩が起こった場合、農家の就業決定に関わる留保賃金が上昇し、農工間交易条件が不変なら、工業に対する労働の供給価格が上がると考えている。拙著（原　二〇一三年　序）を参照されたい。

(10) ヒックスの過剰労働の定義は、ルイスに比べて明確ではない。しかし斎藤が次のように述べているように、ルイスの議論との近親性は明らかであろう（斎藤　第二章　一九九八年）。労働需要が労働予備群を吸収するほど大きく増大するという議論が歴史の説明に有効性をもつのは、近代経済成長に移行した経済である。類似のアイディアを近代以前の都市と農村との「プロレタリア均衡」に適用して論じたヒックスも、「産業革命以前の状況においてはめったに起こらなかった」であろうと述べている。つまり産業革命以前やその最中にはルイス流の無制限的労働供給のモデルも有効であるということになる。

(11) 世界農業発展にみられるこのような違いに関しては、野田公夫が次のような世界農業類型論を提示していることを付記しておこう（野田 二〇一二年）。農業構造が開発のはじめから大規模であったアメリカ、豪州のような新開地という構造改革不要地域。古くからの小農農業からエンクロージャーなどによって大規模農場を作りあげたヨーロッパという旧開地での構造改革達成地域。そして数百年にわたって小規模農業経営が持続している我が国のような旧開地での構造改革不可能地域という類型論である。

(12) リカードが一定とした賃金とは、自然（長期）均衡において成立する労働の自然価格である生存費賃金である。「前払賃金」である流動資本と差額地代を関連づけたリカードの経済発展モデルの理論構造につては、根岸（根岸 四 二〇〇四年）も参照されたい。

(13) コラム「ヒックスの新古典派的生産関数論批判」を参照されたい。

(14) ルイスとヒックスは、貿易論においてもほぼ同型のリカード型モデルを提示している。これについては拙著（原 二〇一三年 序）を参照されたい。

(15) ヒックスの経済学の変遷に関しては、井上（一九九一年）や小畑（二〇一一年）も参照のこと。

(16) スミスの二つのタイプの分業論に関しては、根岸隆「アダム・スミスの分業と構造変化」（根岸 二〇〇八年）も参照されたい。

(17) 純貿易比率の推移をみると、金属がいまだマイナスのままであったのに対して、機械は一九二〇年代末にはプラスになり輸出産業化していることが分かる。（大川・小浜 第八章）

(18) 大川・小浜は、機械価格が一九〇二―一一年平均価格と比較したとき、一九三〇―四〇年平均価格はGNPデフレーターに比べて大きく低下したことを指摘している（大川・小浜 注八）。

(19) 奉公人における丁稚＝小僧＝子供衆、手代、番頭というキャリアパスを辿る奉公人は長期雇用、そして下男は短期雇用となっていた。斎藤は、このような雇用システムが、江戸後期には上方の大商店で形成されていたことを示している（斎藤修 一九八七年）。

(20) 大野健一によると、明治維新の指導者、例えば大久保利通は不平等条約で押し付けられていた自由貿易は、現在の自由貿易論者が説くような牧歌的なものではなく、日本の産業振興にとってきわめて不利であることを理解していた（大野 第一章 前掲書）という。

(21) この時期の輸出産業の発展については、序章で紹介した赤松要の有名な「雁行形態論」を参照のこと。

(22) この朝鮮での産米増殖計画を遂行したのは、地主勢力に動かされていた政友会ではなく、商工党ともいうべき憲政会系内閣であったと、東畑精一が指摘している（東畑 一九六八年）。

(23) 一九二〇―三〇年代、日本だけでなくアメリカ、西欧諸国でも同様の保護農政が採用されている。この事実に関して逸見謙三は以下のように指摘していた。大恐慌後ケインズの教義の影響もあって、先進国は「厚生国家」に変質し、国民主義的性格(著者追加—ナショナリズム)をもった所得再分配政策が採用された。不況への応急的対応であったので、政策の中に種々の不合理、不調整を含んでいた(逸見　第二章　一九六三年)。

(24)経済危機までの両国の経済成長の展開に関しては、拙著(原　一九九四年)の「第三章　タイ」「第四章　インドネシア」を参照のこと。

(25)経済危機の要因については拙稿(原　一九九八年)を参照のこと。

(26)一九八六年に山澤らが、タイの繊維産業が保護政策下で輸入代替を達成し一九七〇年代末になると企業の輸出志向もたかまり、コスト削減と品質改善が進み自立化してきた。これに比べて、はじめから輸出が目的で導入された電子工業品の組立産業は、外国企業が資本、技術、部品、材料、輸出市場めで、およそ労働以外はすべてセットにしてもち込んだものであり、自律的な発展とはいい難い、と指摘していたことを付記しておこう(山澤・タンブラーチャイ　一九八六年)。

(27)農業での短い時間だけでの雇用は「低位雇用」とも呼ばれてきたものである。タイでも、一九八〇年代までは農村において、農家の女性成員は、農作業のない乾季には、労働意欲をもたない「非労働力」となっていたのである(原　第三章　一九九四年)。

(28)この両タイプの発展モデルの長所・短所を含めた比較に関しては、拙著『アジア・ダイナミズム』を参照のこと。

(29)この文章は、ルイスが古典派の生存水準が農民の平均生産物で決まると言及していること(Lewis　一九五四年)を踏まえた記述である。

(30)尾高論文の計量分析による実証の詳細については、拙稿(原　二〇一四年)を参照のこと。

(31)柳田の日本農業史に関しては拙稿「日本農業・農村のかたちと変遷」(原　Ⅳ部　二〇一三年)を参照のこと。

(32)これら一連の動きとその中核にいた農政官僚石黒忠篤については、中村(二〇〇七年　四「大正および昭和初期の農政思想」)を参照のこと。

(33)二〇〇三年農業センサスによると、チャノートと利用証書の交付率は全国で六九%まで上昇してきている。これらの土地証書の法的整備によって、土地市場での売買や賃貸による地域内での土地再配分が促進された。だがいまだ三〇%程度の農地は、土地利用の保証や売買の権利を欠く状態にある。その理由のひとつは、国有地での農地利用が存在していることである。詳細は塚田(二〇一四年)を参照のこと。

(34)ギアツのこの作品は、一九五三—五四年に東部ジャワのクディ県パレでのフィールド調査に基づいている。マサチューセッツ工科大学が組織化したこの研究プロジェクトに、ギアツと一緒に、先にふれたジェイも参加していた。

(35)ミャンマーの植民地期の農業発展については、拙著(原　Ⅲ部五　二〇一三年)を参照のこと。

(36)詳細は拙稿(原　二〇一五年)を参照のこと。

(37)ここで郷鎮企業の事例を紹介しておこう。この郷鎮自身は

「曖昧な」所有構造をもち、所有面では公有企業だが、経営はかぎりなく民営企業に近い。一九九〇年代には、この郷鎮政府に代わって県市政府自体が政府間競争の主力となり、土地開発権限を掌握して、膨大な土地販売収入を独占して、それを原資にして地域振興を続けてきた。こうして土地バブル化が加速し、また農民からの土地の強制収用も強行されたのである。

(38) 柏は「資本家と経営者との関係は、決して雇用と傭人との関係ではない。資本家はどこまでも経営者に対して、自己の蓄財の利用を「包」的に託しているのである。それゆえ、資本家は「財股」(物的資本)を出し、経営者は「人股」(人的資本)を出すところの合股の関係である」ため、大規模な工場制企業は成立していないと指摘している。

(39) 加藤も引用しているが、岸本が、柏や村松は西洋的な発展段階論や共同体論などのモデルでは捉えきれない中国社会の個性を、その基底まで掘り下げて総合的に理解しようという問題意識を共有していた。こう指摘し、改革開放後の中国経済の実態が明らかになるにつれて、「柏や村松の論じた「中国的なるもの」のモデルをどうように受け止めるか」が非常に重要な課題となってきたと論じている(岸本　二〇〇六年)。

(40) 経済改革における歴史的制度の復活ないし再生については、拙著(原　Ⅲ二　一九九六年)も参照のこと。

(41) この「包」の再活性化は、前章での市場経済の未発達による資源配分機能の不十分さを補完するものとしての慣習経済の積極的機能を強調した石川滋の議論と同様の議論であるともいってよいであろう。

(42) 司馬の中国の文明論については、拙著(原　Ⅰ部　二〇〇五年)を参照のこと。

(43) モノづくりでの利潤率低下は、日本だけでなく先進国に共通した趨勢であった。そのため資本は、より高い収益が得られるような金融商品へとその運用対象を求めざるをえなくなっていた。これが、一九九〇年代以降の世界規模での金融自由化の波を引き起こしたのである。この問題については、水野のいう「利子率革命」論やダニ・ロドリックの「ハイパー・グロバリゼーション」論(ロドリック　第四、五章　二〇一三年)を参照のこと。

(44) そのための政策として農協改革が政争になっている。農業以外の産業では戦後改革で、財閥解体に代表される、独占企業体制をより競争的な産業構造に変革される政策が実施された。だが対照的に、一九四七年の農業協同組合法の制定以降、農業はこの農業協同組合中央会が指令塔となる独占的な構造に変質してきており、これが今論争の的となっているのである。

(45) 小田切・藤山(終章　二〇一三年)。

(46) このような戦略産業選定基準を、篠原三代平は、需要サイドでの所得弾力性の商品差、供給サイドでの「動態的に考察された比較生産費基準」ないし「比較技術進歩率基準」とを組みあわせたものであったと指摘している(篠原　一九五七年)。

(47) 篠原は労働者の経営者に対する交渉力を強化させた、ガルブレイスの「拮抗力」という概念を援用して「巨大な外国企業に対抗可能な強い国内企業を養成することこそ、実は自由化後に市場独占の帰結を伴わないようにするための必要条件だし、資本自由化のプラスの効果を享受するためにも必要不可欠である」と指摘している（篠原　一九七〇年）。

(48) 機械工業は、幅の広い製品分野での生産現場で連続的な技術改良を実現させ、多様な関連産業に対して重要な波及効果を与えたことで、戦後日本でも高度成長を牽引する重要な役割を果たした。この事実を指摘し武田が、機械工業は分業と協業の巧みな組み合わせによる生産性の上昇というアダム・スミスの経済発展論の典型的事例であると記している（武田　第二章　二〇一四年）ことを付記しておこう。

(49) この論点については、拙著（原　Ⅲ　三　一九九六年）を参照のこと。

参照文献

邦語

青木昌彦『青木昌彦の経済学入門―制度論の地平を拡げる』ちくま新書　二〇一四年。

赤松要『世界経済論』国元書房　一九六五年。

石川滋『開発経済学の基本問題』岩波書店　一九九〇年。

「中国経済研究者として」『アジア研究』五〇巻一号、二〇〇四年。

伊藤順一「過剰就業論の今日的課題」泉田洋一編『近代経済学的農業・農村分析の50年』農林統計協会　二〇〇五年。

井上義明『「後期」ヒックス研究：市場理論と経験主義』日本評論社　一九九一年。

梅村又次『賃金・雇用・農業』大明堂　一九六一年。

荏開津典生「経済成長と農業の可能性」『日本農業の経済分析』大明堂　一九八五年。

岡本隆司『近代中国史』ちくま新書　二〇一三年。

大内力『農業史』東洋経済新報社　一九六〇年。

『日本経済論　上』東京大学出版会　一九六三年。

大川一司　ヘンリー・ロソフスキー『日本の経済成長』東洋経済新報社　一九七三年。

大川一司『日本経済の構造―歴史的視点から』勁草書房　一九七四年。

「過剰就業　再論」大川一司・南亮進編『近代日本の経済発展』東洋経済新報社　一九七五年。

大川一司・小浜裕久『経済発展論　日本の経験と発展途上国』東洋経済新報社　一九九三年。

小倉武一『土地立法の史的考察』農業総合研究所　一九五一年。

大野健一『産業政策のつくり方　アジアのベストプラクティスに学ぶ』有斐閣　二〇一三年。

岡崎哲二『工業化の軌跡　経済大国前史』読売新聞社　一九九七年。

『江戸の市場経済――歴史制度分析から見た株仲間』講談社　一九九九年。

尾高煌之助『労働市場分析――二重構造の日本的展開』岩波書店　一九八四年。

「二重構造」中村隆英・尾高煌之助編『二重構造』（日本経済史六）岩波書店　一九八九年。

「「全部雇用」のメカニズムを探る」法政大学比較経済研究所・尾高煌之助編『近現代アジア比較数量経済分析』法政大学出版局　二〇〇四年。

小田切・藤山浩編著『地域再生のフロンティア――中国山地から始まる　この国の新しいかたち』農林漁村文化協会　二〇一三年。

小畑二郎『ヒックスと時間――貨幣・資本理論と歴史理論の統合』慶応義塾大学出版会　二〇一一年。

キム・アンダーソン「所得格差と農業保護」大塚啓二郎＋白石隆編著『国家と経済発展　望ましい国家の姿を求めて』東洋経済新報社　二〇一〇年。

柏祐賢『経済秩序個性論Ⅱ　中国経済の研究』人文書林　一九四八年。

加藤弘之『「曖昧な制度」としての中国型資本主義』ＮＴＴ出版　二〇一三年。

「中国型資本主義をどう捉えるか」Waseda Asia Review No 16　二〇一四年。

加納啓良「砂糖と米」『事典　東南アジア　風土・生態・環境』弘文堂　一九九八年。

「第五章　砂糖の時代とクルチュールバンク」「第一二章　農業問題の展開」『現代インドネシア経済史論　輸出経済と農業問題』東京大学東洋文化研究所　二〇〇三年。

【図説】「資源大国東南アジア　世界経済を支える「光と陰」の歴史」洋泉社　二〇一四年。

栗原百寿『日本農業の基礎構造』（一九四三年）『昭和前期農政経済名著集』農山漁村文化協会　一九七九年。

川野重任「雇用　低所得就業」大川一司・川野重任編『現代農業分析の展望』大明堂　一九五八年。

関志雄『中国　二つの罠――待ち受ける歴史的転換』日本経済新聞出版社　二〇一三年。

岸本美緒「中国中間団体論の系譜」岸本美緒編著『帝国日本の学知　第三巻　東洋学の磁場』岩波書店　二〇〇六年。

小池和男『日本産業社会の「神話」経済自虐史観をただす』日本経済新聞出版社　二〇〇九年。

斎藤修『商家の世界・裏店の世界』リブロポート　一九八七年。

「労働」西川俊作他編著『日本経済の二〇〇年』日本評論社　一九九六年。

『比較史の遠近法』ＮＴＴ出版　一九九七年。

『賃金と労働と生活水準――日本経済史における一八―二〇世紀』岩波書店　一九九八年。

佐藤百合『経済大国インドネシア――二一世紀の成長条件』中公新書　二〇一一年。

『比較経済発展論　歴史的アプローチ』岩波書店　二〇〇八年。

椎野幸平・水野亮『ＦＴＡ新時代　アジアを核に広がるネットワーク』ジェトロ　二〇一〇年。

重富真一「なぜタイはコメ輸出規制をしなかったのか」『アジ研ワールド・トレンド』「特集　途上国の穀類輸出――その現状と課題」二〇一〇年四月号。

斯波義信「社会と経済の環境」『民族の世界史（五）漢民族と中国社会』山川出版社　一九八三年。

白石隆『インドネシアから考える　政治の分析』弘文堂　二〇〇一年。

「インドネシアにおいて経済成長の政治はいかにして復活したか」大塚＋白石編『国家と経済発展　望ましい国家の姿を求めて』東洋経済新報社　二〇一〇年。

白石隆　ハウ・カロライン『中国は東アジアをどう変えるか　二一世紀の新地域システム』中公新書　二〇一二年。

新谷正彦「タイ農業における耕地フロンティアの消失と労働雇

用　一九五〇—一九九七」『西南学院大学経済学論集』二〇〇一年。

「農業部門における過剰就業」本台進編著『通貨危機後のインドネシア農村経済』日本評論社　二〇〇四年。

『タイ国農家家計の合理的行動：スパンブリ県の農家経済調査による分析』西南学院大学学術研究書　二〇〇七年。

末廣昭『タイ　中進国の模索』岩波新書　二〇〇九年。

『新興アジア経済論　キャッチアップを超えて』岩波書店　二〇一四年。

中村隆英『戦前期日本経済成長の分析』岩波書店　一九七一年。

「附論「日本資本主義論争」について」『明治・大正期の経済』東京大学出版会　一九八五年。

『昭和経済史』岩波現代文庫　二〇〇七年。

根岸隆「四　リカードの変な経済地理」『経済学史24の謎』有斐閣　二〇〇四年。

「アダム・スミスの分業と構造変化」『経済学の理論と発展』ミネルヴァ書房　二〇〇八年。

野田公夫『〈歴史と社会〉日本農業の発展論理』農山漁村文化協会　二〇一二年。

武田晴人『脱・成長神話——歴史から見た日本経済のゆくえ』朝日新聞出版　二〇一四年。

高橋塁「現代ベトナム農業における経営規模の拡大とその雇用吸収力」坂田正三編『高度経済成長下のベトナム農業・農村の発展』日本貿易振興機構アジア経済研究所　二〇一三年。

高槻泰郎『近世米市場の形成と展開—幕府司法と堂島米会所の発展』名古屋大学出版会　二〇一二年。

塚田和也「タイにおける農地の所有と利用」『農業と経済』二〇一三年一二月　臨時増刊号。

富永憲生「一九三二〜三六年の日本経済—高度成長過程の分析」原朗編『中村隆英先生還暦記念　近代日本の経済と政治』山川出版会　一九八六年。

大豆生田稔「農林省の成立と食糧政策」原朗編　前掲書。

宮島英昭「昭和恐慌期のカルテルと政府——重要産業統制法の運用を中心にして」原朗編　前掲書。

東畑精一「磯永吉と台湾の蓬莱米」『図書』一九六八年一一月号。

「農政学者としての柳田國男」『文学』一九六一年一月号。

原洋之介『東南アジア諸国の経済発展—開発主義的政策体系と社会の反応』東京大学東洋文化研究所　一九九四年。

「タイにおける経済成長・所得分配・民主主義——「東アジアの奇跡」論再考」南亮進他編『デモクラシーの崩壊と再生　学際的接近』日本経済評論社　一九九八年。

『アジア・ダイナミズム——資本主義のネットワークと発展の地域性』NTT出版　一九九九年。

「一橋大学のアジア学——赤松要のアジア経済論を軸にして」『日本のアジア地域研究シリーズ　一橋大学「アジアの中の中東」プロジェクト事務局　二〇〇一年三月号。

「開発経済学と「日本の経験」」社会経済史学会編『社会経済史学の課題と展望』有斐閣　二〇〇二年。

『東アジア経済戦略——文明の中の経済という視点から』NTT出版　二〇〇五年。

『「農」をどう捉えるか――市場原理主義と農業経済原論』書籍工房早山　二〇〇六年。

『アジアの「農」日本の「農」――グローバル資本主義と比較農業論』書籍工房早山　二〇一三年。

「比較農業論のすすめ――グローバル化時代の日本農業経済学会に課せられた課題」『農業経済研究』第八六巻第二号　二〇一四年。

「石川開発経済学から何を引き継ぐか―ベトナム農業・農村研究の展望を通じて」『アジア経済』二〇一五年六月号。

パットゥラ・チェルドチユチャイ 大塚啓二郎「所得構造の長期変化と貧困削減――タイ農村の事例、一九八七年と二〇〇四年」大塚啓二郎＋桜井武司編著『貧困と経済発展　アジアの経験とアフリカの現状』東洋経済新報社　二〇〇七年。

福井清一「農業政策」安場保吉編著『東南アジア社会経済発展論三〇年の進歩と今後の展望』勁草書房　二〇〇五年。

福井清一編著『新興アジアの貧困削減と制度　行動経済学的視点を捉えて』勁草書房　二〇一四年。

藤本隆宏・新宅純二郎編著『中国製造業のアーキテクチャー分析』東洋経済新報社　二〇〇五年。

藤田幸一「モンスーン・アジアの発展経路」杉原薫他編『講座生存基盤論　第一巻』京都大学学術出版会　二〇一二年。

本台進「通貨危機と農村経済――概要と研究の枠組み」本台進編著『通貨危機後のインドネシア農村経済』日本評論社　二〇〇四年。

本台進・中村和敏「インドネシア農業の過剰労働と貧困世帯の分布」南亮進・牧野文夫・郝仁平編著『中国経済の転換点』東洋経済新報社　二〇一三年。

逸見謙三『世界農産物市場の課題』大明堂　一九六三年。

南亮進「第四章　所得分配の変化　I雇用と賃金」江見康一・塩野谷祐一編『日本経済論』有斐閣　一九七三年。

『日本の経済発展と所得分布』岩波書店　一九九六年。

「日本の転換点――労働市場の基調変化とその意味」南亮進・牧野文夫・郝仁平編著『中国経済の転換点』東洋経済新報社　二〇一三年。

南亮進・小野旭「要素所得と分配率の推計――民間非一次産業」『経済研究』第二九巻第二号　一九七八年。

南亮進・馬欣欣「中国経済の転換点」『アジア経済』二〇〇九年一二月号。

「中国労働市場の変貌と転換点」南・牧野・郝仁平編著『中国経済の転換点』東洋経済新報社　二〇一三年。

水野和夫『世界経済の大潮流――経済学の常識をくつがえす資本主義の大転換』太田出版　二〇一二年。

宮本又郎『近世日本の市場経済』有斐閣　一九八八年。

村上泰亮『反古典の政治経済学』「上：進歩史観の黄昏」「下：二十一世紀への序説」中央公論社　一九九二年。

村松祐次『中国経済の社会態制』東洋経済新報社　一九四九年。

『近代江南の租桟―中国地主制の研究』東京大学出版会　一九七〇年。

安場保吉「二重構造」嘉治元郎・村上泰亮編『現代経済学の展開』勁草書房　一九七一年。

山澤逸平 ソムサック・タンブンラーチャイ「発展途上国の工業品輸出化――タイの繊維産業と日本の歴史的経験」大川一司編『日本と発展途上国』勁草書房 一九八六年。

山田三郎ほか『中部タイ稲作農村の経済変容』東京大学東洋文化研究所 一九八六年。

柳田國男『日本農民史』刀江書院 一九三一年。

山本博史『タイ糖業史――輸出大国への軌跡』御茶ノ水書房 一九九八年。

『FTAとタイ農業・農村』筑波書房ブックレット二〇〇四年。

吉川洋『現代マクロ経済学』創文社 二〇〇〇年。

『デフレーション〝日本の慢性病〟の全貌を解明する』日本経済新聞社 二〇一三年。

米倉等「東ジャワのファーミングシステムと制度・慣行」米倉等編『発展途上国における市場制度の整備に関する研究――インドネシアの農村地域を事例として』東北大学大学院農学研究科 二〇〇六年。

頼駿介『インドネシアのアグリビジネス改革 輸出指向農業開発と農民』日本経済評論社 二〇一二年。

翻訳

アレン、ロバート『なぜ豊かな国と貧しい国が生まれたのか』グローバル経済史研究会訳 NTT出版 二〇一二年。

アビジット・V・バナジー エスター・デュフロ『貧乏人の経済学――もういちど貧困問題を根っこから考える』山形浩生訳 みすず書房 二〇一二年。

ダロン・アセモグル&ジェイムズ・A・ロビンソン『国家はなぜ衰退するのか 権力・繁栄・貧困の起源 上・下』鬼澤忍訳 早川書房 二〇一三年。

ハリー・オーシマ『モンスーン・アジアの経済発展』渡辺利夫・小浜裕久訳 勁草書房 一九八九年。

アブナー・グライフ『比較歴史制度分析』岡崎哲二／神取道宏監訳 NTT出版 二〇〇九年。

マルク・ブロック『フランス農村史の基本的性格』河野健二・飯沼二郎訳 創文社 一九五九年。

ロンド・キャメロン ラリー・ニール『概説 世界経済史Ⅱ 工業化の展開から現代まで』速水融監訳 東洋経済新報社 二〇一三年。

タック・チャルームティアロン『タイ―独裁的温情主義の政治』玉田芳史訳 勁草書房 一九八九年。

ロイド・E・イーストマン『中国の社会』上田信・深尾葉子訳 平凡社 一九九四年。

マイケル・スペンス『マルチスピード化する世界の中で 途上国の躍進とグローバル経済の大転換』土方奈美訳 早川書房 二〇一一年。

コリヤー、ポール 中谷和男訳『最底辺の一〇億人』日経BP社 二〇〇八年。

フランク、A・G『リオリエント―アジア時代のグローバル・エコノミー』山下範久訳 藤原書店 二〇〇〇年。

ブローデル、フェルナン『歴史入門』金塚貞文訳 中公文庫二〇〇九年。

マディソン、アンガス『二〇世紀の世界経済』金森久雄監訳　東洋経済新報社　一九九〇年。

P・J・カッツェンスタイン『世界政治と地域主義　世界の上のアメリカ、ヨーロッパの中のドイツ、アジアの横の日本』光辻克馬・山影進訳　書籍工房早山　二〇一二年。

ダニ・ロドリック『グロバリゼーション・パラドクス　世界経済の未来を決める三との道』柴山圭太・大川良文訳　白水社　二〇一三年。

ケネス・ポメランツ／スティーブン・トピック『グローバル経済の誕生――貿易が作り変えた世界』福田邦夫／吉田敦訳　筑摩書房　二〇一三年。

ボズラップ、エスター『農業成長の諸条件　人口圧による農業変化の経済学』安澤秀一・安澤みね訳，ミネルヴァ書房　一九七五年。

ギアツ、クリフォード『インボリューション　内に向かう発展』，池本幸生訳　NTT出版　二〇〇一年。

世界銀行『東アジアの奇跡――経済成長と政府の役割』白鳥正喜監訳　東洋経済新報社　一九九四年。

アダム・スミス『国富論　国の豊かさの本質と原因についての研究　上・下』山岡洋一訳　日本経済新聞社出版社　二〇〇七年。

ケインズ「孫の世代の経済的可能性」（一九三〇年）山岡洋一訳『ケインズ説得論集』日本経済新聞出版社　二〇一〇年。

「人口減少の経済的帰結」（一九三七年）松川周二編訳『デフレ不況をいかに克服するか　ケインズ一九三〇年代評論集』文春学藝ライブラリー　二〇一三年。

アレクサンダー・ガーシェンクロン『後発工業国の経済史――キャッチアップ型工業化論――』絵所秀紀／雨宮昭彦／峯陽一／鈴木義一訳　ミネルヴァ書房　二〇〇五年。

J・A・シュンペーター『経済分析の歴史 上』東畑精一・福岡正夫訳　岩波書店　二〇〇五年。

トマ・ピケティ『二一世紀の資本』山形浩之・守岡桜・森本正史訳　みすず書房　二〇一四年。

ヒックス、J・R・『新版・賃金の理論』内田忠寿訳　東洋経済新報社　一九六五年。

『経済史の理論』新保博・渡辺文夫訳　講談社学術文庫　一九九五年。

『資本と時間―新オーストリア理論』根岸隆訳　東洋経済新報社　一九七四年。

『ケインズ経済学の危機』早坂忠訳　ダイヤモンド社　一九七七年。

『経済学の思考法　貨幣と成長についての再考』貝塚啓明訳　岩波書店　一九九九年。

スコット、ジェームス・C『モーラル・エコノミー』高橋彰訳　勁草書房　一九九九年。

英文

Akamatsu Kaname "A Theory of Unbalanced Growth in the World Economy" *Weltwirtshaftiches Archiv* 86, No.2 1961.

"A Historical Pattern of Economic Growth in Developing Countries"
The Developing Economies Preliminary Issue 1962.

Asian Development Bank *Asia 2050: Realizing the Asian Century* 2012.

Gill, I., and H. Kharas *An East Asian Renaissance : Ideas for Economic Growth* World Bank 2007.

Doner, Richard "Success or Trap? Crises and Challenges in Export-Oriented Southeast Asia" *Two Crises: Different Outcomes* edited by T.P. Pempel and K. Tunekawa Cornell University Press 2015

Albert Hirshman "The Rise and Decline of Development Economics"
Essays in Trespassing: Economics to Politics and Beyond Cambridge University Press 1979.

Lewis W. Arthur "Economic Development with Unlimited Supply of Labor"
Manchester School of Economics and Social Studies, May 1954.
"The slowing down of the engine of growth" *American Economic Review* Sep. 1980

Ammar Siamwalla and Suthad Setboonsarng "Thailand"
The Political Economy of Agricultural Pricing Policy Vol.2 Asia edited by Anne O. Krueger, Maurice Schiff and Alberto Valdes.

Siamwalla, A. "A history of Rice Policies in Thailand" *Food Research Institute Studies* vol.14, no.3 1975.

Hal Hill *The Indonesian Economy Second Edition*, Cambridge University Press 2000

Peter Warr "The ending of the trade policy bias against agriculture: Evidence for Indonesia and Thailand" *The Rise of Asia:Trade and investment in global perspective* edited by Prema-chandra Athukorala Routledge 2010.

Petrer J. Katzenstein, *Small States in World Markets: Industrial Policy in Europe*, Cornell University Press 1985.

Timmer, P "Does BULOG Stabilize Rice Prices in Indonesia? Should It Try?" *Bulletin of Indonesian Economic Studies* Vol. 32, 1996.

C. P. Timmer " Energy and Structural Change in the Asia-Pacific Region : The Agricultural Sector" Paper presented for the 13th Pacific Trade and Development Conference, January 1980.

Richard F. Doner *The Politics of Uneven Development:Thailand's Economic Growth in Comparative Perpective*, Cambridge University Press 2009.

Chongvilaivan, Aekapol *Harnessing Production Networks: Impacts and Policy Implications from Thailand's Manufacturing Industries* ISEAS 2011.

Shafiq Dhanani, Iyanatul Islam and Anis Chowdhury *The Indonesian Labour Market Changes and Chalenges* Routledge 2009.

Jan Luiten van Zanden and Daan Marks *An Economic History of*

Indonesia 1800-2010 Routlege 2012.
Timmer, M. P., and G. J. de Vries "Structural Change and Growth Accounting in Asia and Latin America" *Cliometrics*, Vol.3, No. 2 2009.
Narissara Charoenphandhu and Ikemoto Yukio "Income Distribution in Thailand: Decomposition Analysis of Regional Disparity" *Journal of Rural Economics* Special Issue 2012.
Higashikata Takayuki, Etsuyo Michida and Kazushi Takahasi "Quantitative Analysis of Indonesia's Short and Long-term Development Strategies" Background Paper No.4 for JICA-IDE Joint Workshop on Indonesia's Development Strategy and Future Direction of IJCA7s Assistance in Indonesia 2008.
Jay, R Javanese *Villagers: Social Relations in Rural Modjokuto*, MIT press 1969.
Mulyo, J. H. and Fukui, S.Testing the Separation Hypothesis in Rural Java: Revisited『農林業問題研究』163, 2006.
Odaka, K. and Yuan, T. J. Disguised Unemployment Revisited, *Journal of International Studies* 20 2006.
Shintani, M. *The Process of Agricultural Growth in Thailand: Analysis of Long-term Statistics for the Period of 1950-1997* 九州大学出版会 2003.
Grief, Avner and Tabellini, Guido Cultural and Institutional Bifurcation: China and Europe Compared, *American Economic Review* May 2010.

第三部　二一世紀のアジア経済をどう捉えるか　アジア・ダイナミズム再考

——長い歴史的パースペクティブの下に

本報告の狙い

GRIPSに赴任して、もう一〇年以上が過ぎた。この間、アジアからの留学生に、講義や論文指導で接してきた。そして、二一世紀になってアジア諸国がどういう政策課題を抱えているのかを、垣間見ることができた。このことは、私にとって本当に貴重で大切な経験であった。

さて、GRIPSに付置されている政策研究院で「アジア研究」という研究プロジェクトを二年ほど前からおこなっている。この研究は、過去の日本におけるアジア研究を回顧して、これから我が国はアジアと関わっていくために、どういう研究をすすめるべきかを考えることを狙ったものである。このような野心的な目標を前提にして、まず、二一世紀になって以降、アジア諸国の経済がどういう政策課題に直面しているのかを明らかにし、これからわが国がアジア地域とどう接していくべきかを具体的に構想することを目的に、研究会を組織することにした。

その際、二一世紀に入る前後からアジア地域の経済研究を本格的に始めた、現在五〇歳代で我が国のアジア経済研究の中核を担っている研究者に報告をしてもらうことにした。そして、昨年夏前から、研究会を続けてきた中で、私も、アジア経済が今、二〇世紀とは大きく異なる状況に直面していることを、改めてはっきりと確認できた。さらに、欧米という先進経済へのキャッチ・アップという競争で、アジア地域で先頭を走ってきた日本が、アジア諸国をリードするという二〇世紀の構図はもはや崩れていることも明らかになった。

ところで、前世紀末に東アジアが金融・経済危機に見舞われる直前に上梓した拙著『アジア・ダイナミズム』(一九九六年)において、二〇世紀末において、次の二つの点でアジア経済が大きく変貌し始めていることを指摘しておいた。第一は、工業化のメカニズムが変貌して、それまで多くの経済学者によって暗黙にでも信じられていた日本の雁行形態論的工業化モデルのアジア経済の成長分析への妥当性が問われるようになっていたことである。次いで第二は、コンピューター技術の飛躍的な技術革新によって、日本も含めたアジア経済において情報化が急速に進んでいることであった。

このように前世紀から大きく変容し始めている二一世紀のアジア経済のこれからをどう捉えるべきなのか。この点を明確にして、これからの日本とアジアとの間のあるべき関係を構想するためにも、長い世界史のパースペクティブの下に、アジア経済の変容を捉えておくことが不可欠だと確信した。そこで、歴史的視点から、二一世紀に顕在化し始めた「新しい現実」を捉えようと試みるときに、見過ごせない重要な論点を、私なりに提示しようと思い、この報告を書いたのである。

二〇二一年一月

原　洋之介

「歴史は、現在と過去との対話である。」E・H・カー『歴史とは何か』

序章

今から振り返ってみると、二〇世紀から二一世紀への世紀の移り目は、我が国を含めてその経済の大きな歴史的転換点であったことが、改めてわかる。一九九七年夏、「突然」タイ、インドネシア、マレーシアさらに韓国が金融・経済危機に見舞われた。そしてこの経済危機を契機として、これらの諸国で、経済改革だけでなく政治制度の抜本的な改革が実施され、二一世紀を迎えることとなった。また同年わが国でも北海道拓殖銀行の破綻をはじめとする金融危機が発生し、金融の仕組みの再編成を最大の課題として二一世紀に入った。同時に省庁再編という国家統治機構の改造もおこなわれた。そして小泉政権が、二〇〇二年初頭に、「東アジア共同体」構想を公表し、我が国の通商政策も、それまでのＷＴＯ重視から、地域的経済連携であるＦＴＡ／ＥＰＡの締結へと大きく転換した。このように、日本もアジア諸国もまさに同時代的に、同様の課題に直面する中で、二一世紀を迎えたのである。

一九九三年に世銀レポート『東アジアの奇跡—経済成長と政府の役割』が上梓されてから、二〇〇七年に『An East Asian Renaissance Ideas for Economic Growth（東アジアのルネサンス——経済成長の理念）』が公表される間に、アジア地域の経済は、大きな転換点を迎えていたのである。このことを印象づけるのは、『東アジアのルネサンス』が「中所得国の罠」という問題提起をしていたことであろう。

一九七三年末に初めて東南アジアに旅して以来、ほぼ半世紀にわたって、アジアへの紀行を続けてきた。この半世紀に、アジア諸国の政治経済レジームには大きな変貌が起こり、また日本との関係も、「日本とアジア」といった関係から、「アジアの中の日本」へと変貌していった。また、半世紀前には想像すらできなかったが、中国の世界経済への影響力が増大し、次いでやや遅れてインドもアジアでの重要度を増してきている。このような動きを受けて、アジア開発銀行は、最近の報告書で、二一世紀が「アジアの世紀」となる可能性すら指摘しているのである。

長い世界経済の歴史を振り返ると、二一世紀にアジアが世界経済の中核になってくることは、間違いないようである。アンガス・マディソンによる世界各国の歴史的GDP推計が示しているように、今から二世紀前の一九世紀初めまでは、中国とインドというアジアの二つの大国が世界経済の中で最も大きなウェイトを占めていた。そして、二世紀前にイギリスで産業革命が始まって以降、世界経済の中心は西欧へと移動し、続いてアメリカへと移動し、アジアは世界経済の中で周辺化していった。しかし、前世紀中頃から、アジア諸国で先進経済へのキャッチ・アップ型経済成長が実現し始め、二〇世紀末には既に「中所得経済」の水準に達していた。そして、現在中国は経済規模でアメリカに次ぐ第二位の大国となっており、またインドが第三位になるとも予想されている。まさに、世界経済の中心がアジアへと回帰してきている。と同時に、アジアの経済秩序は、日本が中心であった時代から、「中国の台頭」もあり、多様化に向けて変化しつつある。歴史のこのような長期的変動を的確に回顧することなくして、アジア、世界の中での二一世紀の我が国のあるべき姿を構想することなど、できないことは明らかである。

私よりは四半世紀ほど若い世代の研究者後藤健太は、近著『アジア経済とは何か』「終章」で、我が国は「アジアとともに未来を築く」ことが必須であることを強調している。これまでのように先進国日本がアジアを選ぶのではなく、アジアから選ばれる日本へ変わること。日本を含めたアジア地域内の多様性を受け入れること。そして、過去に蓄積してきた日本が世界に誇る暗黙知を提供していくこと。これらこそが、アジアとともに未来を築くための必須条件である。私も後藤のこの提言には基本的に賛成である。

さて、このように未来を見据えて、これからのアジア経済を、長い世界史的パースペクティブを念頭に置きながら、どのように捉えるのか。

そこで第一章では、前世紀末に私が、どう二一世紀のアジア、特に東南アジアの経済の将来を予想していたかを、拙著『アジア・ダイナミズム』の関連部分を紹介することで、示しておくことから始める。その後、二一世紀のアジア・ダイナミズムの核ともいうべきモノづくりにおけるグローバル化とデジタル化について見ていく。具体的に第二章では、二一世紀に入ってアジア経済のダイナミズムを牽引することになったグローバル・バリューチェーンの形成という二〇世紀後半期からの工業化のメカニズムの変貌を検討する。続いて第三章では、工業化でのグローバル・バリューチェーンの形成とも密接に関連している情報通信技術の飛躍的革新によるデジタル・エコノミー化の抱えている問題点を検討する。そして、最終章では、現在我々が目にしているアジア経済の変化、そして世界経済の変化が本当に歴史的にみて「新しい」展開であるといえるかどうかを、歴史学者フェルナン・ブローデルの経済史とジョン・ヒックスの市場経済発展論の再読を通じて、検討していくことにする。

第一章　前世紀末の「アジア・ダイナミズム」論

世界銀行から『東アジアの奇跡』と題する報告書が出版された一九九〇年代初め、私はこの報告書の対象となっていたタイやインドネシアに足繁く旅を続けていた。確かにこれらの諸国では、かつてその二〇年くらい前に「奇跡」ともてはやされた我が国にも似た高度経済成長が展開していた。だが同時に、「深いグローバライゼーション」が急激に進む中で、それまで関税や資本移動制限などで守られていた「国民経済」の溶解すら垣間見えるようにもなっていた。そして、これらの諸国では国内金融市場を急速に世界市場に開放したために、多量の短期資本が流入してインフレが進み、かつ為替レートの過大評価によって非貿易財である土地の急速な値上がりなどのバブルが生じていることにも、私は気がついた。そしてこれらの見聞を踏まえて、『アジア・ダイナミズム』を書きあげたのである。

まず、経済を動かす力をもつ「資本主義」という概念を改めて考え直すべきであろうと考えて、歴史学者フェルナン・ブローデルの資本主義論の洞察力に注目した。そして、拙著が出版された翌一九九七年夏に、世界銀行によって奇跡を実現していると賞賛された東南アジア諸国は、移り気なグローバル資本の移動で大きな危機に見舞われた。このことによって、資本主義という概念を見直さなければならないという私の想いは確信となった。そして、学生時代以降アジア経済を捉えるとき、常にその理論的基準としてきた二重経済論は、現在のアジア経済研究には不十分である

ことにはっきりと気が付いたのである。(1)

我が国では、マルクス学説に強く影響されてか、資本主義とは生産力の上昇という発展段階に応じて「近代」に生まれた歴史的な生産様式として理解されていた。しかしそれでは、現在世界経済の現実を的確に捉えることはできない。マルクスの歴史発展段階論とは決定的に違って、ブローデルは、その記念碑的作品『物質文明・経済・資本主義交換のはたらき』の中で、歴史を通じてあらゆる時代に、資本主義、市場経済そして物質生活・物質文明という三つの階層が存在し続けてきたことを強調していたのである。資本主義は、どの時代にもそれを取り囲む経済社会とは異質の原理で動くひとつの部分社会集合として存在してきた。経済制度の歴史発展段階論という見方とは全く異なり、時代によって資本主義のスケールとその影響力に大きな変化がみられはするものの、この三層構造はどの時代でも同時代的に併存して続けてきた。このような通歴史的にみられる階層の同時性・共時性こそが、歴史のダイナミズムの変わることなきエネルギーを発生させる根拠である。ある地域・国でどういう経済制度・仕組みが展開し維持されていくかは、何世紀にもわたる社会全体の運動に規定されている。そして現代は、過ぎ去った諸世紀をその糧として生まれており、歴史的発展という広がりを含んでいる。こうブローデルは語っている。

『アジア・ダイナミズム』では、この資本主義は、その巨大な力によって、世界中の多くの地域・国を、広域的な「ネットワーク」に結合させてきたこと。その過程で、その時代時代に、発展の中心と周辺という世界経済の構造を再生産し続けてきたこと。そして、前世紀末ころからは、発展途上段階にいまだあったアジア諸国においても、政治的独立以降成立していた「国民経済」という枠が溶解し始めていること。これらの事実を論じた。そして、拙著の公刊直後に、東南アジアで金融・経済危機が発生したことで、ブローデルのいう資本主義の力が内在させている荒々しさが、図らずも露呈されることになったのである。

資本主義と市場経済

先に触れたように、ブローデルは「資本主義・市場経済・物質生活」という経済の三層構造論を提示している。(2)では、この三層構造論と経済発展論とをどう接合させるのか。以下、この問題について、自らこの構造論をわかり易く解説している『歴史入門』を援用しながら、私なりに紹介しておこう。

三層構造の中間にある市場経済を、彼は「市・商店・行商人・大市・取引所・銀行」という「交換の道具類」を仲介とする「生産と交換のメカニズム」と特徴づけている。(3)この市場経済は多数の同質的主体間での競争をその基本としているため、散在している多数の消費者と生産者がともに「予想外のことの起こらぬ「透明」な交換、各自があらかじめ一部始終を知っていて、つねにほどほどのものである利益が大体推測できるような交換（「第二章　市場経済と資本主義」）」をおこなうことができる。このような取引における規則性・透明性を支える制度として、「交換の道具類」と表現しうる「市・店・銀行・大市・取引所」が発達してきた。そのため、人々は安心して自らが所有する私有財産を商品として交換しあうことが可能となっている。こう指摘し、続けて以下のように書いている。

「こうして、成否はともかく、人々は、交換がそれ自体で決定的な役割を、均等をもたらす役割を持つものであり、競争によって格差を均等化し、供給と需要を調整するものであり、要するに、市場が隠れた慈しみ深い神であると信じるようになる。まさしく、アダム・スミスの「見えざる手」であり、自己調整能力をもった一九世紀の市場であり、それこそが経済の要であり、自由放任がその通行証である」と。さらに追加して、「何より市場競争の利点（「人類が初めて手にしたコンピュータ」）を認めるにしても、少なくとも、市場による生産と消費の結びつきが不完全なものでしかないことを指摘しておく必要がある。その結びつきが部分的なものに留まっているということからだけでも、不完全であることは免れがたい。部分的という言葉を強調しておこう」と続けている。

ブローデルは、「市場経済しか目に入らないという危険性、それを微に入り記述することによって、まるでそれが圧倒的な力を持つ永遠の存在であるかのように言う危険性がある。しかし、市場経済とは、大きな全体の中の一部分にすぎないのである。というのも、その本質は、生産と消費を仲介するということに尽きるから」であると指摘する。そしてこのような市場経済に対比して資本主義を、「基本的に利他的でない目的でおこなわれる、資本投入という絶えざる賭け」であり、どんなところからでも利潤を作りだそうとして、常に前進的に自己拡大しようとする大商人・

営利企業がおこなう経済活動の束であると、ブローデルは特徴づける。その活動の領域は何処でもまた何でもいい、つまり資本の論理とは基本的にジェネラリストの論理である。そして、商業・金融こそがジェネラリストという資本主義にピッタリ適した「自分の領域」の活動であり、モノづくりという生産の場は「他人の領分」である。さらに、その淵源は、歴史始まって以来冒険商人に担われてきた遠隔地交易・金融活動にある。資本主義の本性とは、決して競争ではなく独占にある。資本主義は、独占ないし寡占という力を利用して、自らがそのなかで活動を展開させる経済環境を不連続的に変化させていき、更なる利潤をえようとする終わりなき経済活動である。ブローデルは、こう語っている。

資本主義とは、なんらかの意味での特権的力をもった経済主体からなるシステムである。その力は、資本調達力、情報収集力、広告宣伝力、技術開発力、製品差別化力、政治力にまでおよぶ。そして、資本主義には、物的なものから精神的なものにいたる貨幣経済展開のための基礎条件、とくにそれが従うべきルールの体系を能動的に革新する、という他の階層がもちえない特権力が備わっている。このルールの体系とは、単に法体系だけでなく、言葉づかいやエチケットなどの文化体系をも含む。こういうルールを変革する力をもったプレイヤーは、市場経済の担い手のような単なる「経済ゲームのプレイヤー」ではありえないのである。

二〇世紀末に、私はアジア経済のダイナミズムをどう捉えていたか

さて、『アジア・ダイナミズム』では、東南アジア経済に焦点をあてて、次のような時代区分を提示しておいた。一五世紀半ばから一七世紀末までの「商業の時代」、その後一九世紀初めまでの「危機の時代」、一九世紀半ば以降の植民地化された「強制された自由貿易の時代」、そして二〇世紀半ば以降の「国民国家・国民経済の時代」。これらの各時代の歴史を論じた後、二〇世紀末になってのアジア経済のダイナミズムを次のように捉えていた。以下その本文を縮約しながら、ほぼそのまま再録しておこう。

一九八〇年代後半以降、大半のアジア諸国は国民経済としては未成熟のまま経済の自由化にとりくみ始めている。経済自由化をしなければ、外国から資本が流入してくれず、

そのために隣国に経済成長の点で遅れをとってしまうのでは、という強迫観念とでもいえるものにひきずられるかのように、各国は相互競争の渦の中に急激にまきこまれ始めている。

特に金融面での取引は、まさにそれが資本主義の本性であるが故に急速に世界的規模でひとつの市場に統合されつつあるといってよい。この流れにアジア地域内で最も見事に反応したのは、いうまでもなくその本性が資本主義的商人そのものとみなされている華商であり、彼等が商業の時代から変わることなくもち続けてきた仲間内信用取引の伝統が再活性化され、アジア地域全体で金融市場の国際的統合化が激しいスピードで実現されつつあり、中国も改革・開放政策の実施を通じてこの金融市場への参入を深めている。また「非居住インド人」と通称されている世界各都市に住む離散商人であるインド商人達は、その出自が基本的にバイシャ・カーストの金貸し業者であったこともあって、華商と全く同様にその伝統的ネットワークを再活性化させて、母国インドの改革・開放政策に反応してボンベイ等大都市の金融市場を国際マーケットの中に統合させる大きな力となっているようである。

アジア各国は、国際金融市場からの資本流入を加速化させるべく、国内金融市場の自由化と開放をおこなう中で、特に株式市場の育成に情熱をそそぎ、そこへ外国人投資家が参入しやすいような条件整備をおこなっている。こういう政策はそれなりに効果を発揮して、アジア各国では最近株式市場が急成長してきているし、またこれらがアジアの地域としての高度成長の重要な要因となっていることは確かである。

しかしながら同時に、こういう金融の余りにもはやい速度での自由化・開放が、アジア諸国に経済不安定化という大きな問題を投げかけ始めていることを軽視してはならないであろう。東南アジア地域で経済成長の優等生とみなされているタイの事例をここで少しみておこう。

一九九〇年代半ば、タイでの株式ブームに反転現象が生じ、株価の低落が生じはじめている。メキシコ通貨危機と連動してバーツの切り下げがうわさされる中で、アメリカの投資家が株式市場で「売り」をはじめたことが、そのきっかけであったとされている。また海外からのポートフォリオ投資も、一九九四年にはネットでマイナス値を記録するなど、タイ国内から資金流出が生じ始めているようである。これら株価の低落や海外への短期資金の流出は、確かにどこでもみられる短期的変動であるといってもよいかも知れないが、株式市場の急成長をもたらしたような「期待がすごくたかまった時代」(Krugman) がタイではすぎさりつつあるのは否定しきれないであろう。金融自由化と連動して生じていたバンコクでの土地投機もそのピークをすぎ、地価の低落が生じているともいわれているし、またこういう地価・株価の低落によって不良債権をかかえる銀行も増えているともいわれている。容易に高い収益率をもとめる期待が実現されていたユーフォリアの時代は、タイでも、意外に短かったようである。

歴史の流れという視点からアジア経済の現代の動きの中で読みとっておくべき最も重要な事態は、資本主義自らが作りだす私的ネットワークそのものである金融のグローバル・マーケットが力を増加させるにつれて、それに反比例するかのように国民国家の主権者としての政府がもちうる経済への影響力が低下し始めているという事態である。現在資本の逃避に対する強迫観念におされてか、各国政府は直接投資誘導のための税制改革や金融市場の規制緩和・自由化を集中的にすすめているが、こういう動きの中で国民経済の将来にとって有望と考えられる産業や国民経済の基底部門である農業に対して、長期的資金を流すといった政策を採用することがもはや不可能に近い状態になりつつある。グローバル・マーケットが各国政府の政策を判断し評価する主体の立場に登場したことで、各国は国内社会の必要を優先させるような政策を実施する選択肢すら失いつつあるといってよい。特に金融面での国際市場統合がすすむことで、国境はもはや資本移動に関して国内外を区別する機能を失ってしまっており、国民国家の誕生とともに囲いこまれて作られた国民経済という制度枠は溶解し始めたといって過言ではないであろう。

金融自由化と併せて貿易の自由化もおこなわれていることで、諸国間の製品の流れにも大きな変化が起こっている。ごく最近までアジア地域の発展途上国ないし後発国の経済成長のドラマは、雁行形態論というモデルで語られていた。これは、その成長段階に応じた要素賦存比率に対応した比較優位をもつ産業を輸出産業化させることで、各国は経済成長の段階を上昇していけるという構図であった。ある一時点の静止画像をとってみると、先発国が技術集約財を、中進国が資本集約財をそして後発国が労働集約財を輸出している姿がうかぶことになる。しかし時間の経過をおりこんだ動く画像をとってみると、静止画像がうつし出したような比較優位に適合した輸出産業が育っていることで地域全体として経済成長がすすみ、中進国は先発国に、後発国は中進国に、そしてどこからか新たな参入国が出来それが後発国になるという「重層的追跡過程」がみられるという訳であった。(4)

しかし最近になって、生産技術の大きな変化によって、事態は大きく変化している。新しい製品の開発は別にして、ほとんどの製品、部品・中間財において生産技術の標準化がすすんだために、深いキャリアをもった人材がいないと生産出来ない製品・中間財の数は急速に減ってきている。大半の製品・中間財は中学校卒業程度の学歴の労働者で充分に生産出来るとすらいわれている。そのため、関連した製品と部品・中間財を地理的に集積させて生産する必要は全くなくなり、製品、部品・中間財の生産技術の差に応じてそれぞれ最も適当なところで生産することが可能になってきた。そしてアジア各国政府は、こういう企業の直接投資を少しでも多く自国にひき入れるべく資本移動にかかわる規制を撤廃していったし、また税制・利潤送金等に関しても外国企業に有利になるような処置を採用してきた。こういう諸条件に誘発されて、日本だけでなく韓国・台湾の諸企業もアジア地域全般にわたって部品・中間財、そして製品を生産する工場をあちらこちらに立地させたことで、現在アジア地域内では企業内貿易としか性格づけえない製品、部品・中間財の国際貿易量が急拡大を続けているのである。そのため、労働力の豊富な国が労働集約的産業に属するある業種にふくまれる大半の製品を輸出しているといった事態はもはや全く見られなくなりつつあるといってよい。アジア地域内の国際分業と貿易のパターンは、技術集約財・産業、資本集約財・産業、労働集約財・産業という雁が正しい順序をもって群れをなして飛んでいるという構図ではもはや捉えうるものではない。あえて類似した構図をさがしてみるとしたら、それは多様な小型飛行機が入り乱れて演技を競い合う曲芸飛行「エアー・ショー」(エドワード・チェン)とでも名づけうるものであろう。(5)

金融と製品取引双方において国内市場の地域的ないしグローバルな市場圏への統合がすすんだ背景に、現代世界の技術革新の基本といえる情報技術面での革新が大きな力として存在していることは間違いない。マルチ・メディア革命とも俗称されているこの技術革新によって、多種多様の情報収集と加工が容易になったことは、経済活動の組織化にかかわる取引費用を大幅に低下させる結果をもたらし、金融・商業等の経済活動を大きく活性化させ始めている。今までは的確な情報収集が困難であった遠い国・都市の株式市場の情報も、この技術革新によって容易に収集出来るようになったことが、アジア諸国の新興株式市場の活性化を支えていることは明らかである。また、誰でもが容易に多地域にまたがる多製品の市場状況を知ることが可能になったために、他人より少しでもはやく情報を収集しえた人々が安い所・時に買いそれを高い所・時に売るという商業活動があらためて活性化してきていることも事実である。最近「価格破壊」といわれている動きはまさにこういう形での流通分野での商業活動の活性化である。またアジアで展開している部品・中間財の取引においても、部品メーカーが高く買ってくれるところであれば親会社のライバル企業に対して売るといった新しい型での取引ネットワークがみられはじめているという。このように、「スーパー産業化」ともよばれる(6)(村上泰亮『反古典の政治経済学』「第二章」)情報技術の革新は、資本主義がそのネットワークをひろげ作りあげていくときの要にある情報仲介業としての金融業・商業を活性化させる力を発揮している訳である。ポスト産業資本主義ともよばれる情報技術革新下での資本主義は、その本質で商業・金融資本主義のより強い力をもっての復興であったといってよい。そして、資本主義のネットワーク形成力が一段と強力になったために、国民経済の溶解も加速化している訳である(7)。

歴史の中の現代

ところで、現在急速にすすんでいるアジア地域での国民経済の開放・自由化は、政治・経済主権をもつ各国政府が自らの判断で決定している以上、一見すると一九世紀後半に自由貿易を外から強制された時代とは違ってみえるかも知れない。しかし一九世紀中頃にみられた自由貿易の強制はアジア市場を開放して自らのネットワーク形成の範囲を拡げたいとするヨーロッパ資本主義の圧力におされたものであったこと、ならびに現在の自由化もグローバル・マーケットからの圧力におされたものであることを考えると、その基本的政治経済プロセスは同質のものであるといってよい。この意味で間違いなく現代アジアは一九世紀後半の時代に回帰しているといってよい。

しかし、この強制された自由貿易の時代には、未だ宗主国と植民地という、ゆるやかではあったがそれなりの仕切りがあったのに対比してみると、今のアジアの方がより空間的に開放的である。この意味では、まさに商業の時代への回帰であるとみた方がより適切なのかも知れない。また、現代アジアの開放的な資本主義ネットワークの中核の担い手は間違いなく華商であり、それに加えてインドのバイシャ・カーストに属する商人が急速に参入しようとしている事をみてみると、まさに商業の時代へと回帰しているといった方がよいことがわかる。

勿論現在アジア経済は、商業の時代にはなかったいくつかの条件をもっている。その一つが、スーパー産業化あるいはポスト産業資本主義をもたらしているといわれる情報技術での大きな革新である。この技術革新によって、現代アジアが、商業の時代とは比較しえないスケールとリズムとテンポで経済取引を拡大し、経済成長を実現させてきているることは事実である。しかし同時に、この技術革新が経済不安定化の危険性をも商業の時代にくらべられない程度に拡大させていることも否定しきれない。この技術革新は、商業の時代にみられた資本主義が作り出すネットワークの基本構造を変えたのではなくて、強さ弱さ双方を含めたその形成力をちがったスケール、リズムそしてテンポで再生産させている条件であったといってよいであろう。

現代アジア経済は、商業の時代とも強制された自由貿易の時代ともちがうもうひとつの条件をもっている。それは国民国家という存在そのものである。「政府の失敗」しか眼に入れようとしない極端な新古典派の立場にでもたたないかぎり、この国民国家の存在を軽視したり無視したりは出来ないはずである。現在、グローバル・マーケットの力におされて国民経済が溶解していく中で、国家・政府が経済にかかわる側面でもちうる行動の束が強く制限され始めていることは事実である。他方、国民国家誕生後の試行錯誤の中で各国とも国内統治装置の効率化をはかると同時に、国内経済を効果的に運営する行政能力を身につけてきていることも事実である。この「行政革命」（ヒックス『経済史の理論』「結論」）によってアジア諸国の政府が、グローバル・マーケットの圧力からは相対的に独立して国内経済運営をおこないうるような能力を潜在的には蓄積してきている事実を軽視することは許されないであろう。この意味で国民国家の存在こそが、強制された自由貿易あるいは商業の時代へと回帰しているアジア経済のドラマのなかで本当に「新しい条件」といえそうである。

アジア諸国の国家・政府は、グローバル・マーケットの力を自国の経済成長のために大いに利用しようとはしているが、国内経済の運営がグローバル・マーケットの判断だけでふりまわされることのもつ危険性についても充分に認識しているといってよい。現在さかんにおこなわれているアジア経済に関する議論においては、アジア諸国が貿易・投資等の自由化政策を採用したかどうかだけに焦点があたっているようであるが、現実にはアジア諸国の政府がグローバル・マーケットの圧力と国内問題の解決との間の舵取りに苦労している点を軽視することは許されないはずである。これからのアジア経済を展望していくに際しても、まさにこの新しい条件の存在を議論の中心にすえ直していくことが必要であろう。アジア地域の諸国家・地域のこれからの経済発展には、資本主義がグローバルなレベルで作りだすネットワークに対して相対的に独立・自立した力をもつ国民国家の存在によって、無視しがたい地域性がみられ続けると想定しておくことが必要であろう。

こういう地域性に結果としてかかわっていくと考えられる、アジア諸国の国民経済が現在かかえている困難な問題をみておくことにしよう。そういう問題の解決に各国民国家がどう取り組んでいくかによって、現在一見するとグローバル・マーケットの圧力のもとにほぼ共通したような発展の経路をとっているように捉えられるアジア諸国の間に、かなりの差異が生まれてくることになると予想されるからである。

国民経済の課題（一）――積極的ナショナリズム

二一世紀をむかえるに当たってアジア諸国が直面していたひとつの大きな課題は、どうやって国内の主要産業で技術水準の向上をはかるかという問題であった。東南アジア諸国や中国の経済成長が、労働集約的輸出産業の成長によってひっぱられてきたことは周知の事実である。この輸出産業の成長を支えた第一の条件は、豊富な労働力を安定的に供給しうる基盤が農村部を中心として存在していたという事実である。まさにアーサー・ルイスの非熟練労働の無制限的供給モデルにほぼ近い世界である。第二の条件は、東南アジア各国が初等教育の充実に力を入れたことである。

この教育水準の向上によって、先進国からマニュアル化されたものとして導入された技術を利用しうる労働者の供給が可能になったのである。しかし、最近になってこういう労働集約的産業で労働者の労働生産性がほとんど上昇してこなかったことが大きな問題として顕在化し始めている。端的に表現してみると、低賃金で雇用されうる労働者はその賃金に見合った水準での労働生産性しか身につけることが出来ないというある種の「低賃金・低労働生産性の罠」とでもいった現象が問題視され始めたといってよい。極端にいうと、これはまさに植民地時代のプランテーション経済の展開でみられた問題の再現ともいえそうである(H. Myint)。今日特にアセアン諸国の政策担当者は、このことが自国の二一世紀にむけての経済成長の持続にとって大きな問題点であることを認識し始めている。次々と新しい国・地域が経済政策の開放・自由化を通して、外国企業の受け入れ競争を激化させる形で国際競争に参入し始めたことで、一九八〇年代以降の高度成長の担い手であった労働集約的産業での比較優位が失われてしまうのではないかと、危惧され始めている訳である。

このような認識に立脚して、アセアン諸国の政府は自国民の経済的福祉水準をひきあげるべく、その経済開発政策の再編成にのり出し始めている。現代世界のようにどの国においても誰でも同じように原材料を手に入れ資金を借り入れ製品を生産できる時代には、生産労働者を十分に教育してすぐれた能力を身につけさせる以外に経済競争で長く優位を保つ方法はなくなってしまったことを認識して、初等・中等教育以上の高等教育・技術者育成を最重要課題とするような経済開発戦略を採用し始めている。それと同時に、国家が意図的に将来の有望産業を選定してある程度の保護策を加えることでそれらの産業育成をはかろうとする産業政策的介入もおこなわれている。これらはまさに「積極的経済ナショナリズム」(Reich)とでもよべるような開発戦略である。この代表が、一九九〇年代に入りそれまでの「新しい経済政策」を修正して「国家発展政策」としてまとめられたマレーシアの開発戦略であり、また将来のハイテク産業の時代にむけての準備をすすめるインドネシアの戦略である。

国民経済の課題(二)——国民経済の分裂

さて、アジア諸国も、その経済発展の結果として一九八〇年代、その高度経済成長の中で国内総生産に占める製造業と農業との比重の面での国内経済構造の大転換をすでに経験している。一九九三年時点で製造業・農業が国内総生産に占める比率をみてみると、韓国で二七%、七%、台湾で三二%、四%、マレーシアで三〇%、一六%、タイで二八%、一二%、インドネシアで二二%、一八%、そしてフィリピンで二四%、二二%となっている。ところが、日本の経験と全く同様に就業構造の転換ははるかにおくれを示しており、同じく一九九三年時点で総雇用に占める製造業と農業の比率は、韓国で二四%、一五%、台湾で二八%、一二%、マレーシアで二四%、二一%、タイで一一%、六一%、インドネシアで一一%、五二%、そしてフィリピンで一〇%、四六%となっている。まさに農業・農村と製造業・都市との間で労働生産性の格差、ひいては所得格差が大きく拡大しているのである。この種の国内不平等の拡大傾向の是正のためにどういう政治・経済システムがアジア諸国に生まれてくるかは、今のところ著者には読みきれていない。

産業間ではなく家計所得でみても、アジア諸国で所得分配の不平等化がすすんでいることも間違いない。その事例として、タイを少しみておこう。家計所得でみて、最高所得をもつ二〇%の家計が国民所得全体の中で占めている所得の割合は、一九七五年に四九・三%であったものが、一九八六年には五五・六%にまで上昇している。これに対して最貧層二〇%の家計が占める所得の割合は、同期間中六・一%から四・六%へと低下しているのである（Chalongphop Sussangkarn）。経済成長に伴う賃金上昇によって中・低位所得層の所得は上昇しているが、それ以上に経済のグローバル化の中で拡大している様々なビジネス・チャンスを利用して利益をあげうる高所得層の所得上昇率が高くなっている。下層の絶対的生活水準が低下しているわけではないが、高度経済成長下で相対的な意味での国内所得分配は悪化し続けているのである。

その台頭や生活様式に注目が集まりつつある都市中間層ないし「新しい富者」ともよばれる階層は、未だアジア諸国の人口構成上は小さな部分しか占めないものであることを軽視してはならないであろう。確かにこういう階層は多分に主観的な観念をベースにしたカテゴリーであり、客観的統計でその数量をはかることが困難なものであるが、ここで一応職種別雇用統計にもとづいて「専門・技術

professional・technical職」と「管理・経営administrative・managerial職」がその中核の職であると仮定して、全雇用者に占める比率をみてみると、シンガポールで二九・五%、韓国一〇・三%、マレーシア一〇・〇%、タイ四・七%となっている。勿論これ以外の職種をもつ人々のなかにも、中間層は存在していると考えるべきであるが、最大限に見積もってもアジアの人口の二〇%程度でしかないことは間違いないであろう（R. Robinson and D. Goodman）。高度経済成長プロセスで都市中間層に属する人々の絶対数が増加してきていることは間違いないが、アジア諸国において高度経済成長とともにヨーロッパ、アメリカの近代人とも類似したモダニティを身につけ始めているといわれる都市中間層の比重は、未だこの程度でしかないのである。

こういった高所得の職種に参入出来る技能等の能力をもちえていない人々は、いまだ製造業部門の単純労働の職種にしかつけていない。今までのところ、労働集約的な製品の輸出によってアジア発展途上国の中で低い学歴しかもたない労働者への需要も拡大している以上、専門職とこれら労働者との間で賃金格差がひろがっているといったことはみられない。しかし、資本・企業が国境などにとらわれずこれだけ容易に移動しうる現在、より安い賃金の国があれば、そこに企業が移動するので、これら単純労働者の賃金が近い将来に上昇していくとは言えないであろう。資本の国際移動が自由になり、先進国・途上国間で利潤率・利子率に大きな格差がみられなくなると同時に、欧米先進国において不熟練労働者の賃金が低下し熟練労働・専門職との間の賃金格差は拡大しているのである（Adrian Wood）。こういう傾向が現在のアジア高度成長国で出現してこない保証はないのではなかろうか。

以上が、拙著『アジア・ダイナミズム』での問題提起であった。

二一世紀のアジア・ダイナミズムを捉える論点

先に触れておいたように、『アジア・ダイナミズム』を上梓した直後の一九九七年夏に、タイを震源として、東南アジア諸国で金融・経済危機が発生した。この危機からの回復を目指して、各国で大きな政治制度の改革が実施された。しかし見落としてはならないのは、この経済危機にいたるまでの「東アジアの奇跡」とまで称された高度経済成長によって、国内経済構造に大きな変化があった事実である。この国内経済構造の変化が生み出した新たな問題への対応も含めて、各国で政治制度の改革が実施された。こういう大きな政治経済制度の改革によって、アジアの二一世紀が始まったのである。

序章で触れたように、世銀報告『東アジアのルネサンス』は「中進国の罠」という問題提起をおこなっていたが、その背景には、二〇世紀後半の経済成長が、ある意味では必然的にもたらした、国内経済・社会構造の大きな変化があったことを押さえておくことが必要である。前世紀の成長で「中所得国」のレベルに達した多くのアジア諸国では、まず過去の輸出産業で生産性のさらなる上昇を実現させるという新たな政策課題に直面することになった。それと同時に、経済成長に伴って顕在化した国内の各種の経済格差を減らすという政策課題にも直面し始めていたのである。この事実を軽視してはならない。

市場経済の構造変化

ところで、あえていうまでもなかろうが、過去五〇年間にアジア諸国において、ブローデルの「交換の道具箱」としての市場経済のあり様に大きな質的変化が生じていた。このような市場経済の変容を、ジョン・ヒックスが提示してくれている市場経済の発展論(8)を援用することで探っておこう。

ヒックスは『経済史の理論』「第三章　市場の勃興」で、商人が仲介人として行動し始める商業の専門化こそが、市場経済を勃興させた、と記している。続けて、このような商人（卸売商人）の仲介によって、多角的にかつ効率的に交換をおこなうことが可能となった。そして、アルフレッド・マーシャルの商人論を引き継いで、「商人的仲介者によって価格が付けられる組織化されない伸縮価格型市場」、具体的にいえば商人間取引による卸売価格相場の形成に基づく市場取引という「交換の場」が発達してきた、と説いている。

続けて「第九章　産業革命」で、「近代工業」の誕生とは「単に資本蓄積の増加だけでなく、投資が具体化される固定資本財の範囲と種類の拡大なのであった。」「耐久設備が継続的に使用されるとすると、それを運転するために、多少とも永続的な組織と労働力を必要とする。」このような「近代工業」の勃興とは「固定資本が（生産の）中心的地位を占めたとき、あるいは占めはじめたとき」である。

続けて「固定資本の生産費が低下した結果、従来用いられてきた手工業的方法に代わって、機械による生産方法を採用することが有利になったのである。」そして、この固定資本が重要になったことで規模の経済が生まれることになった。

こうして、産業革命以降の経済成長の過程で、寡占的大企業が価格を決める固定価格型市場が支配的となり、経済全体での商品取引の中での商人の地位は低下していった。ヒックスは、この新しい時代を「ケインズの時代」と呼んでいる。このような固定価格型市場が登場してきた要因として、ヒックスは二つを挙げている。第一は、生産において「規模の経済が働く範囲の拡大、すなわち企業規模の拡大」が起こったことである。第二は、「現代的な技術を用いて製品の質を標準化することが可能になり、品質と価格の標準化は相互に強めあう」ようになったことである。「こういう流れの中で、商人は生産者の商品の単なる販路にすぎなくなり、先行のマーシャルの時代に商人がもっていた主導性を失ってしまった」(ヒックス『経済学の思考法』「序文」)。一般的にいって中間財や資本財の生産においては、ヒックスも「産業主義」(同上　第Ⅱ章)で近代経済成長の重要な要素であると指摘していた「規模の経済」が働きやすいのである。

以上のようなヒックスの市場経済進化論に照らしてみると、第四部「日本経済の一五〇年」で詳細に検討するが、明治以降の日本の市場経済は、農産物から繊維製品まで含めたほとんどの商品の取引において、商人(卸売商人)によって価格が付けられる伸縮価格型市場であった。しかし、第一次大戦後に、重化学工業が成長してくることによって、製造業の製品の取引において寡占的企業自身が価格を決める固定価格型市場が誕生してくることで、市場経済は伸縮価格型市場と固定価格型市場とが共存する市場形態へと変化していった。そして、戦後の高度経済成長期をへて一九八〇年代まで、固定価格型市場が支配的な市場形態へと進化していった。しかし、一九九〇年代に入って日本経済がサービス経済化、つまり脱工業化していく中で、固定価格型市場は崩れ始めて、また今世紀に入ってからの情報通信技術の革新によるデジタル経済化によって、再度「商人が主導する伸縮価格型市場」が市場経済の中でそのウェイトを増大させている。歴史的パースペクティブからみると、現在日本において市場経済は、「マーシャルの時代」

の市場経済のプロト・タイプへと歴史的に回帰し始めているると捉えておいていいのではなかろうか。

ヒックスは、『経済史の理論』「第七章　農業の商業化」で、「組織の一形態としての市場は、商人の、そして引き継いては金融業者の創造物であって、農民や手工業者の創造物ではない（中略）ことは、依然として事実である。商品市場と金融市場は、市場制度が本来あるべき場である。」と記している。つまり、わが国において、現在市場経済は、市場経済が勃興した時代のプロト・タイプへと歴史的に回帰し始めていると捉えておいていいのではなかろうか。そして、以下の章でいくつかの側面からみていくように、現在アジア諸国でも、経済のグローバル化の深化の下で、日本のように「ケインズの時代」の市場経済を経験することなく、この傾向がアジアでも見られていることを確認していこう。

第二章　アジア産業化メカニズムの激変——雁行形態論の終焉か

現在（二〇二一年）から一五年ほど前、バンコクの東南に位置する臨海地域チョンブリやシラチャを、本当に久し振りに訪れ、その景観の激変に驚いた。以前この地域は、農村であった。一九七〇年代半ばにチョンブリで、農村調査を実施したことがある。またその海岸の保養地バンセンには、まだ小さかった娘・息子を連れて海水浴に訪れたこともあった。しかしその時、私がシラチャでみたものは、日本人向けの居酒屋であった。というのは、シラチャの南には、海外企業を誘致する工業団地が建設されており、多くの日系企業が工場を作り、多くの日本人技師がそこで働くようになっていたのである。

一九七〇年代、シャム湾に天然ガスがあることが判明したことを契機に、重化学工業開発が政策課題として登場した。その後、日本からの円借款を軸として、東部臨海開発事業が一九八〇年代半ばから始まる。バンコク等からの道路・鉄道の整備に加えて、レムチャバン商業港とそれに隣接する工業団地の建設が進んだ。その後もさらに南部へと開発が進み、マブタプット工業港・工業団地の建設が進められた。二〇〇〇年代に入って、タイは、輸出輸送機械関連企業の集積地として存在感を増し、輸出によって成長する経済へと転換した。さらに各種の中間財を生産する日本の中小企業もタイへ進出し、自動車産業の裾野も広がった。「東洋のデトロイト」とまで評されたタイの自動車産業の基地は、このレムチャバン工業団地である。まさにこの工業団地は、最近国際開発論で重要な仕組みとして注目をあびている産業集積地（アグロメレーション）の代表例なのである。いずれにせよ、シラチャの景観が激変していたのを知って、タイでの工業化が前世紀とは大きく異なったものとなっていることを実感したのである。

第一章で紹介しておいたように、私は、前世紀末ころまでに、アジア地域内で、製造業において、部品・中間財の生産技術の標準化が進み、これら部品・中間財の生産を日本より賃金の低い東南アジア諸国に移転させる直接投資が増加していたことには注目していた。そして、このようなアジアにおける生産ネットワークの形成による産業発展を「雁行形態論」という枠組みで捉えていた。しかし、『アジア・ダイナミズム』を書いていた頃、日本からの直接投資が、アジアにグローバル・バリューチェーンを作り上げるといったことは余り予想していなかった。まさに、私は「二〇世紀の工業化」論に囚われていたことに気がついたのである。[9]

グローバル・バリューチェーンへの参入を通じた急速な工業化

さて、アジア地域内貿易構造の二〇世紀から二一世紀にかけての変化を、後藤は以下のように実に的確に説明してくれている（後藤、前掲書　第三章）。

二〇世紀までのアジア域内貿易のメカニズムは、国際的にみて相対的に低コストで生産できる財に特化するという古典的貿易論に基づいて説明しうる産業間分業であった。ところが二一世紀に入ると、この伝統的な比較優位論に基づく貿易構造が大きく崩れ、生産工程や機能を単位とする工程間の国際分業が増えた。その背景には、モノづくりのあり方が、それまで日本企業が得意としてきた「擂り合わせ（インテグラル）型」から、アジアの新興企業が参入しやすい「組み合わせ（モジュール）型」へとシフトした事態があったのである。

モジュールとは、製品を機能ごとに区分けした部品集合のことである。個々のモジュールは、きわめて高い独立性を有しているが、多くの部品間の接続作業は比較的簡素である。自動車という複雑な製品でも、部品の擂り合わせという製造ライン間での連携作業が生産工程の中で縮小し、部品の外注可能性が高まってきた。「あたかも組み立て玩具のレゴ・ブロックのように共通化した部品を組み合わせることで、そうした技術を持っていない企業でも、液晶テ

レビを含む様々な工業製品を作ることができるようになった。」（後藤　前掲書）

このようにして、一つの企業や国の中で統合されていた生産の一連の流れが、いくつかの生産プロセス（工程・機能）にフラグメント（分断）化されるようになった。そして分断された生産工程は国境を越え、複雑なつながりを形づくりながら分散立地するようになった。そして、情報通信技術の飛躍的革新によって、フラグメント化された多数の生産プロセス間をつなぐサービス・リンク・コストも大幅に低下したのである。

プラザ合意以降、日本で製造していた自動車や電機製品の中で労働集約的生産工程を、日本に比べて賃金の安いアジア諸国に移すという日系企業の垂直的直接投資がつくりあげた生産ネットワークの形成こそが、二一世紀にアジア諸国をグローバル・バリューチェーンの中に引き入れていく基盤となったのである。以上が後藤の議論である。

このようなグローバル・バリューチェーンへの参加による輸出型成長の成功例がタイの自動車である。この成功についてリチャード・ボールドウィンは、『世界経済　大いなる収斂』「第九章　開発政策を見直す」で以下のように記している。

タイは、日系自動車企業の直接投資の導入によって、国際サプライチェーンに加わったが、自由放任戦略はとらなかった。貿易政策とFDI政策は極めて自由主義的であったが、現地調達規制が戦略的に使われた。そのひとつがタイ国内でのエンジン生産促進計画であり、エンジン組み立てメーカーは、全車種ではなく、軽ピックアップ・バンという特定の市場セグメントに焦点を合わせることで、規模の経済を実現させた。

さらに、タイが完全に独立した競合企業を設立しようとはしていなかったので、日本企業はタイが新しい競争相手となることを恐れず、信頼し高い技術をもち込んだ。タイはバリューチェーンの重要なリンクになろうとしていただけだったのである。

かつてNIES（新興工業経済地域）と呼ばれた東アジア諸国では、自動車産業と同様に、電子・電機産業でも、生産工程のフラグメンテーションが大きくすすんだ。この産業では、各種の部品が小型で軽量であり、輸送コストも低かったので、アジア地域で、アップル、東芝、NEC等の完成品メーカーが主導企業としてサプライチェーンを組織した。またモジュール化された部品だけを生産する現地企業も現れ、複数の完成メーカーが参入することでコストを引き下げ、競争力を高める企業が出現した。

また猪俣は、『グローバル・バリューチェーン』「第六章技術革新と経済発展」で、電子・電機産業では「プラットフォーム・リーダー」というプレイヤーが台頭してきた事実を、以下のように強調している。プラットフォームとは、それに基づいて様々な企業が補完的な製品やサービスを開発・供給するような技術基盤、あるいはそれを内包した製品やサービスのことであり、LSI（大規模集積回路）など最終製品の心臓となる基幹部品のことである。プラットフォーム・リーダーはこの技術的特性を利用し、プラットフォームというモジュールの中身を完全にブラック・ボックス化しつつ、他の部品とのインターフェースについては積極的に仕様を開示することで、自社製品の補完財を他社に作らせるという戦略を確立した。その結果、プラットフォーム・リーダーはサプライチェーンの中で圧倒的な力をもつことになった。このような事例は、液晶テレビなどの一般家電からNC工作機といった特殊機械に至るまで様々な製造業で見られる。その代表格は、PC産業におけるウィンテルであったが、プラットフォーム・リーダーは台湾のメディアテックのように新興国でも生まれてきたのである。

産業政策の大転換

ところで、タイと違って、マレーシア重工業公社による「国産車プロトン」プロジェクトは失敗した。なぜか？それはマレーシアのこの自動車計画が、発展途上国が自動車産業で競争力をつけるには、産業全体を構築しなければならない、という二〇世紀型の考えに立脚していたからであった。ボールドウィンはこう指摘している（前掲書　同章）。この「二〇世紀型の考え」とは、深く広い産業基盤がある国が、幅広い最終財で国際競争力をもつことができ、その競争力が販売額の増加につながって、産業基盤は効率的な規模に成長する、という考え方である。マレーシアの国産自動車計画は、国内市場規模が小さかったため売り上げは少なく、規模の経済を実現させせえなかった。マレーシアのこの工業化戦略は、既に時代遅れとなっていた二〇世紀型の考えに立脚していたから失敗した。ボールドウィンは、こう言っているのである。

工場は生産の最小有効規模を満たす必要があるし、現地の労働者も最小限の能力をもっていなければならない。しかし、セクター全体ではなく、ひとつの工程となれば規模の範囲もずっと小さくなる。産業がひとかたまりになる度合いが下がり、「最小臨界努力」の規模も小さくなった。こうして、国際サプライチェーンに参入している発展途上国は工業化を遂げやすくなり、工業化のスピードも速くなった。

こう指摘して、ボールドウィンは二一世紀に入って「まさに、工業化の原理が根本から変わった」と結論づけているのである。その根拠として以下のような事態をあげている。

・デジタル技術の飛躍によるＩＣＴ革命が起きて、生産を国際的に調整できるようになり、発展途上国は部品を輸出しやすくなった。
・発展途上国にとっては、ひとつの工程を構築するために必要なノウハウのほうが、セクター全体を構築するために必要なノウハウより吸収しやすい。
・グローバル・バリューチェーンが構築されると、売り上げと規模の問題が消える。オフショア施設をつくる多国籍企業はすでにグローバルな競争力をもっているので、グローバル・バリューチェーンの中にいる企業にとって、需要と市場規模は重要な要因ではなくなる。

要約すれば、「工程レベルの工業化のほうが取り組みやすい。」「発展途上国が部品を輸出する機会が開かれる。」こうして工業化の原理が根本から変わった。これがボールドウィンの主張である。

高所得経済へのキャッチ・アップのための産業政策

一九九〇年代以降の生産ネットワークの形成から今世紀に入ってからのグローバル・バリューチェーンまでの発展は、アジア諸国が国際分業に参画することで、低所得経済から中所得経済にキャッチ・アップすることを可能にした。しかし他方で、こうした国々が労働集約的な工程・機能だけに依存する状態から、より資本や技術、知識集約度の高い工程・機能を担う産業構造へと発展するためには、企業というミクロなレベルの改革以上に、広く国内経済全体を巻き込むマクロなレベルでの「時代に見合った」戦略の立案・実施が必要となる。こうした課題に対処できない国は、序で触れた世銀報告『東アジアのルネサンス』が指摘していた「中所得国の罠」から抜け出せない可能性が大きいのである。

やや極端に表現してみると、現在多くのアジア諸国が直面しているのは、低賃金で雇用される労働者はその賃金に見合った水準の労働生産性しか発揮できないという「低賃金・低生産性の罠」に陥っている事態といえよう。そして第一章で紹介しておいたように、それは植民地時代のプランテーション経済が抱えていた問題とほぼ同質のものなのである。

この罠からの離脱の方策について、ボールドウィンは以下のように論じている。グローバル・バリューチェーンに加わってボトルネックが取り除かれれば、キャッチ・アップのスピードを格段に上げることは出来るが、グローバル・バリューチェーンは魔法の杖ではない。可能性の扉を開くだけである。自国を中所得国以上に押し上げるための困難な仕事のほとんどは、国内でしなければならない。つまり、最も重要な政策課題は、開発政策の中で、グローバル・バリューチェーンに参加してえた成果を国内経済に波及させる方法を見つけることである。波及経路は、グローバル・バリューチェーンが生まれる前とまったく同じである。追加的な利益は、供給サイドからの波及（バリューチェーン論では「前方連関」と呼ばれる）、需要サイドからの波及（「後方連関」）、スキル形成を通じて生まれることが多い。

需要サイドからの波及は、古い輸入代替アプローチの焦点にほかならない。たとえば、韓国がアメリカに大量の自動車を輸出する狙いのひとつは、十分に大きなエンジン需要を生みだして、国内のエンジン生産を経済的にすることだった。タイが日本の自動車メーカーに現地調達規制を課したのも、そうである。

供給サイドからの波及は、それより新しい。たとえば、バングラデッシュが突然、繊維染料メーカーを誘致して、シャツの迅速な生産を目指して染料を供給するようになれば、バングラデッシュの衣料メーカーは、他の国に対して、優位に立つことが可能となろう。

そして、業務現場での経験を積むことで、スキルと品質を向上させることである。この製品の品質の向上の代表例が、ヨーロッパの大手メーカーに供給しているベトナムのハノイにあるオートバイ向けの部品・コンポーネントである。

雁行形態からムクドリ飛行へ——赤松雁行論再読(10)

ボールドウィンは、一九九〇年代以降の経済グローバリゼーションを、歴史的視点から「第二のアンバンドリング」と呼んでいる(11)。このグローバリゼーションは、情報通信技術革命によって、アイディアを移動させるコストが急激に低下したことによる。具体的にいえば、通信環境が飛躍的に進化して、複雑な活動を遠隔地でも調整できるようになり、先進国から工場が国境を越えて切り離されることが可能となった。

では、その前後で一体何が変わったのか。二〇世紀には、工業化はセクター・レベルで、海外で競争できるようになるには、国内でサプライチェーンを構築する必要があった。経済発展のはしごの一段目は、サプライチェーンが単純な最終財（衣料、靴など）だった。こうした「軽」工業で経験を積んで、次のより高度な産業へとはしごをもう一段登る（少なくとも理論上ではそうなるとされていた）。経済発展がこのような順序だったプロセスを辿るという考えは、まさに先に触れた「二〇世紀型の考え」であり、それは明治以降の日本の工業化を踏まえて、「フライング・ギース（雁行形態）」として赤松要がほぼ一世紀前に提唱したモデルに立脚したものであった。

しかし二一世紀に入ってからは、各国が国際サプライチェーンに加われるようになると、二〇世紀後半にみられた整然とした発展形態が崩れ始めた。国の工業化は産業レベルではなく、工程レベルで進んでいるからである。たとえばベトナムは、冷蔵庫から航空機まで、さまざまな最終財に使われる部品（ワイヤーハーネス）をつくっている。冷蔵庫の生産技術を習得することなく、オートバイ産業に進出し、その後、航空機産業に進出している。

二〇世紀から二一世紀への転換に伴う発展パターンの変化を描写するアナロジーとしては、整然としたV字型雁行形態はもはや見られず、ムクドリの群れ飛行に近いように見えるものにとって代わられた。ムクドリは隊列を組んで飛んではいるが、その形態は絶えず変わり続ける。美しく、整った形をしているものの、この先どうなるかを予想するのは至難の業だ。ボールドウィンは、こう強調しているのである。

さらにボールドウィンは、「雁行形態論の国際版」についても言及している。先頭に立つ国／雁としての日本が能力を蓄積し、経済発展のはしごのもうひとつ上の段にあるセクターで競争する力をつける。ところが、その過程で日本の賃金は上がり、はしごの下の段にあるセクターでの競争力が下がる。すると、日本の次に飛んでいる雁が成長する扉を開く。追従国・地域の第一の波は新興工業経済地域と呼ばれ、「アジアの四龍」と称された。それに続く第二の波を形成した国々は「四頭の虎」と呼ばれた。こう書いている。

後藤も、「産業間の域内分業」をベースとした、二〇世紀のアジアの経済秩序を赤松の雁行形態論に沿って次のように整理している。雁行形態論の原点は、途上国と先進国との関係で見た際、その経済構造が異質なものから同質化へと向かうプロセスに注目した点と、その途上国における国内産業の盛衰サイクルを輸入―国産―輸出―再輸入という貿易形態の変化との関連で途上国の工業化の動態を論じた二つの分析軸に求められる。このような雁行形態的な連関効果を通じた地域全体のシステマティックな発展パターンを捉えたのが、赤松の世界経済論であったのである（後藤 前掲書 第一章）。

ところで、赤松は一九三五年に公表された「我國羊毛工業品の貿易趨勢」という論文で、初めて「雁行形態・フライング・ギース」という表現を使っている。日本の羊毛産業は、完成品の輸入から始まった。輸入しているということは国内に需要があるということなので、その後国内で生産がおこなわれるようになり、生産能力、生産性が上がって、輸出競争力をもつようになり、今度は逆に輸出するようになる。輸入、国内生産、輸出の時系列的動きをグラフに表した小さな山型カーブの連鎖は、空飛ぶ雁の姿に見える。赤松は、講義や講演で、「雁行形態と名付けたのは、秋の月夜に雁が列をなして、飛んでいるとき、山型の列をなし、その列がふたつ、みっつ交差して飛んでいくイメージが私にはあった」と言っていたようである。

多くの国際経済学のテキスト・ブックに取り入れられている、要素賦存を軸とした比較優位に基づく貿易論には、二国間の貿易構造が補完的な貿易構造になると、それによって両方が得をし、予定調和的な形で国の経済発展が進んでいくという主張が含意されている。そしてこのような貿易論は、基本的にいわゆる「静学」であり、残念ながら貿易構造のダイナミックな変化を捉えるのには有効な理論ではない。しかし、赤松の世界経済論は静学ではない。貿易する国々の産業構造が同質化すると、必ず摩擦が生じる。

そしてこの摩擦を解消させるように、世界経済は次のステップへ進むという議論となっている。現代風に言うと、不均衡から均衡へ、続けて均衡から不均衡へというプロセスが繰り返されながら、新しいシステム、ないしメカニズムが生まれるということを、はっきりと強調している。そこには産業技術の高度化と同時に、交通技術の高度化も含まれ、交通技術の高度化は地理的に近い範囲内にひとつの経済圏を生みだす原動力となる。しかし、世界経済が同質化の局面に入ると、各国は必ず保護主義的になる。また世界経済が異質化の局面に入ると、自由貿易という経済政策が主流になってくる。各国の経済政策が保護主義になったり、自由主義になったりする交替のプロセスを、このように捉えていたのである。

最晩年の一九七三年に執筆された「国家経済思想変遷の歴史法則性」（拓殖大学論文集）で、次のように書いている。経済には区別すべき三つの変動がある。まず第一は循環変動である。これは、生産あるいは物価の上昇のうちに自らこれを阻止する矛盾が現われ、その上昇が下降的となるとともに、また下降を阻止し上昇への転換を引き起こすという循環的矛盾である。この循環変動は、「短期」の変動である。第二は、成長変動であるが、それは人口増加とか生活困窮とか技術革新とかいうような変動が生じ、それらが従来の生活実体の在り方と矛盾的、相克的現象を起こす。こうして経済成長期と後退期が交替的に現れるのが、「中期」の成長変動である。そして、最後が構造変動である。これは、経済の諸部分の間に起こる矛盾によって生じる。一つの生活実体、例えば国民経済の諸部分を構成する諸産業の成長率が異なるとき、その国民経済は構造変動を引き起こしている。構造変動は、永きに亘って持続するものであり、経済実体の言わば質的変化をもたらすものである。

総合弁証法を構成する原理からみると、「循環変動は正反が合一に止揚される過程」、これを合一性原理という。「成長変動は事物の現象が正反の対立を生ずる過程」、それを矛盾性原理という。そして、「構造変動はこの正反がより高度な全体性の部分として含み上げられる」全体性原理である。(12) 赤松はこう書いている。

現在の我々にとってはドイツ哲学を踏まえた難解な論理・文章だが、簡単にいえば、赤松は「眼の前の現実を、歴史過程の多層性を踏まえて捉えるべき」という簡単で重要なメッセージを語ってくれていたのである。あえて指摘するまでもなかろうが、例えば米中間の貿易・経済摩擦が発生した背後にどのような世界経済の変動があるのかといった現代の問題を考えるとき、赤松の世界経済論が大きな示唆を与えてくれていることは、間違いない。

結語

ボールドウィンは、近著『GLOBOTICS』「第三章　第二の転換―モノから思考へ」で次のように述べている

一九七〇年代、G7と呼ばれる先進工業国は、世界の工業製品の七〇％以上を生産していた。しかしその後、この割合は低下し始め、一九九〇年代以降急落し、二〇一〇年には四七％以下に落ち込んでいる。これは、「サービス転換」における最も劇的な側面のひとつだ。かつての工業大国が歴史的な速さで脱工業化し、ごく少数の非工業国が歴史的な速さで工業化した。後者の中国、インド、インドネシア、韓国、ポーランド、タイ、トルコを「工業化7」と呼ぼう。

そして二一世紀になって何が「新しく」なったのか？それは、知識・ノウハウが、国際的商取引の一部になったこと、つまり情報通信技術の革新による成熟国から途上国への大規模な技術の一方的な流出である。こうボールドウィンは言っているのである。(13)

しかし、グローバル・バリューチェーンとは、その経済的本質―技術的ではなく―からみて、本当に新しいものなのだろうか？　二一世紀の最初の四半世紀のアジアの「新しいダイナミズム」とされている潮流を、経済の歴史からみて、どう捉えるべきなのか？　アジアに広域的に張り巡らされた、製品企画から、部品生産そしてその世界中への販売というグローバル・バリューチェーンのあり様を知った時、私の脳裏に浮かんだのは、ジョン・ヒックスが『経済史の理論』「第三章　市場の勃興」の「専門化した交易の生成」を論じていた次の一節であった。

「再販売するために購買し、購買したものと物理的には同一のものを再販売する純粋の商人と、購買したものに手を加えて、違った形でそれを再販売する手工業者、あるいは生産者との区別は、しばしば根本的なものだとみなされている。だが、それは技術上の区別であって、経済的な区別ではなく、純粋な商人の店舗と、市場に向けて生産が行われる手工業者の仕事場が、相並んで存在することも可能であった。」既にヒックスはこう言っているのである。

この「純粋な商人の店舗」とは、サプライチェーンをつくり上げた「販売」を主導する日本企業等にあたる。また「手工業者の仕事場」とは、アジアの各地に出現した「産業集積地」で、モジュール化された部品の生産や最終製品の組み立てという「製造」工程を担当している企業群にあたるのではないか。私は、こう思わざるをえなかった。

さらに二一世紀のグローバル・バリューチェーンとは、前章で紹介しておいたヒックスの市場経済の形態変化論を踏まえるなら、市場経済の最も古い形態である商人が主導する伸縮価格型市場―まさに「市場経済の原型」―が新しい形で再生されているといえるのではなかろうか。

さらに、経済理論上の問題についての塩沢由典のコメントを紹介しておこう（「補章『複雑経済学入門』以後の二〇年」『増補　複雑系経済学入門』）。グローバル・バリューチェーンとは、「中間財」の自由な貿易のもとで起こる経済関係を分析できる理論によって説明される現象であると考えられているようである。しかし、中間財という投入財の貿易を分析する一般理論はいまだ現れていない。フラグメンテーションとかサービス・リンクとかの議論によって部分的な説明はできているが、世界全体としてどのような生産特化が生まれ、それとともに各国の賃金率がどのような比率となるかを決める理論は存在していないのである。一九九〇年以降、中国・インドの改革・開放や旧ソ連・東欧の資本主義経済化に伴い、現在世界価値連鎖グローバル・バリューチェーンが出現し急速に発展している。世界価値連鎖は、国際的生産と貿易による部品や原材料のネットワークであり、投入財の貿易理論なしには、この現象を説明することはできない。新古典派にできることといえば、一般均衡理論を国際経済に適用することだが、それでは国際生産特化は説明できない。なぜなら、アロー＝ドブル・モデルでは、コーナ解の分析は基本的に排除されているからである。[14]

第三章　デジタル・エコノミーの捉え方
――市場経済の消滅か

二〇一九年、インドネシアのジョグジャカルタで、ゴージェックの配車サービスを利用した。ｉＰｈｏｎｅで、今どこにいて、別のところまで行きたいという希望をサイトに送る。そうするとすぐに、車の番号と料金が送られてき、それでこちらがいいならその旨を送り、車が来てくれる。そこでは、私が車を利用しようとしていた地域の交通状態などのデータを活用して、ＡＩが料金を決めてくれるダイナミック・プライシングがおこなわれていた。それは、需要が供給を超過した場合には、価格上昇（surge pricing）というアルゴリズムによって、需給がバランスするように、通常料金に上昇乗数をかけたものを実際の料金として乗客に提示するものである。

この配車を利用して移動する間、半世紀前にバンコクでタクシーを利用した時のことを思い出していた。タクシーの料金は運転手と客との間で、その場その場での相対交渉によって決められていた。手をあげて、流しているタクシーをよびとめる。運転席の横の窓から客は顔を突っ込みかげんにして、自分の行きたい場所をつげる。運転手はそれに対してある料金をいう。通常は運転手が提示してくる料金は高いので、「まけろ」と告げる。何度か、こうやりとりをして、料金が決められる。なかなか値引きに応じない運転手もいるので、「もういいから」といって他のタクシーをさがすことになる。客がそういうそぶりをみせると、運転手が値引きに応じることもあるし、また立ち去ってしまうこともある。客は常に他の運転手との交渉可能性をもっているし、また運転手も他の客との交渉可能性をもっている。このため、客と運転手との相対交渉で決まるタクシー料金は、ほぼ相場と表現してもよいような水準から大きくはずれることはなかった。

「もし、価格の安定性が客観的に誰にでも見える直接的な仕組のもとで達成されていないとすれば、価格の安定性は暗黙の直観的な合意すなわち慣習によってもたらされる。なぜなら、価格安定性は、ビジネスゲームのルールの安定や、一層広い生存ゲームのルールの安定にとって必要不可欠であるからである。」期待の経済分析において著名であったシャックルは、その著書『認識論と経済学』の中でこう書きしるしている。私が経験したバンコクでの、客と運転手とがそれぞれもっていた「直観的な合意」による料金決定と、昨年体験したジョグジャカルタでの料金決定とは、一体どこが違っているのだろうか。

ところで、『アジア・ダイナミズム』で私は、当時マルチ・メディア革命と称されていた情報技術の革新による経済変化を次のように捉えていた。

この情報技術革新は、資本主義のネットワーク拡大の要にある情報仲介業としての金融業・商業を活性化させている。しかし同時に、この技術革新が経済不安定化という危険性を商業の時代とは比べられない程度に拡大させていることも否定しきれない。この技術革新は、商業の時代にみられた資本主義が作りだすネットワークの基本構造を変えたのではなくて、強さ弱さ双方を含めたその形成力を違ったスケール、リズムそしてテンポで再生産させているといってよいであろう。こう考えていたのである。しかし、今世紀に入ってからのコンピューター技術の革新は、当時私が抱いていた予想をはるかに上回るものであった。

では、コンピューター技術の飛躍的革新がもたらすアジア経済への影響ないし衝撃とは、一体どんなものになっていくのであろうか。特に最近の情報通信技術の大躍進は、我々が長い歴史を通してその中で生活してきた「市場経済」をどう変質させるのであろうか。少しアジア経済論からは離れるかもしれないが、本章では、経済学にとってもその基本的問題に関わるいくつかの論点に絞って、それぞれやや鋭角的にその問題点を論じていくことにする。

デジタル・エコノミー論――デジタル・プラットフォームとは?

前章で、二一世紀のアジア地域での工業化ダイナミズムを生起させた最も重要な技術的条件とは、情報通信技術の革命であったことをみてきた。この技術革命による世界経済の大きな転換について、ボールドウィンは『GLOBOTICS』「第三章」で以下のように捉えている。

まず、一八世紀以降の農業から工業への大転換である。ついで一九七〇年代初めから、半導体チップの開発というブレークスルーとそれに続く情報通信技術の進展が、大きな転換点となった。この情報通信技術の革新はその後二〇年くらいでいわゆるインターネット革命を生み出し、経済活動のデジタル化が加速化された。このデジタル技術の革新によって、先進国経済において、工業からサービス業に重心が移った。脱工業化ないし「サービス転換」である。そして、二〇〇〇年代半ば以降、コンピューター技術の革新の速度は、日々加速化し、ごく最近に機械学習AIというさらなる飛躍が起こった。

さて、ジャン・ティロールは、『良き社会のための経済学』「第一四章」の「アテンション・エコノミー」という節で、次のように論じている。

「デジタル技術の出現で、データの輸送コストはほぼゼロとなり、地球の裏側に送るにもほとんどコストがかからなくなった。そして入手可能な品目の目録はいまや無限大だ。いまでは供給が少なすぎるよりも、多すぎることが悩ましい。(中略)取引コストの中でしぶとく残っているのは、供給の精査や取引先の選定に関するコスト、そしてシグナリング(この場合には、潜在的な取引相手に対してこちらが信用できることを売り込む行動)に要するコストであって、もはや輸送コストではない。(中略)今日の私たちが抱える問題は、数千数百万の相手の中から、誰と取引するかが最も良いかを判定することである。情報源はほとんど無限に存在するが、その中からこれはと思うものを選んで吟味する時間は限られている。となれば、このゲームで中心的な役回りを演じるのは、仲立ちする企業であり、プラットフォームだということになる。プラットフォームは相手を見つける手伝いをしてくれる。輸送、関税、検索などのコストが下がれば下がるほど、相手の選定に関するコストは相対的に重要度を増す。そして、巧みに選別してくれる高度なプラットフォームが求められるようになる。(中略）言うなれば、プラットフォームは、無限の供給が押し寄せる大海の中で、私たちを導く水先案内人の役割を果たしているのである。しかもそのコストはごく小さい。」

以上からもわかるように、ティロールは、プラットフォームとは、多数の売り手と買い手を「仲介」する役割を果たす主体のことである、と捉えている。続けてプラットフォームの戦略を以下のように整理している。

「一般的に言って、市場の一方のサイドの価格をごく低く設定することによって、プラットフォームは発展する。一方のサイドの低価格が参加者を呼び込み、そのことが間接的に別のサイドの参加者に収益をもたらすということである。こうした価格構造は、両サイドの間の外部効果を十分に活用したものと言える。したがって、利用者の最終的な利益に配慮する。これは何も慈善ではない。利用者が満足すればより多く払ってくれるし、さらにより多くの利用者を呼び込んでくれる。基本的な考え方は、ごくシンプルだ。」この言明からも、デジタル・エコノミーの分析にとっては、デジタル・プラットフォームをどう理解するかが最重要の課題であることは明らかであろう。

ティロールとほぼ同様のことを、野口悠紀雄は『データ資本主義』「第六章　データ資本主義とプラットフォーム企業」で以下のように書いている。

「グーグルは、検索サービス、メール、マップ、カレンダーなどを無料で提供した。有用な道具が無料で利用できるので、人々は喜んで受入れ、その利用を通じて情報を提供してきた。フェイスブックの場合には、利用者が積極的に個人情報を書き込んでくれる。これまでの発想であれば、検索やメールやＳＮＳなどのサービスを利用するためには、手数料を徴収した。しかし、グーグルやフェイスブックは、それらを、データを無料で集めるための道具として利用した。これは、トロイの馬と同じようなものであった。人々は、それを有難い贈り物だと考えて、喜んで生活や仕事の中に引き入れてしまったので、もはやそれなしでは生活や仕事ができないようになってしまった。」

寡占化・独占化するデジタル・プラットフォーム企業

さて、多くの調査が明らかにしてくれているように、企業価値で見た世界トップ企業は、アップル、グーグル、マイクロソフトといったデジタル・プラットフォーム企業となっている。これらアメリカの巨大ＩＴ企業が、地球上のビッグデータを寡占し、その影響力は歴史上これまでにないほど高まっており、これらの大企業は「プラットフォーマー」と呼ばれるようになっている。デジタル・エコノミーでは、ある一つの市場を一つの企業が支配しているという集中化が起こっているのである。このような集中化の要因をティロールは以下のように説明している。

集中化を促す第一の要因は、ネットワーク外部性である。このネットワーク外部性とは、ある財またはサービスの利用者が増加すると、その財またはサービスの利便性や効用が増加することを指す。第二の要因は、スケールメリットである。サービスの中には、例えば高性能の検索エンジンの開発といった、技術面の初期投資が膨大な額に上るものがある。つまり、巨額の先行投資が必要となるのである。こうして、ネットワーク外部性とスケールメリットにより、インターネット経済では「勝者総取り」という現象が起きやすい。さらにデジタル市場の集中化は、独占企業による価格引上げやイノベーションの阻害といった競争上の問題を引き起こす可能性も高いのである（ティロール　前掲書）。

さらにジョセフ・スティグリッツも、近著『プログレッシブ　キャピタリズム』「第六章　新たなテクノロジーが提示する課題」で、ＡＩによるプロファイリングによって、同じ製品において、それを特に重視する顧客や他に選択肢のない顧客に対して、高い料金を設定できるようになってきた。このような顧客ターゲティングによる価格差別は、不公平なだけでなく経済の効率性を損なうことになる。現実にもアメリカでは、ＩＴ大企業の「市場支配力」が急速に高まっている。さらに「第七章　なぜ政府の介入が必要なのか？」では、インターネット中立性のための公的ルールの確立が必須であると強調している。インターネットの管理者は、インターネット利用を希望する人すべてを公平に扱うためには、特にインターネット速度において誰かを優遇してはならない。このインターネット中立性を確立するために、二〇一三年に、インターネットを公益事業として規制するオープンインターネット命令が発布された。しかし、二〇一七年末にはこの命令が撤回され、プロバイダーは今何の法的制約もなく、オンライン企業に提供するインターネット速度を自由に調整できるようになっている。そして、このようなインターネット市場における支配力を利用して、デジタル市場で提供されるコンテンツ市場での支配力を増大させている。こう指摘しているのである。

野口も、プラットフォーム企業は、無料で集めたデータを価値ある資本に転換することで高い利益率を実現させていることを指摘している。(資金という意味での)資本、労働、土地などの生産要素が価値を生みだすという経済理論に沿っていえば、データが(無形)資本になっているわけである。これまでの経済活動の基本的要素は、いずれも資金力を必要とする生産設備や技術力だった。そしてモノづくりの領域で、大企業は独占力を強めていった。しかし、いまやデータがその役割をしている。こう野口がいうように、現在モノづくりの領域から、サービスの領域にある「データ」という無形資産に利益が流れだし、集中化し始めているのである。

プロファイリングとデジタル独裁制

野口は、『データ資本主義』「第三章　ビッグデータによるプロファイリング」で以下のように論じている。プロファイリングに不可欠な個人情報には、第一に「フェイスブックに書き込んだ情報のような、個人が能動的に提供したデータ」。次いで第二に、「観察されたデータ」。カメラやセンサーなどを通じて取得されたデータ、位置情報や購買履歴、ウェブサイトの閲覧履歴など。これらは本人が主体的、能動的に提供したものではないので、データが利用されていることに本人は気がついていない場合が多い。ビッグデータはこれにあたる。そして第三に、「推論されたデータ」。これこそがプロファイリングに利用される断片的な個人情報と他の情報を組み合わせて、推定されたデータである。

これらのビッグデータを利用することで、個々の対象についての個別状況が識別できるようになった。このプロファイリングによって、「平均値の世界」ないし「平均値というベール」から脱却することが可能となり、市場における「情報の不完全性」の克服がそれなりに可能となった。つまり、個人のプロファイリングによって、モラル・ハザードの克服ができるようになり、個々人の信用度スコアリングも可能となってきた。プロファイリングには、このように野口が指摘している、市場経済の機能を向上させる効果があることは見落としてはならないであろう。

しかし、ティロールが次のように指摘している危険性を無視すべきではない(ティロール　前掲書、第一五章)。「デジタル化が社会に受入れられるかどうかは、ユーザーの提供する情報が本人の利益に反することに使われないか、大勢が利用するプラットフォームは機密保持をはじめとする契約条項をきちんと守れるのか、プラットフォーム上の情報や推奨は信用できるか、といったこと次第だ。(15) つまり一言で言えば、信頼性の問題である。」

現在、個人情報を掌握している企業が経済的だけでなく政治的にも、強力な権力を握りはじめており、残念ながら情報がいつも好ましいやり方で使われるとは限らない状況になっている。このことは、情報の所有者がいったい誰かという現代社会の在り方を決める基本問題に結びついている。ティロールは、プラットフォームの利用者が提供した情報そのものと、その情報の処理や加工は明確に区別されるべきであり、前者については情報を提供した本人にポータビリティ(持ち運ぶこと)を含めた所有権が認められるべきだと主張している。さらに、「各個人の履歴からプロフィールが特定され、さらに顔認識システムで顔まで特定されると、ジョージ・オーエルの描いたビッグブラザー、絶えず国民を監視する独裁者を連想させるような事態」が現実化するのではなかろうか、ともティロールは指摘している。

スティグリッツは、前掲書「第一章 分断された社会」で、進化するデジタル技術を国民経済の持続的な成長に活かすためには、国民が安心して交流、売買、投資できる優れた社会組織が作られなければならないことを強調している。「真の国富の基準となるのは、全国民に高い生活水準を持続的に提供できる能力である。」経済全体の生産性を持続的に維持・引き上げるのに最も重要なのは、新しい技術知識の研究開発や、体験を通じた知識の発展である。こういった知識への投資こそが重要であって、金融市場での評価によって決められた財産の蓄積は、真の国富とは全く関係がない。こう指摘して、「国富を真に生み出す」には、第一に基盤となる科学や知識を生みだし、かつ第二に平和的に共存し公益のために協力し合えるような社会制度を構築することが絶対に必要である。先に触れたインターネット市場における大企業の市場支配力を制限するようなルールを、政府が主導して設定することが、インターネット中立性を維持するために、緊急の政策課題となっている。スティグリッツはこう強調しているのである。

ユヴァル・ノア・ハラリは『21 Lessons』「三 自由」で、国家のデータ収集とその管理について、非常に重要な次のような洞察を提示している。

「二〇世紀後期には、民主国家はたいてい独裁国家に優った。民主国家のほうがデータ処理がうまかったからだ。民主主義は、情報を処理して決定を下す力を、多くの人や組織に行き渡らせるのに対して、独裁制は情報と権力を一か所に集中させる。二〇世紀のテクノロジーでは、あまりに多くの情報と権力を一か所に集中するのは効率が悪かった。（中略）

ところが、（中略）ＡＩのおかげで、膨大な情報を中央で処理することが可能となる。それどころか、ＡＩを使えば、集中型のシステムの方が分散型のシステムよりもはるかに効率が良くなるかもしれない。機械学習は、分析できる情報が多いほどうまくいくからだ。あらゆる情報を一か所に集中する試みは、二一世紀には、決定的な強みとなるかもしれない。」

以上のような指摘を念頭において、アジア諸国の中で最もデジタル・エコノミー化が進んでいる中国の現状を見ておこう。まず第一に、梶谷は『中国経済講義』「第六章」で、中国におけるデジタル・エコノミー化を、中国の伝統の再現として捉えることができるのではと指摘している。イノベーションの大きな特徴として、法の支配が貫徹せず不確実性の大きな市場で、アリババ集団やテンセントなどの大手ＩＴ企業が「情報の仲介者」として、プラットフォームを提供し、安定的な取引を成立させている。このことは、伝統的な商習慣として社会の中に根付いてきた「仲介」が、最新のテクノロジーに支えられながら形を変えて現代中国社会で存在感を増しつつあることを示している。例えば、信用スコアをベースにした芝麻信用や零細業者への貸付をおこなう網商銀行など、伝統的な金融機関から融資を受けにくかった者への信用創造がおこなわれるようになっている。また、製造業の分野における「設計の標準化」や「部品の共通化」、すなわちモノづくりの「モジュラー化」の進展もこのような潮流を後押ししている。とくに技術革新が著しい電子産業などの分野では、特定の企業と長期的な取引関係を結ぶよりも、より有利な条件を提示する新規の取引先と契約したほうが効率性の面で望ましい、というケースが次第に増加しつつあるからである[16]。

続けて第二に、現政権は膨大な国民に対する監視カメラ等による統制体制を最近作りあげてきた。この事態に関して、梶谷・高口は、『幸福な監視国家・中国』「第六章　幸福な監視国家のゆくえ」で、中国においてあまり抵抗なく、監視カメラによる個人レベルまで深化した監視体制が受け入れられた背景には、「最大多数の最大幸福」という功利主義的思考が容易に受け入れられるような「幸福観」といった文化的要因があるのではないのか、という興味深い仮説を提供してくれている。中国におけるこのデジタル技術による監視社会は、ビッグデータの収集と管理には、深刻なトレード・オフ関係にある利便性とプライバシーとの相克関係を考える好例となっているのである。

功利主義の論理のコアは、帰結主義、幸福（厚生）主義、集計主義の三つである。帰結主義は、ある行為の「道徳的正しさ」は、その行為選択の結果生じる事態の良し悪しのみによって決まる、という考え方。幸福主義は、道徳的な善悪は社会を構成するひとりひとりの個人が感じる主観的幸福（厚生）のみによって決まり、それ以外の要素は本質的でない、という考え方。集計主義は、社会状態の良し悪しや行為選択の「道徳的正しさ」は、社会を構成するひとりひとりの個人が感じる幸福の総量によって決まる、という考え方。この三つの考え方と、非常に親和的な幸福観が中国の伝統的文化には内在していた。それによって、快楽がより多く苦痛がより少ない状態という「最大多数の最大幸福」という功利主義的装置が受け入れられたのであろう。以上が梶谷・高口の議論である。

いずれにせよ、歴史上いままでなかった水準にまで利便性を高めてくれたのが、デジタル技術の革新であることは間違いない。しかしよく考えてみれば、デジタル技術もあくまで技術のひとつであり、それはいわば道具に過ぎないことも間違いない。そうである以上、我々はこの道具を如何にして賢く使うかを早急に考えなければならない。ハラリも、「人間はこれまでずっと、道具を発明するほうが、それを賢く使うよりもはるかに得意だった。ダムを建設して川の流れを操作するほうが、それが広範な生態系にもたらす複雑な結果を余さず予測するよりも簡単だ」（ハラリ前掲書「一　幻滅」）と指摘している。

工業化社会からデジタル社会へ

さてボールドウィンは、「新たな技術が新たな経済転換を生む」として次のようにその転換を説明している（ボールドウィン　前掲書　第一〇章）。

デジタル技術の革新によってフラグメント化された工

程・機能での作業の自動化とグローバル化は、モノづくりにかかわるセクター、つまり製造業、農業、鉱業の雇用に大きな影響を与えてきた。新技術の衝撃は、先進国では製造業で雇用されていた労働者を、短期間でコンピューター制御の機械に置き換え、以前ほど必要としないようにさせた。

だが最近まで、サービス・セクターは、コンピューターが考える「脳」をもっていなかったので、ほとんどのサービスは国境を越えるのが困難であり、自然に自動化とグローバル化から守られていた。しかしデジタル技術のさらなる革命、とりわけ機械学習が離陸したことで、オフィス・ワーカーや専門職の雇用にも大きな衝撃を与え始めている。手よりも頭を使うサービス業でも、革新されたデジタル技術を活用すれば労働生産性が上がるようになった。こうして、サービス・セクターもモノづくりセクターと同じ運命に立たされるようになっている。そのため、二〇世紀までの「古いルール」はもはや持続しえないので、『仕事ではなく労働者を守る』仕組みを早急に準備することが必須となっているのだ。こうボールドウィンは書いている。

先に触れておいたように、デジタル化の進展とともに、富を生む基盤として、知識やデータという形のない資産の重要性が増してきた。確かに、知識や情報など無形資産は他の人が同時に使うことができるので、他の企業にも恩恵が広がる場合が多く、経済全体の生産性上昇に貢献する。そしてその効果を生かすためには、データなどの共有・利用を可能にする仕組みがカギになる。しかし同時にその一方で、デジタル化は所得格差を広げる懸念がある。早晩、非熟練労働者の高い失業率と科学技術を身に付けた熟練労働者の不足という二重苦に陥る可能性が高い。デジタル化がこのまますすめば、各国の労働市場に二一世紀型の二重構造が出現する可能性は否定できないのである。

古いバザールからデジタル・プラットフォームへ

ここで論点を変えて、多数の売り手と買い手を「仲介」する存在として、ティロールが捉えていたプラットフォームが、いつから、またどのような形で存在していたのかをみておこう。取引におけるこのような主体の存在は、経済史を振り返ってみれば、人類の交易の歴史のはじまりから存在していたことがわかるのである。

ジョン・マクミランは、『市場を創る』で、中東地域で古くから存在し続けている市場バザールについてのアメリカの人類学者クリフォード・ギアツの論考を踏まえて、財の取引を仲介する商人が、古くから存在していたことを指摘している。つまりプラットフォームとは、決して最近の存在ではない。

　こう強調してマクミランは、「第二章　知性の勝利」で次のように論じている。インターネットは、各種の情報獲得のための費用を劇的に低下させた。インターネットは、以前はただ地域的な市場においてしか扱われていなかったあらゆる財について、グローバルな市場を可能にした。たとえば、インターネット以前のオークションは、どこにいるかわからない買い手を一か所に集めねばならないという欠点があった。しかしｅＢａｙのオークションの値付け人たちは、ただサイバースペースに集まればよい。

　では、ｅＢａｙの創設者と、古い時代から存在している商人たちとは、どのような共通点があるのか。どちらも取引からの利益を生み出すために、取引メカニズムを構築していた。市場がないところでは、市場を設立することによって相互の利益を実現することができる。市場が存在するところでは、市場がよりよく機能する方法を発見することでさらなる利益がえられることがある。

　さらにマクミランは「第四章　情報は自由を求めている」で、次のように記している。光ファイバーの中を光速で情報が駆け巡るインターネット商取引は、少なくともスタイルで見る限り、バザールから限りなく遠く離れたものである。しかし本質的には、両者は同じものである。ちょうどマラケシュのバザールと同じように、インターネットでも、情報とその情報を獲得するための費用が交換方法を規定している。

　マクミランによると、ギアツは、バザールにおける情報は「貧弱、希少で、偏在しており、その伝達のされ方は非効率だが、極めて高く評価されている」と言う。「製品の品質、現在の価格水準、市場成立の可能性、生産費用など、あらゆることについてわからないことだらけである。そして、バザールが機能する方法の多くは、誰かのためにこのような無知を減少させたり、はたまた増加させたり、もしくはその無知から防御するための試みとして解釈することができる。」もっとも安いものも含めて価格は提示されていない。商標は存在しない。広告もない。経験豊富な買い手たちは、不当な高値を要求されたり、粗悪品を売りつけられないように、広く情報を探索して自らを守ろうとする。買い物客は、さまざまな商人がオファーしているものの比較に時間を費やす。他方、商人たちは客に自分のところで買うよう説得することに時間を使う。「情報の探索はバザールにおける生活の中心的な経験である」とギアツは言う。情報の探索は「バザールにおいて唯一真に高度な発展を遂げた技術であり、あらゆることがそれにかかっている」（マクミラン　前掲書　第四章）[17]。ギアツは以上のように書いている。

バザールでの売買は、情報移転の仕組みがないことから生じる高い取引費用に悩まされ続けてきた。しかし、インターネットの広域的普及によって、売り手は、潜在的な顧客数の増大によって利益をえることができるようになった。潜在的顧客はもはや近くにいる必要がなくなり、世界中のどこにいてもよくなったわけである。反対もまた真である。買い手も新しい売り手にアクセスできるようになることで利益をうる。こうして多数の売り手と買い手とのマッチングが良くなれば、売り手と買い手の両者の状況が改善する。インターネットによって、売り手が仲介者を迂回して、直接販売をおこなうことができるようになったため、膨大な費用が節約されるようになった。経済理論が予測するように、インターネットが買い手の探索費用を低下させたことによって、はっきりとわかるほどの価格低下が観察されるようになった。

このように指摘した後、さらにマクミランは、インターネットに支えられた取引も、重大な問題を解決するには至っていないことを指摘している。情報費用が非常に低いときにも、価格のばらつきは存在している。それは、品質を観察することが困難であることから発生する取引費用が存在し続けているからである。インターネットは完全に摩擦のない市場を創りだしたわけではない。買い手が売り手を信用できるということが、インターネットの出現によってますます必要になってきた。大々的な宣伝にもかかわらず、実際のところ、インターネットは情報をタダにはしなかった。情報の費用には、売り手を探し出す費用だけでなく、品質保証をうる費用も含まれている。小売業者の評判は、そのような保証の情報を伝達することができる[18]。ブランド・ネームは情報を供給する道具なのである。

そして、マクミランは「第一二章　草の根の努力」で、デジタル・エコノミーが効率的に機能できるためには、国家の介入が必要になることを、以下のように論じている。インターネットの活力は分権化の中に存在している。数十万人の人々のイニシアティブと想像力がインターネットを発展させてきた。しかし、分権化にも限界がある。インターネットの成功の非常に重要な側面は、集権的管理の存在である。インターネットの商取引は、契約や知的財産権保護に関して国家が提供する法システムに依存しているのである。インターネットを立ちあげ、その運用ルールを設定するという政府の援助がなければ、インターネットは頓挫していたであろう。つまり、デジタル・エコノミーという複雑なシステムにおいては、国家の管理と自律性の両方がともに不可欠なのである。大事な点は、そのバランスを正しくとることである。マクミランはこのように強調している。想い起こしてみれば、現在必須となっているこの課題は、その誕生以来、市場経済を健全な（つまり効率的かつ公平的な）取引の仕組みとするためには国家・政府の介入が必要であったことを踏まえると、決して二一世紀の現在に生じてきた新しい課題ではないことが分かろう。

やや長すぎたが、以上紹介したマクミランの市場経済論は、現在急速に発達してきているデジタル・エコノミーが、その本質において決して「新しい経済」ではないことを我々に教えてくれているのである。

オスカー・ランゲの夢が実現するのか？(19)

やや唐突になるが、ここで今から一世紀前に経済学者の間で戦わされた社会主義計画経済の可能性をめぐる論争の主役であったオスカー・ランゲの議論を振り返っておきたい。ランゲは、その死の直前に書いた「コンピューターと市場」と題する論文の中で、「試行錯誤の経験的な手続きによって連立方程式の解に至る社会主義経済において、いかに市場メカニズムが確立され得るかを示すことで、私はハイエクの議論を論破しえた」と主張していた。

この論文をランゲは、レオン・ワルラスが提示していた連立方程式で表される多数の財の完全競争市場の一般均衡モデルを踏まえて書いていた。よく知られているように、ワルラスは、多数の財からなる完全競争市場において、すべての財の需給が一致した均衡価格に到達する「模索過程」を、現実の経済に適用するための工夫として、彼／彼女自身は決して自らの私的利益追求で動くわけではない中立的な仲介役として「オークショナー」という虚構の主体を導入して、一般均衡モデルを提示していた。ランゲは、ワルラスのオークショナーの仲介機能を、膨大な数の変数からなる連立方程式の解を機械的に導出できるコンピューターで代替しうることが可能であると主張したのである。

では、デジタル技術というコンピューター技術の革新によって、ワルラスのオークショナーの仲介・調整機能を、コンピューターで代替させるというランゲの主張は現実化したのだろうか? オークショナーという虚構の市場組織者の「脳」がもつ計算機能を、より複雑な系を計算しうるコンピューターによって代替させうるというランゲの夢は、本当に実現されたのであろうか。[20] 第一章で紹介したブローデルの言葉を援用すると、「人類が初めて手にしたコンピューター」の飛躍的技術革新によって、「見えざる手」という「市場競争の利点」が、理想的に機能するような市場経済が実現するのであろうか。

この疑問以上に重要な問題は、ビッグデータが利用可能になった現在、我々が今その中で生活している、つまり多数の売り手と買い手とを仲介するプラットフォームとしての「交換の道具箱」としての「市場」が、不要になってしまうのかどうかである。そして、ハラリが先に引用した文章で指摘していたように、機械学習を生みだした技術革新によって、あらゆる情報が一か所に集中し始めたら、その行き着く先は、ブローデルやヒックスが市場経済の発展を論じる際に焦点をあてていた「生身」の商人が、多数の売り手と買い手とを仲介させる「市場」がなくなった計画経済ということになるのではなかろうか。

現実には、多様な経済取引の「プラットフォーム」を提供している、少数の強大なIT企業によって、世界の市場経済は支配されてしまうようになりそうである。しかし、その市場経済は、先に触れておいた、IT企業が提供する情報の信頼性という問題や市場支配力の強化によって、かなり「歪んだ」ものとなってしまう可能性も決して否定できない。そしてもし、この「歪み」を是正すべく、国家が唯一のプラットフォーマーとなる場合に生まれてくるのは、「デジタル独裁計画経済」という悪夢なのではなかろうか。

いずれにしても、IT企業の本性は、古代以来の遠隔地交易を担った商人と同質であり、決して、自らの利潤を追求しないワルラスの「オークショナー」ではないし、ランゲが夢見ていた「コンピューター」という中立的な中央集権的価格決定機構でもないのである。

結語

コンピューター技術の革新、ＡＩ能力の飛躍的発展という情報通信革命が、現実の経済社会に対して、どのような影響（いい影響とそうではない影響）を与えるのかは、現時点では不透明である。ただひとつだけ、これからの経済を考えるとき、確かな事実がある。それは、市場の機能が価格調整から膨大な数の売り手と買い手との間でのマッチングに移っていくということである。この点について、ビクター・マイヤー＝ショーンベルガーが、「データ資本主義が激変させる未来」で、以下のような非常に興味深く重要な問題提起をおこなっている。

我々は経済生活での意思決定に必要な様々な情報を取集しなければならない。しかし情報の比較対象はあまりにも多く、我々の脳には限界がある。その解決法として人類は、好みやニーズに応じて製品の質やサービスを凝縮し、一つの数字に転換する手法を編みだした。それが「価格」である。価格ベースの市場は、効率よく機能することに成功したメカニズムであったのである。

しかし現在、各個人の顔や販売行動といったデータが無限といっていいほど収集され、それらをＡＩによって加工したデータが生み出されるビッグデータの時代に世界は入りつつある。こうして、市場は「価格ベース市場」から「データリッチ市場」に移行している。これは、すべての情報が価格という一つの数字に凝縮する必要がなくなったことを意味する。もっとも安い製品を見つけるためだけではなく、自らのニーズに合うベストな製品を発見するため、標準的な方法を採用するということである。データリッチ市場では、価格より、無数の財やサービスのこれまた無数の売り手と買い手の間での「マッチング」が重要になってきている。オンラインによるマッチメーキング・プラットフォームが主役として登場し始めているわけである。

では、このマッチングは、我々の社会にどんな影響をもたらすのだろうか。ハラリが次のような警告をしていることを軽視することは許されないであろう（前掲書　二〇一九年「三　自由」）。「何を学ぶべきかや、どこで働くべきかや、誰と結婚するべきかを、いったんＡＩに決めてもらったら、人間の一生は意思決定のドラマではなくなる。民主的な選挙や自由市場は、ほとんど意味をなさなくなる。」

さらに、二〇一〇年代後半以降デジタル化が急速に進み、世界中が情報社会化し始めている。確かに、デジタル技術の革新によって、我々は、膨大な情報を容易かつ安価に収集し活用することが可能になった。しかしその一方で、フェイクニュースに操られて、民主的統治が揺らぎ始めていることも間違いない（伊藤亜聖『デジタル化する新興国』）。しかし、何がフェイクニュースなのかを誰が判定するのか。そこに国家が介入し始めると、デジタル独裁主義化が進んでしまうであろう。こういった危険性を顕在化させ始めた情報社会では、我々は、日々送られてくる膨大な情報を、解読するリテラシー能力を高める努力をおこなわなければならない。

では一体、情報とは何なのであろうか。この問題を考えるとき参考になるのが、次のような村上泰亮の情報論である。情報には、何かの他の目的のために役立つ手段的・部分的情報と、それをもつこと自体が値打ちをもつ本質的・包括的情報という全く異なる二つのタイプがある（『反古典の政治経済学要綱』第五章）。

この分類に従うと、現在デジタル化の中で流通している情報は、手段的・部分的情報であり、デジタル化に関するほとんどの論考は、このタイプの情報の機能を考察している。しかし、我々はこのような情報だけで生活していくことはできない。村上のいう本質的・包括的情報とは、我々が生活の中で獲得していく「常識」や「知恵」のことである。これらなしには、我々が社会生活を健全におくることができないことは明らかであろう。フェイクな情報かどうかを解読するときに、必要なのはこれらの非手段的情報であろう。豊かな常識や知恵こそが、情報リテラシーの能力を決める最も重要な要因であることを忘れてはならない。

手段的情報の流通によって、我々の意思決定が「効率化」するという利便性が高まってきたことは否定できない。しかしデジタル技術によって、例えば最適な結婚相手の情報をえられたとしても、その情報だけに従って、我々は結婚相手を選ぶのだろうか。いずれにせよ、デジタル化する以前の長い歴史のなかで培われてきた知恵や常識が、もし消え失せてしまったら、民主主義政治だけでなく、社会そのものが崩壊してしまうのではなかろうか。

本章の書き出しでふれたインドネシアでの配車は、まさにウーバー化が東南アジアへ波及したひとつの事例である。配車サービスのウーバーは、ドライバーの履歴調査をおこない、サービスの品質基準の遵守を要求するとともに、利用者に評価を依頼し、評判の悪いドライバーの登録は停止している。この事例が示しているように、確かに、マッチングによって、あまり使われていないリソースをもっと有効に活用しようというシェアリング・エコノミーが現実化されるといった効果があることは間違いない。しかし、市場経済の中でマッチングが需要になってくると、価格調整という市場経済の基本機能の役割はどうなっていくであろうか。歴史的に生まれ進化を続けてきた、アダム・スミスのいう「見えざる手」としての市場経済はこれからどうなっていくのであろうか。

第四章　歴史の復活としての二一世紀世界経済――ブローデル＝ヒックスの経済史再読

「序」で指摘しておいたように、二一世紀においては、世界経済の中心地がアジア、特に中国、インドへと移動してくる時代であることは間違いない。そして、この中心地の地理的移動は、決して経済合理性に沿ったスムーズな移動ではなかった。この事実を軽視してはならない。米中間の貿易対立に典型的に顕在化しているように、世界経済でのヘゲモニーを争う地政学的争いが伴った国際政治経済システムの過渡期となっている。(21) もはや、かつて一時期盛んに主張されていたように、貿易問題が主権国家間の安全保障という政治問題とは分離できるという「楽観的な」見通しをベースとしてこれからの世界経済を捉えることはできないようである。

数世紀にわたる経済史的パースペクティブに立って現在を捉えてみると、現在の世界経済は、まさに、このような混乱と亀裂を伴った、困難な過渡期にいることは明らかである。そして、これから我が国は、このような不安定な世界経済の現状の中で、どういう国際的経済戦略をとるべきか。この死活的な政策課題にどう対応するかは、世界経済の歴史の冷静な洞察抜きには、できないであろう。

そこで、二〇世紀最大の歴史家と言われているフェルナン・ブローデルの『歴史入門』、次いでこれまた二〇世紀を代表する理論経済学者ジョン・ヒックスの『経済史の理論』を再読することで、二一世紀のアジア経済が世界史的にみてどういう歴史的局面に立ち至っているのかを探ってみたい。

おこう。

世界＝経済エコノミ・モンドから世界経済へ

ブローデルは、『歴史入門』「第三章　世界時間」で以下のように論じている。まず、世界経済とは、世界全体としての「単一市場」のことである。これに対して、世界＝経済を、一六世紀の地中海を囲む地域の経済を典型とするような、経済的なまとまりを形成している、地球のある一部分だけの経済と定義している。

ヨーロッパの世界＝経済は、一三八〇年代にヴェネツィアでの都市国家を中心地として誕生した。その後一五〇〇年代に入って、中心はヴェネツィアからオランダのアンヴェルスへ移る。次いで一五九〇～一六一〇年頃には、再度地中海に、しかし今度はジェノヴァに移動する。そして、一五五〇～一五六〇年頃にアムステルダムに移り、以後ほとんど二世紀にわたって、ヨーロッパ地域の経済の中心はこの地に居座った。だが、やがて一七八〇年から一八一五年にかけて、ロンドンに移り、さらに一九二九年には、大西洋を渡ってニューヨークに居を据えた。そして歴史上初めて地球全体をつなげる世界経済が誕生したのである。

ここで、忘れてはならないのは、このような中心地の地理的移動は、決して混乱なしに生起したのではなかったことである。そのあたりの事情を、ブローデルは次のように表現している。

「ヨーロッパ世界の時間において、結局運命の鐘は五度鳴り渡り、その度に対立と闘争と深刻な経済危機の中で、中心が移動していったのだった。すでにその地位を脅かされていた古い中心が最終的に息の根を止められ、新たな中心の出現が明らかになるのは、大抵の場合、経済的な状況がおもわしくないときである。もちろん、これらすべてのことに数学的規則性があるわけではない。ただ、長引く危機が一つの試練となって、強い者は生き残り、弱いものは滅んでいったのだ。」

さらに世界＝経済には、常に中心地帯があり、その周りの中間地帯と広大な周辺地帯が存在してきた。そして、この周辺地帯は、世界＝経済を作り上げた労働の分割によって、利益を被るよりは、むしろ支配され従属を余儀なくされてきた。ブローデルはこう強調している。この事実を踏まえて、ブローデルは次のように論じている。「一方に裕福な国があり、他方に低開発国があるという現在の相貌は、必要な変更を加えささえすれば、一五世紀と一八世紀の間にすでにできあがっていたと言いうるのである。確かに、ジャック・クールの時代から、ジャン・ボダン、アダム・スミス、そしてケインズの時代まで、裕福な国と貧しい国がつねに変わらず同じであったわけではなく、車輪は回転してきた。とはいえ、世界を支配する法則はほとんど変わりはしなかった。[22]」ブローデルのいう世界を不平等化する法則は、現在にもそのまま生き続けているのである。

ブローデルは、ジェノヴァやヴェネツィアといった、地中海北岸に生まれた都市国家が中心地帯となった世界=経済こそが、ヨーロッパの、そして次いで世界の資本主義の母胎となった。そして、この中心地の移動は、単に産業の自由競争によってもたらされたものではなく、暴力を使ってでも過去の勝利者の地位を奪いとることで実現した。こう結論づけているのである。

ところで、ウィリアム・バーンスタインも、『交易の世界史』で、世界交易とは、その始まりから、異なる生産物をもつ地域間での「生産と消費との仲介」であった。しかし同時に、交易商人たちは「貿易するか、略奪するか、防衛するかという三者択一の窮地トリレンマ」に常に直面していたことを強調している。「第二章　貿易の海峡」で、シチリヤから黒海北岸のポントスにまで、自領域では生産できない穀物を求めて、自国民を入植させて植民地を作ったアテナイと、それに敵対したコリントとのペロポネソス戦争以降の、貿易をめぐる覇権争いの歴史を次のように描写している。「ギリシアが西洋文明の発祥地だったとすれば、その独自な地形が西洋の海軍戦略の基礎を築いたといって間違いないであろう。海軍戦略で重視されるのは海上航路の安全だ。ヴェネツィア、かつてのオランダやイギリスはそれぞれ、一三世紀、一七世紀、一九世紀のアテナイとなった。つまり、国内の食料供給では養えきれない人口を抱え、自らの繁栄と存続をはるか遠くの海上交通路や戦略上の要塞—たとえば、カテガット（ユトランド半島とスウェーデンの間の海峡）、イギリス海峡、スエズ運河、アデン海、ジブラルタル海峡、マラッカ海峡、そして繰り返し登場するヘレスポントス海峡とボスポラス海峡—に依存しているのだ。」

さて、理論経済学者でもあったジョン・ヒックスは、市場経済の発達の歴史を説明するモデルを提示しようとした『経済史の理論』「第三章　市場の勃興」において、ヨーロッパで「市場経済」が勃興してきた歴史の始まりを都市国家の誕生に求めている。都市国家には遠隔地交易に携わる商人たちの大組合・ギルドが存在していたこと、そして、都市国家の行政官や裁判官も商業利益の重要性に気がつくようになっていたことを強調している。続けて「さらに必要なことは、裁判官や行政官だけでなく、支配者も商業に対して『心を動かす』ことである。そうなれば、支配者は商業が必要としているある種の援助、あるいはむしろ承認を与えることが可能となる。この要請を満たすのは困難なことだが、それが満たされる条件は一つある。それは支配者自身が商人であるか、あるいはみずから商業に深くかかわっている場合である。」

続けて、ヒックスは「第五章　貨幣・法・信用」で次のように述べている。ローマ共和国は、「商人的都市国家」ではないが、やはり「都市国家」といってよい帝国であった。ローマ人はまったく他に例をみないほどに、法治主義者であった。そこで、ローマ法と称されている、商人の考え方と親和的な財産や契約のルールが生まれた。大雑把にいって紀元後の最初の二世紀の間のローマ帝国の全盛期には、貨幣による評価と支払に関するローマ法が確立していた。

以上のように論じて、ヒックスは、次のように市場経済の勃興過程を要約している。「典型的な都市国家を、商業を行う存在として捉えても、また西洋の歴史において、従って、今や全世界の歴史において、中心的かつ決定的な重要性をもつ組織の一形態として捉えても、間違った判断を下したということにはなりそうもない。」(23)

さらにヒックスは、フェニキア人の地中海の周りの植民地、ギリシア人の地中海と黒海の周りの植民地、中世のイタリアの地中海での植民地を念頭において、都市国家が植民地建設を必要としてきた事態を次のように論じている（「第四章　都市国家と植民地」）。

商業センターは、その外部との対外商業に依存していた。そのため、異国の領土に交易根拠地を設け、財を保管し、顧客の嗜好や供給者の生産能力などを調べることで、対外商業の危険を減少させようとしてきた。このようにして、商人的経済が大規模に拡大する場合には、何らかの形の植民地化を伴っていたのである。

商業の拡大と植民地化の関係は、ある側面からみれば、植民地化は人々の移住にすぎない。移住の候補地は商業活動によって開拓されることができるし、また輸送手段として商船が利用された。また、移住の動機は、人口圧や他の何らかの社会的圧力であった場合も多い。

こう指摘した後、ヒックスは現在にも大きな含意をもつ次のような見解を示している。「植民地が商業の根拠地として用いられるにすぎないのであれば、商業は当事者の双方、つまり商人達自身とかれらと取引している周辺の諸民族にとって利益となるはずである。」しかし、残念ながら、「商業の安全を確立するため使われた武力は、きわめて容易に他の目的に転用されることができる。」つまり、軍事的理由によって、都市国家が植民地を作りあげたことも多かった、と。

市場経済の空間的・時間的拡張

ヒックスは理論経済学者らしく、商業センターの発達について次のように推論を進めている。商業でも、「言葉本来の意味の収穫逓増の傾向が認められる。取引量が増えるにつれて、取引組織は改善され、従って取引費用は減少する。(中略) 個々の商人にとっては営業規模を大きくした方が仕事は容易にできるが、それから生じる利益はより大きな組織の一員となるときの利益には及ばない。ここで問題としている経済は、主としてマーシャルのいわゆる外部経済である。」地中海世界の都市国家ないし商業センターでは、「この（外部）経済がはっきりと認められる。」

こう記してヒックスは、市場規模の拡大には「取引に必然的につきまとう知識の不完全性から生じる危険を減少させる方法を見つけること」が決定的に重要となってきたため、財産および契約の制度、代理店や支店や取引先の増加、また保険やかけ繋ぎのような特定の契約の制度が進化していったことを強調している。つまり、これらの制度進化によって、将来の取引が可能になり、単に空間的ないし地理的だけでなく時間的にも、市場機会が拡大していった。このように、ヒックスは、「商人的経済」の発達を論じていたのである。

ヒックスは続けて、ブローデルやバーンスタインと同様に、一五世紀初めのヴェネツィアとジェノヴァの戦争、またアテナイとコリントの争いから始まったペロポネソス戦争を念頭において、「都市国家間の覇権争い」に関し、「商業センター間の死闘が勃発することが多いのは、まさにこの時点、すなわち商業の成長が限界に近づきはじめる時である」と記している。

こう論じた後、戦争に代わる商人が主導する解決策もありうることを指摘している。「商業センター間の戦争は、現代の巨大企業間での過当競争と同じく、利潤を食いつぶす。この場合、どうして普通の商業的方法によって打開策を求めてはいけないのか。なぜ、互いの領分を侵さないように、明示的であるかどうかを問わず市場分割協定を結ぶことにならないのか。」こう指摘しているのである。

都市国家経済から国民・国家経済へ

ところで、ブローデルは、経済の歴史の流れを大きく二つの時代に区分している。「アムステルダムは、最後の都市国家であり、(中略)だが、啓蒙の世紀の半ばから新しい時代が幕を開ける。新たな支配者ロンドンは、都市国家ではなく、イギリス諸島の首都であり、その資格において、強力な国家市場の力を付与されたのであった。それゆえ、(著者追加―都市国家と国家経済という)二つの時代を分けることができる。」そして「国家(民)経済とは、物質生活の必然性と改革に促されて、国家によって統合され、一つのまとまった経済空間とされた政治空間のことであり、そこでの活動は全体として同じ一つの方向に向かうことになる。(24)」

ブローデルは、国家経済が初めて生まれたのはイギリスであったという。「イギリスといえば、革命―農業、政治、金融、産業革命―のことが思い浮かぶ。このリストに、名前はどうであれ、国家(民)市場を生み出した革命を加えねばならない。それは、狭い領土内に、河川、運河による細かな輸送網と、馬車、荷駄の陸上輸送に、さらに沿岸輸送が加わるといったように、比較的多くの輸送手段が発達したことのおかげであった。早くから国内の通行税と関税を廃止していたこともあって、イギリスの各地方は、ロンドンを介して、生産物を交換し輸出していた。こうしてイングランドは、一七〇七年にスコットランド、一八〇一年にアイルランドとの連合に至るのである。」このイギリスの歴史が語ってくれているように、「資本主義はそれが国家と一体化するときにのみ、栄える。」

「その最初の繁栄期、ヴェネチア、ジェノヴァ、フィレンツェといったイタリアの都市国家において、権力を握っていたのは商業エリートだった。一七世紀のオランダでは、執政官であった貴族階級は、実業家、大商人、あるいは出資者の利益に沿うように、時には彼らの言いなりに統治していた。イギリスでは、一六八八年の革命が、同様にオランダ風商業の到来を告げた。フランスでは一世紀遅れて、一八三〇年の七月革命によって、ようやく商業ブルジョアジーが政権の座にどっかりと腰を据えたのである。」

「かくのごとく、国家というものは、固有のバランス感覚と固有の抵抗力に従って、金銭の世界に好意的であったり、敵対したりするものなのだ。西欧においても、資本主義に対する国家の好意という点では、国によって差があった。」[25]「心を動かす」ことが市場経済の発達に不可欠だったという、先に触れたヒックスの主張と、非常に類似しているといってよい。

ところで、ヒックスは西欧での産業革命について、以下のように記している。「産業革命が最初に起こった北ヨーロッパは、その時商人的経済の発展のピークに達しており、(著者追加―都市国家の誕生)で論じた商人的経済の発展と多くの点において類似していた。この拡大は最初オランダによって、次いでイギリスによって、すなわち国民国家によって切開かれた。しかし、それらの国民国家はそれまでの拡大をリードしてきた都市国家と多くの共通点をもつものであった。」

「わたしが都市国家について述べたことは、一七世紀のオランダ共和国にも驚くほどうまく当てはまる。ヴェネツィアと同じような方法、理由でオランダ本国は防禦に適していた。この堅固な基地から、オランダ人は植民団を、つまり商業植民団を、アテナイ人やヴェネツィア人がかって知らなかった地の果てにまで送りこんだのであった。イギリスの場合も、結局これとそれほど異ならないのである。」

ちなみに、ブローデルはオランダについてはこう記している。「その領土は余りにも小さく、その住民を養うことさえできなかったのだ。その国内市場は、完全に外国市場に向いたオランダの資本家にとってはほとんど取るに足りないものでしかなかった」と。ヒックスとは異なって、ブローデルは、オランダは国家経済の誕生という点でイギリスとは大きく異なっていたと見ていたわけである。

二一世紀の世界経済

では、二一世紀初めの現在の世界経済を、長い歴史的パースペクティブの下に、どう捉えるべきか。再度バーンスタインの『交易の世界史』を引用しながら、考えてみよう。

多くの人は、二〇世紀末に起こった通信・輸送革命のおかげで世界中の国々が初めて直接互いに経済競争するようになったと、考えている。だが、交易の長い歴史を振り返ってみると、国家間の武力まで伴った熾烈な交易競争と勝者と敗者の再生産という現代の事態はなんら目新しいものではないことがわかる。こうバーンスタインは強調している。米中貿易戦争やイギリスのEU離脱。また多くの国での資本への労働の反発。こういった事態を見ると、決して、二一世紀に「新しい現実」が生まれたのではないことがわかろう。

「結局グローバリゼーションとは、単一の出来事でもなければ一連の出来事でもなかったことがわかる。それは、長い時間をかけてゆっくりと進展してきたプロセスなのだ。インターネットの発明とともに世界が出し抜けにフラットになったわけではないし、二〇世紀末に通商が突如として世界的大企業に支配されるようになったわけでもない。歴史の黎明期に高価な積荷を運ぶことからはじまって、その後ゆっくりと、より価値が低く、かさばり、腐敗しやすい品物が通商の対象になるにつれて、旧世界の市場は少しずつ統合されていった。ヨーロッパ人がはじめて新世界に渡ってから、こうしたグローバルな統合のプロセスに拍車がかかった。現代の巨大なコンテンナ船、ジェット飛行機、インターネット、ますますグローバル化する供給・製造ネットワークなどは、過去五〇〇〇年にわたって進展してきたプロセスの新たなステップにすぎない。」

さらに、バーンスタインは次のようにも指摘している。

「自由貿易によってもたらされるインセンティブと平等な機会は、人類全体の幸福を増すと同時に、貧富の差を広げ社会をむしばむのである。貿易によって社会の底辺にいる人々の実収入がわずかに伸びたとしても、自分より豊かな人々がますます豊かになるのを目にすれば、彼らは貧困の痛みを感じるだろう。」この指摘は、中心地と周辺地との間に「労働の分割」によって不平等が生み出される、というブローデルが提起していた法則が、現在もなお存在していることを示してくれているのではなかろうか。

第三章で論じておいたように、生産要素賦存比率という貿易論から見ると、現在先進国では豊富な生産要素は知的資本となっており、労働や土地は希少要素となっている。つまり、自由貿易を強硬に主張するのは金融資本であり、それに反対するのは、労働者や農民となっている。特にビッグデータという無形資本が自らの利益追求を求めて世界中をデジタル・エコノミー化させている現在、それへの労働者の反発は避けられないであろう。まさに、バーンスタインが指摘しているように、自由貿易の増加による主な受益者は、それぞれの国の豊富な要素の持ち主であり、損害を受けるのは、各国の乏しい要素の持ち主であるというストルパー・サミュエルソン定理は、二一世紀の世界でも、各国の貿易政策の動向を捉える上で、その有効性を決して失ってはいない。バーンスタインは、前掲書「第一三章　崩壊」でこう断言している。

確かに、二一世紀になって、デジタル技術の飛躍もあって、経済のグローバル化は一層加速化してきている。しかしその一方で、国際貿易面での紛争や各国内での所得・富の格差の拡大への対応が、先進国だけでなく途上国まで含めて、それぞれの国で重要な政策課題となっていることも間違いない。

いずれにせよ、経済のグローバル化は避けられない。としたら、どのような国際経済体制がこれから必要となるのだろうか。スティグリッツは前掲書「第四章　グローバル化により自らの首を絞める国家」で、米中貿易・経済摩擦を念頭において「多様な価値体系を認めるグローバル化」というルールを国際的に設計するべきであると主張している。「私たちは現在、国が違えば経済を構成する方法もまったく異なるという現実に直面している。経済は、その国の価値観や信念を反映している。企業の力が増大しているアメリカ流の資本主義を、誰もが望んだわけではない。また中国レベルの経済介入やプライバシーの侵害を、誰もが望んでいるわけでもない。価値観を伴わない自由なグローバル体制では、うまく機能しない。だが、いずれかの国がルールを支配するシステムも、やはりうまくいかない。私たちは、グローバル化の新たな形を見出す必要がある。最低限のルールは必要になるだろう。基本的な交通規則のような、何らかの形での法の支配は欠かせない。だが、自国の規制制度を他国に強制したり、その逆があったりしてはならない。こうしたルールが地球規模で広がり、あらゆる国がそれに同意できれば、誰にとってもこの世界ははるかによいものになるだろう。」

アジアとの連携を支えるべき基本理念の構築

さてここ数年、米中貿易摩擦が激化し、まさに米中によるアジア太平洋をめぐる覇権争いが展開されている。「米中新冷戦」とも呼ばれているこの対立は、貿易摩擦といった経済面での対立というだけでなく、その背後に自由をめぐる理念ないし思想面での違いに起因していることは間違いがない。そして、こういう情勢の中で、我が国は「インド太平洋協力」と名付けられた国際戦略を強力に進めている。

一体、私たちは現代世界の動きをどう捉えるべきか。その手掛かりとして、村上泰亮の「来世紀のための覚書」というサブタイトルを付けられた未完の遺稿『反古典の政治経済学要綱』の書き出しの文章を紹介しておこう。

「この小論の基本的な姿勢は自由主義である。ただし自由という概念には、最高位の概念の自由から始まって、行動の自由に到るまで、かなりの広がりがあり、行動の自由にも経済、政治等々の領域毎に、具体的な形態の違いがある。これまでの近代を支えてきたのは、行動の自由主義を重視し、単純な具体的形態を中心とした、いわば性急な、私流にいえば、「単相的な」自由主義であった。これを近代的進歩主義と言ってもいいが、二十世紀末の現在、その限界がいよいよ社会制度的問題として明らかになってきたように思われる。

私として、その代わりに提唱したいのは、いわば「多相的な」自由主義だが、いずれにせよ、この思想の転換をどう乗り切るかが問われる時代になってきている。各国は各様にこの課題に取り組まねばならないが、たとえばアメリカには、近代進歩主義を古典化・正統化しようとする危険があり、日本には多相制（共生？）を口実として思想の脊髄を失ってしまう危険がある。政治・経済的な諸問題が、思想の問題に波及する時代、それが現在である。」

この行動の次元での「単相的な自由主義」とは、「近代進歩主義を古典化・正統化させる」アメリカで一九八〇年代から進められてきた「自由主義」である。国内での規制緩和のみならず、国際的な自由主義を徹底すべきという主張である。それは、先にふれたスティグリッツの言葉をもじっていえば「自国の経済制度を他国に強制するべき」という主張である。また、一時期多くの論者が主張していた「経済成長が実現すれば、民主化も進む」といった近代化論である。

村上は、このような単相的自由主義の「限界」が顕在化してきた以上、それに代わって「多相的な経済自由主義」が必要とされるようになっていると主張していたのである。この自由主義とは、以下の三つの原則を踏まえた国際関係でのルールである。第一の原則は、先進国・発展途上国を含めて、世界を構成する国々は、国際社会が求めている基本的な価値、つまり人々の福祉とか環境保全という共通の価値の実現に向けて、共有の責任を担う必要があるという原則である。第二は、第一原則を認めあった上で、所得水準の差異という事実を踏まえて、各国は共通ではあるが、差異のある責任を負うという原則である。そして第三として、各国の市場経済には、いわゆる経済発展段階の違いを越えた、歴史経路や社会構造の差異に規定された個性がつきまとうことを公認しあうような国際ルールの設計が必要であるという原則である。(26)

では、我が国が今進めている「インド太平洋協力」を支えている「自由主義」とは、「単組的な自由主義」なのか、それとも「多相的自由主義」なのか。いうまでもなかろうが、それは後者の多相的な自由主義でなければならない。特に第一の原則とされている「環境保全や人々の福祉という基本的価値の世界的共有」を、近現代の日本の外交史の再検討を踏まえて、より具体的な理念として公表することが我が国に課されている最重要の課題であろう。「多相制(共生?)」を口実として思想の脊髄を失ってしまう危険」に日本は直面しているという、四半世紀前の村上のシニカルな指摘に応えるためにも、現代国際社会の中で共有されるべき自由主義の理念を、明確にしておかねばならないであろう。

いずれにしても、価値判断の問題の追放を正当化し続けてきた経済・政治分析だけでは、二一世紀に世界が直面している難題を解き明かすことができなくなっているのである。例えば、現代世界の大きな潮流となっている地域的貿易協定に関する研究において、各国内での所格差の拡大といった「公正」に関する価値判断を外的要因として、「効率性の追求」に焦点をあてる経済分析だけでは不十分であろう。

結語

ヒックス、ブローデルとともに産業革命を生みだした要因として、技術革新による生産技術の進歩をあげている。しかし、それはあくまで、モノの生産だけであった。二一世紀になって世界経済の姿を激変させ始めている、情報という「非モノ的商品」の収集やその加工品を作りだしているコンピューター技術の革新を、予想していなかったことは間違いない。

しかし、そうだからといって、ブローデルとヒックスの歴史論が無意味になったわけでは決してない。第三章で論じておいたように、古代から存在していた商人という交易の仲介者は、二一世紀の現在、コンピューター技術の革新によって、新たな形のプラットフォーム大企業として世界規模での商品や情報の取引を支配するようになってきている。いずれにしても、これからの日本、アジアそして世界の経済を見通すためにも、過去に何が起こったかを検討することの意義は大きいはずである。

再度ブローデルの資本主義論を復習しておこう。「資本主義は、世界的規模で存在する、少なくとも全世界を目指すものである。その現在の関心事は、この世界主義の再構築にある。そして、資本主義は、どんなに激しい非難にもめげずに、つねに、頑なに、合法的ないし事実的な独占に依存している。資本主義は常に独占的であったし、商品と資本はいつも一緒に旅してきたし、資本と信用は、常に外国市場を獲得し支配するためのもっとも確実な手段だった。」資本主義とは、まさに「不滅の存在」なのである。これこそがブローデルが我々に与えてくれる最も重要なメッセージである。

第二章で論じたグローバル・バリューチェーン。第三章で見たデジタル・エコノミーの急速な勃興。そして、先進国だけでなくアジア諸国でも進むサービス経済化。二一世紀の最初の四半世紀に生起しているこれらの大きなトレンド。前世紀末からのグローバリゼーションがもたらしたこれらの現象の基底にあるのは、言うまでもなく、「不滅の資本主義」なのである。そして現在、この資本主義は、二〇世紀のモノづくりを核とする産業資本主義という「他人の領域」から、「自らの本来の領域」である商業・金融資本主義へと回帰し始めていることは間違いない。

補論──中国がアジアを変える時代へ？

中国は、「一帯一路」という世界規模での開発戦略の下で、インド洋沿岸の各地に湾港建設や商業センターの建設を行っている。ミャンマーのチャウピュー港、バングラデシュのチッタゴン港、スリランカのハンバントラ港、そしてパキスタンのグワダル港。これらがその代表である。

この一帯一路は、国防・外交から経済までを含む統一されたグランド・デザインに基づくプロジェクトであるというより、上海協力機構や中国アセアン自由貿易圏、RCEPといった、それぞればらばらにおこなわれてきた対外経済戦略を改めてひとつの概念で捉えなおしたものである。梶谷は前掲した『中国経済講義』「終章」で以上のように指摘している。

さらに梶谷は、中国の資本輸出型経済発展戦略を、次のように分析している。この戦略の背景には、中国経済が、これから経済成長率の低下が避けられない「新常態」の局面に立ち至っているという政府の認識がある。こういう事態を踏まえて、過剰な国内資本や外貨準備を海外に「逃がし」、これまでの経済成長の中で顕在化していた供給能力の過剰を緩和させることをおこなっている。また一帯一路構想は、国内のインフラ投資を通じた国内景気の刺激と地域振興政策を含んだものとなっている。そして、中国のイニシアティブで、一九九七年や二〇〇八年のアジア金融危機のなかで顕在化した既存の国際金融秩序の不備を補完する金融制度を作ろうとも目論んでいる。

梶谷がこう指摘する通り、現在中国は、資本輸出国であると同時に、国家資本主義による鉄鋼等重化学製品の過剰生産にも見舞われている。そして、新常態ともいわれる低成長局面に移行している。このような国内経済事情もあって、海外への重化学製品の輸出や資本の海外への輸出をおこなっている。このような中国の動きを目の当たりにするとき、皮肉なこととしか言い様はないが、現代中国の海外戦略は、まさにレーニンの帝国主義論を彷彿させるものとなっているのである。

少し別の視覚からみると、現代中国は、まさに「製品と資本を輸出するという都市国家」に似ていることもまた確かである。まさに中世西欧での、地中海に発達した「都市国家」が二一世紀に入ってユーラシア大陸の東地域で復活してきているのではなかろうか。バーンスタインが、都市国家が自分の支配地ではとれない特産品の開発を狙って、あるいは自国民を入植させる目的で、地中海の各地に植民地を建設したことを強調していたことを思い出して欲しい。

ところで、益尾は『中国の行動原理』「第五章　先走る地方政府」で中国の海洋への進出を始めた経過を、次のように整理している。その奔りは、二〇〇〇年、アセアン諸国との経済協力として、雲南省が中心となって参加していた大メコン圏の開発であった。その後、二〇〇一年のアセアン―中国自由貿易協定が正式決定された。これを受けて広西チワン族自治区政府の独自の対外経済活動が本格化し、南寧市に国際会議展覧センターを建設し、アセアンとの貿易・投資を深めるための中国での拠点形成を試みてきた。広西地方政府のこの動きは、雲南省が海に面していないのに対して、海に面した自治区の特性を最大限に活かすことを目指したものであった。

益尾のこのような解説を読んでいて、私には、雲南と広西とのこの競合関係は、地中海世界でのジェノヴァとヴェネツィアとの競争関係に類似しているように思わざるをえなかった。さらに、一帯一路プロジェクトが本格化したのは、広西自治区や雲南省という地方政府だけでなく、北京の中央政府の政治指導者が、ユーラシア大陸とインド洋での経済活動で期待できる大きな利益に「心を動かされた」結果であったと言えよう。こうして、中国は今インド洋の各地にヒックスのいう商業センターを建設しているのである。

いずれにせよ、二一世紀は中国が世界を変えていく時代になるかもしれない。しかし残念ながら、中国の領土外の商業センターは、「交易の拠点」だけにとどまっているようには思えない。ヒックスが指摘していた、「土地を奪うような植民化」を通じて「軍事的拠点としての植民地」になっていく危険性は非常に大きいといわざるをえない。

注

(1) 本書第一部『比較アジア経済論を求めて』を参照のこと。

(2) この三層構造論については、拙著『アジアの「農」　日本の「農」』Ⅰ部「資本主義・市場経済・農業」も参照のこと。

(3) ブローデルは、この道具類の中で「上の層」を構成する大市・取引所・銀行が資本主義を生み出す土台となったことを強調している。「第一章　物質生活と経済生活の再考」。

(4) 赤松要の雁行形態論については、第二章で詳しく論じる。

(5) 第二章で紹介するように、二一世紀に入ってからのアジア地域内での貿易構造の変化をリチャード・ボールドウィンは雁行形態からムクドリ型に変質したと述べている。チェンのエアー・ショーという表現は、グローバル・バリューチェーンがいまだそれほど明確化していない局面で、ボールドウィンが指摘したことを先取りしていたと言えよう。

(6) 村上は、一九九〇年代に入って急速に進んでいた「マイクロエレクトロニクス化、情報化、資本の流動化」をこう表現していたのである。

(7) マルチ・メディア革命の二一世紀になってからの飛躍的革新については、デジタル・エコノミーの躍進として第三章で検討する。

(8) ヒックスは、ノーベル経済学賞を受賞する前に、既に自分の過去の理論経済学を自己批判して、「完全競争」を前提とするような経済モデルを完全に放棄し、経済動態の分析において「歴史的時間」を重視するようになっていたのである。

(9) 後藤は、二〇世紀のアジア産業論を次のように性格づけている。「グローバル・バリューチェーンの隆盛につながる海外直接投資に関する議論が希薄である点は、二〇世紀のアジア経済の諸相の反映かもしれない」。(後藤『アジア経済とは何か』第一章)

(10) 赤松の雁行形態論については、Akamatsu、「我國羊毛工業品の貿易趨勢」、『世界経済論』並びに池尾『赤松要』を参照のこと。さらに拙稿「重層的追跡と国際市場システム」(『アジア経済論の構図』)と拙稿「一橋大学のアジア学　赤松要のアジア経済論を軸にして」も参照のこと。

(11) 「第一のアンバンドリング」とは、一八二〇年以降の「蒸気革命」から一九八〇年代まですすんだグローバリゼーションである。その中でも第一次大戦前と第二次大戦後のGATT体制のもとでの貿易自由化とが重要であった。ボールドウィンはこう論じている(前掲書　第二章　二〇一八年)。

(12) 赤松の歴史時間の三層論は、ブローデルの、「出来事エヴェンヌマン」「複合状況コンジョンクチュール」「長期持続ロング・デュレ」という歴史時間の三層論と、どこかで通底する歴史論といってよいであろう。また赤松の雁行形態論の現在的意義についてはOzawa参照のこと。さらに雁行形態論を二一世紀に適用するには、赤松の高弟であった小島が提唱した「合意的国際分業」構想を改めて検討してみることが必要であろう。“An Organization for Pacific Trade, Aid and Development”、『雁行型経済発展論（第二巻）』を参照のこと。

(13) ここで指摘されている情報通信技術の革新については、次の第三章で検討する。

(14) 国際貿易論の中核となっているサミュエルソンの要素価格均等化モデルが、アロー＝ドブル・モデルと同様にコーナ解を排除しており、貿易論としては大きな欠陥をもっていることは、ヒックスによって的確に指摘されていたことを付記しておこう。この点については拙稿『ヒックス『経済史の理論』再考」を参照のこと。

(15) アカロフ＝シラーは、この信頼性とは別に、フェイスブックというプラットフォームでは、その利用者がギャンブル依存者に似た依存症を患うようになっている事実を指摘している（ジョージ・アカロフ／ロバート・シラー『不道徳な見えざる手』第七章）。

(16) 中国における仲介の歴史については、拙著『アジア・ダイナミズム』「Ⅲ　発展の地域性」の中国の項を参照のこと。

(17) ギアツのバザール経済論については、拙著『エリア・エコノミックス』「Ⅱ　バザール」を参照のこと。

(18) この論点は、ティロールの議論とほぼ同じものといってよい。

(19) ランゲとミーゼス、ハイエクとの間での計画経済の可能性をめぐる論争については、拙著『アジア・ダイナミズム』の「Ⅱ　市場経済論」を参照のこと。

(20) かつて一時主流派経済学を席捲したことのある合理的期待形成論というモデルがある。このモデルでは、個別主体は、利用可能な「すべての」情報を利用して、将来の市場での価格や数量という変数を正確に予想していることが仮定されている（村上「期待の政治経済学への序説」）。本章の初めで紹介した配車サービスの料金のように、デジタル技術がビッグデータを使って瞬時に商品やサービスの価格を決めてくれるようになる、つまり合理的期待形成仮説が現実に成立するのなら、個別経済主体がその意思決定にあたり、価格等の情報を収集していた、ブローデルのいう「交換の道具」である市場経済は必要ではないという帰結になってしまおう。もしそうならもはや「市場」は不要になってしまうのではなかろうか。

(21) 森聡は、現在の米中間の経済対立の基本は、いわゆる第四次産業革命期の軍事・産業・情報通信という三つの分野で新技術の開発をめぐる「技術覇権」争いであると捉えている。森「抜き差しならない米中『技術覇権』競争」を参照のこと。

(22) ブローデルのこの経済史観は、第二章で紹介した赤松要の弁証法的世界経済史論と通底するものである。

(23) この論点に関するヒックスの日本やアジアに関する言及については、拙稿『ヒックス『経済史の理論』再考』を参照のこと。

(24) 物質生活といった歴史的に古くから存在し続けてきた社会の基層を観察の対象としたブローデルの経済の三層構造論については、第一章ならびに『アジア・ダイナミズム』「Ⅰ　資本主義のネットワーク」を参照のこと。

(25) ブローデルは、封建制の崩壊から資本主義の発展に関して「比較史的研究によれば、日本の社会は例外であって、ヨーロッパとほぼ同じプロセスを辿っている」と指摘していることを付記しておこう。

(26) ここでの多相的経済自由主義のルールの説明は、村上の原型ではなく、私流に解釈したものとなっていることを付記しておきたい。拙論「多相的自由主義ルールの構図」を参照のこと。

参照文献

赤松要「我國羊毛工業品の貿易趨勢」名古屋高等商業学校商業経済学会『商業経済論叢』第一三巻上　一九三五年。

赤松要『世界経済論』国元書房　一九六五年。

赤松要「国家経済思想変遷の歴史法則性」『拓殖大学論文集』一九七三年。

池尾愛子『評伝　日本の経済思想　赤松要――わが体系を乗りこえてゆけ』日本経済評論社　二〇〇八年。

伊藤亜聖『デジタル化する新興国』中公新書　二〇二〇年。

猪俣哲史『グローバル・バリューチェーン　新・南北問題へのまなざし』日本経済新聞出版社　二〇一九年。

エドワード・チェン「東アジアにおける対外直接投資と技術移転」小宮隆太郎他編『東アジアの経済発展：成長はどこまで持続するか』東洋経済新報社　一九九六年。

梶谷懐『中国経済講義―統計の信頼性から成長のゆくえまで』中公新書　二〇一八年。

梶谷懐・高口康太『幸福な監視国家・中国』ＮＨＫ出版新書　二〇一九年。

小島清『雁行型経済発展論（第二巻）アジアと世界の新秩序』文真堂　二〇〇四年。

後藤健太『アジア経済とは何か　躍進のダイナミズムと日本の活路』中公新書　二〇一九年。

塩沢由典「補章『複雑経済学入門』以後の二〇年」『増補　複雑系経済学入門』ちくま学芸文庫　二〇二〇年。

野口悠紀雄『データ資本主義――二一世紀ゴールドラッシュの勝者は誰か』日本経済新聞出版社　二〇一九年。

原洋之介『アジア経済論の構図　新古典派開発経済学をこえて』リブロポート　一九九二年。

原洋之介『アジア・ダイナミズム　資本主義のネットワークと発展の地域性』ＮＴＴ出版　一九九六年。

原洋之介「多相的自由主義ルールの構図」『岩波講座　開発と文化七　人類の未来と開発』岩波書店　一九九八年。

原洋之介『エリア・エコノミックス――アジア経済のトポロジー』ＮＴＴ出版　一九九九年。

原洋之介「一橋大学のアジア学　赤松要のアジア経済論を軸にして」一橋大学「アジアのなかの中東：経済と法を中心に」プロジェクト事務局　Booklet Series No.8、二〇一一年三月

原洋之介『アジアの「農」日本の「農」グローバル資本主義と比較農業論』書籍工房早山　二〇一三年。

原洋之介「戦前期近代日本の近代経済成長再考―農商務省の政策理念の変遷に焦点をあてて」研究報告　二〇一七年。

原洋之介「比較アジア経済論を求めて―『農業経済学からアジア研究へ』の研究遍歴を振り返って」研究報告　二〇一八年。

原洋之介「ヒックス『経済史の理論』再考―比較市場経済論の理論的基盤を求めて」研究報告　二〇一八年。

益尾知佐子『中国の行動原理　国内潮流が決める国際関係』中公新書　二〇一九年。

村上泰亮「期待の政治経済学への序説」福地崇生・村上泰亮編『日本経済の展望と課題』日本経済新聞出版社　一九八五年。

村上泰亮『反古典の政治経済学』「上：進歩史観の黄昏」「下：二十一世紀への序説」中央公論社　一九九二年。

村上泰亮『反古典の政治経済学要綱：来世紀のための覚書』中央公論社　一九九四年。

森聡「抜き差しならない米中『技術覇権』競争―ワシントンの対中強硬姿勢の狙いと技術の安全保障化」『中央公論』二〇一九年七月号

翻訳

ウィリアム・バーンスタイン『交易の世界史　シュメールから現代まで』上下　鬼澤忍訳　ちくま学芸文庫　二〇一九年

ジョージ・A・アカロフ／ロバート・J・シラー『不道徳な見えざる手　自由市場は人間の弱みにつけ込む』山形浩生訳　東洋経済新報社　二〇一七年。

ジョセフ・E・スティグリッツ『プログレッシブ　キャピタリズム』山田美明訳　東洋経済新報社　二〇一九年。

ジョン・マクミラン『市場を創る　バザールからネット取引まで』瀧澤弘和他訳　NTT出版　二〇〇七年。

世界銀行『東アジアの奇跡―経済成長と政府の役割』白鳥正喜監訳　東洋経済新報社　一九九四年。

ジャン・ティロール『良き社会のための経済学』日本経済新聞出版社　二〇一八年。

ビクター・マイヤー＝ショーンベルガー「データ資本主義が激変させる未来」大野和基インタビュー・編『未完の資本主義　テクノロジーが変える経済の形と未来』PHP新書　二〇一九年。

フェルナン・ブローデル『資本主義・経済・物質文明　Ⅱ―一　交換のはたらき　一』山本淳一訳　みすず書房　一九八六年。

フェルナン・ブローデル『資本主義・経済・物質文明　Ⅱ―二　交換のはたらき　二』山本淳一訳　みすず書房　一九八八年。

フェルナン・ブローデル『歴史入門』金塚貞文訳　中公文庫　二〇〇九年。

ユヴァル・ノア・ハラリ『21 Lessons 二一世紀の人類のための二一の思考』柴田裕之訳　河出書房新社　二〇一九年。

リチャード・ボールドウィン『世界経済　大いなる収斂　ITがもたらす新次元のグローバリゼーション』遠藤真美訳　日本経済新聞出版社　二〇一八年。

リチャード・ボールドウィン『GLOBOTICS　グローバル化＋ロボット化がもたらす大激変』高遠裕子訳　日本経済新聞出版社　二〇一九年。

J・R・ヒックス『経済史の理論』新保博・渡辺文夫訳　講談社学術文庫　一九九五年。

J・R・ヒックス『経済学の思考法　貨幣と成長についての再考』貝塚啓明訳　岩波書店　一九九九年。

英文

Akamatsu, K. (1962). "A Historical Pattern of Economic Growth in Developing Countries", IDE-JETRO, *The Developing Economies*, Preliminary Issue, No.1, 1962

Gill, I., and Kharas, H. (2007). *An East Asian Renaissance: Ideas for Economic Growth* World Bank

Kojima, K. (1976). "An Organization for Pacific Trade, Aid and Development: A Proposal", Australian University

Krugman, P. (1995). "Dutch Tulips and Emerging Markets: Another Bubble Bursts", Foreign Affairs

Myint, H. (1954). "An Interpretation of Economic Backwardness", Oxford Economic Papers Vol.6 no.2

Ozawa, T. (2009). *The Rise of Asia: 'The Flying-Geese' Theory of Tandem Growth and Regional Agglomeration*, Edward Elgar

Reich, R. B., (1991). *The Work of Nations: Preparing Ourselves for 21th Century Capitalism*, Alfred A. Knopf

Robison, R and Goodman, D. S.G. (1996). *The New Rich in Asia; Mobile Phones, McDonald's and Middle-class Revolution*, Routledge

Shackle, G. (1972). *Epistemics & Economics: A Critique of Economic Doctrines*. Cambridge Eng.: University Press.

Sussangkarn, C. (1994). "Income Distribution and Long-term Development: A Summary", TDRI Quarterly Review

Wood, A. (1994). *North-South Trade, Employment and Inequality: Changing Fortunes in a Skill-Driven World*, Clarendon Press

第四部　日本経済の一五〇年

――成長局面移行に伴う成長政策と政策理念の変遷に焦点をあてて

本報告の狙い

我々は今、明治維新以降一五〇年が経過した時点に生きている。そして現在日本経済は長期停滞の罠に陥っている。この罠からの脱却の方策を構想するためには、この一世紀半の日本経済の成長の軌跡を振り返っておくことが必須の作業であろう。この作業は、学生時代に東京で「高度経済成長」を日々体験した筆者にとっては、非常に重要な課題であったのである。

あえて指摘するまでもないが、この一世紀半の間に、日本を取り巻く世界経済は何度か大きく変容してきた。またそれに対応して我が国の政治経済システムも幾度か転換してきた。

この歴史を念頭において、明治維新後の日本の近現代経済成長の過程を、ほぼ三〇年を一つの単位とする五つの「成長局面」に区分して、それぞれの局面での経済パフォーマンスを検討していくことにした。その際、アダム・スミスが国富を増加させるためには「分業による生産性の向上」が必要であることを提唱して以来、経済学の最重要課題となっている生産性向上の条件ないし要因に焦点をあてることにする。

まず、明治維新以降の産業構造と就業構造の変化を、現時点で利用可能な一貫した経済統計を活用し、特に労働生産性に着目して、第一次・第二次・第三次産業の間での「生産性の産業間不均等成長」という視覚から、各局面での日本経済成長のパフォーマンスを再検討する。そして、ここ四半世紀にわたって労働生産性が低迷している要因を少しでも明らかにしておこう。

ついで、この一五〇年間にわたる政府の成長政策、具体的には農商務省の殖産興業政策から、農商務省が農林省と商工省に分立した後の農業政策と産業政策の展開を、それぞれの政策を支えた政策理念に着目して検討する。この検討においては、さらなる生産性の上昇を目指す政策と、産業間生産格差かつ家計間所得格差双方での拡大に対処する再分配政策、という両政策領域での政府の生産理念の変貌も検討しておきたい。

いずれにせよ、これからアジア諸国と経済的に共存しうる持続的な成長の条件を明確化するためにも、また日本経済再生戦略を構想するためにも、生産性上昇が現在大きく停滞している要因を少しでも明確化しておくことが急務となっていることは多言を要しないであろう。

二〇二一年一月

原　洋之介

「歴史に学ばない政策形成は虚しい。」

「過去に眼を閉じる者は、現在にも盲目になる。」

（ドイツ連邦共和国大統領ワイツゼッカー）

「日本経済の成長を論ずるとき、われわれはこのような歴史の流れについての洞察を抜きにすることはできない。現在の状況は、単純に過去の条件によって機械的に決定されているものでもなく、また将来についての希望と夢に従って勝手に形成されるものでもない。過去の実績を背負い、将来の可能性を頭に描きつつ、われわれ自身が営々として創造し、築き上げるものである。過去は決定された世界であるが、将来は不確定な可能性の世界であり、現在は可能性を現実のものとして創造する世界である。過去と未来は現在を接点としているが、しかし、それは同じ次元において連続しているのではなく、そこでは異なった次元への屈折が起こっている。」

（下村治『日本経済成長論』）

「農業と農村の現状に関する着実な実態把握も、政策のもたらす効果の精確な分析も、経済学の理論と方法とを用いた体系的研究なしには誰も手に入れることができない。またそれは、長い年月にわたって蓄積された先人の研究を継承しその上に一歩を進めるという学問の発展なしには獲得できない知識である。」

（荏開津典生『農業経済学』）

序章

二重構造経済発展論——日本の近現代経済成長の特質

いうまでもなく、明治維新政府が引き継いだ歴史的遺産として、つまりは新政府が引き受けた日本の経済社会とは江戸時代に作られてきた経済社会であった。明治新政府は、「富国」のための殖産興業によって、武器などの分野では外国に存在している最新鋭の工場の建設などをおこなおうとしたが、それ以外はこの江戸時代の経済社会であった。まさに「外来の新しい要素―資本制経済への道」と、「江戸期の遺産という在来の継承的要素」との「新旧の混在」という初期条件のもとに、近代経済の構築に向かうことになったのである。

明治以降のわが国の「近代経済成長」とは、外来の新要素と歴史的に引き継いだ旧要素とが絡みあって進んできた「二重構造的発展」といえる経路を辿ってきたものであった。この二重構造的発展の本質は、外来的要素と在来的要素の単なる併存にあるのではなく、両要素の動態的な相互作用にある。外来的要素もわが国の風土に合わせて選択的に導入されるし、またその定着過程で様々に変容していくであろう。他方、在来的要素も外来的要素との遭遇において排除されたり、変質したりしたに違いない。またそれらは優勝劣敗の結果である場合もあれば、人々の選択の結果である場合もあったであろう。かように新旧二つの要素が相互に変容させたり、変容されたりして、相互にからみあって進んでいくところに二重構造的発展の本質がある。

先進国への追い付きを目指す後発国の経済発展という歴史的過程は、それぞれの国に初期条件として存在していた在来的要素の在り様に規定されて、「キャッチ・アップの過程は、複雑で、多様な、そしてそのキャッチ・アップをもたらす仕組みにおいて、なかなか収斂しない過程」にならざるをえないのである。また後発国であればあるほど、「外来の新しい要素」である移植技術に負うところの大きい工業部門における労働生産性に比べて、「在来的要素」が大きな比重を占める農林業の労働生産性が相対的に低位にとどまる傾向が続くことが多い。もっといえば、時間の経過に連れて、工業部門の生産性が上昇する速度について いくことができなくて、農林業の対工業相対生産性が低下していく可能性は大きい。ある意味で、このような現象は、後進性の程度が高い国がキャッチ・アップのために先進国から技術や組織を借用すれば必然的にそういったことが発生するともいえよう。

大川一司は、『日本経済の構造』「歴史的視点からの構造分析」で、近代経済成長とは、産業構造の変化を伴う歴史的過程であると捉えて、そのメカニズムの解明には産業構造分析が必要であることを、次のように説明している。明治以降の日本の経済成長において、ガーシェンクロンのいう「経済的後進性の利益」の中核であった先進技術を「借り」た工業がその主導力であった。他の産業との比較において、工業は、労働生産性の上昇率が速く、また民間投資の主導的部分を形成してきた。いうまでもないが、工業とそれ以外の産業とが同一の速度で労働生産性を上昇させてきたわけではない。そのため、日本の近代経済成長の最も重要な特徴は「生産性の産業間不均等成長」であった。

このような産業間の生産性不均衡成長は、日本だけでなく多くの国にもみられている。産業間に持続する生産性上昇の不均等は、技術的性質に加えて、各国で異なる経済的、社会的制度ならびに自然的諸条件によってその具現の仕方がちがっている。だがその一方で、諸産業間の生産性上昇率の相違にはかなり共通した現象があることも注目すべきである。このことは、今日では商業・サービス部門（いわゆる第三次産業）の低い生産性上昇という特徴に最も判然と顕われている。産出需要構成の長期的変化（とりわけ所得弾力性とその変化を通じて）との結合において、このことが構造的アプローチを要請する。大川はこう強調していた。

ちなみに吉川洋は、『現代マクロ経済学』「四　新しいマクロ経済学」で、二〇世紀末の日本経済も、労働生産性の部門間格差を伴う「多部門ルイス・モデル」で分析されるべきである。そして、大川が今紹介した論考で「傾斜構造」と名付けた生産性の格差は現在も、農業だけでなく製造業内部にも厳然と存在している、と指摘しているのである。

成長局面のシフト（1）

このような二重構造的発展という特質をもつ日本の近代経済成長は、単線的にスムーズに展開してきた歴史をもつものではなかった。それは、混乱を伴いながら経済・社会構造が劇的に変化していく過程であった。特に第一次大戦後には非常に困難な経済状態に陥ったことを無視することは許されない。現在アジア諸国は、日本のこの時期に似た経済状態に立ち至っている。「中所得国の罠」とも称されているこの状態とは、ガーシェンクロンのいう「後発性の利益」を十分に活用して経済発展を開始した途上国が、経済発展を続ける歴史的過程でほぼ必然的に直面する政策課題でもある。

少なくとも一世紀にわたる経済成長における経済メカニズムの変容を解明するためには、その成長過程をいくつかの成長局面を通過していく歴史過程である、として捉えることが必須の作業となろう。「成長局面」とは、産業構造、資源配分の機構、そして経済政策といった複数の重要な側面からなる経済制度がその基本型を変質させることなく持続する二〇〜三〇年間ほどの期間と定義しておこう。そして経済成長の過程では、世界経済の変質といった外的要因の変化と、国内経済の変質といった内的要因の変質によって、それまで効率的に機能してきた経済制度が非効率となり、新しく出現した内外要因に適応しうる経済制度に移行せざるをえない状況が生まれることになる。「中進国の罠」とは、経済発展が開始されて以降の初期成長を実現させてきた経済制度の有効性・効率性が問われるような段階にいたって顕在化してくる現象のことである。そして、このような成長局面の移行が、スムーズに進化することは非常に困難であることも事実である。それまで効率的・効果的に機能してきた経済制度の変更である以上、この移行は大きな困難を伴う「不連続的な」シフトとなることが普通であろう。この発展局面の移行の経過は「断続的均衡経路（punctuated equilibrium）」として捉えることが可能であろう。そして、成長局面の移行期に生じる問題は、制度がひとつの均衡から別の均衡に移っていく「踊り場」の過程で生じる政策課題なのである。

ヒックスの市場構造論

いうまでもなかろうが、明治維新後一五〇年たる経済成長過程の中での産業構造の変化の過程では、市場経済の構造にも大きな質的変化が生じていたのである。このような長い歴史的パースペクティブの下での市場経済の変容を、ジョン・ヒックスが提示してくれている市場経済論[2]を援用することで探っておこう。

ヒックスは『経済史の理論』「第三章　市場の勃興」で、商人が仲介人として行動しはじめる商業の専門化こそが、市場経済を勃興させた。そしてこのような商人（卸売商人）の仲介によって、多角的にかつ効率的に交換をおこなうことが可能となった。そして、アルフレッド・マーシャルの商人論を引き継いで、「商人的仲介者によって価格が付けられる組織化されない伸縮価格型市場」、具体的にいえば商人間取引による卸売価格相場の形成に基づく市場取引という「交換の場」が発達してきた、と説いている。

続けて「第九章　産業革命」で、「近代工業」の誕生とは「単に資本蓄積の増加だけでなく、投資が具体化される固定資本財の範囲と種類の拡大なのであった。」「耐久設備が継続的に使用されるとすると、それを運転するために、多少とも永続的な組織と労働力を必要とする。」このような「近代工業」の勃興とは「固定資本が（生産の）中心的地位を占めたとき、あるいは占めはじめたとき」である。続けて「固定資本の生産費が低下したので、従来用いられてきた手工業的方法に代わって、機械による生産方法を採用することが有利になったのである。」そして、この固定資本が重要になったことで規模の経済が生まれることになったのである。

こうして、産業革命以降の経済成長の過程で、寡占的大企業が価格を決める固定価格型市場が支配的となり、経済全体での商品取引の中での商人の地位は低下していった。ヒックスは、この新しい時代を「ケインズの時代」と呼んでいる。このような固定価格型市場が登場してきた要因として、ヒックスは二つを挙げている。第一は、生産において「規模の経済が働く範囲の拡大、すなわち企業規模の拡大」が起こったことである。第二は、「現代的な技術を用いて製品の質を標準化することが可能になり、品質と価格の標準化は相互に強めあう」ようになった。「こういう流れの中で、商人は生産者の商品の単なる販路にすぎなくなり、先行のマーシャルの時代に商人がもっていた主導性を失ってしまった」（ヒックス『経済学の思考法』「序文」）ことである。一般的にいって中間財や資本財の生産においては、ヒックスも「産業主義」（同上　第Ⅱ章）で近代経済成長の重要な要素であると指摘していた「規模の経済」が働きやすいのである。

以上のようなヒックスの市場経済進化論に照らしてみると、明治以降の市場経済は、農産物から繊維製品まで含めたほとんどの商品の取引において、商人（卸売商人）によって価格が付けられる伸縮価格型市場であった。しかし、第一次大戦後に、重化学工業が成長してくることによって、製造業の製品の取引において寡占的企業自身が価格を決める固定価格型市場が誕生してくることで、市場経済は伸縮価格型市場と固定価格型市場とが共存する市場形態へと変化していった。そして、戦後の高度経済成長期をへて一九八〇年代まで、固定価格型市場が支配的な市場形態へと進化していった。しかし、一九九〇年代に入って日本経済がサービス経済化、つまり脱工業化していく中で、固定価格型市場は崩れ始めて、また今世紀に入ってからの情報通信技術の革新によるデジタル経済化によって、再度商人が主導する伸縮価格型市場が市場経済の中でそのウェイトを増大させているのである。

ヒックスは、『経済史の理論』「第七章　農業の商業化」で、「組織の一形態としての市場は、商人の、そして引続いては金融業者の創造物であって、農民や手工業者の創造物ではないことは、依然として事実である。商品市場と金融市場は、市場制度が本来あるべき場である」と指摘している。このようなヒックスの市場経済発達論を踏まえると、わが国において、現在、市場経済は、市場経済が勃興した時代のプロトタイプへと歴史的に回帰し始めていると捉えておいていいのではなかろうか。

また、ヒックスが「それ（市場）が要素市場、すなわち市場と労働市場の形成にすすむ場合、それは比較的支配しにくい領域に浸透しつつあるか、あるいはそれを植民地化しつつあるのである。この領域においては、市場原理は適合しないか、適合できるとしても困難を伴う。そこに抗争が生じることになる」と指摘していることも忘れてはならない。この指摘は、日本の農業成長や農業政策を論じるとき、非常に重要な含意をもつものとなっているからである。

本部の課題

さて、現在二一世紀のこれからアジアと日本とはどう共存するのかを見定める研究をおこなっており、その第一の報告『二一世紀のアジア経済をどう捉えるか：アジア・ダイナミズム再考――長い歴史的パースペクティブの下に』（本書第三部）を既に執筆しておいた。その際、念頭にあったのは、ケインズが、その『人物評伝』に再録された「マーシャル伝」において、経済学者は「未来のために過去に照らして現在を研究しなければならない」という一文であった。そして、研究目的がアジアとの経済的共存の条件を明確にすることにある以上、日本経済の「未来」のために「過去に照らして現在を研究」することが必須であり、日本経済の展開を、長い歴史的パースペクティブの下で再考しておこうと考えた。そして本当に幸いなことに、『日本経済の歴史』全六巻が上梓され、国民所得といった基本的統計データや、歴史のそれぞれの時代の経済政策の変遷についいて、多くの新しい事実を知ることができるようになっていたので、本報告を書くことにしたのである。

また、過去一〇年ほど、留学生向けの講義で日本の経済の歴史等への質問に答える必要があったので、私なりに、日本経済のことを勉強しておく必要を強く痛感していた。そこで特に、明治以降日本では経済発展のためにどういう政策がとられてきたのか、そしてそれらの政策はどんな効果をもたらしたのかを、『戦前期日本の近代経済成長再考―農商務省の政策理念の変遷に焦点をあてて』と『ペザンティズム農政―近現代日本農政思想をどう継承するか』（本書第八部）という二つの報告で検討しておいた。しかし、この二つの報告では、一切検討していなかった戦後期の通商産業省所管の産業政策についての検討を追加するためにも、本部を書く必要があったのである。

以下本部では、まず明治維新後一五〇年間の近現代経済成長の過程を、いくつかの時期に区分して、産業構造の変化を統計資料を活用しながら概観する。そして続く二つの章で、それぞれの時期に、どういう政策がとられたのかを、主として政策決定を背後で支えた政策理念の変遷に焦点を当てながらみていくことにする。実際に選択された政策がどのような理念、つまりどのような経済理論を基にしていたのかを、担当者の書物や発言録などの資料を手掛かりにして探ってみようと試みたのである。そして、その時々の政策決定過程においては、担当者の間で、政策理念をめぐって激しい論争があったことも明らかとなろう。

ところで、今世紀に入って以降続く長期経済停滞からの脱却を目指した、いわゆる「アベノミクス」を巡って、論争が戦わされている。アベノミクスの第三の矢とも称された成長戦略は、基本的にアメリカで主流である自由主義経済理論に基づいたものである。この市場経済理論は、全ての市場参加者が「合理的」意思決定をおこない、またあらゆる財・サービスの取引は「完全競争」市場が存在していることを前提としていることを忘れてはならない(3)。

しかし、市場経済を捉える経済理論は、このアメリカの自由主義経済理論だけではないのである。端的にいって、経済学の研究から歴史を追放したアメリカで主流のこの経済理論では、市場経済の発展やその構造の変容といった長い時間にわたる経済の変容を的確に捉えることなどできないのである。そこで本部では、市場経済の歴史的変質を重視する、アルフレッド・マーシャルの商業論を引き継いだ、先に紹介しておいたヒックスが提示している市場経済論を基にして、政策の変遷を捉えていくことにする。

本部の最後で論じる予定であるが、先に触れた「アベノミクス」においては、次々と提案される成長戦略にかかわる政策は、日本経済が低成長を続けている理由や産業の競争力が低下していることに関して、エビデンスに基づいた分析を踏まえたものとはなっていないようである。看板政策を打ち上げるアイディアには優れていても、その政策効果を冷静に分析する作業はあまりおこなわれていないようである。いうまでもないが、これは政策を形成する上で大きな問題であろう。

この点に関して、ケインズの『一般理論』が上梓された一九三六年と同年、出版された『増訂　日本農業の展開過程』での東畑精一の次の一文を是非紹介しておきたい。「日本資本主義の進行の約半世紀にして猶ほ政府万能、法科万能の声の絶えずの云為さるるのは理由なしとしない。而してこれに照応して日本に於ける経済学的思考が依然としてポリチイカル・エコノミーの域を脱するを得ず、「経国済民」的経済政策論を越ゆる能はずして、「純粋」経済学的たり得ない所以の実生活的な基礎が分明するのである(「第一章九　政府―危険を負担せざる「企業者」)」。戦前期、農政であれそれ以外の経済政策であれ、その決定やそれを支える理念が大きく「法科」的思考に支えられている「経国済民」論でしかなく、経済学に基づいたエビデンスに基づく政策研究が不足しているという指摘である。残念ながら、東畑が指摘した点は、現在もなおそのまま当てはまるのではなかろうか。

第一章　明治以降日本経済の一五〇年

工業化の一世紀とサービス経済化の半世紀

明治維新後一五〇年間の日本経済の構造変化を概観すると、一八七〇年から一九七〇年への一〇〇年は、工業化による先進経済へのキャッチ・アップ型成長の時代であった。そして、キャッチ・アップ型成長終焉後の五〇年は、脱工業化ないしサービス経済化の時代となっている。一九七〇年代以降の日本経済の経済メカニズムは、キャッチ・アップ型成長のメカニズムとは、全く異なったものへと変質していった。そして、この半世紀の後半、一九九〇年代半ば以降現在は、ゼロ成長という経済停滞期に陥っている。現在の経済停滞は、まさにこのメカニズムの変質に、日本経済が的確に対応できていないことに起因しているのではなかろうか。つまり、工業化のメカニズムをそのまま維持しようとし過ぎたために、脱工業化に適切に対応できていないのではなかろうか。

以下、このような日本経済の構造変化を概観しておこう。幸いなことに、過去一五〇年間の日本経済に関する経済統計を再吟味し新しい推計をおこなった「一橋推計」──『岩波講座　日本経済の歴史』の第三巻近代一、第四巻近代二、第五巻現代一、第六巻現代二の付論──がある。そこで、産業構造の転換においては、名目価格表示の国内総生産を、労働生産性の比較においては、固定価格表示の国内総生産を利用して、一五〇年にわたる日本経済の変容をみておこう[(4)]。

産業構造の転換

明治維新後の一八七四年では、第二次産業は国内総生産の一三%、また雇用では一七%を占めていた。それが昭和初期の一九二五年になると、総生産では二六%、雇用では二二%まで上昇している。また第三次産業は、一八七四年総生産で二八%、雇用で一七%、次いで一九二五年それぞれ四七%、二八%へと上昇している。

明治維新直後の一八七四年では、国内総生産に占める第一次産業の比率は五九%であり、第二次産業は一二%であった。いうまでもなく、江戸期の農林水産業を引き継いだ在来産業がいまだ支配的であった。またこれまた江戸期の商業等を引き継いだ第三次産業も大きな比重を占めていたのである。

その後戦前期の推移をみてみると、まず第一次産業の比率は、一八九〇年に四三%、一九〇九年三三%、一九二五年三二%、そして一九三五年には一六%と低下している。これに対して、第二次産業の比率は、それぞれの年で一八%、二四%、二七%、そして三五%へと上昇している。つまり日本経済は、趨勢的に工業化をすすめてきたのである。だが同時に、第三次産業の比率も、それぞれ三九%、四三%、四一%そして四九%と上昇している。一九三〇年代には、第三次産業が生産面で、その半分を担うようにまで進展していたのである。

このような産業構造の変換に対応して雇用構造も、大きく変化した。一八七四年には、第一次産業七〇%、第二次産業一三%、第三次産業一七%、一八九〇年にはそれぞれ六二%、一九%、一九%、一九〇九年五八%、一九%、二三%、一九二五年五〇%、二二%、二八%、そして一九三五年四五%、二三%、三二%。このように変化しているのである。

戦後期の一九五〇年では、第二次産業は総生産において、三四%、雇用で二四%、また一九六〇年にはそれぞれ四一%、三〇%、次いで一九七〇年にはそれぞれ四六%、三五%となっている。第三次産業は、一九五〇年それぞれ四六%、二九%、一九六〇年四六%、三七%、さらに一九七〇年では四八%、四五%となっている。

戦後の高度成長を経た一九七〇年には、第一次産業の対GDP比は六%にまで低下した。その一方で、第二次産業の生産が増加し、四六%を占めるようになった。雇用面では、未だ第一次産業は二〇%を雇用していた。第二次産業の雇用比率は三四%に、また第三次産業は四六%を雇用していた。

以上から明らかなように、明治維新後一〇〇年間は、工業化が追及された世紀であったことがわかる。そしてこの工業化とは、西欧ついでアメリカという先進経済へのキャッチ・アップの達成を目指したものであった。

では、このキャッチ・アップ型工業化という目標が達成された一九七〇年代以降、日本経済はどういう構造変化を遂げてきたのであろうか。一九七〇年代以降については、製造業と非製造業という産業区分データでみておこう。

第二次産業の中核であった製造業の国内総生産に占める比率をみると、以下のようになっている。一九七〇年には三五%であったが、その後は一九八〇年二七%、一九九〇年二六%、二〇〇〇年二二%、そして二〇一二年には一八%へと低下している。農林水産業の比率は、一九七〇年の五・六%から二〇一二年には一・三%へ低下しており、その一方でサービス業の比率は、五二%から七四%にまで上昇している。一九七〇年代以降の半世紀は、脱工業化ないしサービス経済化の時代であったのである。

労働生産性の産業間不均等成長

ここで、先に指摘しておいた大川の「生産性の産業間不均等成長」という視点から、産業間の労働生産性比の動きをみておこう。

第一に、第三次/第二次労働生産性比をみておこう。戦前期に一八七四年には四・二六、一八九〇年四・二二、一九一三年二・〇四、一九四〇年一・〇一となっている。明治維新後以降、第二次産業特に製造業での労働生産性が第三次産業での生産性を上回る速度で上昇してきたことがわかる。戦後期には、一九五五年一・五三、一九七〇年〇・九六、一九九〇年〇・九一、そして二〇〇八年〇・六八と低下している(第四―一表)。

一九七〇年代以降は、少し指標をかえて非製造業/製造業間の比率でみておこう。一九七〇年〇・六八、一九八〇年〇・八一、一九九〇年一・一八、二〇〇〇年　〇・九三、そして二〇一二年〇・九五となっている。

以上からわかるように、明治維新以降、戦前期はその格差の程度は縮小してきたが、第三次産業の労働生産性は第二次産業を上回っていたのである[5]。戦後の高度成長期になって、製造業での労働生産性の上昇速度が加速したことで、

第4－1表　労働生産性の産業間比較（1874-2008年）

	第1次産業	第2次産業	第3次産業
1874年	114	115	548
1890年	133	148	624
1913年	177	375	764
1940年	230	1169	1183
1955年	477	1467	2240
1970年	783	4317	4134
1990年	1643	7364	6676
2008年	2531	11035	7507

注）就業者1人当たり実質付加価値。
　戦前期　円：1934-36年平均価格／人。
　戦後期　1000円：2000年価格／人。
出所）深尾（2020）表2―5より。

両産業間での生産性格差は消滅している。そして、一九七〇年代に入ってからの二〇年ほどは製造業の労働生産性が高まった。しかし一九九〇年代に入ると様相は一変して、製造業での生産性上昇が鈍り、二〇〇〇年代に入って以降は、非製造業とほぼ同等となっているのである。

第二に、農林水産業／製造業労働生産性比の動向をみておこう。一八八五年〇・九五、一八九〇年〇・九〇、一八九五年〇・九三である。ほぼ変化はみられなかったといってよい。しかしその後一九九〇年に〇・六八、一九〇五年〇・五二、一九一〇年〇・五二、一九一五年〇・四七と格差は拡大しているのである。

それ以降は、下記のように、この比は低下し続けてきた。一九二〇年〇・五〇、一九二五年〇・四二、一九三〇年〇・三二、一九三五年〇・二三。そして一九五五年〇・六一、一九六〇年〇・五六、一九七〇年〇・三三、一九八〇年〇・二六、そして二〇〇〇年〇・二四（第四―二表）。農林水産業の対製造業労働生産性格差は、一五〇年の間に、ほぼ格差なしの状態から、四分の一にまで低下してきたのである。(6)

最後に、これからの日本経済の在り様を考える時、忘れ

第４－２表　農工間労働生産性格差の推移

戦前期―第１次産業／第２次産業	
年	第１次産業／第２次産業
均衡成長局面：1881～1918年	
1885年	0.95
1890年	0.90
1895年	0.93
1900年	0.68
1905年	0.52
1910年	0.52
1915年	0.47
不均衡成長局面：1918～1935年	
1920年	0.50
1925年	0.42
1930年	0.32
1935年	0.23
1940年	0.20

戦後期―農林水産業／製造業	
高度成長局面：1950～1972年	
	農林水産業／製造業
1955年	0.61
1960年	0.56
1970年	0.32
高度成長終焉後：1972年～現代	
1980年	0.26
2000年	0.24

出所）『日本経済の歴史』第３巻―第６巻付表から推計。

てはならない事実を指摘しておこう。それは、「一九九〇―二〇一五年の四半世紀の日本経済全体の労働生産性の年平均上昇率が一・四%でしかなかった」という事実である。これは「明治維新後の日本では、明治初期と太平洋戦争前後を除けば、このように低い労働生産性上昇率を長期間経験したことはなかった」。そして「労働生産性の低迷を反映して、一九九五―二〇一五年全体で実質賃金率が僅か二・六%しか上昇しなかった」のである（深尾　終章）。

五つの成長局面

以下、明治維新後一五〇年間の日本経済の近現代史を、五つの成長局面に区分して、それぞれの成長局面の重要な特徴を、主として『日本経済の歴史』の第三巻近代一、第四巻近代二、第五巻現代一、第六巻現代二、各巻の「序章」の導入部と「第一節　成長とマクロ経済」を紹介しながら、整理しておこう。なお戦前期の二つの局面の命名は中村隆英『戦前期　日本経済成長の分析』での用語、戦後の三つの局面は深尾他の『日本経済の歴史』の用語を借用していることを記しておこう。

均衡成長局面　一八七〇年代後半から第一次世界大戦前まで

明治維新後、日本は関税自主権を回復しえないまま、近代経済成長を実現させなければならなかった。まさに「強制された自由貿易体制」を強いられたのである。そして当時の世界経済は、イギリスの覇権に支えられた、金本位制、自由な資本移動と自由貿易を基本ルールとして動いていた(7)。そしてこの時期に世界経済は、いずれも数十年ぐらいを単位とする長い「コンドラチェフの長期循環」の上昇局面にあったのである(8)。

明治維新時点で、江戸期に発展していた在来産業は、それなりに国際競争にも耐えうる力をもっていた。外国の製品と競合しない醸造業のような場合はもとより、輸入製品の熾烈な競争にさらされた綿工業でも、全体としての明治期の発展はめざましかった。外来技術と在来技術とを掛け合わせたハイブリッド型の技術発展を遂げた生糸を含めて、繊維産業こそが在来産業と近代工業との共存的発展の例であった。まさに中村隆英のいうように、第一次世界大戦までは近代工業と在来産業の均衡成長の時代であった（西川俊作・尾高煌之助・斎藤修編著『日本経済の二〇〇年』日本評論社　一九九六年）のである。

この成長局面では鉱工業の成長は部門ごとに異なっていた。織物業に代表される在来産業の労働生産性は、一八七〇年代において農業部門のそれと大差なく、化学染料などの技術を漸進的に導入しつつ、一九一〇年代まで外延的に拡大した。鉱業においても近代的な採掘方式が漸進的に導入された。

一八八〇年代後半以降、中間財を生産する製糸業や紡績業、そして鉄鋼業が成長しはじめた。これら近代的工場とは、機械の存在とその機械を効率的に使いうる能力を体化した常雇いの労働者を必要とする、それ以前とは大きく異なった特徴をもつものであった。新たに中間財の生産部門が独立した生産特化が進んだことで、中間財の取引市場が生成してきた。このような市場の拡大過程において、標準化しやすい製品を生産している産業では、機械化が起こり、収穫逓増が実現し始めた。しかし、川下の産業はいずれも古典的で労働集約的なままであった。この成長局面での産業構造の変化とは、資本蓄積と分業とが相乗的に進んだ結果生じたところの産業構造上の変化でもあった（斎藤　第二章）。

他方、典型的な在来産業である農業では、地租改正事業によって農民が農地の私的所有権を確保できたことを受けて、小農家族経営が一貫して生産の担い手であり続けた。その上、西洋からの移植技術はほとんど意味をもたなかったが、幕末までに蓄積されていた農業技術を改良した「明治農法」と後に通称されることになった技術進歩はあった。また、市場経済に巻き込まれたことで、小作人に転落する農民も増加し始めたのである。

既にふれておいたように、農工間での労働生産性格差は、一八八〇年代まではなかった。この格差が拡大しはじめるのは、一八九〇年代後半以降である。明治維新後の製造業は、江戸期に成立していた醤油や味噌など食品業や綿織物に代表される繊維業といった在来産業であった。しかし、近代的機械を使う製糸業や紡績業が成長してきたことで、農工間生産性格差が拡大しはじめた。さらに一八九〇年代以降、個人間の所得分配も不平化しはじめた。一方、第一次世界大戦前の工業化は、全国的に進み、所得の地域間格差は広がらなかった。

全体としては、グローバリゼーションの第一波といわれる一八七〇～一九一三年には、明治維新後の日本が技術フロンティア国（イギリス）との格差拡大を止めることに成功した時期であったのである。

市場の在り様についてみると、この成長局面では、農産物や味噌・醤油といった加工食品や衣料といった在来産業の商品の取引においては、ヒックスのいう商人が仲介する伸縮価格型市場の市場が中心であった。

不均衡成長局面　第一次大戦後から一九三〇年代半ばまで

日本は一九一一年に関税自主権を回復させた。また第一次世界大戦終了後、イギリスの経済覇権が大きく揺るぎだし、また一九二〇年代には農業不況から世界大恐慌へと世界経済は混乱期を迎える。この時期に世界経済は、先にふれたコンドラチェフの長期循環の下降局面にはいっていたのである。一九世紀の世界経済ルールの根幹であった金本位制は崩壊した。そして、欧米諸国はこぞって保護貿易政策を採用するようになり、また金本位制も崩壊することになった。こうして当時の先進国は、世界恐慌においてその経済政策の大きな転換を余儀なくされた。世界各国は、国内の大企業の破産等をさけるため、保護貿易政策をとり始めた。まさに、E・H・カーが後に名付けた「危機の二〇年」であったのである。(9)

第一次世界大戦期から戦間期にかけて、日本の一人当たりGDPの成長率は初めて米独仏を上回った。別の言い方をすれば、技術フロンティア国への本格的なキャッチ・アップが始まったのである。その成長の原動力は動力革命や重化学工業化を背景とした製造業の労働生産性の上昇であった。

戦間期の日本の貿易は、世界的にみて相対的に高い成長をみた。それは停滞するヨーロッパと対照的に、アメリカ、日本、中国、東南アジアを結ぶ環太平洋貿易が成長したこと、ワシントン体制が太平洋地域の安定を維持したこと、そして日本の海運会社と商社がその事業機会を捉えたことによる。

この両大戦間期を特徴づけるのは、重化学工業化と大企業の時代の到来であった。鉄鋼生産がようやく軌道に乗り、化学肥料製造を中心とする化学工業がその基礎を築き、電気製品が普及し始めた。また、さまざまな産業の工場には小型電気モーターが備え付けられた。

この時期に、それ以降日本の産業化の王者となった機械器具産業の成長が始まった。機械工業の資本・労働比率は、鉄鋼業のような重化学工業のそれより、はるかに低い。どちらかというと、繊維産業のそれに近いといえる。だが繊維産業の労働者が主として非熟練労働者であるのに対して、どちらも熟練労働を必要とする（大川・小浜　前掲書）。

戦間期における製造業の労働生産性上昇を促したひとつの条件は、国際競争の激化である。第一次大戦期に、紡績業においてそれまで最大の輸出先であった中国において中国企業の成長が著しく、日本は太糸で国際競争力を失い、細糸、綿布などより付加価値の高い製品の生産に主力を移した。同時に、太糸に関しては、中国への直接投資によって安い賃金を利用して生産する「在華紡」が急増した。結果として綿製品の輸出は拡大を続け、一九三〇年代には日本はイギリスを抜いて世界最大の綿製品生産国となった。一方、政府に保護された製鉄業の場合、一九二〇年代において新興のインド銑鉄業に勝ることはついになく、一九三〇年代の保護関税の導入と軍需の拡大によって初めて本格的に成長し始めたのである。

第一次世界大戦が終わった一九二〇年代初めに、明治農法がほぼ全国に普及したこともあって、農業の生産上昇は停滞し始め、農工間労働生産性の格差も拡大した。そして、自作農家だけでなく自小作農家を含めて、経営規模一～二町の中農層の構成比が拡大した。ところが、一九三〇年代の恐慌期に入って、米価と繭価の暴落がこれら中農層の農家を直撃し、小作争議も各地で頻発するようになった。だがその一方で、中農層が、経常投入財の共同購入・販売、農機具、機械の共同購入・利用などをおこなうために集落単位で「農事実行組合」を組織化した地域も生まれたのである。

家計の所得分布の不平等度を測るジニ係数の動きを見ると、一八九〇年代〇・三九五、一九〇〇年代〇・四三三、一九一〇年代〇・四八一、そして一九二三年〇・五〇五、一九三〇年〇・五一二、そして一九三七年〇・五四七と、不平等度が大きくなっている。さらに、一九二〇・三〇年代において、農村の所得分布は都市に比べて平等であったが、戦後と比べると地主小作制のため非常に不平等であった。そして都市の所得分布が大きく悪化したのに反して、農村での不平等化傾向は微弱であった。また農業日雇賃金と都市の製造業賃金・人夫の日雇賃金間の賃金格差は一九一八年頃から一九三〇年代中頃まで格差を拡大させている。不均衡成長期に、日本で家計間の所得分布が不平等を高めていたことはほぼ間違いない（南）。

明治維新以降日本経済の中核であった繊維産業と農林業の生産性は、一九三五年時点において既に下位にあり、上昇することはなかった。日本経済全体の生産性の観点からみれば、繊維と農業の時代は、一九三〇年代にすでに終わっていたのである（尾高「断絶と連続の工業化」『第五巻　第四章』）。

この成長局面においては、近代的製造業の成立によって、大企業が生産費を基礎として販売価格を決める固定価格取引がその重要性を増してきた。また同時に、農産物の流通において、米の取引所や生鮮食料における中央卸売市場の整備などがおこなわれた。この局面では、近代的工業製品における固定価格型取引と農産物における伸縮価格型取引とが併存する市場構造が形成されていったといってよい。ヒックスの言い方を用いれば、「ケインズの時代」への移行期であったのである。(10)

高度成長局面　一九五五年から一九七〇年まで

戦後の日本は、イギリスに代わって経済覇権国となったアメリカが主導する国際経済体制の下で、戦後復興から高度経済成長に向けて歩んだ。その国際経済体制とは、固定相場制と自由貿易、ならびに国家間での資本移動の制限を柱とするブレトン・ウッズ体制であった[11]。わが国は、一ドル＝三六〇円の固定相場制の下で、国際経済に本格的に参入していったのである[12]。またこの時期に世界経済は、コンドラチェフ循環の上昇局面へと転じていたのである。

日本経済は、戦後復興期から一九五五年頃高度経済成長期とよばれる新しい局面へと移行した。そして一九五五年以降、年率平均一〇％弱という驚異的に高い実質GDP成長が一九七〇年代初頭まで続いた。高度成長は、製造業を中心に生じた生産性の著しい上昇と急速な資本蓄積によってもたらされた。高度成長は労働生産性と実質賃金の顕著な上昇をもたらした。高度成長期の生産性上昇は、資本装備率の上昇と、欧米からの技術移転、長期雇用関係に基づく企業内訓練や系列取引を通じた中小企業への技術伝播による全要素生産性の上昇に支えられていた。生産性の上昇によって多くの工業製品の価格は下落する傾向にあった。一九五〇年以降、農林水産物の価格が上昇傾向にあるなかで、工業製品の価格は安定的に推移していた。

この成長局面で機械工業は、一貫して生産額と生産性を伸ばしてきた。高度成長期を通じて機械工業は、国際的な水平分業を拡大しつつ生産性を高めてきた。さらに、食品加工業、商業・金融・保険・不動産は、生産額において一貫して大きな割合を占めただけでなく、生産性においても中位から上位にあった。非貿易部門においても、高度成長期に需要が旺盛であった不動産や金融の生産性は比較的高く推移した。

急速な資本蓄積は、国内貯蓄の急速な増加で可能となった。高度成長期の民間固定資本形成の対GDP比は二八・四％であり、これは戦前昭和期の一一・二％より一七・三％高かった。この旺盛な投資は、基本的に、高度成長によって増大した所得上昇によって高まった民間貯蓄によって支えられていた。

さらに、高度成長期には、農業等の相対的に労働生産性の低い産業からより労働生産性の高い製造業への労働移動によって、経済全体の生産性が向上するという資源配分の効率化が加速した。昭和戦前期と比較して高度成長期には、第一次産業と非第一次産業間の非熟練労働賃金率の格差が拡大していた。また、高度成長期に製造業を中心に就業機会が大量に創出され、地方の都市化や工場の地方立地等により、農林漁家の兼業やその家族の非第一次産業での就業機会が増えたのである。

所得分配については、戦時統制による資産所得の抑制と、戦後のインフレーションによる金融資産の目減り、そして農地改革により、一挙に平等化した。戦時期に導入が始まった累進的な所得税、地方政府への所得移転、国民皆年金、そして国民皆保険も平等化に貢献した。平均余命の平等化にみられるように、所得と暮らしの質の両面において平等化が進んだのである。

また、市場構造の進化という視点からは、この成長局面では、固定価格型取引と伸縮価格型取引との併存が完成されたと考えていいであろう。それは、「ケインズの時代」の市場構造であったといえよう。(13)

安定成長局面——一九七〇年から一九九〇年まで

日本が高度成長によって、国民一人当たりGDPの西欧諸国へのキャッチ・アップがほぼ達成された一九七〇年代初めに、ブレトン・ウッズ体制が崩壊し、固定相場制も崩壊し先進国は変動相場制を採用するようになり、また国際的資本移動制限も緩和されていった。一九七一年のアメリカによるドルと金とを切り離した「ニクソン・ショック」、一九七三年の変動相場制への移行、そして一九八五年のプラザ合意以降の急激な円高。これら一連の外国為替市場での出来事によって、貿易だけでなく、日本経済全体が大きく揺れ動く時代に入っていくことになったのである。

そして、アンガス・マディソンが、一九五〇年から一九七三年までの時期に比べて、一九七〇年代中葉以降、先進国での資本の生産性、つまり製造業での投資の収益率が大きく低下しており、世界経済が「戦後の黄金時代」から「経済成長が減速する不透明な時代」へと転換したと指摘していた(『二〇世紀の世界経済』)ことを忘れてはならない。世界経済のコンドラチェフ循環は、下降局面へと転換し始めていたのである。

ところで一九八〇年代に入り、とくにプラザ合意以降円高がすすむにつれて、世界経済全体が停滞傾向を示していたなかで、東アジア地域の経済は、成長軌道にのり、一九九〇年代前半に、東アジア地域に「経済的奇跡」が起こったとまで称されるようになっていた。しかしこの時期に、石油などの一次産品そして半導体製品や自動車等耐久消費財を含めた工業製品の世界価格にも長期的な下押し圧力が加わっていたことを見落としてはならないであろう。

高度成長終焉後の投資低迷による国内需要不足は貿易黒字拡大で埋められた。だが、交易条件は不利化し続けた。さらに、一九八五年のプラザ合意を契機として円高が急速に加速化したことで、製造業の企業の多くは、生産工程の一部を海外に移転し始めた。このような工場の海外移転と国際的な工程間分業により、日本から欧米への最終製品輸出は大きく減少し、日本は東アジアに広がった日系企業等の生産ネットワークに基幹部品や資本財を供給する国に転換した。

高度成長が終焉した一九七〇年代初めは、明治維新後の工業化による先進経済へのキャッチ・アップ型成長の一世紀が終焉した時であった。そして、現在まで続く脱工業化ないしサービス経済化の五〇年が始まった時でもあった。

長期停滞局面(14)—一九九〇年以降

一九九五年にWTOが設立された。GATTの政策レジームは、国境での関税等の低減・廃止だけを交渉の対象とすることを原則としていた。だがWTOレジームは、国境政策だけでなく、貿易に関わる国内政策そのものの変更や撤廃を巡っても交渉の対象とすることを、その原則とするようになっている。端的にいうと、GATT体制においては、各国は国境政策を除いて各種の国内政策を採用しうる主権をもちえていた。しかし現行のWTO体制では、この政策面での主権が大きく制約されるようになっている。またウルグアイ・ラウンドにおいて、一九九五年には「サービス貿易に関する一般協定GATS」も発効した。

貿易政策面での政策レジームのこのような転換は、より広く世界経済を律する政策レジームの転換の一環として生まれてきたものである。一九四〇年代後半以降、各国の自主的な政策を許容する、貿易と資本移動の両面での「浅いグローバル化」を原則としていたブレトン・ウッズ体制が存在していた。だが、一九七〇年代初めから始まった資本移動規制の撤廃に加えて、WTO成立に至って、貿易から金融までふくめたすべての政策領域で「深いグローバル化」の時代に入っていったのである。それは、モノ、カネなどすべての領域で世界を画一的な経済制度につくり変えようという「ハイパー・グローバリゼーション」の体制である(ダニ・ロドリック『グローバリゼーション・パラドクス』「四章　ブレトン・ウッズ、GATTとWTO」)。

さらに、このような世界経済の変容の背後には、情報通信技術の飛躍的革新があった。一九七〇年代初めから、半導体チップの開発というブレークスルーとそれに続く情報通信技術の進展が、大きな転換点となった。この情報通信技術の革新は、その後二〇年くらいで、いわゆるインターネット革命を生み出し経済活動のデジタル化が加速化された。このデジタル技術の革新によって、先進国経済において、工業からサービス業に重心が移った。脱工業化ないし「サービス転換」である。そして、二〇〇〇年代半ば以降、コンピューター技術の革新の速度は、日々加速化している。

　この長期停滞局面では、日本からの生産の海外移転が加速化し、アジア地域との間での工程間分業が進展し、グローバル・バリューチェーンが深化することで、わが国の貿易構造に大きな変化が生まれた。二〇世紀までのアジア域内貿易のメカニズムは、国際的にみて相対的に低コストで生産できる財に特化するという古典的貿易論に基づいて説明しうる産業間分業であった。ところが二一世紀に入ると、この伝統的な比較優位論に基づく貿易構造が大きく崩れ、生産工程や機能を単位とする工程間の国際分業が増えた。その背景には、モノづくりのあり方が、それまで日本企業が得意としてきた「摺り合わせ（インテグラル）型」から、アジアの新興企業が参入しやすい「組み合わせ（モジュール）型」へとシフトした事態があったのである。

　このようにして、かつてひとつの企業や国の中で統合されていた生産の一連の流れは、いくつかのフラグメント（分断）された生産プロセス（工程・機能）が国境を越え、複雑なつながりを形づくりながら分散立地するようになった。そして、情報通信技術の飛躍的革新によって、フラグメントされた多数の生産プロセス間をつなぐサービス・リンク・コストも大幅に低下したのである。(15) そして、これら分断された生産工程間での部品の取引形態は、かつての摺り合わせ型の時代に比べて、より競争的な取引へと変化してきているのである。

　一方、このようなグローバル化の裏側で、わが国の製造業では、生産性の高い工場が閉鎖され、生産性の低い工場が残った。そして対外直接投資による生産の海外移転が大企業の国内生産縮小と製造業での全要素生産性ＴＦＰ上昇への負の退出効果を招く事態が現れていた。その結果、ＴＦＰの上昇という点で、中小企業が取り残され、自動車部品・同付属品、繊維、鉄鋼、民生用電子・電気機器等でのＴＦＰ上昇率が下落してきている（深尾「一九九〇年代以降のＴＦＰ上昇減速の原因」『第六巻第四章第二節』）。

また、大企業と中小企業間の生産性格差が拡大してきている。一九七五年から二〇一〇年にかけての五年ごとのデータを見ると、製造業や一部の非製造業で大企業と中小企業間の労働生産性格差が拡大していること、労働生産性格差の拡大は、企業規模間の資本労働比率格差の拡大だけでなく、ＴＦＰ格差の拡大によっても生じている。この格差は、軽工業、重化学工業、機械工業のいずれにおいても、一九七五年以降一貫して拡大しており、二〇一〇年には二倍以上に達している。また、企業規模間の賃金格差も拡大してきている。まさに、一度消滅したとも評された、戦前期の不均衡成長局面でみられた二重構造が再来してきているのである（深尾　同上）。

さらに、この成長局面の最大の特徴は、サービス経済化が加速し、また多様化してきたことである。一九七〇年頃までは、工業化とサービス化が平行して進んだ局面であった。次いで一九七〇年代から一九九〇年頃までは、産業構造における製造業のＧＤＰシェアがピークアウトし、サービス業のシェア拡大が加速化した局面であった。そして、一九九〇年以降の長期停滞局面では、サービス産業のシェア拡大傾向が一段と加速化し、日本経済全体のパフォーマンスを規定するようになった。サービス産業の中でも、①情報サービス業に代表される他企業に中間投入される事業サービス、②個人向けサービスの中では医療・健康や社会保障関連のサービス業の成長が顕著となる。反面、人口減少や経済全体の低成長下で、飲食店、旅館、ゴルフ場などいくつかのサービス業種は頭打ちとなり、または減少に転じるなど、サービス業種間の新陳代謝も進んだ。また不動産産業、娯楽業など長期的なＴＦＰ上昇率がマイナスである業種も存在している（森川「サービス経済化の加速と多様化」『第六巻第五章第一節』）。

低い生産性上昇による相対価格の上昇から、サービス産業のＧＤＰ構成比は一九七〇年代初頭の五〇％超から二〇一〇年代の七〇％超に増えた。その間、流通業や飲食業で事業所規模が拡大した他、医療などの専門職サービスや、企業の生産活動を請け負う対事業所サービス、情報通信業が急成長した。また集積の利益が生産性を左右するサービス業の拡大は、経済活動を大都市に集中させた（『第六巻第五章導入部』）。

サービス産業のＧＤＰシェアの拡大と相対的な生産性上

昇率の低さは、いわゆる「ボーモル病」と表裏一体である。ボーモル病とは、生産性上昇率が高い製造業とそれが低いサービス産業が併存する経済において、所得水準の上昇に伴ってサービス業のウェイトが次第に上昇していく結果、長期的な経済成長率の鈍化が不可避という捉え方のことである（森川　前掲書）。

ところで、サービス経済化が進展してきた背景には、情報通信技術の革新による財・サービスの取引の仕組みの激変があることは、あえて指摘する必要はなかろう。このデジタル技術の革新は、財・サービスの仕組みである「市場」をどう変質させているのか。この点について、ビクター・マイヤー＝ショーンベルガーが、「『データ資本主義』が激変させる未来」（大野編『未完の資本主義』）で、以下のような非常に興味深く重要な問題提起をおこなっている。

我々の経済生活での意思決定に必要な様々な情報を取集しなければならない。しかし情報の比較対象はあまりにも多く、我々の脳にも限界がある。その解決法として人類は、好みやニーズに応じて製品の質やサービスを凝縮し、一つの数字に転換する手法を編みだした。それが「価格」である。価格ベースの市場は、効率よく機能することに成功したメカニズムとなっていた。

しかし現在、各個人の顔や販売行動といったデータが無限といっていいほど収集され、それらをＡＩによって加工したデータが生み出されるビッグデータの時代に世界は入りつつある。こうして、市場は「価格ベース市場」から「データリッチ市場」に移行しているのである。これは、すべての情報が価格という一つの数字に凝縮する必要がなくなったことを意味する。もっとも安い製品を見つけるためではなく、自らのニーズに合うベストな製品を発見するため、標準的な方法を採用するということである。データリッチ市場では、価格より、無数の財やサービスのこれまた無数の売り手と買い手の間での「マッチング」が重要になってきている。オンラインによるマッチメーキング・プラットフォームが主役として登場し始めているわけである。以上がマイヤー＝ショーンベルガーの議論の骨子である。

この「データリッチ市場」を作り出している「プラットフォーマー」と呼ばれているのは巨大なＩＴ企業であり、彼らは決してワルラスの一般均衡論以来の完全競争モデルの主役である中立的なオークショナーではない。彼らは、古代以来遠隔地貿易を担い作ってきた独占的商人と同質の経済主体なのである。脱工業化していくわが国において、現在市場経済は、ヒックスの表現を援用すると、情報技術の飛躍的革新に支えられて「商人が主導する伸縮価格型市場」へと歴史的に回帰し始めているといえるのではなかろうか。[16]

脱工業化への挑戦──キャッチ・アップ成長の終焉後半世紀の日本経済

戦後期の経済成長の動きを、三つの指標でみておこう。高度成長局面（一九五五〜七〇年）では、一人当たりGDP成長率八・二％、労働生産性上昇率七・五％。総要素生産性TFP上昇率四・二％。次いで安定成長局面（一九七〇〜九〇年）では、それぞれの率は、三・六％、三・九％、一・五％。そして長期停滞局面（一九九〇〜二〇〇〇年）では、〇・七％、〇・六％、〇・三％であった。高度成長期から、安定成長期、そして長期停滞期へと人口一人当たり実質GDPの増加率（および実質GDP成長率）は次第に下落してきたが、その主因は労働生産性上昇率の大幅な下落であったのである（深尾「成長とマクロ経済」『第六巻　序章　第一節』）。

一九七〇年代以降の日本経済の成長減速の重要な要因は生産年齢人口増加率（一五〜六四歳）の減速であった。その増加率は、一九五五〜七〇年には一・八％、一九七〇〜九〇年には〇・九％であったが、一九九〇〜二〇一五年にはマイナス〇・五％へと低下している。生産年齢人口は一九九五年に史上最多を記録した後、減りつづけ、女性と高齢者の労働参加によって労働人口が維持されるようになってきたのである（深尾　同上）。

もうひとつの要因は、製造業における欧米の生産技術水準へのTFP水準でみたキャッチ・アップ過程が一九七〇年代初めにほぼ達成されたことであった。それ以降、TFP上昇率の低下が資本収益率の低下を通じて民間投資が減少していった。資本装備率の上昇は、資本の過剰により次第に資本収益率を低下させ、投資のさらなる減退をまねいていたのである（深尾　同上）。

ここで、一九七〇〜二〇一六年における製造業の名目付加価値の構成の推移をみておこう（深尾「製造業の長期的動向」『第六巻第四章第一節』）。長期的な趨勢として、機械産業──輸送機械、電気機械、一般・精密機械──のシェアは、一九七〇年の三五％から二〇一六年の四五％へ上昇した。その内訳では、輸送機械のシェアは一九七〇年代に造船業の停滞等により下落する一方、自動車産業が主導して拡大を続けた。一方、電気機械のシェアは、一九七〇年代半ばから二〇〇〇年頃にかけて目覚ましく上昇したが、二〇〇〇年代に入ると国際競争の激化によって下落傾向へ転落した。一般・精密機械は、二〇〇〇年代に入ってシェアが急送に上昇したが、世界金融危機の数年間は世界的な設備投資の停滞を反映して、停滞が著しかった。エネルギーや天然資源集約的な素材産業—金属製品、一次金属、化学、石油・石炭製品、窯業・土石製品—は、一九七〇年代前半には製造業全体の付加価値の三五%を占めたが、二度の石油危機や設備投資の低迷を背景に一九八〇年代に三〇%まで低下し、その後も横ばいが続いた。

製造業のTFP上昇率は、安定成長局面の三・八%から長期停滞局面一・三%へ、非製造業では一・六%から〇・三%へと低下した。製造業の下落幅の方が二倍近く大きいが、GDPに占める製造業のシェアは非製造業のそれの半分程度なので、マクロ経済全体のTFP上昇率下落の原因としては、製造業と非製造業はほぼ同等の寄与をしたのである。

では、どの産業が製造業全体のTFP上昇を減速させたか？長期停滞局面においては、製造業のTFPは一・三%しか上昇しなかったが、この上昇を支えたのは、半導体素子・集積回路、民生用電子・電気機器、電子計算機・同付属品、電子部品、自動車であった。一方、銑鉄・粗鋼以外の製鉄、自動車部品・同付属品、繊維製品、有機化学製品、その他の金属製品、重電機器では上昇率はマイナスになっていたのである（深尾　同上）。

ついで、長期停滞局面でのサービス産業のTFP上昇率をみておこう。電信・電話業のTFP上昇率は三・四%、卸売業一・九%、その他の個人サービス業一・七%となっていた（森川　前掲書）。サービス業でも一九九〇年代のIT革命を利用した情報通信産業は、伝統的なサービス業よりも高い生産性を実現し、そのシェアの拡大が経済全体の生産性向上やより高い経済成長を実現している。その一方で、この長期停滞局面で金融・保険業のTFP上昇率はマイナスのままなのであった。これは、一九九〇年代末のバブル崩壊後の不良債権問題だけでなく、企業貯蓄の拡大と企業投資の減少によって銀行の役割が減少したことや、低金利政策の影響によって金融業が余剰労働と遊休資本を抱えた構造不況業種になったことに起因していると考えられる。また不動産業、娯楽業など長期的なＴＦＰ上昇率がマイナスである業種も存在しているのである（深尾「製造業の長期的動向」前掲書）。

一九七〇年代に起きた二度にわたる石油危機は、鉄鋼、化学といったエネルギー多消費型産業に大きな打撃を与えた。しかし同時期に自動車、電気機械といった産業では、エンジンの改良や半導体技術の進展によって、省エネルギー型の新製品が生み出され、一九八〇年代の成長を安定させたのである。

多くの産業では、国内付加価値に占める輸出比率は、輸入比率を大幅に上回っている。たとえば二〇一四年において輸入が輸出を上回ったのは、食料品、パルプ・紙、化学、金属製品、その他の製造業（繊維製品と石油・石炭製品を含む）と、いずれも資源集約的な産業であった。これは日本が貯蓄超過を反映してほとんどこの時期に貿易収支黒字を記録したことに加えて、天然資源や土地の賦存が少ないため国内で必要な原燃料や食料の大部分を輸入し、質の高い労働力や蓄積した資本を活用して、原燃料の一部を加工した工業製品を輸出するという、いわゆる加工貿易に特化してきたことによる（深尾　同上）。

ここで、二〇〇〇年代に入ってからの貿易の動向をみておこう。まず、経常収支の動きである（第四―一図）。貿易収支は、黒字基調から赤字基調へと転換している。また、サービス貿易は、赤字幅は縮小しているが、未だ赤字である。一方、第一次所得収支の動きに示されているように、海外からの利潤の日本への移転は増加する基調にある。

続いて、二〇〇〇年以降の工業製品、特に機械類の総合比較優位指数ＲＴＡをみておこう[17]（第四―二図）。二〇〇〇年以降二〇一七・一八年まで、ほぼすべての機械類のＲＴＡは低下している。しかし、輸送機械と一般機械では、その低下率は小さく、現在最も輸出競争力のある製品となっている。一方、精密機械と電気機械の低下率は大きく比較劣位化しており、指標はゼロに近づいている（第四―三図）。さらに詳しい分類の純輸出比率ＮＥＲをみると（第四―四図）、自動車類・部品、鉄道車両・部品・設備品、また原子炉・ボイラー・部品は強い国際競争力をもっている。だが電気機械はＲＴＡと同等に大きく比較劣位化しているのである。

さらに、日本の貿易関連で指摘しておかねばならないの

第４－１図　日本の経常収支の推移

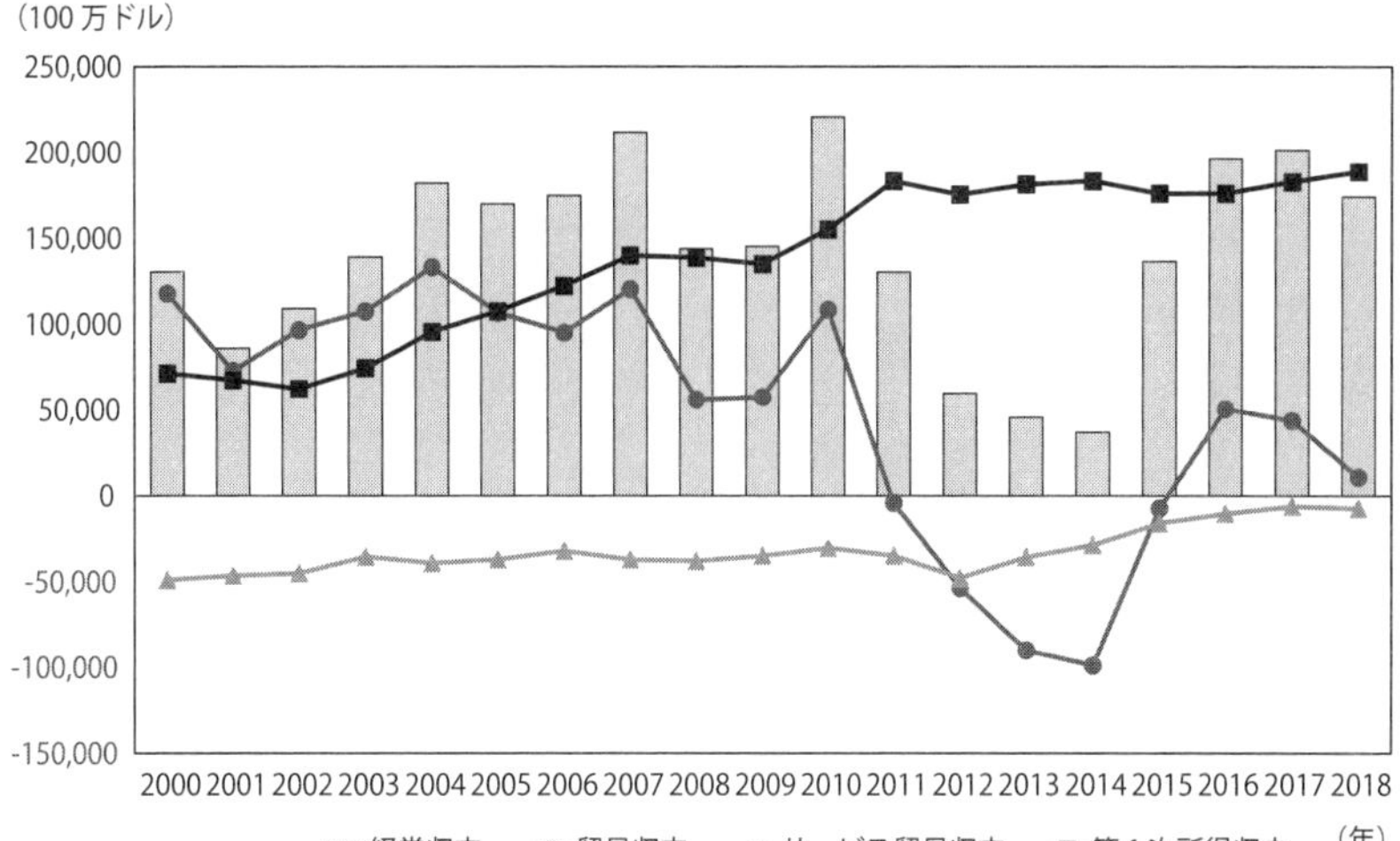

資料）"Key indicators 2019"(ADB)から作成。

第４－２図　日本の主要品目別総合比較優位指数(RTA)の水準

（2000、2010、2017年）

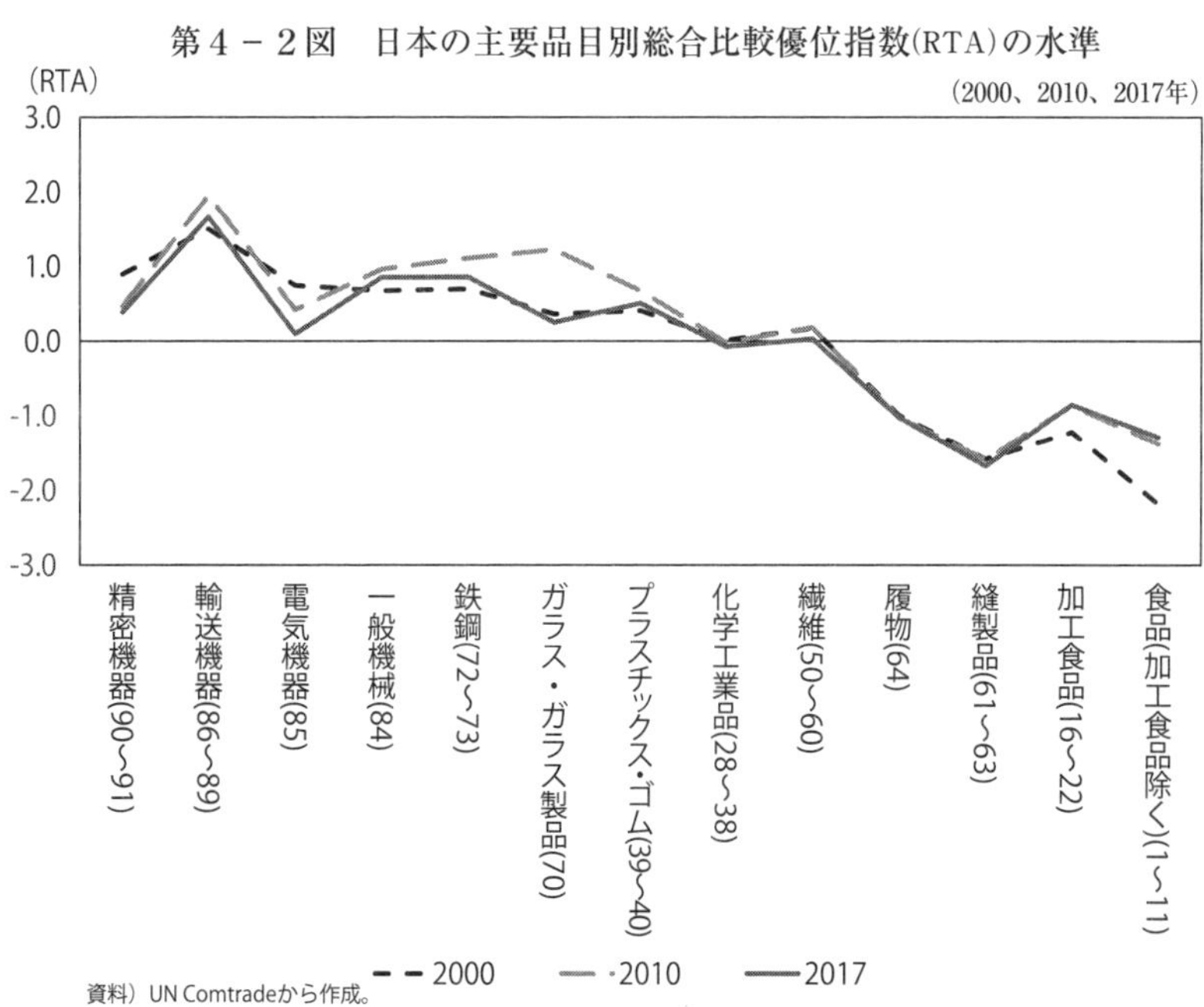

資料）UN Comtradeから作成。

第4－3図　日本の主要品目別純輸出比率(NER)の水準

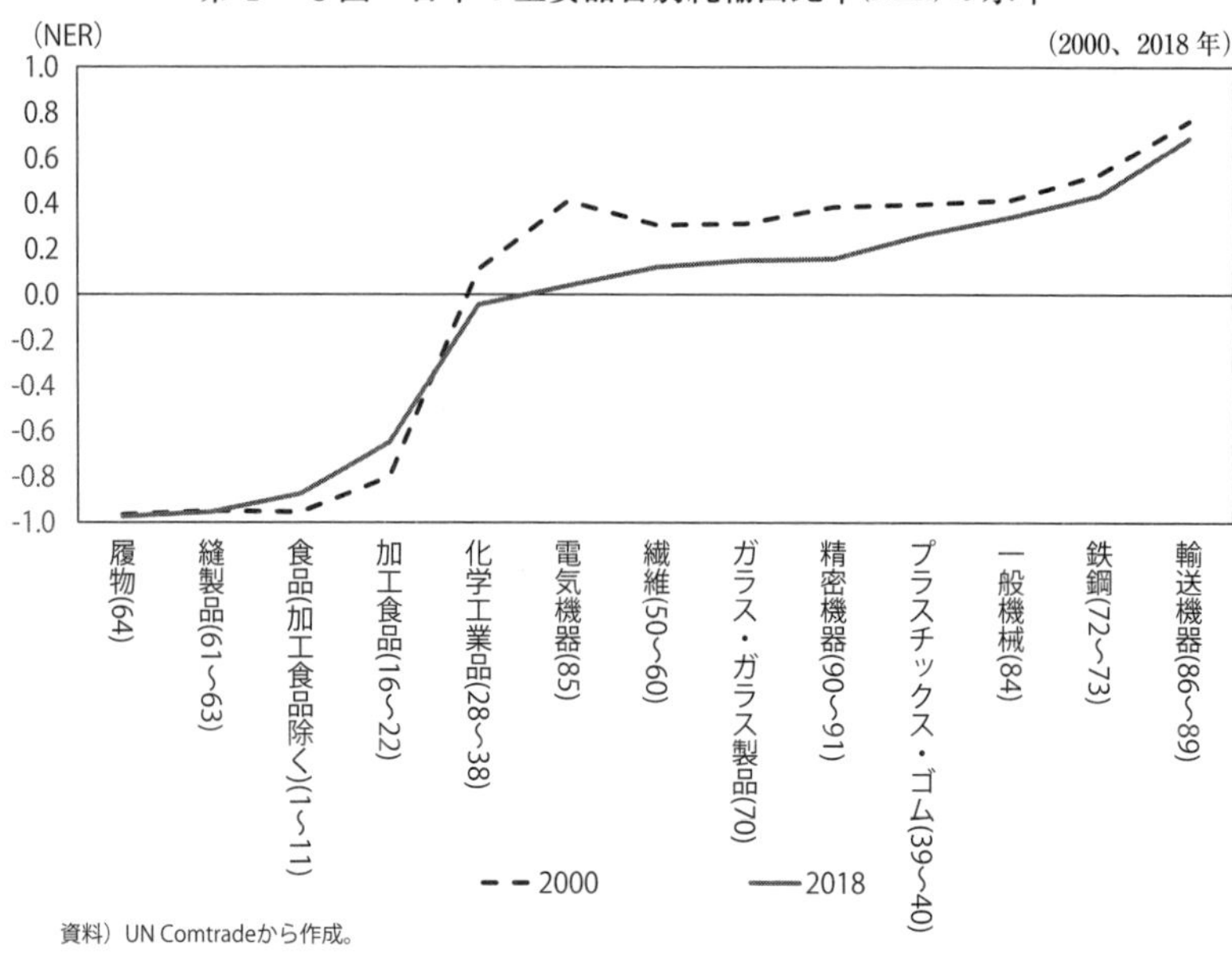

資料）UN Comtradeから作成。

は、一九七〇年以降の五〇年間、交易条件が悪化し続けている事実である。APOの *Productivity Database 2017* に示されている二〇一五年価格での輸出デフレーターの対輸入デフレーター比でみた交易条件は、以下のように低下している。一九七〇年二・〇八、一九七五年一・六四、一九八〇年一・一九、一九八五年一・二〇、一九九〇年一・四五、一九九五年一・五四、二〇〇〇年一・三七、二〇〇五年一・一八、二〇一〇年一・〇二、そして基準年二〇一五年で一・〇〇。この低下傾向は、日本の実質所得の伸び率を低下させた要因の一つになっていることを軽視してはならないであろう[18]。

再度生産性の動向に戻るが、高度成長期の生産性上昇は、資本装備率の上昇と、欧米からの技術移転、長期雇用関係に基づく企業内訓練や系列取引を通じた中小企業への技術伝播による全要素生産性の上昇に支えられていた。しかし、このシステムは、労働人口増加の減速、技術移転の完了、生産の海外移転など、一九八〇年代以降のグローバル化が深化した経済環境の下で、変革を遅らせる制度的桎梏として作用した。国際化・技術革新に取り残された中小企業と、企業内訓練から排除された非正規労働者が生産性上昇を減

第４－４図　日本の機械機器（HS84〜91）別純輸出比率（NER）の水準

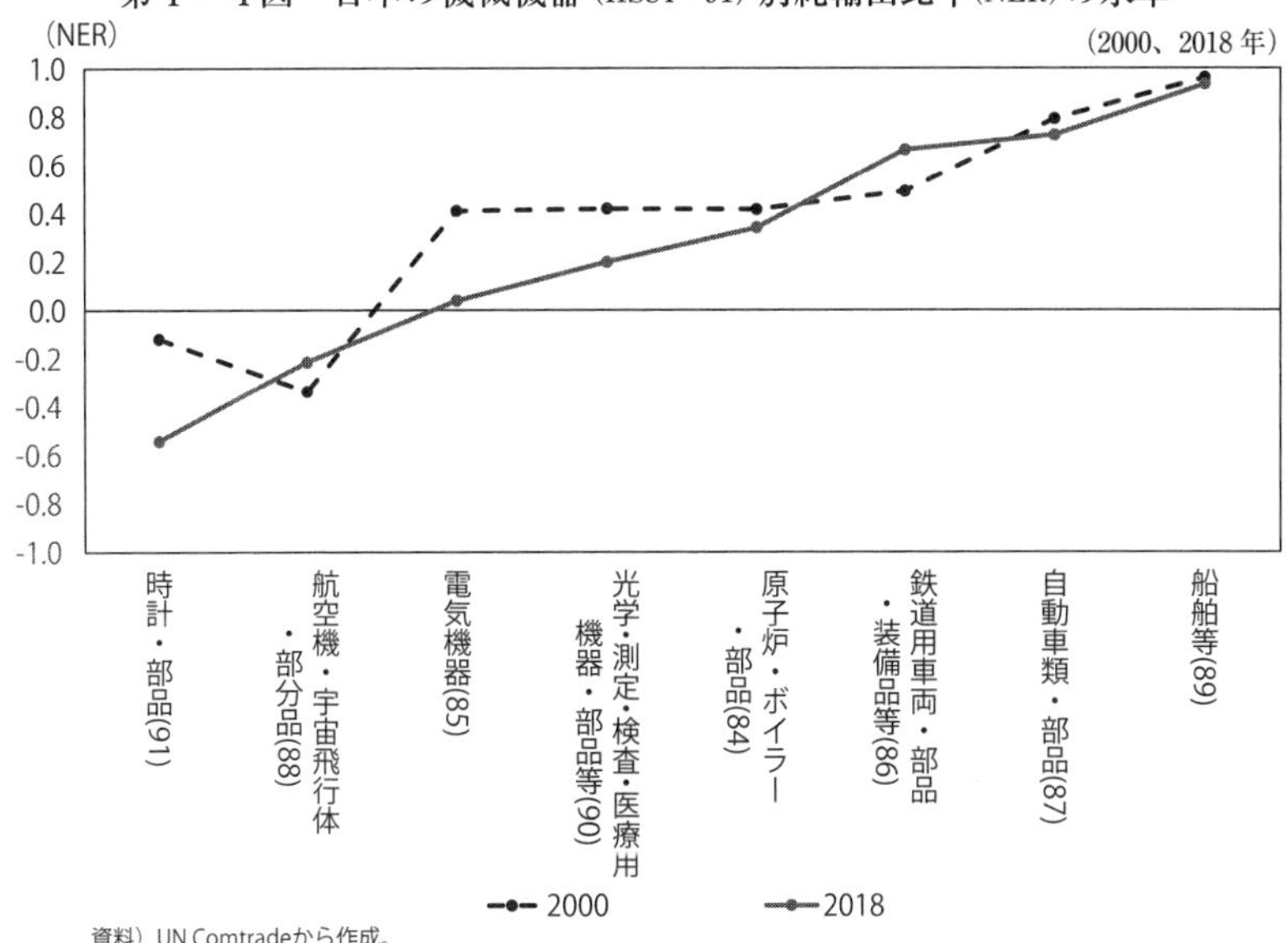

資料）UN Comtradeから作成。

速させた。特に情報技術の革新は、正規・非正規労働者間の所得格差を拡大させた。また一九七〇年代以降、社会保障制度は、所得再分配の機能を強めたが、一九九〇年代以降、社会保障給付に必要な政府貯蓄の赤字を、現役世代の負担増や受益者世代の給付抑制ではなく、民間貯蓄による国債購入によってまかなう構造が定着した。しかし、少子高齢化により民間貯蓄から政府貯蓄赤字を引いた国民貯蓄はゼロに近づきつつある。この持続不可能な道からの脱却には、出生率と高齢者就業率の上昇、そして教育投資による現役世代の生産性上昇が喫緊の課題である（深尾『第六巻　序章　導入部』）。

既に触れておいたように、先進経済へのキャッチ・アップが終焉して以降の半世紀の後半、つまり一九九〇年代半ば以降現在は、ゼロ成長という経済停滞期に陥っている。この経済停滞は、まさにこのメカニズムの変質に、日本経済が的確に対応できていないことに起因しているのではなかろうか。つまり、工業化のメカニズムをそのまま維持しようとし過ぎたために、脱工業化に適切に対応できていないのではなかろうか。

いずれにせよ、一九九〇年以降の長期にわたる経済成長

第４－５図　日本のBEC分類別NERの水準（2000、2018年）

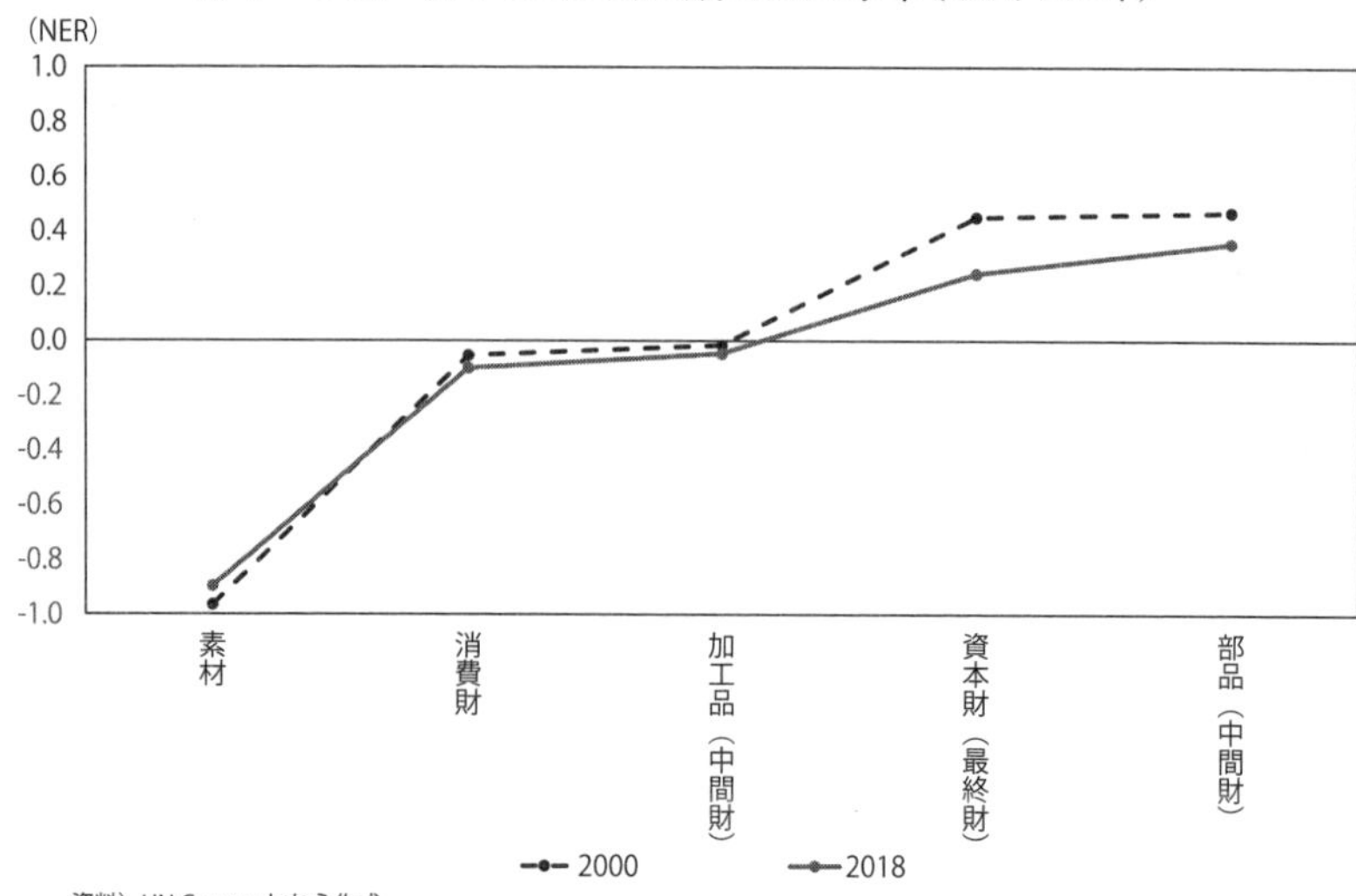

資料）UN Comtradeから作成。

の鈍化によって、二〇一〇年には、日本の人口一人当たりGDPはアメリカの七〇％、西ヨーロッパ一二カ国平均とほぼ同水準にまで下落している。「一九九〇年以降の日本は、江戸時代末期（一八二〇〜一八七〇年）と太平洋戦争期に次いで深刻な凋落を経験した」（深尾　序章　二〇二〇年）。まさに、日本経済は「経済成長が減速する不透明な時代」に三〇年近く停滞し続けているのである。

補論　戦前期日本の交易条件の悪化の影響

以上で述べた長期停滞局面における商品交易条件——より正確にいうと輸出単価指数／輸入単価指数——の不利化・悪化は日本経済にどのような影響をもたらしてきたのか。この疑問に答える手掛かりを与えてくれるのが、戦前の均衡成長局面の半ばから不均衡成長局面にかけての日本経済に、交易条件の不利化がどういう影響を与えていたのかを論じた篠原三代平「戦前経済の高成長と輸出伸長の関係」（『日本経済の成長と循環』）である。そこで、この論文の内容を紹介しておこう。

交易条件は、一八七〇年以降ほぼ安定的であったが、一九〇〇年以降、不利化へと転換していった。あえて紹介するまでもなかろうが、この時期日本の主要輸出品は、繊維製品であった。当時繊維工業は、低賃金の非熟練労働者を多量に雇用する労働集約型産業であり、紡績業で海外から輸入された機械を導入したこともあり、貨幣賃金／生産性比率つまり能率賃金が引き下がり、繊維製品を中心とする輸出年成長率が数十年にわたって持続的に七～八％前後を維持したように、強靭な輸出競争力をもっていたのである。

ちなみに、篠原のデータより長い期間の交易条件を推計した山澤逸平は、一九〇八～一八年、一九二四～三六年の間で、交易条件が明確に低下し、これが輸出成長に結びついていたことを確認していること（『日本の経済発展と国際分業』第二章）を付記しておこう。

さて一九〇〇年頃までは、生糸と茶が主要輸出品であった。しかし一九〇〇年頃を転機として日本貿易のあり様は一変した。綿花輸入の輸入に占める構成比が一躍二〇％に飛躍し、その後一九一〇年以降は三〇％を超えるに至った。端的にいって日本の貿易は、綿業中心とした加工貿易へと転換し、この転機を境にして交易条件が低落し始め、一九〇三～三七年の間に、輸出完成品と原料品との間で計算された交易条件は約三分の一にまで低下していたのである。

ところで、日本経済のような加工貿易の経済では、交易条件の不利化によって、輸入原料の相対的高騰、輸出製品の相対的低落という現象が発生した。その結果、労働の生産性は向上していたが、その利益の一部は輸入原料価格の相対的上昇という形で国外に放出されていた。つまり、日本国内の資本家と労働者に、生産性向上の利益の全てが帰属したのではなかった。生産額の上昇ほどには所得額は増加せず、「生産水準と所得水準の乖離」が生まれ、「所得率」あるいは「付加価値率」が低下していたのである。

製造業（電力・ガス事業は除く）と繊維産業の一九二九年から一九四二年までの篠原自身が推計した所得率の動きをみると、一九三一年末の為替切り下げもあって、輸入原料の高騰によって、製造業全体の所得率は一九三七年までに、三二・四％から二七・六％へ減少、繊維工業の所得率は二五・五％から一四・九％へと激しく低下していた。一九三二～三七年の間に繊維工業の生産「数量」指数は三一％上昇、生産額は九二％の増加を示したが、同工業の純所得は六%しか増えていない。同期間における生計費指数の上昇二三%を勘案すると、純所得六%増は実質的には実質所得の一四%減少を物語っている。三一%も繊維工業の生産が増えたのに同工業の実質所得は一四%も減少したことに示されているように、交易条件の不利化は、生産水準と所得水準とを大きく乖離させていたのである。

さらに、より具体的にみると、綿糸の綿花に対する交易条件は趨勢的に好転していた。これに対して、綿織物の綿花に対する交易条件は循環的な変化をたどりつつも下降趨勢にあった。とくに第一次大戦後は、はっきりした低落を示していた。この事実は、綿糸紡績業者がその独占的地位を利用して、製品安原料高という不利益を全部零細な織物業者に転嫁していたことを物語っている。日本の綿業は、寡占的な大企業である綿糸紡績と零細な綿織物業者とから成り立っていた。この構造故に、交易条件の悪化からくる原料高・製品安の不利益は、寡占的大企業ではなく中小企業に転嫁された。また、蚕糸業は織物業者より平均して規模は大きいが、紡績業者に比すべくもなかった。このため、生糸が国内の一般物価、あるいは輸入品の一般物価に比べて下がりだすと、たちまち養蚕業者すなわち農家の負担となってしまった。生糸の場合はその交易条件の悪化は直接農村の生活水準に直結していたのである。以上が篠原論文の要旨である。

指摘しておいたように、多くの業種では、国内付加価値に占める輸出比率が輸入比率を上回っている。その一方で、食料品、パルプ・紙、化学、金属製品、その他の製造業(繊維製品と石油・石炭製品を含む)では圧倒的に輸入の方が多い。天然資源や土地の賦存が少ないため国内で必用な原燃料や食料の大部分を輸入し、質の高い労働力や蓄積した資本を活用して、原燃料の一部を加工した工業製品を輸出するという、加工貿易型の業種が現在も存在している。篠原が解明した戦前期の事態を念頭におくと、現在も交易条件の悪化によって、生産額と付加価値額とが乖離し続けているのではなかろうか。

第二章　戦前期　殖産興業政策理念の変遷

農業政策と産業政策

周知のように、明治維新政府は経済の近代化のために、一八七〇年に工部省を設立し、富岡に官営の製糸工場を建設する等、西欧からの設備・技術の導入・移転を図った。しかしいうまでもないが、当時の日本経済は江戸期に発達していた農業や商業が中心の経済であった。これら在来産業の近代化――いわゆる殖産興業政策――のために、一八八一年に農商務省を設立した。その後、製造業の近代化が軌道にのり、いくつかの業種で大企業が誕生してきたことを受けて、一九二五年に農商務省が農林省と商工省に分立し、それぞれ独立に計画・実施されることになっていったのである。

さて農商務省は、無数といってもよい程の数の農家や商家を対象として、近代化政策を実施することになった。後に述べるように、このように多数の経済主体を、同業者ごとに「組合」を作らせて、政策の浸透を図ろうとしたのである。この点で、農業政策と商（工）政策とは区別がなかったのである。しかし、農商務省の分立後になって、それぞれの省が所管する対象も分離することになって、農業政策と商工政策（後に産業政策と称されるようになった）とがはっきりと、政策体系も政策理念も異なった政策へと分岐していったのである。

ところで、農業政策と産業政策との違いを、小倉武一は次のように実に的確に指摘している。「日本の農（業行）

政は、助成を手段とする行政、マスを対象とする行政、技術を主たる内容とする行政という特色をもつ。」農政がこのような特性をもつにいたった理由として、小倉は次のように書いている。「行政の対象が比較的に社会の上層に属し、その数の少ないものと、これとは反対に対象が大衆またはマスであって、甚だ多数人におよぶものとの二つのタイプがある。農業行政は、農民大衆を対象としている意味において、後者のタイプの行政に属する。このようなことは、農業と工業を比較すればよく分かる。工業もその企業（経営）単位は大中小にわたって多数に及ぶけれども、工業生産のシェアの多くは大企業によって占められる。歴史的にもそのような傾向をとってきた。しかし、日本の農業は、工業と大きく趣きを異にしている。」また「農業行政のもう一つの特色は、技術が重要性をもつことである。」（『日本農業は活き残れるか（上）――歴史的接近――』）

また小倉は、農業政策においては土地問題という産業政策にはない大きな問題が決定的に重要であることを次のように強調している。「農業は他の産業に比べると、より長い歴史を背負っている。そしてまた、それは他の産業にくらべて、より強く人間を土地に結びつけている。農業はいわば歴史の産業である。しかも、その歴史は単なる事実や過去ではなく、農家のうちに生きた営みを果しており、その土地は単なる場所や位置ではなく、農業のうちに生きた営みを果している。それだけに農業は動きにくいし、動かしにくい産業である。この社会的諸力の一つとして、政府がなんらかの意図をもって農業を動かそうとするものを農政というならば、これが全国的規模でおこなわれるようになったのは、明治維新以降のことである。」（小倉『日本の農政』）

さらに、日本において農業経済学というディシプリンを確立させた東畑精一の次のような発言を紹介しておこう。「農業以外の産業を研究する経済学者は、日本が外国と共通ではないという意識が乏しい。ところが農業は、西洋の農業論で日本の問題を解こうとしても、てんで初めから受け付けない。だから何とか別個の範疇を考えなければならんという現実問題にぶつかったのは、日本では農業経済学であった。」（大内力との対談「農業経済学問答」）

農業政策は、農民というマスを対象とせざるをえない。そのため彼らの「組合」を育成して、それを単位として市場経済に対応させようという政策となる。殖産興業策での

「同業組合」は、農民だけでなく、江戸期から引き継いだ在来産業――味噌等食品産業から衣料産業まで――の担い手であった。これまたマスを対象としたために、「同業組合」結成をすすめた。その後、第一次世界大戦後、近代工業として成長してきた重化学工業では、数少ない大企業が発達してきた。このような寡占型産業においては、企業側が自発的に形成するカルテルを対象として政策を実施するようになる。これが現代流にいう産業政策である。一方、非農業の中小企業者に対しては、同業組合を通じての政策は継続されることになった。

地租改正以降の国家建設

明治新政府の恒常的財源は、幕藩体制下の旧地租・年貢であった。これでは不十分で、不換紙幣の発行や内外商人からの借入金等に依存していた。そこで国家の財政的基盤を成す新しい一般的租税体系の編成が急務となり、地租改正がおこなわれた。

一八七一年一〇月に田畑勝手作を許可し、翌年三月土地永代売買解禁、同年八月地券交付を開始し、一八七三年七月に公布された地租改正法に基づいて、「地主ノ其地ヲ自由スル権利」という、個人の私的所有権を制度的に確定させる地券の発行が開始された。こうして地価の一定割合である地租という「固定資産税」を支払う義務を伴った土地の「近代的所有権」が確立されていったのである[19]。幕藩体制下では権力の射程は村落共同体のレベルにとどまり、個々の農民レベルにまでは及んでいなかった。明治政府は地租改正法を通して初めて直接に個々の農民を把握し、安定した地租収入を基礎とする財政基盤を確立させようとしたのである[20]。

一八八九年に公布された大日本国憲法の第二七条は「日本臣民ハ其ノ所有権ヲ侵サルルコトナシ」と規定している。この憲法公布によって、「政府が民間の自由な経済活動を保障し、行政機能としては個人的所有権の保護を主要な任務とする一九世紀的国家体制（辻）」が構築されたのである（今津「工業化に果たした勧業政策の役割―農商務省商工系技師をめぐって」）。

この憲法制定とともに民法の制定の準備が始まり、そして一八九〇年に民法が公布された。しかしその直後から、この民法の擁護者と反対論者間の論争が起こり、民法の施行が延期されることになった。この論争の重要な論点は、私有財産となった土地の賃貸借をめぐる法規であった。そのポイントは、この民法が小作人の賃借権を物権としていたことであった。この点に関して、地主層が激しく批判したのである。

このような土地の賃借権を物権とした立法の背景には、民法の作成のための顧問としていたフランスから招聘したギュスターヴ・ボアソナードが、「もし賃借権が賃貸人の意志によって何時にても賃貸地を取戻し得るようなものとするならば、賃借人が土地を数か年間利用した後でなければ、収益を得られない場合に、賃借人にとってのみならず、その土地そのものにとっても不幸なことである」といった見解を示していたこともあったようだ。そして、この一八九六年に新しい民法が交付された。この新民法による土地所有に関する規定は、地主にとって大きく有利で小作人にとっては不利なものとなった（小倉『土地立法の史的考察』第一編第六章）。このことは、「永小作人は、土地に対して、回復することのできない損害を生ずべき変更を加えることができない」（民法　第二編　物権、第五章　永小作権　二七一条）や「永小作人は、不可抗力により収益について損失を受けたときであっても、小作料の免除又は減額を請求することができない」（二七四条）といった条文からも明らかであろう。この民法は、その部分的改正が農地調整法（一九三八年）とさらに戦争直後におけるその改正法（一九四六年）の成立まで、地主的土地所有制が法制上も確然として存続したのである（小倉（上））。そして現在もなお、明治維新時に確立された「侵サルルコトナシ」の「所有権の絶対性」(丹羽)[21]が存続し続けているのである。

明治維新直後に実施された地租改正によって、地租という固定資産税を貨幣で支払う義務を負ったが、農民は農地に関して私的所有権をもつことができるようになった。しかし、この土地制度の改正は、同時に金貸し商人が農地を担保物件とできるようになり、農地の取引に参入しやすくなったのである。江戸期にも、質入れで農地を失って小作として小作地を耕作する水呑百姓は存在していたが、一九〇八年には農地面積の四五％が小作人に耕作されるようにまでなったのである。

さて以下、戦前期を前章で述べた二つの成長局面にわけて、それぞれの局面での農業政策、産業政策の政策理念の変遷をみていこう。

均衡成長局面

殖産興業政策の転換──松方デフレと農商務省の設立

一八八一年、「富国」の核であった殖産興業を実現させるために農商務省が設立された。その設置目的として「国家の介入、少数の農商業者の保護、国営企業と民間企業との競争から転換して、農商業の奨励と保護の法制を整備し、秩序を以て農商業を公正に誘導する」と記されていた。この設置目的に関して、小倉武一は「農商務省の主旨は明治初期における国の直営による資本主義的産業の建設から国家の誘導への転換とみることができる。誘導も国の一種の介入であることに変わりはない。日本語の「介入」は干渉を少しやわらかくした感じがなくはないが、フランス語の介入には国の役割の意味で公権力の介入という言葉がよく使われる」と指摘している[22]（小倉（下）──異端的接近）。

さて、農商務省設置とほぼ同時に松方正義が実施した緊縮財政政策は、この殖産興業政策の進め方に決定的影響を与えた。松方財政は、不換紙幣を整理し、財政を緊縮して歳出を切り詰め、余剰金を正貨準備にあて、同年日銀を設立しそこにだけ紙幣発行権を認めた。そして松方は、育成されるべき企業への支援を、同年に設立された日本銀行の金融政策、つまり融資に大きく変更した。同時に、それまであった軍需工場を除く官営工場を民間へと払い下げたのである。さらに付け加えれば、松方デフレによって地租を払えなくなった農民は農地を売却し小作農に転落することになったのである。

さて松方は、勧農局長であった一八七九年に草した『勧農要旨』「農業ノ形勢ヲ論ス」で、いまだ日本農業は旧態を脱せず、いかほどの進歩の徴をも現していない、また農業革新を志向する動きさえ欠如している、という事実を強調していた。次いで、こうした深刻な日本農業の現況を打破するのに必要な政策を「勧農ノ主義」として論じていた。「本原ニ遡リテ之ヲ論スレハ、農業ノ人民営生ノ私業ニシテ、政府繊芥之ニ関与スヘキノ権力ヲ有セサレハナリ、仮令政府カ何等ノ新利良法ヲ以テ人民ニ勧ムルトイエトモ、之ヲ実行スルモノハ人民ノ力ナリ、而シテ之ヲ取舎スルノ権只人民ノ択ノミ」と。政府は人民営生上の利害損益に関する最も重大な事項に着眼して「人民自為ノ進歩」を補助すればたりるのであって、基本的にはその業を人民の手にゆだね人民をしてその利を享受させればいい。資金の貸与も民間の資本蓄積の端緒をひらくためである。松方は自営私為の原則を強調し、この原則を逸脱したこれまでの勧農政策を是正すべきであるとして、殖産興業政策の再編成を主張していた。松方は自らのこのアイディアを、デフレ政策と並行して実施した。

歴史的に振り返れば、「より基本的には、そうした行政による直接的取締りが、私的所有と売買自由の商品社会経済を移植・育成するという明治の改革の方向に逆行するものだった」ので、「当初の直接的殖産興業政策から民業非干渉政策へと勧業政策の一大旋回があった」（玉真之介『近現代日本の米穀市場と食糧政策』）といえる。政変のあった明治一四年に設立された農商務省の殖産興業のための政策形成も、この旋回した方向でおこなわれることになったのである。東畑精一は『日本資本主義の形成者』で次のように指摘している。「政府自らが企業者となったことで、官業、模範工場の当事者となった。これは主として近代産業そのものを培養する処置であった。（中略）先進国では民間人の企業者が産業革命の担い手であったが、プロシャやロシアでは、かかる民間人に乏しいところから、その代替者となったものが政府であり、従って産業革命はいわば「国営」の色彩が強いものがある。明治の日本もまた然りであった。否、いっそうしかりであった。」東畑がこう説明している明治維新後の大久保による富国政策は、松方財政によって、軍事に直接かかわるものを除いて廃止されたのである。

殖産興業のための経済制度づくり

明治初期における、いくつかの産業への資金の貸付と国立銀行の育成、鉄道・郵便網の形成、工部省による官業工場の設立とその払下げ、民間企業への資金・設備の貸与とその払下げ。つまり、日本の経済発展は、まず金融機関、海運、鉄道などの整備に始まり、民間企業としても鉱山業が官営から民間に払い下げられることによって先行した。中村隆英は、明治政府が採用した「殖産興業」政策のポイントを整理して、「それは、金融・交通・輸送などの分野がたち遅れた後発国としての避けがたい発展経路であったともいえよう」と記している（中村　第一章　前掲書）。さらに尾高・斎藤は、殖産興業における運輸通信というインフラストラクチャーへの投資は、固定資本への投下であり、また「近代」と「西欧」の産物であった、と指摘している（尾高・斎藤　前掲書）。

さらに中村は、明治期の開発政策の特質を、ガーシェンクロンの「借りてこられた技術」というアイディアを援用して以下のように整理している。後発国であった明治日本は、何を「借りる」のかという選択において、工業の技術よりも、金融や法人企業という制度と、運輸・通信という公益事業の分野の技術を先に借りた。そうした制度や社会資本は、先進国イギリスでは工業技術の発展の後に充実された。だが、後発国明治日本では、工業の発展が企業の組織や運輸・通信手段を変化させたのではなく、企業組織や運輸・通信手段を先に充実させ、いわば容器をまず整えることによって、内容の充実をはかったのである（中村　前掲書）。

ところで、明治政府の殖産興業政策について東畑は次のように性格づけている（東畑　前掲書）。「当時のインダストリアリズムの実況とは、一言をもって表現できる。曰く「市場の拡大」これである。経済の諸関係（生産と流通）は全国的な規模で営まれる。資金と労働力とは国内的に移動し、商品は全国を目当てに流通する。また新たに植民地台湾を開発することとなったし、さらに日本経済は世界貿易に参加することといよいよ濃厚となった。銀行、会社はこの情勢に応じ、またこの情勢を強化すべく、後に示すように続々と設立せられた。政府はこの新たな経済の動向に即して多面的な立法を続々となした。これらはほとんど太平洋戦争に至るまでの数十年、日本の重要な経済立法の基礎となり将来を永く規制していくものとして運用された(23)。」東畑のいう「インダストリアリズム」とは、地域ごとに分断されていた取引を、全国にわたって一律に効率的に機能する市場の仕組みに育成しようという「市場機能拡張型 market-enhancing policy」の政策であったといってよいであろう。

市場拡張型政策―市場への間接的介入

明治維新時のように新旧要素が混在している経済社会の中で近代経済をつくりあげる過程において、近代経済にとって不可欠な多様な財・サービスの取引を効率的におこなえる市場の仕組みを構築するために、政府はどういう政策をとりうるのであろうか。いまだ未発達ではあるにせよ、将来それら市場での取引に参画するであろう経済主体の数は膨大であろう。また、それらは利害の対立する多くの経済主体から成り立っていた。明治維新時点で、江戸期から引き継いだ農商工の「在来産業」に従事している生産者や商人の数は巨大であった。そのため、まさに「マスを対象とする政策」にならざるをえなかった。そして、いうまでないが、政府が、これら無数の個別主体に直接的に接触し指導することはできない。そこで登場したのが組合という仕組みを媒介とすることであった。

以下で具体的に説明するように、明治政府は「同業（者）組合」や「産業組合」という組織作りを通じて、「殖産興業」政策をすすめてきた。横井時敬は「農商務省設立当時は同業組合の設置奨励に全力を傾注するが如き観があった」と指摘していた（横井時敬「農業篇」）。ただし続けて「而かも民間に自ら事を為さしむるという方法とは不似合に、各組合の設立許可権をば農商務省に於て之を収め、而も之には農工商歩調を一にするの必要ありとし、各局課の会議も以て認可を与えることとした」とも評していた。そして見落としてならないのは、この組合は決して「新しいもの」ではなく、江戸期に発達していた町での株仲間、また村落での名主をリーダーとする村落組織、さらには無尽、頼母子・講等々の在来組織を踏まえそれを変質させたものであったのである。産業組合法の成立した明治三三年に農商務省農政課に勤務し始めた柳田國男は、『最新産業組合通解』「自序」に、産業組合法の目的は「二宮尊徳翁の創意に成れる報徳社の組織」と同じであったと記している。さらにいえば、近代工業が発達して国民経済の主要部門になってくると、数の少ない企業が相互に競争するだけでなく、協調行動をとるようになり、カルテルを形成するようになる。このような場合にも政府はこれら自主的に形成された一種の同業組合を通じて、政策介入をするようになってくる。このカルテルといわれる近代的組合の起源は、江戸期の「株仲間」にあったことも間違いなかろう(24)。

そこで、農商務省が政策実施の鍵としていた組合という組織に焦点をあてて、以下市場に出回る米穀の品質改良と米穀そのものの増産における政府の政策関与について、みていこう。

同業組合を通じた米穀市場の近代化
―市場機能向上に向けた補完的介入政策

明治維新直後、政府は江戸時代にあった封建的な商業統制の中核であった株仲間という同業組織を解体した。この解体の一環として、江戸期に大阪の堂島を核として、先物取引まで含めて効率的に機能していた米取引に関わる株仲間組織も解体された。(25)そしてこの米商業の自由化によって、旧来の商業秩序は大きく混乱し始めた。そのため、正規の取引市場が必要となり、一八七四年兜町に取引市場が作られた。しかし、その効果は十分ではなかった。そこで一八八六年に東京廻米問屋市場（深川正米市場）が正式に発足し、以後、全国の米穀市場の代表的存在として発展する。戦前の日本の卸売米価は、一貫してこの深川相場によって代表された。東京における米穀商業の新しい機構は、明治一三年の「東京府下米穀商取締規約」において、一応法制的に裏付けられた（持田）。

さて、この米穀取引市場の整備とともに、明治維新政府が直面した大きな問題は、市場に出回る米の粗悪化であった。一八七三年の地租改正によって、江戸期以降の貢米制度は廃止され、地租の納入も金納となったため、米質、乾燥度、俵装・容量等の点での「粗悪米」が全国の米穀市場に氾濫するようになった。その背景には、米を販売する主体が江戸期の藩主や藩士ではなく個々の小農民となり、その結果として農村には多数の小商人が族生してきたこともあった。彼らは意図的に市場に売り出す米を粗悪化させることもあったという。まさに当時の米穀市場では「悪貨が良貨を駆逐する」というグレシャムの法則に近い状況が発生していたのである。

そこで大都市の市場に産米を供給する多くの府県では、自県米の品質低下、市場評価の下落に対処せざるをえなくなったのである。この頃市場に米を売り出していたのは、主として小作農から物納小作料として米を受け取っていた地主であった。たとえば、宮城県では一八七八年九月粗悪米取締規則及び輸出米検査心得を布達し、輸出米検査書を設け、警察署の協力の下に米穀移出入の取締りにあたった。翌年六月耕作者に対しても共進精米仕立申合書（準案）を示し、各村落において申し合わせるべき事柄を定めた。こういった動きが各地で現れるようになっていった。

前に述べておいたように、松方デフレ期に殖産興業の進め方において、大きな路線転換があった。「明治一四年農商務省が設置され、政府の勧業方針の一大旋回を見るに及び、かかる地方官憲の米穀製方に対する検束は禁止され、一時復活を見た米穀に対する公的検束は廃絶した。ここに於て公的検束に代わるものが必要となった。」（池田）農商務省の設立を契機として、明治政府による粗悪米に対する対策も、それ自体を直接対象とするものではなく、あくまで間接的な指導奨励を柱とするものへ転換していった。そして、一八八四年の同業者組合準則にそった粗悪米対策を政府が開始したのである。この準則は、そうした枠組みの中で全国各地の在来産業全般に起こってきた農談会、共進会といった「老農」を中心とする物産改良の動きを恒常的な組織に編成し、またそれを指導してきた各府県の勧業政策に根拠を与えるものとして布達されたものであった（玉前掲書）。

ところで、一八八四年に発表された前田正名編纂の『興業意見』は、耕種指導に関して次のように主張していた。米質の粗悪化は、藩制時の検束がなくなったためである故、拘束力を有する小作条例を発布して地主小作間の契約を明確にすべきである。さらに米商たちの同業組合を設けて、この方からも粗悪米を抑えることが必要である。ここに述べられている小作条例とは、物納小作料として地主に米を支払っていた小作人が米の品質を改良しうるインセンティブをもちうるように、小作契約に含まれる多くの契約事項を明確にして立法化することであった。

残念ながらこの小作条例は制定をみなかった。一方、同業組合という案は、同業組合準則として同年府県に示されたのである。それ以降、以前と同じように県あるいは郡等が直接指導にあたることも続いたが、組合規約準則中に耕種法の改良について規約すべきことを示し、それに従って組合が指導に当たる動きが拡がるようになった。しかし、『興業意見』も指摘していたように、米穀検査事業が地主・小作関係に対立を生んでいたのは事実であった。

一八九七年、その年に制定された重要物産同業組合法による同業組合に変わり、その下での検査へと切り替えられる。しかしその性格は変わらなかった。このいわゆる自治検査は、罰則・強制規制はあくまで「自治的な」形式のものであり、その強制力は弱く、市場での信用も薄かった。それに組合検査は移出米に限られていたので、生産改善には直接反映しにくかった。販売される米のすべてに適用される検査が望ましかった。同業組合による検査では、このようなすべての米についての検査はほぼ不可能であった。こういう同業組合検査の限界を乗り越えるには、府県当局による検査が必要となった。府県営の米穀検査は一九〇七年から始まり、大正前半にはほとんどの主要米作県に広がり、米穀検査制度が全国的に確立する。このように明治三〇年代の米穀市場の発達とその結果としての市場競争の激化によって、県当局が県営検査に踏み切らざるをえなかったのである（玉　前掲書）。

地主は小作料収入を受け取っていたので、受け取る米の品質の改善と市場向け優良米の入手とに関心をしめした。そこで彼らは、米の販売と米の品質改善をおこなう運動にみずから従事した。地主が米の販売活動を拡大するに至る経過は、米穀倉庫の建設と管理にみられ、ついには米穀証券を発行し、これは倉荷証券であって、貨幣市場に手形として流通し始めた（小倉編）。そして、昭和期になると、米穀市場には大きな変化が生じてくる。県営検査の全国への普及による米の差別化（特化）の進展は、全国各地での米穀市場での各産地による販売競争を激化させた。この競争の激化は、同時にその競争の質が変化したことでもあった。各銘柄はそれぞれに、広告費や販売費を投じて自己の特殊性を強調し、独自の市場を確保し、他の銘柄を排除しようとしたのである。かくして銘柄競争は「独占的競争」（東畑精一・大川一司『米穀経済の研究（一）』）という様相を呈したのであった。こういった変化は、粗悪米への対応とは異なった問題を生みだすことになった（持田　前掲書）。米穀市場に登場したこれらの問題に対する政府の政策対応については、後に述べよう。

ところで、この米穀検査事業に関しては、農政史研究においても今までそれほど強い関心は払われてこなかった。そういう中で、最近、玉真之介が検査事業が米穀市場発展において決定的に重要な役割を果たしたのではないかという非常に重要な問題提起をおこなっている（玉　前掲書）。玉は、この米穀検査事業に関して、石黒忠篤が、児玉完次郎『穀物検査事業の研究』（西ヶ原刊行会　一九二九年）の序に記した以下の文章に注目している。検査事業とは「収穫後に於ける穀物の品位及び其の減損防止並之が貯蔵・運搬・加工及取引等の改善を図り穀物の経済的価値を向上し且其の配給関係をして円滑ならしめる」ことを目的とする「公益事業」である。その際、事業が「個人の自由を多少束縛することを免れ得ない」が、それに勝る「多数人の福祉増進上必要且つ正当なるもの」なのであり、さらに「公益を目的とする穀物検査事業に対する多数関係者の相互関係は絶対に公正平等であるべきことは当然のことに属する」と強調していた。以上のような記述から、玉は、石黒が米穀検査制度は一つの市場制度として、「公共性」「中立性」及び「平等性」を基本理念として正当化されると考えていたと判断している。自由市場経済の原理である「公共性」「中立性」ないし「平等性」を体現した米穀取引の市場制度を構築するには、それぞれの米がもっている「地域的・品種的種差が銘柄として、品質的種差が等級として、いわゆる取引所の「格付表」のように比較可能なものに標準化されることが必要」（玉　前掲）とならざるをえないからである。玉はこのように米穀検査制度を捉えるべきだと主張しているのである。玉のこの解釈を踏まえると、政府が米穀検査事業をおこなったことは先に述べた「市場拡張的」政策の一環であったといってよいであろう。

産業組合法の成立

一八九一年末に帝国議会に、品川弥二郎と平田東助が立案した信用組合法案が提出されたが、衆議院解散もあり審議未了で流産した。この組合案は、シュルツェ式と言われていた都会の協同組合をモデルとするものであった。続いて、一八九七年二月農商務省が立案した産業組合法が議会に提出され、一九〇〇年二月に修正された第二次法案が提出され、最終的に「産業組合法」が制定された。これは、農村の協同組合であるライファイゼン式の総合協同組合をモデルとしたものであった(26)。

では、どうして産業組合が、特に信用組合が必要であったのか？この問題を考えるのに際して、是非再読しておくべき論考は、一世紀前に、ドイツのボン大学留学中に東畑精一が執筆していた「農業信用の理論」である。この論考で、東畑は資本主義経済において、経済発展の主導する経済主体である金融機関「銀行」の生産活動への追加資本提供、つまり信用創造を以下のように論じていたのである。

> 金融の世界は永久に固定したる愛児を有せず、何れの経済部門にも中立であって之れを吸引する経済的な能力と位置を有するものに向って流れて他に容易に流れず。信用の本質は購買力を新しく無より創造することにある故に夫れ自体に於ては此の過程を妨ぐる何者も存在せずと云い得る。抽象的な無色の信用一般が如何なる経路で農業の世界に分流し来るかの消息を知るを要する。
>
> 現今殊に所謂旧開国一般（著者追加—西欧や日本のこと）に於ては其の国農業の発展に実に多くの困難が横たわっ

ている。

＊　農業に於ける新生産方法成立の余地が漸次に減退しつつあること。

＊　農業自体が極めて長き期間に亙って始めて一経済循環を終えること。

＊　多くの疑處危険を其の期間に含み易き農業金融の長期性が信用能力に欠くる所あるは言うを俟たず。

金融機関は、国境などにとらわれることなく、収益が安全で高いところに信用供与をおこなうことを惜しむことはない。しかし、旧開国においては、金融機関はその農業に信用創造をおこなうことには慎重である。こういった近代的銀行の当然の行動が不可避である以上、自然環境や市場経済に不可避的なリスクに抵抗して、農業生産を発展させるためには、信用組合のような近代的銀行を補完する金融機関が必要である。このような東畑の認識は、「商品市場と金融市場は、市場制度が本来あるべき場である。したがって、それが土地市場の形成にすすむ場合、市場制度は比較的支配しにくい領域に浸透しつつあるか、あるいはそれを植民地化しつつあるのである」というヒックスの認識とぴったりと重なりあうものであろう。

耕地整理組合を通じた農業生産力の向上

明治期には、国家の財政収入の大半は農民が納める地租であった。そのため、明治政府は歳入の増加のためにも、農業部門の国税負担力を育成し強化する取締り型の農政に重点を置かざるをえなかったのである。

さて、耕地整理事業とは、江戸期から遺産として引き継いだ不整形な田形を方形・一定面積（一〜三反歩）に均一化し、各田圃の一辺に用水および排水路それぞれが接するように区画、整理するというわが国稲作史上画期的な田地整備授業であった。一八九九年に公布された耕地整理法の骨子は、土地の交換・分合、形状区画の変更、畦畔の変更などについて、「村落の中の耕地の三分の二以上を保有する土地所有者の三分の二以上の賛成がある場合には」、その計画を不同意者にも強制できるというもので、地価据置、登録税免除などの優遇措置がついていた。

一九〇五年の耕地整理法の改正を経て、一九〇九年新しい耕地整理法が成立した。事業内容として従来の項目にくわえて「開墾、地目変更、造成工作物の管理、暗渠排水」が追加され、その中心は灌漑排水事業となった。また従来は地主の共同施工であったものを、新たに「法人格をもつ耕地整理組合」を事業主体とすることに改められ、法人としての耕地整理組合の設立が認められた。地区内の土地所有者は全て組合員となる。組合を法人として資金の借入の便をはかるとともに、組合員の組合債務に対する連帯無限責任を規定している。

翌年には、政府は土地改良に対して大蔵省預金部の長期低利資金を勧業・農工両銀行を通じて融資することにした。これは、地主が農業への生産的投資に消極的になり始めていたことを補完する意味をもっていた。こうして、法的資格が与えられることになった村落の耕地整理事業に金融機関から融資を受けることができるようになったのである。それ以前一八九六年、政府は土地改良事業への長期信用融資をおこなう勧業銀行を設立し、さらに各県に農業工業銀行を設立していった。さらに、蓄積されていた郵便貯蓄の資金を勧業銀行や農工銀行を通じて、低利での融資を流すこともできるようにもなったのである。

耕地整理法が目指した日本農業の中心である稲作の土地整備は、土地条件の改善という事業が村落社会の農家全員の参加を必要とする地域事業でなければならなかったことから、農村内の農家の組織化を促して、土地条件の改善をはかろうとするものであった。江戸期からすでに日本の農村内には老農、地主をリーダーとする村社会が形成されていた。それは、内的結合力の強い、いわば「共同体」であった。この村社会という市場経済社会とは異質の日本農村のあり様が、この農民の組織化に際して大きな力を発輝したことは強調されるべきである。

かつて近世末から近代への移行時代に輩出した大庄屋や地主層、いわゆる豪農が灌漑・排水を含む田区開始事業に積極的に参画した時期があった。こうした改良事業は、当時としての大規模経営の経済性を有していた豪農によって担われていた。だが灌漑・排水事業がより広域化する明治中期以降には、事業は地主層の手から離れ、代わって耕地整理事業に象徴される地方の地主・自作農の組織団体としての耕地整理組合に、さらに大規模な治水、河川改修や開墾事業については国・府県自らが事業主体となる国営、県営事業に、引き継がれるようになった。

明治維新以降、直接税が賦課されていたのは、土地の私的所有権をもった地主・自作農だけであった。つまり農業・農村は、政府財政収入確保のために、他の産業や都市住民に比べて格段に大きく課税されていた。政府支出の使い方に関して議会等でこのような農民・地主の声を無視することは出来なかった。つまり、農業部門での生産性向上がなければ、政府収入の中心であった地租を課すこともできなかったので、いわゆる「明治農法」確立のための技術的・制度的政策である農業振興政策が実施されたのである。さらに、今日の発展途上国とは違って日本では外国資本の流入はなかった。このような耕地整理を代表とする農業政策を、大川・小浜は、農業と工業の共存的発展によって地租による財政基盤の安定を図る「共存的発展政策concurrent growth policy」であったと性格づけている（大川・小浜　第七章　前掲書）。

耕地整理法について、東畑精一は以下のように発言している（『農林水産省百年史』上「回顧座談会」）。「これは土地法の基礎的なものであるが、その発布は明治三二年であり、同年の農会法と翌三三年の産業組合法ならびに重要物産同業組合法は、当時のわが農業が資本主義経済の中でいかに行動すべきかを指導せんとしたものであった。これらは多くの点でドイツの農業立法を模倣せる点が強く、自然と日本の農業指導者の頭脳をドイツに傾斜させることになった。また日本の農学、農科大学もドイツのそれらに求めたことを付記するのも無駄ではあるまい。」[27]。

不均衡成長局面

農林省と商工省への分立[28]

農商務省は一九二五（大正一四）年に農林省と商工省に分立した。そして、それぞれが独自に政策を計画し実施するようになり、ここに農業政策と産業政策といわれるものが確立した。ではどうして分立することになったのだろうか。分割当時の農務局長であった石黒忠篤は「米問題についての商工、農林」の間で「利害が相対立するような関係のことが非常に多くなり、その色彩が強くあらわれて来た。（中略）それで、農林、商工をわける機運が熟しておった」（『石黒忠篤氏・談』）と発言している。また当時文書課長であり、商工省でも最初の文書課長を務めた吉野信次は「とにかく一つの役所としては大きすぎるんですね。それからもう一つは米価問題でしょう。」（『商工行政の思い出』）と語っている。

石黒、吉野がともに言及している「米問題」「米価問題」とは何であったのか。分立が議論され始めたころ、低米価実現を基調とする食糧政策が採られており、消費者の主食価格の安定をはかる商工系官僚の影響力が大きく、米価政策は、主として米価を抑制する方向で展開していた。米価政策をめぐる農務系・商工系官僚の対立は、基本的に、前者が米価維持（下落防止ないし引き上げ）、後者が米価抑制を主張する形で展開した。河合良成は「ぼくらの方はやはり消費者本位の考えであったし、農務局の方はどうしても生産本位というような思想」があったと発言している（産業政策史研究所編『商工行政史談会速記録』一九七五年）。農商務省分割までの食糧政策は、増産政策には農務系官僚が、米価政策には商工系官僚が主として関与していた。こういう事態に対して農務局は、「食糧自給」政策を実現させるためには、増産政策を補完する米価維持政策の強化が必要であり、商工系の局に担当されていた米価政策を、生産を担当する農務局へ一元化させる必要があると主張していたのである（大豆生田）。

農商務省内での米価を巡るこのような対立の背景にあったのは、米騒動以来の朝鮮、台湾における産米増殖計画であった。その結果として、朝鮮、台湾からの米の移入量が増大し、米価調整を含めた米穀行政はもはや内地米だけを対象とすることができないようになりつつあった。東畑精一は、「四　二つの大戦をめぐって」（東畑　前掲書）で、以下のように書いている。「米騒動以後（中略）農業生産力の伸張による自給力の増強こそ、新たにたどられるべき道であったのである。しからば、だれがこの方向転換の担い手、主動力となったのか。ここでもそれは地主ではなかった。地主はただ黙して語らないものであった。主動力はむしろ商工業者であった。食糧の豊富はすなわち米価の低廉、従って、エンゲル係数が高くまた「米価は物価の王」であった当時においては低賃金を意味し、それは輸出力の増強の地盤であった。商工業者、当時の産業資本主義のチャンピオンにとっては、このような食糧政策こそその本来の狙いであった。（中略）その農業開発の場をどこに求むべきであったか。（中略）主力は未開発地域に注がれた。北海道もその一つであった。しかし植民地となって幾十年、その米作が顧みられるところがすくなかった台湾と朝鮮とが選ばれた。両地域における産米増殖計画がこれである。」

もう少し追加すると、論文「磯永吉と台湾の蓬莱米」で、「地主的農業利害は米騒動のために、そのお得意の農業哲学（著者追加―内地米作保護政策）をひっこめることとなった。ただ産米増殖計画を遂行したのは、地主的勢力に動かされていた政友会系の内閣ではなく、商工党ともいうべき憲政会系内閣であった」と記している。

重化学工業化の進展によって市場構造が寡占化し、また業種別のカルテルの形成が見られるようになっていた。一方、米穀など農産物の市場では、価格の乱高下など価格の不安定化が常に発生するようになっていた。国内の市場構造は、一方で寡占価格が支配する固定価格市場と、問屋・商人等が仲介する伸縮的価格市場とが併存するようになっていたのである。

この時期の世界経済をみると、先進工業国では一九世紀末頃、既に自由な競争の時代が終わり始めていた。そして第一次大戦を経て、資本主義社会は、それ自身が生みだした独占・寡占産業組織の支配によって、大きく変質した。巨大な生産力の発展と、それが支配する経済システムの下で所得分配の不平等化が急速に進んだ。この事態に異議を唱える人々の抵抗が増大し、政治経済体制に構造変化が起こった。この変化を武田晴人は「現代社会への転形」と性格づけ、この転形のポイントが「市場経済原理の部分的修正による経済の組織性の増大」であると指摘している（武田「重化学工業化と経済政策転形の経済的意味」）。

さらに一九二〇年代半ば以降、農業恐慌、大恐慌の中で、世界はブロック経済化に向かっていた。そして、ドイツはもちろんのことイギリス、アメリカなど世界各国は、不況からの脱出を目指して企業合同トラスト政策を積極的に打ち出し、国産愛用・保護運動を推進するようになった。イギリスのインペリアル・ケミカルは企業合同の典型であったし、また一九二二年におけるアメリカの高関税率実施も、国産愛用・保護政策の典型であった。カルテル化もまた欧米を席巻し、世界経済の保護主義的傾向は、動かし難いものとなっていった。

わが国でも、第一次世界大戦中から大戦後にかけての急速な経済成長の中で、社会構造に大きな変化が生じた。その端的な表れは、直接国税のなかでの所得税の比重の急増である。所得税の総額が地租総額を上回ったのは一九一七年であるが、その三年後の普通選挙が衆議院の中心争点となった時には、所得税は地租の二・五倍になっており、一九二八年に男子普通選挙制の下で最初の総選挙がおこなわれた時には、約三倍となっていた。地租が直接国税の九〇％以上を占めていた時代に築きあげられていた「地主議会」中心の政治に何らかの改革が必要となっていたのである。

産業政策の誕生

明治維新以降、不平等条約の是正を追い求めてきてついに一九一一年に最終的に関税自主権が確立した後も、近代的技術を体現した資本財にはきわめて低い関税率が適用され、それが一九三〇年代にも続いた。これは一種の輸入促進政策であったといってよい。殖産興業政策で外国技術を体現した近代企業の育成においては、輸入数量制限が一九三七年に課される以前は、保護の手段は関税だけであった。

一九二〇年代から三〇年代初めにかけては、カルテル化の進展があった。それは輸出品工業組合法や輸出組合法に基づく中小工業部門の過当競争の防止という観点から導入されたものであった。一九二〇年代恐慌期に、大企業部門でもカルテル化がみられたが、それらはあくまでも企業間の自主的な協定に基づくものであった。しかし、中小工業部門でのカルテル活動への政策的介入が承認された一九二〇年代の半ばに、政策転換の兆しが現れていた。独占組織による市場の組織化を否定する考え方は自由主義的な市場メカニズムに対する根強い信頼に基づくものであったが、そうした市場に対する根強い信頼が、不安定な経営状態を脱却しえない中小企業の実態によって揺らぎ始めたのである。何らかの手段によって過当な競争を終わらせる必要があると考えられるようになった。当時政府内では、政策的に企業を「統制」して、過剰設備、とくに能率の低い設備を共同の負担で整理し、輸出を振興することが構想されていた（吉野『日本工業政策』）。一九二一年には重要輸出品工業組合法が制定され、共同販売、共同購入に便宜が与えられて、また製品検査や染色加工などの共同施設への補助がおこなわれるようになった。このような考え方を支えたのが、当時ドイツで展開し始めていた「カルテル新学説」と呼ぶべきものであった。生産費の引き下げなど生産力の向上に有効だとの観点からカルテルを是認したこの考え方は、産業の組織化を促進する政策に理論的根拠を与えるものであった。

さて一九三〇年六月に、浜口内閣は財界整理、産業合理化のために臨時産業合理局を設置した(29)。商工省でも臨時産業合理局事務官だった吉野信次などがドイツなどの産業合理化運動に影響を受けて、産業合理化を進めようとした。この産業合理化の目的は産業組織の寡占化と、製品、部品の標準化を進めて、規模の経済を実現することであった。実は、この産業合理化は金解禁政策と緊縮財政と元来連携して手がけられたものであった。金解禁と緊縮財政が失敗しても、いや失敗すればなおさらのこと、産業合理化運動は、むしろ浜口内閣における経済回復策の切り札としてますます脚光を浴びることになる。産業合理化運動は、金解禁や緊縮財政と連動しつつ、それとは全く異なる角度から産業構造そのものを変えていこうとするものであり、このためには国家機構のあり方をさえ変更せしめようというものであった（原彬久『岸信介』）。つまり産業合理化運動の思想は、私企業よりも国民経済の全体を重視すること、そして「個々の企業は自己の利益をある程度犠牲にしても協同しなければならぬ」というものであった（通商産業省編『商工政策史』第九巻　商工政策史刊行会　一九六一年）。

昭和恐慌次いで一九二九年以降の世界恐慌の発生を受けて、経済危機への対応のために政府は産業の「合理化」を官製の運動として始めざるをえなくなり、企業合併などを勧めるようになった。これは重要な政策の転換であった。一九三一年には重要産業統制法が制定された。その第一条で、同業者の二分の一以上のカルテルをつくった場合には、主務大臣に届け出なければならない。第二条では、そのカルテル参加者の三分の二以上の申請があって、その産業の公正なる利益を保護し、国民経済の健全なる発達を図るために必要だと認めたときには、そのカルテルに入っていない業者に対して、カルテルの決定を守るように指示し命令することができるようになった。また、破滅的競争の回避、企業利潤の保障を目的とする、アウトサイダーに対する主務大臣の協定服従命令を規定したこの第二条に次いで、重要産業・消費者の保護を目的とする、需要者の利害に著しく反するカルテル協定に対する主務大臣の取消・変更権を認めた第三条もつけ加えられていた。重要産業統制法は、企業保護というカルテル助成目的の介入と競争促進目的の介入という二面性を備えたものであった。こうして、戦後期にも維持される日本型の産業政策のプロトタイプが生まれたのである。

「国民経済の合理化」を追求する商工省の積極的な運用姿勢を通じて二二部門のカルテルが「重要産業」の指定をうけた。その範囲は、財閥の直接の事業基盤であった石炭・産銅、および農林省との所轄権限の調整が不調に終わった肥料（石灰窒素）を重要な例外としつつも、この時点で我が国の産業構成上大きな比重を占めるカルテル部門のほぼ全てを網羅した。この重要産業統制法の成立という事実は、宮島英昭が指摘しているように「図式的にいえば、営業の自由と契約の自由を尊守し、結果として独占組織の活動を放任した一九二〇年代の体制は、昭和恐慌を境に、この法や関連法の成立とそれにもとづく行政介入を通じて独占組織を助成し、かつ規制する体制に転換したとみることができよう」（宮島）。さらに同じく、一九三一年には中小工業に対する工業組合法も制定され、カルテル行動に未加入者も従わせる強制規定がおかれ、輸出産業に対する輸出組合法も制定されたのである。

では以上の政策は、実際どういう効果をもったのだろうか。その一つの事例として、明治維新以降工業化の中心的な担い手であった繊維産業の綿製品の輸出に関する杉山伸也の「日本の綿製品輸出と貿易摩擦」を紹介しておこう。第一次世界大戦によるイギリス製品のアジア市場からの後退を契機に、日本の綿製品はインドおよび東南アジアへ輸出されるようになった。しかし大戦後は、ヨーロッパ製綿製品がふたたび東南アジア市場に供給され、加えて中国における紡績業の発展、とくに在華紡の発展によって中国への綿糸輸出が困難となった。更に国内においては需要増加と賃金上昇によって綿製品価格が押し上げられ、綿製品の輸出価格も上昇した。こうした内外の要因の変化によって最も影響をうけたのは、二〇番手以下の綿糸であった。そこでは技術改良による高番手綿糸、上質綿糸品の生産、つまり「合理化」が求められることになった。

少数の近代的紡績会社は、紡績連合会（紡連）を結成し、一八九二年には生産制限を実施するなど、カルテル活動をおこなっていた。さらに一九二五年には、輸出入カルテルを認める輸出組合法も制定された。当時地方に存在していた多数の織布業者は、一九二八年の工業組合法に基づいて日本綿織物工業組合連合会（綿工連）を設立し、それぞれが生産する輸出品についての品質検査をおこなった。だが輸出組合法によって輸出規制が実施されると、輸出業者と綿工連など生産者との対立が生じ、また生産者の間でも輸出品検査権を巡って紡連と綿工連とが対立することになった。

こういう動きの中で大戦前から、近代的紡績企業は紡績工程においてハイドラフト化やシンプレックスの採用を始めていた。また兼営し始めていた綿布工程においても自動織機の導入や両工程での機械の高速度化といった合理化を進めていた。そして織布部門における合理化は紡績部門におけるよりも急速に進展し、労働者の減少も顕著であり、綿製品の生産コストは低下していた。そして、一九三一年一二月に日本が金輸出を再禁止して以降は、輸出価格の上昇は円為替の下落により十分に相殺され、インドや蘭領東インド向けの日本の綿製品輸出が、急増していったのである。

日本からの綿製品輸出の急増によって「経済摩擦」が発生し、一九三三年に日印会商が始められた。この会議に向けて在日英国大使が以下のような公信を送っていたのである。「世界のあらゆる地域への輸出拡大は、従来主張されてきたような『ダンピング』や政府補助金によるものではなく、基本的にはすぐれた組織に基づくものであり、それが低生活水準、低賃金、およびその結果としての低生産費と結びついている。最近では、円為替の下落もかなりの促進要因になっているが、日本の輸出拡大はすでに金本位制再禁止以前に開始されており、この問題にかんするいかなる研究においても金本位制離脱に不当な重要性をもたせるべきではない。国民的に一致した目的と努力に近い何かが、日本の産業合理化を促進し、産業がより漸進的で偶然的に成長してきた国々にはない要因となっている。こうした方向にそった発展は、各種の繊維産業においてとくに急速である。」

以上のような杉山の分析は、当時の産業政策がそれなりに大きな効果をもったことを明らかにしている。

米穀市場への直接的管理型介入政策への転換

正米市場に対する政府の規制は、一八九六年の農商務省令第一号であり、この省令によって正米市場は現物を取り扱う市場として規定された。その代表は深川正米市場である。それ以前の一八九三年に「取引所法」が公布され、清算取引をおこなう米穀取引所が各地に設立された。その代表が東京米穀商品取引所である。他国をみれば、現物を取り扱う正米市場が発達して、その後に取引所ができるのが普通の順序であった。しかしわが国では、それが逆になっている。既に紹介しておいたように、江戸期にすでに大阪堂島において、先物取引がおこなわれていたという歴史上の事情がからみあっている（鈴木忠和「農業市場政策」）のである。

一九世紀から二〇世紀に転ずる頃、すなわち日本が限界的な米輸出国たることから恒常的輸入国に転ずる時になって、米穀関税が主張され始めた。一九〇四年、日露戦争の戦費調達の為に、籾と米に対して従価一五%の輸入関税が課せられた。これは暫定的なものであったが、一九一〇年に、籾・米ともに六〇キログラム当たり一円の従量税が課されるように、関税が改正された。当時玄米の価格は六〇キロ当り五円三〇銭、日給は八〇銭であったので、必需品としてはかなり高い関税であった。

明治四〇年代が米穀輸入関税の時代であったのに対し、一九一三年の米移入税廃止以後の米価政策は、正米市場や取引所での米穀売買への政府の介入を中心としたものとなった。この流通過程への政府の介入は、いうまでもなく、当時「米価調整」と称された米価対策の必要性がいっそう高まったことによるものであった。衆議院選挙対策であっても米価調整は、米価政策の新しいエポックを意味した。ひとつは米価維持を求める地主層の政治力の結集であり、もうひとつは自由主義的思想からタブー視されていた政府の干渉が、ようやく表舞台で認知されたことである。

明治後期から大正にかけて、輸送手段が水運から鉄道に変わるなどして、米の流通組織が大きく変貌し、米穀市場での価格は不安定になっていた。そのため、取引所に米投機が盛行し、米価の変動がいっそう激しくなっていた。そのため、政府は米穀取引に対して干渉することになった。その投機取締対策としては、取引所、正米市場への干渉がとられた（持田　前掲書）。

そして、一九一七年に「農業倉庫業法」が公布され、ほとんどの産業組合が農業倉庫を経営するようになった。共販農家が各地に設立された農業倉庫にその米を委託し、その保管米を担保として金融を受け、これによって商人との結び付きを断ち切るとともに、その販売にあたってはその大量の貯蔵米を時期をみて売ることができるようになった。この産業組合の共同販売は目覚ましく発展し、農家の手取りを増加させるために、産地米穀問屋よりも消費地米穀問屋に結びつくようになる（鈴木　前掲書）。

一九二一年二月、農商務省は米価調整調査会の考案した常平倉案を「米穀法」と近代的に改名して議会に提出した。同時にこの資金面を裏付けるために米穀需給調整特別会計法が提出された。(30) この米穀法をめぐる議会での議論の中心は、「米穀ノ需給ヲ調整スル為必要アリト認ムルトキハ米穀ノ買入、売渡、交換、加工又ハ貯蔵ヲ為スコトヲ得」とする第一条であった。米穀法のポイントは、需給の調整をうたいながら、価格の調整にはふれなかったことであった。農業側は価格調整を引き出そうとしたが、政府は量の調整が主眼であって、その結果として価格の調整になるとの答弁に始終した。価格調整となると、どの水準を目標とするかという問題が起こることを回避したためであろう。しかし、政府の考えの方の根底には、あくまで市場原理を前提として、緩衝在庫の操作によって米価を安定させるという常平倉的な発想が強くあったためともいえよう。米穀法は食糧自給政策を補強する価格安定化政策であったのであり、農会が当時求めていた米価つり上げ策では必ずしもなかった。米穀法は後年「日本はおそらく国内消費向け主食農産物の体系的価格安定を試みた世界で最初の国であった」(小倉編) と評価されることになったものである。(31) ただ、米穀法からスタートした食糧の価格安定措置が日本に導入されたのは、アメリカと同様に不足の条件のためでなく、過剰と価格下落という米穀経済の趨勢の中であったことだけ指摘しておこう。

その後、米価の支持は関税のほかに内地米の政府買入や米穀法の改正（一九三一年）による輸入量の制限によってもおこなわれるようになった。さらに一九三三年米穀法に代わって、米穀統制法が制定された。この法に基づいて、政府は㈠ 毎年最低・最高の米価を定めて、無制限に最低価格で買入れ、最高価格で売り渡すことになった。㈡ 米の市場出回りを季節的に調整するために米の買入、売渡をおこなう。㈢ そして米とその他穀物の輸出入制限を恒常的に実施することにした。この法の制定と同時に米作の減反計画にも乗り出した。しかし軍部などの反対もあって生産制限は実施されなかった。しかし、この統制法によって、米その他の穀物の輸出入が恒常的に制限されるにいたった。

ところで、現実の米価は先物取引の存在によって、思惑、投機によって変動していた。従って政府が市場介入する場合にも民間の投機者と同様に大きなリスクを伴うものだった。『農林水産省百年史　中巻』「回顧座談会」で東畑四郎は「荷見安課長以下米穀課は、米相場が仕事だからより付けない。日本銀行でオペレーションをやってるのと同じで、過剰秘密でした。同じ農務局でも別島でしたね」。また大和田啓気は「あのころ片山技師をつかって取引場で自分で売り買いされていた。自分で米相場をにらんで政府の米を売ったり買ったりしていた」。こう回顧している。これが政府の市場介入政策の現実であった。

いずれにせよ、玉が的確に指摘しているように、政府がいわば最大の「米穀商人」として価格を維持しようとすることには無理があった。特別会計限度の増額によって相場への影響力を強めるほど、売却による相場大暴落のおそれとなって売却が制限され、巨額の損失を招くことになっていたからである。しかも当時の米穀市場にあっては、市場相場がただちに農村の庭先価格を引き上げるわけでもないため、農村対策としても限界をもっていたのである（玉前掲書）。そして戦時になって、一九三九年に朝鮮で旱魃が起こったのを契機として自由市場のメカニズムの下での米の統制が機能しなくなり、需給の計画化による国家管理が導入されることになった。食糧管理法の制定である。

以上のような政府の米政策の展開について小倉は、『日本農業は活き残れるか（上）』で以下のような評価を与えている。米穀法、米穀統制法に至るまでも、明治初期以来、緊急の必要あるときは、臨時に政府が米の買入・売渡をおこなったことがある。また産業組合法による販売組合の設立、米の検査制度の漸進的整備、農業倉庫業法による販売組合の農業倉庫の建設の援助（これによる米価の季節的変動の調整）をおこなった。さらに昭和恐慌期の過剰米対策として米穀自治管理法（一九三六〜四二年）による過剰米の統制組合による自主的管理への助成が計画された。これらは、政府が市場構造の改善と市場行動の適正化を図る政策であった。食糧政策は、食糧自給とともに公正な米価形成のため市場組織にも向けられていたのである。

さらに石黒忠篤が『農林行政』に次のように記していることも紹介しておこう。「現下所謂非常時日本の重大懸案は米穀統制問題である。我農村の生死が日本国家の将来を制約するものである以上、農村に立脚せる米価政策が非常時国策中の上位を占む可き事は多言を要しない。而して此の米穀政策が、米穀取引所関係者の投機及び米穀商の中間利得の制御排除に触れることあるは勿論である。米穀取引所、全国米穀商組合連合会、商業会議所等の米穀法、続いては米穀統制法、産業組合法反対の運動に抗し、断乎として諸法の行政的活動を進むるの外無いのである。」

小作調停法

戦前期、地主・小作関係を律する唯一の手段は、一八九六年に制定された民法であり、これは当時存した慣例を成文化する以上のものではなかった。この時代の民法に規定されていた土地所有権は、典型的な近代的土地所有権といえるものではなく、「土地所有権が耕作権を従属せしめ、地主は小作人を自己に従属せしめて」いる「地主的土地所有権」である。それは、「明治前期にみられたように、封建的慣習の一部を自らのうちに包摂せしめる」ものに過ぎなかった。小倉武一は、『土地立法の史的考察』でこう論じていた。

そして、地租改正以後の半世紀、地主と小作人の関係は契約自由という「レッセフェール」の思想で支配された。地租の重課、現金納付の必要、無制限に許された譲渡権、および契約自由の思想。これらすべてによって、多くの小農民は農地を売り払わざるをえなくなった。しかしながら、政府は、地主と小作人との私的な契約に介入すべきではない、と考えていたのである（小倉編）。このような政策対応は、「個人的所有権の保護を主要な任務とする一九世紀的国家体制」下での行政の象徴的事例であったといえるのではなかろうか。

第一次大戦後、特に昭和恐慌期に、アメリカへの生糸輸出が急減し繭価格が暴落したことなどによって、各地で小作争議が多発するようになり、小作問題が最も重要な農政の課題となった。

石黒忠篤は、一九一一年に農政課長として「小作慣行調査」に関与した。その背景には柳田國男が一九〇七年におこなった講演「小作料米納の慣行」に石黒が大きく刺激されたこともあったようである（橋本他　前掲書）。小作争議で小作人が要求していたのは、土地利用の安定的継続を保障し、かつ団体交渉の組合または協会を結成する小作法であったが、小作条件を規制するこの法は、地主が勢力をもっていた議会で審議未了になり、一九二四年に小作調停法だけが成立した。そして調停をおこなう小作官、小作官補が設置された。

石黒は、基本的な小作法が存在しないのに、調停制度を立法しても、それを円滑に実施することは困難であると考えていたという。ところが、当時委員であった末弘厳太郎（東大助教授）から「近頃ヨーロッパでは、労働争議に対し、そういう実体規定を後回しにして、まず争議当事者間を調停して行くというやり方の法令が出されている例があり、そうしたものが集まって実体規定の内容を次第に形成していくという傾向が見える」といった発言があった（橋本他前掲書）。

小作調停法に関して、武田晴人が『日本人の経済観念』「第三章　契約と紛争解決」で、以下のように論じていることを記しておこう。「第一次世界大戦後の労働争議調停法とか小作調停法、借地借家人法などが、労働運動、農民運動などの社会問題の解決のために制定されたことである。これらの法律の特徴は、たとえば労働者の団結権とか団体交渉権など紛争当事者の権利を明確に規定した法律がないままに、紛争解決の手続きだけを定めたことであった。第一次大戦後から数年間の激しさを増した労働者や農民たちの組織的な運動が、政治的な要求ではなく、賃銀の値上げとか解雇の反対、小作料の引き下げとか土地取り上げへの反対のような経済的要求を掲げていた場合には、それらの要求はかなりの程度実現し、労働条件や小作条件の改善に役立ったことも事実であった。労働争議・小作争議などの紛争は、法的な手続きが整備されたことを背景に事実調停による解決の道を見出したからである。それは調停法という紛争解決の法的枠組みが、紛争を次第に沈静化していくことに効果を持ったことを意味した。」不幸にも成立しなかった小作立法の前段として成立した調停法のもちえた効果について、末弘の発言の趣旨を補完する武田のこのような見解が語っているような効果があったことは否定できないであろう。つまり、いくら不充分であったにせよ、小作調停法はそれなりの威力を発揮したといえよう。

農商務省生え抜きの農務・農林官僚であった石黒忠篤は、一九三〇年代初期に農林事務次官として、帝国農会に代表される地主中心の農業団体の反対を押し切って、貧農保護のための小作立法に奔走し、農林省の組織全体に農民博愛的な石黒イズムを注入し、「石黒農政」を展開した。前節でも触れておいたように、石黒は地主の土地所有権を明治憲法が規定している通り基本的に尊重していた。だが同時に、過剰人口に悩む当時の農村において、「地主的土地所有権」を改正して、地主と小作が対等に交渉できるような環境を作りだすべく努力を続けたのである。この辺の事情の一端を石黒は次のように書いている。「就中農林行政に関して特に然るのであって、如何なる政党が政権に就こうが、夫れとは殆んど没交渉に、行政自体は其の独自の建前を持って居る。否、日本農業に於ける其の歴史性を貫く基調こそ如何なる政党をも否応なしに夫れを納得せしめ、其の上に立つ政務のみを之を行うを得しめて居るのである」(石黒『農林行政』前掲書)。

戦前期経済官僚にみる政策理念をめぐる葛藤

ここで、戦前期の代表的官僚の政策理念について、少し紹介しておこう。まずは、農林省の石黒忠篤(一八八四年生まれ)である。石黒は一九五六年に公刊された『農政落葉籠』という対談集では、次のように発言している。「工業と農業との違いは、工業が物理、化学的原則に支配されるが、農業はそうした原則の外に、生物の生命にかかわる生物学的法則や、気候、風土、季節など天然現象によって支配されているところになる。その相違が農と工との発展テンポを開かせるのだから、そのギャップを埋めるのが農政である。」「農業と工業とは、がんらい発展のテンポが違う。足弱な農業を放っておいて、工業だけがさっさと進んで行くとなると、国の産業政策は不健全なものとなってしまう。これをどう調和するかが問題なのだ。」まさに石黒は、後発国では、農業の生産性の伸び率はどうしても、外来要素が大きな役割を果たす近代工業の生産性の伸び率に比べて、相対的に遅れることを的確に認識していたのである。

石黒はその著書『農林行政』の中で、米穀検査事業を次のように性格づけている。「我国の小作関係に於ては米麦の物納小作料によるものが多い為に、此の穀物検査事業の施行を契機として其の強制的励行に伴う穀物の品質及び包装の改良に関する負担が、往々にして小作農に転嫁される結果を招来せることを知らねばならぬ。」また、石黒は回顧(『石黒忠篤氏・談』)の中で次のように発言している。「検査省令の発布に関して自分で作ったものを売るために、検査をしてそれで等級づけられて、そのために価格が決められ等外のものは売れないということは、所有権の制限ということになって、自由を拘束する。こういう議論で、これは非常にやかましく、農産課関係のやかましい法律論になった事件でありました。」この回顧は、当時の政策担当者たちが、大日本帝国憲法第二七条の「日本臣民ハ其ノ所有権ヲ侵サルルコトナシ」を、民間の経済活動に関与する立法をおこなうとき、最大の制約として認識していたことを語っているのではなかろうか。

もうひとりは、商工省の吉野信次(一八八八年生まれ)

である。吉野は、『我国工業の合理化』と『日本工業政策』を公刊している。前著では、中小企業・工場のことが詳しく論じられている。中小企業には家内工業として経営されているものが多い。しかし、これ以外に本来大工業の経営に適すべきものでありながら、産業革命が徹底していないがため、近代工業の技術なり組織経営の方法が利用されていないものがある。紡績工場、金属工業の工場、化学工業、機械器具工業、窯業、印刷製本、製材、食品加工業等の工場数において、中小工場が占める率が高い。中小企業の現状をこのように分析した上で「中小工業は、一つの社会の中間階級をなすのであり、中小工業の維持発展を計る必要がある。この階級が存在することで、労働者階級と資本家階級との対立が欧米に見るごとく深刻ではない。」つまり、日本の工業のいっそうの成長による国民経済の健全な発展のためには、中小企業政策が必要であることを強調していたのである。

後著の巻末「産業の統制」で、吉野は次のように、明治以来の経済成長によって、日本の経済構造ないしシステムが大きく変貌してきたことを次のように指摘している。「近代産業は自由競争をその基調として今日の発展を遂げた。然るに今日は漸くその弊が顕著となりつつある。」続けて「絶対の自由のみを以ってしては現下の産業界の混乱は救われない。産業の健全なる発達を策するにはある程度の統制を加うる必要がある。統制の観念についてもこれを理論的に究明すればむずかしい説明も多々あるであろうが、常識的にいえば上の言に尽きる。」このように吉野は、「統制」という言葉の曖昧性に言及しながらも、重要産業統制法といった自由市場への政府の直接的介入が必要となってきたことを強調していたのである。

さらに、前著で説いた中小工業の特質を述べた上で、その長所を指摘し、製品検査のことを述べ、検査を国営でやるか自治検査に許すのかの問題を解説し、産業組合、同業組合から重要輸出品工業組合、工業組合に至る経緯を詳術している。続けて中小企業がもっている長所を活かすために、欠陥、弊害を抑制する手段として多様な組合制度を提案していたのである。

先に触れておいた一九三一年の工業組合法の制定について、吉野は、日本の製造業では、家内工業として経営されている企業や、近代工業の技術なり組織経営の方法が効率的に利用されていない企業からなる中小企業がいまだ支配的である事態に注目し、この中小工業は、一つの社会の中間階級をなすのであり、中小工業の維持発展を図る必要がある。そのためには、工場ごとにばらばらとなっている製品の質の検査を同業組合、重要輸出品工業組合、工業組合によって実施し、中小工業のもつ弱点を克服すべきことを指摘していた。さらに「此際中小企業の金融に対して特別なる施設を為すことは最も必要であり且つ適切であると云はなければならない」として、金融面での援助が必要となっていることも強調していたのである（『日本工業政策』）。しかし、その回顧の中では「自由主義で育ったくせがあるので、われわれは統制という考えが当時浮かばなかったのです。統制という政策は、昭和五、六年の産業合理化運動以後の考え方で、それまでは自由主義ですね」（『商工行政の思い出』）と発言していたことを付記しておこう。

補論　東畑が挙げていた経済立法

・資本関係　明治二三年銀行条例、明治二九年日本勧業銀行法、農工銀行法、銀行合併法が制定され、不動産の資本化がおこなわれた。

類似の立法　明治三〇年貨幣法、明治三二年北海道拓殖銀行法、明治三三年日本興業銀行法。

・外国貿易関連　日英、日伊、日米、日露、日伯、日独、日仏、日蘭等々の改正通商航海条約および類似のものが、明治二七年ないし明治二九年の間に調印されて、貿易の体制が整った。明治三〇年関税定率法、重要輸出品同業者組合法、明治三二年関税法。

・交通関係　明治二五年鉄道敷設法、明治三三年私設鉄道法、鉄道営業法、通信法。

・取引関係　明治二六年取引所法、明治三二年肥料取締法、明治三三年保険法。

・国内産業関連　明治二三年鉱業法、明治二九年造船奨励法と航海奨励法、明治二九年八幡製鉄所官制、明治三〇年森林法、明治三四年漁業法。

・農業改良　明治三二年耕地整理法、農会法。

・組合関連　明治三三年重要物産同業組合法、産業組合法。

第三章　戦後期における成長政策理念の変遷

産業政策と農業政策の大きく異なった変遷

高度経済成長によって、一九七〇年代半ばには、明治以来発展してきた近代産業は基本的に欧米へのキャッチ・アップを達成した。そのため明治以降の産業政策は、特に製造業の大企業を育成する役目を終えた。そしてこれとほぼ同時に、世界経済は、深いグローバル化の時代に入り、それへの対応が急務となってきた。

通商産業省（現経済産業省、以下通産省）が所管する産業政策においては、一九七〇年代頃から、戦間期に生まれた開発主義的産業政策を超えて、カルテルの容認などの市場介入政策から撤退していった。注目すべきは、それまでの個別産業を対象としての産業政策という基本から、産業界全体を対象とする政策へと変遷していったのである。そして、貿易自由化だけでなく、アジア地域に直接投資した日系企業の現地での活動を側面から助ける通商施策へと重心を移してきた。

他方、農林水産省が所管する農業政策においては、一九六〇年代以降貿易自由化を順次実施することで、経済のグローバル化に対応していく。と同時に、新大陸国アメリカではなく、ドイツ、フランスという先進国農業へのキャッチ・アップを目指す農業基本法を制定したが、戦時期からの食糧管理法に基づく主要農産物市場への介入は続いた。こういう状態が続く中で、産業政策のような明確な政策理念の転換は生まれなかったのである。先進国へのキャッチ・アップを、零細経営規模という農地問題もあり達成できなかった。そのために経済のグローバル化にもスムーズに対応できる状態には達することができなかった。製造業と農業とのこのような差異が、産業政策と農業政策を規定する基本的理念の変遷において、大きな違いを生みだすことになった。以下、両者の違いを、私なりに明らかにしておこう。

産業政策の変遷

以下主として、尾高煌之助『通商産業政策史一　総論一九八〇―二〇〇〇』、沢井実・谷本雅之『日本経済史近世から現代まで』を参照しながら、戦後期の産業政策における理念の変遷を振り返っていこう。篠原三代平が「私は経済政策には、あらゆる成長局面を通じて不変の妥当性をもつものもあれば、局面変化につれて変わらねばならぬものがあると考える。とくに産業政策の場合は可変的な性格を強く帯びる面があると思う」(「産業政策と国際化・自由化路線――回顧と展望――」)と指摘しているように、どんな成長局面にも妥当する「不変の妥当性」をもつ経済・産業政策は存在しないと考えておくべきであろう。

高度成長局面

戦後の復興期から一九六三年頃までの産業政策は、一九三〇年代にその原型が誕生した市場介入型政策を継続したもので、企業合併やカルテル化を奨励する政策理念が有力であった。そして結果としてこのような理念に立脚した政策の最後が、一九六四年に国会で審議未了で廃案となった特定産業振興臨時措置法であった。ちなみに、経済安定本部で第一回の経済白書を起草した都留重人は、「市場の力を通じての調整に任せたままではだめだ」という考えが、当時の経済安定本部の考えであったことを指摘している(都留)。

一九四七年に制定された独占禁止法について中村隆英は以下のように説明している(中村「戦後の寡占体制と市場機能」)。「カルテルは一九五四年の独占禁止法の改正をまたず、一九五二年繊維不況の際に復活した。当初は独禁法という法律に触れないように、企業同士の話合いの形をとらず、通産大臣の勧告による「勧告操短」という形をとりカルテルの効果をおさめたのである。そして以後独禁法も改正されて不況時と合理化のためにはカルテルの結成が認められ、さらに機械工業、繊維工業、中小企業、輸出業者などについても法律によって特例が認められるようになってカルテルの数は急速に増加した。」

続けて中村は「成長下の企業行動とカルテル」と題して次のように書いている。「不況下にあっても企業は生産を抑えることがむずかしく、激しい競争を展開する。そのとき不況カルテルを結び生産を制限することができれば、その底なしの競争に一応の終止符をうつことができる。成長産業のためにカルテルは不況期の下支えになるのであって、成長産業は不況にさいしてカルテルが機能することを期待し、一層大胆な拡張と競争の道を選ぶのである。停滞産業にとってはカルテルは、ほとんど常に必要な競争制限機関である。しかし成長産業にとっては、その出動を期待して競争させるための避難所なのである。戦後日本のカルテルは、この点で一般にみられない特殊な性格をもっていたということができよう。」中村のこのコメントからも明らかなように、当時の政策担当者は、独占禁止法に代表される、占領下で制定された経済立法には、疑問ないし批判を抱いていたといえよう。

さて、資本自由化が不可避になった時代に、通産省企業局が精力的に準備し、一九六二年に初めて上程された「特定産業振興臨時措置法」は、官民協調方式によって、石油化学、自動車、特殊鋼などの成長産業を対象として業界再編をおこない、銀行融資を義務づけるというものであった。しかし貸付行動を規制される銀行界が反対し、四輪車への参入を考えていた本田技研工業なども反対した。この法は、産業界からみると市場機構調整力を否定した官僚統制以外の何ものでもなかった。官民協調方式に対して産業界が打ち出したのが自主調整論であった。

しかし両者は貿易自由化を睨んだ際の日本企業の規模の過小性、「過当競争」の問題に関しては同じ認識であり、独禁法の緩和を求める点でも共通していた。違いは、産業界の自主性に委ねてカルテル、合併などの企業間結合を図るか、それを政府主導でおこなうかであった。この特振法は三回上程され、結局審議未、廃案となった（沢井・谷本）。

この当時に通産省での聞き取りを重ねていた鈴木幸夫が『経済官僚　新産業国家のプロデューサー』で、次のように書いている。まず、佐橋次官時代の官民協調政策の理論的ブレーンとして、フランス型の官民協調方式をモデルに特振法の肉付けを試みた両角良彦の『産業政策の理論』（日本経済新聞社　一九六六年）のポイントを以下のように紹介している。「現在のわが国の産業政策は、第一次的には、自由競争原理の活用による資源の最適配分を図ることであり、そのためには、単に自由競争原理の容認にとどまらず、積極的に自由競争原理が機能しうるような条件を整備することである。第二には、自由競争原理の限界に関して所要の修正を加えることである。」鈴木は、この「自由競争原理の限界」という認識に基づいて、通産省は市場への介入を根拠づけていたと捉えていたのである。

さらに、熊谷次官が「経済政策は必要だが、業種別の産業政策は必要ではないという議論もあるが、ぼくはまだ日本経済が経済政策だけで事足りる時代ではないと思うし、それはなかなかできませんよ。オーソドックスな経済政策だけやって、あとは知りませんということで実際にやれるかどうか」と語っていたことを紹介している。が同時にこの挫折以降、通産官僚は、政策形成の方向喪失症〝通産ノイローゼ〟に陥っていたとも指摘していたのである。

このような通産官僚たちの方向感覚喪失症の背景には、産業政策をめぐる経済学者間での論争があったのかも知れない。多くの近代経済学者は、市場介入型産業政策を自由市場を歪めるものだと強く批判していたからである。しかし、辻村江太郎ら少数の経済学者は必要論を主張していた（鈴木　同上）。この少数派として位置付けていい篠原三代平は、以下のように語っている。「私見の大きな柱となった一つの考え方は、前向きに考えて、当時技術革新が急展開しつつある日本の産業では、いわゆる increasing return to scale の状態にある業種が沢山考えられたということだった。こういう状態では、自由放任というよりは、decreasing cost の程度の大きな産業に対して通産省が重点的にいわゆる幼稚産業育成の措置を講ずることができるし、それが戦略として有効だというわけだ。」「通産省が輸出主導型産業構造策定基準として取り上げた所得弾力性基準、生産性上昇率基準は、私の論文（「産業構造と投資配分」）で、「所得弾力性基準」と「動態的比較生産費基準」を云々したのが、その始まりといえる。」

この時期から三〇年ほど後になるが、村上泰亮も、『反古典の政治経済学』で、産業政策とは「強力な政府介入によって無理やりにでも産業の成長率を高める政策」でもなく、「及び腰の計画経済」でもない。「産業政策は、もともと（費用逓減という）潜在的な成長能力をもっている産業において、競争的な環境を維持しようとする政策であり、つまり、競争のもつ動機付けの力を生かそうとした政策である。」そして、以下の四項目を産業政策の柱とすべきであると指摘している。

① 重点産業の指定 ターゲティング
② 産業別指示計画
③ 技術進歩の促進 政府契約、R&D補助、研究投資に対する優遇税制、研究開発組合
④ 価格の過当競争の規制

尾高も、通産省の産業政策を次のように捉えている。産業政策とは、国民の経済的厚生の向上若しくは改善を目的として、政府が資金的、法律的、または行政的に市場に介入する行為である。これらの政府の行為は、「市場の失敗」と呼ばれる状況の下で、つまり市場が何らかの理由によって期待されたその機能を十全に発揮できない状況で正当化される。しかしながら通産省設置法第三条が定める政策行為を正当化する理由には、市場の失敗に加えて、市場の未発達若しくは市場機能の不全な状態を改善してその機能の正常な発揮を促すためや、市場秩序を乱す行為を抑止するため、さらには国内外の政治的事由から執行される政府の政策の中にも上記の定義を満たすものがある（尾高 第六章）。

鈴木幸夫は、高度成長がピークを迎える頃、通産省では、これからも「力による介入」を続けるのか、それとも「情報提供ないしアドバイス中心の誘導」に移行するのかをめぐって、迷いがあったようだ、と指摘していた。「その背景には、高度経済成長下で力を増大してきた大企業の影響力の増大があった。最近のように、経団連の独禁法研究会や自民党の経済調査会あたりから、公取委の改組を含めた独禁法改正論が堂々とぶちまけられ、それが「財界主導型」「財閥主導型」の産業政策と関連して具体化されるようになる」と。

高度成長局面終焉以降

高度成長期に比べると、独禁法に対する産業政策のスタンスも変化した。一九五〇年代後半から一九六〇年代半ばまでは、産業競争力増強のために、独禁法適用除外を講じることもしばしばあった。一九六六年のプリンス自動車と日産自動車の合併や、一九六九年の八幡製鉄と富士製鉄の

合併などである。しかし、その後、市場競争原理の育成が強調されるようになり、通産省が公正取引委員会と対立するケースも少なくなっていった（尾高　終章）。

そして、一九七〇年前後に産業政策の思想に「地殻変動」が生じた。一九七三年の改革によって、特定業界との連携プレイにかかわる「原局」――機械情報産業局、基礎産業局、生活産業局――と、原理原則を司る（ここでは仮に「非原局」と呼ぶ）諸局――産業政策局、通商政策局、貿易局、立地公害局――という二次元構造になった。業界とつながるタテ線的な諸局と、異なる業界を貫いて全産業のありようにかかわるヨコ線的な諸局。問題によっては、タテの主張とヨコの主張とは必ずしも相容れない。その場合には敢えて両者を相克させ、調整の結果、産業政策のバランスをとる仕組みだったと解釈させる。産業保護・育成の拠点として機能した部局が改変されたり、変更の手が加えられたりしただけでなく、それら部局と民間企業との接触密度が減退した（尾高　第六章）。

中村隆英も『日本経済　第三版』で、通産省（経産省）が所管する産業政策においては、一九七〇年代頃から、戦間期に生まれた開発主義的産業政策を超えて、カルテルの容認などの市場介入政策から撤退していった。そして、貿易自由化だけでなく、アジア地域に直接投資した日系企業の現地での活動を側面から助ける通商施策へと重心を移した、と指摘している。

尾高も、次のように政策理念の変遷を捉えている（尾高終章）。一九八〇年代以降は、タテ割りが弱体化する傾向が生じた。そのため業界ベースで考えたり行動したりするよりは、特定の必要性や個別企業の要求に沿って事を運ぶことが多くなった。この意味でも、一九八〇年代には産業政策の転機が訪れていたのである。この新しい動きに対応して、業種を軸とする産業政策の件数は減少し、それに伴って業界団体の数や影響力も減少した。というのは、産業政策あってこその業界団体だったし、また政府は政策執行のために業界団体を介して関連情報を収集する必要があったからである。

一九八〇年代までは産業政策の立場から産業再編が課題とされたが、一九九〇年代に入ると通産省の政策が企業合併や合同に事前に関与することはなくなり、代わって（合併審査基準の見直しなど）競争政策のルールそのものを提案する「ルール志向型」の政策に転化した。そして長期停滞局面に入った二〇〇〇年代には、「市場原理主義」に立脚して規制緩和を主導するようになっていった。

こういう流れの中で、通産省の産業政策において、ヴィジョンの策定が重要な位置を占めるようになってくる。鈴木幸夫がみていた「情報提供ないしアドバイス中心の誘導」へと、政策の重点が移行したのであった。「一九八〇年代ヴィジョン」では、「創造的知識集約型」の産業構造への転換が謳われる。バイオテクノロジー、新素材、新エネルギー、第五世代コンピューター等の技術革新を推進する。そして、動態的比較優位の観点から国際分業構造を構築・調整する必要に鑑み、長期的視点に立ってリスク性の高い基盤整備プロジェクトや社会開発に公共資金を向ける必要性を強調していた。さらに「サービス経済化の推進」も強調されている。サービス業は伝統的に非貿易産業として看做されてきたが、この頃にはサービス業においてもグローバル化が急速に進んできたことを受けての提案であった。

「一九九〇年代ヴィジョン」では、国際社会への貢献と自己改革の推進、ゆとりと豊かさのある生活の実現、そして長期的な経済発展基盤の確保の三点をその中心主題に据えた。このヴィジョンは、一九八〇年代以降に一段と明らかとなった「グローバリゼーション」を避けられない時代の流れと受け止めて提示されていた。

以上のような通産省の産業政策の変遷を、尾高は次のように要約している。時代の動きと要請の変化に伴って政策スタンスが著しい変化を見せ、必然的に政策ツールも交替するのが通産政策の、他省の政策とは異なる、特徴である。山下元事務次官の形容によると、通産省は「軟体動物」のようだという。何を政策目標とするかという政策の原点は時代の要請によって変化せざるをえないので、その変化を先取りして時代をリードすることが産業政策立案の大きな特徴であった。一〇年ごとに「通産ヴィジョン」を作成したという事実に、この特徴が反映されていると考えられる。ちなみに濃野元事務次官は「戦後は役所のやってきたことがいろいろな方向づけをした」、「通産省の戦後の政策の一つは……制限緩和の歴史だった、だが二〇〇〇年までには、もはや役所が旗を振って先行する時代ではなくなった」と回顧しておられる。もっともこれとは反対に、産業政策の思想は時とともに変化しているように見えるが、その底流には一貫して「規制緩和」の哲学があるという堤元事務次官の指摘もある。同省は、アイディアの官庁だったといえよう。

いずれにせよ、経産省がその産業政策として取り上げる課題が、省庁間の縦割り行政のしきたりにこだわることなく、課題の要請に応じて縦横自在に設定されるようになっていったのである（尾高　終章）。

通商政策の変遷

第二次大戦後日本の経済復興と成長の重要な枠組みを提供したブレトン・ウッズ体制が終焉を迎えて以来、通商政策にも大きな変化が生じた。変動為替相場制の導入はそのひとつのきっかけだった。たとえば、相場の乱高下によって一瞬にして巨大な損失、利得が発生するなど海外取引のリスクが増大した。他方、新興国などとの取引の場合には、政治的リスクをカバーするため、貿易保険の重要性も上昇した。さらに、国内成長産業への介入型産業政策の時代が終わったことは、通商政策にも大きな変化をもたらすことになった。多くの工業製品の輸入関税は大きく引き下げられ、通商政策を支える理念は明確に自由貿易主義へと変質していったのである。

こうした政策の変化の中で、一九八〇年代に入ってからは、アメリカ政府との二国間交渉に携わらざるをえない状況におかれ、しばしば輸出自主規制など、国内産業にとっては必ずしも喜べない政策的対応を迫られた。そこで、二国間交渉ではなく、ＧＡＴＴの枠組みの中で関係諸国を満足させる解決策を探すという路線への変更がなされた。この変化は、半導体摩擦の際にとりわけ顕著であった。すなわち日本は、できるだけ欧州を自分側に取り込むことによって、さらにはまた半導体のアジアでの生産国はいまや日本に限られず、韓国・台湾に拡がっていた事実に米国の注意を促し、さらには韓国とも協力することによって、いっそう円滑な交渉過程を実現させようとした。もちろん、この新しい枠組みに乗るためには日本側でもそれなりのコストを負担する用意が必要だった。それは農業保護の側面でも妥協を迫られる可能性を認めることにほかならなかった（尾高　第一二章）。

一九七〇年代の東南アジアにおいては日本への反発もあったが、東南アジアにおける経済発展が進むにつれて、地域間協力も進んでいった。一九七八年大平首相の私的研究会として「環太平洋連帯研究グループ」が設立され、小島清の「太平洋自由貿易地域」構想も公表された。そしてアジア太平洋協力APECが誕生した。

そして二〇〇二年初め、その数年前にアジア地域を襲った金融・経済危機からの回復への協力を表明するために、小泉政権が「東アジア共同体」構想をシンガポールで公表した。この声明以降、わが国の通商政策は、それまでのWTO重視から地域的な自由貿易協定FTA／経済連携協定EPAの締結へと重点を転換させていった。このような政策転換の背後には、日本経済の再活性化のためには、アジア地域との貿易・投資での結び付きを深めること以外に途はないといった考えがあったことは間違いない。

末廣昭は、「日本のアジア認識・政策の変容――二〇〇一年以降の『通商白書』を中心として」という論考で、この白書に示された日本のアジア経済に関する認識とそれに対する日本の政策スタンスの動きを次のように整理している。

一　戦略的地域の変遷

経産省は二〇〇一年以降、アジア太平洋から「東アジア」に分析の対象と地域協力の軸足を大きくシフトさせた。

二　貿易と投資を軸とする「東アジア生産ネットワーク論」

三　アジア新興諸国の富裕層・中間層が創出する「アジア一大消費市場」への注目

四　東アジア経済連携や東アジア産業動脈構想など、日本政府による地域協力の構想と具体的な協力事業

いずれにせよ、このようにして、わが国の通商政策は、「国是である自由貿易主義の維持」(尾高　終章）という理念に立脚して、実行されるようになってきたのである。

中小企業政策

第二章でも触れておいたように、一九三〇年代初めから、中小企業者というマスを対象とした政策がおこなわれるようになっていた。その主たる政策手段は、同業組合の結成といった組織化対策と低金利融資といった金融対策であった。この中小企業政策は、基本的に「社会政策」であった。

さて以下戦後の中小企業政策の変遷を沢井・谷本を援用しながらみておこう。一九四八年に、中小企業庁が開庁され、指導事業（企業診断、技術指導）が加わった。

一九五〇年代には、機械工業振興臨時措置法、電子工業振興臨時措置法、繊維工業設備臨時措置法（一九五六年）といった業種別近代化政策とともに、小売商業における分野調整策としての百貨店法（一九五六年）、小売商業調整特別措置法（一九五九年）、下請取引対策としての下請代金支払遅延等防止法（一九五六年）が制定された。

そして、一九六三年に中小企業基本法が制定された。その基本理念は、戦前期以来の「中小企業は経済政策のテーマであるよりは、社会政策の対象」であった中小企業政策の変更を意図するものであった。それは、大企業と比べて小規模であり、生産性で劣る中小企業・小規模企業の生産性を向上させるために規模適正化と集約化を図ることであった。具体的には、同業者で組合結成を通じた組織化や事業の共同化を促進する政策が実行された。その日標は、大企業と中小企業の格差是正であった。そのための政策手段としては、構造高度化政策と、取引条件の不利補正を図る不利是正策が掲げられた。

構造高度化政策に関しては、業種別に規模適正化・近代化を図る中小企業近代化促進法と、それを資金面で促進する中小企業高度化資金制度が設けられた。前者の近促法（一九六三年）は、一九六九年に改正され、構造改計作成の主体を個別企業でなく業界団とする業界ぐるみの近代化対策の実施が目指された。また中小企振興資金助成法（一九五六年）は、中小企業近代化資金助成法に一九六三年改正され、中小企業が共同で行う事業に対する貸付制度は中小企業高度化資金制度と呼ばれるようになった。この高度化資金制度は中小企業振興事業団の一九六七年の設立によって拡充された。中小企業振興資金助成法の一部改正が、一九六一年におこなわれ、このときに工場等集団化事業（工場団地）が補助対象事業に加わり、工場団地造成が初めて政策の対象となった。

また不利補正策は、保護主義的な発想が根強く、近代化政策と矛盾する面もあった。ここでは、中小企業のカルテル行為が広汎におこなわれ、一九六六年末で独禁法適用除外中小企業カルテル数は六六七に達し、そのほかにも中小企業組合で価格協定をおこなうものが九五、価格形成指導をおこなうものが五八〇に及んだ。カルテルや共同行為は労働力不足に基づく賃金上昇によるコストアップを価格に転嫁する手段となり、業界そのものを斜陽化させる場合もあった。

中小企業政策を貫いていた中小企業観は「社会的弱者としての中小企業」、「問題を抱えた中小企業」であり、大企業との格差是正が大きな政策課題であった。しかし一九七〇年版『中小企業白書』では、一九六〇年代後半以降、低賃金基盤を失って多くの中小企業は存立できないようになったとして「二重構造の変質」が指摘されていた。

この中小企業基本法は、一九九九年に三六年ぶりに改正された。基本法の主目的は、改正前では大企業との格差を是正することにあったのに対して、改正後は独立した中小企業・小企業の活力の促進が重視されている。前基本法の重点であった「不利の補正」は消えた。そして、中小企業・小規模企業は、新産業創出、雇用の提供先、市場競争のプレイヤー、地域経済活動の主体といった自立的な存在として位置づけられた。中心的な施策としては、経営革新、創業促進、経営基盤の強化、経済的社会的環境変化への適応の円滑化などが含まれている。

さらに、この基本法は、二〇一三年に部分改正され、小規模企業の意義として、地域経済の安定と発展に寄与する存在であり、それを新興することを図ることが付け加えられた。中小企業・小規模企業の中には、伝統産業、地場産業を担っている企業、あるいは長年にわたって地域に根差している企業が数多く存在していることを重視した改正であった。

ところで、「構造高度化」を第一目標とした一九六三年の中小企業基本法は、後に触れる、その二年前に制定された「農業生産の構造改善」を第一目標とした農業基本法とは、いずれもそれまでの「社会政策」からの脱皮を政策理念としていた点で、ほぼ同質のものであった。さらに、一九九九年に改正された新しい中小企業基本法は、奇しくも同年に制定された食料・農業・農村基本法と、その政策理念や政策手段でも類似した側面を多く共有しているのである。中小企業政策とは、まさに経産省が所管するメインの産業政策と、農林水産省が所管する農業政策との中間に位置するものと性格づけておいて間違いはないであろう。

農業政策の変遷

日本は、「二股に分かれた食料システム」をもっている。堅固に保護・助成された伝統的な米経済と、ほぼ完全に世界市場に開かれ自由化された分野の二つである。後者の自由化は、アメリカ主導で始められ、その後アグリビジネス関連の多国籍企業の展開を通じて、日本は現在世界で最も輸入依存度の高い食料経済をもつ国となっている。一方の国家的な米体制も、この自由化の波と無縁ではなく、また人口動態や食料生活の変化などの国内要因などにより、ゆっくりとした、そして引き返せない衰退を始めている。ピーター・カッツェンスタインが『世界政治と地域主義』「第六章」において、このように要領よく整理している戦後日本農業の大きな流れを念頭に置きながら、農政理念の変遷をみていこう。

戦後改革期

連合国軍最高司令官総司令部GHQは、民主化のために、自作農の創設と自作農からの転落防止のための農業者組織たる協同組合の整備を指令した。この改革は、すべて当時の日本側が構想していた改革案と大きく対立するものであった。特に、農地改革、農業協同組合法は、日本農業・農村のことをあまり知らない占領軍司令部のいわゆるニューディール派による地主層の徹底的解体要求と、日本農林省との間での激しい交渉を踏まえて成立した。さらに、GHQは日本国民の主食であった米の統制の撤廃は認めず、その継続を指令したのである。

そこで、コメ・食糧の管理制度問題は後に触れることにして、農地改革と農業協同組合法を少しみておこう。この二つの改革の詳細は周知のことであるので、当時この改革に携わった日本側の官僚等担当者が、どのように対応したのかに限って、紹介しておきたい。

農地改革法案の作成が何故短期間におこなわれたのかに関して、戦前小作官を務めたことのある田邊勝正は、次のようにその経過を語っている（「農地改革と農林官僚」寺山前掲書）。「それは農政課には三〇年にわたる土地問題の歴史があって、それまでにいろいろと案をつくっている。一夜漬けのようにみえるが、実は石黒忠篤さん以来血のにじむ苦労の累積があったのです。机の中にしまってあるいろいろな改革案を加筆訂正すればよかった。」

ついで、農地改革に関して、当時農政課長としてGHQとの交渉にあたっていた小倉武一は、「第二次農地改革の立案」で以下のように語っている。「農地改革のような改革が可能であったのは、戦争直後の革命的雰囲気のもとに占領軍司令部の方針があり、しかもアメリカの政権が民主党にあって、司令部の要員にはニューディール派がいたことによるが、わが国における戦前からの農地制度改正の努力とその努力をしてきた官僚組織があったことを忘れてはならない。」

「より一層広範な自作農創設特別措置法が制定され、農地調整法の改正との二本立ての法律で、在村地主の土地保有制限は一ヘクタール（北海道は四ヘクタール）となり、土地の強制譲渡裁定ではなく、政府が地主から買いあげて耕作者に売り渡すというドラスティックな方針に変化していった。」小倉のこの発言からも明らかなように、財閥解体などの戦後改革が占領軍の要請でおこなわれたのに対し、農地改革は日本側から主体的に着手された改革であったことは忘れてはならない。

続けて小倉は以下のように発言している。「農地改革を推進した官僚は、農地改革によって、農業を近代化させるための基盤とするという考え方であった。今日の言葉でいえば構造改革を意図したのである。むろん、農地改革は直接には零細耕作の構造についてはほとんどふれるところがなかった。農地改革が零細農耕の構造改革に及び得なかったのは、農地改革そのものを短期間で実施する必要上耕地の集団化に多くの努力をさくことができなかったことにもよるが、基本的には経営規模拡大への社会的経済的条件がまったく存しなかったことによるというべきであろう。すなわち、復員軍人や外地引揚者のほか国内失業者に対して雇用の機会を与え、あわせて食糧の増産を図ることが緊急の課題だったのである。」

さらに、農地改革が実施された当時、吉田内閣の大蔵大臣であった石橋湛山は、『湛山回想』「九　占領下の政界に」で次のように書いている。

「私は、日本農業の基本事情から考えて、最初から、一つの大いなる心配をもった。元来、日本の農業は、いわゆる零細農業で、農家一戸平均の耕作面積は、北海道を加えて一町一反、北海道を除くと九反六畝ぐらいしかない。これでは、いかに農家が勤勉努力しても、人間らしい生活の出来るわけがない。しかも農家は、日本全人口の、ほとんど半分を占めるのである。ここに日本の経済が貧弱ならざるを得ない根本的原因がある。

そこで私は、古くから、はなはだ突飛のようだが、日本の農家を二分の一ないし三分の一に減じ、その平均耕作面積を二倍ないし三倍にすべしと唱えていた。これは、むろん大変な変革である。いそいで行いうることではない。だが、もし日本の経済を豊かにしようとするならば、いかに困難でも、目途をここにおいて、農業の改革を考える必要がある。もちろん、農家を減らして、その結果、あまってくる労力は、工業に向ける処置を講ずるのである。日本の農業の改革は、工業の振興に伴わなければならない。」

石橋はGHQが日本に要請してきた農地改革案に対して、このように批判していた。そして続けて、以下のように指摘していた。「こういう農地改革が、日本民主化の最も重要な方策として実行をせまられ、これに要する法律は、昭和二一年の第九〇議会を通過した。不思議と、この間私は、この改革に反対する声を聞かなかった。だれもが、やむを得ないと観念していたからであろう。ただ私は、当時、農林大臣の和田博雄君に向かっては、せめて耕地の交換分合を、これを機会に強行してもらいたいと希望し、同君も、それはやることにしているといっていた。しかし事実は全く何もしなかった。耕地の交換分合を行うには、最もよい機会であったと思うし、それだけでも、出来ていれば、農地改革の功績が残ったわけだが、残念なしだいであった。

このごろ諸方で起こっている現象は、私の心配したとおり、早くも農地改革の結果がくずれ始めていることである。一反わずかに数百円で、地主から取り上げた土地は、今や数万円でやみ売買が行われ、新たな地主を作りつつある。今後の日本の農業は、どうなって行くか、どうしたらよいか。これは（著者追加―義務教育の）六・三制の始末どころでなく、難問中の難問であろう。」

続いて農業協同組合法であるが、小倉はその成立過程のGHQとの交渉を、「討議会　基本法農政を超えて」で以下のように語っている。「当初の協同組合法案の中では――第一次農地改革立案のころだが――耕地整理事業というものを協同組合法の中に入れた。それは、耕地整理法などという強制加入の制度を独立してやることはむずかしいし、地主中心の耕地整理組合というのはいずれにしても解体せざるをえないだろう、それなら生産者中心の協同組合が耕地整理事業をやることにしたらいいだろうというので、耕地整理事業だからあるていど強制加入なども盛り込んだ。ところが指令部の係員が、協同組合法に強制的な要素を入れることは、アメリカン・デモクラシーに反するからだめだという。」

また東畑精一も、農業政策の回顧座談会（『農林水産省百年史』下巻）で「アメリカの農村とか農業というのは、日本とまるで違ってますからね。向こうでは所有権の移動というようなことは非常に自由で簡単だし、不動産マーケットも発達している。だからそういう連中が向こうの頭で日本のことをやろうとしても、なかなかそういう風にはいかない。結局、どうしても変な理解のしかたになってしまうのだな」と発言している。(32)

以上のような証言からも明らかなように、占領下での農地改革を含めた農業に関する立法は、日本農業の現状からみて、適切なものではないという認識が、当時の農政担当者にはあったことは間違いない。

農業基本法の時代――高度成長局面・安定成長局面の農政

一九五〇年代に入って、終戦直後の厳しかった食糧の需給事情が緩和し、米の管理制度も一応安定するようになった。その一方で、農業と非農業の間の生産性や所得の格差の是正が、大きな政治問題として登場してきた。つまり農政の基調も、国民に日々の生活に不可欠な食料供給という「食糧問題」への対応から、農業生産性向上や農業経営構造の改革といった「農業問題」への対応へと変わらざるをえなくなったのである。さらに、ブレトン・ウッズ体制下の世界経済へ本格的に参入することを前提として、貿易自由化に向けて国内諸政策を整備していくことになった。農政もその例外とはなりえなかったのである。

こういった時代の流れの中で、一九六〇年五月、農林漁業基本問題調査会が「農業の基本問題と基本対策」を答申した。これを受けて、国会での審議を経て、翌年六月に農業基本法が成立した。この基本法とは、農政の具体的な政策の提示というよりは、政策の基本方針を述べた抽象的なものであった。だが、法律によって政策の基本方針を宣明したことは、その後農政の基本方針を定めた点で、重要な立法であった。

農業基本法の背景にあった政策理念(33)とは、「産業としての農業を形成すること」であった。「開放経済下での産業としての農業の自立」。これは、端的にいえば戦前期に石黒が中核となって作りあげた農政との決別の宣言であったと捉えていいであろう。

「農業と非農業の所得均衡」と「貿易自由化に際しての外国農業に対する日本農業の対抗力を養成すること」に主眼をおく。そのために、「農業の構造改善と、農畜産物の生産を高度成長経済の需要に応じて選択的に拡大することに重点」を置く。「眼目たる構造改善は農業の生産向上を主内容とするのであって」「経営規模の拡大の経済を導入」することが政策目標となる。これが、農業基本法の骨子であった。経済学的に捉えれば、この中でいわれている「選択的な拡大」とは、需要面では所得弾力性が大きい品目、供給面では生産性向上の可能性が大きい品目、この双方を満たす品目を成長させる、ということであった。それは、産業政策のところで述べた篠原三代平が提示していた基準と基本的には同じ考え方であったといってよい。

さて、この基本法の中核であった「自立経営」育成策を根拠づける政策理念とはどういうものであったのか。これについて、小倉は以下のように論じている（小倉（上）前掲書）。「一方において農業就業者の著しい減少があり、他方において勤労者との生活水準の均衡の必要が生じたことから農家の経営が問題となった。このときは、西ヨーロッパで用いられていたヴァイアブル・ファミリー・ファーム（自立経営農場）の概念を真似たものである。日本の自立経営農家の概念は、正常な能率を発揮し、社会的に妥当な生活水準の享受の可能な農業所得を稼得し、かつ近代的関係をもつ家族農業経営と定義された。この定義は、適正規模農家のそれよりも粗雑であるが、顕著な相異は、社会的に妥当な生活を維持しうる農業所得という点である。これは一般勤労者との生活水準ないし所得の均衡を含意している。生産性については明示的ではないが、労働集約的農法を前提にしていないことも相異点であろう。近代的家族関係に言及しているのは、労働力の主たる担い手は夫婦とあととり一人であることを意味している」。

農業基本法とは、端的にいって、先に紹介したＧＨＱが押しつけてきた農地改革がもつ問題を指摘した石橋湛山の主張を実現させようとするものであったともいえよう。そして実は、石橋のこの問題提起と全く同じ提言を、二〇世紀初頭に柳田國男が、「中農養成策」で以下のように指摘していたのである。「吾人は必ずしも有力なる農業保護説の天下に称号せらるるを欲するものにあらず。わが国農地の面積の狭小にして農家の数のはなはだ多きこと。予はわが国農戸の全部をして少くも二町以上の田畑を持たしめたしと考う」。このような農業経営規模の拡大にとっては「土地の分合交換を盛んならしむること」こそが最も効果的な政策手段であるというのが、柳田の見解であった。

まさに「中農養成策」は、まさに戦後の日本農政の柱となった農業基本法を過不足なく先取りしたものであった。そのためであろう、柳田のこの論考は今、日本農政・農業改革との絡みで一部の農政論者から改めて注目を浴びている。そして小倉武一も、基本法制定から後になって「中農養成策を論じた最初の学級は柳田國男であった。（中略）農業基本法に規定している自立経営に類似する考えが、その半世紀以上も前に彼によって論じられているのである。われわれ（農林漁業基本問題調査会）は、唯、柳田の「中農養成策」をモデルにすればよかったのであるが、慚愧なことにも、われわれはその存在を全く知らなかったのである」（小倉（上））と記していたのである。

戦後日本農政が抱えた矛盾と農政理念の変容

後に触れるように、占領下でＧＨＱによって継続されることになった食糧管理法の下で、米の生産者米価は高度成長期に上昇を続けてきた。そのような政府が関与する価格政策によって、米作農民の農業所得は維持されたが、その一方で農業基本法が最も重要な目標である農業生産の構造改善は、少なくとも国民の主食となった米生産では全く進まなかったのである。

中村隆英は、『日本経済　第三版』で戦後期の農業政策の基本的問題点を「農業政策の二面性」と性格づけて次のように指摘していた。「一方においては経済合理性の考え方を農業にも採用して、価格機構の上で有利な分野を拡大し、また生産性の向上を図っていこうという考え方をとりいれつつ、他方政策的に農業と非農業との所得格差を是正するためには、農産物価格の安定を図るとのべて、直接的保護の姿勢を示していたのである。それは従来の農政の方向を転換しようとする一面と、継承しようとする他の一面とを併せもっていたということができる。いわば農業と農村とを現状に近く維持しようとする政策的背景の中で、現実の農業と農村とは、経済的環境の変化に敏感に対応しつつ、足早に変貌を遂げていった。」「農産物の市場開放と食料の安全保障の矛盾を、国際化の波のなかで見直すべきときがきている。その際、考え直すべきことは、一部の企業としての実態をもつ専業農家と、非農業重点の兼業農家との複合体を均質的な「農業」とみるフィクション自体ではないだろうか。」

中村のいう「二面性」とは、農業政策をひとつの政策体系として捉えるとき、農業基本法と食糧管理法、農地法、農協法といった農業政策の核となる個別的仕組みとは、非整合的ないし非両立的関係にあったことを指摘したものであった。そして、戦後期からごく最近まで農政には、この二面性が常に付きまとっていたのである。

小倉の先輩であった東畑四郎は、『昭和農政談』で次のように戦前からの農政の変遷を回顧している。「入省当時は、官僚国家ですから、農林省というか農林官僚が、農民のためになるあらゆる政策をやること自体が必要なんだ。なんといわれても農林官僚がまっさきに立って貧困な農民を救わなければいかんという時代でした。」「私なんかは、零細農耕制の上に日本農業の仕組みというものを考えていくんだ、政策を考えていくんだということで始終一貫しておった。戦後の高度成長が行われるまで、ほとんど零細農耕制という考え方をしてきました。それが世にいう農林官僚の「農本主義」だと私は思っています。日本は零細農耕制と農民保護政策が結合した、世界に例のない中進国的存在として発展してきたわけでしょう。」「外国でいうペザンティズムといいますか、零細農耕制とよくいわれる、そういう日本農業のシステム、これを農本主義というように思っていたわけです。」

東畑は、高度経済成長期に入った頃から、明治以降のペザンティズム農政が大きな限界に直面し始めたことを強調するようになっていた。「農本主義」と題した朝日新聞への投稿で次のように書いているのである。「農民をいつも〝全農民〟としてとらえ、農業、農村の〝一体性〟を基調とした農業保護主義的思潮は、かつてわが国農政を支配した農本主義の基調でもあった。個はいつも全体の中に埋没されてしまった。しかし、経済の高度成長がわが国の農村、農業、そして農民を大きく分解してしまった。さきに述べたカアチャン農業がいたるところで見られる現象になった反面、とても想像さえできなかったような高所得の企業的農業者も少数ではあるが生まれてきた。農業経営と工業経営との経済的距離が接近してしまったものすらできてきた。むつかしい言葉ではあるが、垂直的統合という翻訳語まで熟してきた。農民は消費財の生産者ではなく、加工業への原料材の生産者であるという契約農業も発展してきた。農村にも農家にも、意識や職業の異質の人間や家族が同居するようになった。農民、農業、農村の一体性は、高度経済成長のあらしの中で空中分解し、農本主義的思潮は神話になってしまった(34)」。

あえて指摘する必要もないと思うが、この頃には、子弟の他産業や都市への流出によって、農家の「跡継ぎ」不足が顕在化し始めており、農業就業者の減少も加速化していた。また、農業の構造も、米など土地利用型経営と、高度経済成長によって需要が拡大していく商品作物を生産する企業的農業経営とに、両極化し始めていたのである。

食料・農業・農村基本法の時代
――長期停滞局面での農政の展開

食糧管理制度

さて、終戦直後に戻るが、一九四六年に生産者米価決定にパリティ方式が採用され、一九四九年に食糧庁が設置され、また経済安定本部に米価審議会が設置された。この時期はいまだ食料不足時であり、米価統制を続けることは、生産者にとって不利になる。そのため、農業者団体は、食糧管理法の廃止を主張し、一九五一年に吉田内閣は「コメの統制撤廃」を言明したが、朝鮮戦争が勃発したこともあって、GHQとの折衝で統制撤廃を断念した。そして、一九五二年に食糧管理法が改正され、米価審議会は食糧庁に移管された。続けて一九五九年に、生産者米価決定方式が、生産費および所得補償方式に移行した。こうして、その翌々年に制定された農業基本法の時代には、高度経済成長に伴う非農業での賃金上昇を受けて、生産者米価が上昇を続けることになったのである。皮肉としか言いようがないが、この基本法が制定された翌年一九六二年に、一人当たり米消費量が歴史上最大となり、その後低下へと転じた。そして、一九六九年に、自主流通米制度を発足させ、さらに農林事務次官の通達によって、コメの「減反政策」が始まったのである。(35)

その後、一九八一年食糧管理法改正、一九八七年売買逆ザヤ解消のための生産者米価引下げ、さらに一九八九年農政審議会「今後の米政策及び米管理の方向」報告、一九九〇年自主流通米価格形成機構の設立。そして、一九九四年「主要食糧の需給及び価格の安定に関する法律」(いわゆる「食糧法」)が制定され、一九九五年の施行とともに食糧管理法は廃止された。一九九五年WTO発足、ミニマムアクセス米の輸入。一九九九年には、主要食糧法改正法が成立(コメ関税化措置)、米価審議会も廃止された。そして、二〇一八年、米の減反政策も廃止されたのである。(36)

そして現在、米の流通市場で、製品差別化された「銘柄米」(産地・品種)間の競争が激化している。その背景には、道府県レベルで稲育種試験場での新品種の開発競争がある。二〇〇四年産以降の生産調整政策において、都道府県別の生産数量目標配分に需要実績基準が導入されたこともあって、銘柄間競争が激しくなった。特に良食味米銘柄のブランド化においては、品質高位平準化の栽培指導と連動した品質を区分した集荷・出荷統制に加えて、生産者・圃場の登録制や生産面積の認可制を導入している。さらには、事業規模や連携体制に程度の差はあれ、県行政と系統農協等が連携した営業・広報活動を展開している。まさに、大正後期から昭和初期に見られた、県営検査の国への普及による銘柄競争という「独占的競争」が、当時の生産地における移出米問屋と消費地問屋との取引を軸としていた流通の仕組みとは大きく異なってはいるが、再現しているのである。

さらに、青果物や水産物の流通においても、ほぼ一世紀前に制定された中央卸売市場法による各地の卸売市場を中核とする取引は、農民の直接販売や大きなスーパーマーケット経由の販売が発達することで、その重要性が低下していき、二〇一〇年代後半には卸売市場法も改正されている。まさに、「スーパーマーケット革命」[37]ともいわれる事態である。そして、このような流通経路の「中抜き」を支えているのは、インターネットによるeコマースに代表されるデジタル技術の改新である。まさに、農産物の取引も、市場を通じた「価格」による需給調整から、デジタル技術を活用した「マッチング」に重心が移行しているといってよいであろう。[38]

ところで、食糧管理制度といったものは、本当に不要であったのだろうか。小倉は「明治以降の歴史を鑑みても、米穀法、米穀統制法、食糧管理法の数十年にわたる歴史をみても、米その他の主要食料を市場経済の原則に委せてよいという結論にはなるまい。供給不足にしろ供給過剰にしろ政府の市場介入を必要としたのである。」また「米の生産・流通に競争原理を導入するのも程度問題であって、その原理が最高(プライム)だとは、日本の近代食料政策史においても、西欧の現代食料政策においても証明されたことになっていない。米のようなものは自由市場が必ずしも合理化の基準とはなりにくいのである。」このように記している(小倉(下) 前掲書)。市場競争に関するこのような小倉の認識は、一九八〇年代後半での議論であるが、二一世紀における国民の食料の価格政策を構想する場合に、決して無視できない重要な理念を提示しているのではなかろうか。

食料・農業・農村基本法

WTOの政策レジームとは、その前身であったGATTのそれとは、その基本的原則で大きく異なるものとなった。GATTの政策レジームは、国境での関税等の削減・廃止だけを交渉の対象とすることを原則としていた。だがWTOレジームは、国境政策だけでなく、貿易に関わる国内政策そのものも変更や撤廃を交渉の対象とすることを、その原則とするようになっている。WTOの設立を合意したウルグアイ・ラウンドでの農業交渉によって、食料価格政策や補助金政策など、農業貿易の自由化を妨げる可能性のあるすべての国内政策も交渉の対象とされることとなった。端的にいうと、GATT体制においては、各国は国境政策を除いて各種の国内政策を採用しうる自由度をもちえていた。しかし現行のWTO体制では、この政策面での自由度が大きく制約されるようになっているのである。

さて、一九九三年一二月に日本政府はガット・ウルグアイ・ラウンド農業合意を受け入れることを決断し、これを受けて「ウルグアイ・ラウンド農業合意関連対策大綱」が閣議決定され、この中で「新たな基本法に向けて検討に着手すること」とされた。これを受け、一九九五年農林水産省大臣主催の懇談会として、『農業基本法に関する研究会』が設けられ翌年に報告が出された。農業基本法は政策の重点を構造政策に置くことを企図していたにもかかわらず、実際には価格政策中心の農政が展開された。このように農業基本法時代の農政を総括して、時代に見合った新しい農政の理念とあり様を構想することが必須であるという提言であった。そして、一九九七年に総理府に、食料・農業・農村基本問題調査会が設けられ、翌年総理大臣への答申がなされた。これを受けて、一九九九年新しい基本法が制定されたのである。

その主要項目は、以下のように整理できよう。

一　食料の安定供給の確保に関する施策
食料自給率の向上
六次産業化等の戦略的推進

食品産業の競争力の強化

「多様な農業の共存」という基本理念の保持した国際交渉への戦略的な対応

二　農業の持続的な発展に関する施策

法人化、経営の多角化等を通じた経営発展の後押し

農地中間管理機構のフル稼働による担い手への農地集積・集約化と農地の確保

担い手に対する経営所得安定対策の推進、収入保険制度等の検討(39)

三　農村の振興に関する施策

地域コミュニティ機能の発揮、

多面的機能支払制度の着実な推進等による地域資源の維持・継承等

この基本法で本当に新しい課題といえるのは、農業環境政策の導入であった。この点は、旧い基本法制定時には、政策担当者の間では認識されていなかった課題であったからである。(40)農業の持続的な発展については、「効率的かつ安定的な農業経営」という基本概念が提示されている。それは、主たる従事者の年間労働時間が他産業従事者と同等であり、主たる従事者一人当たりの生涯所得がその地域における他産業従事者と遜色ない水準を確保しうる生産性の高い農業経営の育成である。この政策課題は、旧い基本法の政策理念を引き継いだものであるといってよいであろう。

以上のような食料・農業・農村基本法の政策理念を経済学的に捉えるためにも、藤本隆宏の以下のような見解を是非紹介しておきたい。「従来高価格と生産調整による慢性的な産業保護が続いてきたにも関わらず、当該産業は全体として衰えたという事実を大きな教訓として上で、保護の継続・緩和・撤廃の是非を論ずるべき」だ（『ものづくりからの復活』「第六章　六　農業現場にも「良い流れ」を」）。続けて藤本は、こう主張している。「二一世紀の現代、世界の潮流となっている自由貿易化は、大きな方向として受け入れるべき、あるいはいやでも受け入れざるをえない。だが農業の場合、生産現場の能力構築の不可逆性や、輸出禁止など外国政府の農業政策の不確実性に加えて、農業生産が環境保全、治水・保水、文化継承、景観維持、食糧安全保障などの外部効果を発揮しうる事実を考慮にいれるとき、単純な市場原理主義を根拠とした自由化政策が妥当な解ともいえない」、と。

「特に外部性の存在が無視しえないときには、農業生産による農民の個人的報酬と社会的利益が一致しないという「市場の失敗」が発生するので、何らかの政策介入によってこの乖離を正す役目を果たすことが必要となってくる。具体的な額を決める根拠が曖昧であるという弱点をたしかに軽視すべきではない。だが、外部効果がある以上市場の失敗を是正する政府の政策介入は正当化されてよい。こう考えると、稲作などが発揮する外部効果に対して、一定の補助金を農家に直接支払って所得を補填し、その代わりに現在の高率関税の大幅な引下げ、ないし撤廃を将来的には実施すべきだ。米生産農家に対して直接支払う補助金は、農業が日本社会に対してもつプラスの外部効果を根拠とした耕作面積当たりの補助金であるべきである。これは、既に生産され出荷された作物に対する関税などによる事後的保護から、耕作段階で発生する外部効果に対して直接支払う事前的保護への転換である」、と。

新しい農政理念の構築に向けて

以上検討してきたように、食料・農業・農村基本法時代の農政の課題は、農業基本時代の経営規規模拡大を目指した構造改革政策に加えて、農村振興や環境政策も含めて、複雑化・複線化している。現在の農政に課されている課題は、多面的でかつ複雑であり、それへの政策対応は過去の時代と大きく変わってきてきたことは間違いない。

現在農山村は、人口が社会減から自然減となった「人の空洞化」、農林地の荒廃という「土地の空洞化」、そして集落機能の脆弱化という「ムラの空洞化」によって崩壊の危機に直面している（小田切『農山村再生』）。こういう危機的状況が加速化している中で、耕作放棄に起因する農地や灌漑施設が劣化しており、農地の市場経済的価値も激減し続けている。しかしその一方で、地域社会を持続可能にする機能を潜在させている農地・林地の重要性は、決して減少していないはずである。

さらに、「想定外の災害」が多発していることも大きな問題である。二年前の夏（二〇一八年）、西日本を襲った大豪雨で、私が生まれ育った瀬戸内海沿岸地域で、多くの溜池が決壊した。大きな河川が存在しないこの地域では、古く中世期から溜池が造られ、ムラでは自立的小家族がヨコに平等的に連帯して、村落を今日まで維持してきた。溜池は地域社会の共同資本であったのである。しかし、これら決壊した溜池の復興は、財政資金投入の視点から「無駄な復興」でしかないとされてしまう可能性が大きい。そうだとしたら、国土強靭化の点からも大きな問題であろう。

今日我が国では、農地や林地において、所有者不明地が増大し続けている。市場経済での評価において農地・林地の価値が激減しているからである。端的にいって、土地を所有し続けることに、費用がかかってしまうようになっているのだ。もちろんその背景には、人口減少という大きな問題が横たわっている。このように、農地の市場経済的価値はマイナスにまでなっているが、その一方で、これらの土地の国土保全にとっての重要性は高まっている。つまり、農地の私的価値と公的価値とは大きく乖離しているわけである。このような状況下で「市場メカニズムの活用によって農業経済の効率を高めることが、はたして社会厚生の他の要因にマイナスにならないかどうか、農業は市場経済の一部門ではあるが、農業政策について考察するに当たっては、この点に充分配慮しなければならない」（荏開津・鈴木終章）のである。

市場経済的価値基準での農業経営の効率化を図りながら、同時に非市場的価値基準での農業資源の劣化をどう食い止めるのか。この難問に挑戦するためにも、新しい農政理念の構築が不可欠となっているのではなかろうか。

さて、このような農政理念とはどういうものであるべきかを考えるに際して、生産要素の取引に関して完全競争型市場が効率的に機能することを暗黙に認めている「新古典派」市場経済論を理論的前提にすると、大きな過ちに陥ってしまう危険性があることを忘れてはならない。このような市場原理主義的理念に囚われないためのヒントを与えてくれるのが、本部の序章で紹介しておいたヒックスの市場経済論なのである。ヒックスは、「組織の一形態としての市場は、商人の、そして引続いては金融業者の創造物であって、農民や手工業者の創造物ではないことは、依然として事実である。商品市場と金融市場は、市場制度が本来あるべき場である。したがって、それが要素市場、すなわち土地市場と労働市場の形成にすすむ場合、それは比較的支配しにくい領域に浸透しつつあるか、あるいはそれを植民地化しつつあるのである。この領域においては、市場原理は適合しないか、適合できるとしても困難をともなう。そこに抗争が生じることになる」と述べている。

日本農業・農村の現状を見据えて、以上のような「市場が比較的支配しにくい領域」に属する土地利用・所有の仕組みを、改めてどう構築するべきなのか。そのための一つの手掛かりとして、生源寺眞一の「二層の日本農業」論（生源寺）を、私なりに検討しておこう。

生源寺の構図は、現在の日本農業を、市場経済と濃密に交流するいわばビジネスの層という「上層」と、生産活動を支えるコミュニティの共同行動という「下層」ないし「基層」から成り立っているという二層論である。この上層は、現行の基本法での「食料の安定的供給」と「農業の持続的な発展」とに関わる領域であり、基層は「農村の振興」に関わる領域である。そして、大きな経営体への農地集積を仲介させる農地中間管理機構の設立という上層に関わる政策は「産業政策」と呼ばれている。また、灌漑施設や農道の維持管理といった基層に関わる政策は「地域政策」と呼ばれているのである。

ヒックス流にいえば、生源寺のいう「上層」は、市場経済の「本来あるべき場」であり、そこでは市場経済の原理がそれなりに適用可能な領域にある。一方、「下層」の中核にある土地は、市場経済にとっては「比較的支配しにくい」のであり、市場経済の原理だけでは、その効率的かつ持続的な利用はできない領域なのである。

ところで、上層における食料・農業生産の担い手は、利潤を追求する個別な経営体であり、その変化のスピードは早く、グローバリゼーションの進展はそれを著しく加速化している。他方で、下層の動きは緩慢である。元来集落における意思決定は、全戸参加による集落の寄合の場で全会一致を基本としていた。しかし、地域における農業の担い手が少数の「担い手」だけになってくると、この二層の活動の間に捻じれが生じる。担い手はビジネス活動に専念しているが、生産を継続するためには、農道の維持管理等の共同作業も必須である。しかし現実には、これら共同作業は、農業生産のための作業なので専業農家が担当すべきだと、地域社会の非農家は考えるようになっているようである（小田切（「「農政の農村離れ」を憂う」）。

このように、両層の間で矛盾が生じているのである。ではこの矛盾の解消にどう取り組むべきなのか。この作業に重要な示唆を与えてくれるのが、今から半世紀前に東畑四郎が語っていた「土地の公的管理」論である（「土地と農政」）。

「柳田先生は、本来であれば土地の所有権を、農業を本業としてゆく農家に与えるべきであるけれど、日本の土地の私的所有というものを強制的にそういう者に与えるということは大変な問題である。したがって、土地の利用権――普通は賃借権――を公的に管理することの必要性を説かれたのです。ここで先生は、公的という概念を持ち出されたのでありまして、土地の利用権を公的に管理することが日本の農政においても夢想ではありえないという進歩的なことを言っておられるのです。土地所有権を取り上げることは日本の資本主義のもとではできないから、利用権というものを公的に管理して、その農家に利用させて独立をはからなければならない、ということを昭和四年に言われています。」

「農村でも資産的土地所有が急増して、自分が所有する土地をどう利用しようと所有者の自由なんだ」といった状況が顕在化している以上、農業生産を効率化させるために、公的機関が介入して、土地の利用権を管理する必要がある。一九七〇年代末に東畑はこう論じていたのである。そして、このような土地の公的管理論の提言の背景には、世界でも稀なほど強い土地の私的所有権という仕組みが、明治維新時に実施された地租改正事業以来の農業発展の歴史経路の中で定着してきた事実があったのである（第二章の地租改正の項を参照）。そして東畑のこの提案は、先に触れておいた農地中間管理機構の設立によって、実現していると捉えておいてもいいであろう。

しかし現在、食料・農業・農村基本法が環境政策をひとつの重要な政策課題として認定したことからも明らかなように、所有者の自己利益追求による土地利用が、地域社会の環境劣化を引き起こしている。これは、自由放任の市場経済が不可避的に生み出す「外部不経済」なのである。そうである以上、「土地の公的管理」が必要となる理由は、半世紀前に東畑が考えていた農業生産の効率化の達成とは、異なったものとなっているのであろう。

このような状況を踏まえて、どのような理念で「公的管理」を根拠づけるべきなのであろうか。この問いにアプローチするために、東畑が言及していた柳田國男の「国富の源泉」としての土地論（『農政学』）をみておこう。

「現今の経済組織においては各国ともに私有財産の制度を認め、国内における富の源泉（Resources of national wealth）はこれを各個人に分賦し、個人はおのおのその力に応じてこれを占有し、自由にこれによりて生産しその結果を享受することを得」。まさに近代資本主義経済の制度的基盤が、土地も含めた財産の私的所有制であることを的確に認識していた。だが同時に「私有制を行う国家は必ず権利の行使を安全ならしむると同時に、権利の行使によりて他人が損害を受けざることを期すべきものなり」として、私的所有権が絶対的なものではないことも的確に理解していたのである。

「ことに未来の国民の利害のごときはしばしば軽々に看過せらるるの傾あり。学理の推理に頼らず単に多数者の説に聴くときは、たといいかに熟慮したる計画なりとも、なおこの弊に陥りやすきなり。何となら ば私有財産としての富の源泉は兼ねてまた国の富源なり。私有はこれを子々孫々に相続せしむるとしても、これをこの物と国家との関係に比ぶるときははるかに短期なり。」そして続けて「富源の種類によりては個人利用法の如何は豪も未来に影響を与えざるものあれど、また大なる痕跡を未来に遺すものあり」として、富源を四つに類別している。「第一、無尽蔵なる富源。第二、供給が有限にしてかつ再び恢復すべからざる富源。第三、恢復することを得れども私人の利用のみに一任するときは漸次衰頽するのおそれあるもの。そして第四、恢復し得るのみならず私人の活動のみによりて産額を発達せしめ得るもの」。さらに「以上四種類の中第一と第四（純然たる）とは個人の自由なる占有が煩を未来に残すことを患うるに及ばざれども、その他の物にありては今の利は後の害となり少数者の希望は一般の希望に反すること多し。」

さらに農地については「土地の肥養力のごときは、元来人の力をまちて始めてその効用を発現し、一見この第四類に入るべきものなるがごときも、経営方法のよろしきを失するときには、たといこれが利用はいかに活発なりとも、後ようやくその価値を失うことあるを免れず、土地がすでに農業用として確定したる後には、あるいはその利用をまったく個人に委ね国家はただかたわらこれを監督矯正するをもって足れりとせんも、土地の用途がいまだ定まらずまたはその用途を自由に変更し得る場合においては、私人の判断に基く利用が国家のためにあるいは危険なるものあること、さらに第三の富源と異ることなきなり。」その保全ないし持続性まで考慮に入れると、農地は、所有権をもつ私人の勝手な利用だけに任せておくと重大な問題が生じることを、このように強調していたわけである。(41)

今劣化が進行中の農地・林地は、柳田のいう「第三の富源」、つまり「恢復することを得れども私人の利用のみに一任するときは漸次衰頽するのおそれあるもの」、「土地の用途がいまだ定まらず、またはその用途を自由に変更し得る場合においては、私人の判断に基く利用が国家のためにあるいは危険なるもの」なのである。富源の劣化も、その所有者の自己本位の行動によって引き起こされているという点では、農地中間管理機構が必要となった事情と異なるところはない。

しかしながら、いくら劣化が進み始めているとはいえ、柳田が強調していたように、これからの農地・土地も、国にとっての資産「国富の源泉」なのである。それも自然が天から与えてくれたものではない。長い歴史を通して、我々の祖先が営為その維持・管理に多大の努力を投入してくれたため、現在世代は貴重な資産を継承できている。そうである以上、我々は孫の世代がそれらを継承できるように努力する義務を背負っているのではなかろうか。このような認識によってこそ、これら土地の「公的管理」を根拠づけることが可能となろう。

「農業は、歴史が農家の営みに生きている産業である。また農地は単なる場所や位置ではない。それだけに農業は動きにくいし、動かしにくい産業である」。第二章の出だしで紹介しておいたこの小倉の農業論は、現在の土地利用・所有の仕組みが、日本農業が辿ってきた歴史経路に規定されていることを、明確に語っている。世界を見渡しても、その地域の歴史の中で土地利用・所有の制度は多様である。端的にいって、土地問題は「土地柄」をもっており、ヒックスの議論からもわかるように、生態や歴史から完全に「離陸」して構想されている市場経済の論理だけで、これからの土地利用・所有の望まれる制度を再編成することができないことは明らかであろう。このことを我々は決して忘れてはならない。

何はともあれ、食料・農業・農村基本法が発足して二〇年が経過した。この間に、この基本法が政策対象としてきた食料、農業、農村という三つの領域で、どういう変化が生じたのか。この点に関する冷静な事後評価が必要であろう。そして、その評価と柳田の「国富の源泉」論とを踏まえ、将来世代のあるべき社会を想定しながら、「公的管理」の仕組みを構築していくことが、今求められているのである。

残念ながら、現在日本では、多くの政策がたかだか数年といった短い時間の将来だけを想定したものとなっているようである。しかし「国富の源泉」の維持管理政策という領域で、このような明日だけを想定していては、世代を通じて持続的に効果を及ぼしうる政策を構想することはできないであろう。この意味でも、これからの農政は、長い歴史的パースペクティブの下で過去から未来を睨んだものでなければならないのである。

最後になるが、農業の「非市場的価値」に関する、経済学の歴史において、ヒックスの先達であったケインズの鋭い指摘を紹介しておこう。「戦後我々が手にしている退廃的な国際的かつ個人的な資本主義は成功していない。それは知的ではなく、美的ではなく、公正ではなく、有徳ではない。（中略）金融的計算という原則に従うことによって、我々は、田舎の美しさを破壊し、星や太陽を遮り、ロンドンを芸術の都にすることに失敗したのである。さらに我々は、一ペニーでも安くパンを手にするためならば、土地を貧しくし、農業に伴った数百年にもわたる人間の慣習を破壊することが道徳にかなったことだとさえ考えてきたのである」（「国家的自給論」）。「この国に農業を維持する余地がないという人は、余地という言葉の意味を勘違いしている。芸術や農業、発明や伝統を維持する余地のない国は、人々が生活する余地のない国である。」（「関税についての賛否両論」）

さらに「退廃的な」といった過激な表現までしていたケインズは、自由市場経済とは安定的な経済システムであることを前提としている「新古典派」経済露論とは根本的に異なって、グローバル化する資本主義経とは、本来的に不安定であり、所得格差を拡大させるリスクを内在させた経済システムであると捉えていたのである。この点も忘れてはならないであろう。

補論　東畑精一の農業近代化論

第二次世界大戦直後の一九四六年一月に『世界』に掲載された「日本農政の岐路」と題する論考で、東畑精一は食糧不足という当面の問題ではなく、「農政のもってゐる根本課題」つまり「日本農業を貫いてゐる国民経済的機構、構造」こそが農政が働きかけるべき最重要な対象だとして、以下のように論じていた。「単に食糧の増加生産があたかも絶対唯一の事柄の如くに受けとられてしまふ点である。

換言すれば食糧は如何に増産されるべきかについての関心が閉ざされる危険が多いことである。戦時中の食糧増産論も、この「如何に」に無関心の危険が多かったが依然として其の態度が続いてゐる。さようなれば農業の近代化――云う迄もなくその中心問題は如何に労働力があるかに懸かってゐる――などは蹴り落されるであろう。」「日本の農政は今や農業の近代化や零細農社会の崩壊の猪口のところで、逆行するの岐路に彷徨してゐる。」「求めるところは農業以外における大なる就業機会」の「創造」である。そしてまた一九五二年六月の『文藝春秋』の「農地改革、そのあとさき」では、日本農業の最大の問題点は、「農地所有権の細分化」ではなく「農業経営の細分化」であるとし、戦後作られた自作農は、土地所有だけに熱心で農業生産には意欲のない農家へ退化してしまう危険性があると指摘していた。このように五〇年以上前に東畑が危惧した事態が、いまだに我が国には存在しているのである。

とくに農業構造改革は、政策当局の期待を裏切ってほとんど進展してこなかった。先ほど紹介した東畑の問題意識などを踏まえて、一九六一年に農業基本法が制定されはした。この法に基づき、翌年から零細規模経営の非効率性を克服するために、つまり「自立経営」育成を目差して開始された「農業構造改善事業」は、北海道など一部の地域を除いて成功しなかった。とくに稲作においては、生産性向上の余地がほとんどない零細規模の兼業農家がいまだ多数存在し続けている。彼らは、外見的には農業生産をおこなっていることになっているが、真の狙いは農地転用で一儲けを目論んでいるとしかいえない「偽装農家」である。こういった議論（神門）すらある。

東畑は「四　二つの大戦をめぐって」（東畑　前掲書）では、「半生産者としての中小業者、とくに農民」といった概念を使用して、次のように論じている。農民という「半生産者の大群にいかにして完全生産者性を賦与していくかが、この期間（著者追加―二つの大戦の間）における農村問題の解決の一大重点となったのである。対策の一つは、小農民をして協同組合（当時の産業組合）を結成せしめることで、それは村単位で信用・販売・購買・加工などを一手にまとめて経済活動規模の拡大を図ることにほかならない。（中略）そして農民の経済行動の一側面、とくに流通取引の面が組合に結成されているかぎりは、それだけ彼らは完全生産者性に近づくことができた。」だが「産業組合運動も日本農業の零細性そのものを動かしえなく、その生産はいつまでも小規模として営まれることに変りなかった」、と。

国民経済全体として「全労働力が最大の能率を発揮できるのは、あらゆる部門において労働の限界生産力が均等化することだ」と東畑はいう。だが同時に、農業が「半生産者」であるために、国民経済全体としての最大能率達成が阻害されていることも指摘している。この議論では、農業を資本主義的な近代製造業と対比させ、非資本主義的な農業の担い手としての農民を捉える概念として「半生産者（性）」という概念が用いられているわけである。そして「半」という表現によって、農業から近代製造業への労働移転がスムーズにおこなわれ難いため、農業労働の限界生産力が製造業のそれにはるかに及ばないことが、国民経済政策上の重要問題となっていることを語っているわけである。今にして思うとこの議論は、東畑流の日本経済の「二重構造」論であった。東畑は、日本の就業状態を通常の経済学で定義されている「完全雇用」ではなく、「全部雇用」であると性格づけていたのである。

さらに東畑は、農地改革後の農業を踏まえて、「経済主体としての自作農なるもの」を、土地所有では地主性、水利施設・農器具・農舎・家畜の所有では資本性、自ら働いている労務者、小規模ながら企業者・経営者であり、また農業技術者でもあると性格付けている。そして「重要な点は、彼らの行動においてこれらの諸資格のうちどれが主動力となって、他の諸性格をリードしているかである」と捉えている。農地改革によって「日本は世界でも最高度の自作農国となった。」しかし、その結果生まれた「独立自営農民」とは、地主・労働者・資本主・経営者という資格ないし職能が「未分化の一体」の存在でしかないというわけである。

さらに「農本主義的な考え方」は「農業を以て他の諸産業とは異なる論理の貫いている経済活動となしていた。農業は産業ではなく、農業経営は企業ではなかった。農民もまた他の産業人とは異なる活動をなすものとなされた。」こういう「農業・農民特別観（特殊観）」の弊害について、「貧弱な農業、貧乏な農民をそのままにしていて、こう説きたてるところに、逆に日本農民の間に卑屈の心情を培い、インダストリア的勤勉に努める念を枯らしてしまうこととなった。特別観は斜視観であった。あらゆる農民に対して、他の産業人と等しき経済論理を追求するべしと説くにしくはない」と書いている。さらに「農業孤立観も農業特殊観も意味をなさない。わが伝来の農業も孤島から離れて資本制経済の運行の大陸のなかに巻きこまれて、産業としての同質性を保たざるをえなくなるであろう」とも記している。東畑の先輩教授であった横井時敬や那須皓の議論は、基本的には農業の特殊性を強調するペザンティズムの農政論であった。これに対して東畑は、農業を非農業と区別せず同じ論理で動く産業として捉えるインダストリアリズムの農政論を目指していた（浦城）といってよいのかも知れない。

「農地改革は農民の解放であるとしばしば言われる。しかり、旧地主制からの解放であり自由であることに異論をはさむものはないであろう。しかしこれは自由の一面である消極的なもので、あるものからの解放（freedcm from～）であるにすぎない。それだけではすまない。もっと前向きの自由、なにごとかをなさんとする自由（freedom to～）がなくてはならない。」

この一文に、『日本資本主義の形成者』を執筆しながら深く関わっていた農業基本問題調査会から一九六一年の農業基本法制定にいたる時点での、日本農政に関する東畑の問題意識が端的に表現されていたといえよう。

終章　長期停滞からの脱却のための方策

五つの成長局面を論じたときに言及しておいたように、一九七〇年以降、我が国を含めた先進国では、製造業における投資の収益率が大きく低下しており、蓄積された資本は少しでも高い収益機会を求めて、モノづくりから離れて金融市場へと流れ込むようになり、金融市場にも大きなバブル・バーストという循環を顕在化させるようになってきたのである。つまり、一九五〇年代から四半世紀続いていたコンドラチェフ循環の上昇局面は終焉し、一九七〇年半ば以降、世界経済はその下降局面へと転換していたのである。このことをアンガス・マディソンは、「戦後の黄金時代」から「経済成長が減速する不透明な時代」へ転換したと表現していたのである。(42)

ほぼ半世紀にわたるこの「不透明な時代」において、モノづくりでの資本生産性を上昇させせうる様々な技術革新が試みられ、それなりの成果を上げてきたことは間違いない。しかし、残念ながら、その効果は、世界経済全体を再度上昇させるほどのものではなく、「不透明な時代」が続いてきた。その中でも、三〇年近くも停滞を続けてきている我が国の経済パフォーマンスは際立っている。何をおいても、この事実を軽視してはならないであろう。

さて、本部第一章でも引用しておいたが、「一九九〇―二〇一五年の四半世紀の日本経済全体の労働生産性の年平均上昇率が一・四%でしかなかった」のである。これは「明治維新後の日本では、明治初期と太平洋戦争前後を除けば、このように低い労働生産性上昇率を長期間経験したことはなかった。」そして「労働生産性の低迷を反映して、一九九五—二〇一五年全体で実質賃金率が僅か二・六％しか上昇しなかった」のである（深尾　終章　二〇二〇年）。そして、労働時間当たり実質ＧＤＰの成長率も長期的に停滞している主因は、労働生産性の低迷という事実である。

この長期停滞局面から、いかにして脱出するのか。この難問に挑戦するとき、長い歴史的経過を冷静に踏まえて、この期間中に採られた政策の事後的評価をすることが必須の作業であろう。このような作業をおこなうにあたっては、次のような高橋是清の言明を決して忘れてはならないであろう。

「それで何か一つ計画を立てるのでも、根本はどうかといふことをいつも考える。これを行った結果がどうなる。病の根本はどうであると云ふ風に、根本から考えて行く。而してこれを行うに就いて、国家はどうなるといふ事を考える。だから、今ちょっと事柄が起った、どうこれを処置したらいいかといふ場合、一時的のことは考えない。起これば起つた原因から調べて行かねばならぬ」（『随想録』）。

深尾の提言

第一章で参照した『世界経済史から見た日本の成長と停滞　一八六八—二〇一八』の終章で、筆者深尾は長期停滞からの脱出についての次のような方策を提示している。

過去ほぼ三〇年にわたる長期的停滞から脱出するための労働生産性引き上げにはいまだ余地が残っている、と指摘している。長期停滞期に上昇した非正規雇用の雇用増加は、人的資本蓄積の面で日本全体では膨大な損失を生みだしている。この損失を小さくするためにも、労働者の企業間移動を可能にした上で、鶴が提案している労働者の熟練蓄積を実現させうる限定正社員制（鶴光太郎『人材覚醒経済』）のような雇用慣行を広げることが必要であろう。こう提言している。

日本全体の従業者のうち、二〇一二年に、一〇〇〇人未満の企業に従事している割合は七一％となっている。そして問題は、ＴＦＰの企業規模間には大きな格差が存在しており、中小企業のＴＦＰを上昇させることが必須の課題となっている。そのため、中小企業のＲ＆Ｄ（研究開発）を支援することが有効であろう。

一九三〇年代に形成された日本的な経済システムの特徴

の一つとして、機械産業を中心に、大規模な組立メーカーと中小規模の部品・素材メーカーが密接な顧客関係を形成し、大企業の技術知識が中小企業にスピルオーバーしてきたと考えられる。しかし、取引関係の希薄化や大企業による生産の海外移転によって、大企業からのスピルオーバーが減少した可能性が高い。経済のグローバル化の下で、米国のように中小企業が独自にＲ＆Ｄをおこなう必要が高まっている。つまり、中小企業での技術革新への支援策が必要である、という提言である。

　さらに、通商政策についての提言である。経済産業省は二〇一四年度の重点政策として、中小企業を支援し新たに一万社の海外展開を進めることを目指したが、このような政策は、生産の海外移転を誘発する危険がある。グローバル化が進んだ今日、アジアで日本が置かれた状況は、日本国内の大阪府や愛知県に似ている。大阪府庁や愛知県庁が府県外への企業の生産移転を促進したら、正気の政策ではない。米国やフランスも製造業の国内回帰政策を進めている現在、日本政府が製造業の産業蓄積を国内に残すことの重要性を理解していないとすれば不可解である。

　以上が深尾の提言である。

サービス経済化した日本経済の政策課題

　本部第一章で確認しておいたように、過去五〇年の間日本経済は、脱工業化つまりサービス経済化を深めてきたのである。このサービス経済化された日本経済の産業関連の現状を示す指標として、猪俣哲史が産業連関表から作成した二〇〇五年のスカイライン・チャートによる産業の自給率を紹介しておこう（猪俣『グローバル・バリューチェーン』「第二章」）。

　製造業部門では、ほぼ自給率は一〇〇％を越えている。製造業ではいくつかの起伏が見られるが、これは国内需要に対する生産余剰、つまり輸出を示している。一方、サービス部門の自給率はほぼ一〇〇％となっている。

　サービス経済の問題に入る前に、二〇〇〇年からの日本の貿易構造変化をみておこう。二〇一八年のＲＴＡでプラスを示すのは、輸送機械、一般機械、鉄鋼である。電気機械、化学工業製品はプラスだがほぼゼロに近い。また加工食品や繊維はマイナスとなっている。全体としてみて、全ての製品で比較優位指標は低下しているのである（第四―二図）。用途別分類ＢＥＣのＮＥＲでみると、プラスは部品と資本財、マイナスは消費財であり、大きなマイナスは素材となっている(43)(第四―五図)。

以上のような輸出・輸入のグロス・ベースの貿易統計ではなく、猪俣は付加価値ベースでの顕示的比較優位指標を推計している(猪俣 第四章)。日本における二〇〇五～二〇一五年の間での変化をみると次のようになっている。

電子・電気器具において、指標は低下している。日本企業については、PCや液晶テレビなどのコモディティ化に伴い大手ブランドの衰退が指摘されて久しいが、それでも現在イメージセンサー(ソニー)、NANDフラッシュメモリー(東芝メモリ)、積層セラミックコンデンサー(村田製作所)など、次世代技術の中核デバイスではトップシェアを維持している。したがって、指標の低下は日本の技術競争力が弱まったというよりは、製品ラインアップを搾り込んだため経済の中で同産業のシェアが相対的に縮小したとみるべきである。一方、自動車産業を中心とした輸送機械産業では、二〇〇五年から二〇一五年において、日本は、付加価値ベースの指標の方がグロス・ベースの指標より高い状態が持続している(44)。

少し日本以外の国についても紹介しておこう。電子・電気器具産業での中国、輸送機械でのメキシコなど、生産工程での低付加価値業務を担う国では、グロス・ベースでの比較優位指標が高くても、付加価値ベースでの指標は低い。一般的に、産業特化の度合いは経済規模が小さいと高まる傾向がある。電子・電気器具産業では、台湾、韓国、フィリピンなどアジア新興経済地域の産業特化が著しい。なかでも台湾は、グロス・ベースと付加価値ベースいずれにおいても、数値を上げており、メディアテックや台湾積体電路製造など地場企業のグローバル化を背景に、同産業における輸出特化・高付加価値化の進展がみられる。

続けて猪俣は、国際産業連関表を用いて、「輸出品に体化されたサービスの付加価値」と「輸出に含まれる雇用数」の推計をおこなっている(第八章)。

世界全体の輸出額に占めるサービス貿易シェアの、二〇〇五年、二〇一〇年、二〇一五年の推移をみると、グロス・ベースよりは付加価値ベースの方がシェアは高くなっている。OECD諸国合計でみると、グロス・ベースでは二五％前後であるが、付加価値ベースでは五〇％強となっているのである。

「輸出に含まれた雇用数」の推計によると、サービス経済化が進んでいる先進国は途上国に比べて、サービス部門での雇用創出力が格段に高い。主に輸送や情報通信サービスが中心となるが、経理財務や法律実務などのビジネス補助業も効率的なサプライチェーンの運営において欠かせない役割を果たしている。グローバル・バリューチェーンGVCの発展はこのような製造支援サービスへの需要を増加させ、また質的・量的拡充がさらにGVCの発展を促す。先進国における雇用政策は、この持続的な好循環の流れにそった形で立てられるべきである。

日本の二〇一一年の財輸出が創出した雇用の産業別シェアは、サービス業六〇%、製造業三八%、農林業二%となっており、サービス業で誘発される雇用が最も大きなシェアを占めている。猪俣も指摘しているように、確かに経済のグローバル化が先進国で業務の空洞化を招き、製造業の非熟練雇用を減少させた可能性がある。しかしその一方で、GVCの発展に伴い、国内外における効率的なサプライチェーン・マネジメントのために、サービス産業で新たな雇用機会が生み出されている。

二一世紀に入って以降、GVCが技術伝播の触媒として途上国の発展プロセスを著しく加速させた。その変化のスピードに国際経済システムが対応しきれず、今日先進国と途上国の間で構造的ストレスを生み出している。知的財産権の保護、競争政策、環境影響評価や認証問題など、異なった国内基準、制度を有する国々が同じ土俵に立ったというのに、多国間でのルールづくりが全く間に合っていないのだ。

GVCの発展を前提とした国際ガバナンスとしては、これまでの関税など国境措置に代わり、貿易・投資に関する国際共通ルールの構築が必要である。ただし、中国やインドなど新興大国の台頭により、現在国際ルールは分断の危機に晒されている。これを避けるには、WTOだけではなく、多くの関連国が参加する多様な国際協定を相補的に活用する必要があるだろう。

補足的になるが、サービス業についての、リチャード・ボールドウィンの次のような指摘を紹介しておこう(『GLOBOTICS』)。一八世紀以降の農業から工業への大転換である。ついで一九七〇年代初めから、半導体チップの開発というブレークスルーとそれに続く情報通信技術の進展が、大きな転換点となった。この情報通信技術の革新は、その後二〇年くらいで、いわゆるインターネット革命を生み出し経済活動のデジタル化が加速化された。このデジタル技術の革新によって、先進国経済において、工業からサービス業に重心が移った。脱工業化ないし「サービス転換」である。そして、二〇〇〇年代半ば以降、コンピューター技術の革新の速度は、日々加速化し、ごく最近に機械学習、AIというさらなる飛躍が起こった。

デジタル技術の革新によってフラグメントされた工程・機能での作業の自動化とグローバル化は、モノづくりにかかわるセクター、つまり製造業、農業、鉱業の雇用に大きな影響を与えてきた。新技術の衝撃は、先進国では製造業で雇用されていた労働者を、短期間でコンピューター制御の機械に置き換え、以前ほど必要としないようにさせた。

だが最近まで、サービス・セクターは、コンピューターが考える「脳」をもっていなかったので、ほとんどのサービスは国境を越えるのが困難であり、自然に自動化とグローバル化から守られていた。しかしデジタル技術のさらなる革命、とりわけ機械学習が離陸したことで、オフィス・ワーカーや専門職の雇用にも大きな衝撃を与え始めている。手よりも頭を使うサービス業でも、革新されたデジタル技術を活用すれば労働生産性が上がるようになった。こうして、サービス・セクターもモノづくりセクターと同じ運命に立たされるようになっている。[45] ボールドウィンのこの指摘をも踏まえて、サービス産業での生産性向上をどう図るか、これこそが今わが国に課された最大の政策課題であるといっても過言ではなかろう。

さて現在わが国は、地域的な包括的経済連携協RCEPというアジアでの広範囲のFTA締結を推進している。この交渉では、関税の引き下げが重要な課題となっているが、それより交渉が難攻しているのが非関税障壁の削減であろう。というのは、この非関税障壁の削減とは、基本的に各国の国内産業政策の変更を伴うからである。特に、アジア諸国においては、非関税障壁が多様で大きいサービス貿易の自由化には消極的なのである。そして、RCEPが締結されると、わが国が結びうる自由貿易協定はほぼなくなるのではなかろうか。つまり、過去四半世紀にわたって進めてきた自由貿易協定の締結という通商政策も終わることになるであろう。そうであるにしても、二〇〇〇年代に入って締結した多くのFTA／EPAの効果を、貿易創出効果と貿易転換効果に焦点を当てながら、事後的評価をおこなっておくことは重要であろう。

さらに付け加えておきたいのは、輸出が経済成長を引き起こすのか、逆に経済成長が輸出を引き起こすのか、という問題である。実は、この両者の因果関係については、はっきりした結論は存在していないのである。いずれにせよ、輸出の成長にしろ、国内経済の成長にしろ、いずれにも生産性の伸長――「規模の経済」の実現や「総要素生産性」の上昇――が不可欠であることを忘れてはならないのである。

この点とも関連して、国際経済体制の再構築が必要であることを強調している深尾の提言を紹介しておこう。われわれの目の前で繰り広げられているのは、世界史の画期となり得る、戦後国際経済体制の危機である。日本は他のアジア・欧州諸国等と連携しながら、中国にはOECD等の国際ルールに準拠した改革を求める一方、米国のみに依存しない新しい国際経済体制を構想する必要がある。筆者も、この深尾の提言には全面的に賛成である。

深尾はその提言で明示的には触れていない、ドル一極の国際通貨体制の見直しも必要となってこよう。

補論　食品産業の付加価値推計

この補論では、二〇〇〇年代に入って以降、比較優位指標でみて比較劣位化している加工食品業とフードシステムの付加価値をどう推計するのかについて、二〇〇五年の国際産業連関表を用いた興味深い結果を提供している株田文博、吉田泰治「フードシステムの成長とアジア経済――アジア国際産業連関表による分析」を紹介しておこう。ここでいうフードシステムとは、農水産業（第一次産業）、食品製造業（第二次産業）、外食産業、食品流通業（第三次産業）を統合した全体のことである。(46)

この国際産業連関表から、中国、インドネシア、日本、韓国、マレーシア、台湾、フィリピン、シンガポール、タイというアジア諸国にアメリカ、インド、香港、EUとその他世界に区分している。分析は九部門でおこなわれている。

フードシステムのGDPに占める比重をみると、日本五・六%、韓国七・三%、台湾四・九%、シンガポール二・三%、アメリカ四・四%となる。一方、中所得経済国である中国一四・八%、インドネシア二一・〇%、フィリピン二五・三%、タイ一四・九%とないる。

日本の食品製造業の農水産業への生産誘発を、その自国完結度――自国産業への生産誘発合計／生産誘発合計――で測ると、九三・七％となり、これはその他の製造業の九三・一％より高い。食品製造業の生産誘発は、大部分自国産業の生産を誘発させる。これは食品の特性から当然であろう。

フードシステムの自給率をみておこう。「国際表」には、わが国の産業連関表と異なり、国内需要額という項目は表章されていない。そこで国内需要額を「中間需要額＋最終需要額――輸出額」とする。各国の商品生産には他国から輸入された商品が原材料として投入されている。こうした輸入品投入分を直接分のみならず、間接分も含めて、国内生産額から控除することで、真の自給率を推計する。国際表は、非競争輸入型なので、各国別に国産品投入係数行列を定義できる。また輸入品投入係数行列は、対象一〇カ国のうち自国以外からの輸入分を合計し、かつ対象一〇カ国以外の四地域からの輸入も加えて作成できる。こうした前提で、日本のフードシステムの自給率は、九一・九％となる。国内生産額から、そこに含まれる輸入原料分（間接分も含む）を控除して修正生産額を求め、改定自給率を再推計すると、八一・九％へと低下している。

さらに、個別の産業についてみると、すべての産業で自給率は高い。しかし改定自給率をみると、農水産業では六・六ポイント、食品製造業は一一・二ポイント、外食産業では九・八ポイント低下しているのである。日本以外でも同様の傾向がみられる。とくにほとんどの国で農水産業では一〇ポイント以上の低下となり、食品製造業では低下幅はさらに大きい。これらは生産に要するエネルギーなどによる影響が大きいものとみられる。その中で中国、アメリカおよび日本は農水産業、食品製造業ともに低下幅が比較的小さい。

日本における食品製造業以外の製造業の自給率をみると、自給率は、一〇八・七％と輸出余剰があるが、改定自給率は、八八・六％へと低下している。一方、タイをみると、自給率は一〇一・六％であるが、改定自給率は五二・六％へと非常に大きく低下している。対象国全体を見ると、日本とアメリカでは低下幅が小さい。この低下幅は、基本的には原材料の輸入価格と製品の生産者価格の差が大きいこと、すなわち生産によって生み出される付加価値が大きければ、小さくなる。この意味で、アメリカと日本は、この分野に関して、他のアジア諸国に比べ、付加価値の大きさにおいて優位にたっていることを示していることになる。

原材料を輸入に依存し、加工品の生産に集中している国は、差が大きくなるのは当然である。しかしながら、こうした加工品生産によって大きな付加価値を生み出す経済活動は、国土条件や資源に制約がある場合、当然の活動である。アジア各国がこうした方向に向かっていることは明らかであり、食料供給産業についても例外ではないことが、このことから明らかになったといえよう。

最後に、外食産業の特質を指摘しておこう。サービス業としての外食産業は、その商品の性格からして、貿易は少ない。外食産業（商品としては「外食サービス」）は本来大部分が国内向けであり、サービスであって財貨ではないから、通常貿易の対象ではない。外食産業の輸出入は、特殊貿易に分類される。実態としては、自国民が海外で購入した外食サービス（輸入）と、外国人が日本国内で提供を受けた外食サービス（輸出）である。

注

（1）この成長局面分析は、大川・小浜『経済発展論』（東洋経済新報社　一九九三年）からヒントを得たものである。

（2）ヒックスは、ノーベル経済学賞を受賞する前に、既に自分の過去の理論経済学を自己批判して、「完全競争」を前提とするような経済モデルを完全に放棄し、経済動態の分析において「歴史的時間」を重視するようになっていたのである。

（3）その両方の前提が、ダニエル・カーネマンらの行動経済学やジョセフ・スティグリッツらの不完全情報経済学によって批判されていることは、周知のことであろう。

（4）この統計は、一橋大学経済研究所のグループが、同研究所の先達が推計していた『長期経済統計』を、新たな視点から再検討して改定した推計であり、「一橋推計」と呼んでおこう。深尾『世界経済史から見た日本の成長と停滞　一八六八―二〇一八』「はしがき」を参照のこと。

（5）明治初期における第三次産業の高い生産性は、江戸期に発達していた問屋といわれる商人経営の高い収益性に起因しているのではなかろうか。植民地統治下にあった一九三〇年代のインドネシアでも、オランダ人が経営していた卸小売業の労働生産性は、その他のモノづくり産業の労働生産性を大きく凌駕していたのである。拙稿（本書第五部）「東南アジア経済の五〇年」を参照のこと。

（6）深尾は、日本の第一次産業の対非第一次産業労度生産性の格差は、近代ヨーロッパより格段に大きかったと指摘している（深尾　第一章）。この背景には、家族小規模農業と資本主義的農業という対照的な農業構造があったからであろう。

（7）明治日本は、江戸期の金銀本位制を引き継いでいた。開港後、日本国内の金銀比価が国際市場でのそれと大きく異なっていたことで、「円安」が続き、日本から輸出が増加したことを付記しておこう。

（8）コンドラチェフ波動については、拙著『グローバリズムの終宴』を参照のこと。

（9）留学中にドイツの社会政策学会に大きな興味をもった後、東京帝国大学教授に就任した金井延が主導して、一八九七年四月に「社会政策学会」が設立された。この学会では、学者だけでなく実業家、官僚も参加して発足し、工場法制度や小農保護問題など時局的問題が論じられた。しかしその後、一九二〇年代になると、講座派と労農派との間で論争された「日本資本主義」をめぐるマルクス主義の台頭によって、社会政策学会の影響力は大きく低下していったのである（猪木「経済政策思想」尾高・斎藤編著　前掲書）。

（10）このような二つのタイプの市場が併存する経済モデルとしては、森嶋『無資源国の経済学』を参照のこと。

（11）一九五〇年代半ば、これからの日本が生きる道は貿易の拡大であると考える中山伊知郎に代表される自由主義的な「貿易主義」論と、貿易に過度に依存する政策は危険であり、国内資源の計画開発に主力を注ぐべきと考える有沢広巳に代表される計画論的「開発主義」論との間での論争が戦わされたことも忘れてはならない（猪木　前掲書）。

(12) この円相場はその後、わが国からの輸出が増加していくにつれて、アメリカから「円安」になっているとして批判されることになったのである。

(13) ケインズの議論には、農産物の取引といった問題は含まれていない。従って、日本の高度成長期の市場構造を「ケインズの時代」と表現することは適切でないであろう。しかし、市場構造の進化という視点からは、肥料や農機具といった農業への投入財の流通においても大企業が決定する固定価格での取引が主流になったので、ケインズが前提としていた市場構造が日本でも生まれたと捉えてもいいであろう。

(14) この局面は『日本経済の歴史』第六巻では「構造改革期」であるともされている。

(15) 以上の議論については、本書第三部『二一世紀のアジア経済をどう捉えるか』第二章を参照のこと。

(16) 詳細な議論は、本書第三部『二一世紀のアジア経済をどう捉えるか』第三章を参照のこと。

(17) ここで使う幾つかの貿易に関する指標について注記しておく。まず「総合比較優位指数ＲＴＡ」とは、正式にはRelative Revealed Comparative Trade Advantage（「顕示貿易総合比較優位指数」）と呼ばれるものである。その推計は、Revealed Comparative Advantage（「顕示比較優位指数」）から、Revealed Comparative Disadvantage（「顕示比較劣位指数」）を差し引いた値である。また「純輸出比率ＮＥＲ」とは、ある貿易財の輸出額から輸入額を差し引いた値を、輸出額と輸入額との合計で除した値である。詳細は「アジア諸国の比較優位指標」データを参照のこと。

(18) この交易条件の悪化については、富浦「貿易収支の黒字と海外直接投資の進展」『第六巻第五章第二節』と白川『中央銀行』第一〇章、さらに本章の補論を参照のこと。

(19) 地租改正事業の具体的展開、さらにこの制度改革によって江戸期の貢租村請制の下で発達していた村内での土地割替制が消滅したことについては、丹羽『土地問題の起源』を参照のこと。

(20) 数量経済史家アンガス・マディソンは、明治政府は、地租改正と同時におこなわれた秩禄処分が、徳川時代人口の六％の武士層の消費がＧＤＰの四分の一を占めていた制度を解体させたことで、経済発展と軍備近代化のための多大の資源を手にすることができた、と指摘している（マディソン『世界経済史概観』第三章）。

(21) 小倉は『土地立法の史的考察』で、地租改正で創設された農民的土地所有制が、明治中頃から大正期にかけて、蚕食されて地主的土地所有制になっていったと論じていた。

(22) さらに小倉が、農商務省公報第一号に「農業ハ米作ノミヲ頼ムベキニ非ズ」と記されていたことを強調していたことを付記しておこう（小倉「明治農政の人と思想」、寺山）。

(23) 東畑がどのような法律を挙げていたか、については補論を参照のこと。

(24) 最近比較歴史制度分析において、株仲間といった民間主体がつくりあげた経済制度が、国家に代わって、私的契約の執行を担保し、私的所有権を保護することで、市場経済の発達に積極的な機能を果したことが解明されている。岡崎『江戸の市場経済』を参照のこと。

(25) 江戸期の米取引市場については、高槻『大阪堂島米市場』を参照のこと。

(26) 一九〇〇年に法科大学卒業生の事務官として農商務省に入った柳田國男は、その二年後に『最新産業組合通解』を上梓していた。そこで柳田は、「本当に生産性を荷っている農家」に対して「対人信用による、生産的用途への資金融資」をおこなう信用組合の設立を提唱していたのである。詳細は拙著『「農」をどう捉えるか』I部の「柳田國男の中農養成論」を参照のこと。

(27) 一九世紀末から二〇世紀にかけての時期には、ヨーロッパ経済圏の中で最も「先進的」であったイギリス経済は、後発国であったドイツでの重化学工業化によって、相対的には衰退期に入っていた。そのためであろう、当時の政策指導者たちは、ドイツに学ぶべきだと考えていたのではなかろうか。

(28) この分立以前に、石橋湛山が「農商務省を改造して産業省を起こすべし」という論考を書いていたことを注記しておきたい。この論考では、現在農政の柱として議論されている六次産業化が提唱されていたのである。

(29) この「臨時」という限定は、これ以降も商工省、戦後の通産省でも、多くの法規等で使用されている。どうもこの点でも農林省の農業政策の取り扱いとは異質のようである。

(30) 井野碩哉は、米穀法は「河合良成の発想だ。彼が若い事務官時代で、えらい勉強家でね。しかし、その大もとは平安時代の「常平倉」の思想をとっているのです」と回顧している(井野「大正・昭和初期の農政秘史」寺山　前掲書)。

(31) 一九二三年に腐敗性農産物である生鮮食料品に関して「中央卸売市場法」が制定された。米穀法とこの市場法とは、農産物価格対策における車の両輪のような位置にあった(鈴木『青果物市場の経済学と制度学』)。ちなみに青果物市場で使われている「出荷組合」の名付け親は石黒忠篤であったという(橋本他『石黒忠篤伝』)。

(32) これ以外にも、なぜ農業協同組合の活動が独占禁止法の適用除外になったのかなどについては、本書第八部『ペザンティズム農政』を参照のこと。

(33) 基本問題研究会の座長を務めた東畑精一の農政論については、補論を参照のこと。

(34) これに続けて、東畑は「低開発国には重化学化を基盤とする工業基本主義こそあれ、農本主義は成熟せず、逆に先進国には農民の一体化を基盤とする農本主義がなお政治的に根強く生きているのである」と記していたことを注記しておこう。

(35) 減反政策の展開については、荒幡『減反廃止』を参照のこと。また戦前一九三一年の米穀法の改正時に、米作の減反計画も提案されたが、軍部の反対もあって生産制限策は実施されなかったことも付記しておこう。

(36) 二〇〇六年には、米の生産調整と整合的でないとの判断で、コメ先物取引の申請を不認可にしたことがあったことを付記しておこう。
(37) Thomas Reardon and C. Peter Timmer, "The Supermarket Revolution with Asian Characteristics".
(38) デジタル経済については、本書第一部『二一世紀のアジア経済をどう捉えるか』第三章を参照のこと。
(39) 農業の成長産業化のためには、自由な経営判断に基づく経営の発展に取り組む農業者の経営を安定化させることが必要である。そのために、農業者が自然環境・経済環境の中で負っているリスクを、補助金ではなく、損害保険の仕組みを活用することで軽減させる方が円滑かつ効率的となる。農林水産事務次官を務めたことのある奥原正明は、農業収入保険制度についてこう解説している。
(40) 荘林は、農業環境政策は手段であって、農業保護の目的は、農業の多面的機能と食料安全保障機能の維持強化にあり、この目的達成のための所得支持には合理的な形態を作ることが必須である、と指摘している。荘林「現代農政システムの制約要因と展望」を参照。
(41) 柳田の日本農政論については、拙著『アジアの「農」日本の「農」』Ⅳ部を参照のこと。
(42) この点に関しては、拙著『アジア経済論の構図』「Ⅶ章　重層的追跡と国際市場システム」を参照のこと。
(43) この比較優位指標については、「アジア諸国の比較優位指標」データを参照のこと。
(44) 加工食品の貿易—輸出や原材料の輸入—に関する付加価値の推計については、補論を参照のこと。
(45) ボールドウィンの議論の詳細については、本書第三部『二一世紀のアジア経済をどう捉えるか—アジア・ダイナミズム再考』を参照のこと。
(46) この中で、食品流通業は、日本の産業連関表では「商業マージン表」「国内貨物運賃表」で捉えることができる。しかし国際表では、食部分を抜きだすことはできないので、分析からは除外されている。

参照文献

邦語

荒幡克己『減反廃止　農政大転換の誤解と真実』日本経済新聞社　二〇一五年。

今津健治「工業化に果たした勧業政策の役割：農商務省商工系技師をめぐって」南亮進・清川雪彦編『日本の工業化と技術発展』東洋経済新報社　一九八七年。

池田美代二「日清戦争前後に於ける農会運動」『帝国農会報』第二八巻第七号一九三八年。

石黒忠篤『農林行政』日本評論社　一九三四年。

石黒忠篤『農政落葉籠』岡書院　一九五六年。

石黒忠篤『石黒忠篤氏・談』日本農業研究所　一九五〇年。

石橋湛山「農商務省を改造して産業省を起すべし」『東洋時論』一九一二年一〇月。

石橋湛山『湛山回想』毎日新聞社　一九五一年。

猪俣哲史『グローバル・バリューチェーン　新・南北問題へのまなざし』日本経済新聞出版社　二〇一九年。

浦城晋一「農業構造政策論における「インダストリアリズム対ペザンティズム」」『農業経済研究』一九八七年一〇月。

荏開津典生・鈴木宣弘『農業経済学　第四版』岩波書店　二〇一五年。

岡崎哲二『江戸の市場経済　歴史制度分析からみた株仲間』講談社　一九九九年。

大野和基編『未完の資本主義』PHP新書　二〇一九年。

大川一司『日本経済の構造―歴史的視点から』勁草書房　一九七四年。

大川一司・小浜裕久『経済発展論　日本の経験と発展途上国』東洋経済新報社一九九三年。

奥原英明『農政改革』日本経済新聞社　二〇一九年。

小倉武一『土地立法の史的考察』農業総合研究所　一九五一年。

小倉武一『日本の農政』岩波書店　一九六五年。

小倉武一「第二次農地改革の立案」『日本農民新聞』一九六五年八月一七日。

小倉武一「基本法農政を超えて　討議会」『農業構造問題研究』一九八一年一月。

小倉武一『日本農業は活き残れるか（上）――歴史的接近――』『同（中）――国際的接近』『同――異端的接近――（下）』農文協　一九八七年。

小倉武一　編集・監修「付録　日本の経験の意義」『近代における日本農業の発展』農政調査委員会　一九六三年。

尾高煌之助・斎藤修編著『日本経済の二〇〇年』日本評論社　一九九六年。

尾高煌之助『通商産業政策史一　総論　一九八〇―二〇〇〇』通

商産業政策史編纂委員会編　経済産業調査会　二〇一三年。

小田切徳美『農山村再生』岩波ブックレット　二〇〇九年。

小田切徳美「「農政の農村離れ」を憂う」『表現者クライレリオン』二〇一九年七月。

大豆生田稔「農林省の成立と食糧政策」原朗編『中村隆英先生還暦記念　近代日本の経済と政治』山川出版会　一九八六年。

株田文博・吉田泰治「フードシステムの成長とアジア経済―アジア国際産業連関表による分析」斎藤修監修、下渡敏治・小林弘明編『フードシステム学叢書　第三巻　グローバル化と食品企業行動』第四章　農林統計出版　二〇一四年。

神門善久『偽装農家』飛鳥新社　二〇〇九年。

斎藤修『比較経済発展論――歴史的アプローチ』岩波書店　二〇〇八年。

沢井実・谷本雅之『日本経済史　近世から現代まで』有斐閣　二〇一六年。

篠原三代平「産業構造と資源配分」『経済研究』一九五七年一〇月。

篠原三代平「戦前経済の高成長と輸出伸長の関係」『日本経済の成長と循環』創文社　一九六一年。

篠原三代平「産業政策と国際化・自由化路線――回顧と展望――」静岡経済研究所『経済月報』一九七〇年三月。

荘林幹太郎「現代農政システムの制約要因と展望」『農業経済研究』八三巻三号　二〇一一年。

生源寺眞一『農業と人間　食と農の未来を考える』岩波書店　二〇一三年。

白川方明『中央銀行　セントラルバンカーの経験した三九年』東洋経済新報社　二〇一八年。

末廣昭「日本のアジア認識・政策の変容――二〇〇一年以降の『通商白書』を中心として」宮城大蔵編『戦後アジアの形成と日本』中央公論新社　二〇一四年。

鈴木忠和「農業市場政策」篠原泰三・逸見謙三編『農業政策講義』青林書院新社　一九七一年。

鈴木忠和『青果物市場の経済学と制度学』巌南堂書店　一九九〇年。

鈴木幸夫『経済官僚　新産業国家のプロデューサー』日経新書　一九六九年。

杉山伸也「日本の綿製品輸出と貿易摩擦」杉山伸也、イアン・ブラウン偏著『戦間期東南アジアの経済摩擦　日本の南進とアジア・欧米』同文館　一九九〇年。

高槻泰郎『大阪堂島米市場　江戸幕府ｖｓ市場経済』講談社新書　二〇一八年。

高橋是清『随想録』中公クラシックス　二〇一〇年。

武田晴人「重化学工業化と経済政策転形の経済的意味」坂野潤治他　編集『シリーズ日本近現代史　構造と変動　三　現代社会への転形』岩波書店　一九九三年。

武田晴人『日本人の経済観念―歴史に見る異端と普遍』岩波現代文庫　二〇〇八年。

都留重人「一九三〇年代以降の経済学の発展」美濃口武雄・早坂忠編『近代経済学と日本』日本経済新聞社　一九七八年。

鶴光太郎『人材覚醒経済』日本経済新聞社　二〇一六年。

辻清明編『行政の歴史』『行政学講座二』東大出版会　一九七六年。

寺山義雄『農政秘史　あの時　あの人　五五人の証言』楽游書房　一九七九年。

玉真之介『近現代日本の米穀市場と食糧政策』筑波書房　二〇一三年。

東畑四郎「農本主義」『朝日新聞』一九六五年五月二〇日。

東畑四郎「土地と農政」『農地保有合理化促進パンフレット・シリーズ』一九七七年三月。

東畑四郎『昭和農政談　聞き手　松浦龍雄』家の光協会　一九八〇年。

東畑精一『増訂　日本農業の展開過程』岩波書店　一九三六年。

東畑精一『「農業信用の理論」『横井時敬博士追悼論文集、農業経済の理論と実際』一九三一年。

東畑精一「日本農政の岐路」『世界』一九四六年一月。

東畑精一「農地改革、そのあとさき」『文藝春秋』一九五二年六月。

東畑精一『日本資本主義の形成者——さまざまな経済主体——』岩波新書　一九六四年。

東畑精一「磯永吉と台湾の蓬萊米」『図書』一九六八年一一月。

東畑精一・大内力「農業経済学問答」『経済セミナー』一九五八年七月。

東畑精一・大川一司『米国経済の研究（一）』日本学術振興会　一九三九年。

中村隆英『戦前期日本経済成長の分析』岩波書店　一九七一年。

中村隆英「戦後の寡占体制と市場機構」江見康一・塩野谷祐一編『日本経済論——経済成長一〇〇年の分析』有斐閣双書　一九七三年。

中村隆英『日本経済　第三版』東京大学出版会　一九九三年。

丹羽邦男『土地問題の起源　村と自然と明治維新』平凡社　一九八九年。

農林水産省百年史編集委員会編纂『農林水産省百年史』上巻　一九七九年、中巻一九八〇年、下巻一九八一年。

橋本伝左衛門他監修『石黒忠篤伝』岩波書店　一九六九年。

原彬久『岸信介—権勢の政治家』岩波新書　一九九五年。

原洋之介『グローバリズムの終宴　アジア危機と再生を読み解く三つの時間軸』NTT出版　一九九九年。

原洋之介『「農」をどう捉えるか　市場原理主義と農業経済原論』書籍工房早山　二〇〇六年。

原洋之介『アジアの「農」日本の「農」——グローバル資本主義と比較農業論』書籍工房早山　二〇一三年。

原洋之介『戦前期日本の近代経済成長再考——農商務省の政策理念の変遷に焦点をあてて』研究報告　二〇一七年。

原洋之介『ペザンティズム農政　近現代日本農政思想をどう継承するのか』研究報告　二〇一八年。

深尾京司他編『岩波講座　日本経済の歴史』『第三巻　近代一』二〇一七年、『第四巻　近代二』二〇一七年、『第五巻　現代一』二〇一八年、『第六巻　現代二』二〇一八年。

深尾京司『世界経済史から見た日本の成長と停滞　一八六八—二〇一八』岩波書店　二〇二〇年。

藤本隆宏『ものづくりからの復活：円高・震災に現場は負けない』日本経済新聞出版社　二〇一二年。

宮島英昭「昭和恐慌期のカルテルと政府——重要産業統制法の運

用を中心にして」原編　前掲　一九八六年。

南亮進『日本の経済発展と所得分配』岩波書店　一九九六年。

村上泰亮『反古典の政治経済学』「上　進歩史観の黄昏」「下：二十一世紀への序説」中央公論社　一九九二年。

森嶋通夫『無資源国の経済学』岩波書店　一九八四年。

持田恵三『米穀市場の展開過程』農業総合研究所　一九七〇年。

山澤逸平『日本の経済発展と国際分業』東洋経済新報社　一九八四年。

柳田國男『最新産業組合通解』大日本実業学会　一九〇二年。

柳田國男『農政学』早稲田大学政治経済科講義録　発行年不明。

柳田國男「中農養成策」『中央農事報』一九〇四年一—四月。

柳田國男「小作料米納の慣行」『中央農事報』一九〇七年一—二月。

横井時敬「農業篇」三宅雄二郎監修『新日本史』第二巻、高朝報社　一九二六年。

吉川洋『現代マクロ経済学』創文社　二〇〇〇年。

吉野信次『我国工業の合理化』日本工業倶楽部経済研究会　一九三〇年。

吉野信次『日本工業政策』日本評論社　一九三五年。

吉野信次『商工行政の思い出』商工政策史刊行会　一九六二年。

翻訳

アンガス・マディソン『二〇世紀の世界経済』金森久雄監訳　東洋経済新報社　一九九〇年。

アンガス・マディソン『世界経済史概観　紀元一年—二〇三〇年』岩波書店　二〇一五年。

ダニ・ロドリック『グローバリゼーション・パラドクス　世界経済の未来を決める三つの道』柴山圭太・大川良文訳　白水社　二〇一三年。

リチャード・ボールドウィン『ＧＬＯＢＯＴＩＣＳ　グローバル化＋ロボット化がもたらす大激変』高遠裕子訳　日本経済新聞出版社　二〇一九年。

Ｊ・Ｍ・ケインズ『人物評伝』熊谷尚夫・大野忠男訳　岩波書店　一九五九年。

Ｊ・Ｍ・ケインズ「国家的自給論」「関税についての賛否両論」『デフレ不況をいかに克服するか—ケインズ一九三〇年代評論集』松川周二訳　文春学藝ライブラリー　二〇一三年。

Ｊ・Ｒ・ヒックス『経済学の思考法　貨幣と成長についての再論』貝塚啓明訳　岩波書店　一九八五年。

Ｐ・Ｊ・カッツェンスタイン『世界政治と地域主義　世界の上のアメリカ、ヨーロッパの中のドイツ、アジアの横の日本』光辻克馬・山影進訳　書籍工房早山　二〇一二年。

英文

Reardon, T and Timmer, C.P. (2007). "The Supermarket Revolution with Asian Characteristics", A. M. Balisacan and N. Fuwa (eds.) *Reasserting the Rural Development Agenda, Lessons Learned and Emerging Challenges in Asia*, Institute of Southeast Asian Studies

第五部　東南アジア経済の五〇年

——成長局面の移行と開発政策の変遷

本報告の狙い

私が東南アジア経済の研究をはじめたのは、ベトナム戦争が終結に向かっていた一九七〇年代の初めであった。ベトナム戦争が終結しアジアが「平和」の時代に入って以降、東南アジアの多くの国が外資導入による輸出志向型工業化政策を採用し、経済成長が本格化し始め、一九九〇年代前半には「東アジアの奇跡」とまで賞賛された高度成長を実現させた。しかし、前世紀末にタイから始まりその近隣国に伝染した金融・経済危機によって、東南アジア経済の成長パフォーマンスは、大きく転換した。そして経済面だけでなく、政治体制面でも大きな転換が生じた。端的にいって、いわゆる権威主義的政体から民主主義的政体への転換であった。

一九七〇年代中頃、バンコク滞在中に、「学生革命」でできた民主政治が転覆されるクーデタを体験した。また前世紀末の金融経済危機の直後起こった華人焼き討ちで破壊されたジャカルタ北部のコタ街を訪れたこともあった。このような出来事を含めて東南アジアでの政治経済の変容は、ほぼ五〇年にわたって各地での多くの見聞を積み重ねてきた私の脳裏に張り付いているのである。

そこで、東南アジアの中でインドネシアとタイの二か国に限るが、前世紀から今世紀への現在までを、二つの成長局面に区分して、両国の産業構造・貿易構造にいかなる変化が起こり、またそれに対応して、政府の政策がどう変容してきたのかを、明らかにしておきたい。

二〇二一年一月

原　洋之介

序章　成長局面の移行期にいるアジア経済

キャッチ・アップ型経済成長局面の移行論

今から振り返ってみると、二〇世紀から二一世紀への世紀の移り目は、我が国を含めてその経済の大きな歴史的転換点であったことがわかる。一九九七年夏、「突然」タイ、インドネシア、マレーシアさらに韓国が金融・経済危機に見舞われた。そしてこの経済危機を契機として、これらの諸国で、経済改革だけでなく政治制度の抜本的な改革が実施され、二一世紀を迎えることとなった。また同年わが国でも北海道拓殖銀行の破綻をはじめとする金融危機が発生し、金融の仕組みの再編成を最大の課題として二一世紀に入った。同時に省庁再編という国家統治機構の改造もおこなわれた。そして小泉政権が、二〇〇二年初頭に、「東アジア共同体」構想を公表し、我が国の通商政策も、それまでのWTO重視から、地域的経済連携であるFTA／EPAの締結へと大きく転換した。このように、日本もアジア諸国もまさに同時代的に、同様の課題に直面するなかで、二一世紀を迎えたのである。

一九九三年に世銀レポート『東アジアの奇跡—経済成長と政府の役割』が上梓されてから、二〇〇七年に同じく『東アジアのルネッサンス—経済成長の理念』が公表される間に、アジア地域の経済は、大きな転換点を迎えていたのである。このことを印象づけるのは、『東アジアの再興』が「中所得国の罠」という問題提起をしていたことであろう。この罠とは、中所得経済への達成を可能にしてくれた輸出主導型の労働集約的産業だけに頼っていては、高所得経済への達成ができないという問題である。またこの罠と同時に、『奇跡』は注目していなかった、各国内での所得分配の悪化も大きな問題だと指摘していた。より高度の産業の育成という、過去とは異なった成長産業を定着させる政策が必要となっている。と同時に、中所得経済への達成過程で拡大した家計間での所得格差への対応である。つまり、貧富の差を如何にして縮小されるのかという所得再分配政策も必須となっているのである。

私がアジア研究を始めた五〇年ほど前には、アジア諸国は、植民地支配から脱却したとはいえ、その政治体制や社会構造故に経済的後進性 economic backwardness を脱して経済発展を実現させることは出来ないのであろうと、多くの論者が考えていたといってよい。しかし現実には、二〇〇〇年ごろまでには、多くのアジア諸国は、一時期「東アジアの奇跡」とまで評された経済成長を実現させ「低所得経済」から「中所得経済」へキャッチ・アップすることに成功してきた。そして二一世紀に入ってからは、これらアジア諸国は、「高所得経済」に向けて、先にふれた「中所得国の罠」から逃れるために、どのような政策を採用するべきかという挑戦に直面しているのである。

先に触れておいたように、歴史的視点からみると、一九九七～九八年のアジア金融経済危機の発生は、アジア経済の五〇年間の中で決定的な転換点であったと言ってよいであろう。そこで以下、東南アジアの中から、インドネシアとタイを取り上げて、その経済の五〇年を二つに時期に区分して、それぞれの期間での経済成長過程と成長政策の変化を解明していこう。

先にふれたように、以下本稿では、タイとインドネシアという二ヵ国を取り上げて、五〇年の経済成長過程を、一九九七年のアジア金融経済危機を境に二つの成長局面―初期成長局面と第二成長局面―に分けて比較検討していく。経済面では、中所得経済までの初期成長局面から、高所得経済への達成を目指す第二成長局面への移行であるが、同時に両国では政治面での権威体制から民主体制への移行でもあったのである。

さらに忘れてはならないのは、同じ成長局面における経済成長のメカニズムと開発政策体系は、両国において同じであったのではないことである。斎藤修が『比較経済発展論』「第八章　諸国民の工業化」で「キャッチ・アップの過程は、ガーシェンクロンが想定したよりははるかに複雑で、多様な、そしてそのキャッチ・アップをもたらす仕組においては、なかなか収斂しないところの過程であった」と指摘している。斎藤が言うように、後発国のキャッチ・アップ実現過程の仕組みは決して単一ではなかった。歴史経路依存性といわれるように、キャッチ・アップ開始時の初期条件の差異によって多様な仕組みが過去に存在したし、また現在にも存在している。そのため、両国の半世紀にわたる経済成長を比較する作業も必要なのである。

第一章　インドネシア経済の五〇年(1)

産業構造・就業構造の変化

産業構造

ＧＤＰ（二〇一五年価格表示）に占める農業のシェアは、一九七六年の三四％から継続的に低下し、二〇〇〇年には一八％、二〇一五年には一四％となっている。一方、製造業のシェアは、一九七六年の九％から二〇〇〇年に二四％まで上昇し、その後ほぼ変化はなく二〇一五年には二二％となっている。

インドネシアの産業構造で特徴的なのは、鉱業、つまり石油、天然ガス、石炭産業の比率が高いことである。一九七六年にはこの部門のＧＤＰシェアは、農業より大きく三七％であった。その後はほぼ継続的に低下し、特に二〇〇〇年代に入ってからは、石油・天然ガスに代わって石炭が重要となったが、シェアは低下し二〇一五年には八％となっている。

これらいわゆる生産部門ではなく、サービス部門をみると、卸小売業のＧＤＰに占めるシェアは、一九七六年の一六％からほぼ変化はなく、二〇一五年には一七％となっている。また金融業も、一九七六年の七％からほぼ安定的に推移し、二〇一五年には一一％となっている。その一方で、運輸・通信業は、一九七六年ＧＤＰに占めるシェアは四％であったが、その後二〇〇〇年までは安定的に推移し、二一世紀に入ってから急速にシェアを拡大させ、二〇一五年には一三%となっている。

製造業生産のシェアが二二%程度にとどまっているという事実は、インドネシア経済が、いまだ中所得経済である状態で、脱工業化、換言すれば「未成熟な経済でのサービス経済化」(APO)という経済構造に移行し始めていることを示唆しているのではなかろうか。

雇用構造

インドネシアでは、未だに総雇用者数は増加している。人口ボーナスは二〇三〇年頃まで続くと予想されている。

農業雇用が総雇用者に占める比率は、一九七六年六六%、一九八〇年の五六%から継続的に低下して、二〇一五年には三三%となっている。二〇一〇年以降、農業従事者の絶対数は減少局面に入っている。二〇一四~二〇一五年では、一〇〇万人が減少している。また製造業の雇用比率は、一九七六年の七%から一九九五年に一三%まで上昇し、その後はほぼ安定的に推移し、二〇一五年一四%となっている。製造業のこの比率は、東アジア地域内では低い。一方生産面では大きな比率を示していた鉱業部門の雇用比率は一%程度であり、雇用拡大にはほとんど貢献していない。

非生産部門では、卸小売業の雇用比率が最も大きい。一九七六年に九%であった比率は、継続的に上昇し、二〇一五年に二四%に達している。運輸・通信の比率は、一九七六年の二%から二〇〇五年に六%まで上昇、その後低下し二〇一五年に四%となっている。金融の比率は、一九七六年の〇・五%から変動しながら二〇〇五年まで上昇を示していない。その後上昇し始め二〇一五年には二%となっている。

次章で触れるが、石油・天然ガスや石炭という資源に恵まれたインドネシアは、「資源大国の光と影」を経験してきた。アジア危機後の経済成長は、インドネシア国内では「職なし(ジョブレス)成長」だとも批判されるようなものであった。GDPと雇用に関する統計(Dhanani 他 Table 2.1)を検討してみると、危機前一九七六~一九九七年では、マクロGDPの成長率七・五%、農業三・三%、製造業一二・八%、そして雇用成長率は、二・九%、一・〇%、五・一%であった。それが危機後の二〇〇〇~二〇〇七年においては、GDP五・九%、三・三%、五・八%に対して雇用成長率は、一・五%、〇・二%、〇・九%へと低下している。

労働生産性上昇の産業間格差(2)

まず製造業の労働生産性の推移をみておこう。第五―一表に示されているように、一九八〇年から二〇一五年までに労働生産性はほぼ三倍に上昇している。製造業のこの上昇率を上回るのは、運輸・通信業である。

二〇〇〇年以降の年平均労働生産性上昇率は、製造業は二・五%であり、卸小売と同じ率であり、これ以上の上昇を示しているのは農業の四・一%、運輸・通信の一一・三%であり、反対に労働生産性が下落しているのは、マイナス三・二%の金融（不動産を含む）である。

一方、労働生産性の水準を見ると、一九八〇～二〇一五年の期間中、金融業が最も高い労働生産性を示しており、製造業の労働生産性は二〇〇五年までは第二位の水準を保っていた。

製造業労働生産性に対する比率をみると、一九八〇年以降、農業と卸小売業はその比率を低下させている。一方、その比率を大きく上昇させているのが運輸・通信業である。特にここで強調しておきたい事実は、農業の対製造業労働生産性の低下である。というのは、この動向が、日本の歴史的経験にもみられた、経済成長の過程で農業・農民保護政策が採用されるようになる条件を作り出してきたからである。

歴史的に振り返ると、一九三〇年代、卸小売の労働生産性は高く、農業部門の四倍であり、また工業部門よりも高かった。この時代は、植民地統治時代で、特に卸売業はオランダの外国商人によって担われていた。そして、スハルト政権になって以降、一九七〇年代、石油輸出によって小売部門も潤った。しかし、その後石油輸出の減少もあってか、この部門は、増加する不熟練労働者に雑多な雇用機会を与える点で重要な役割を果たしてきた。特に、一九六〇年代から一九九〇年代まで、卸小売業での雇用は、他の部門より大きかった。つまり、インドネシアの小売業は、一九三〇年代のようにフォーマルな「商人」が主導した業種から、インフォーマルな「行商人」が支配する業種へと変質していったのである。既に論じたように、同じサービス部門でも、輸送・通信は高く、その成長率も高い（Zanden and Marks　第八章）。

農業からより生産性の高い部門への労働力移動が、国民

第５－１表　業種別労働生産性の推移

（2015年固定価格100万ルピア）

年	1976	1980	1985	1990	1995	2000	2005	2010	2015
農業	14	18	19	17	24	22	26	31	41
製造業	37	55	68	84	105	105	130	137	153
卸小売業	49	43	41	51	58	43	58	63	69
運輸通信	59	51	52	71	73	59	80	161	296
金融業	361	351	622	692	819	847	717	492	519

第５－２表　各業種労働生産性の対製造業比

（%）

年	1976	1980	1985	1990	1995	2000	2005	2010	2015
農業	39	33	28	21	23	21	21	22	26
卸小売業	133	78	60	61	55	41	45	46	45
運輸通信	159	93	77	85	70	57	62	118	193
金融業	977	635	921	823	778	807	552	360	339

第５－１図　インドネシアの産業別労働生産性の推移（カラー口絵参照）

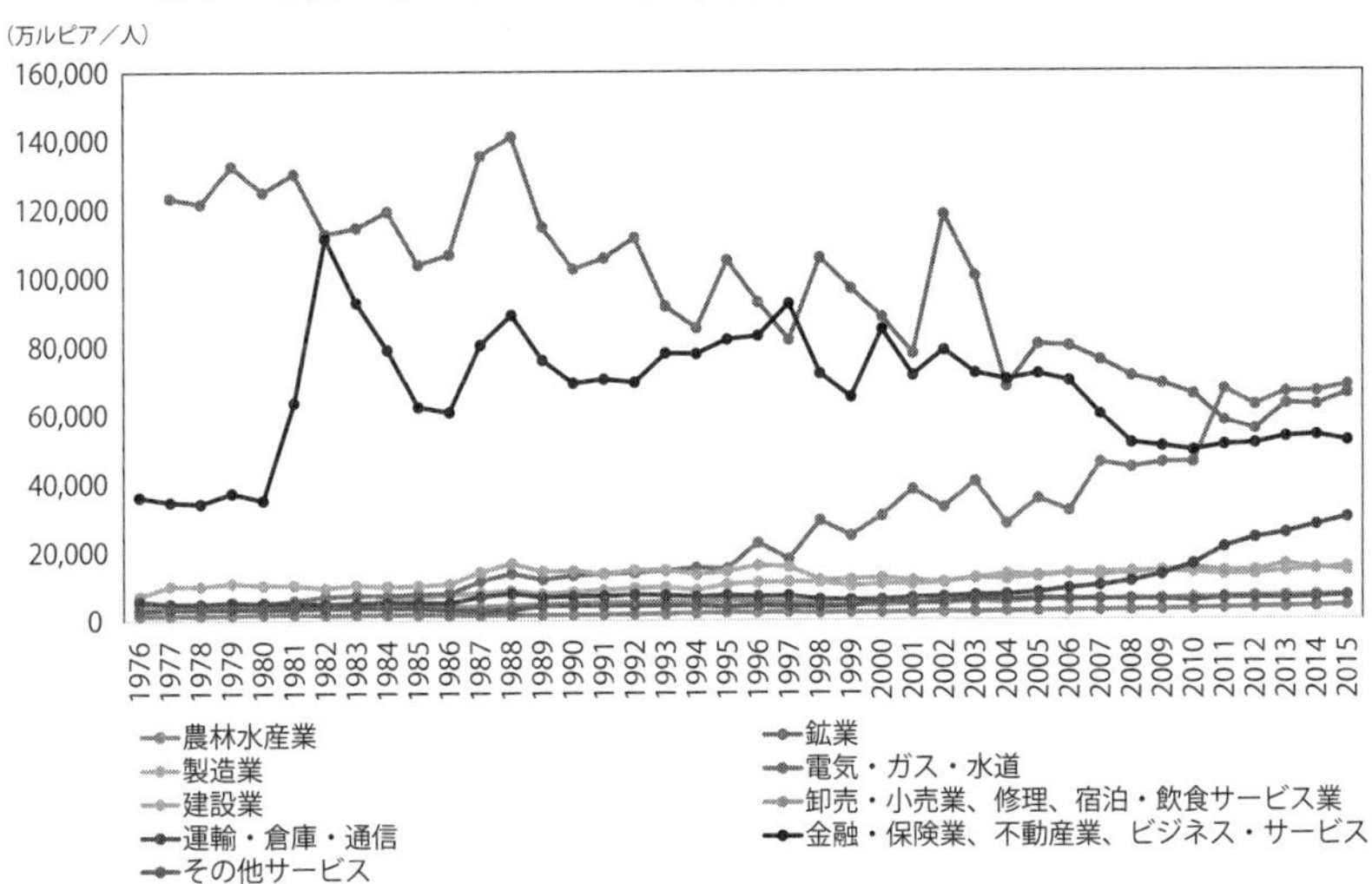

資料）"APO Productivity Database 2017"(APO) から作成。

経済全体の労働生産性上昇に与えた効果をみると、アジア経済危機まではこの移動がマクロ労働生産性上昇にかなり貢献していた。しかし危機後、低生産性部門からの労働移動がみられなくなり、経済全体の労働生産性上昇率も大きくスローダウンしてしまっている（Timmer and Vries）。

最後になるが、一九七〇年代半ば以降の産業別労働生産性（二〇一五年固定価格表示）の推移を示しておこう（カラー口絵第五―一図参照）。

労働市場

インドネシアの労働市場の特徴として注目しておくべきは、二〇一七年での女性の労働市場への参加率が五〇％弱となっており、他のイスラーム圏と比べて非常に高い比率になっていることである。この点と深く関連している現象であるが、都市部の自営業での家族労働者やインフォーマル経済に従事する労働者の、総労働人口に占める比率が、一九六五年の一三・八％から一九九九年には二五・〇％にまで増大してきているのである（Zanden and Marks　同上）。

不熟練労働の実質賃金の推計（Zanden and Marks Fig.9.4）をみると、一九五〇年から一九六〇年前半まで低下し、一九六五年位から緩やかな上昇をみせ、一九七〇年代後半には停滞し、一九八〇年代以降一九九五年まで確実な上昇傾向を示している。この不熟練労働の実質賃金の雇用者一人当たりＧＤＰに対する比率をみると、一九六〇年には〇・二であった比は一九七〇年に〇・三程度まで上昇した後、二〇〇七年まで低下を示し、二〇〇七年には一九六〇年にほぼ等しい水準まで低下している。近代日本の場合のように、不熟練労働者実質賃金がほぼ一定といった局面は、インドネシアではそれほど明瞭に確認できないが、大雑把にいって実質賃金がインフレ率の変動によってアップ・ダウンしながらもほぼ停滞していた一九八〇年頃までと、それ以降の上昇局面とに区分しても間違いとはならないであろう。

一九八六年から二〇〇〇年にかけての、ドル換算された業種別月賃金（Dhanani 他、Table 4.2）をみると、まず繊維・ガーメントと電気・電子、輸送機械との間に大きな格差が存在していることが分かる。いうまでもなく前者は、労働集約的で地場の中小企業が多い業種である。後者は、海外直接投資を受けて生まれた業種であり、不熟練労働者以上に熟練労働者を必要とする。インドネシアの場合、直接投資の受け入れによって多様な熟練労働力を必須とする業種が生まれたことで、熟練労働と不熟練労働の間の賃金格差は、工業化の内生的発展に対応して生まれたのではなく、外からもち込まれたものといえよう。我が国のように、直接投資導入ではなく産業成長の歴史的過程の中で産業構造の転換によって、内生的にこの格差が拡大したのではない。

二〇〇七年度の統計（Dhanani他、Table 4.4）をみると、全国全部門の平均賃金と比べて農業賃金の相対的低位性は四八%、カジュアル労働者では三七%、農家家族員では六八%と、相対的に低位となっている。その要因としては、一週間当たり労働時間三六時間で、他部門四五時間より少ないこと、農業部門での賃金雇用の七〇%以上がカジュアル雇用であること、さらにSenior Secondary school以上の教育を受けた者の比率は、他の部門全体では二五%なのに対して農業労働では七%に過ぎない。これらの理由が考えられよう(3)。

加納啓良の整理による、一九八五年から一九九九年までの世帯種類別一人当たり年収の推移をみておこう（加納表一二・八）。最も所得の低い世帯は、農業労働者世帯と所有地〇・五ヘクタール以下の零細農家である。一九八五年で最も大きい年収をあげている非農家都市世帯は、最低年収層の二・一五倍の年収を得ていたが、それが一九九九年には五・七一倍へと拡大している。農業労働者世帯と所有規模を問わず農家世帯の年収の増加率は、他のどの種類の世帯より低かった。そのため、農業労働者および零細農家と、都市、農村を問わず非農業世帯との間の所得格差は二〇世紀末の一五年間に大きく拡大した。

だが非農家世帯の年収の増加率を、都市と農村で比較すると農村の方が高い。これは農外収入による所得拡大効果が、都市よりも農村で大きいことを示す注目すべき事実である。公式統計では補足されていないが、農業労働者と土地持ち農家双方からなる農業従事者にとっても、兼業や副業の形での農外就業の機会が開かれていることがいえよう。

一九九七〜九八年の金融危機後の二〇〇〇年代初めには、建設業や製造業で生産は拡大したが、雇用は増えなかった。先に触れておいた「職なしの成長」と称された時期であった。しかし、ユドヨノ政権の第二期以降、製造業での雇用は増加傾向に転じ、この傾向はジョコ・ウィドド政権でも継続している。ジョコ・ウィドド政権でのこの雇用成長は、政権がガーメントやフットウェアといった労働集約的産業成長を支える政策を、特に中部ジャワの都市で実施したことによる。しかし、これら産業の製品の輸出回復は、スハルト政権下に比べると、非常に遅かった。その原因は、国内インフラの未整備や、中国、ベトナムとの輸出競争、そして世界貿易の縮小にあった（Manning and Pratomo）。

賃金の動向であるが、ジョコ・ウィドド政権になってから、全体として実質賃金は上昇している。その一方で、常雇いの実質賃金（月ベース）が臨時雇いに比べてより上昇しており、労働市場での賃金格差は拡大している。この格差拡大は、農業部門と非農業部門でともにみられている（Manning and Pratomo Fig 11.5, 11.6）。

統計をみると、ユドヨノ政権下の二〇〇八年以降、最低賃金は各地域で上昇しており、二〇一二年からはその上昇率は加速化してきている。このような動向の背景には、最低賃金を決定する制度の変化があった。最低賃金法は、一九七〇年代初めに制定されていたが、一九八七年に本格的に適用されはじめた。そして二〇〇一年の地方分権法に従って、二〇〇三年に制定された新労働法（new manpower law）によって、最低賃金の決定権が、中央政府から地方政府に移管された。それと同時に、最低賃金を決める基準は、従来の「最低限の生活水準」から、「生きがいのある decent 水準」へと変更された（Narjoko and Putra）。

しかし、ジョコ・ウィドド政権になってからは、前政権下での最低賃金決定法が変更された。二〇一五年に、中央政府は各地方での最低賃金決定に関する規制を導入した。この新方式は、国全体での前年の経済成長率や生計費の増加率を基準として、それぞれの地域で最低賃金を決めるものである。現在でも地域ごとの最低賃金の水準は異なっているが、各地域での最低賃金の増加率はほぼ均一化してきている。

いずれにせよ、最低賃金には、地域間でかなりの格差が存在している。そのため、特に主要な工業団地地区での最低賃金が上昇しており、労働集約的業種は、その主要工業団地近郊の賃金の安い地区に移転しているのである（Manning and Pratomo）。

貿易構造の変化

インドネシアは、二〇一五年の輸出額／GDP比〇・

第5－2図　インドネシアの経常収支の推移

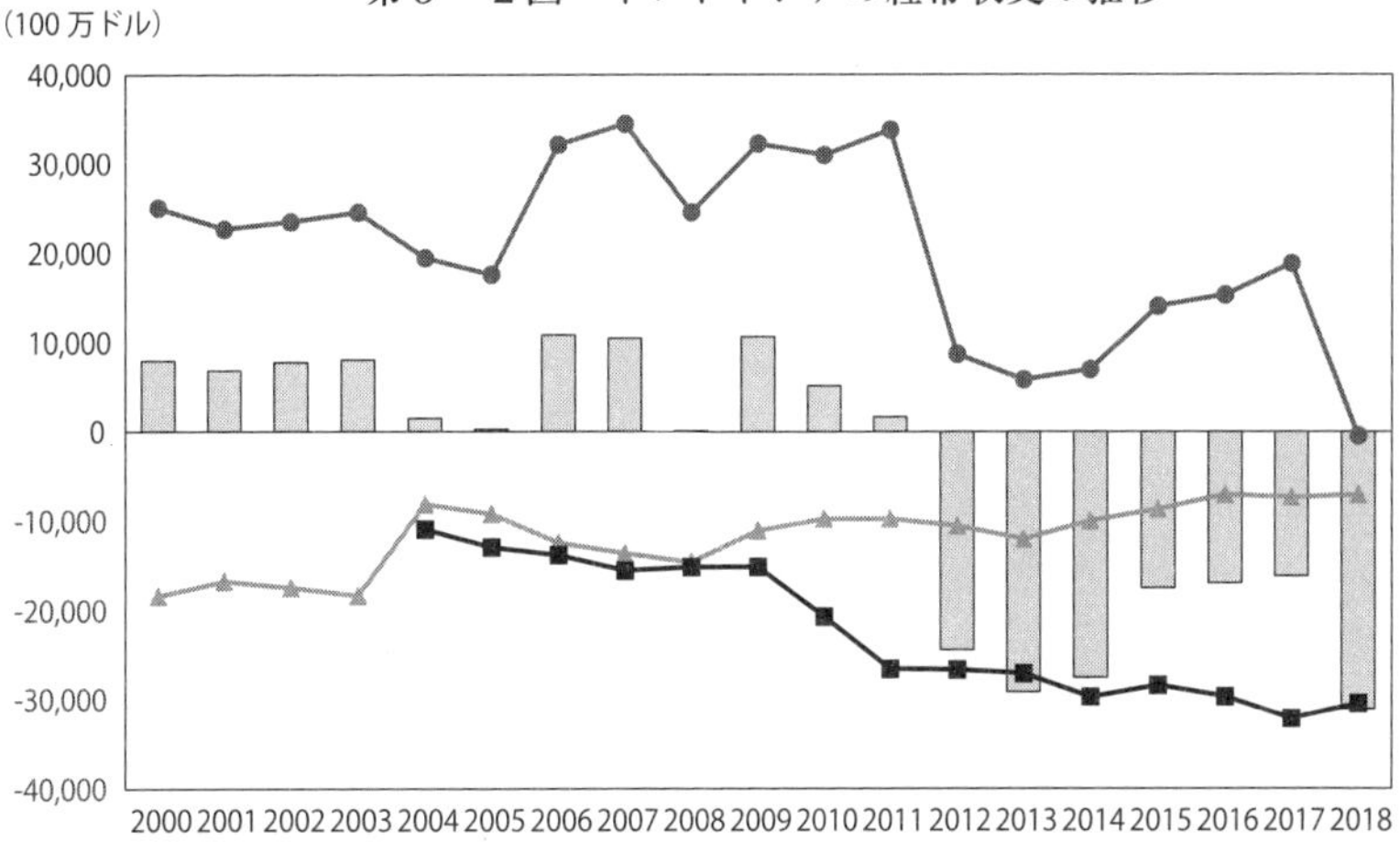

資料）"Key indicators 2019 "(ADB) から作成。

二二、輸入額／GDP比〇・二二五、輸出・輸入合計額／GDP比〇・四三五という数字が示すように、貿易依存度の小さい国民経済を特徴としている。

まず、経常収支をみておこう。貿易収支は、二〇〇〇年代には石炭等の輸出によって黒字であったが、二〇一〇年代になってからは黒字額は減少し、現在ほぼ黒字はゼロにまで低下している。またインドネシアはサービスの純輸入国である。輸送サービス、保険、金融サービス、さらに貿易関連の知的財産権などであり、その収支は赤字を続けている。また、第一次所得収支は、直接投資で進出してきた海外企業の利潤等の本国送金が増加することで、赤字幅が拡大されているのである（第五―二図）。

次いで二〇〇〇年代の主要財の国際競争力の変化に関する指標をみておこう。[4] 総合比較優位指数RTAでみて、二〇一八年時点でこの指標でプラスを示しているのは、製造業においては縫製品、履物、加工食品だけで、また二〇〇〇年以降ほとんど比較優位は上昇していない。加工食品とは、主に料理用パーム油であり、また縫製品とはガーメントが主体である。また二〇〇〇年時点ではプラスであったガラス・ガラス製品、電気機器、また二〇一〇年で

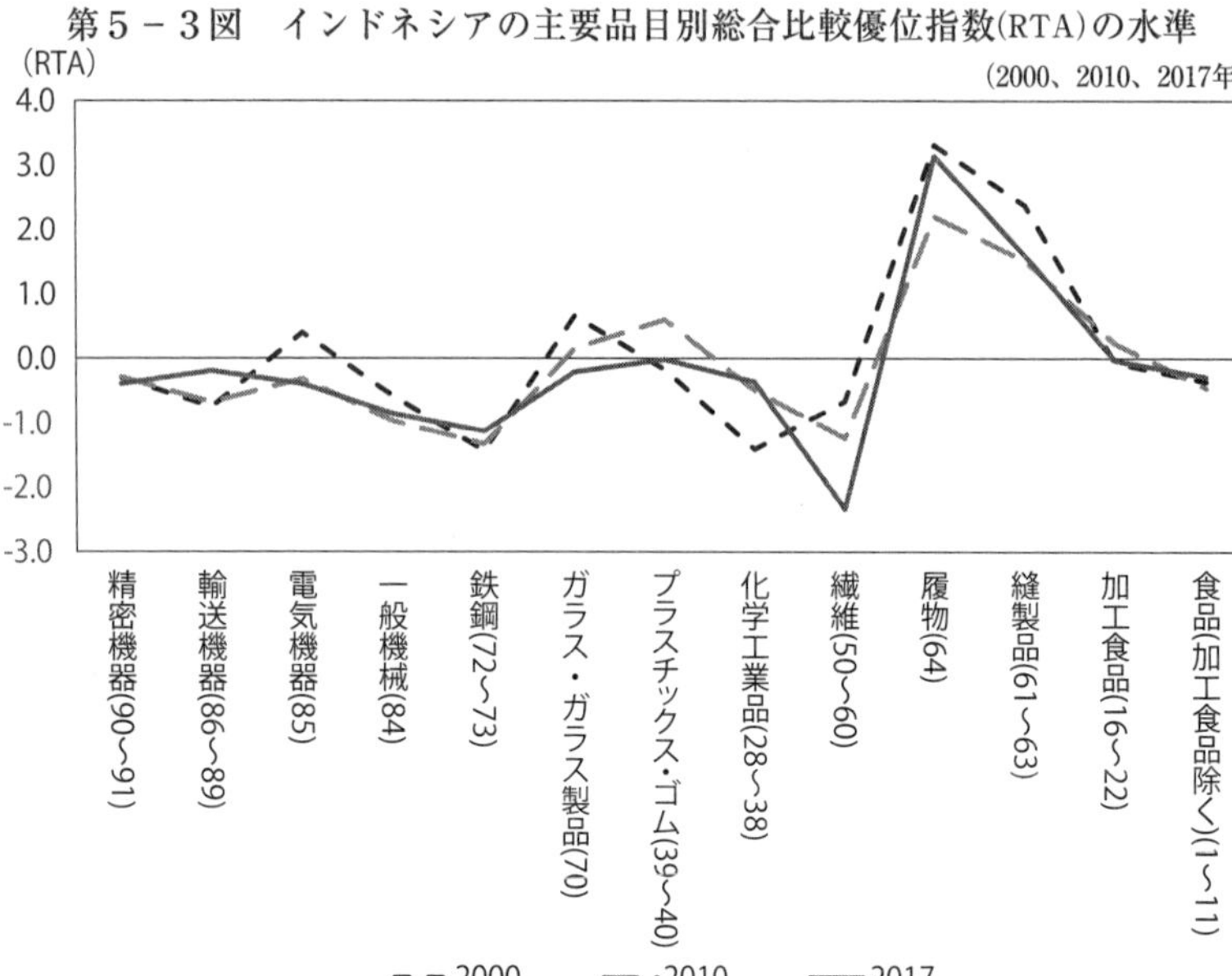

資料）UN Comtradeから作成。

プラスを示していたプラスチック・ゴム、これらは二〇一八年にはマイナスに転じている。さらに、一般機械、輸送機器、精密機械、化学工業品、鉄鋼などはマイナスのままである。二輪車を除くほとんどの輸送機器はいまだ国際競争力をもっているとはいえない（第五―三図）。

純輸出比率NERでみても輸出競争力のあるのは、基本的に消費財・素材だけである。端的にいって、現在インドネシアは不熟練労働集約的な産業・業種以外は比較優位をもつにはいたっていないのである。繊維製品・衣類がその程度を減少させているが、比較優位性を持続させている。その一方で、他の品目はいまだ国際競争力をもっているとはいえない（第五―四図）。

最後に、二〇一八年度の平均関税率をいくつかの商品についてみておこう[5]（第五―三表参照）。輸出競争力のある縫製品二二・八％、履物一九・六％、加工食品二六・三％と高い。これらは労働集約的産業で雇用も大きい業種である。一方、全く輸出競争力のみられない輸送機器は二六・七％と、機械類の中では格段に高い。これはインドネシアの自動車産業育成政策と関連している。この点は第三章でインドネシアの産業政策のところで説明する。

第5－4図　インドネシアの主要品目別純輸出比率(NER)の水準

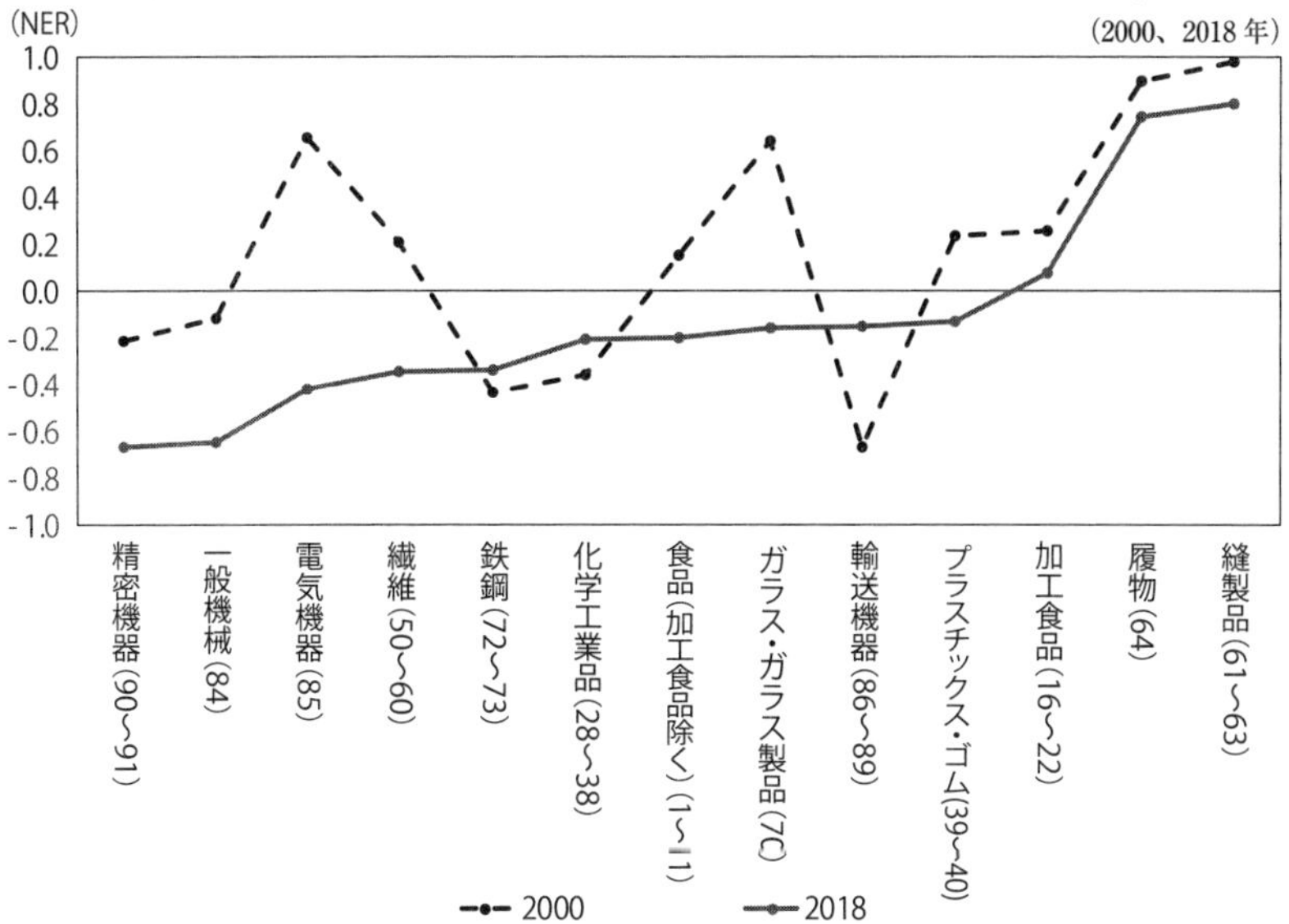

資料）UN Comtradeから作成。

第5－3表　平均関税率（2018年）

品目	（%）
食料品	11.5
食品	5.5
加工品	26.3
化学品	6.4
繊維・縫製品	15.3
繊維	10.8
縫製品	22.8
履物	19.6
機械機具	12.0
一般機械	5.4
電気機器	6.1
輸送機器	26.7
精密機器	5.3
全体平均	10.2

出所）Tariff Analysis Online（WTO）から作成。

第二章　タイ経済の五〇年

産業構造・就業構造の変化

産業構造

ＧＤＰ（二〇一五年価格表示）に占める農業のシェアは、一九七一年の三一％から二〇一五年には一〇％まで継続的に低下している。他方製造業のシェアは、一九七一年には一九％で一九八〇年では農業と同じく二三％に上昇し、その後二〇〇〇年に三一％、二〇一〇年に三三％まで上昇し、二〇一五年には少し低下して三〇％となっている。

サービス部門に属する業種では、卸小売業のシェアが高く、一九七一年には農業に次いで二五％を占めていたが、その後低下し、二〇一五年には二〇％となっている。また運輸・通信業のシェアは、一九七一年の五％から徐々に上昇し、二〇一五年には九％となっている。同様に金融・不動産業も、一九七一年の九％から二〇一五年には一三％となっている。

製造業のＧＤＰに占めるシェアが三〇％程度にとどまっていることは、先にふれたインドネシアと同様にタイ経済が「脱工業化」経済に移行しつつあることを示しているのではなかろうか。

雇用構造

タイの総雇用者数は、二〇一二年まで増加してきたが、それ以降減少している。まさに、いわゆる「人口ボーナス」が終焉しているのである。

農業雇用が雇用者全体に占める比率は、一九七一年に七七％という非常に高い水準にあった。二〇〇一年から農業就業者数は減少し始め、二〇一五年で三二％となっている。一方、製造業雇用の比率は、一九七一年には五％で、変動を含みながらも上昇し、二〇〇〇年代に入ってからはほぼ一五％水準で推移している。

卸小売業での就業者の比率は、一九七一年には八％、一九八〇年には一〇％であり、一九八五年と一九九〇年に一二％と少し上昇し、一九九五年に一六％となり二〇〇〇年二〇％、その後二三％という水準で推移している。卸小売業以外の運輸・通信での雇用比率は、一九七一年に一％であり、その後は徐々に上昇し、二〇一五年に四％となっている。また金融・不動産業での雇用比率は、一九七一年に〇・四％と運輸・通信業より小さかったが、二〇一五年に三％まで上昇している。

労働生産性上昇の産業間格差

製造業の労働生産性の推移をまずみておこう。変動はみられるが、一九七一年から二〇一五年にかけてほぼ二・二倍程度上昇している。近年、製造業のこの上昇率を上回るのは、運輸・通信業である。二〇〇〇年以降の年平均労働生産性の成長率をみると、製造業は二・二％であり、運輸・通信業は三・五％であった。製造業より高いのは二・九％を示した農業であり、低いのは、一・七％の卸小売業と〇・八％の金融・不動産であった。

製造業の労働生産性に対する比率をみると、農業は一九七一年から二〇一五年の間、変動がありながらも、一〇％台にとどまっている。その一方、卸小売業は、一九七一年には九三％と製造業の水準に近いレベルから、二〇一五年には四九％へと低下している。労働生産性の水準では、一九七一年に製造業の六倍強高かった金融・不動産は、二〇一五年には二・五倍にまで低下しているのである。

さらに、一九九〇年以降の製造業内でのいくつかの業種

第５－４表　産業別労働生産性の推移：タイ

（2015年固定価格　1000バーツ）

年	1971	1980	1985	1990	1995	2000	2005	2010	2015
農業	28	30	36	33	51	62	75	78	96
製造業	255	273	261	385	378	413	491	656	573
卸小売業	238	248	218	313	295	219	212	233	283
運輸通信	241	229	230	317	331	449	586	703	749
金融業	1581	2121	1463	1956	2012	1292	1501	1620	1459

第５－５表　各産業労働生産性の対製造業比

（％）

年	1971	1980	1985	1990	1995	2000	2005	2010	2015
農業	11	11	14	9	14	15	15	12	17
卸小売業	93	91	84	81	78	53	43	35	49
運輸通信	94	84	88	82	87	109	119	107	131
金融業	620	777	561	508	532	313	306	247	255

第５－６表　製造業内労働生産性比較：対製造業平均

年	1990	1995	2000	2005	2010	2015
食品加工	1.42	1.76	1.36	1.22	1.05	1.15
繊維・アパレル	0.75	0.51	0.45	0.42	0.46	0.53
木材製品	0.34	0.38	0.22	0.14	0.15	0.21
紙製品	0.53	0.58	0.75	0.65	0.45	0.34
機械全体	0.80	0.76	0.76	1.07	1.17	1.02
電気機器	1.13	1.24	1.63	1.58	1.88	1.43
医療機器	0.24	0.41	0.56	0.76	1.72	2.11
輸送機器	0.80	0.83	0.49	2.11	2.32	3.34
その他機械	0.52	0.34	0.35	0.32	0.25	0.19

の労働生産性の推移をみておこう。繊維・アパレルの労働生産性の製造業全体に対する比率は、一九九〇年の〇・七五から低下し、二〇一〇年代には〇・五になっている。一方、輸送機械の比率は、一九九〇年代には平均以下であったが、二〇〇〇年代に入り、急速に上昇し、二〇一五年には製造業の中では最も高い労働生産性を実現させた業種となっている。生産性上昇の遅かった繊維・アパレル、逆に生産性上昇率の高かった輸送機械という二つの業種に対して、食品加工業は製造業平均を上回る労働生産性をほぼ安定的に維持してきている。

労働力が、労働生産性の相対的に低い農業部門からより生産性の高い他部門に移動したことが、ど

第５－５図　タイの産業別労働生産性の推移（カラー口絵参照）

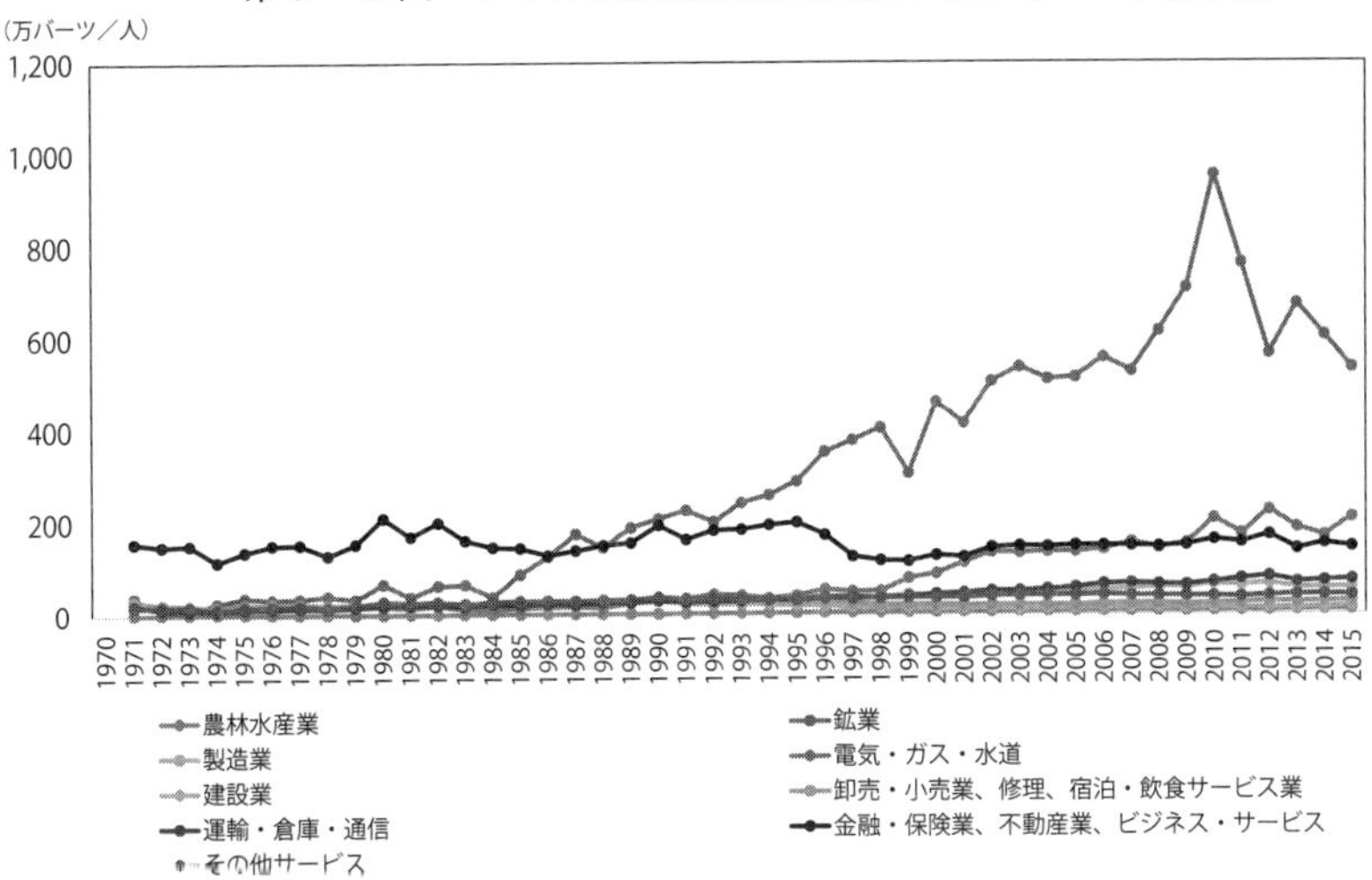

資料）"APO Productivity Database 2017"(APO) から作成。

れくらい国民経済全体の労働生産性上昇に貢献したのか。これを検討したTimmer and Vriesの計測結果をみると、インドネシアと同様に、アジア経済危機までは労働生産性が低い農業から生産性がより高い製造業等への移動がマクロ労働生産性の上昇に有意義に寄与していた。しかし危機後は、製造業雇用比は停滞し、農業から移動してきた労働力は、サービス業など、製造業に比して労働生産性の低い部門に流入したので、マクロ労働生産性の上昇は停滞しているのである。

ここで、一九七〇年以降の産業別労働生産性（二〇一五年固定価格表示）を示しておこう。

労働市場

タイの労働市場の大きな特徴は、総労働者の中での農業人口と自営業家族労働者の比率が高いことである。またこの点とも関連して、正式に企業登録をおこなっていない経済活動としてのインフォーマル経済内での雇用、つまり「非正規雇用」が大きなシェアをもっていることである。特に注目すべきは、二〇〇〇年以降、この非正規雇用が拡大し、貧困家計の労働者だけではなく、中間層がインフォーマル経済へ参入している事実である。これらの参入者の中には、デジタル技術を巧みに用いたサービス業務をイノベートして起業している者もいるのである。いわゆる従来型のインフォーマル経済活動部門以外に、デジタル技術を活用した新たな経済活動が誕生しているのである。また、ミャンマー等からの外国人労働者も急増しており、これら外国人労働者が従来型のインフォーマルな経済活動を支えるようになっている（遠藤）。

最低賃金は、一九八九年から一九九六年まで上昇した。その後金融危機期を含めてやや緩やかな上昇期をへて、二〇一一年から二〇一三年まで急上昇し、その後上昇率は鈍化している。タクシン政権は、二〇〇二年初めに、都市部の労働者からの政治的支持を得ることを目的として、二年ごとに最低賃金を引き上げる政策を採用した。タクシンが政権から追放された後も、民主党政権によってこの政策は継続された。そして二〇一二年以降、インラック政権は、選挙での公約を実現するため、ビジネス界の反対を押し切って、首都圏での最低賃金を大きく引き上げた。その背景には、国家経済社会開発庁NESDBが、若年労働者が減少していること、つまり「人口ボーナス」期が終焉したことを重視して、これからのタイの経済発展は労働集約的産業主導から技術主導型の成長へ転換する必要があることを強調していたことがあった。実質賃金を見てみると、二〇一一年から二〇一五年にかけて、その上昇率は製造業での労働生産性上昇率より非常に大きくなっていたのである。その後、実質賃金の上昇率は鈍化している（Suehiro, Fig. 2.2）。

さらにタイでも、労働力の教育水準の違いに対応した賃金格差が生じている(6)。一九八〇年代中頃以降、初等教育卒業生に対して高等教育卒業生の実質賃金がほぼ四倍といった格差が存在しているが、高度成長に伴って、全てのグループで実質賃金は上昇している。しかし一九九七年の金融経済危機後は、全てのグループでその平均実質賃金は二〇一一年まで低下している（Lathapipat, Fig 3.3）。金融経済危機までの賃金上昇率をみると、高等教育卒業生と初等教育卒業生の賃金の上昇率が中等教育卒業生よりかなり大きかった。また危機後低下率が大きかったのは、中等教育卒業生と高等教育卒業生の一部という二つのグループであった。このような賃金の二極化が労働市場で顕在化してきているのである（同　Fig 3.4）。

このような違いが発生したのは、高等教育卒業生への需要が、中等教育卒業生への需要よりより大きく増大したからであった。さらに高等教育卒業生だけを見ても、その中でトップ一〇％の賃金は一九八六年から二〇一〇年にかけて約四五％上昇しているが、ボトム一〇％の賃金は一五％程度低下しているのである（同 Fig 3.5）。このような賃金格差の拡大は、高等教育を受けた卒業生内での質の違いに起因していると考えられる。端的にいうと、現在進んでいるスキル偏向的技術革新に対応できる教育を受けたグループとそうではないグループとの間で、賃金格差が拡大している。つまりスキル・プレミアムが急上昇している。高等教育を受けた人々の数が増加している中で、このように賃金格差が拡大している事態は、労働市場で変化している需要条件に適合させるように、カリキュラムなど高等教育制度の見直しが必須となっている事実を示しているのである。

最低賃金は、一九八九年から一九九六年まで上昇した。その後金融危機期を含めてその後やや緩やかな上昇をへて、二〇一一年から二〇一三年まで急上昇し、その後上昇率は鈍化している。

貿易構造の変化

タイ経済は、二〇一五年の輸出額／GDP比〇・七五八、輸入額／GDP比〇・六三一、輸出・輸入合計額／GDP比一・三八九という統計が示しているように、貿易依存度の高い経済である。

二〇〇〇年以降の経常収支の動向をみておこう。まず、貿易収支は、変動はあるが、黒字を続けている。またサービス貿易は、二〇〇四〜二〇一一年の赤字からその後黒字に転じている。一方、第一次所得収支は、インドネシアと同様に赤字幅を拡大させている（第五―二図）。

二〇〇〇年代に入って以降の主要財の国際競争力の変化を、いくつかの指標を示しながら、みておこう。総合比較優位指数RTAでみると、二〇一八年時点で最も大きいプラスであるのは、加工食品と食品である。この食品とは、農林水産物であり、米等である。また加工食品とは、鶏肉加工品や冷凍水産物などがその代表である。この点で、タイは現在も前世紀以来の一次産品の輸出国である（第五―七図）。

縫製品や履物といった労働集約的業種の産物は、その指標を低下させながらも未だプラス値である。つまり国際市

第５－６図　タイの経常収支の推移図

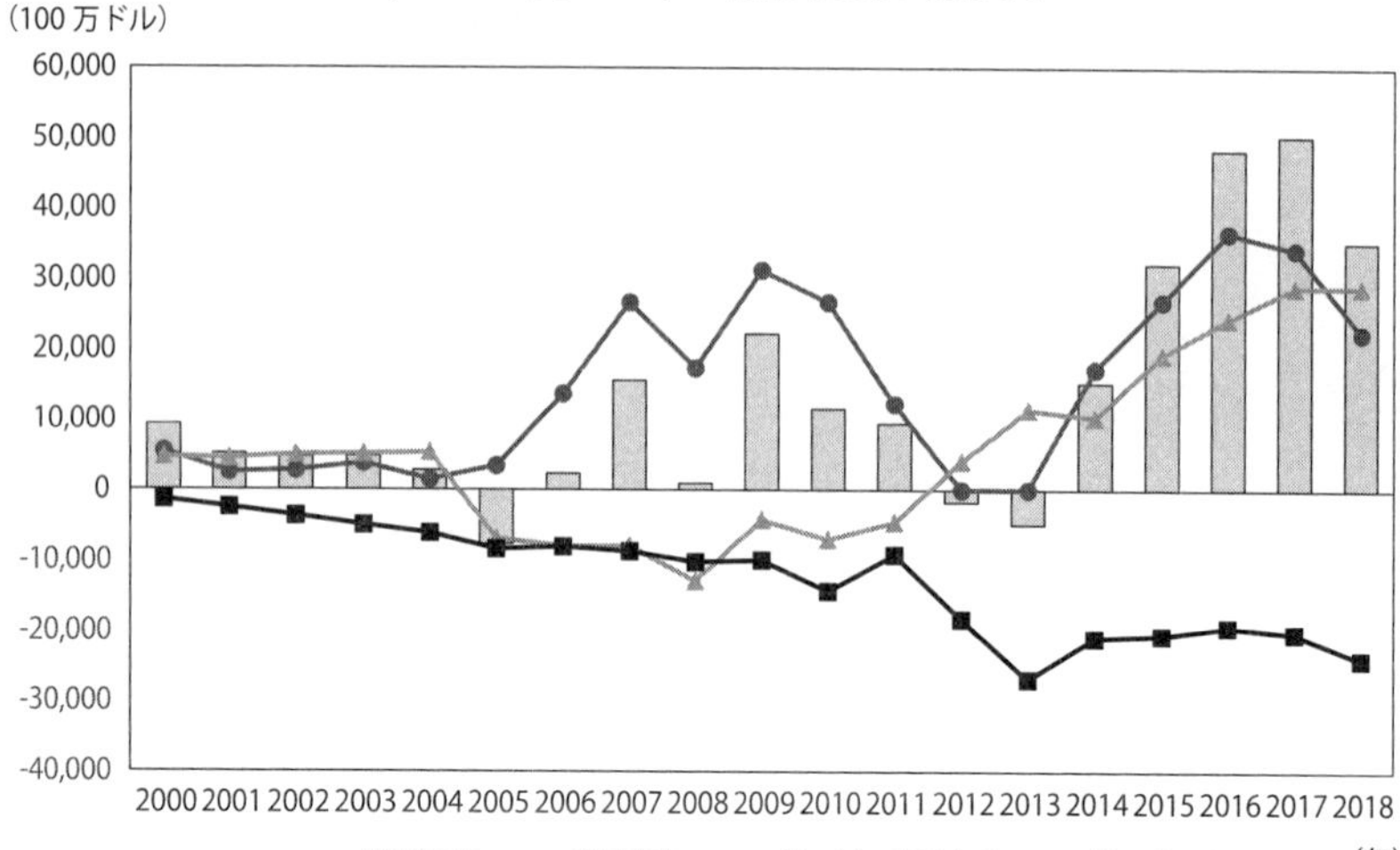

資料）"Key indicators 2019 "(ADB) から作成。

第５－７図　タイの主要品目別総合比較優位指数(RTA)の水準

（2000、2010、2017年）

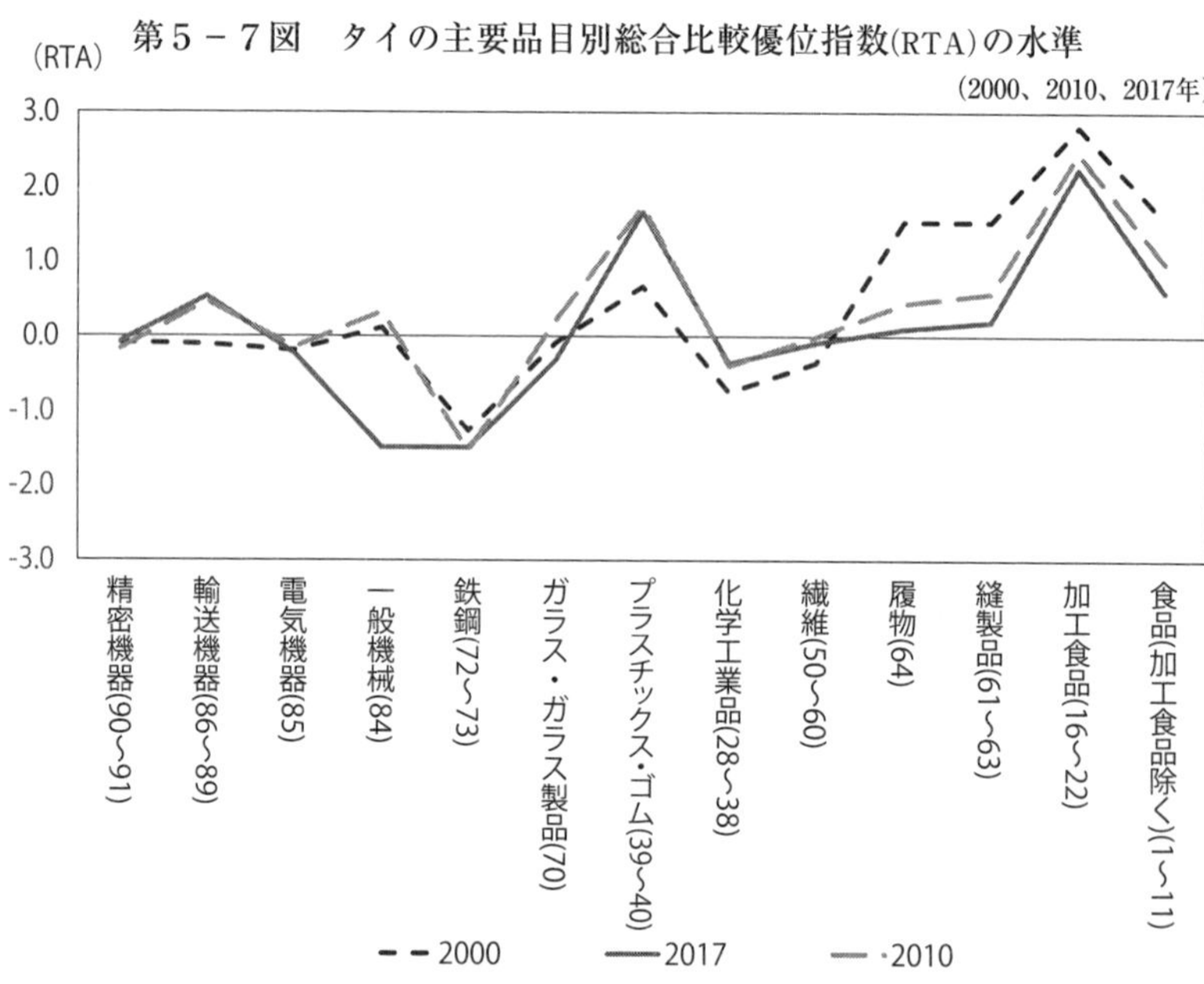

資料）UN Comtradeから作成。

第5－8図　タイの主要品目別純輸出比率(NER)の水準

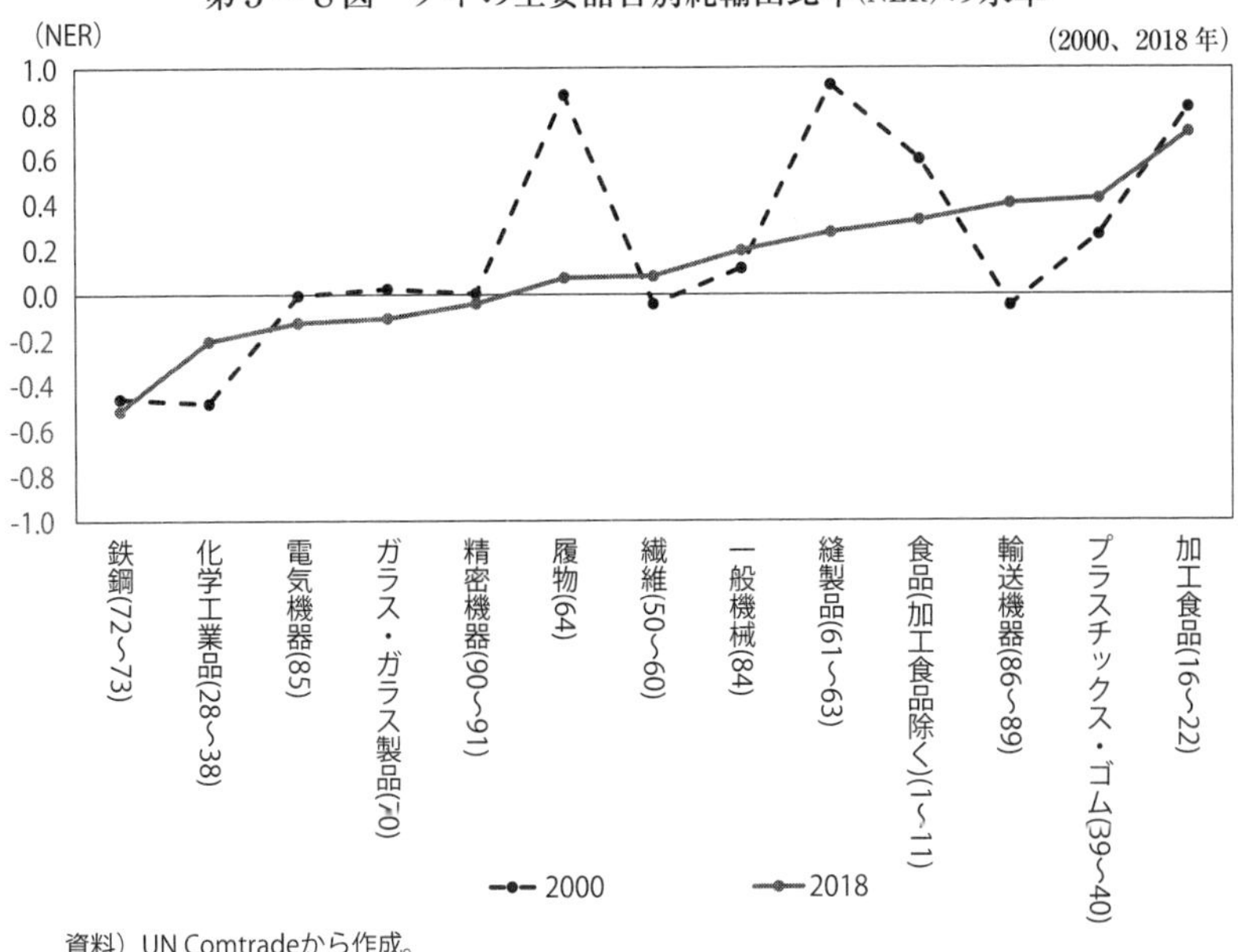

資料）UN Comtradeから作成。

場での競争力を低下させているが、未だ重要な輸出品であり続けている。製造業に関しては、二輪車、乗用車、いくつかの自動車部品等の輸送機器のＲＴＡ指標がプラスとなっており、その輸出競争力が近年強化されて、輸送機械は、重要な輸出品となってきている。またプラスチック・ゴムという化学工業品も輸出競争力を強化している。さらにエアコン等の電気機器も輸出競争力を強めているが、タイの輸出総額に占める電気・電子製品の比率は急速に低下している。

輸出競争力を図る純輸出比率ＮＥＲでみると、輸送機器は加工食品や縫製品、繊維とともに大きなプラス値を示している。輸送機器はＲＴＡではそのプラス値は、ＮＥＲ比に比べて小さい。このことは、国内産の材料を利用する加工食品とは違って、輸出される輸送機械の生産には、それに必要な部品の輸入が必要となる生産工程をもっていることを示している。ＲＴＡ、ＮＥＲ両指標でみて、電気機器や化学工業品はマイナスのままであり、輸出産業には到達していない（第五―八図）。端的にいって、最終消費財は国際市場での強い競争力をもつようになっているが、資本財の競争力はいまだない状態である。

ここで二〇一九年の商品別平均関税率をみておこう（第五―七表）。二〇〇〇年代に入って比較優位指標を上昇させている輸送機器は、インドネシアと同じように、機械類の中では格段に高く四九・二％となっている。この点は、後にタイの産業政策をみるが、エンジンの国産を義務づけた政策をとったために、高くなっているのである。一方、比較劣位化傾向をしめしている縫製品は二七・七％、履物二三・一％、さらに比較劣位化傾向を示していない加工食品も三一・一％となっているのである。

第5－7表　平均関税率（2019年）

項目	（％）
食料品	23.8
食品	21.3
加工品	31.1
化学品	4.1
繊維・縫製品	18.4
繊維	6.3
縫製品	27.7
履物	23.1
機械機具	17.8
一般機械	3.4
電気機器	7.1
輸送機器	49.2
精密機器	2.7
全体平均	13.8

出所）Tariff Analysis Online（WTO）から作成。

第三章　インドネシア　現在まで

初期成長局面　スハルト新秩序体制

インドネシアで工業化を軸とした産業化が本格的に始動するのは、一九六八年にスハルトが大統領に就任し、「オルデ・バルー（新秩序体制）」が成立してからである。スハルトのこの新秩序体制とは、一九四五年の政治的独立宣言以降長い期間持ち越されてきた体制選択の問題に、はっきりとした区切りをつけるものであった。そこでは、基本的に民間企業の自由な経済活動を許す枠組の下で経済開発を促進させていくという選択がなされた。しかしこの基本的枠組に加えて、国家が単なる民間企業活動の規制者としてだけでなく、民間の代理人としても経済開発の主体となったことに、インドネシアの開発戦略の大きな特徴がみられる。脱植民地化を目的として輸入代替産業として選定された諸業種に向けて、外国からの投資も含めた民間投資を誘導する輸入保護政策や租税政策を採用した。それだけでなく、国家自らが国営・公営企業を設立する「コーポラティズム資本主義」といってもよい仕組みが形成されたのである。

以上のような国家主導型開発主義的政策体系がインドネシアで可能となったのは、いうまでもなく石油輸出からの大きな財政収入を国家が手中にしえたからである。このような財政収入が利用可能であったために、輸出農産物への重い課税といった搾取型農業政策を採用する必要は、インドネシアではそう大きくなかった。それ以上に、農業政策面では輸入財であった米の増産という輸入代替がその中心に据えられた。さらに製造業部門においても多くの業種で輸入代替型開発が進められてきたが、インドネシアがその領域内に多様な経済的小世界をもつ大国であったので、国内での分業体制の深化を図る輸入代替型開発がそれなりに必要でありかつ有効であったのである。農業工業両面での輸入代替を核とするこのような開発戦略は、まさに「フルセット主義的」開発戦略であったといってよい。そしてこういう開発戦略の下で、華僑系財閥や企業グループが生まれ、それぞれが銀行を設立して海外からドル建て資金を取り入れるようになっていった。

一九八〇年代に入り石油の国際価格が低下したことを受けて、直接的には石油に代替しうる輸出産業の育成を目的とする為替レートの大幅な切り下げが始まった。そして、さらなる為替の切り下げ予想による資本の国外流出を防ぐための金利引き上げの必要からの金融自由化と、為替切り下げによる輸入品の国内価格上昇を相殺させる輸入関税の引き下げという貿易自由化とがそれに続いたのが、一九八〇年代のインドネシア経済の構造調整政策であった。為替レートの切り下げによって、少なくとも一九五〇年代末からのジャワ以外の地域からの輸出を不利にしてきた政策がかなり修正され始めたことにも注目しておきたい(7)。しかし、インドネシアのこの政策調整は、数多くの重要産業で輸入保護が残り貿易の自由化は不充分な段階に留まっていたし、また戦略産業に属する国営企業に関しては民営化のプログラムもなかった。その一方で、金融面での自由化が大幅におこなわれたという「普通ではない政策変更の順序」(世界銀行『東アジアの奇跡』)を示したものであった。

また一九八〇年以降、民間に育成されてきたビジネス・クラスの政策的要求を政府も無視することができなくなり始めていた。一九八四年に政府の公的文書からプリブミ・ノンプリブミの区別が削除されたのは、ビジネス・クラスの中核にいる中国系の企業者・商人層の支持を必要としたからであろう。これら中国系ビジネスマンは、インドネシア特有の資本主義体制の一端を「権力なきブルジョァジー」として担っていた。そしてまた華僑系ではないプリブミ企業も育成されてきた。さらに大切なことは、これら民間経済人の要求によって国内経済活動の自由化・規制緩和が進められたという事態である。スハルト体制下になって国家主導の産業化の中で育成されてきた民間ビジネス階層は、一九八〇年代に入って、スハルトのコーポラティズム的代表制による政策決定に自らの力で挑戦するまでになってきたのである。ビジネス界の勃興と同時にインドネシアでも都市中間層が育ってきており、これら都市中間階層はビジネス・クラスの政策要求を基本的には支持している。国内統治形態をみると、いわゆる「民主化」はタイに比べるとそれ程進まなかったが、経済政策に関しては権力の漸進的多元化が生起していたといえる。

二〇〇年以上にわたる長期の経済データを推計した数量経済史の研究（Zanden and Marks 第二章）によると、スハルト時代は、インドネシアの二〇〇年の経済史の中で、総要素生産性ＴＦＰの成長率からみて、植民地時代の自由主義期から倫理政策期という一八七〇～一九一三年の時期とともに、世界経済への統合を進めることで、経済成長が実現した歴史的画期であった。またスハルト新秩序体制とは、「安定の政治」と「開発の政治」を二大課題とする「開発独裁」の体制であった（白石 第三章）。このスハルト体制下の「開発の政治」の重要な特質は、後に述べるように、農業開発を重要視したことであった。体制を長期的に安定させるためには、農民からの支持が必要であったので、この農業重視の開発戦略は、政権にとっては合理的な選択であったといってよい。

この農村戦略とも関連して、スハルトは政府・政権とその支持層によって構成されたゴルカルという一党支配体制を確立させた。スハルト大統領とゴルカル、そしてプルタミナ（石油公団）、ブロッグ（食糧調達庁）、国営銀行などを経営した少数の軍人企業家とは、それまでミュルダールがいう「ソフト・ステート」であった体制を、政治的安定と経済発展に目的を絞った「機械」へと変質させた。そしてこれらのグループは、新秩序体制成立期に決定的に重要な役割を果たした、ウィジョヨを核とするマクロ経済政策、金融政策、貿易政策を担当する「テクノクラート」の自由貿易戦略に対抗して、戦略産業育成を訴えたハビビやプリブミ企業家育成を提唱したギナンジャールなど、積極的な産業育成を主張する「アクティビスト」を形成した。この勢力は、例えば科学技術応用庁などによって、近代産業技術の導入を進めた。そして、自由主義的エコノミストたちテクノクラートは、一九八〇年代中頃に見舞われた経済危機に際して、政策決定の場に招待されるだけの存在となっていった。このような変容はあったものの、スハルト体制とは、積極的産業育成を主張するアクティビストと自由主義的政策を主張するテクノクラートとの「相対的に良好なミックス」から成り立っていたといってよい（白石　第三章）。

ところで一九九〇年代に、スハルト体制は、先に述べたような「開発独裁」体制から「スハルト独裁」体制へと変貌し、スハルトの利益、スハルト・ファミリーの利益が最優先されるようになり、この「家族主義の政治」が体制の根幹にかかわる問題として表面化してきた。そして同時に、一九八〇年代の石油ブームの時代は終わり、一九八八年に大幅な金融自由化が実施された。この自由化政策によって、ルピアをドルに連動させるドル・ペッグ制の為替政策の下で、海外の貸し手は為替リスクの負担なしにドルとルピアの金利差からの金利収入を期待できるようになった。一方、インドネシアの銀行も民間企業も海外からの多額の資金調達をおこなった。政府債務ではなく、民間債務が拡大したが、その債務管理体制はうまく機能しなかった。またドル建てで資金を調達した国営銀行、民間銀行によっても、政治圧力による不良な融資がおこなわれた。その中核にスハルトのファミリー・ビジネスがあった。この問題が背景にあり、一九九七～九八年の経済危機は、政治体制の危機へと深化し、政治レジームも大転換することになったのである（白石　同上書）。

第二成長局面　ポスト・スハルト時代

前世紀末の経済危機以降、インドネシアではスハルト時代の中央集権的権威主義体制から、民主化と極めてラディカルな地方分権化を組み合わせた政治体制の転換への模索が続いた。

大きな転換の第一は、一九九九年成立の地方行政法による地方分権化と地方首長公選制の導入であり、第二が二〇〇〇年と二〇〇二年に続けて改正された憲法による大統領直接選挙制の導入であった。この選挙法に基づいた初めての国民の直接選挙によって、二〇〇四年にユドヨノ政権が成立した。これによって、まさに佐藤が『経済大国インドネシア』で的確に指摘しているように、スハルト体制というひとつの制度的均衡が崩れ、別の新しい制度的均衡が生まれたのである（佐藤　第三章）。そして、このユドヨノ政権の開発戦略は、基本的にスハルト体制下と同様に、エコノミストを財務省や国家開発庁に、その他の省庁には経済ナショナリズムを重視するアクティビストを配置して実行された。この後者の動きにあっては、スハルト政権下のハビビに代表される「テクノローグ」が退潮し、プリブミ系企業家兼政治家がその中核となった。彼らは、かつて華人企業家が代表していた実利優先の論理をも引き継ぎ、また旧タイプのテクノローグとは違って国営企業主体ではなく民間部門の活性化に軸を置いた。そして華人企業家たちとは違って、堂々と政策形成に携わる地位を得たのである。

では、この政治制度の変化の結果、インドネシアの開発政策にどういう変化が生じたのであろうか。この点を、佐藤前掲書「第四章」での巧みで無駄のない解説を紹介することで、みておこう。

「新しい秩序」と称されたスハルト体制期には、明らかに成長のエンジンは工業セクターにおかれた。一九七〇年代始めから一九八〇年代まで石油輸出ブームによって「オランダ病」に悩まされたが、数回の為替レート切り下げを軸とした政策実施によって病は克服された。そして貿易構造、産業構造、就業構造のいずれにおいても、工業部門へのシフトが起きた(8)。スハルト政権は、国が主導して工業化を推し進めるにあたって、軽工業、資源加工業から重工業までをフルセットで国内に構築することを目指した。国内大資本の事業基盤に重工業が組み込まれていたのも、フルセット主義工業化政策があったればこそだった。同時にスハルト政権はその誕生以来、農業特にジャワの小規模農民の食糧穀物の増産による「食糧自給の達成」という輸入代替型農業開発政策に重点を置いていた。以上が初期成長局面での「フルセット主義」的開発政策の基本であった(9)。

ユドヨノ政権は、その第二期に入った二〇一一年に『インドネシア経済開発加速・拡大マスタープラン二〇一一―二〇二五年』を公表した。この計画の五月の発表式典で、ユドヨノは、「市場の『見えざる手』は勿論重要だ。だが、よりバランスのとれた経済開発を加速させるには、政府の『見える手』が必要だ」と宣言した。インドネシア経済が目指すべき将来像を「グローバルな食糧安全保障の基地であり、農業・農園・水産業の各製品と鉱業エネルギー資源の加工センターであり、そしてグローバル・ロジスティクス・センターであるインドネシア」として提示した。このプランが、これら複数の機能をインドネシア全土におよぶ空間的配置とした、いわば国土総合開発計画になっている点も、これまでに見られなかった特徴である。この「マスタープラン」は、スハルト政権期に似た、政府の「見える手」がインドネシアに再び戻ってきたことを意味している。

佐藤が指摘していたように、以上のような「フルセット主義Ver・二・〇」プランが策定された背景には、次のような産業構造があったのである。二〇〇七~二〇一〇年の累積投資額の業種別で見ると、外国投資は運輸・倉庫・通信が群を抜いて額が大きい。それに続くのが、化学・製薬、金属・機械・電子、鉱業（石油ガスを除く）、食品、輸送機械である。一方、内国投資は、運輸・倉庫・通信と食品を除くと、これらの業種をあまり重視していない。内国投資の三大投資先は、食糧・農園、食品、紙パルプ・印刷である。つまり外国投資は、通信、鉱業のほか、化学、金属、機械といった重工業に投資を振り向け、内国資本は農林業・一次産品をベースにした産業を重視している。外資と内資の間には、相互補完的な役割分担が成り立っていた。端的にいうと、インドネシアでは、フルセット型の産業構造が事実上存在していた。この事実を認識して、大統領は、マスタープランを実現させるためには「見える手」が必要だと述べたのである。追記しておこう、インドネシアでは前世紀末の危機直後の二〇〇〇年以降、食糧作物からはじまり、次いで繊維、鉄鋼、砂糖、クローブ等に対して輸入制限等の保護貿易処置が強化されていた。この流れを受けて、ユドヨノ政権のマスタープランも制定されたのだった。

ここで少し、製造業についてその特性を指摘しておこう。まずGDPに占める製造業の比率は、二〇〇〇~二〇〇三年平均の二五・五%から二〇一〇~二〇一七年平均では一八・九%に低下している。この低下の大きな要因は、二一世紀に入ってから特に中国への石炭輸出の増大があったことである。これは、一九七〇~一九八〇年代に石油・天然ガス輸出が急増したことに似ており、インドネシア経済の特徴が資源輸出経済であることを、改めて示している。つまり、第二のオランダ病が顕在化したのである。次いで製造業付加価値での各種業種のシェアであるが、二〇一七年で三〇%以上を占めるのは、食品加工業だけである。次いで、エレクトロニクスと輸送設備が九・六%で並んでおり、化学・薬品八・一%、繊維・ガーメント五・六%、機械一・五%となっている（Kuncoro）。

インドネシアの工業化を振り返ってみると、一九六〇年頃のインドネシアは、アジア諸国の中で、GDPに占める製造業のシェアの最も低い経済であった。そしてこの状態から一九七〇年代前半までは、単純労働集約的工業からスキル・技術集約的部門へ移っていくという途上国の「典型的」経路をたどっていたが、その後石油・天然ガスの輸出が急増することで、労働集約的工業製品の輸出主導型経済成長への移行という経路からはずれていったのである(Zanden and Marks　第八章)。

ここで忘れてはならないのは、東南アジアでは、インドネシアが多島嶼から成り立っており、東南アジアの四〇%の人口が居住している「大国」であるという事実である。そのため、あらゆる産業部門の生産物やサービスへの需要も国内だけでも膨大な規模に達している。つまり、国内の市場規模が大きいことが、全ての部門を成長させようというフルセット主義的開発政策の前提となっているのである。

産業政策

さて再度、佐藤の整理(佐藤　第四章)をみながら、二〇〇〇年以降インドネシア経済の動きの中から注目すべき事実を確認しておこう。まず貿易構造であるが、インドネシアから中国への輸出をみると、一九九〇年には六二%が工業製品であったが、二〇一〇年には七八%が原材料・鉱物性燃料・植物油、端的には石炭とパーム油という天然資源商品となっている。他方中国からの輸入では、一九九〇年には工業製品は六二%であったが、二〇一〇年には八九%に上昇しているのである。一方、対ASEAN諸国では輸出・輸入ともにこの二〇年間で資源・一次産品と工業製品の比率は比較的安定している。以上のように、インドネシアの貿易構造は、中国とは資源と工業製品の非対称貿易、ASEAN地域内では対称貿易という二面性を示すようになっている。

世界への輸出総額をみても、二〇〇〇年に五九%であった工業製品の比率は二〇一〇年には四一%へ低下し、代わって鉱物性燃料と植物油脂、特に石炭とパーム原油が増加してきている。スハルト時代には権威主義的開発体制の下で、農業から工業への産業転換が進み、それに対応して貿易構造の変化も進んだ。しかし、ユドヨノ政権期には工業のシェアが落ち、農業や鉱業が上昇するというように、貿易構造のトレンドは明らかに変化してきている。工業の後退、農業・鉱業への回帰だけでなく、輸出品の加工度も低くなっている。例えば、ゴム製品ではなく天然ゴムがより重要となっている。加工度が低いと国際商品市況の変動に対して脆弱になる。端的にいってインドネシアは再度資源輸出国へと回帰し、再度「オランダ病」ないし「資源の呪い」といった問題が顕在化し始めていたのである。

ユドヨノ政権も、経済成長における以上のような展開を認識してであろう、二〇一一年に「インドネシア経済開発加速・拡大マスタープラン」を策定した。マスタープランを実現させる政策パッケージをみると、輸出工業、労働集約・資源加工業へのインセンティブ政策が盛り込まれており、産業構造改革に向けた明確な意図が読み取れる。そこには、製造業の他に、農業や「食糧農園」をも成長させるというヴィジョンが示されている。鉱業、サービス業の中にも、それぞれ競争力あるセクターに成長のエンジンを配置する。そして、全国各地でその地域の特性に適したセクターを見出して、そこで雇用と付加価値を創出する。付加価値を創出するには、国内市場の購買力向上に応じた工業製品の輸入代替と、農鉱産物資源の切り売りから加工へと移行する輸出代替とを並行して進行させる。そして、多くの重要なセクターにおいては、長期的に生産性の向上や技術・知識の蓄積を実現させるための政策を実施する。まさに佐藤も指摘しているように、このマスタープランは「フルセット主義Ｖｅｒ・二・〇」なのである（佐藤　第四章）。また、このようなマスタープランが作成された背景としては、次のような事態があったことも指摘しておこう。二〇一〇年にアセアン中国ＦＴＡが発効した後、繊維、家具から電気電子、自動車部品、機械まできわめて広範囲にわたる業界団体がこのＦＴＡ見直しを強く要求し、インドネシア政府が時限的輸入規制、規格厳守、安全基準の制度化等の措置を導入していたのである（白石・ハウ　第二章）。

そして注目しておくべき点は、佐藤も強調しているように、このプランを発表した声明で、ユドヨノ大統領がプランを実現させるためには「政府の見える手が必要だ」と発言したことである。スハルト体制の崩壊後、ユドヨノ第一期政権も含めて、政権は基本的に政府介入を拒否して市場に委ねるという政策を採用してきた。だが、それはレッセ・フェールとは同義ではないという認識が二〇〇〇年代末に登場し、政府介入主義への回帰が起こったといえる。その例をあげれば、パーム原油に高率の、加工油には低率の輸出税をかけて国内加工を促す政策を導入したり、一兆ルピアを超える素材・川上投資への減免税制度を導入したりしている（佐藤　第四章）のである。

さらに、ユドヨノ政権末期に至って、産業化に関する政策選択において、さらなる外資活用か、それとも国内資本重視かといった路線の鬩ぎ合いも顕在化し始めていた。「資源の呪い」から脱却するためには、積極的に外資を活用して産業高度化と人材育成をすべきという考えが叫ばれる一方で、東南アジア地域の市場統合を控えて弱者である国内資本・中小資本を外資から守るべきという考えも強調され始めていたのである。

さて、ユドヨノ政権以降、国内産業の競争力を向上させる産業政策はどう展開していったのだろうか。政策が掲げる基本的目標は、石炭等の天然資源輸出を核とする産業への依存から脱却し、付加価値を増大させる大型産業の育成を目指す政策への転換をおこなうというものである。そのために、国内の多くの地域に「経済特区」を建設し、各種税を優遇することで、海外と国内からの投資を呼びこもうとしてきた。そして一つの政策手段が、非関税障壁と呼ばれる国境での各種の介入であった。

輸入関税の水準は、全体的にみると、一九八〇年代からの多くのＦＴＡ／ＥＰＡへの参加を契機とした貿易自由化によって低下し続けている。この傾向は、ユドヨノ政権以降も変わっていない。単純平均と加重平均での輸入関税率は、一九九〇年代初めの一三％前後と一三％前後から二〇一五年には三％と五％へと低下している。つまり、輸入関税の動きから見れば貿易政策は自由化を続けてきたことになる。しかしその一方で、二〇〇〇年代に入ると、アンチ・ダンピング、ローカル・コンテンツ利用、重要部門でのＦＤＩ導入への制限など、非関税障壁は増大してきているのである。製造業全体をみると、名目保護率は二〇〇八年の二・七％から二〇一五年には六・六％へ、有効保護率は五・一％から一二・三％へと、双方ともに増加している（Kuncoro）。

ひとつの例として自動車産業をみておきたい。国内での自動車販売数は、ここ数年一二〇万台になっており、東南アジア地域でインドネシアは最大の市場となっている。スハルト政権以降、輸入代替を目的とした自動車生産は、トヨタを代表とする日系企業が担ってきており、インドネシアの乗用車は日本製だけといわれるようになっている。インドネシア政府の自動車産業政策は、スハルト政権以降変遷を重ねてきたが、現状では、インドネシア産の部品等の使用規定や贅沢税ともいわれる高い物品税という非関税的手段が中心となっている。さらに、スハルト政権下からの輸入代替政策が続いているため、輸送機械の平均関税率はいまだ高くなっている。そして、国内市場が大きかったので、規模の経済を実現させてきている。だがごく最近には、中国系企業の参入も始まり、また国内需要も停滞気味で、過剰生産が顕在化し始め、自動車輸出の必要も聞かれるようになっている。

ここで、このような保護貿易への回帰についての、インドネシアのエコノミストの興味深いコメントを紹介しておきたい。二〇〇〇年代に入ってからの保護貿易政策の採用は、「悪い時期に悪い政策を採用する」ことで、「サドリの法則」に反する。このサドリとは、スハルト政権誕生時から経済テクノクラートとしてマクロ経済政策決定に関与してきたモハマッド・サドリ博士（インドネシア大学教授）のことである。オランダ病によってインドネシア経済が深刻な状態に陥ったとき、為替レートの思い切った切り下げと一緒に貿易自由化をすすめた。

一方、石油・天然ガス価格が高騰してインドネシア経済が膨大な貿易黒字を楽しめた時期には、保護貿易で不効率な産業育成を図った。自らが政策決定に関わっていた時の経験に基づいて、「経済が『悪い』ときには正しい政策」、反対に「予想外の原因によってブームになった経済が『良い』時期には悪い政策」が採用される。サドリ教授のこのような見解が「サドリの法則」なのである。この視点から見ると、二〇〇〇年代以降、主として中国への石炭輸出で、再びオランダ病に見舞われていた「悪い」時期に、保護貿易政策が強化されたというべきである。こういう皮肉を込めたコメントなのである（Pa tunru）。

ところで、ユドヨノ政権になって、少なくとも政府の政策文書では、製造業での付加価値増大を目標とした政策を採ることが明言されている。特に中小企業を製造業のバリューチェーンに組み込むことが強調されている。さらに興味深いことに、経済振興計画の中では、「セクター」という伝統的な産業分類ではなく、バリューチェーンの中の工程・機能に着目して、成長計画を立案しているのである。産業政策においては、ジョコ・ウィドド政権も基本的にこの路線を継続している。例えば、二〇一三年にモーバイル・フォーンの自国内での製造に向けて、国内生産財利用という要件をつけて、サムソン等の外国企業を誘致している（Kuncoro）。

ジョコ・ウィドド政権に入ってからは、「インドネシア・インダストリー四・〇ヴィジョン」などが提案されている。しかし、先に触れておいたように、現在国際競争力があるのは、未だ労働集約的な業種に限られている。まさに佐藤がいみじくも指摘している通り、「現在インドネシアでは、一つの明確な成長主要産業があるわけではない」のである。このような状態にある製造業をさらに高度化していくために、二期目にはいったジョコ・ウィドド政権はどういう産業政策を展開していくのであろうか。例えば、先に触れた自動車産業に対して、どういう政策をとるのであろうか。次章で触れる、軽ピックアップ・バンという特定の市場セグメントに焦点をあてたタイのような輸出志向型政策は、乗用車の大きな国内市場をもつインドネシアでは採用されがたいのではなかろうか。

製造業を対象として産業政策を補完する点でも、物的インフラストラクチャーの建設・整備は、多島国家インドネシアにとっては重要な政策である。国内の市場統合をさらにすすめる物的基盤となる、道路、鉄道、橋梁、湾港などの建設に関しては、ユドヨノ政権は先に紹介したマスタープランの公表に終わったが、その後を引き継いだジョコ・ウィドド政権は、国内インフラの建設・整備を最優先する方向に舵を切った。(10) その財源として、ユドヨノ政権が実施し得なかった燃料補助金の廃止を実行して浮いた財源を投入するようになった。スンダ海峡連結橋の建設計画に示されているように、多島からなるインドネシア国家内での輸送網の建設によって、モノの移動コストを削減させ、国全体としての生産向上をさせ、フルセット主義的開発を実現させようとしているのである。

食糧農業政策

スカルノ政権以来、インドネシアの農業政策の基本は、米の輸入代替を国家主導で進める政策であった。特にスハルト政権下での農業政策は、産油国の中では、食料増産を重視し続けてきた点で、非常にユニークなものであった。特に米増産に代表される「プロ食糧」戦略は、米の古くからの生産基地であった、最も人口稠密なジャワ農民の所得向上を意図した「プロ・ジャワ」政策でもあった。

農業政策では、食糧調達庁ＢＵＬＯＧ（ブロッグ）による米の国家独占貿易と価格支持・安定政策、そして灌漑施設の整備（既存施設の補修、維持管理）に重点がおかれた。村落単位の協同組合KUDや地方・農村に支店網をもつインドネシア庶民銀行BRIを、政府主導の「開発のエージェント」として、改良種子、肥料、資金を流す国家主導型の米増産目的の農業開発戦略であった。特に肥料価格は、一九七〇年以降その程度は軽減されて続けられたものの、常に世界市場価格に比べて低い価格で農民に供給され続けてきた。

ジャワでは、雨期の収穫期が三～六月であり、この時期に米価は低下する。そこでブロッグの買いオペはこの時期に集中する。この米は、バジェット・グループといわれる軍や公務員への供給と備蓄米に廻される。その調達量は原則的に無制限であったが、実態としてはブロッグの調達量は市場に流通される米の一〇％程度であった。だが、ブロッグによる米価安定がそれなりに機能したのは、米市場がブロッグを中心に統合されていたからであった。そしてこの米価安定は、中央銀行からの流動性融資KLBIによって支えられていた。ブロッグの米調達オペは、年によって調達量が異なるため、一般会計ではなく機動力のある中央銀行の融資が利用された。いずれの時期にも、ブロッグへの融資の利率は六％であり、当時の市場金利が一〇～一二％であったことを考えると金利面で優遇されていたことは明らかであった。さらに、ブロッグによる米輸入への融資もあった。

一九六〇年代後半から、米増産を目的とし、生産者に生産インセンティブを与えるために米価安定政策を導入した。ブロッグはフロア・プライスを一キログラム当り一三・二ルピアに設定し、生産者米価がこの水準を下回る場合には介入をおこなった。農民へのクレジット付きのパッケージでの投入要素供給計画であるビマス計画、またクレジットの付かない個別投入要素供給計画インマス計画が実施された。一九七〇年代には、食料価格を抑制するため、政府はこのビマス、インマス双方のプログラムを実施する一方で、国内市場を国際価格から隔離し、国内価格を国際価格より低い水準に抑制した（頼　第二章）。

一九八〇年代に入り、米の最低価格算定方式は、生産の増加だけでなく、農民所得、インフレ率および他作物の価格とのバランスを考慮に入れた方式に改められた。政府は、生産者への価格政策と同時に、消費者向けの米基準価格である最高価格の設定もおこない、実勢価格である消費者米価がこのシーリングを超えた場合には、米を市場に放出し、価格を安定させることになった。その一方で、米に関して一九八〇年代後半、インドネシアが一〇〇%の米自給を維持し続けることが不可能だと認識されるようになり、米輸入制限政策は緩められ、不足の時に借入れて米の余剰があるときに返済するという「ベトナムからの米借入れ」政策が開始された。国内需要に「妥当な（acceptable）」価格で供給するために、ブロッグはかなりの量の輸入をおこなうようになっていった（Warr）のである。

いずれにせよ、ブロッグによる国内の価格安定政策は、少なくとも一九七〇・八〇年代にはある程度成功を収めた。ただし、ブロッグによる価格安定化政策の効果も、一九九〇年代に入って疑問視されるようになってきた。ただ、国内実質米価は一九九〇年代中頃まで一九六〇年代の水準を上回ることはなかった（Timmer）。

原油に依存した輸入代替工業化政策が実施されていた一九八〇年代初めまでは、為替レートの過大評価は大きかったが、その後の構造調整政策の中でルピアの数次にわたる切り下げによって過大評価は解消されていった。国民の主食ともいえる米の国内価格を上昇させないために、時には食料補助金を支出してインドネシア産の米の国内価格を、世界価格より低めに設定してきた。尿素肥料の輸出が貿易省からの特別の認可がなければ輸出できない輸出ライセンス制度の下でも、化学肥料を世界価格より低い安定した価格で農民に供給する政策を続けてきた。つまり米増産も、多額の投入物への補助金支出に支えられた「コストのかかる」政策であった（Warr）。

このように農民支持政策が実施されたにもかかわらず、全体的にみて、農業セクターへの補助・保護の程度は低かった。例えば、一九八二〜一九九〇年の米の国際価格・国内価格比は〇・九一であり、生産者価格・国境価格比も一九七六〜一九八〇年平均で、〇・九八と一を下回っていた。ただし砂糖（国際価格の四〜六倍の価格）、大豆、畜産物などは、例外的に手厚い保護を受けていた（Hill　第七章）。

一九九七・九八年の経済危機後、ＩＭＦがその融資のコンディショナリティの一環として要求した政策変更によって、ブロッグの米独占販売権は廃止され、輸入業者が関税ゼロで自由に輸入できるようになった。しかしルピアの大きな下落によって、インドネシアの米は輸出財になりうる可能性がでてきたため、政府は国内価格の高騰を恐れて、輸出を禁止する措置をとった。危機が一応終焉した後には、米輸出へのインセンティブも消え失せた（Warr）。

一九九八年、貧困者向けに補助金付きで米を支給するプログラムＲＡＳＫＩＮが始められた。財務省は、通常価格と貧困者が支払う価格との差額に、貧困者に支給される米数量をかけた総額をブロッグに支払うことになったが、いうまでもなくこれは政府の財政負担となる。このように政府は農家を支援するために米価格を高く支持し、他方では貧困者を助ける政策を採用しているのである。そこで国内価格を維持し生産を刺激するために、一九九九年九月に一部の米につきブロッグの独占的輸入制度が再開された。砕け米含有率五％以内の上質米のみ無関税自由輸入が続けられ、他の品質についてはブロッグのみが輸入可能となった。

二〇〇〇年七月のＩＭＦとの合意により、同年一月一日に遡ってブロッグ、輸入業者にかかわらず、すべての米輸入に一kg当り四三〇ルピアの関税が課せられるようになった。しかし、二〇〇二年になってブロッグは米輸入の独占権を回復させ、かつ特別の不足の時は別にして基本的には米輸入が禁止されるようになった。そして現在まで、ほぼこのような状態が続いているのである（本台）。

米の価格動向を見ておこう。危機前の一九九五年には、国内米価はほぼ国際市場での米価と同等であった。だが、二〇〇〇年代に入ってからは、徐々に国内米価は国際米価を上回るようになった。二〇〇八年に一時的に世界市場で米価は高騰した。しかし、その後世界米価は停滞を続けているが、国内米価は上昇を続け、二〇一七年初めには世界米価の三倍程度になっている（Patunru）。

さて、食糧農業政策は前世紀末の経済危機後の回復のために、世界銀行等から融資を受けるための条件として、政府介入型であった農業関連の法や制度の構造改革を実行した。その一環として、大統領直轄だったブロッグの役割は大幅に削減された。こうして、いったんは自由化の方向に向かった。しかし二〇〇〇年代半ば以降現在は米、砂糖、さらに牛肉に関して量的な輸入規制が再導入されている。米と砂糖については重量税が適応されている。(11)

この流れを引き継いで、ユドヨノ政権は二〇一二年一〇月、構造改革のためにスハルト政権時代の法を一九九九年に改定した食糧法を再度改定し、「農業の再活性化 tujuh gema revitalisasi」と「食糧自給の早期達成計画 ketahanan pangan」とを名分とする新食糧法を制定した。この新法は、二〇〇〇年代中頃以降、保護主義的傾向を強めた食糧政策を追認強化するものであり、食糧主権と食糧の自立化という二つの原理を謳っている。また、米など基礎的食糧品の価格安定政策や流通対策は、表面上民営化されたブロッグによって担われるようになった。安定化のための食糧在庫最高二〇〇万トン前後の維持は引き続きブロッグの担当となっている。また、貧困層向けの低価格コメ供給プログラムRASKINもブロッグが担当している（米倉二〇一四年）。このようなインドネシアの農政について、OECDは、米、小麦、砂糖、大豆、一部農園作物については、輸入関税や輸入制限措置を課してとりわけ保護的である、と指摘している（OECD）。

　歴史を振り返ってみると、現在の食糧農業政策の原型は、改良高収量種子・化学肥料・営農資金を村落レベルで政府主導で設立された村落共同組合KUDを通じて提供するという、スハルト政権が始めた米増産計画「ビマス計画」であったことがわかる。この米増産計画は、輸入に依存していた米を国内、とくにジャワで増産させるとともに、ジャワの小規模米作農民の所得を上昇させるという目的をもったものであった。食用作物産農家（穀類、マメ類、イモ類、野菜、果実など）の平均耕作面積は、ジャワでは〇・三ヘクタールという規模なのである。[12] このような零細規模での米作においても、近年農業機械が導入されたことで、それなりに「規模の経済」が実現できる条件が生まれているが、我が国の米作と同様に、零細農地という構造的問題が解決されておらず、米作における労働生産は低いままに停滞しているのである（Antriyandati & Fukui）。

　ユドヨノ政権以来、農民に対する普及活動は、基礎村落での農民組織クロンポック・タニと村単位と村を超えて統合したクロンポック・タニ連合 gapoktan を通じたクレジットスキームなどを実施しようとしている。また、ユドヨノ政権が計画し、現ジョコ・ウィドド政権が実施している「村落基金 dana desa」も、村落という基層社会を通じて、村落の総合的開発をおこなおうとしている。これらの動きを見てみると、スハルト政権下でのフルセット主義開発の一環であった農政、特に米政策が、その基本を残しながら、新しい時代に見合うような形で再現されていると捉えておくべきであろう。

国家主導の福祉政策

第一章で述べておいたように、最低賃金法は、一九七〇年代初めに制定されていたが、一九八七年に本格的に適用され始めた。この最低賃金法の適用が、製造業の業種間に限ってではあるが、賃金格差にかなりの影響を与えていたことが『インドネシアの経済史　一八〇〇―二〇一〇』（Zanden and Marks）「第九章」で確認されている。最低賃金法が本格的に適用された一九八七年の前年に、過大評価されていたルピアの大幅な切り下げが実施された。この為替レートの切り下げは、石油輸出への依存から脱却して新たな輸出産業の育成をおこなうという政策変更を決定した結果であった。この新しい政策の下で、繊維、衣料、箱物、単純電気備品といった労働集約的製造業製品の輸出が拡大していった。石油という天然資源集約的業種から労働集約的業種への移行は、不熟練労働者賃金と熟練労働者賃金との格差を縮小させていった。そしてさらに、最低賃金法の本格的な実施も、不熟練労働者賃金の上昇にかなり寄与した。最低賃金法が、賃金格差の是正にそれなりに影響をあたえてきたことは否定できないであろう。

さて、一九九七年危機に直面して、スハルト政権は世界銀行からの構造改革融資を受け入れたが、その条件として、政府の経済への介入を最小限にすることを約束した。しかしこの時期は、物価が大高騰し、また失業も増大していた。こういう状況下で、失業者や貧困層への対応をせざるをえなかった。世界銀行もこのことを容認し、社会的セーフティーネット政策を実施することになった。この任務を国家開発庁に任せたが、準備不足もあって有効な政策は実施されなかった。

しかし、危機後の世界銀行からの融資をそれなりに支払い終えた二〇〇五年に、ユドヨノ政権は、貧困削減政策に本格的に着手し始めた。そのはしりは、低所得者を対象とした、市場価格より安い価格で米を購入できるようにする社会的保証カードの支給であった[13]。また二〇一四年から、低所得層を対象とした健康保険プログラムが実施されている。その後、ジョコ・ウィドド政権に入ってからは、正式に登録していない仕事場や自営業であるインフォーマル経済に多数いる低所得者に、保健カード、教育カード、家族カードを配布している（Suryahadi and Izzati, McCarthy and Sumarto）。これらは、まさに条件付き現金移転政策といってよいであろう[14]。以上のように、ユドヨノ政権以降、貧困層をターゲットとした福祉政策が実施され始めた背景には、家計所得の分配状態を示すジニ係数が、二〇〇二年の〇・三三から二〇一六年に〇・四六へと急速に上昇していた事実があったのである（Suryahadi 他）。

第四章　タイ　現在まで

初期成長局面　サリットの温情的独裁政治からプレームの「半分の民主主義」へ

一九五七年のサリット政権の成立から一九七三年の学生革命までの時期は、サリット、タノーム、プラパートなどの軍人とテクノクラットの同盟を中心とする「温情主義的独裁政治」（チャルームティアロン）体制下での「開発の時代」であった。そして、この時代の経済開発に関して決定的な影響を与えたのは、サリットによって一九六〇年前後に採択された政策体系であった。

その第一は、外資系企業も含めた民間企業活動の自由を保証したことである。保護関税の設定とその下で育成されるべき産業分野についての大雑把な明確化という政策介入はあったが、その枠組の下での外資系・中国系を含めた民間企業の経済活動の自由は保証された。育成されるべき分野での民間企業間での過当競争を避けるための政府による投資調整といった政策介入は、ほとんど排除されていた。また、優先企業への低利での融資といった金融面での政策誘導もほとんど実施されていなかった。第二に、政府の役割は道路等インフラストラクチュアの整備に限定されていた。そして第三に、国家財政収入確保の目的からの農業への課税は、米・ゴム等の輸出への課税だけに限定され、国内での商人・農民の自由な商業・生産活動への介入はおこなわれなかった。サリットが採用したこのような「市場に友好的な」政策体系に対しては、それまでの商業活動で利潤を蓄積していた中国系を中心とする層が積極的に反応して、輸入代替工業化の担い手となっていった。彼らは自由に経済的利益を求めて活動しえたために、関税賦課によって国内に拡大したビジネス・チャンスをうまく活用してその経済活動を展開していき、一九八〇年代に入ってからは輸出を主軸とする企業活動を展開するようになってきた。

タイにおける「民主主義の時代」の幕開けであった一九七三年から一九八八年までは、「権力共有の時代」であった（白石　第七章）。この時期に関しては、一九八〇年三月現役の陸軍総司令であったプレームが国王によって首相に任命され、一九八八年八月まで長期政権が続いたことに注目しておくべきであろう。この時期、総選挙は実施するが首相は軍のトップから選出し、下院議員と同数の上院議員を任命し、民選議員の国会での活動を監視するという「半分の民主主義」期であったといわれている。

この時代、経済開発の波が押し寄せてきたタイの地方都市では、土建会社、ホテル、バス会社の経営などによって財を蓄えた地域ゴッドファーザーが誕生し、やがて一九八〇年代半ばともなると、こうした地方有力者がそれまでバンコク在住のエリートが掌握していた政党に多大な影響を与えるようになった。こうしてタイの政治は、一九八八年以降、政党政治、金権政治の時代に入った。そして経済でも、貿易、投資の趨勢に大きな変化が起こった。金融面では、一九九二年六月の貸出金利上限規制の撤廃、一九九三年三月のバンコク・オフショア市場の業務ライセンスの発給、産業投資面では一九九二年八月の石油化学製品製造の自由化、一九九三年一一月の乗用車組立工場の新設禁止措置の撤廃と自動車製造の完全自由化などが矢継ぎ早におこなわれた。そして、高度成長、バブル経済化、さらに済危機へと、激変を経験することになった。

白石が的確に整理しているように、サリット時代からの四〇年間を俯瞰してみると、政治参加の拡大という意味で「民主化」は進展したが、一方で国内政治構造も「分裂」し、さまざまな社会的利害対立を架橋する戦後日本の自民党のような包括的政党は、成立しなかった。タイにおける金融の自由化、為替・資本取引の自由化はこのような政治的文脈の中で政党政治の時代に実現された。政党政治の時代、政権は連立与党に支えられ、閣僚ポストは連立与党参加政党の議員数に応じて配分された。かつてサリットの時代に開発計画実施機関として設立され、イギリスで大学教育を受けた経済学者プォイが管理した大蔵省予算局は政党政治家の利益配分センターと化し、政策形成に果たすテクノクラットの役割もはるかに小さくなった。一九九七年の通貨危機のきっかけとなったバーツをドルにペッグさせる為替政策が、大蔵省と中央銀行で合意でき、しかも政党政治家の反発を受けない現状維持の安易な選択であったことは否定できないであろう（白石　同上）。

経済発展につれて労働市場でも大きな構造変化が生起していた。元来労働力の取引は市場にとってはいささか厄介なものといえ、有能な人材の配分に際してはそれ自体純経済制度とはいいきれない学校が、各勤労者のもつ能力を、人材を求めている企業者に知らせるシグナルの機能を果たすようになってくることが多い。タイでも現在労働力の取引・配分に関して、学歴が決定的に重要な機能を果たすようになってきている。そして女性の就業率も上昇しかつその高学歴化が進み、都市部での女性の結婚年齢も上昇し、子供の数も減少し始めた。そして現在、タイでは「人口ボーナス」期は終焉しているのである。

歴史的視点からは、タイ経済は常にその時々の世界市場・経済状態の変化に柔軟に適応しながら発展してきたといえる。一九世紀後半の米の輸出経済化の時代から今日の工業製品輸出の時代まで、タイの経済発展は常にタイをとりまく世界経済の状況変化に柔軟に適応してきた漸進型産業化であったといってよい。国際比較の視点から考えてみるとタイは、「国際市場のその時々の変化に柔軟に適応しながら、その後で国内に生起した諸問題に補償手段でもって対応する」しか生き残れない「小国」（Katzenstein）であったといえる。

第二成長局面　民主主義タクシン政権とその後

さて、一九九七年、タイはバーツ売りに端を発した大きな金融危機から経済危機に見舞われた。先にふれたバーツのドル・リンク政策によって、一九九〇年代に入ってからバーツの過大評価が続き、貿易収支が悪化し続けていた。これが大きな要因となって金融危機が発生した[15]。危機直後にタイが事実上のＩＭＦ管理体制下に入ったことで、それまで政権の安定を人質に自分たちの利権を守ってきた集団は、政策決定への強い影響力を発揮できなくなった。また、この一九九七年には政治制度面でも重要な変化があった。先にふれたような「半分の民主主義」体制を「本格的な民主主義体制」に変革させることを目的として、新憲法が公布され、「民衆の政治参加拡大」を大義名分として「小選挙区比例代表制」が導入された。この選挙制度の下での二〇〇一年二月の総選挙で、「タイ・ラック・タイ（タイ国を愛するタイ人）党」が勝利し、「民意」の支持の下に党首タクシンの政権が誕生した。そして、デモクフシーではなく「タクシノクラシー」とも呼ばれる、「国のCEO」としての首相が「国の創造的破壊」を目指す政治が展開された。その一環として、一九九〇年代初めのチュアン政権時代の地方分権化政策に対抗して、「チャンワット（県）」行政の再中央集権化も進められたのである（末廣　第五章）。

タクシノミクス

タクシンは「世界資本主義の時代についていかねばならない」と宣言して「タイ王国の現代化」を政策アジェンダの中核に据えた。この「タン・サマイ（時代についていく）」改革の最重要アジェンダとなったのが、「官僚ではなく政党が主導する」方向への行政改革であった。政権誕生後すぐに、従事している公務員の数か、サービスに費やしている時間のどちらかについて、現行の最大限五〇％の削減を目差す公務員制度の現代化という大改革を始めた。こうして「半分ではない民主主義の時代」が到来した。このような事態の展開の背後には、それまでのようにグローバルに展開する資本主義のネットワークに受身で適応していくだけでは二一世紀の国際経済競争を生き延びていけないのではないかという不安感があったことも間違いないであろう。

危機後の経済再建政策として、「タクシノミクス」として知られる経済政策は、都市部の大規模ビジネスと農村部の草の根経済の振興・発展を同時に実現させようという「デュアル・トラック政策」であった。まず、都市部にある産業の中で、食品加工、自動車組立、ファッション産業（繊維・衣類、宝石等）、観光産業、ソフトウェアの五つにおいて競争力を強化するという戦略であった。輸出が急速に増加していた電子・コンピューター部品産業は、国際価値連鎖の中で付加価値の低い部分しかタイは比較優位をもたないという判断で、競争力強化のターゲットからは外された。さらに、中小企業開発銀行の設立など地場の中小企業での生産性向上を図る政策も採用された（末廣　同上）。

一方、農村に対しては、農民の負債削減や医療補助金の支給をおこなう。そして同時に、村落基金や人民銀行を創設して、農民のマーケティング能力を向上させるための一村一品運動を組織化した。さらに既に存在していた籾担保融資制度による米価支持制度も使い始めた。まさにタクシン政権は、「生産性の政策」と「再分配の政策」というデュアル・トラック政策を採用したのである。

　このように、いくつかの産業での一層の競争力強化という現代化と同時に地方の農民の保護という「デュアル・トラック政策」が採用された。その目的をタクシンは以下のように説明していた。「タイがその潜在的な国力や経済力を発展させていくためには、輸出の拡大と通貨の安定が不可欠であり、外国資本の呼び込みがきわめて重要です。しかし外国資本から利益を得るのは都市部のビジネスだけです。一方、農村部のセータギット・ラークヤー（草の根経済）は、機会さえあれば十分発展する潜在能力を持っています。ですから、彼らの能力を十分に引き出すためには、政府は投資資金やマーケティングの面で支援しなければならないのです。」末廣も指摘しているように、このような経済政策は、中進国化が不可避的にもたらした都市と農村との所得格差是正のために必要とされたものであったことも確かである（末廣　同上）。

　特に後者の「草の根経済」の発展は、経済危機に見舞われた一九九七年一二月四日の国王の次のような誕生日講話を意識したものであった。「近年、人々は大きな虎になるのに狂奔してきた。しかし重要なことは虎になることではなく、自分たちの足で支える『セータギット・ポーピアン（足るを知る経済）』だ。今の経済の半分、いや四分の一を『足るを知る経済』に変えるだけでも十分である。」具体的には、複合農業、コミュニティ開発、環境との共存といった方向での地域農業開発の勧めであった（末廣　第四章）。この発言を巧みに踏まえて、タクシン政権は多額の補助金を交付して「一村一品」運動を全国規模で展開させたのである。

　タクシン政権は、公的債務削減を強く進めた。電話電信公団の運営において、銀行からの借り入れを極端に嫌い、内部留保、社債、株式に依存する直接金融方式をとった。このように、各種の国営企業の資金調達への公的関わりを削減することを断行した（末廣　第五章）。それまで、政府貯蓄銀行ＧＳＢ、農業・農協銀行ＢＡＡＣ、政府住宅銀行ＧＨＢという政府が管理する政策銀行三行が「事実上の補助金」といえる低利融資で国営企業を支えていた。しかし、タクシン政権は、これら政策銀行の資産運用先としての国営企業への貸し出しを大きく低下させた。そして国営企業の民営化と同時に、その活性化を資本市場への上場によって実現させることを図った。ただ、これらの政策には、商業銀行が大反対した。タクシン政権には、国営企業を民営化して証券市場を活性化し、証券市場中心の直接金融型システムを作りあげるという関心が強く、他方で商業銀行への抑圧というスタンスがあった。

産業政策

危機後には、タイの大企業は危機前とは違った企業行動を取り始めた。危機前の世界市場向けの製造業の活動ではなく、非製造業に重点を移し、またタイ国内市場と近隣諸国の市場向けの「ニッチ志向型 niche-oriented」活動に重点を移してきた。そして、危機後の大企業のこのような戦略変更には、政府はほとんど関与していない。このような政府の政策は、サリット政権以来の個別産業レベルへの非介入という伝統を引き継いだものでもあったのである。

また、タイのGDPに占めるR&D支出の比率をみると、一九九九年〇・一二%、二〇一〇年〇・二四%であり、インドネシアのそれぞれ〇・〇九%、〇・〇三%よりは高いが、その他のアジア諸国に比べて、格段に低いのである（Suehiro）。

さて、タクシン政権誕生後の工業化の一つの事例として、第一章で指摘しておいたように、二〇〇〇年代に入って、比較優位度を強化してきた自動車産業を取り上げて、その成長のプロセスをみていこう。一九六〇年代、タイは、各種部品を輸入して、タイ国内市場向けに、組み立てた自動車の生産を始めた。一九八〇年代半ば以降、プラザ合意による急速な円高のなかで、日本の自動車企業は、タイ国内だけでなくアメリカ、西欧市場向け生産を目指して、タイ国内に進出し始めた。そして、自動車組み立てに必須のエンジンや部品を生産する裾野企業、サプライヤー企業に対してタイ国内で部品生産をおこなうように誘導した。特に注目すべきことに、エンジン組み立てメーカーは、全車種ではなく、商用車としても乗用車としても利用できる一トンのピックアップ・バンという特定の市場セグメントだけに焦点を合わせることで、「規模の経済」を実現させたのである。

タイは、日系自動車企業の直接投資の導入によって、国際サプライチェーンに加わったが、政府は自由放任戦略はとらなかった。貿易政策とＦＤＩ政策は極めて自由主義的であったが、現地調達規制が戦略的に使われた。そのひとつがタイ国内でのエンジン生産促進計画であった。タイ国内でエンジンを組み立てるに際しては、タイ国内で加工されたエンジン部品を使うことを義務づけたのである（ボールドウィン　第九章）。

さて、一九九七年にタイを襲った金融・経済危機は、大企業にも大きな衝撃を与えた。この危機という「目覚まし時計」が鳴ったことで、タイの大企業界は、資本や市場を日系を中心とする外資だけに依存してきたことが危険で間違っていたことを知り、特に技術力の弱さを自覚し始め、例えばＣＰ系企業集団などは自らのＲ＆Ｄ活動に積極的に取り組み始めたと、パタラポンは評している（Patarapong Intarakumenerdin）。

多国籍企業とそれと深く結びついていたタイ系大企業は、自らの技術能力の拡張に積極的に取り組み始めた。その代表例として、自動車業界の動きを紹介しておこう。トヨタ、ホンダ、日産やいすゞといった日系企業は共同してＲ＆Ｄのための技術センターをタイ国内に設立した。このセンターの活動を通じて、日系企業に関連する部品を供給するタイ企業はエンジニアリングやデザイン等の開発を促進し、またタイの大学も自動車産業に特化した研究支援をおこない始めた。そして、設立された技術センターは、Ｒ＆Ｄ活動を促進させ、また同時に多国籍企業間の協力を深化させる中間組織 intermediary organization として機能したのである。同様の動きは、自動車産業だけでなく、電気機械業でのハード・ディスク・ドライブＨＤＤや冷凍水産物業でもみられたのである。

こうして二〇〇〇年代に入って、タイは、自動車を中心とする輸送機械類の集積地として存在感を増し、輸出によって成長する経済へと転換した。さらに国内の中間財生産も伸び、結果として中間財の輸入依存度が低下し、中小企業を含む日系のサポーティング・インダストリーが一気にタイへ進出し、自動車産業の裾野も広がった。先にふれた軽ピックアップ・バンの自動車も、「ニッチ志向型」の一例といえるであろう。エネルギー輸入は急激に伸びたが、完成品や機械の輸出が伸びたことで、全体として黒字貿易に転換した。直接投資は一九九七年の危機後も逃げず、むしろ増えた。このように前世紀末の金融危機から回復する過程で、タイ経済は製造業の大きな生産拠点に変貌し、アジアのサプライチェーンの重要な一角を占めるようになり、タイ国内での付加価値増大に寄与するようになってきた。(16)その背景には、危機後、現地の中小企業に対する企業診断制度が導入されたこともあった。それは中小企業に対して、経営上の診断と助言をおこなうサービスで、診断、助言が融資と結びついて、初めて中小企業支援として効果を発揮しうることを狙った政策であった（大辻　第三章）。

さらに、パタラポンは、タイは、もはや外資に資本から技術まですべてを依存するような経済ではなくなっている、しかし、外資や大企業とは関係の薄い厖大な数の中小企業の技術能力は低いままに停滞し続けていることを強調している（Patarapong　前掲書）。この事態は、日本での一時期大きな問題として注目を浴びた「大企業と中小企業との二重構造」という問題と非常に類似しており、これからのタイ経済の持続的成長にとっては地場の中小企業での生産性上昇が決定的に重要となってくる。そのためにも、先に触れたような中小企業診断制度など、日本の中小企業政策からの教訓を再検討することが急務となっているのである。

農業政策

タイの農政は、農業搾取という点で「途上国型農政の典型」であったといえる。タイの中核的農産物である米においては、一九七〇年代前半にはその名目保護率はマイナス三〇%、つまり国内価格が世界価格から三〇%程度低かった（Warr）。一九六〇年代から一九八〇年代半ばまで、輸入代替産業を保護する政策の結果、国際収支は常に赤字となり、為替レートは過大評価される傾向にあった。そして米への輸出関税と為替レートの過大評価は、農家庭先価格を抑制することを通じて、農業発展に負の影響を与えた。このような政府介入によって最も利益を得たのは、都市住民でなおかつ最も裕福な家計であった。一方、農村住民、とくに稲作農家は最も大きな被害を受けた。一九八六年まては、ライス・プレミアム、輸出税、輸出割当制などの政策が講じられ、国内価格は国際価格より低くなる傾向にあったが、実質米価はこれらの政策のために安定していた（Siamwalla and Setboonsarng）。

一方、灌漑開発などのインフラ整備、種子代・水利費・化学肥料費への補助金や農家への低利での信用供与など、各種農民支援事業が実施されており、輸出税の撤廃と合わせ考えると、一九八〇年代以降農業政策は農業保護に転換してきたといってもよいであろう（福井）。タイでは、尿素肥料は基本的に輸入に依存していた。その輸入関税は、一九九〇年代に入り低減され始め、二〇〇〇年代になって以降、ほぼゼロとなっている。これも、農業保護政策の一環であろう。

さて以下、米政策の展開をより詳しくみておこう。第二次大戦の戦後処理を巡って、タイ政府は連合国側に米で賠償金を支払う必要が生じたことで、流通への介入による米輸出の国家独占管理が始まった。一九五五年にこの国家独占が廃止され、米輸出への輸出プレミアムが始まった。その後、それ以外の課税が加わり、商業省が徴収する重量税プレミアムと、財務省が徴収する従価税である輸出税との体制となった。一九七四年これらの課徴金を原資にして農民援助基金が設立され、この基金が農業振興策に使われるようになった。

一九七八年から一九八五年まで、政府は生産費をカバーできる生産者米価を実現することを目的として「政府指導価格」を発表し続けた。だが政府による買い上げはごくわずかでしかなかった。一九八一年には、政府の権限で農協にこの指導価格を厳守させ、市場価格よりも割高で米を買い取らせたこともあった。そして一九八二年から、保有している籾米を担保にして、政府系金融機関ＢＡＡＣから時価の八割相当額の融資を六ケ月間低利で、農家が受け取れる「籾担保融資制度」が開始された。この制度では、農民は収穫直後の低米価時の販売を避け、値上がりを待って売ることができる。逆に米価が上昇しない場合には、担保流れにする。アメリカの商品融資スキームとほぼ同じこの制度は、現在まで続いている。

一九八六年にライス・プレミアム制度は廃止されたが、その後も農民援助基金は、引き続き農協の米集荷基金や米倉庫建設資金の低利融資に活用されてきた。二〇〇〇年代に入ると、質入れプログラムによる籾の買い付け量の比率は、総生産量の一〇数％から二〇％に上昇した。そして一〇年間で、農家は生産を刺激されて、年三回も稲を作付けするようになり、米の生産量は一・四倍に増加している。

二月にタクシン政権が誕生した二〇〇一年には、一五年ぶりに米価が暴落した。精米業者からの籾買い入れ拒否が相次いだこともあって、農民による国道占拠デモが発生した。こういう事態を受けてタクシン政権は、農村の貧困対策を進める一方で、トン当たり市場価格より一五〇〇バーツ高い価格で、二ケ月間で総量八七〇万トンまで買い上げる米市場介入計画を公示した。タイ米の輸出量がこれまで最高で精米七五〇万トンであったことを踏まえると、この計画はそれまで自由市場を原則としてきたタイの米政策を歴史的に転換させたものであった。市場価格に比べて一五〇〇バーツ高という価格支持は、稲作農民への政府助成であり、WTOをはじめとする貿易政策との間に大きな矛盾をはらんだものであった（山本）。

こういった政策が採用された背景には、一九八〇年代以降の農民・農村の変化、とりわけ自分たちの要求を政治に反映させせようという農民運動の高まりがあった。そして、タイの政治家は、農村票が金ではなく「政策」によって集められることをはっきりと認識するようになった。市価よりもかなり高く質入れ価格が設定された時は、二〇〇一～〇二年と、タクシンが都市部住民の厳しい批判にさらされていた二〇〇六年、そして親タクシンのサマット政権が反タクシン派と激しい政治闘争をしていた二〇〇八年である。とりわけこの二〇〇八年は、米の国際価格が前代未聞の水準に跳ね上がり、籾価もトン当たり一二〇〇〇バーツと半年前の二倍であった時に、政府は一四〇〇〇バーツという質入れ価格を決めているのだ（重富）。

BAACの政策金融には参入制限があり、支店網もしっかりしていたことから、低利で貯蓄を集めることができ、かなりの超過利潤があり、農村への資金供与を続けることができていた。しかし、二〇〇四年頃から不良債権問題が顕在化してきた中で、質流れとなった米は政府の在庫となり、政府は米の余剰在庫を抱え、BAACの不良債権も肥大化した。農家は生産を刺激されて年に三回も稲を植え、政府は価格支持で引き受けた米を在庫とした。輸出業者にこの在庫を入札で販売する。しかし、この価格はしばしば買い付け価格どころか、市場価格以下になる。つまり、この市場価格以下での業者への売り渡しは輸出補助金をつけていることなのである。インラック政権は、二〇一一年一〇月から始まる一年間で、三七六〇億バーツをこの質入れプログラムに投入した。これはGDPの三・四%に相当する。だが買入米を安く販売することで、約三分の一に当たる一三四〇億バーツが損失となってしまった。

「タクシン・ポピュリズムは金銭的な恩恵と同時に、一票によって自分たちの利益が実現するという政治的な覚醒を与えた。」「タクシンの政策もばらまきだが、一定の普遍性があった。インラックの政策は第二世代のポピュリズムといえる。アイディアは底をつき、特定層を優遇し、財政規律も踏み外すようになった。」「この制度に依存させることで、農民の自立を奪い、かつコメ市場も歪める。」こういった批判が声高に叫ばれるようになっていたのである。

国家主導の福祉政策

既に第一章で指摘しておいたように、経済成長が首都圏以外の地域に伝播したことで、地域間不平等は縮小し、家計所得の不平等化の要因としては、家計世帯員の学歴格差が最重要要因となり、学歴格差に対応した賃金格差が拡大してきている。さらに、タイの家計所得のジニ係数は一九六〇年〇・四一、一九八〇年〇・四三、一九九〇年〇・五四、その後低下し、二〇一〇年に〇・四八へと低下した(17)。しかし一九九〇年以降の低下にもかかわらず、二〇一〇年の〇・四八は東南アジアでは最大なのである（Phongpaichit and Baker）。

また、二〇一二年の土地局のデータに基づいて推計された「所有権が公的に認められている土地」資産の家計間ジニ係数は、全国で〇・八八六、バンコク圏で〇・九二、東北タイで〇・八五となっている。さらに、二〇〇六年以降、年二回の家計社会経済調査に資産という項目が付け加わった。この社会経済調査の二〇〇六、二〇〇七、二〇〇九年の結果に基づいて家計間資産のジニ係数を推計すると、全資産で二〇〇六年〇・六七八、二〇〇七年〇・六七二、二〇〇九年〇・六五六となっている。家屋・土地・建物のジニ係数は、〇・八八二、〇・八八二、〇・八八四、また金融資産では〇・八五二、〇・八五五、〇・八四九となっているのである(Achavanuntakul, Rakkiatiwong and Direkundomsak)。

タイにおいても、一九九〇年代まで、この不平等化は、経済学者や政策担当者の間では、経済成長に一時期だけ伴う現象で、いずれは成長のトリックル・ダウンによって解消されると考えられていた。しかし、上記したようにタイでは、いくつかの指標でみて、家計間での所得や資産の分配の不平等化は解消されることはなかったのである。にもかかわらず、不平等解消に向けての政治の取組みがみられなかったのは、政治的意志が欠如していたからである(18)。

しかしながら、二〇〇〇年代以降、タイでも政治の民主化が進んだことで、分配の不平等化が政治課題として表面化して、それへの取組みが始まった。タクシン政権の国民健康保険スキームとマイクロ・クレジットの導入、また農産物価格への補助金供与がそれである。

タクシン政権以降の政治的混乱も、この格差問題と無関係ではなかったようだ。いわゆる「赤シャツ・グループ」は、決して貧者だけのグループではなく、経済成長で所得を上昇させてきた「新中産層」なのである。そしてこのグループは、政治的レトリックとして「我々は、旧い領主に奉仕するプライ（平民）である。この不平等を解消せよ」と要求していた。一方、これに対立した「黄シャツ・グループ」は、赤シャツ・グループと同様に、不平等に焦点をあてて、赤シャツは貧者であり教育水準が低い「野獣」であるというレトリックを使用した（Phongpaichit and Baker）ようだ。

いずれにせよ、こうした政治的混乱もあって、家計間・個人間での経済格差を是正する政策が実施されるようになってきた。その一つが、自営業者・農業従事者を国の社会保障制度の対象として包摂する試みである。また二〇一七年四～五月から貧困者登録が始められた。対象は、一八歳以上、失業中か年収一〇万バーツ以下とされた。そして約一一五〇万人が登録し、国家福祉カードを受け取っているのである。

終章　成長局面移行に伴う政策の変化

旧開発主義的局面から新開発主義的局面へ

さて、本書第四部『日本経済の一五〇年』で論じておいた成長局面分析、成長局面の定義とその移行という論点を念頭において、インドネシアとタイの開発政策の歴史を次のような二つの成長局面に区分しておこう。

まず初期成長局面である。この局面は、一九七〇年頃から二〇世紀末までほぼ三〇年続いた時期であり、「輸入代替」ないし「インワード・ルッキング」政策によって、低所得経済からの離脱を目指す第一次のキャッチ・アップ型成長がみられた時期である。その背後にあった政策理念とは、産業セクターに焦点を当てたキャッチ・アップ型産業化、さらにいえば赤松の雁行形態論にそった「日本のキャッチ・アップ型成長」モデルであったといえよう。次の成長局面と対比するために、この初期成長局面の開発体系を「旧開発主義」と名付けておこう。

しかし、同じ旧開発主義政策であっても、インドネシアとタイとでは、その政策体系に大きな差異があったことも見落としてはならない。インドネシアは、植民地から独立した国民国家の建設という大きな課題に直面していた。その一環としての開発政策は、スカルノ大統領時代に実施されたオランダ企業の国有化などを前提として、ジャワと多くの外島を含んだ広大な領域の開発を主眼としていた。まさにスハルト政権が採用した「フルセット型」開発戦略は、国家が積極的に経済に介入して、キャッチ・アップ成長を図ろうとしたものであった。そして、人口規模も大きく膨大な規模に達する国内市場に向けて、ほぼすべての産業を成長させようというフルセット型産業化政策が採用されたのである。

一方、タイは、一九世紀後半から、西洋の影響下で自由貿易政策を強制され、外に開かれた経済政策を取り続けてきた。そして一九五〇年代後半以降、キャッチ・アップ型成長が政策目標として採択された時にも、輸入代替のための国境での輸入関税を高い水準に設定する政策がとられたが、国内の民間企業への介入はおこなわれなかった。まさにタイとは、国際市場の変化に巧みに対応していく「小国」であったのである。

次いで第二の成長局面である。これはタクシン政権誕生、そしてユドヨノ政権誕生以降から現在までの局面である。この局面での産業政策の基本は、高所得経済に到達することを目的とした、海外からの直接投資の受け入れと輸出拡大によって、中所得水準からの高所得水準への到達を目指す第二次のキャッチ・アップ成長を実現させることを目的としている。このような政策は、二一世紀型のグローバル・バリューチェーンへの参入、つまりセクターではなくフラグメントされた諸工程の中の一つに焦点をあてた成長を実現させようとするものである。初期局面での開発理念が、日本の工業化の場合のように「産業セクター」全体の育成を目指した雁行形態論であったのに対して、この産業政策は、「生産工程・機能」の強化を目指すポスト・雁行形態論モデルに基づくものといえよう[19]。

この局面における産業政策も、インドネシアとタイとでは、その様相は異なっている。二一世紀に入ってからの、インドネシアの製造業製品の世界市場での比較優位指標をみると、繊維製品・衣類がその程度を減少させているが、比較優位性を持続させており、またプラスチック・ゴムはタイと同様に比較優位性を強めている。その一方で、二輪車を除くほとんどの機械・器機はいまだ国際競争力をもっているとはいえない（第一章参照）。確かにインドネシアでの乗用車の生産台数は東南アジアで最大であるが、それは基本的にインドネシア国内市場向けなのである。果たして、インドネシアはこれから乗用車の輸出国となりうるのであろうか。ただし、先に紹介しておいたが、ユドヨノ政権の政策文書に、中小企業を製造業のバリューチェーンに組み込むことが強調されていたように、インドネシアもグローバル・バリューチェーンへの参入を通じて、製造業部門での生産性向上を試みていることは問違いないであろう。

一方、二一世紀に入ってからのタイの製造業製品の比較優位指標をみると、二輪車、乗用車、いくつかの自動車部品等の輸送機械のRTAがプラスとなっており、その輸出競争力が近年強化されて、輸送機械は、重要な輸出品となってきている。またプラスチック・ゴムという化学工業品も輸出競争力を強化している。さらにエアコン等の電気器具も輸出競争力を強めているが、タイの輸出総額に占める電気・電子製品の比率は急速に低下している（第二章参照）。このように、二一世紀になってから、輸送機械がタイの輸出を主導する産業になったのは、第三章でふれておいたように、一九八〇年代後半からタイ政府が採用した産業育成戦略があったからである。そして現在タイは、グローバル・バリューチェーンの一角に参入して得た利益を、いかに国内の関連産業にまで普及させるかという課題に取り組んでいるのである。

もう一つの基本政策としての所得再分配政策が、はっきりと政策アジェンダのなかに登場してきている。旧開発主義の成長局面では、近代産業の保護育成が主眼であり、その影響で生じる国内での所得格差の拡大という問題は、政策課題としては表面化していなかった。しかし、二〇世紀後半の高度成長によって、既に格差の拡大という問題はもはや軽視できない政策課題となって表面化してきたのである。そして、タイと同じくインドネシアでも、政治制度が民主化され政党政治体制に入っていたことも背景にあった。この再分配政策をも重要政策課題として取り入れた開発体制を「新開発主義的」体制と名付けておこう。[20]

また、再分配政策とも深く関連する食料農業政策の展開においても、インドネシアとタイでは、大きく異なっている。食料の主役である米政策をみると、インドネシアではスカルノ政権時代にすでに、輸入に依存しない自給を達成させる政策が採用された。この政策はスハルト政権下で本格化した。スハルト政権下でまずジャワで展開された米増産計画は、デサと呼ばれる村落単位ごとの協同組合KUDを設立し、それを通じて、米の高収量品種と一緒に補助金によって安価になった化学肥料を農民に供給することを通じておこなわれた。これは米増産と同時に、零細規模のジャワ農民の所得上昇を実現させるものであった。そして、KUDはスハルト体制を支える政治団体ゴルカルの農村部における組織でもあった。食料増産政策もまたこのように、国家が強く介入したものであったといえよう。

一方、タイでの米政策は、インドネシアとは全く異なっていた。そもそもタイは、一九世紀半ばにイギリスによって「開国」させられて以降、米輸出経済へと変質していった。そして第二次大戦後、タイ政府はその財源確保という目的もあって米輸出への課税を始めた。この輸出税やライス・プレミアムという重量輸出税の課税は、バンコク港近くに立地していた数少ない米穀商人を対象としていたので、行政上もそんなにコストのかかるものではなかった。そして、これら輸出税の結果として、国内米価は国際市場での価格に比べて、より低い価格となったのである。つまり、米作農民の所得に課税するという「搾取型」政策であったのである。(21)

しかし、一九八〇年代初めに米輸出税制度が廃止された時に作られた米籾担保融資という仕組みを活用した農民にとっての米価維持政策が、二一世紀に入って成立したタクシン政権以降、本格的に採用されるようになり、特にインラック政権下では、国内米価が国際市場価格を大幅に超えるまでに上昇したのである。またインドネシアでも、ブロッグなど準政府食糧公団の介入によって、国内米価は国際価格に比べて三倍になるほど上昇している。この点では、両国の米価政策はほぼ同じようになっていると言ってよい。そして、このような農民保護政策が登場してきた背景には、第一章でみておいたように、農業の対非農業部門に対する労働生産性の格差が誰の目にも明らかになってきた事実があったことを見落としてはならない、のである。

ヴィラユッは、現在のインドネシアとタイとの政治経済体制を次のように比較している（Veerayooth Kanchoochat）。インドネシアは、民主化された政治体系と政府が主導する経済とからなる政治経済体制となっている。政府が主導する経済とは、第二期目のユドヨノ政権が「見える手」を必須とした開発主義体制となっていることを指摘したものである。(22)対してタイは、クーデタによって成立した権威主義的政治体制と民間経済への非介入という市場主導型の経済とからなる政治経済体制となっている。市場への非介入という開発主義は、サリット政権以来の伝統に立脚したものである。少なくとも、「新開発主義」と名付けられた第二の成長局面においては、両国はこのような違ったタイプの政治経済体制の下で高所得経済へのキャッチ・アップを目指していくことになろう。

成長局面の移行に伴ってなぜ政策体系が変化するのか？

少し蛇足になるが、初期成長局面から次の成長局面に移行すると、生産性上昇政策と再配分政策とが同時に必要となるのか?この重要な疑問に、村上泰亮の「システムとしての開発主義」論（村上　一九九二年　第八章）を振り返ることで答えておこう。

いうまでもないが、開発主義の中核は、世界経済の中での後発国の経済発展の主導部門である産業化を促進させる政策である。村上は、主導部門の発展が生産技術での「規模の経済」の実現を必須とするため、それを無駄なく実現させるような政策を「産業政策」と名づけている。具体的には、先進技術導入やR&Dへの政府補助による技術進歩の促進政策などがそれにあたる。また、価格引き下げを誘発させる過当競争は、生産を維持し続けることによって初めて実現される費用逓減を阻害することが多い。そのため、「価格の過当競争」を規制するための価格カルテルを公認する政策も含まれる。これは、「国内ダンピング」規制のためのカルテルといってよい。

先進経済へのキャッチ・アップが最大課題であった、第一次大戦後から戦時中は別にして、戦後の一九七〇年代初めまでの日本の産業政策を念頭において、村上は以上のような産業政策の必要性を論じていた

第一次大戦後に発展し始めた重化学工業部門にあっては、一九二〇年代末の世界恐慌の発生を受けて、多数の企業が過当競争を始めた。この時代ドイツなどでおこなわれていた産業合理化運動（著者追加—今日流にいえば生産性向上運動）を参考にして、一九三一年に重要産業統制法が制定され、重要産業部門でのカルテル結成が法的に容認された。そして戦後日本政府は、産業の国際競争力強化を一九六〇年代の課題と捉え、この課題に応えるためには「経済構造の高度化」と「貿易自由化の推進」とが必須であると考えた。具体的には製造業のなかでも高い「所得弾力値」と「生産性上昇率」の大きい産業部門を支援するのが産業政策の役割だとされた。さらにこの二条件を満たす産業はいずれも規模の経済性を備えていたから、「企業合併によって生産規模を拡大」させるのはその早道だと考えられていたのである。(23)

さらに村上は、産業政策に支えられた重点産業の発展が、

ほぼ必然的ないし不可避的に、他産業との間に格差を引き起こし、その結果、分配の不平等化による社会的不満が発生することになる、と考えた。この事態こそが、後発国の産業化への努力のアキレス腱となってしまう。したがって、これらの格差を緩和する再分配政策も、開発主義には必須となる、村上はこのように強調している。そして、日本が採った再分配政策の具体例として、欧米へのキャッチ・アップを目的とした高度成長政策の最終局面であった一九五〇年代末以降の、米価政策を挙げている。高度成長に伴って、非農業部門で実質賃金が上昇することを受けて、食糧管理法に基づき、政府が農民から買い上げる生産米価を上昇させる政策を続けた。この米価政策は、経済学的にいえば、価格上昇によって農民が米を増産する結果をもたらすという「歪み」を与える政策だということになろう。しかし村上は、「貧しいから恵み」を与える直接的所得補償ではなく、「生産して正当な所得を稼ぐ」という農民の勤労価値観に適した政策であったのではないか、と指摘しているのである。

当然だが、先進経済へのキャッチ・アップ過程で日本が採用した上記のような政策が、そのまま現在のアジアでのインドネシアやタイという中所得国にとって有効な政策であるわけではない。しかしここで決して忘れてはならない論点は、日本の歴史的経験に示されているように、現在でも先進経済へのキャッチ・アップ型成長の進化という歴史的過程では、さらなる生産性上昇政策と国内格差是正政策とが同時に必要となる成長局面が現れていたという歴史的事実である。

新しい政策課題：脱工業化＝サービス経済化への対応

第一章で指摘しておいたように、インドネシアでもタイでも、GDPに占める製造業のシェアの増加傾向は終わっている。農業や天然資源産業のシェアも低下傾向にある。つまり、両国ともに、サービス経済化がみられるようになっているのである。

サービス部門で最も雇用者が多い小売業の労働生産性は、両国ともに製造業の労働生産性の半分以下でしかない。同じサービス部門に属する運輸・通信の労働生産性は、インドネシアでは製造業の四倍、タイでは三倍と高くなっている。また両国ともに、小売業の労働生産性は最も労働生産性の低い農業よりはかなり高くなっているのである(24)（第一章の統計参照)。

インドネシアでのサービス経済はどのような状態にあるのだろうか。二〇一三年時点でみると、サービス部門雇用者のうち、四二％が小売・ホテル・飲食店という伝統的な業種に就業している。続いて、建設業に一二％、運輸・通信に九％が就業している。これらの業種の就業者の大半は、小学校卒業程度の単純労働者である。これらに対して、金融、不動産等の就業者は、高等教育を修了した専門知識のある熟練労働者となっている。

ついで、各国の産業連関表による分析によると、ＯＥＣＤ諸国では、製造業生産へのサービス業からの投入比が五三％となっているのに対して、インドネシアではこの比率は一九九五年に二七％であったのが、二〇一一年には二五％へと低下していると指摘されている。またインドネシアでは、サービス部門への海外からの直接投資額が製造業に比べて少ないことも指摘されている（Anas and Wikapuspita)。

これまた既に述べてきたように、インドネシアもタイも、グローバル・バリューチェーンへ参入することで、経済成長の要ともいうべき工業化を進めてきている。そしてこの工業化を更なる段階へと引き上げるためには、高度化に向けた国内制度の整備改善が不可欠となっている。かつての日本や韓国でそうであったように、工業化は国家の一大プロジェクトであり、巨大な資本投下を必要としていた。しかし現在、開発途上国にとっては、もはや日本や韓国のようなフルセット型の産業振興は必要なく、むしろ、グローバル・バリューチェーンに参画するための国内条件をどれだけ整えることができるかが経済発展のカギとなるのである。

この点に関して、先にタイの自動車政策を論じたところで言及しておいたリチャード・ボールドウィンは、以下のように論じている。グローバル・バリューチェーンに加わってボトルネックが取り除かれれば、キャッチ・アップのスピードを格段に上げることはできるが、グローバル・バリューチェーンは魔法の杖ではない。可能性の扉を開くだけである。自国を中所得国以上に押し上げるための困難な仕事のほとんどは、国内でしなければならない。つまり、最も重要な政策課題は、開発政策の中で、グローバル・バリューチェーンに参加して得た成果を国内経済に波及させる方法を見つけることである。波及経路は、グローバル・

バリューチェーンが生まれる前とまったく同じである。追加的な利益は、供給サイドからの波及（バリューチェーン論では「前方連関」と呼ばれる）、需要サイドからの波及（「後方連関」）、スキル形成を通じて生まれることが多い（ボールドウィン　前掲書）。国内産業連関からみた後方連関効果・前方連関効果を高めるためには、運輸・通信や金融といったサービス業での生産性上昇が必要となっている。こうボールドウィンは指摘しているのである。

さらに、いわゆる小売など伝統的なサービス業でも、生産性向上が必要であることはいうまでもなかろう。このような業種での興味ある事例が、タイでの最近の動きである。

第一章で紹介しておいたように、タイでは正式に企業登録をおこなっていない経済活動としてのインフォーマル経済内での雇用、つまり「非正規雇用」が大きなシェアをもっている。特に注目すべきは、二〇〇〇年以降、この「非正規雇用」が拡大し、貧困家計の労働者だけではなく、中間層がインフォーマル経済へ参入している事実である。これらの参入者は、デジタル技術を巧みに用いたサービス業務をイノベートして起業しているのである。いわゆる従来型のインフォーマル経済活動部門以外に、デジタル技術を活用した新たな経済活動が誕生しているのである（遠藤）。また中国においても、「最新のデジタル技術の革新、特にインターネット、とりわけモバイル・インターネットの急速な発展により、何万人もの労働者がまるで蛇口をひねれば水が出るように、労働力を提供して報酬を得ることが可能となり、限界費用ゼロで技術進歩の成果を利用できるようになっているのである」（蔡昉　第一〇章）。

あえてまた指摘する必要はないと思うが、高所得経済に達するためには、国民経済全体としての労働生産性を向上させることが必須である。そのために有効な政策を明確化させるためには、既にタイの産業政策のところで指摘しておいたように、部品（中間財）・資本財の貿易を含んだ各国内の、モノづくりとサービス業の間の産業連関の現状を、産業連関分析を通じて明らかにしておくことが、出発点である。[25]そして、各業種において、生産性を向上させるために有効な政策を明確化させていかなければならないのである。

持続的経済成長への戦略

最後になるが、ここで東南アジア諸国の中進国が現在直面している課題を克服して、高所得経済へと進んでいくための経済戦略を明確するために、中国社会科学院副院長の蔡昉の提案を紹介しておこう（蔡昉　第九章）。

中国は、経済発展の一般法則に従ってこれから経済成長のパターンが変わるはずであり、新しい段階では産業構造と技術が急速に進歩するであろう。産業が高度化すれば、労働生産性が上昇するはずであるが、同時に労働集約的産業から資本・技術集約的産業への転換と製造業からサービス業への転換が進み、それらすべて労働者のスキルの高度化を必要としている。

製造業を例にとると、現時点の中国は「世界の工場」とされているが、今後の高度化の課題は二つある。第一に、中国は製造業のバリューチェーンのなかでもっと有利な場所に上っていかねばならない。中国は製造業の生産額では世界第一位であるが、付加価値率では多くの先進国よりもかなり低い。張らの分析によれば、製造業全体でみると二〇一〇年には中国の付加価値率は二三・八％で、アメリカの三五・二％よりだいぶ低かった。これは中国とアメリカの産業構造が違っていて、中国の製造業が概してバリューチェーンの底辺にあるということだけでなく、ほぼすべての産業において中国の生産性はアメリカよりも低いからである。驚くべきことだが、中国が比較優位を有するはずの労働集約的製造業では対付加価値率の格差はいっそう大きく、例えば衣服・皮製品産業では中国が二七・二％なのにアメリカは六四・八％であった。

産業高度化は製造そのものからその関連分野への展開をも含む。すなわち研究開発、設計、マーケティング、アフターサービスといった分野である。その結果、コンサルティングなど企業に対するサービスが製造業から独立し、ひとつの新たな産業として発展していく。なぜなら、企業サービス業にとっては、情報の集約、アイディア、ノウハウ、人材、ブランド認知度が重要だからである。中国ではサービス業が概して未発達であり、特に企業サービス業は遅れているが、それは中国の製造業がまだ技術的にみて産業の底辺に位置しているからである。ある産業がバリューチェーンのなかでどのような位置を占めるかは、その国の技術、経営管理、およびスキルによって決まるが、これらはすべて人的資本の蓄積と関連している。したがって、中国が産業高度化するためには、人的資本が少なくとも高度化と同じペースで蓄積されていく必要がある。

注

（1）本章の統計は、基本的にAPO, *APO Productivity Database,* 2017に基づいている。

（2）雇用比率の非常に小さい鉱業部門は省く。

（3）農業における短時間雇用は「低位雇用」とも呼ばれてきたものである。タイでも、一九八〇年代までは農村において、農家の女性成員は、農作業のない乾季には、労働意欲を持たない「非労働力」となっていたといえよう（原　一九九四　第三章）。

（4）ここで使う幾つかの貿易に関する指標について注記しておく。まず「総合比較優位指数ＲＴＡ」とは、正式にはRelative Revealed Comparative Trade Advantage（「顕示貿易総合比較優位指数」）と呼ばれるものである。その推計は、Revealed Comparative Advantage（「顕示比較優位指数」）から、Revealed Comparative Disadvantage（「顕示比較劣位指数」）を差し引いた値である。また「純輸出比率ＮＥＲ」とは、ある貿易財の輸出額から輸入額を差し引いた値を、輸出額と輸入額との合計で除した値である。詳細は「アジア諸国の比較優位指標」データを参照のこと。

（5）品目ごとの実行関税率を単純に平均した関税率。

（6）労働市場に参入するまでの労働者の学歴での差異を決める最重要要因は、家計所得の水準である。さらに大学等の高等教育に関しては、親の学歴水準や都市在住か農村在住かといった家計の性格も重要な要因となっている。

（7）歴史を振り返ると、ルピアの過大評価はスカルノの「指導される経済」の時代から継続されてきた政策であった。この為替レートの過大評価は、植民地時代からのインドネシアの輸出を担っていたスマトラ島「外島」を搾取して、ジャカルタを核としたジャワの輸入品に補助金を支出して安価にするという、ジャワ優先政策であったのである（Zanden and Marks　第七章）。

（8）この時期のマクロ経済政策については、世銀報告『東南アジアの奇跡』のインドネシアの政策変遷の分析の個所を参照のこと。

（9）この点については、拙著（原　一九九四年）のインドネシアの章を参照のこと。

（10）これは、日本との比較では明治時代の、鉄道・道路・湾港の建設という市場機能拡張型政策に類似したものと言えよう。拙稿『戦前期日本の近代経済成長再考』を参照のこと。

（11）ＳＰＳ協定（衛生植物検疫措置の適用に関する協定）をはじめ、食品の安全性確保、さらにイスラムなどによる宗教的文化的制限などが強化されている。

（12）ジャワ島以外のいわゆる外島でも、一・四ヘクタールに過ぎないのである。

（13）この政策の背景には、後に触れるように、国内米価が上昇している事実があったことを付記しておこう。

（14）二〇一九年以降、国家統計庁ＢＰＳがおこなっている労働力調査Sakernasにおいて、停滞電話・パソコンを所有しているかどうか、またインターネットを利用しているかどうかが、調査項目に含まれてるようになっている。

(15) 経済危機の要因については拙稿「タイにおける経済成長・所得分配・民主主義」を参照のこと。

(16) タイの繊維産業が保護政策下で輸入代替を達成し一九七〇年代末になると企業の輸出志向も高まり、コスト削減と品質改善が進み自立化してきた。これに比べて、初めから輸出が目的で導入された電子工業品の組立産業は、外国企業が資本、技術、部品、材料、輸出市場まで、およそ労働以外はすべてセットにしてもち込んだものであり、自律的な発展とはいい難いと山澤らが指摘していたことを付記しておこう(山澤・タンブラーチャイ)。

(17) 一九九〇年代に入って以降の低下の要因については、(Phongpaichit and Baker)を参照のこと。

(18) Phongpaichit and Bakerは、この政治的意志の欠如は、タイの政治体制が「少数者が政治・経済のルール」を決定する「オリガーキー」であることに起因していると指摘している。

(19) この点については、第二部『二一世紀のアジア経済をどう捉えるか—アジア・ダイナミズム再考』第二章を参照のこと。

(20) 新開発主義の定義等については、Eve Warburtonを参照した。

(21) 両国の農業・農政の違いについては、拙著『アジアの「農」日本の「農」』Ⅲ部を参照のこと。

(22) 佐藤は、この体制を「quasi-developmentalism」と命名している(Sato)。

(23) 日本のこのような産業政策の変遷については、別稿『日本経済の一五〇年』第二章・第三章を参照のこと。

(24) 両国ともに、農業就業者と統計で分類されている数値には、農業以外の商業等に従事する者も含まれており、実際の農業就業者より大きくなっている可能性が否定できない。そのため、農業の労働生産性は実態より過少評価されている。特にタイの場合は、過少評価の度合いが大きいと考えておいてよいであろう。

(25) このような分析に関しては、「付加価値ベースでの比較優位指標」を作成した猪俣哲史の研究が重要である。本書第五部『日本経済の一五〇年』終章を参照のこと。

参照文献

邦語

猪俣哲史『グローバル・バリューチェーン　新・南北問題へのまなざし』日本経済新聞出版社　二〇一九年。

遠藤環「『不平等化するアジア』：タイを事例に」二〇一九年一二月一八日報告資料。

大辻義弘『タイ中小企業政策と日本─通貨危機時の経験』書籍工房早山　二〇一六年。

加納啓良「第一二章　農業問題の展開」『現代インドネシア経済史論　輸出経済と農業問題』東京大学出版会　二〇〇三年。

斎藤修『比較経済発展論─歴史的アプローチ』岩波書店　二〇〇八年。

佐藤百合『経済大国インドネシア─二一世紀の成長条件』中公新書　二〇一一年。

蔡昉『現代中国経済入門─人口ボーナスから改革ボーナスへ』丸川知雄監訳・解説　東京大学出版会　二〇一九年。

重富真一「なぜタイはコメ輸出規制をしなかったのか（特集　途上国の穀類輸出─その現状と課題）」『アジ研ワールド・トレンド』一七五号二〇一〇年四月

白石隆『インドネシアから考える　政治の分析』弘文堂　二〇〇一年。

白石隆、ハウ・カロライン『中国は東アジアをどう変えるか　二一世紀の新地域システム』中公新書　二〇一二年。

末廣昭『タイ　中進国の模索』岩波新書　二〇〇九年。

張師奇他「中美製造業主要行業増加値率的差異分析」『中国統計』二〇一四年第二号

原洋之介『東南アジア諸国の経済発展：開発主義的政策体系と社会の反応』リブロポート　一九九四年。

原洋之介「タイにおける経済成長・所得分配・民主主義─「東アジアの奇跡」論再考」南亮進他編『デモクラシーの崩壊と再生　学際的接近』日本経済評論社　一九九八年。

原洋之介『アジアの「農」日本の「農」グローバル資本主義と比較農業論』書籍工房早山　二〇一三年。

原洋之介『戦前期日本の近代経済成長再考─農商務省の政策理念の変遷に焦点をあてて』研究報告　二〇一七年。

福井清一「農業発展」安場保吉編著『東南アジア社会経済発展論─三〇年の進歩と今後の展望』勁草書房　二〇〇五年。

本台進「通貨危機と農村経済─概要と研究の枠組み」本台進編著『通貨危機後のインドネシア農村経済』日本評論社　二〇〇四年。

村上泰亮『反古典の政治経済学』「上：進歩史観の黄昏」「下：二十一世紀への序説」中央公論新社　一九九二年。

山本博史『ＦＴＡとタイ農業・農村』筑波書房ブックレット　二〇〇四年。

山澤逸平、ソムサック・タンブンラーチャイ「発展途上国の工業品輸出化—タイの繊維産業と日本の歴史的経験」大川一司編『日本と発展途上国』勁草書房　一九八六年。
米倉等「インドネシアの最近の政策動向—食糧安保と貿易自由化」『農業と経済』第八〇巻第二号　二〇一四年三月号
頼俊輔『インドネシアのアグリビジネス改革　輸出指向農業開発と農民』日本経済評論社　二〇一二年。

翻訳

タック・チャルームティアロン『タイ：独裁的温情主義の政治』玉田芳史訳　勁草書房　一九八九年。

世界銀行『東アジアの奇跡——経済成長と政府の役割』白鳥正喜監訳　東洋経済新報社　一九九四年。

リチャード・ボールドウィン『世界経済　大いなる収斂　ＩＴがもたらす新次元のグローバゼーション』遠藤真美訳　日本経済新聞出版社　二〇一八年。

英文

Achavanuntakul, S., Rakkiattiwong, N and Direkudomsak, W. (2015). "Inequality, the Capital Market and Political Stocks" Phongpaichit, P. & Baker, C. ed. *UNEQUAL THAILAND: Aspects of Income, Wealth and Power* NUS Press.
Anas, T., & Wikapuspita, T. (2019). "Indonesia's Services Sector: Performance, Policies and Challenges." Hill, H. and Siwage Dharma Negara ed. *The Indonesian Economy in Transition: Policy Changes in the Jokowi Era and Beyond* ISEAS.
Antriyandati, E and Fukui, S. (2016). "Economies of Scale in Indonesian Rice Production: An Economic Analysis Using PATANAS Data".『農林業問題研究』第52巻第4号.
APO (2019). *APO Productivity Databook.*
Dhanani, S., Iyanatul Islam, and Anis Chowdhury, (2009) *The Indonesian Labour Market: Changes and Challenges* Routledge.
Doner, R. F. (2009). *The Politics of Uneven Development: Thailand's Economic Growth in Comparative Perspective* Cambridge University Press.
Gill, I., and Kharas, H (2007). An East Asian Renaissance: *Ideas for Economic Growth* World Bank.
Hill, H. (2000). *The Indonesian Economy Second Edition* Cambridge University Press, 2000.
Intarakumnerd, P. (2017). "Industrial Innovation in Thailand: The Electronics, Automotive and Seafood Sectors" Khoo, B. T., Keiichi Tsunekawa and Motoko Kawano ed, *Southeast Asia beyond Crises and Traps: Economic Growth and Upgrading* Palgrave Macmillan.
Kanchoochat V. (2017)." Towards a Southeast Asian Variety of Capitalism?" .Khoo et al. ed op.cit..
Katzenstein, P. J., (1985). *Small States in World Markets: Industrial Policy in Europe* Cornell University Press.

Kuncoro, A. (2019). "Trends in the Manufacturing Sector under the Jokowi Presidency: Legacies of Past Administrations." Hill & Negara ed. op. cit.

Lathapipat D., (2015). "Inequality in Education and Wages" Phongpaichit & Baker ed. op.cit.

Manning, C., & Pratomo, D. (2018)." Labour Market Developments in the Jokowi Years." Hill & Negara ed, op.cit.

Mccarthy, J. F., & Sumarto, J. M. (2018)." Distributional Politics and Social Protection in Indonesia: Dilemma of Layering, Nesting and Social Fit in Jokowi's Poverty Policy" Hill and Negara ed. op.cit.

Narjoko, D and Putra, C. T. (2016). "Industrialization, globalization and labor market regime in Indonesia" Rasiah, R, Bruce MacFarlane and Sarosh Kuruvilla ed, (2016). *Globalization, Industrialization and Labour Markets in East and South Asia* Routledge.

OECD. (2012). *OECD Review of Agricultural Policies: Indonesia 2012* OECD Publishing.

Phongpaichit, P. & Baker, C. (2015). "Introduction: Inequality and Oligarchy", Phongpaichit & Baker ed op.cit

Patunru, Arianto A. "Rising Economic Nationalism in Indonesia" Hill and Negara ed, op.cit.

Sato Y. (2017). "State, Industry, and Business in Indonesia's Transformation." Khoo et.al ed, op.cit.

Siamwalla, A. and Setboonsarng, S. (1991). "Thailand", *The Political Economy of Agricultural Pricing Policy: Vol.2 Asia,* Anne O. Krueger, Maurice Schiff and Alberto Valdés ed Published for The World Bank, The Johns Hopkins University Press.

Suehiro, A (2017). "New Growth Strategies of Thailand's Big Firms in the ASEAN Economic Community Era" Khoo et al ed. op.cit.

Suryahadi, A. and Izzati, R. A (2020). "Cards for the Poor and Funds for Villages: Jokowi's Initiatives to Reduce Poverty and Inequality" Hill & Negara ed, op.cit.

Timmer, C. P. (1996) "Does BULOG Stabilize Rice Price in Indonesia? Should It Try" *Bulletin of Indonesian Economic Studies* Vol.32, Issue 2.

Timmer, M. P., and G. J. de Vries, (2009). "Structural change and growth accelerations in Asia and Latin America: a new sectoral data set" Cliometrica, Vol.3. issue 2.

Van Zanden, J. L. and Marks, D. (2012). *An Economic History of Indonesia 1800-2010* Routlege.

Warburton,E.(2018)" A New Developmentalism in Indonesia?" Hill $ Negara eds, op.cit.

Warr, P. (2010). "The Ending of the Trade Policy Bias Against Agriculture: Evidence for Indonesia and Thailand", Prema-chandra Athukorala ed, *The Rise of Asia: Trade and Investment in Global Perspective* Routledge.

第六部　中国経済の五〇年

本報告の狙い

現在中国のＧＤＰは、世界第二位になり、また一帯一路といった経済外交によって「中国がアジア、世界を変える時代」になっている。このようになった中国経済のこれからの動向が、我が国の将来にとって、決定的に重要となっていることは論をまたないことであろう。

ところで、今から一〇年ほど前数年、北京大学の博士課程の学生に日本経済の講義をしたことがある。そして、中国人学生が日本経済の成長メカニズムや所得分配問題に強い関心を抱いていることを知った。

中国経済が高い成長を実現させてきたメカニズムや、中国経済が抱える問題点については、中国人経済学者の多くの論考や著作が出版されている。しかし、これらの著作の多くは、中国経済そのものの分析に集中しており、日本経済との比較という点では、必ずしも参考になるものではなかった。こういった中で、中国社会科学院副院長蔡昉が、我が国の経済成長との比較という点でも非常に興味深い『現代中国経済入門』を上梓していることを知った。

筆者蔡昉は、元来中国の農業経済の研究者であったからか、私にも馴染み深い、経済成長メカニズムの転換を捉えうるアーサー・ルイスの農工二部門成長モデルを基本枠組みとして、中国経済の成長過程を分析していた。さらに、著者が社会科学院副院長でありまた全人民常務委員であることを考えると、この著作での中国経済の問題点の指摘が、中国政府の政策決定に関わっていることも、ほぼ間違いないであろう。

そこで、改革開放以降の五〇年間の中国経済をいくつかの成長局面に区分し、各局面での経済動向を蔡昉の分析を紹介しながら、捉えていこう。そして、日本の経済成長局面の移行との対比も念頭において、中国経済が抱えている問題点も明確にしていこう。

二〇二一年一月

原　洋之介

第一章　中国経済の五〇年

成長局面の移行

中国社会科学院副院長蔡昉は、『現代中国経済入門』の「序章」で、改革開放政策採用以後の中国経済の展開過程を次のように整理している。

「一九七〇年代末から急速な経済成長が始まった。そこでは二つのことが起きていた。すなわち、二重経済の発展と経済体制の移行であった。」ここでの二重経済の発展は、有名なアーサー・ルイスの「無制限的労働供給下での経済発展」にそった経済発展ということである。「一九七〇年代まで中国では、都市と農村とが厳格に分断されていたが、七〇年代末以降、それまで農村から都市への労働移動を妨げていた障壁が徐々にとり除かれていった。すると、農村から沿岸部の都市へ大勢の労働者が出稼ぎをするようになった。中国は対外開放政策によって国際分業のなかに入っていったが、出稼ぎ労働者の豊富な労働力を生かして、労働集約的な産業における比較優位を獲得したのである。」「中国で二重経済発展が進んでいた時期は、ちょうど中国がいわゆる人口ボーナスを享受していた時期とほぼ重なる。」

続けて「中国がルイスの転換点に到達したかどうかに関してはさまざまな意見があるが、いずれにせよ二〇〇四年が一つの区切りであったことは確かである。それ以降、沿海部の工場では非熟練労働者の賃金が急速に上昇している し、農村では農業に従事する労働者の数が減少している。

そしてあらゆる産業で、従来は人手に頼っていたような作業を機械で代替しようとする動きが活発になっている。」

二〇〇四年ごろは、人口ボーナスが終焉しまた二重経済発展が終わった時期であった。「富裕化以前の高齢化は、『中進国の罠』の原因となりうる。人口ボーナスはこれまで中国の高度成長を労働供給の面から支えてきたが、それが失われた後、それに代わる経済成長の源泉を見つける必要がある。」

以上のように蔡昉は、一九七〇年代半ば以降現在までの中国経済のほぼ五〇年の歴史を、大きく二つの時期に区分して捉えている。この二つの時期区分は、鄧小平の時代から、胡錦濤の時代への変容を端的に捉えたものであろう。

この議論に接したとき、筆者は、鄧小平の時代とはインドネシアではスハルト体制下の時期であり、タイではサリットからプレムへと続いた、いずれも中国に似た権威主義的政治体制下と類似したものであった。そして、胡錦濤の時代とは、インドネシアではユドヨノ政権以降、またタイではタクシン政権、いずれも民主化された政治体制の時期と重なっている。こう確信したのである。

まさに、中国の経済成長に見られるこのような時期区分は、東南アジア諸国でみられた一九七〇年代からの初期経済成長局面から二一世紀に入ってからの第二の成長局面への移行と非常に類似しているのである。初期成長局面での高度成長とは、後発国の優位性の活用――端的にいって豊富な安価な労働力の投入増――による成長によって「中所得経済」へとキャッチ・アップを達成した時期である。そして二一世紀に入ってからの第二成長局面とは、初期成長局面で顕在化した問題をどう克服するのかという課題に直面している時代であり、政策目標も、成長の増大だけに焦点をあてた局面から、さらなる成長の実現と所得の不平等化への対応の実現というデュアル・トラック政策の登場してきた時期である(1)。

東南アジアにおけるこのような成長局面に照らしていうと、鄧小平の時代とはまさに初期成長局面にあたる時期であり、今世紀に入ってからの胡錦濤の時代とは第二成長局面に対応する時期といってよいであろう。二〇世紀から二一世紀への移行とほぼ同時に、中国でも東南アジアと同じような成長局面の移行が生じたのである。

もちろん、東南アジアと中国との間には大きな差異が存在している。世界で最大の人口をもつ「大国」中国は、国内市場の規模が大きいこともあって、貿易依存度は低い経済構造となっている。そして何より、一九九二年一〇月の第一四回党大会において、「社会主義市場経済体制の確立」という規定が承認されて以降、共産党の一党支配が強化され続けている政治体制の国なのである。

以下、基本的には蔡昉の中国経済論での議論を紹介しながら、それに関連するいくつかの研究を援用して、中国経済の五〇年の劇的展開をみていくことにしよう。

鄧小平の時代――初期成長局面

一九七〇年代初頭、ベトナム戦争の動きと関連して、中国は、アメリカとの国交樹立に、また日本とも平和条約の締結へと動きだした。また一九七〇年代とは、東南アジア諸国でキャッチ・アップ型成長が本格的に始まった時期であった。そして一九八〇年代後半以降、日本企業の直接投資によって、日本と東南アジアとの間での生産ネットワークが形成され、後に「東アジアの奇跡」と称される高度成長が、東南アジアで生起したのである。

既に一九七〇年代初めに、経済改革への動きは始まっていた。文革のときの毛沢東の経済政策は南方での地方分権の推進であった。そして、一九七五年に周恩来が、工業、農業、国防、科学技術の分野での「四つの近代化」という戦略を提唱している。一九七七年一二月の第一一期三中全会で、その前年に周恩来と毛沢東が死去した後、政界に復帰した鄧小平が改革開放路線を提唱した。具体的には、深圳、珠海、仙頭、厦門に「経済特区」を設けて外資を呼び込む政策であった。さらに一九七九年四月の中央工作会議で、習仲勲第一書記――習近平の実父――が、改革と開放に関する自主権を広東に与えるよう党中央の指導者に要請している（高原・前田　第二章）。

一九八四年旧正月、鄧小平は南方視察をおこない、「深圳の発展と経験は、経済特区設立という我々の政策が正しかったことを証明している」と表明した。北京に戻った後、特区を設け開放政策を実行する指導思想が「放」であって「収」ではないとし、特区以外の沿岸港湾都市のいくつかを開放し、そこで特区政策を実施するように指示した。そして、一九九二年初め、鄧小平は再度南方を視察し、非常に有名となった乾坤一擲の南方談話を公表したのである（高原・前田　第三章）。

一九七〇年代末以降、それまで農村から都市への労働移動を妨げていた障壁が徐々にとり除かれて、農村から沿岸部の都市へ大勢の労働者が出稼ぎをするようになった。

こうして、中国は対外開放政策によって出稼ぎ労働者の豊富な労働力を生かして、労働集約的な産業における比較優位を獲得できたのである。蔡昉も指摘していた通り、アーサー・ルイスが描いた途上国の二重構造経済における労働移動と経済成長のメカニズムが作動するようになった。つまり、産業ないし地域間の大きな労働生産性格差に後押しされた大量の労働移動が、中国経済の驚異的な高度成長を生みだす要因となったのである。中国において市場経済化の進展は、改革解放体制の効果が本格化するまで表面に現れることがなかった潜在力を解き放つ過程でもあった。中国がもつ最大の資源は、何といっても農村部に存在する豊富な労働力であった。この意味で中国の高度経済成長は、サプライ・サイド面では我が国の戦後高度成長とまったく同型であったのである。

一九七〇年代末以降二〇〇〇年ころまでの時期は、後発国の優位性の活用による「中所得経済」へのキャッチアップ型成長を加速化させていった成長局面であった。鄧小平の時代とは、人口ボーナスによるルイス・モデルによる高度成長期であった。と同時に「アジアが中国を変えた時代」(伊藤　二〇一八年)でもあったのである。

胡錦濤の時代——第二成長局面

二一世紀に入ると、アジア諸国が地域的自由貿易協定の締結を積極的に進め始めた。また中国は、二〇〇一年にWTO加盟を実現することで、国際貿易を国際ルールに沿っておこなうことを世界に知らせることになり、地域的貿易協定の締結にも積極的になっていった。そして、中国が日本をはじめ韓国、ASEAN諸国から中間財を輸入し、最終製品を米国やEUに輸出することによって、東アジア全域にわたる国際貿易・分業ネットワークが形成されてきたのである。

この動きについて、梶谷は『中国経済講義』の「終章」で次のような指摘をしている。日本でしか調達できない原材料・部品がある。特に液晶パネル、半導体、電池といった電子部品や、特殊な樹脂や鋼材などの供給は多くを日本製品に頼っている。つまり、日本と中国の経済関係は、多くの産業において競合的というよりも、むしろ補完的な関係にあったと結論づけてよいであろう。

中国の経済成長の展開過程で「二〇〇四年が一つの区切り」であったので、もはや労働集約的産業が牽引するルイス・モデル型に依存していては成長を持続化することは不可能となっていた。二〇〇四年ごろは、人口ボーナスが終焉する時期でもあった。これまで中国の高度成長を労働供給の面から支えてきた人口ボーナスという成長の源泉が失われた以上、それに代わる経済成長の源泉を見つける必要がある。既に紹介しておいたように、蔡昉はこう指摘していたのである。

さて、二〇〇三年に国家主席に就任した胡錦濤は、就任後すみやかに「協調的、全面的、持続可能な科学的発展観を強固に樹立せよ」と指示した。その重要な柱は、以下五つの問題について均衡発展を心がけることであった。農村と都市の発展、沿海と内陸など地域の発展、経済と社会の発展、人と生態系の調和的な発展、そして国内発展と対外進出。続けて翌〇四年には「調和のとれた社会」つまり「和諧社会」の構築を提示した。これら科学的発展観の重点は、社会的弱者への配慮であり、バランスのとれた発展の強調であった。特に重視されたのが「三農問題」（農業の豊作貧乏、農村の荒廃、農民の貧困）であった。二〇〇〇万人の農民が依然として「温飽」（衣食の満ち足りた状態）に達しておらず、六〇〇〇万人が不安定な生活を送っていたことに対処するという政策の表明であった。さらに、科学的発展観を具現した政策としては、三農問題の解決のための投資の拡大や、中国史上初めてといわれる〇六年からの農業税の廃止、社会保障制度の農村への拡大、農村から都市への出稼ぎ労働者の待遇改善、不法な土地収用の防止と耕地の保護、省エネや環境保護の推進、西部大開発プロジェクトや東北旧工業基地の新興などが唱えられたのである（高原・前田　第四章）。

このように、中国も二一世紀に入ってからは、初期成長局面で顕在化した問題をどう克服するのかという課題に直面していたのである。政策目標も、成長の増大だけに焦点をあてた局面から、さらなる成長の実現と所得の不平等化への対応との実現というデュアル・トラック政策が登場したのである。

二一世紀に入ってからの胡錦濤時代とは、国際経済面では、「アジア諸国と（競争しながらも）共存した時代」であった（伊藤　二〇一八年）。それと同時に、国内経済面では、ルイス転換点後、かつ人口ボーナス期の終焉後における持続的成長の条件を模索する時代であったといえよう。

　以下この第二成長局面下で中国が直面していたいくつかの重要な政策課題について、みていこう。

中所得国の罠からの脱却(2)

　先にふれておいたような東アジア域内での生産ネットワークへの参入によって、中国は高度成長を実現させてきた。だが、二一世紀に入ってみると、中国の輸出品の多くにおいて、その国際的競争力の陰りが顕在化し始めたのである。二〇〇三年時点で中国の輸出の中で大きなシェアを占めていた労働集約的製造品一一品目の顕示比較優位指数をみると、二〇〇三年に四・三九だったのが二〇一三年には三・四一に低下している。つまり中国によるこれら一一品目の輸出の増加は、世界全体の同じ製品の輸出の増加に追い付いていないということであり、それは中国の比較優位度が下がったことを示している（蔡昉　第八章）。二〇一〇年代全体をみると、中国での賃金が上昇したことで、多くの労働集約的製品の生産基地は、ベトナム等へと移動し始めていたのである。

　さらに、製造業のこれからの成長に関して蔡昉は、以下のように論じている（第九章）。現時点の中国は「世界の工場」とされているが、未だ製造業は大きな課題をもっている。中国は製造業のバリューチェーンのなかでもっと有利な場所に上っていなければならない。中国は製造業の生産額では世界第一位であるが、付加価値率では多くの先進国よりもかなり低い。張らの分析によれば、製造業全体でみると二〇一〇年には中国の付加価値率は二三・八％で、アメリカの三五・二％よりかなり低かった。これは中国とアメリカの産業構造が違っていて、中国の製造業は概してバリューチェーンの底辺にあるということだけでなく、ほぼすべての産業において中国の生産性がアメリカよりも低いからである。驚くべきことだが、中国が比較優位を有するはずの労働集約的製造業では対付加価値率の格差はいっそう大きく、例えば衣服・皮製品産業では中国が二七・二％なのにアメリカは六四・八％であった（蔡昉　第九章）。

　まさにこの事態は、東南アジア諸国が現在直面している「中所得国の罠」と通称されている問題なのである。中国を含めたアジアの多くの国においても、この罠からの脱出は最重要の政策課題となっている。

　蔡昉は、この罠からの脱出には、「産業高度化」が不可欠であるとして、次のように指摘している（第九章）。産業高度化は製造そのものからその関連分野への展開をも含む。すなわち研究開発、設計、マーケティング、アフターサービスといった分野である。その結果、コンサルティングなど企業に対するサービスが製造業から独立し、ひとつの新たな産業として発展していくことが必要となってくる。なぜなら、企業サービス業にとっては、情報の集約、アイデア、ノウハウ、人材、ブランド認知度が重要だからである。中国ではサービス業が概して未発達であり、特に企業サービス業は遅れているが、それは中国の製造業がまだ技術的にみて産業の底辺に位置しているからである。

ある産業がバリューチェーンのなかでどのような位置を占めるかは、その国の技術、経営管理、およびスキルによって決まるが、これらはすべて人的資本の蓄積と関連している。したがって、中国がこれからも成長を持続させるためには、人的資本が少なくとも産業高度化と同じペースで蓄積されていく必要がある。蔡昉はこう結論づけている。まさにこれは、現在盛んに論じられている「中進国の罠」ないし「中所得国の罠」からの脱却策なのである。

これからの時代の要請に応えた高度の能力を備えた人的資本の蓄積というこの提言は、「中所得国の罠」というリスクに直面している中国や東南アジア諸国に対してだけでなく、いわば「高所得国の罠」に陥っている日本にとっても、非常に重要な含意をもつものとなっているのではなかろうか。

企業間での生産性格差

蔡昉は、中国経済の抱える大きな問題点として、企業間での生産性格差を取り上げている（第七章）。途上国でも先進国でも、同じ産業内の企業間で資源を再配分することで効率が高められる。企業の間では生産性の格差があるので、生産性が低い企業から生産性が高い企業へ生産要素が移動し、それによって実力のある企業の生存、拡大、発展が促進され、実力のない企業が長期的に淘汰されることで、一国の生産性も高まっていく。シェとクレノウの研究によれば、中国でも企業間で資本と労働の再配分をおこなって企業間の限界生産性を等しくすれば、中国の製造業の全要素生産性ＴＦＰは三〇～五〇％高まる可能性がある。

梶谷も、トロント大学のローレン・ブラントと朱暁東の論文を紹介して、次のように指摘している。非国有企業の

TFPは一貫して国有企業のそれよりも高い。そして、国有企業と非国有企業との賃金格差は一九九〇年代後半にいったん縮小したが、その後また拡大している。国有部門―非国有部門間の賃金格差は労働市場の歪みがもたらしたものだが、この労働市場の歪みが資本市場の歪みと一体となり、非国有部門のほうが資本の収益率が高いにもかかわらず、資本労働比率のギャップはむしろ拡大しているのである。

さらにブラント・朱論文は、国有、非国有に農業部門を加えた三部門間の資本・労働の移動を考慮した生産関数を推定し、それをベースにシミュレーションをおこなっている。その結果、国有部門の労働シェアが減少し、また国有―非国有部門間の賃金格差が縮小すれば、経済全体のTFP成長率は上昇することを明らかにした。つまり労働や資本を生産性の高い部門に自由に移動できたならば、現在のように固定資本投資を大きく増加させなくても、高い成長率を記録できたはずだ、というのが論文の結論である（梶谷　第五章）。

蔡昉は、この企業間生産性格差の背景には、「政策的な歪み」が存在していることを指摘している。中国では国有企業が過度に保護され、他方中小民間企業が不公平に扱われているため、創造的破壊のメカニズムが働かず、ミクロレベルでは企業の効率性が低下し、マクロレベルでは経済の健全性が失われる。つまり、中国での国有企業の経営改革はいまだ不十分であると判断しているのである。

再分配政策

蔡昉は、鄧小平政権下から胡錦濤政権に入ってからの経済政策の変化に関して、次のように記している（蔡昉　第一〇章）

二〇〇四年は、中央・地方政府が所得分配の改善を狙った政策を強化した転換点であった。第一に、労働関連の法規と規制の整備が強化され、これによって労働市場制度の構築が進み始めた。第二に、中央政府は農民の税負担を軽減する一方で、農民と農業へ補助金を創設し、基本的公共サービスへのアクセスにおける農民と都市住人との間の格差を縮めるための政策を実施した。これらすべては農業収益性を高める効果があるので、労働移動の機会費用が上昇し、出稼ぎ労働者が労働市場において交渉力を高めるのに役立った。このように、胡錦濤政権の提唱した「和諧社会」政策の採用した背景を蔡昉は説明している。

続けて、OECDのエコノミストのジニ係数の推計を参照して、都市・農村間での労働移動の制限の緩和と農村での最低生活保障の導入が所得分配の改善に効果があり、実際に所得不平等度が縮小してきたことを確認している。これらエコノミストの推計によると、中国全体のジニ係数は二〇〇二年に〇・四九二であり二〇〇四年にピークに達した後、二〇〇七年に〇・四七九、二〇一〇年には〇・四六四へと低下しているのである。

さらに、蔡昉はふれていないが、「三農問題」への胡錦濤政権の対応としての農業政策も、大きな効果をそれなりに発揮したことも間違いないようである。胡錦濤政権の農家に対する直接支払制の導入、農民の重い負担となっていたさまざまな課徴金や農業税の廃止、さらに中卒までの義務教育費の無料化、新型農村合作医療制度の構築などの農業・農村政策が実施された。このような政策の施行に伴い、いくつかの地域の農村で農家所得が上昇した。政府の補助金政策などによって、工業団地に近い一部の地域のなかには、農民が都市への移動を決意するときの保留賃金水準が上昇したために、労働供給の減少がみられた。しかし、国内の全地域で無制限的労働供給が限界に達するというルイス的転換点が、中国経済に現れたわけではない。そして、農村からの労働力の大移動があったにもかかわらず、農業就業者数の絶対数は増加し続けており、そのため経営規模はますます零細化し、労働生産性もほとんど向上しないという国際競争力の弱い農業が残ったままである。これが、現時点での中国農業の現実であろう。(3)

未富先老

二〇一〇年の第六回人口センサスによれば、一五〜五九歳の人口は二〇一〇年にピークを迎えそれ以降は減少し始めている。人口ボーナスの終焉は、国民一人あたり所得はいまだ中所得水準に停滞している中国において、「早熟な人口高齢化」を引き起こしている。この重大な問題に関して、蔡昉は以下のような政策提言をおこなっている（蔡昉第五章）。

高齢者福祉システムは、少なくとも二つの内容を含むべきである。第一は、成人全員に対して基礎的な資金支援をおこなうユニバーサルな社会年金制度の構築である。第二に、現在中国の年金システムは基本的に賦課方式である。

しかし、貯蓄を促進し、年金基金の財政的な持続性が保証されるような部分的積立方式の年金システムを導入することが必要である。蔡昉はこう指摘している（第五章）。

人口ボーナスは、単に経済学者が人口要因の経済成長に対する貢献を取り出すために作った概念というだけでなく、それが触媒となって、他の変数が経済成長に寄与することを助けるものである。経済成長を要因別に分解していく成長会計において、従属人口比率の低下の寄与は、人口ボーナスの表れの一部に過ぎず、他の要因、例えば資本の形成、労働投入の増大、人的資本の蓄積、そしてＴＦＰの向上といった要因の寄与のなかにも人口ボーナスが多かれ少なかれ影響を及ぼしてきた。

しかし、人口増加の時代が終わったので、以上のような成長に寄与してきたメカニズムはもはや作動しなくなってきている。換言すれば、人口ボーナスの終焉と高齢化は、中国経済の長期的な潜在成長率を低下させている。つまり、もはやこれまでのような高度成長は実現しないことを認識すべきであると蔡昉は言っているのである。つまり中国は「新常態」と言われている低成長の時代に突入しているのだと強調している（第四章）のである。

習近平の時代――「帝国主義」の局面へ？

二〇一三年からは習近平の時代に移行した。その経済成長戦略は、経済規模が世界第二の経済大国化したこともあってであろう、世界経済に対して多くの課題を突き付けるような方向へと転換してきている。「中国がアジア、世界を変える時代」になってきている（伊藤　二〇一八年）といった見解さえ登場している。しかし忘れてはならない事実は、胡錦濤政権時代に顕在化した、「中所得国の罠」から脱出したわけでもなく、また「未富先老」という問題への戦略も明確にされているわけでもないことである。紛れもないこの事実を念頭におきながら、習近平の時代の経済問題をみておくことにしよう。

マクロ経済の不均衡

マクロ経済の視点からみると、中国経済は、投資・資本形成が過剰である一方、民間消費が停滞しているのである。中国では対外不均衡よりむしろ国内不均衡が問題なのである。

蔡昉もこの点に関して次のように指摘している（第八章）。産業政策はしばしば過剰生産能力を生み出す。産業政策で優遇された産業はしばしば能力拡張を先導する分野となり、投資の大波が起こりやすい。曲の計算によると、中国の全産業における平均設備稼働率は二〇一〇年に八一・九％だったが、戦略産業に指定されて政府の支援を受けた産業はすべて平均を下回った。たとえば、製鉄業の設備稼働率は六〇％強、非鉄金属産業は七〇％強であった。中国人民銀行総裁の周小川によれば中国のインフラも過剰能力を抱えている。

一九九〇年代半ばから、最終消費（民間消費と政府消費の合計）はGDPの成長に対して安定した貢献をしている。民間消費の寄与度が長期にわたって減少している一方、政府消費の寄与度は安定しているため、最終消費全体としての寄与度は二〇〇八年以降減少傾向にある。一方で、純輸出と資本形成の寄与度は不安定であり、逆方向に動くことも多い。すなわち、GDP成長率の目標を達成するために、国内投資を増大させることが必要であったのである。

梶谷も、中国経済には「資本の過剰蓄積」ともいうべきマクロ経済の構造上の問題があると指摘している（梶谷　第二章）。資本過剰への転換は、江沢民政権下の経済政策から始まっていた。海外資本の積極的な誘致、国有地使用権の払い下げを通じた都市開発の推進、そして、それまで国有企業などが提供していた住宅の民間を通じた供給への転換、さらに内陸地域における財政補助金を用いたインフラ建設の本格化など、これらが資本過剰を生みだす要因となった。

さらに、胡錦涛政権下になってからは、国有企業改革、企業間競争の激化などに伴う労働分配率の低下、金融機関からの借入が困難な非国有企業による内部留保（企業貯蓄）の拡大、そして社会保障整備の遅れによる家計部門の高い貯蓄率などによって、「過剰資本蓄積」はより深刻化したと考えられる。特に二〇〇八年に世界金融危機を受けて大規模な景気刺激策が実施されて以降は、固定資本投資の効率性が顕著に低下しており、景気対策の名目でかなり非効率なプロジェクトが実施されたことが示される（梶谷　第二章）。

以上のような国内不均衡にどう対応すべきか。この問いに対して、蔡昉は、民間消費を持続的に上昇させうるような政策を採用することが急務であると論じている（蔡昉　第八章）。需要側の要因は、潜在成長率とは関係ないものの、経済成長をより持続的に可能にし、マクロ経済をバランスさせる支えになる。需要の三要素、輸出、投資、消費のうち、消費は中国のマクロ経済をより安定化させてきた。一方、輸出と投資は変動が大きい。したがって、需要のなかで消費――特に民間消費――の割合を増やせばマクロ経済をより安定させることができる。この提案は、潜在成長率が低下していく成長局面に入っている「大国」中国が、これから長期的に持続しうる経済を構築するために、最も重要なガイドラインを与えるものとなっている。習近平政権は、どう対応していくのであろうか。

一帯一路

二〇一四年一一月一〇日北京で開催されたアジア太平洋経済協力首脳会議で習近平が「一帯一路」戦略を公表した。この一帯一路は、国防・外交から経済までを含む統一されたグランド・デザインに基づくプロジェクトであるというより、上海協力機構や中国アセアン自由貿易圏、地域的な包括的経済連携協定RCEPといった、それぞればらばらにおこなわれてきた対外経済戦略を改めてひとつの概念で捉えなおしたものである。梶谷は前掲した『中国経済講義』「終章」でこう指摘している。

さらに梶谷は、中国の資本輸出型経済発展戦略を、次のように分析している。この戦略の背景には、中国経済が、これから経済成長率の低下が避けられない「新常態」の局面に立ち至っているという政府の認識がある。こういう事態を踏まえて、先に触れておいた過剰な国内資本や外貨準備を海外に「逃がし」、これまでの経済成長の中で顕在化していた供給能力の過剰を緩和させることをおこなってい る。また一帯一路構想は、国内のインフラ投資を通じた国内景気の刺激と地域振興政策を含んだものともなっている。そして、一九九七年や二〇〇八年の金融危機のなかで顕在化した既存の国際金融秩序の不備を補完する金融制度を作ろうとも目論んでいる。

梶谷がこう指摘する通り、現在中国は、資本輸出国であると同時に、鉄鋼等重化学製品の過剰生産にも見舞われている。そして、新常態ともいわれる低成長局面に移行している。このような国内経済事情もあって、海外への重化学製品の輸出や資本の海外への輸出をおこなっている。このような中国の動きを目の当たりにするとき、皮肉なこととしか言い様はないが、現代中国の海外戦略は、まさにレーニンの帝国主義論を彷彿させるものとなっているのである。

ほぼ一世紀前のような「帝国主義の時代」が、今復活してきているのではなかろうか。

デジタル経済化(4)

さらに、二〇一七年五月に北京で開催された「一帯一路」サミットにおいて、習近平は「イノベーション駆動発展を堅持し、デジタル・エコノミー、人工知能、ナノ技術、量子コンピューターなどのフロンティア領域での協力を進め、ビッグデータ、クラウドコンピューティング、スマートシティ建設を推進し、二一世紀のデジタルシルクロードをつなぎ合わせる」と発言している(伊藤 二〇二〇年)。

梶谷は、中国におけるデジタル・エコノミー化を、中国の伝統の再現として捉えることができるのでは、と指摘している(『中国経済講義』「第六章」)。

イノベーションの大きな特徴として、法の支配が貫徹せず不確実性の大きな市場で、アリババ集団やテンセントなどの大手IT企業が「情報の仲介者」として、プラットフォームを提供し、安定的な取引を成立させている。このことは、伝統的な商習慣として社会の中に根付いてきた「仲介」が、最新のテクノロジーに支えられながら形を変えて現代中国社会で存在感を増しつつあることを示している。例えば、信用スコアをベースにした芝麻信用や零細業者への貸付をおこなう網商銀行など、伝統的な金融機関から融資を受けにくかった者への信用創造がおこなわれるようになっている。また、製造業の分野における「設計の標準化」や「部品の共通化」、すなわちモノづくりの「モジュラー化」の進展もこのような潮流を後押ししている。とくに技術革新が著しい電子産業などの分野では、特定の企業と長期的な取引関係を結ぶよりも、より有利な条件を提示する新規の取引先と契約したほうが効率性の面で望ましい、というケースが次第に増加しつつあるからである。

続けて第二に、習近平政権は膨大な国民に対する監視カメラ等による統制体制を最近作りあげてきた。この事態に関して、梶谷・高口は、『幸福な監視国家 中国』「第六章」で、中国においてあまり抵抗なく、監視カメラによる個人レベルまで深化した監視体制が受け入れられた背景には、「最大多数の最大幸福」という功利主義的思考が容易に受け入れられるような「幸福観」といった文化的要因があるのではないのか、という興味深い仮説を提供している。中国におけるこのデジタル技術による監視社会は、ビッグデータの収集と管理には深刻なトレード・オフ関係にある、利便性とプライバシーとの相克関係を考えるのに格好の事例となっているのである。

功利主義の論理のコアは、帰結主義、幸福（厚生）主義、集計主義の三つである。帰結主義は、ある行為の「道徳的正しさ」は、その行為選択の結果生じる事態の良し悪しのみによって決まる、という考え方。幸福主義は、道徳的な善悪は社会を構成するひとりひとりの個人が感じる主観的幸福（厚生）のみによって決まり、それ以外の要素は本質的ではない、という考え方。集計主義は、社会状態の良し悪しや行為選択の「道徳的正しさ」は、社会を構成するひとりひとりの個人が感じる幸福の総量によって決まる、という考え方。この三つの考え方と、非常に親和的な幸福観が中国の伝統的文化には内在していた。それによって、快楽がより多く苦痛がより少ない状態という「最大多数の最大幸福」という功利主義的装置が受け入れられたのであろう。以上が梶谷・高口の議論である。

いずれにせよ、このデジタル技術の活用によって、「中所得国の罠」から脱却するための産業高度化や「未富先老」に対応するのに有効な福祉政策の確立といった、中国経済が今抱えている大問題をどれくらい解消できるのであろうか。我々も、中国におけるデジタル経済化の動向を冷静に観察しておかねばならないであろう。

ひとりの歴史家の示唆に富んだエッセイ

最後になるが、「現代中国の誕生」の歴史を克明に追求している中国史専攻の岡本隆司は、改革開放後の中国経済が直面しているさまざまな課題の根底には、中国経済史を通底する次のような問題が横たわっていることを指摘している（岡本『東アジアの論理』三「中国経済を見る眼」「政治と経済」）。

明朝・清朝いずれも、政府は民間経済に積極的な働きかけをしたことがほとんどない。政権は民間で独自にできた既成の経済秩序に、なるべく立ち入らない方針をとった。下手に干渉すると、かえって混乱を引き起こしかねなかったからである。したがって、政治は、権力の自己保存に関わる部分にしか、社会に作用を及ぼさなかった。経済的な側面でいえば、政府・軍隊の人員を養うため、税金をとりたてるというのが、極論すれば、政府当局のほぼ唯一の役割だったといって過言ではない。その徴税先はおおむね、政府当局と関わりのある少数の富裕層だった。かれらが農工商業の大規模な企業を経営し、庶民を搾取して利益をあげる。政府はその一部を税金として、財政を運営するシステムになっていた。

一八世紀までの中国では、政治と経済はほとんど乖離状態であったため、ごく「小さな政府」でもよかったのである。列強は一九世紀に、こうした政治権力と民間社会の疎遠に乗じて、経済的な「侵略」を果たした。二〇世紀の中国はその反省から、政府の経済統制を志向する。これは国民党でも共産党でも同じであって、手法・程度の差異に過ぎない。毛沢東時代の計画経済は、一挙にそうした統制を極端にまで推し進めたものだった。

毛沢東時代の惨憺たる結末をうけ、「改革開放」に転じて、現在の中国がある。極端な統制を緩めたところ、政治権力を顧みない社会経済が、あらためて活発となった。それが驚異的な経済成長の原動力ではあったものの、またぞろ政治と経済の乖離、ひいては中国の瓦解という悪夢を再現してしまうのではないか。それが中国政府の恐れるところだろう。

想い起こしてみると、中華人民共和国が成立して、わずか七〇年しか経過していないのだ。数世紀以上にわたって存在し続けてきた中国社会の構造が、たった七〇年間に消滅することなどありえないことは自明の理であろう。岡本のこの短いエッセイは、現在を捉えるためにも長い歴史的パースペクティブの下で考察することが必要であることを、改めて示唆しているのである。

注

（1）東南アジア諸国での成長局面の移行に関しては、本書第五部「東南アジア経済の五〇年」を参照のこと。

（2）この論点に関しては、本書第三部「二一世紀のアジア経済をどう捉えるか」第二章と本書第五部「東南アジア経済の五〇年」を参照のこと。

（3）毛沢東時代の人民公社解体以後の食糧農業政策の変遷と農業の変化については、拙著『アジアの「農」　日本の「農」』Ⅲ部と宝剣第一章・第二章を参照されたい。

（4）デジタル経済化が抱える問題点に関しては、本書第三部「二一世紀のアジア経済をどう捉えるか」第三章を参照のこと。

参照文献

伊藤亜聖「中国が変えるアジア―改革開放と経済大国・中国の登場」遠藤環・伊藤亜聖・大泉啓一郎・後藤健太編『現代アジア経済論「アジアの世紀」を学ぶ』有斐閣ブックス　二〇一八年。

伊藤亜聖「中国のデジタルエコノミーはアジアをどう変えるか?」末廣昭他『アジアの新たな地域秩序と交錯する戦略　タイとCLMV・中国・日本』東京大学社会科学研究所　二〇二〇年。

岡本隆司『東アジアの論理　日中韓の歴史から読み解く』中公新書　二〇二〇年。

梶谷懐『中国経済講義　統計の信頼性から成長のゆくえまで』中公新書　二〇一八年。

梶谷懐・高口康太『幸福な監視国家・中国』ＮＨＫ出版新書　二〇一九年。

蔡昉『現代中国経済入門―人口ボーナスから改革ボーナスへ』丸川知雄監訳・解説　東京大学出版会　二〇一九年。

高原明生・前田宏子『シリーズ中国近現代史⑤　開発主義の時代へ　一九七二～二〇一四』岩波新書　二〇一四年。

張師奇他「中美製造業主要行業増加値率的差異分析」『中国統計』二〇一四年第二号。

原洋之介『アジアの「農」　日本の「農」』書籍工房早山　二〇一三年。

宝剣久俊『産業化する中国農業』名古屋大学出版会　二〇一七年。

第七部　インド経済の七〇年

本報告の狙い

いうまでもないだろうが、人口規模からみてインドは中国に次ぐ世界の大国である。また、ここ四半世紀間での高い成長の実現によって経済規模も拡大し、いずれ中国に次ぐアジアでの経済大国になるであろうと考えられている。そして、我が国のアジアとの経済関係をこれから深化させようとする時、中国とともにインドとの経済関係は非常に重要となってくるであろう。

ところで、一九八〇年代の一時期、足繁くインドに紀行したが、インド経済の研究を自らおこなう勇気は持ちえなかった。というのは、多様な言語、多様な民族から構成され、経済も地方ごとに異なった特徴をもっていたこと、また他のアジア諸国にはないカースト制が存在していること、このような問題があったからである。

正直にいってこういった事情は現在も変わっていないが、本報告の前半では、ノーベル賞を受賞したアマルティア・センらのインド人経済学者や日本人のインド研究者の研究業績を、私なりに整理して、独立以降の七〇年間のインド経済を、二つの成長局面に区分し、その成長パフォーマンスをみていく。そして、それぞれの局面で採られた産業政策・農業政策・貧困政策の展開・変遷も整理しておこう。

続いて後半では、インド経済と中国経済との比較を試みてみる。まず、いくつかの統計資料によって、産業構造や貿易構造面での比較をおこなう。そして、両国の経済政策決定メカニズムに関して、政党選挙による民主的政体のインドと一党独裁的政体である中国との違いを明確にしていこう。というのは、先に触れておいたように、アジアとの望ましい経済関係を構想する時に、この政体の違いは無視しえない問題となってくることが予想されるからである。

二〇二一年一月

原　洋之介

第一章　インド経済の七〇年

はじめに

一九八〇年代後半、数度にわたってインドを訪問する機会をもった。このインドへの旅行で筆者が印象づけられたことは、インドの大国性という事実である。デリーとカルカッタという二大都市を訪問するだけでも、ヒンディー語・アーリア人とベンガル語・ベンガル人というように、インドが言語の異なる多様なエスニック・グループが共存している社会であることにすぐ気がつく。ボンベイやマドラスへと旅を続けてみると本当にインドは「言語と人種のるつぼ」という表現でしか形容できない社会であることが実感される。

さらに、インド国内を複雑にしているのが有名なカースト制の存在である。カーストあるいはより正確にはジャティと呼ばれるこの制度の下で、全ての個人が生まれながらにして所属すべき社会層が決まってしまっているのである。職業もまた結婚相手も自らの意思で自由に選ぶことはほとんど不可能となっているという。何故こういう制度が形成されてきたのか、インド史を専門的に学んだことのない筆者にはいまひとつわからないが、多くのインド人が「カーストに生まれカーストに死んで」いっているのは間違いない事実といわざるをえない。東アジア諸国の国内社会が同質性を基調としているのに対し、インド社会はまさに異質性を基盤として成立しているといってもよいであろう。

インドの経済開発をみてみると、工業化であれ農業開発であれ、ある限られた社会層の人間しか参入していないことがわかる。その他の大半の人間は、カーストにしばられ、経済的地位の向上といった社会的流動性の環のなかに参入しえないでいるようである。ここにインド経済の最大の特徴ともいえる貧困層の大量の存在という問題の根があるといえよう。

インドでこういう見聞をしていくうちに、著者はインド出身の経済学者の作品に強くひかれるようになっていった。新古典派流の経済分析を武器としている世界の経済学者のなかにあって、インド出身の経済学者が発表する経済分析は大きな特徴をもったものとなっている。アマルティア・セン、パーサ・ダスグプタあるいはプラナブ・バルダンといった諸教授の理論的作品は、間違いなくインドの現実が念頭におかれており、主として市場機構が健全に機能しうる前提とは何かを問うたものとなっているのである。

以前、『アジア経済論の構図』を上梓したとき、「V章　貧困と労働市場」の書き出しにこのように記していた。しかし残念ながら、筆者はここ二〇年ほどインドに訪問する機会もなく、またインド人経済学者の研究論文もほとんど読んでこなかった。そこで以下、現在わが国でインド経済研究をおこなっている絵所秀紀をはじめとする幾人かの研究業績をレビューする形で、経済成長局面分析という著者なりの問題関心に照らしながら、独立後のインド経済の経済史の展開過程を、整理していこう(1)。

成長局面の移行

一九〇〇年から二〇一〇年代初めまでの実質GDPの成長をみておこう（佐藤　序章　第一章　絵所・佐藤編、並びに第七表―一を参照のこと）。インドは植民地時代一九〇〇年から独立直後の一九五〇年ころまでは、長期間にわたって一人当たりGDP成長率は〇・一%で、ほぼ停滞し続けてきた。しかし独立後から一九七〇年代まではGDPの成長率は三・五%程度に、一人当たりGDPの成長率は一・三%に上昇した。これが「ヒンドゥー成長率」と揶揄された成長であった。しかし、部分的な自由化が実施された八〇年代に成長率は上昇しはじめ、自由化が本格的にすめられた一九九〇年代に入ってからは、GDP成長率は七〜八%へ、また一人当たりGDPの成長率は四〜六%と加速しているのである。まさに、着実に一人当たりGDPが上昇していることは過去一一〇年ほどの歴史の中では画期的なことであった。

そこで、一九九〇年代初めまでの初期成長局面を「ヒンドゥー成長の時代」、そして九〇年代以降の第二成長局面を「離陸後成長の時代」と呼んでおこう(2)。

絵所が強調しているように、初期成長局面のインド経済は「社会主義」であったという理解があるが、これは間違いである。ネルーがソ連の計画経済に心惹かれていたのは事実である。しかし独立後インドは一度たりとも社会主義国家になったことはない（絵所序章 二〇〇八年）。当時のインド経済は、東アジアの発展途上国が採用していた輸入代替型開発を目指す「開発主義的経済システム」であったといってもよいであろう(3)。

第7－1表　インドのGDP成長率　2004～05年固定価格での年平均成長率

（%）

		GDP	1人当たりGDP
植民地期	1900/01～1946/47	0.9	0.1
独立後	1950/51～1960/61	3.7	1.8
	1960/61～1970/71	3.4	1.2
	1970/71～1980/81	3.4	1.2
	1980/81～1990/91	5.2	3.0
	1990/91～2000/01	5.9	4.0
	2000/01～2010/11	7.6	6.0

出所）セン、ドレーズ 第1章 表1-1。

そして、後に述べるように、「新しい経済政策（NEP）」が本格的に実施されるようになった第二成長局面下で、インド経済は順調かつ安定的な経済成長を実現させてきた。一九九一～二〇〇六年度のGDP部門別成長率の推移を見ると、経済危機が深刻であった一九九一年度を除くと、一九九二年度以降は一九八〇年代と比べてより安定的であったといってよい。ただし農業部門の成長率は大きく変動しており、この限りではない。しかしかつてのインドとは異なって、農業成長率の減速がGDPや工業の成長率に大きな影響を与えなくなったことが、現在のインド経済の特徴的な姿である。かつてのインドでは、一九五〇年代以降の資本不足・農業余剰不足・外貨準備不足という三つの「供給制約」によって経済成長は自由度を失っていたが、一九九〇年代にはこの制約が取り払われたのである。

一九八〇年代の成長は、公共部門投資によったものであった。しかし、NEPの下での成長は、こうしたパターンとは全く異なって、民間投資主導型の経済成長になってきた。二〇〇六年度の対GDP比で、民間投資は二七・〇％となり、総投資額の七五・二％を占めるまで高まっていた。つまり、インド経済は民間部門の投資に牽引される経済成

長へと転換していったのである。(4)

そして、二〇一〇年代に入ると、経済成長率はさらに加速しはじめ、二〇一四〜一五年度七・五%、一五〜一六年度には八・〇%、一六〜一七年度八・二%と上昇した。しかしその後一七〜一八年度七・二%、一八〜一九年度六・八%へと減速している(絵所 二〇二〇年)。

経済政策変遷の背景

以下、絵所『離陸したインド経済』の第一・二・三章での紹介を著者なりに要約することで、独立後のインドでの経済開発政策が決定された政治プロセスをみておこう。

一九四七年八月一五日に、イギリス時代の植民地内での分離独立によって、現在のインド国家が建設された。独立後のネルー時代にインドの工業化政策のベースとなったのはライセンスによる工業統制という考え方である。この時期の工業政策は、インド国民会議派内部での初代首相のジャワハルラル・ネルーと、インドの資本家の声を代表していた内務大臣サルダー・パテールとの間の権力闘争によって大きく規定されていた。

インド人歴史家ティルタンカル・ロイは、ネルーは「より平等な収入と富の配分を確実にするために、国家が生産資源をコントロールする必要」を強調していた、独立以前のインド国民会議派内部の代表的論者であった、と述べている。そして、ネルー時代の経済政策について、次のように指摘している。国家が工業化を興し、その一部を国有化した。鉄鋼と重機械の拡大は、ほとんどすべてが国家部門でなされ、政府は主として海外からの援助資金で輸入された資本財への特権的アクセス権を保持した。また国家と市場との分業においては、市場は消費財を提供する課題を与えられた。海外貿易と外国資本に課された制限は、インド国内の企業家にインセンティブを与えた。そのかわり、雇用者は、製造業での雇用を保護する法体制を丸呑みすることになった。「端的にいって、新たな体制は、世界経済に背を向けたのではなく、インドのグローバライゼーションを、国家が管理する援助資金プロセスに向けたのであった」と(ロイ 第九章)。

一九六四年五月、ネルーが死去した後、シャストリが首相に就任し、ネルーの経済運営を大きく転換した。計画委員会への権力集中を廃止し、閣僚への権限移譲。また中央政府への権力集中を嫌い、州政府に権力を移譲する分権化を実施した。民間企業の声が政府の経済運営に反映されるようになり、また公共投資の配分は基礎産業から農業へと重心が移行した。一九六六年シャストリが訪問先のタシケントで急死し、インディラ・ガンジーが首相に就任した。

一九六九年、国民会議派がインディラ派「国民会議派（与党）」とモラルジー・デサイを頭目とする（シンディケート・グループと呼ばれた）長老派「国民会議派（野党）」に大分裂した。そのきっかけは、抜き打ち的な主要商業銀行一四行の国有化措置であった。

一九六〇年代後半には、関税は引き上げられ、為替レートは管理されて過大評価され、民間部門では輸入ライセンスをえることが益々困難になった。こうした状況下で、投資資金源を管理するために、一九六九年に保険会社と一緒に多くの銀行が国有化され、かつ銀行利子率も国家によって統制されることになったのである。(5) こうして、「ライセンス・ラージ（許認可権をもった官僚による支配）と「レント・シーキング（ライセンス獲得を目指す民間企業による献金活動）」とで特徴づけられる七〇年代の閉鎖的経済運営が誕生したのである。

一九七一年の選挙でインディラ・ガンジー派が大勝利し、権力の座を確立してからも統制経済路線を続行した。まず食糧自給体制の確立を目指して「緑の革命」が始まった。その後インフレーションの進行などで経済が不安定化し、一九七四年一月グジャラート州で反インディラ大衆運動が起こり、インディラの辞任を求める運動に発展した。これに対して、インディラ首相は非常事態宣言を発し、多くの反対者を拘束した。

その後、一九七七年の総選挙で国民会議派は惨敗し、民主主義の回復を唱えるジャナタ（人民党）政権が誕生した。インディラの政敵であったモラルジー・デサイが首相となり、非常事態は終焉し、独立後初めて国民会議派ではない政党が政権を担当することになった。

しかしジャナタ党とは、大衆連盟、インド人民党、会議派（野党）の打倒インディラ・グループだけが集まった政党であった。このような事情もあってか、一九八〇年一月の総選挙で、インディラ・ガンジーが首相の座を奪回した。インディラは、国際収支危機を乗り切るべくＩＭＦから巨額の借り入れ約束を取り付けた。ＩＭＦからの要請もあり、インディラ政権は一定の規制緩和政策を推し進めた。ちなみに、このチャンスを捉えて、一九八二年に日本の鈴木自動車工業がインドに進出した。しかし、インディラ政権が実施した自由化政策は、きわめて限定的なものであった。

一九八四年一〇月、インディラがシク教徒によって暗殺される。ただちに、長男のラジーブ・ガンジーが政権を引継ぎ、同年一二月の総選挙で国民会議派が圧勝した。そして電子産業の近代化を重視して、民生用電子機器やソフトウェア部門での近代化と規制緩和に着手した。コンピューター技術輸入の規制緩和、コンピューター、同製品、周辺機器、およびソフトウェアの大幅関税引き下げ、ミニコンおよびマイコン製造民間企業に対する外資提携の許可、ミニコンおよびマイコン製造に関する生産能力限度規制の撤廃、二年後のメインフレームとスーパー・ミニコン製造への民間企業の参入許可、これら一連の施策が採られた。

ついで一九八五年二月には、電子部品、コンピューター、コンピューター周辺機器二四品目の関税撤廃が打ち出された。同年三月には、総合エレクトロニクス政策が発表された。産業ライセンス取得の規制緩和、外資提携企業の参入分野の拡大を骨子とするものであった。さらに同年四月には、三年間有効な長期輸出入政策が発表され、一〇〇万ルピー以下のコンピューターおよびコンピューター・システムの輸入自由化が盛り込まれた。さらに一九八六年一二月にはソフトウェア輸出政策が発表され、ソフトウェアが輸入自由化品目に指定された。

通信機器の発達には、政府通信局の下で国営研究機関として一九八四年に設立されたテレマティック開発センターによる国産デジタル交換機技術の開発が大きな役割を果たした。このデジタル交換機技術は、技術水準としては先進国多国籍企業の水準に達していたが、通信器製造企業は研究開発拠点をもたなかった。研究開発と製造とが分裂してしまったのである。この点で、中国とは異なっていた。しかし、インドでは多くの民間企業が通信ソフトウェア分野で革新能力を身につけており、それがインドの競争力の源泉になっている、ともいえよう。

一九八九年、ラジーブが強力に推進した経済自由化に反発した国民会議派の一部が、ラジーブに批判的な態度を鮮明にしたことを受けて、国会が解散され一九八九年一一月に総選挙がおこなわれた。この選挙で、ラジーブを指導者とする国民会議派は惨敗し、ラジーブ政権時代に財務大臣を務めたV・P・シン率いる国民戦線が政権の座についた。しかし、この国民戦線政権は、いくつかの政党からなる連合政権であり、かつヒンドゥー至上主義を掲げるインド人民党の閣外協力によって成立した危なっかしい政権であった。

ところで、ネルー時代に、それまでアンタッチャブルとして差別され続けてきたヒンディー社会での最下層カースト「指定カースト」と、言語・宗教から差別された居住地に住む部族「指定部族」とに、憲法に基づく大統領令によって、高等教育入学許可数、公的雇用、議席数を一定比率で優先的に割り当てる優遇措置「留保制度」が導入された。その時指定されたグループの人数は、総人口の二四・五％であった。

国民戦線のこの新政権は、以前から政策課題となっていた指定カースト・指定部族以外の「その他後進諸階級」にも留保制度を実施しようとした。しかし、これに対する北インドの大学生を中心に激しい抗議・反対運動が起こり、インド人民党が閣外に去ったことで、国民戦線政府は瓦解し、総選挙へとなだれ込んだ。しかし、この選挙中の一九九一年五月、チェンナイ近郊の村でラジーブが暗殺された。その後の総選挙で国民会議派が勝利し、国民会議派のナラシマ・ラオが首相に、財務大臣にマンモハン・シンが就任した。

このころ、対外支払い能力問題が顕在化していた。さらに湾岸戦争の影響により輸入原油価格が高騰し、また中東への出稼ぎ労働者からの送金も途絶えていた。ラオ政権は、この経済危機克服のために、ＩＭＦと世界銀行が要求する「構造調整プログラム」を実行するという形で、「新しい経済政策ＮＥＰ」に精力的に着手した。この新経済政策着手以降、インドは本格的な多党化時代を迎えた。繰り返す選挙においてどの政党も安定多数を獲得できず、政局は極めて不安定になった。国民会議派とインド人民党との対抗を軸にして連立政権は何度も交代したが、経済自由化路線は揺らぐことなく継続している。この時期の改革を、ロイは次のように指摘している。「構造調整の一環として、為替レートは引下げられ、関税も引下げられ、大量の産業規制も取り払われた。政府は、労働組合組織からは抵抗されたものの、各種事業から手を引いたが、全体的な結果は、全てのレベルにおける市場統合であり、国民経済における政府の規制の縮小であり、端的に言うならば、一九世紀の自由政策への回帰であった」（ロイ　同上）。歴史家らしい評価である。

既に見たように、経済自由化は一九八〇年代初めに復権したインディラ政権から始まり、ラジーブ政権にも実施されたが、これらの自由化は、限定的な改革にとどまっていた。だが、一九九一年以降の新しい経済政策によって、特に産業政策において本格的な自由化が進められることになった。その後一九九六年の選挙で、第一党となったインド人民党が中心となって連合戦線による連立内閣が発足。一九九八年二～三月の選挙で、再びインド人民党が第一党となり、バージパイが首相に就任した。しかし二〇〇四年の選挙で、国民会議派が勝利し、シク教徒マモンハン・シンを首相とする国民会議派を母体とする連立政権（統一進歩連合）が発足したのである。

そして、二〇一四年にインド人民党が圧勝し、党主ナレンドラ・モディが率いる国民民主同盟政権が発足して、一〇年ぶりの政権交代が起こった。一九九〇年代の経済改革等によって急速な経済成長が実現されて、いわゆる中間層が誕生し、インド社会で政治的にも大きな影響力をもつようになってきた。国民会議派が農村部に強固な支持基盤を築いてきたのに対して、インド人民党はこの都市中間層が支持したことで勝利した。新たに生まれた中産階級は、自分たちは一体何者なのかと、インド人としてのアイデンティティを問うようになり、その一部が「インド人とはヒンドゥー教徒だ」と主張し始めた。インド人民党が選挙で圧勝した背景には、このような大きな社会変容があったのである（広瀬）。

モディは首相に就任すると即座に、ネルー政権以来の計画委員会を廃止し、首相が指導する独自の組織に改編し、そこで経済政策の変更をおこなった。その最も重要な新政策は、「グジャラート・モデル」と言われる外資導入による経済成長戦略であった。これは、モディがグジャラート州首相であった時代にこの州で実施した、経済特区で規制緩和して外資を導入する政策を全国に拡げようというものであった(6)。

モディ政権発足以前からの経済開放政策の最も重要な側面は、中国との経済関係であった。二〇〇五年くらいまでは、インドの対中国貿易はほぼバランスしていたが、その後対中国の貿易赤字は急速に拡大して、二〇一八年にはインドの貿易赤字の約三〇%を占めるまでになっているのである（椎野）。

二〇一四年、習近平国家主席がグジャラート州を訪問し、モディ首相と相互経済協力の樹立を議論した。だがその時、中国軍が国境紛争地のアルナーチャル・プラデーシュ州に侵入したのである。これを受け、習近平のインド訪問のわずか二週間後、アメリカへの入国を数年間禁じられていたモディはワシントンを訪れ、オバマ大統領と面談したのである（ギデオン・ラックマン　第七章）。

その後二〇一七年に厦門で開催されたＢＲＩＣＳ首脳会議を前に、中国との国境線でにらみ合いを続けてきた双方の部隊を撤退させることで合意し、中国との経済関係は深まり、中国がインドの最大の貿易相手国となり、また中国からの直接投資も拡大した。中国から、産業資材や生活用品、玩具、繊維製品に至るまで大量の中国製品が流入した。また家電や自動車産業への投資も拡大していった。それまでインドの巨大スマホ市場を席捲してきたのは、韓国のサムソン電子だったが、中国製の格安スマホが急速に流入しインド国内市場を席捲するようになった。

そして二〇一九年の総選挙で、インド人民党が圧勝し、モディ政権の第二期が始まったが、地域的な包括的経済連携協定ＲＣＥＰ交渉からの離脱を正式に表明した。しかしながら、インドと中国との国境紛争の解決は、ほとんど進んでいない。また、一帯一路戦略の一環として「真珠の首飾り戦略」として知られるパキスタンやスリランカで、中国は軍事的にも重要な湾港施設の開発を着々と進めているのである。

以上からも分かるように、我が国日本の政党政治の展開を髣髴させるように、インドでは国民会議派とそれに対立する政党との間で、総選挙を経て交替する政権によって、経済政策の決定がおこなわれてきたのである。いずれにせよ、インドは、八億人もが選挙権をもつ世界最大の民主主義的国家であるといってよい。

開発政策の変遷

では、インド国家建設からほぼ七〇年の間に、開発政策はどのように変遷してきたのか。以下、何が改革の対象となり、何が対象とならなかったのかに焦点をあてつつ、産業政策、農業政策、ならびに貧困層への対策という三つの政策の展開をみていこう。

その前に貿易、資本移動に関する政策改革を絵所（第四章　二〇〇八年）ならびに絵所（二〇二〇年）によりながらみておきたい。ネルー時代以降、貿易は高関税と輸入数量制限による保護貿易体制であった。資本財、原料財、中間財の一部は輸入可能であったが、国内で製造できる財の場合には輸入ライセンスが必要であった。外国為替規制法（一九七三年）によって外資に対して厳格な規制が課せられていた。

そして、新経済政策が実施された一九九一年七月に大胆な貿易自由化措置がとられた。まず輸入補給ライセンスが撤廃され、輸出補助金も廃止された。さらに、資本財輸入規制が緩和され、輸出入キャナライゼーション品目も削減された。キャナライゼーションとは、一連の重要物資（食料品、鉱物、肥料等）に関して、特定の政府公認の貿易会社を窓口として輸出入が独占的におこなわれていた制度である。

資本財と中間財に対する輸入ライセンス制（数量制限）は、変動相場制への移行とともに、一九九三年に廃止され、消費財と農産物に対する数量規制も二〇〇〇年に撤廃された。外国為替規制法は、二〇〇〇年六月に外国為替管理法にとって代わられた。この新法によって、外国為替取引が経常勘定取引と資本勘定取引に区分され、経常勘定取引に関しては完全自由化が認可された。資本勘定取引に関しては、政府との協議の下でインド準備銀行に資本規制の範囲を決定する権限が付与された。こうして一九七〇年代以降の「ライセンス・ラージ」と「レント・シーキング」の時代は終焉を迎えることになった。

貿易自由化の一環として、関税は意図的に、スピードはゆっくりだが引き下げられた。農産物など一部の品目を除いて、最高基本関税率は、二〇〇一年に四〇%から三五%へ、〇二年に三〇%、二〇〇七年には一〇%まで引き下げられた。経済改革着手直前の一九九一年には、最高基本関税率が一五〇%であったことを踏まえると、自由化へ向けての目覚ましい成果といえよう。さらに二〇〇五年六月、輸出促進を目的とした経済特区法が成立し、またアジア諸国、特にアセアン諸国との経済協力も推進され始めた（絵所　第四章　二〇〇八、絵所　二〇一九年）。

産業政策

ネルー時代の一九五五年、マハラノビスが指導権を握って、公共投資を重工業部門に重点的に配分する二部門成長モデルを踏まえた第二次五か年計画が作成された。そして一九五六年に新たに施行された産業政策決議によって、全産業が三つのカテゴリーに分類された。

第一は「企業新設にもっぱら国家が責任を負う分野」であり、この中には「中央政府が独占する分野」である兵器、原子力、鉄道運輸業に加えて、石炭、鉱油、鉄鉱石等の鉱業、鉄鋼、重鋳鍛造、航空機、造船、電信・電話の製造業八分野、および航空運輸、発電、配電業が割り当てられた。第二は「国家が次第に参加してゆくが、民間企業も活動することができる分野」で、アルミニューム、工作機械、特殊鋼、化学工業、鉱物、道路・海上輸送業が割り当てられた。そして第三は、「民間の主導により開発する部門」であり、「その他すべての産業」が割り当てられた[7]（絵所 第一章 二〇〇八年）。

ロイは、この時期の産業政策を、海外からの援助と関連付けて次のように性格づけている。独立後の一五年間、純援助流入の三分の二は工業発展に向けられ、残りはインフラの整備にあてられた。工業部門では、鉄鋼と石油が海外資金をほぼ独占した。そして、アッサムやグジャラートでの油田探査もおこなわれた（ロイ 第九章）。

新経済政策の下一九九一年に、公企業だけに留保されていた産業の数が一七業種から八業種に縮小され、その後も段階的に三業種――国防用航空機・戦艦、原子力発電、鉄道車両――にまで縮小された。続けて、中央政府によるほとんどの産業ライセンス取得義務が撤廃された。

また、大企業の投資に対する独占および制限的取引慣行法による規制が撤廃された。エンジニアリング製品および電子製品にローカル・コンテンツを高めることを義務づけた段階的国産化計画も撤廃された。さらに外資出資比率に対する規制が大幅に緩和され、現在では大半の業種で一〇〇％の外資出資比率が認められている（絵所 第四章 二〇〇八年）。

こうした大幅な経済自由化政策によって、自動車（乗用車、二輪車）産業、自動車部品産業、家電産業、携帯電話産業、ＩＴサービス産業、製薬産業といった業種で[8]、外資系企業が参入して、インド国内市場への販売をめぐって激しい競争市場が生まれている。そして、乗用車、二輪車、自動車部品、製薬では、輸出が増加してきている。インドの産業はネルー時代から長期にわたって継続されてきた輸入代替工業化戦略の下で、国際競争力を失っており、製品は粗悪であり、技術革新はほとんど見られなかった。にもかかわらず、一九九〇年代になって経済環境が大きく変化するなかで、いくつかの産業で地場産業を中心に輸出が伸長したことも間違いない(9)（絵所　第五章　二〇〇八年）。

ロイも、繊維産業で生まれた動きを次のように指摘している。綿糸を製造する小規模工場や小規模衣服工場、およびニットメーカーが稼ぎ手であった一九八五年から一九九六年までの間、テキスタイル生産は、量で八〇％、価値で四〇〇％増加した。輸出量は五〇〇％の伸びであった。綿糸の世界市場におけるインドのシェアは、ゼロから一三％に伸びた。この成長のほとんどは、小企業で生じた。この方向転換の驚くべき特徴は、国内市場の復活である。そのことは、いかに輸出能力と国内消費が深く関連したかを示すものである。その間、機械輸入の容易化、販売の提携、外国投資などが、国内の小規模企業が製品の質と幅を改良することを可能にし、そのことがまた、服飾への国内需要に刺激を与えた（ロイ　第九章）。

新経済政策の開始以降、「ライセンス・ラージ」が消えていく中で、機械、中間財、自動車、電気製品等への海外からの直接投資が大きく増加し、また以前は多国籍企業の投資が完全に禁じられていた電力や通信も開放された。こうして、輸出市場に向けた製造業も成長し始めた。しかし、二〇〇〇年代に入ると、「インドの比較優位は、製造業からサービス業へと移行し」、このサービス業の中で急成長を実現させたのは、ソフトウェア産業であった。そして、「ソフトウェアのサービスとソフトウェア製品の輸出」を支えたのは「国立のインド工科大学ではなく、多くの私設の技術学校が、ソフトウェア労働者を供給したからである」と、ロイは指摘している（ロイ　第一〇章）。

言うまでもないが、インドでのサービス業の中核は、就業者数でみて最大の小売業である。インドは世界でも最も小売店密度の高い国である。小売業は、ＧＤＰの一〇％を占め、また全雇用者の六～七％を占めるが、そのほぼ九八％が非組織部門に属するキラナと呼ばれる家族経営のよろずやである。

このような小売業においても、急速に変化が生じている。その背景には、マンモンハン・シン政権時代に実施された小売部門での規制緩和措置（単一ブランドの場合一〇〇％、複数ブランドの場合五一％）があった。そして、海外企業も参入し、スーパーマーケットなど大型小売業の登場によって、インドの小売業は「変革のとき」を迎えているのである（Ｐ・Ｋ・シンハ他　第五章　絵所・佐藤編）。まさに「小売業革命」とも称される動きである。このような急激な小売業の変化を支えているのは、貿易自由化によって生み出された経済改革の過程で、耐久消費財を購入することができる購買力をもった、二億人とも三億人とも見積もられる都市中間層が誕生したことである。その代表的担い手で「インドの小売王」とまで称されるキショレ・ビヤニは、ムンバイ出身の商人マルワリなのである（絵所　第五章二〇〇八年）。

さて、モディ政権は、成長戦略として「メイク・イン・インディア」を掲げた。その骨子は、二〇二〇年までにGDPに占める製造業の比率を二五％まで引き上げることと、二〇二二年までに製造業部門で一〇〇万人の雇用を創出することであった。また、外資出資比率の上限を国防部門で二六％から四九％へ、鉄道・建設部門では〇％から一〇〇％へ、そして保険部門で二六％から四九％へと引き上げた。

しかし残念ながら、この「メイク・イン・インディア」の目標は、現在までには達成されていない。特に労働集約的産業の国際競争力は弱いままであり、雇用創出にも成果は見られない（絵所　二〇二〇年）のである。

農業政策

絵所は、独立後の土地制度の改革について以下のように論じている（絵所　第一章　二〇〇八年）。土地制度改革プログラムの焦点となったのは、ザミンダール等の大土地所有地主（中間介在者）の廃止による自作農の創出、小作権保護を目的とした小作改革、土地保有上限の制限、そして協同組合化の推進である。これらの土地制度改革の実施は、いずれも州政府に委ねられた。

ザミンダール制は廃止されたが、ザミンダールの「私的耕作地」はその所有が無制限に認められた。小作権の保護、地代の引き下げ、そして一定の条件下での所有権の獲得という三つの目的から成り立っていた小作改革によって、多くの小作が自作地を獲得した。しかし、「農奴」の名のもとで隠れた小作が存続しただけでなく、刈分小作制度も存続した。小作改革の対象となったのは、金納小作だけであり、刈分小作はその対象外であった。

第三の土地保有上限の制限においては、設定された保有上限そのものがあまりにも高く、家族にではなく個人に対して上限が設定されたり、プランテーション作物・牧畜・サトウキビの生産等に従事している場合および大規模な投資が必要とされる「効率的経営農家」と見なされる場合には適用除外とされた。

農家の協同組合化はネルーが中国の人民公社によって触発されたアイデアであった。しかし協同組合というアイデアは、協同信用組合以外ほとんど実行に移されていない。そしてこの信用組合も実際には貧農のニーズに資するものではなく、非効率な政府官僚たちの溜まり場となり、地主たちの既得権益を守るものとして機能した。

一九三〇年代の会議派の農業・農村へのかかわりに関して、ロイは次のように指摘している。北インドの農民は、市民的不服従運動（一九三〇～三一年）に動員された。農民の困窮は、マハトマ・ガンジー指導下の会議派に、エリート運動を大衆運動へと転換するチャンスを与えた。インドの植民地政策に反対する、組織化され広い基盤をもつ最初の運動に、地代引下げと借金棒引きを求める主張が、地域からの不満として加わったのである。

しかし、農民参加の規模は、地域ごとに異なっていた。運動の強さは、より肥沃な土地で水に恵まれた地域で大きく、その結果、そこでの運動は比較的裕福で政治的な野望のある農民層を引き寄せた。このような状況は、デカン高原よりも、ガンジス平原中部で高まった。インド国民会議派は、最終的に小作農が望んでいたよりはわずかしか分配をおこなわなかったが、それはとりわけ運動が始まってすぐに、唐突に運動がとり0やめられたからである。会議派はまだ、大衆基盤を有する政党からはほど遠いものだったのである（ロイ　第八章）。

分離独立後、インド政府は全国で水路灌漑開発を実施した。水路灌漑の展開と並行して、この時期には灌漑用ポンプやその動力として使用するエンジンの価格が低下したこともあって、農民による管井戸の設置がおこなわれるようになった。水路灌漑の発達とともに地下水位が上昇してきたこともこの管井戸の普及を促した要因として重要である。また一九五〇年代灌漑開発によって農業生産は伸びていたが、穀物輸入は続いており、食糧供給が破綻しなかったのはアメリカのＰＬ４８０号の下で実施した大量の穀物援助があったからである。

このような食糧援助受け入れという国内食糧事情を踏まえて、一九六五年に農業費用価格委員会 Commission for Agricultural Costs and Prices ＣＡＣＰとインド食糧公社 Food Corporation of India ＦＣＩが設立されたことによって、現在まで続く、米と小麦という基礎食糧に関するインド農業政策の根幹が形成されてきたのである。以下このような農業政策の展開について、藤田幸一の「インド農業の新段階」(柳沢・水島編　終章)に沿って、みておこう。

まず、米、小麦という食糧に関して、インド食糧公社が農産物買付制度を通じて買上げ、食糧不足州まで輸送して州政府に中央売渡価格CIPで売り渡し、州政府はさらに、公正価格店まで輸送して一般消費者に売り渡すという食糧の公的管理制度PDSである。次いで、農業費用価格委員会によって、政府が農民から米、小麦を買い付けるときの最低支持価格MSPを設定した。この価格政策は、高水準の価格水準によって発展の見込みのある地域の農民の生産意欲を掻き立て、農民による新しい技術の採用と農業投資を促そうという地域選別的な色彩を帯びたものであったといってよい。化学肥料価格は、一九七七年に導入された留保価格制度 Retention Price Scheme の下できわめて安価に抑制された。また管井戸のポンプを駆動するために使用される農業用電力の料金も、同時期においてはほぼ一定であり、物価上昇を考慮するとこれら投入財の実質価格は大幅に低下した。

そして一九九〇年代以降、農工間の労働生産性の成長には格差が顕在化していた。二〇〇〇年から二〇一五年の間をみると、製造業労働生産性の上昇率は年率平均で七・三%であったが、農業労働生産性の上昇率は三・一%であった。そのため、農業労働生産性の対製造業比は〇・五九から〇・三三へと低下したのである。このような労働生産性格差の拡大は、日本を含めた多くの国で、農業保護政策を生み出して強化させた要因であったことを考えると、インドも同じような状況になっていたといってもよいであろう(後掲第七—三表を参照)。

二〇〇二年七月の引き上げ以来、中央売渡価格CIPは一〇年以上も据え置かれた。一方、最低支持価格MSPは、二〇〇三~〇四年度から二〇一二~一三年までの一〇年間で二~二・二倍へと引き上げられた。こうして逆ザヤは大きく拡大し、食糧補助金は急速に膨張して、GDPの〇・九%、中央政府支出の六%弱を占めるまでになった。一言でいえば、農産物価格支持による農業保護政策が強化されてきたのである。コメ、小麦の政府買付価格は急速に国際価格に近づき、それを上回ろうとしている。問題は、そのような状況の中で、コメ、小麦の政府在庫が史上最大の量まで膨らんでいること、同時に科学肥料や農業用電力、用水路灌漑などの投入財価格に対する補助金支出が上記食糧補助金の三～五倍の規模に達していることである。

二〇〇〇年代半ば以降、最低支持価格MSPの急速な引き上げによって政府在庫は二〇〇九年ころから再び急速に膨張し、二〇一三年にはコメ、小麦合計で六五〇〇万トンを超える史上最高の量に達した。二〇一二～一三年度には、久々に在庫放出による約三〇〇万トンの小麦の輸出がおこなわれた(10)。

モディ政権は、AIで農家の収入を倍増させる計画、具体的にはAIを用いた灌漑システムの改善、無人機を利用した農薬散布、施肥を最適化するための土壌マッピングの取組を実施している（広瀬）。しかし、以上述べてきた農業政策の根幹は、ほぼその誕生以来改革の対象とはなっていないのである。

貧困政策

以下、藤田幸一の「開発行政と農村社会」（第九章　柳沢・水島編）に依りながら、いくつかの貧困政策をみていこう。

一九九七年には、ユニバーサル制度であった食糧の公的分配システムTPDSは、受益者選別公的分配システムTPDSに変更された。この変更によって、米・小麦の総生産量の三〇～四〇%を国家が買上げ、家計を貧困線以下BPLと貧困線以上APLに分け、前者だけをターゲットとして安く販売する仕組みとなった。BPL家計の購入数量は、当初は月一〇キログラムだったが、その後二〇キログラム（二〇〇〇／〇一年度）から二五キログラム、二〇〇二年四月に三五キログラムに引き上げられた。また二〇〇〇年一二月には、BPL家計の中でも最も貧しい家計により安価に量も多く配給するアントヨダヤ食糧計画が導入されている。

次は、農村部で貧困家計に仕事の機会をあたえる農村雇用保証計画である。既に一九七〇年初めには、旱魃の時期には雇用保証計画などが実施されていた。その後、この計画をより充実させる目的で、二〇〇五年に全国農村雇用保証法National Rural Employment Guarantee Actが成立し、二〇〇九年に、名称がマハトマ・ガンジー全国農村雇用保証計画Mahatma Gandhi National Rural Employment Guarantee Scheme MGNREGSへ変更された。

このＭＧＮＲＥＧＳ事業は、法律に基づく恒久的性格をもつ点で画期的であると言われている。同法によれば、農村住民は誰でもジョブカードを申請することができ、一世帯当たり年間一〇〇日まで雇用が保障される。この保障とは、カード保持者は政府（グラム・パンチャーヤット）に最低賃金率での雇用を請求でき、申請後一五日以内に雇用されない場合、失業手当を受けることができるようになったことを指す。最低賃金は男女同一で、また雇用者の三分の一以上は女性でなければならないと規定されている。

また労働者へ働いた日数分の賃金を早く正確に支払うことは、これまでの公的雇用計画では実現が難しかった。コントラクターが雇用日数や賃金率を誤魔化し、差額を横取りすることは日常茶飯事であった。問題解決の決め手として導入されたのが、銀行ないし郵便局への口座振り込みの義務化措置であった。多くの労働者が非識字である状況で、彼・彼女に銀行口座を作らせ、ＡＴＭでお金を引き出しさせること自体、かなり画期的な試みであったのである。(11)

農業労働者の実質賃金の上昇率をみると、一九八〇年代には年率五％前後であったが、一九九〇年代には約二％、二〇〇〇年代前半にはほぼゼロであった。しかし農村雇用法が施行された二〇〇六年以降、農業賃金は上昇に転じているのである（セン・ドレーズ 第二章第七章）。

さらに貧困政策として、貧困家計による自助グループＳＨＧの結成もあった。ＳＨＧとは、農村女性一〇～二〇人がグループをつくって毎月少額の貯蓄をもち寄り、それを蓄積しつつ、グループ内希望者に貸し付けるインフォーマルな互助組織であり、内部での貸付金利は月利二％が一般的である。インドのＳＨＧの特徴は、グループを組織し、その活動をモニターするＮＧＯが、数か月間きちんと活動していると認めた場合、ＳＨＧメンバーが政府系商業銀行や協同組合銀行などから月利一％の低利融資を受けることができることである。この仕組みは、ＳＨＧ―銀行連結プログラムと呼ばれている。インド政府のねらいは、農村貧困世帯特に女性に対して低利融資をおこない、もって貧困削減を進めることにある。

モディ政権になって、貧困対策のための政策手段としてＪＡＭトリニティと呼ばれる新しい仕組みが導入された。この新政策とは、それまで実施されてきた「貧困線」(12)を決めて貧困者家計を識別するという手法を廃止して、貧困者の銀行口座に直接資金を移転する直接便益所得移転 Direct

Benefit Transfer プログラムである。端的に言って、前シン政権時代に導入されたアダールと呼ばれるインド版マイナンバーに金融機関口座を紐づけて、貧困者に直接資金を供給するものである（絵所　二〇二〇年　椎野）。モディ政権下でのこの貧困対策は、先に触れたマハトマ・ガンジー全国農村雇用促進法で導入された、銀行ないし郵便局への口座振り込み措置をいっそう進める政策であり、また全国民に銀行等の金融機関利用を拡大させていくことを狙ったものであったといえよう。

労働市場

インドでは、一〇〇人以上の労働者を雇用している工場の閉鎖あるいは人員削減をするには、州政府の許可が必要だが、許可はめったにえられない。このため企業サイドには雇用増加のインセンティブは働かない。とりわけ労働集約的な産業ではやっかいな問題である。社会保障制度がほとんど整備されていないために、抜本的な労働改革に踏み出すことができない（絵所　第四章　二〇〇八年）のである。

このような事態の背景には、植民地時代の一九二六年に制定された「労働組合法」が存在している。また独立達成の一九四七年に制定された「労使紛争法」、翌四八年に制定された「工場法」と「最低賃金法」がある。さらにインド憲法では、「労働」は中央政府と州政府が共同で責務を負う共同管轄事項となっている。実際、中央政府が立法した「労働法」だけで六〇を超えており、インドの労働法制は極めて複雑なのである（佐藤　第一章　絵所・佐藤編）。そのためか、多様な労働問題に対して、過去からの労働法制そのものの改革に手を付けず、制度の運用や法解釈を政府が弾力的に調整することで運用されているのである。

しかし、インドの労働市場の最大の問題点は、就業数が大きい産業において、政府に登録した企業という「組織部門」での雇用が、非常に小さいという事実である。つまり、インドの労働者は、圧倒的に「非組織部門」で「非正規に」働いているのである。そして、自営業を含むこれら非組織部門で雇用されている労働者には、組織部門で働く労働者とは違って、労働組合を結成して、使用者との間で労働条件をめぐる交渉などをおこなうことは不可能である。また、これら労働者は社会保障制度とは無縁なのである。

就業者数で、最も大きい農業部門では、組織部門雇用は、一九九三年で僅か〇・六一％、一九九九年〇・五八％。次に就業者数が大きい製造業でも、組織部門雇用の比率は、一九九三年で一五・〇五％、一九九九年で一四・六％。さらに就業者数の大きい卸売・小売部門では、一・六％、一・三一％に過ぎないのである。全雇用に占める組織部門雇用のシェアは、一九九三年の七・二％から一九九九年には七・〇八％へ低下している（絵所　第六章　二〇〇八年）。まさに、インドの労働市場では非正規労働者があふれており、組織部門労働者は「大海に浮かぶ孤島」に佇んでいる。そして、非組織部門に就業している労働者内部にも、大きな階層差が存在しているのである。

絵所は、インドの労働市場の特性を次のように説明している（絵所　第六章　二〇〇八年）。労働市場は、教育水準によって階層化されている。教育水準は所得水準と密接な正の相関関係をもっている。貧困指標と教育水準との間には逆相関関係がみられる。貧困者の八〇％近くは学歴五年までの人々である。また教育水準は、カーストと強い相関がある。ヒンドゥー上位カーストは、指定カースト、指定部族、その他後進階級と比較して、農村でも都市でもはるかに高い識字率を示している。

端的にいって、インドの労働市場には、カースト制やそれに関連した女性教育に対する差別といった慣習に起因した社会的格差による「分断」が、存在しているのである。[14]このカースト制、より正確にはジャジマニ制に加えて、女性教育の軽視といったジェンダー間格差に起因して、「労働者が分断されている」と表現することもできよう。[15]

「離陸後成長局面」に入ってからも、カーストや教育水準によって分断されていた労働市場が持続し続けており、幾重にも重なる細かい職体制ジャティ・システムの中で、一つでも上位の職に参入できないような構造が再生産し続けているのである。まさに、インドの労働市場とは「労働者を分断した」構造となっているのである。

「東アジア諸国の国内社会が同質性を基調としているのに対し、インド社会はまさに異質性を基盤として成立しているといってもよいであろう。インドの経済開発をみてみると、（中略）大半の人間は、カーストにしばられ、経済的地位の向上といった社会的流動性の環のなかに参入しえないでいるようである。ここにインド経済の最大の特徴ともいえる貧困層の大量の存在という問題の根があるといえよう。」こう記していた私のインドでの見聞とは、日本や中国ではほとんど議論されてこなかった「労働市場の分断

性」がインドに存在していることであったと、改めて認識した次第である。(16)

バルダンのインド政治経済モデル

以上にみてきたように、「新しい経済政策」の採用以降、貿易や資本移動という世界経済への参入における産業政策においては、着実に改革が実施されてきた。他方、農業政策、ならびに貧困層政策においては、その基本はほぼ改革されていない。ではなぜ、産業政策では改革が実施されたのに対して、農業政策や貧困政策では、抜本的な改革が実施されなかったのか。

この疑問に答える手掛かりとして、絵所が「インドの支配階層は、産業資本家・大商人と富農とホワイトカラー労働者・専門家の三グループから成り立っており、利害を異にするそれぞれの階層が「異質の圧力団体」となりながら「不安定な支配連合」を形成してきたとする仮説はインドの政治経済体制の実態をよく表している」と評している、プラナブ・バルダンの『インドの政治経済学』を援用して考えておこう（絵所　第一章　二〇〇八年）。

バルダンの政治経済モデルは、独立過程からインド政治の指導的政党であった国民会議派の特質を踏まえたものとなっていると捉えておいてよいであろう。では、一九三〇年代に独立運動を担った時代の国民会議派とはどんな組織であったのだろうか。この時期、会議派を支持していたグループに関してロイは次のように指摘している（ロイ　第八章）。

第一に、輸出市場ではなく、国内市場向けの製品を生産していたインド人の産業資本家層である。一九二〇年代後半になって、インドの工業に保護関税が認められた。綿布・綿織物、砂糖、鉄鋼、セメント、マッチ、紙、毛織物工業の急速な成長を導いた。大恐慌の入口の時期には、インドでは広範に分化した製造業が存在していた。そのときまでに利益を上げていたグループは、インド人が所有する企業で、国内市場で営業していたものであった。これらの企業者・経営者はナショナリストであり、例外なく国民会議派と緊密な関係を維持していた。バルダン・モデルのいう「産業資本家・大商人」階級である。(17)

第二に、都市に立地していた大企業の労働者を組織化していた労働組合も会議派を支持していた。一九二六年に労働組合法が制定されており、この法で雇用者以外の外部の指導者も組合員になれることになり、特に「ナショナル・センター」と呼ばれる全国組織の労働組合は政党と深い関係をもつようになり、労使紛争は政治化することが多かった。恐慌下の一九三〇年代、多くの綿工場において賃金交渉が死活問題となり、大きなストライキや工場閉鎖が生じた。ボンベイにあった大規模な綿工場などでは、組織的な労働組合が強い抵抗力をもっており、労働力の雇い主を怖気づかせていた（ロイ　第八章）。これら組織化された労働者団体が、バルダンのいう「ホワイトカラー労働者」層である。そして第三に、農村部での「富農層」も会議派を支持していた。その理由等については、既に独立後の土地改革のところで、ロイの議論を引用しながら指摘しておいた通りである。

端的にいって、最初から会議派とは、これら利害が決して一致していない三つのグループを「包含した」組織・政党であった。まさに、バルダンが言う通り、「異質の圧力団体」からなる「不安定な支配連合」であったのである。

バルダンのこの政治経済モデルに照らしていうと、初期成長局面から第二成長局面への移行とは、ネルー時代に民間産業資本家を規制しようとしていた国家計画委員会の専門家から、産業資本家・大商人への権力の移行であったといえる。そして、この産業資本家や商人には、グジャラート出身のパールシー教徒のタタ、グジャラート出身のジャイナ教徒であるワルチャンドラ等々[18]、ヒンドゥー社会以外の商人も多く含まれていたのである。

一方、農業政策は第二成長局面になってからも、この基本はほとんど改革されていない。最低支持価格、政府買上価格という二つのタイプの管理価格制度や、肥料補助金と食料補助金政策は、ネルー時代からほぼそのまま維持され続けているのである。農業政策においてこのように改革が実施されてこなかった背景には。選挙において、パンジャーブ州等における富農がもっている政治力の強さがあった。これら富農が所有する重要な生産設備である管井戸灌漑の費用に大きく影響する、州政府電力公社が決める電力料金は異常なまでに低く抑えられて続けているのである。

また、建国以来インドでは、カースト制に起因する多数の貧困層が存在しており、貧困者への対策は常に大きな問題であった。そのため、選挙によって政権を担当する政党が選ばれるという政治体制の下にあったインドでは、バルダンのいう「支配階級」は、どの政党に属するかには関係なく、東・東南アジア諸国とは異なって、独立国家建設以来、所得・富の再配分を最重要な政策課題とせざるをえなかったのであろう。過去七〇年間に、具体的な政策スキームで改革が続けられてきたが、その抜本的な変更はなかったのである。

中国との比較から見たインド経済の特徴

二〇一〇年の一人当たり実質GDP（二〇〇五年PPP価格表示）は、インド三四七一ドル、中国七七四六ドルである。世界銀行の定義に従えば、インドは下位中所得国、中国は上位中所得国である（佐藤　第一章　絵所・佐藤編）。また両国は、国内市場が巨大な経済であり、輸出・輸入依存度が高い経済ではない。二〇一五年での輸出・輸入の対GDP比をみると、インドでは輸出〇・二二二、輸入〇・二四八、中国では輸出〇・二一六、輸入〇・一七六である。インド、中国ともに、東南アジアの小国タイと比べると貿易依存度はかなり低いのである（第七—二表を参照）。

この事実を念頭におきながら、インドと中国の経済を、いくつかの指標で比較していこう。

工業化とサービス経済化

佐藤は、二〇一一年のインドと中国の産業構造の違いを以下のように捉えている。中国では、工業部門がGDPに占めるシェア四七%、サービス業は四〇%程度であるのに対して、インドでは工業二七%、サービス業六〇%程度となっている。工業部門の地位は、インドでは中国の半分程度である。

一方、一九八〇年代以降、両国においてサービス部門のシェアが趨勢的に上昇している。インドでは、中国で観察される工業化のダイナミズムが脆弱であった。その結果、一人当たり所得水準の向上のみならず、絶対的貧困の削減においても、インドと中国の間に大きな格差がもたらされたと考えられる（佐藤　前掲書）。

さらに、センとドレーズも、次のように指摘している（セン・ドレーズ　第二章）。中国では、改革開放後の急成長はまず農業で始まり、それから製造業で起こった。だがインドでは、中国とは全く異なり、最近二〇年ほどの急成長は主にサービス業でもたらされた。非常に多様な職種を抱えているサービス業の中でも、より伝統的で労働集約的な部門ではなく、ソフトウェア開発、金融サービス、その

第７－２表　貿易の対GDP比率　当年価格データ

		1980	1990	2000	2010	2015
インド	輸出	0.065	0.075	0.139	0.239	0.222
	輸入	0.098	0.090	0.149	0.286	0.248
中国	輸出	0.065	0.172	0.229	0.302	0.216
	輸入	0.069	0.144	0.203	0.261	0.176

出所）APO Productivity Database（2017）から作成。

第７－３表　産業・就業構造

インド　（%）

		2000年	2015年	2000-15年・年間平均成長率
産業構造	農業	30.4	17.5	
	製造業	13.2	14.8	
	小売卸売	15.2	19.1	
雇用構造	農業	55.3	46.6	
	製造業	14.3	12.9	
	小売卸売	9.2	13.0	
労働生産性	農業	0.058	0.092	3.1
	製造業	0.098	0.282	7.3
	小売卸売	0.174	0.360	5.0

労働生産性　GDP：10億・ルピー(2015年価格)／労働力：千人（＊注）

対製造業比	2000年	2015年
農業	0.59	0.33
小売卸売	1.77	1.28

中国　（%）

		2000年	2015年	2000-15年・年間平均成長率
産業構造	農業	22.7	10.6	
	製造業	29.6	33.2	
	小売卸売	10.7	13.2	
雇用構造	農業	50.0	27.8	
	製造業	14.4	18.9	
	小売卸売	7.5	12.5	
労働生産性	農業	0.009	0.029	7.9
	製造業	0.042	0.134	8.0
	小売卸売	0.029	0.081	7.0

労働生産性　GDP：10億・中国元／労働力：千人（＊注）

対製造業比	2000年	2015年
農業	0.22	0.22
小売卸売	0.69	0.61

出所）APO Productivity Database（2015年価格）から作成。

注）農業には林業、水産業を含む。

小売・卸売には修理、宿泊、飲食を含む。

他の専門的な職種の技能集約的な部門に、成長の大部分が大きく偏っている。その結果、労働人口のなかでもより高い教育を受けているグループは、さらに高い賃金と収入をえている。一方、労働力人口の九〇%以上は、賃金と生産性の低い農業や製造業・サービス業のインフォーマル・セクターに置き去りにされたままなのである。

以上のような佐藤やセン・ドレーズの議論を補強するために、工業、サービス業という包括的な指標ではなく、製造業と卸小売業に注目して、二〇〇〇年から二〇一五年の間における両国の産業構造の変化をみておこう（第七―三表を参照）。

中国では、二〇〇〇年において、製造業がGDPに占める比率は、二九・六%、また卸小売業の比率は一〇・七%であった。ついで二〇一五年にはそれぞれ三三・二%、一三・二%であり、比率は上昇しているのである。就業構造の変化をみると、二〇〇〇年には製造業の比率は一四・四%、卸小売業の比率は七・五%であり、二〇一五年にはそれぞれ一八・九%、一二・五%となっている。

インドでは、二〇〇〇年には製造業がGDPに占める比率が一三・二%であったのに対して、卸小売業の比率は一五・二%であり、卸小売業の比率が製造業より大きかったのである。そして二〇一五年には、それぞれ一四・八%、一九・一%となっており、卸小売業と製造業の比率の差は拡大しており、中国の変化とは異なっているのである。雇用面でみると、二〇〇〇年では製造業就業者の全就業者に占める比率は一四・三%、卸小売業の比率は九・二%と製造業の方が大きかった。しかし二〇一五年になると、製造業の比率は一二・九%へと低下したのに対して、卸小売業の比率は一三・〇%へと上昇している。つまり、両業での雇用がほぼ等しい状態になっている。まさに、佐藤が指摘していた通り、インドでは工業ではなく、サービス業が国民経済の最重要部門となっているのである。

絵所も言う通り（絵所　第五章　二〇〇八年）、「中国と比較したときのインドの高度成長の特徴は、なんといってもサービス産業牽引型である点にある。」しかし「インドはシンガポールでも香港でもない。商業国家あるいは金融国家として成り立つには、あまりにも図体が巨大である。」

経済特区による世界経済への参入

中国が驚異的な速度で、輸出志向型の工業化を実現させるには、いわゆる「経済特区」が果たした役割が大きかった。中国は改革開放のための窓口であり実験場となった経済特区を積極的に活用し、外資を積極的に呼び込み輸出志向型工業化を成功させた。一方インドでは、一九六五年に輸出加工区を設置しているが、「二〇〇五年経済特区法」と「二〇〇六年経済特区規則」の制定まで本格的な輸出志向工業化には踏み出さなかった。中国に遅れること四半世紀であった。このように佐藤は論じている（佐藤　前掲書）。

鄧小平の時代、中国での改革・開放政策は、南方の沿岸に「経済特区」を設立することで始まった。このことは、一九九二年初め、鄧小平が再度南方を視察し、非常に有名となった乾坤一擲の南方談話を公表したことで、世界に知られるようになったが、実は既に一九七〇年代末には、未開地であった深圳での特区建設から始まっていたのである。鄧小平が狙ったのは、グローバルな資本主義的経済活動には必ずしも適合的ではない漸弱な経済社会という大海のなかに、それとは全く異質な経済区という飛び地「輸出プラットフォーム」を政策的に作り出し、そこにグローバルな企業を導入して、世界市場との結合を果たしていこうという戦略であった。

中国が経済特区を作って世界経済とのつながりを始めようとしたのは、ちょうど東アジアＮＩＥＳつづいてアセアン諸国が、自由貿易体制の中に参入して、後に「東アジアの奇跡」とも称されるようになる経済環境が形成される時期であった。一九九〇年代から、東アジア地域の「生産ネットワーク」への参入によって高度成長を開始し、二〇〇〇年のＷＴＯ加盟後、中国は「世界の工場」とまで評される位置を世界経済の中で占めるに至っていたのである。

このように、中国が経済改革・開放政策を決定したのは、東・東南アジア地域全体が成長を共有できていた時期であったのである。これに比べて、インドが「経済特区」を設定した直後には、リーマン・ショックによって世界経済が不況に陥った、また既に中国が世界経済の中で台頭していた時期であり、中国とアメリカとの貿易・経済摩擦が顕在化していた時期でもあった。世界経済がこのような不安的な経済局面であった以上、経済特区の設定だけでインドが輸出工業化を達成させることは困難であったことは明らかであろう。この事実を見落としてはならないであろう。

貿易構造

二〇〇〇年代になってからの経常収支の動向からみておこう。中国では、経常収支は黒字趨勢にある。この黒字は、財貿易での黒字拡大によるものであるが、サービス貿易では赤字が拡大し続けている（第七―一図）。

一方、インドの経常収支は赤字趨勢にあり、この赤字は財貿易での赤字拡大によるものである。一方、サービス貿易では、黒字が増大しているのである（第七―四図）。このサービス輸出の主体は、ITサービス・ソフトウェアの輸出なのである。ソフトウェア輸出は、北米が六〇％以上を占め、欧州は約二五％、日本は六％程度であった。一九九五年までソフトウェア輸出形態は「ボディ・ショッピング」と呼ばれた「オンサイト」（すなわち顧客のいる場所でのソフトウェア開発）であった。しかし最近では「オフショア」（インド国内でのソフトウェア開発）の比率が高まってきている。特に、サービス輸出の中核は「ソフトウェア・サービス輸出」である。「ソフトウェア・モノカルチャー型貿易構造」とでも呼ぶことができよう。しかしソフトウェア産業は製造業とは異なり、産業の裾野が広くなく、雇用吸収力にも限界がある。

サービス経済化の進展とともに、製造業部門に従事している多くの管理職や技術職が、高い賃金を提示するICT・金融・不動産産業へと転職している。このことはインドの製造業部門の競争力を削いでいる一つの要因とも考えられる（絵所　第五章　二〇〇八年）。

次いで、いくつかの財・商品の比較優位指標の動きをみておこう[(19)]（第七―二図、第七―三図）。中国の指標では、縫製品、繊維での総合比較優位指数RTAが低下しているが、電気器具は、小さなマイナス値から小さなプラス値に上昇している。輸送機器は、ほぼゼロで停滞している。純輸出比率NERでみると、電気機器は二〇〇〇年の小さなマイナス値から二〇一七年にはプラス〇・二近くに上昇している。また輸送機器のNERは、プラス〇・二からゼロへと低下している。

一方、インドでは、食品、縫製品、繊維等でRTAが低下、鉄鋼では小さいが比較優位度をそれなりに維持している。一方、一般機械、電気機器、輸送機器では、RTAがほぼゼロ水準で停滞している（第七―五図）。NERでみると、自動車を含む輸送機器は同じ期間内にマイナス〇・二からプラス〇・二へと上昇している。既にみておいたよう

第７－１図　中国の経常収支の推移

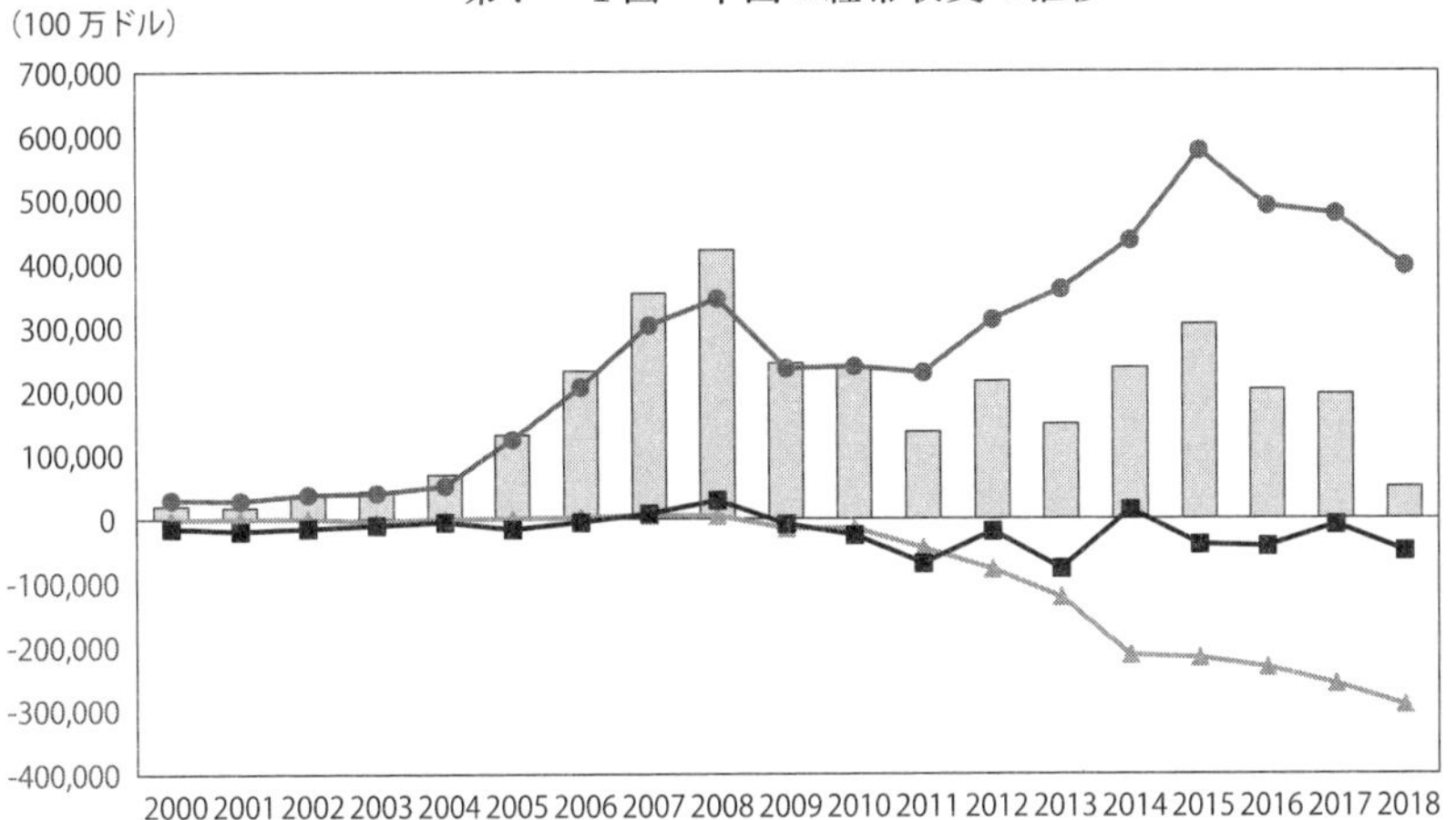

資料）"Key indicators 2019 "(ADB) から作成。

第７－２図　中国の主要品目別総合比較優位指数RTAの水準

(2000、2010、2017年)

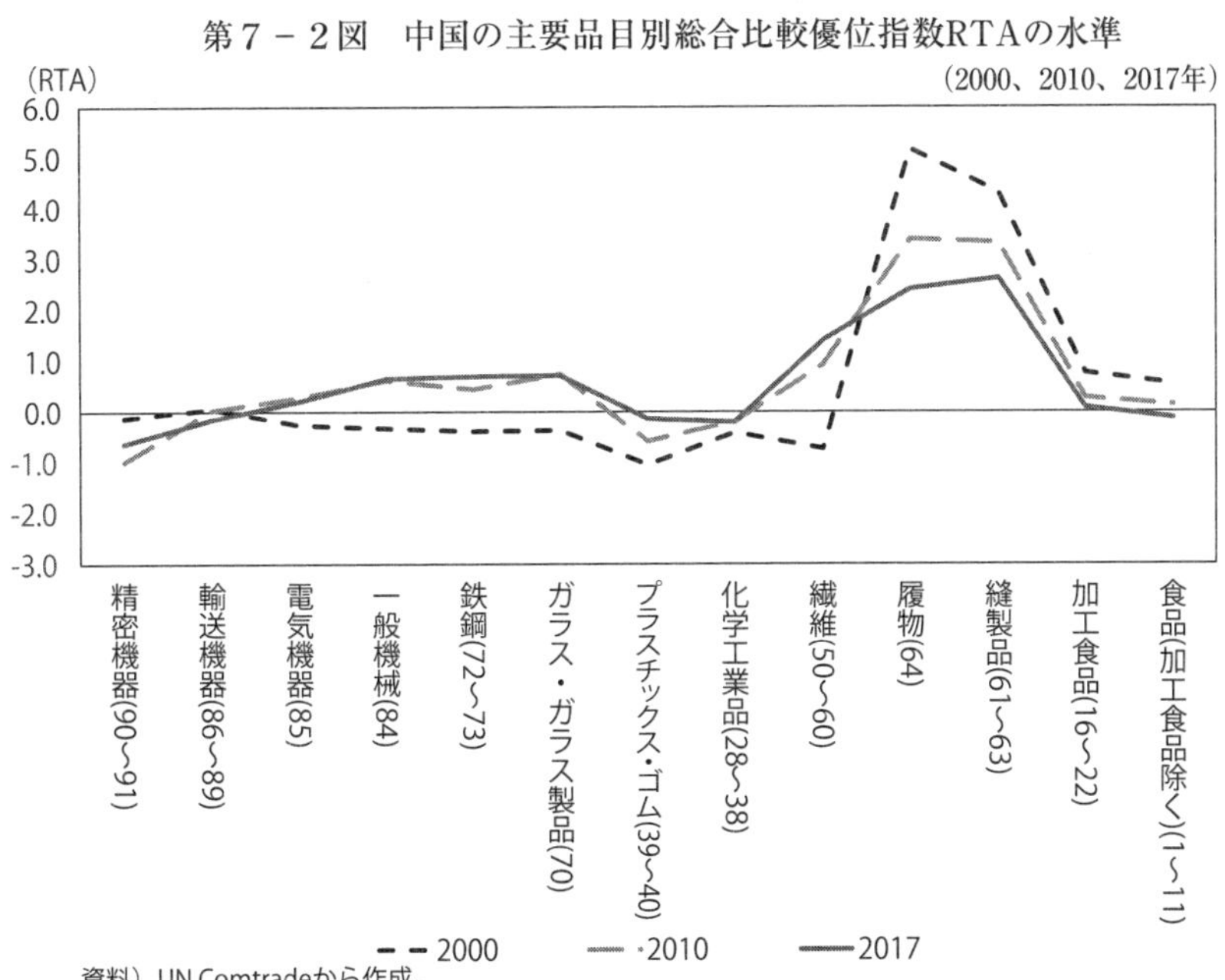

資料）UN Comtradeから作成。

第7－3図　中国の主要品目別NERの水準

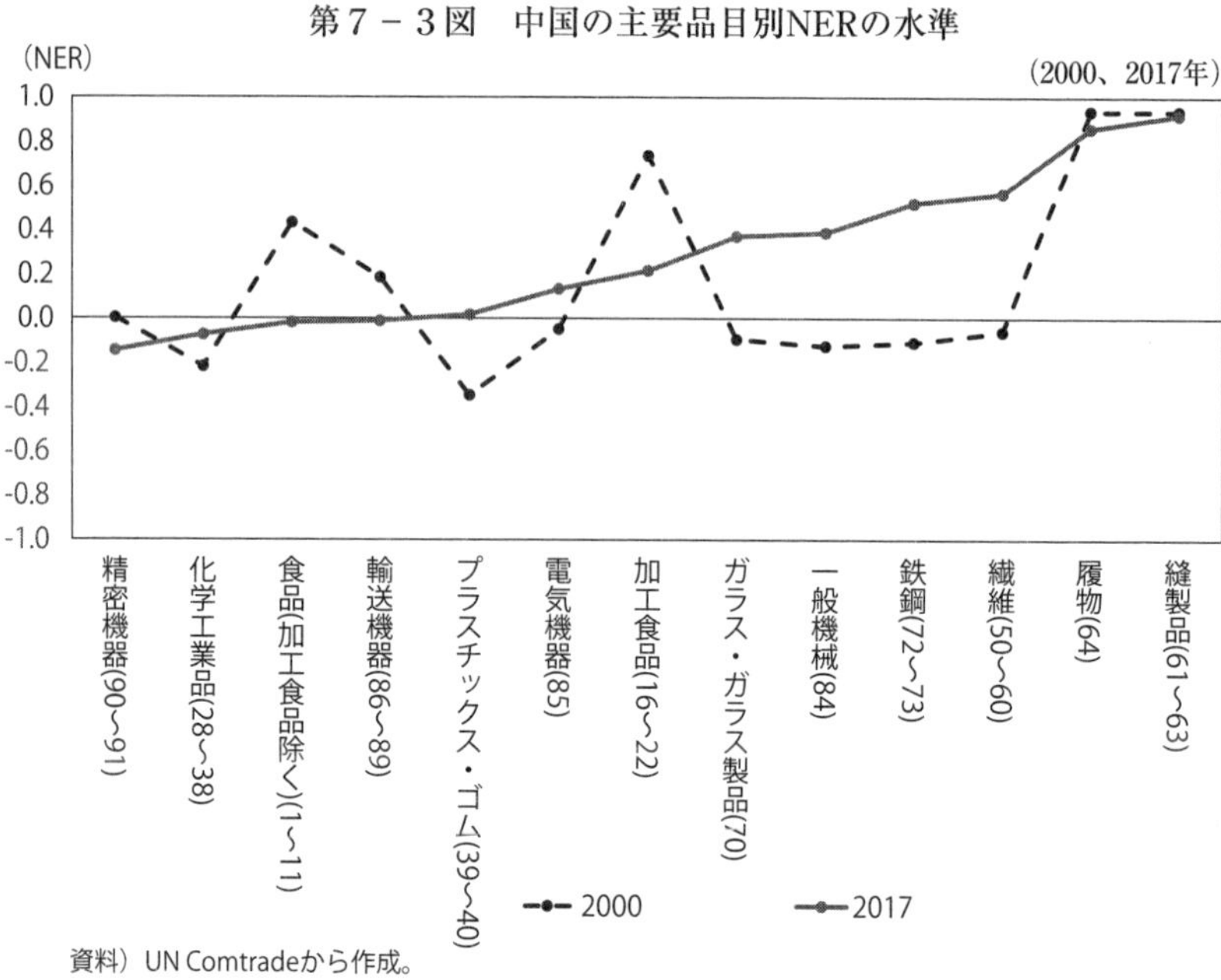

資料）UN Comtradeから作成。

第7－4図　インドの経常収支の推移

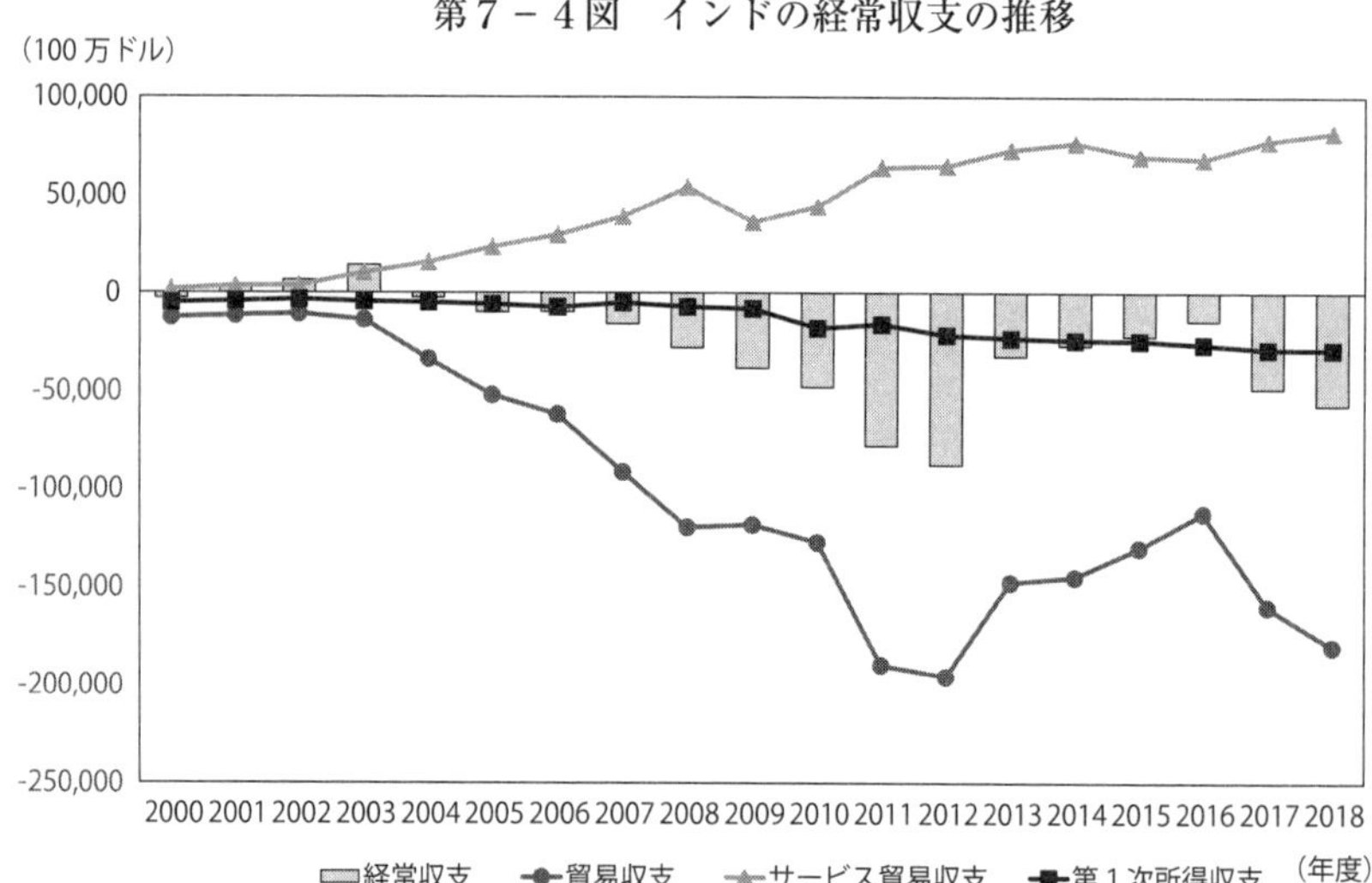

資料）"Key indicators 2019 "(ADB) から作成。

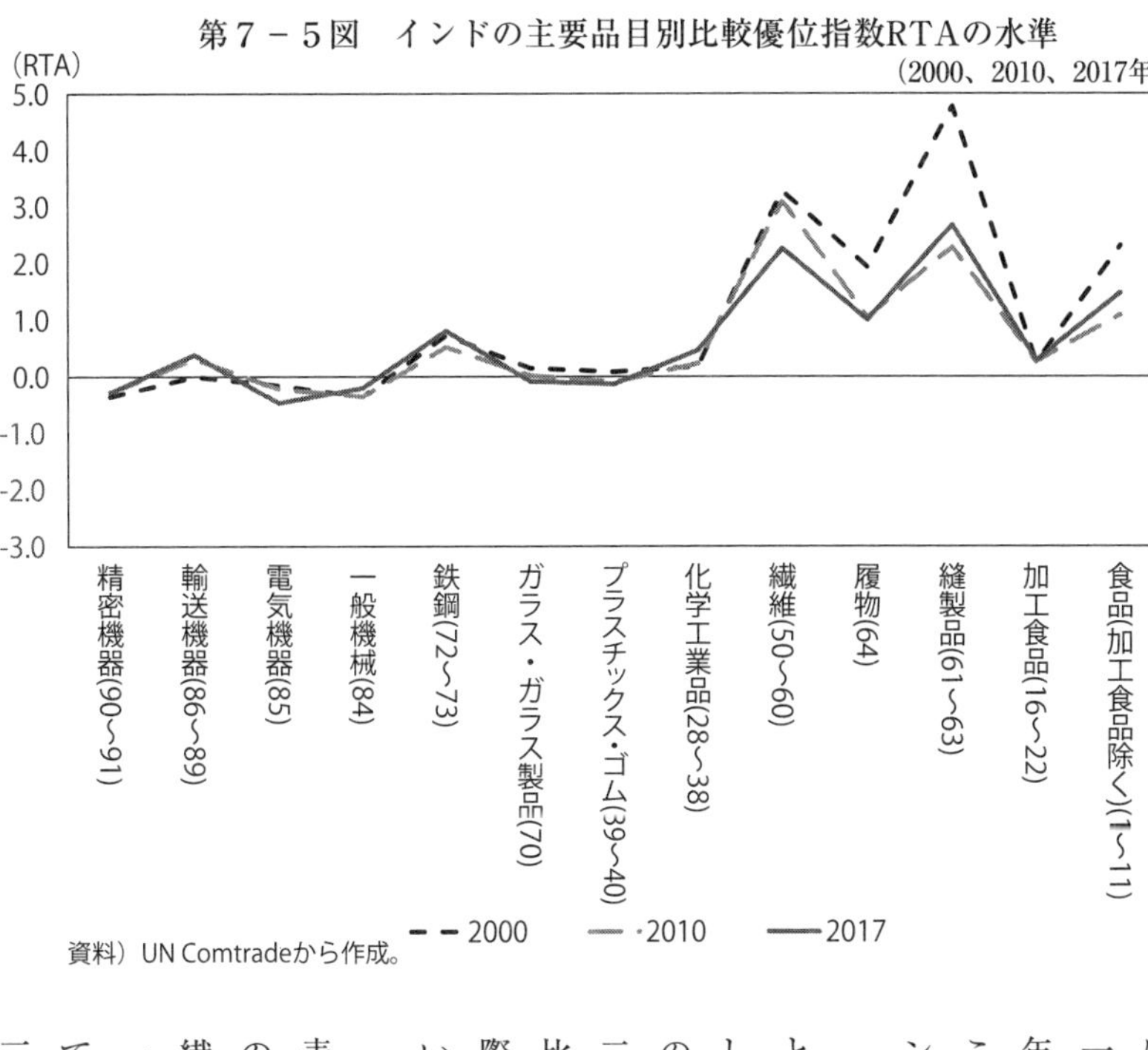

第7－5図　インドの主要品目別比較優位指数RTAの水準

資料）UN Comtradeから作成。

に、自動車や二輪車では輸出も伸びてきているのである。一方、電気機器は二〇〇〇年のマイナス〇・四から二〇一八年にはマイナス〇・六強へと低下している（第七―六図）。これまた先に指摘しておいたように、中国製のスマホがインド市場の三分の二を占めるようになっているのである。

インドはWTO加盟国に対して、電子製品の関税をゼロとしていたが、「メイク・イン・インディア」政策を推進し、国内の製造業の振興を掲げるモディ政権は、政権発足の二〇一四年から、スマホや関連部品など六品目に一〇～二〇％の関税を導入した（広瀬）。この動きの背景には、比較優位指標に示されているように、中国が電気機器の国際競争力を上昇させた一方、インドでは競争力が失われていた事態があったのである。

最後に、両国の平均関税率％を記しておこう（第七―四表を参照）。様々な非関税障壁はあるものの、二〇二〇年の中国の関税率は、食品一一・六％、加工食品一二・一％、繊維七・四％、縫製品六・六％、鉄鋼五・四％、輸送機器一〇・三％、電気機器五・〇％、全体平均七・三％となっている。一方、二〇一九年のインドの関税率は、食品三七・一％、加工食品五八・一％、繊維二三・三％、縫製

第７－６図　インドの主要品目別NERの水準

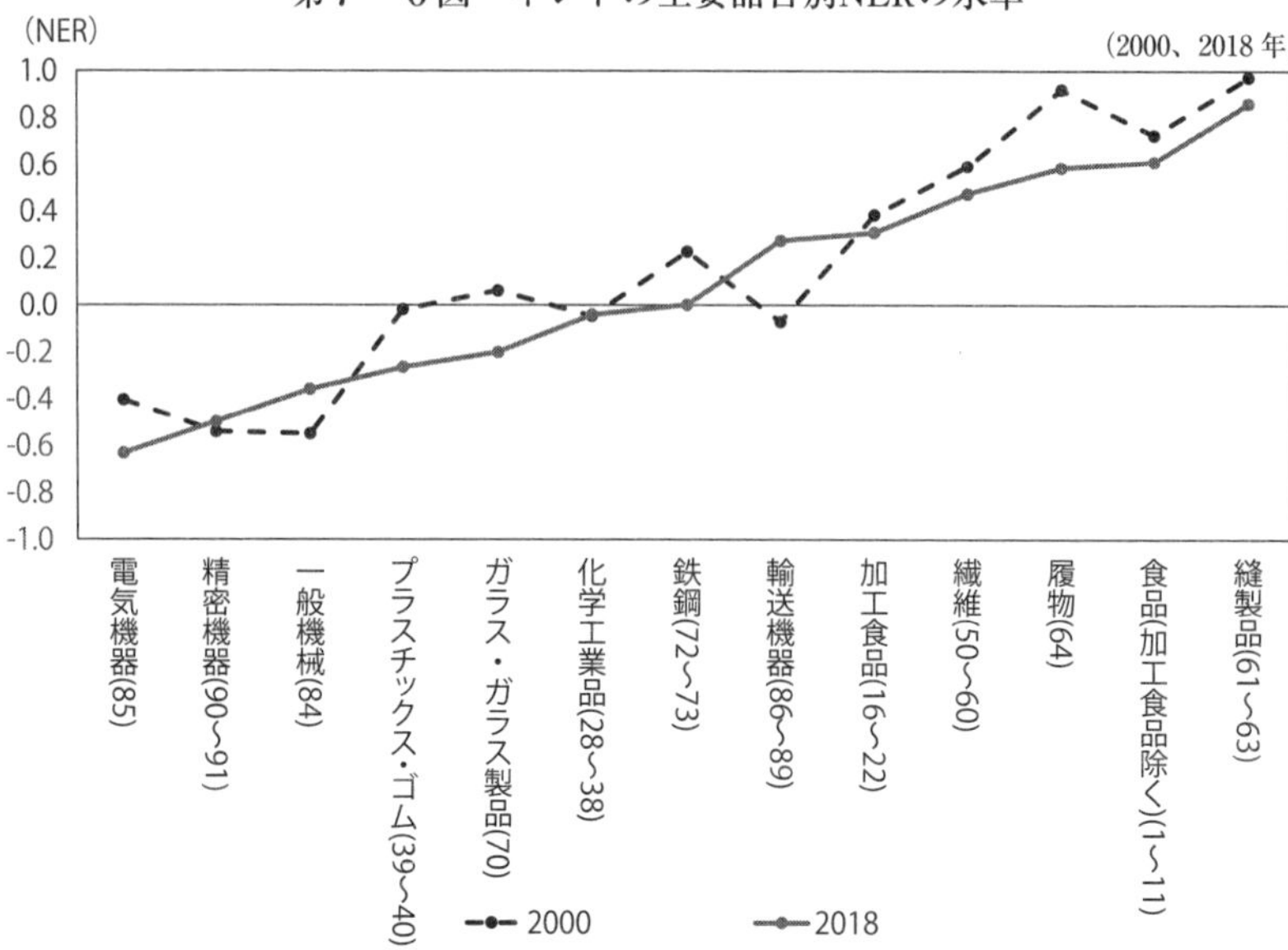

資料）UN Comtradeから作成。

第７－４表　平均関税率　中国2020年、インド2019年

（%）

	中国	インド
食品	11.6	37.1
加工食品	12.1	58.1
化学製品	6.4	11.0
繊維	7.4	23.3
縫製品	6.6	25.0
鉄鋼	5.4	15.0
一般機械	6.4	7.7
電気機器	5.0	8.8
輸送機器	10.3	45.9
精密機器	5.6	9.6
全体平均	7.3	17.7

出所）Tariff Analysis online（WTO）から作成。

品二五・〇%、鉄鋼一五・〇%、輸送機器四五・九%、電気機器八・八%、全体平均一七・七%である。

中国の平均関税率七・三%は、タイの一三・七%、インドネシアの一〇・二%（二〇一九年）より低い。関税率からみると、中国はアジア諸国の中で最も自由貿易へのコミットメントが高い国といえる。一方、平均関税率で東南アジアより高い率のインドでは、食品、加工食品、繊維、縫製品、そして輸送機器の関税率はアジア諸国の中でも最も高い関税率となっている。これら高い関税率は、国内の産業資本家という圧力団体からの要求に応えるものであろう。まさに、インドはRCEPから離脱せざるをえなかったのであろう。どうも、「モディ政権は対外経済政策に冷淡である」ようである（椎野）。

自由貿易への対応における中国とインドとのこの違いは、後で論じる中国の権威主義的開発政体とインドの民主主義的開発政体との差異に起因していると考えておいても、いいのではなかろうか。

労働市場

センとドレーズは、インドと中国における「非熟練」労働者を多く雇用している製造業の実質賃金の動向に関して、Yong et al.（二〇一〇年）のデータを引用して、次のように論じている（セン・ドレーズ　第二章）。

二一世紀の初めの一〇年間に、中国では製造業での「非熟練」労働者の実質賃金は年率約一二％という驚異のペースで上昇してきた。一方、インドの実質賃金の上昇率は約二・五％にとどまっていた。一方、インドでは、インド中央銀行のデータから推計した実質賃金は、ほぼ一定に停滞しており、その成長率は一人当たりGDP成長率よりもはるかに低かった。インドでは、中国とは異なって、二一世紀に入ってからも、経済成長がより貧しい階層の賃金や所得の上昇にほとんど結びついていない。この事態は「雇用なき成長」と表現されている。こうセンらは指摘している。[20]

セン・ドレーズのこの指摘をどう捉えておくべきであろうか。いうまでもないが、賃金は、労働市場における「非熟練」労働者需要とその供給との関係で決まる。中国では、改革開放後経済成長の担い手であり続けた労働集約的製造業が成長しており、労働需要も上昇し続けてきた。経済特区が設定された後、「民工潮」とも呼ばれた一億人を超える大規模な労働者が、内陸部の農村から沿海都市へと移動した。このように中国では、農村戸籍、都市戸籍といった地理的移動の障害が緩められると、農村から都市へ、特に沿岸の経済特区へと、大量の労働移動が生じていた。この局面では、製造業での実質賃金はあまり上昇していなかった。しかし二〇〇〇年代に入って、いわゆる「ルイス転換点」に達し、非熟練労働者の供給は「無制限的供給」から「制限的供給」へと変質していた。このように、二〇〇〇年代になってからは、労働供給メカニズムでのこのような変容が、実質賃金を引き上げてきたのである。[21]

これに比べて、インドでは、今世紀に入った頃から、経済成長を牽引する産業がサービス経済へと移ったが、その一方で労働集約的製造業の成長は停滞しており、労働需要はあまり拡大していなかった。そのため、製造業での実質賃金が停滞したままであったことは確かであろう。しかし、インドでの実質賃金の動向を決めたのは、労働供給側にあったと言えるのではなかろうか。

確かに、インドでは最も経済規制が厳しかった時期においても、職業選択の自由をはじめとする基本的人権を保障し、民間企業や自営業による自律的な経済活動を広い範囲において認めてきた。この点で、人民共和国建設後、農村戸籍と都市戸籍といった人々の移動を強く制限するような政策をとってきた中国とは、大きく異なっている（佐藤前掲書）。

だが、中国では戸籍制限が緩和されると、農村からの労働移動は急速に加速化した。そして、インドでも、中国と同様に、農村から都市へ「非熟練労働者」は大量に移動している。宇佐美の二〇〇七／〇八年についての人口移動調査データの統計分析によると、移動の形態は、短期出稼ぎ、非定住型の長期出稼ぎ、さらに長期定住型の挙家と多様であるが、三五〇〇万人強の男子が、農村から都市やその他の地域へと移動している(22)。しかし中国と比べると、インドでは地域間の「横の移動」には、大きな学歴格差、異なった言語、さらにはカーストなどに規定された障害が存在していることは否定できないであろう（宇佐美　第一〇章　柳沢・水島編）。

しかし、インドの労働市場に関しては、この地理的移動以上に問題なのは、既に述べておいた、大半の労働人口にとって、上位の職への移動が制限されている事態であろう。インドで経済成長の成果が、非熟練労働者に結び付かない原因は、「縦の移動」を制限している「労働者の分断」が存在していることである。この点が、同質性を基盤として形成された中国の労働市場の構造との決定的な違いといってよいであろう。

ふたたび、バルダン論を手掛かりに

さて、先に紹介したインドの政治経済モデルを提示したバルダンは、「攻撃的で素早く動く虎である中国、動きの鈍い象であるインド（Crouching Tigers, Lumbering Elephant）」と題する興味深い論文を書いている。絵所は、この論文の要旨を次のように紹介している（絵所　序章　二〇〇八年）。

生活水準および経済成長についての標準的な経済学によ

る計測のほとんどすべての面において、明らかに中国が競争に勝利した。しかし、中国と比較してインドははるかに異質的な社会であり、また利害の衝突に満ち満ちた社会である。そのため、インドは一方では集団的決定・集団的行為が困難であるという弱点をもっていると同時に、利害衝突を政治的に解決する能力は中国より優れている。

バルダンのこの比喩は、民主主義型政体のインドと一党独裁型政体の中国との比較を考えるヒントを我々に与えている。そこで以下、インドを「民主主義的開発政体」、中国を「権威主義的開発政体」として捉えて、両者を著者なりに比較してみよう(23)。

権威主義的開発政体と民主主義的開発政体

まず、現代中国国家の起源をどの時期とするべきなのであろうか。この難問に関して、中国史専攻の岡本隆司は、清朝末期の一八九八年の戊戌変法をその起源とすることを提案している(岡本)。一九世紀末に清朝政府は漢人以外の住地「藩部」を「領土」として、そこに対する「主権」を主張し、支配を強化し始め、新疆省や台湾省を設定している。この動きは、清朝時代にあった国内地域の言語や宗教の多様性を認める「因俗而治」を否定して、漢人中心の「中華民族」への統一化を目指すものであった。

一九一二年二月一二日、清朝の宣統帝溥儀から正式に遜位を受けて、名実ともに漢人主体の「中華民国」が、清朝の空間的規模をそのまま受け継いで形成された。これに先立つ一九一二年元日に、孫文は「臨時大総督就任宣言書」で、「漢・満・蒙・回・蔵の諸族を合わせて一人となす。これを民族の統一という」と宣言した。この「統一」されて「一人」に擬せられる「民族」は、後年「中華民族」と通称されるようになり、「中華民族」の「統一」こそ、中華人民共和国においても、最も重要な政治課題とされるようになっていった。そして、その一環として現在、あらゆる民族に北京の中国語を小学校教育を通じて習わせようとしている。中国は、まさに典型的な「権威主義的開発政体」の国家となっているのである(24)。

中国とは違って、現代インド国家の誕生は明瞭で、イギリス植民地からの分離・独立であった。現代のインドは、植民地時代のイギリス領であったベンガルやパンジャーブと、現在のグジャラートを含むラージプート諸侯や藩王国であった諸地域とを含んでいる。これらの地域は、植民地化以前からまた植民地時代に形成された、それぞれに特有な社会構造をもっている。ベンガルのザミンダール制とそれ以外の地域でのライヤット・ワリー制といった違いである。

インドは多様な意味で、複合国家なのである。まず言語が多様である。独立後のインドでは、文字文化を共有する大言語を基軸として州編成をおこなった。いわゆる「言語州」の誕生である。中国との決定的な違いを感じるのは、この点である。公用語が別々なのに、インドが統一された国民国家として成り立っていることが、本当に不思議な気がする。さらに宗教も実に多様である。人口の八割はヒンドゥー教徒であり、ヒンドゥー教徒以外では、一割がイスラム教徒。そのほかに、シク教徒、ジャイナ教徒、キリスト教徒、パールシー教徒がいる。絵所も以上のように記している（絵所　はしがき　二〇〇八年）。

そして、インドはこれまた代表的な「民主主義的開発政体」の国家なのである。インドは二九の州と七つの連邦直轄地から構成される連邦共和国である。各地方政権は、中央政府の権力と並ぶ大きな権力をもっている。インドの政体は、民主主義的であること以上に、他の国にはみられないような多様性を抱えた政体であるのである。

インドが独立した時点で、多くの人は「数多くの言語・宗教・民族といった多様性と亀裂が国内にあることを理由に、インドは権威主義体制のもとでなければ、分裂してしまうだろう」と予想していたが、「（多くの欠陥があることなど）すべてを考え合わせてみると、世俗的な民主主義が全般的に成功しているという点では、インドは大きな成果を上げている（セン・ドレーズ　第一章）。このように、アマルティア・センらがインドの政治体制を評価していることを付記しておこう。

インドは、その領域内に存在する「多元性」を容認する民主主義的政体なのである。まさに、バルダンのいうように、政党政治体制の現代インドは「集団的決定は困難であるが、利害衝突を政治的に解決する能力」をもつ「動きの鈍い象」なのである。一方、一党独裁体制の現代中国は、その建設以前に存在していた「多元性」を容認した政体を根本的に否定して、「中華民族への統一」を目指す「集団的決定を素早くおこなう能力」をもつ「攻撃的で素早く動く虎」なのである。

市場経済の歴史

ところで、忘れてはならないのは、インドでは独立後、中国では共産党政権が誕生してから、未だ七〇年位しか経っていないという事実である。時期とスピードはかなり異なっていたが、インドでは、民主的政体の下でやや慎重に、中国では一党独裁政体の下で急激に、国家が民間経済への介入を縮小させたことで、速い率での経済成長が実現してきた。

しかし、両国における高い経済成長は、同じような市場経済の仕組みで実現したのではない。既にみておいたように、両国では市場経済の柱ともいえる労働市場の在り様は大きく異なったものであったのである。このような違いをどう捉えるべきか。

まず、一八世紀後半期に、この両国の経済とはどんなものであったのか。それを知る手掛かりとして、『国富論』でのアダム・スミスの議論を紹介しておこう。「インドのベンガル地方と中国の東部地域の一部でも、農業と手工業がきわめて早くから発達していたようだが、どれほど古くから発達していたのかは信頼性が高いとヨーロッパで認められている歴史書では確認できない。ベンガルでは、ガンジス川などの大河がエジプトのナイル川と同様に、多数の航行可能な支流に分かれている。中国の東部でも、いくつもの大河が多数の支流に分かれており、それらを相互につなぐことで、ナイル川やガンジス川より、おそらく両者を合計したより、広範囲な内陸航行が可能になっている。注目すべき点をあげるなら、古代にはエジプトもインドも中国も、外国との貿易には積極的ではなく、きわめて豊かな社会を内陸航行だけによって築いたとみられる（第一編第三章）。」さらに「中国ははるか以前から、世界でもとくに豊かな国であり、土地が肥えていて、耕作が進み、勤勉で、人口が多い国である。しかし、長い間停滞しているようだ。五〇〇年以前の一三世紀に中国を訪れたマルコ・ポーロが農業、手工業、人口などについて描いた内容は、現代の旅行者が描く内容とほとんど変わらない。中国はおそらく、マルコ・ポーロの時代よりはるか以前に、その法律と制度の性格から可能な範囲の上限まで、富を獲得していたのであろう（第一編　第八章）。」

スミスのこの比較をも念頭におきながら、アジアでの大国であるインドと中国での市場経済とは、現在の国家が建設される以前、どんな姿をしていたのかを、さらにみていこう。歴史家フェルナン・ブローデルは『歴史入門』で、資本主義・市場経済・基層社会という彼独自の視点から、ヨーロッパだけでなく、アジアなど非ヨーロッパ地域における経済史を比較研究した結果として、「資本主義に対する国家の好意」が違っていたことによって、世界の地域の間で、非常に異なった経済が形成されてきたことを強調している。そこで、ブローデルの歴史記述を紹介しながら、インドと中国での現在の市場経済の歴史的前提がどういうものであったのかを、少しでも明らかにしておこう。(25)

中国

中国では、農民もエリートも市場経済に巻き込まれ、既に一八世紀には中国全土を覆う原料・食糧の国家的市場が形成されていた。財産は交易と手工業によって蓄積されるようになり、町は都市へと発達した。銭荘や票号など中国独自の銀行や送金機構、会館などの同郷者の組織が生まれ、交易活動に便宜を与えた。労働市場においても、口入れ屋という仲介業者によって契約労働制として、かなり広い地理的範囲にわたって人材の配分がおこなわれていたのである。村と世界市場とは、農村の小市場町・集散地・上海等開港場と、幾重にも重なった土着の流通の鎖で結ばれていた。こうした牙行と呼ばれる仲介機構の一見すると過剰とも見える発達こそが、中国社会の特徴的な現象であった。ウィリアム・スキナーが言う通り、少なくとも宋代以降の中国の農業文明の母胎は村ではなく、市を中心にした町と村との複合体であるカントンの空間にあった。国内経済の底辺に黄土そして江南デルタという生態系に埋め込まれた農の社会という物質生活が広大にひろがってはいるが、その上層で商人達が自由に活躍し激しい商業競争をくりひろげてきたのが中国の経済史である。

中国の市場構造は「細分化した細胞」として捉えられるものであろう。個々の細胞は、無数の壁で仕切られていながら同時に、上下や左右に開放されており、互いに競合関係にありながら各種ブローカーが調整作用を果たしている。需給や価格の情報は細胞間を流れ、部分は全体に有機的に統合されているし、また細胞というそれぞれの単位は、クラブに似た「契約的性質」をもったものとなっている。牙行とよばれる仲介・請負のネットワークが余りに発達していたためか、中国にはヨーロッパの中世・近世にくらべて「大市や取引所といったより形式的・透明な歯車・装置は欠けていた」(ブローデル『歴史入門』)のである。

もちろん、中国社会がある種の階層構造をもっていたことを軽視する訳ではない。一定の地位と明確な機能をもった紳士層が存在していたが、中国におけるこの階層制は国内統治のための官僚層の形成という「政治制度と結びついて」形成されたものであったことを重要視しておきたい。それは生まれによる身分によって形成されたものではなく、理論的には中国社会の全ての家族・個人に上層にのぼる可能性が開かれていたといってよい。「中国では、垂直な社会移動性がヨーロッパより大きかったことがうかがわれる。科挙という官吏登用試験によって、戸口は、開かれ、階層は開かれていた。」それは「中国の特権階級が多かったからではなく、中国の社会が安定性を欠いていたからである。」(『歴史入門』)

このように、上層の支配層への戸口は開かれ、その意味で階層制も開かれたものであった。しかし、所有制個人主義の伝統をもつ西ヨーロッパの場合と異なり、「上層に参入した人間が財産を築いたとしても、それは永代にわたる世襲財産の形成には結び付かなかった。土地所有の最終的権利をもちえたのは、ひとり国家のみであったからである。(ブローデル『文明の文法』)」中国古代から中国社会のありようを理念的に支えてきた儒教が基本的には反商業的・農本主義的経済秩序観をもっていたことにも影響されていたためか、明・清朝以来中国の政権の商業・商人に対する態度は、振興、搾取・抑圧、放任・無視が組み合わさった矛盾した両義的なものであり、一貫性を欠いたものであった。「中国の国家は資本主義の拡大につねに敵意を示し、資本主義が情勢に乗じて拡大傾向をみせるたびに、それはある種の全体主義国家によって最後には封じ込まれてしまうのだ。真の意味での中国の資本主義は、中国の外にしかない――例えば、マレー諸島などで、中国人の商人たちは何の制約もなしに商売し、君臨している」(ブローデル『歴史入門』)のである。

インド

中国とともに古代以来、アジア文明の中心に位置してきたインド亜大陸世界・南アジアの伝統社会の核は、ヒンドゥーの強い影響の下に歴史的に形成されてきたカースト制に見られる階層制である。カーストとはその集団のなかで通婚し、かつて同じ職業に従事したと信じ今も非常に多くの者がその職業に従事しながら生活を相互に規律してきた集団」とでも定義しうるものである。この階層制は、「職種的・宗教的なものであり、かつ政治面での統治とは関係なく社会的なもの」として形成され発達してきたものである。まさに「ヒンドゥーは、宗教や社会秩序以上のものであり、それはインド文明の本質である」（ブローデル『文明の文法』）といってよい。このカースト制、つまりヴァルナ＝ジャティ制度は、国内の全人間をひとつのヒエラルキカルな社会的地位の構造の中に細分化するものであると同時に、その秩序によってヒンドゥー社会という統一的空間秩序を維持する統合機能をもったものとなっている。つまり、カースト制とは「細分と統合の論理をいわばいれ子構造にもつ制度」である。土地所有はするが農業労働にタッチしないバラモンを上層とし、農業労働者カーストさらにカースト外のアンタッチャブルを最下層とする南アジア特有のカースト制度が、何故形成されてきたかに関しては、いまだ不明な点が多い。

カースト制という階層制が発達していたインドにおいても、市と商業とは古来盛んであった。「市を持たない村は、ひとつとして存在しなかった。というのは、ムガル帝国皇帝へのものであれ、ラージャへのものであれ、村落共同体から現物で引きわたされる賦課租は、バイシャ・カーストの商人の仲介によって現金化された上で収められなければならなかったからである」（ブローデル、『歴史入門』）。インドにおいて、商人はこのように大陸のすみずみにまで入り込み、広範囲の商取引のネットワークを形成させていたのである。しかし、中国社会の場合に商人活動にほぼ誰でもが参加することができ、かつそれが社会のすみずみにまで浸透していたのに対比してみるとき、チェンナイを中心地とする南アジアでは商業・金融はチェティアと言われる特定のカーストだけがおこなう活動とされており、そこでは商業社会と現物的農耕社会とが構造的に併存していたといえる。そして、「インドにおける商業の方が（中国より）安定していたといえるが、商人・銀行家カーストという保護枠の中だけでおこなわれていたからであろう」（ブローデル『歴史入門』）。そこから脱出しえない同じカーストに属するが故に、商人の仲間内での社会的結束が強くなったという訳である。

植民地時代にイギリスによって文明化を目的として試みられた開発が、どういう帰結をもたらしたかを少しでも再考しておくことは、インドにおける資本主義の浸透がかかえる問題を考える上でこの上ない歴史的事実を明らかにしてくれる。

その第一は、私的所有権の確立こそが文明化と資本主義化にとって急所の制度的前提であるとするイギリスの植民行政がもたらした「思いがけない破局」（ブローデル『文明の文法』）という帰結である。その典型例が、西ベンガル州やオリッサ州でのザミンダールという擬制地主制の成立である。イギリスは、徴税にあたって旧来の調整請負人にそれまで彼らがまったくもっていなかった私的所有権を与えてしまった。カースト制にあらわれる複雑な階層制下にあったインドの社会構造を無視した単純な理念による近代的制度の導入はまさに「思いがけない破局」しかもたらさなかったのである。

その第二は、一九二〇年代の保護関税の成立に伴い近代工業が成立したのに対してそういう近代工業の担い手つまり産業資本家となった者のなかに、カーストの枠外の人々が多数含まれていたという事実である。それは、「一〇〇〇年ほど前にペルシャから逃れボンベイ地方に集団で住みついていたパルシー教徒、あるいはグラジャード出身の商人ジャイナ教徒、またはラージプータナーの高位カーストを出自とするもののその地方の後進性故にイギリスとの競争をまぬがれえたマールワーリー（ヒンドゥー教徒の商人バィシャ）」（ブローデル『文明の文法』）といったグループであったのである。アジア全体をみてもこの時期に保護関税の下で近代工業化にインドがのり出しえた事実は非常に重要であるが、こういう経済的誘因に積極的に反応した層は、インド大陸に居住する多様な宗教をもった層の商人たちであったのである。

第7－7図　中国の産業別労働生産性の推移（カラー口絵参照）

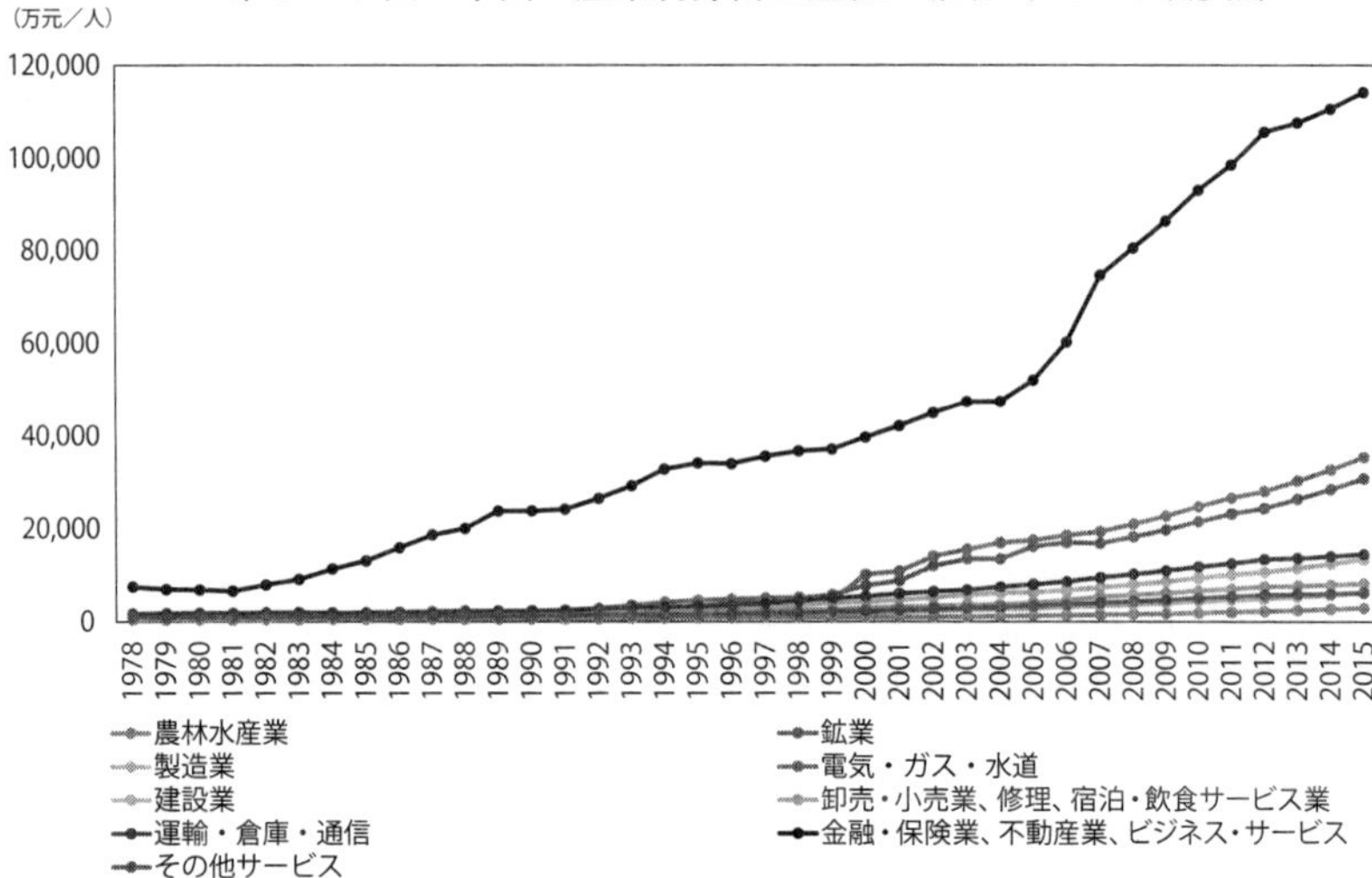

資料）"APO Productivity Database 2017"(APO) から作成。

第7－8図　インドの産業別労働生産性の推移（カラー口絵参照）

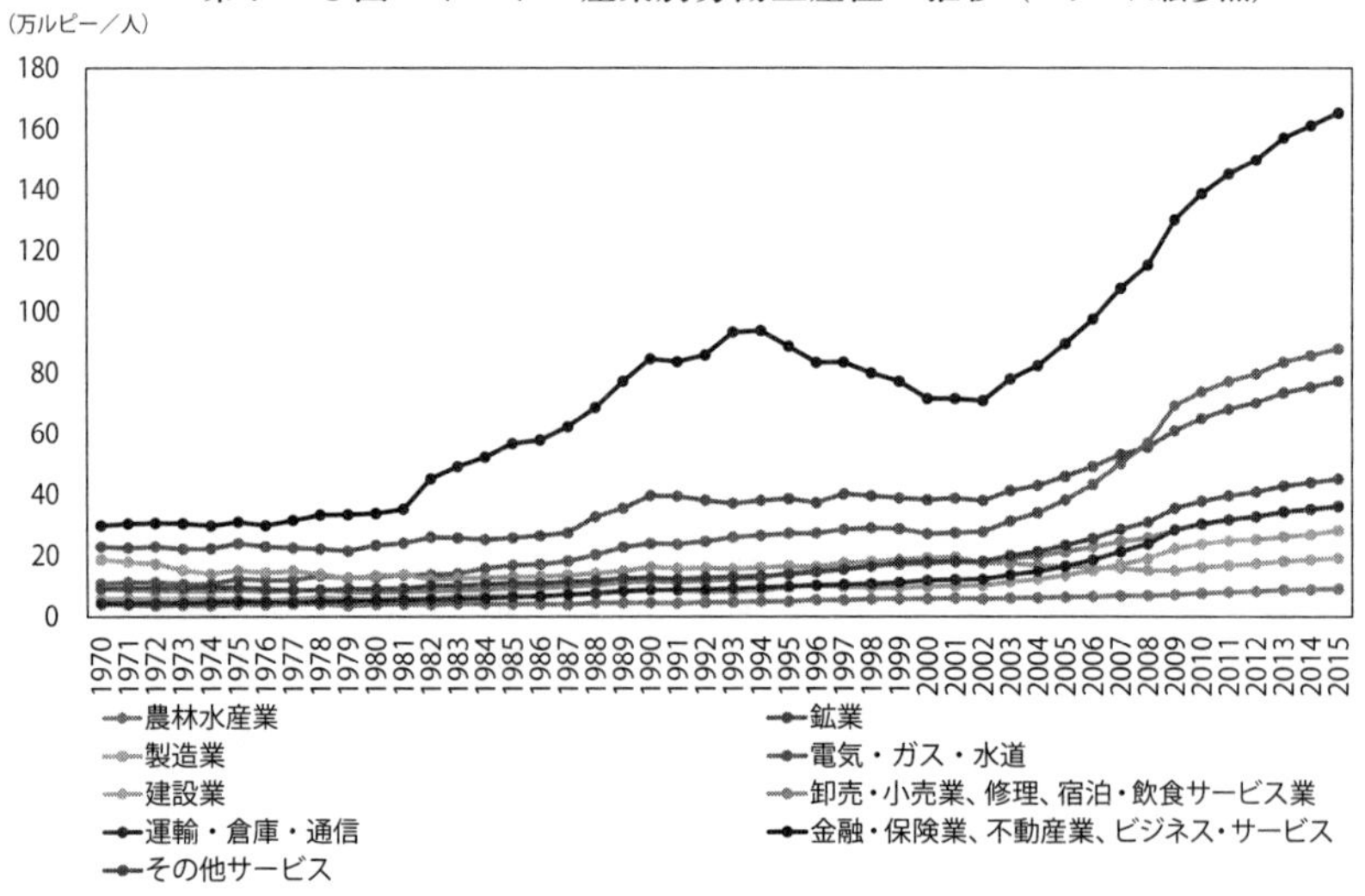

注

(1) 本部のドラフトをチェックして、いくつかの重要な誤りを指摘してくれた絵所秀紀に改めて謝意を記しておきたい。

(2) 第二局面の表現は、絵所の『離陸したインド経済』という題名を借用したものであるが、私は「ヒンドゥー成長期」からの離陸として捉えておきたい。

(3) インドの開発体制は、東南アジアでの大国であるインドネシアにおけるスハルト政権が採用した「フルセット型」開発戦略と類似したものであったのではなかろうか。

(4) 絵所「独立後インド経済の転換点」(絵所・佐藤編　第二章)を参照のこと。

(5) この商業銀行国有化は、インドの金融システムに大きな影響を与えることになった。本稿では、この点に触れることはできないので、佐藤隆弘「金融システムと経済発展」(絵所・佐藤編　第四章)を参照のこと。

(6) 広瀬によると、これに対してはアマルティア・センが、グジャラート州で成功したのは、外資導入で競争に勝つ好条件がそろっていたためであって、インドでは特別なケースでしかないと批判したようだ。

(7) インドの伝統的産業であった綿布産業におけるこの時期の政策について、ロイは次のように指摘している。一九四八年手織工を守る目的で綿布法を成立させ、綿布工場の能力を凍結させ、工場製の布に以前より多くの税をかけ、手織機に優先的に製品生産させようとした。その結果、綿布工場は衰退していった(ロイ　第九章)。

(8) セン・ドレーズは、インドが安価で信頼性のおける高い近代的な医薬品を世界の貧困層に大量に供給していることを指摘している(セン・ドレーズ　第一章)。

(9) 産業政策には、中小企業に関する政策も含まれるが、本稿では触れないことにする。インドの小企業政策に関しては。絵所(第四章　二〇〇八年)を参照のこと。

(10) 既に一九九五年に、最低支持価格引上げで非バスマティ米の政府在庫が膨らみ、その在庫を輸出向け限定で輸出業者に大量に売り渡したため、補助金付き輸出ダンピングで四五〇万トンが世界市場に出回ったことがあった(藤田　終章　柳沢・水島編)。

(11) 以上紹介してきた貧困政策以外の保険や年金といった政策に関しては、山崎幸治「貧困削減と社会開発」(絵所・佐藤編)を参照のこと。

(12) この廃止が決定されるまで、歴代政権下で、どのような基準で貧困家計を識別するのか等に関して、多くの議論がおこなわれていた。この点については、(セン・ドレーズ　第七章)を参照のこと。

(13) 組織部門とは、中央・州・地方政府の行政、登録された公企業と一部の民間企業(動力がある場合には一〇人以上、ない場合には二〇人以上の雇用者をかかえている民間企業）からなる概念である（絵所　第六章　二〇〇八年）。

(14) インドで、カースト制やジェンダー間格差といったいくつかの要素が相互に影響しあって、他の地域には見られない社会的分断が生まれた事態に関しては、セン・ドレーズ（第八章）を参照のこと。

(15)「労働者の分断」という表現は、アンベードカルが『カーストの絶滅』で記している「カースト制度というのは労働の分業ではない。労働者の分断である」という表現を援用したものである。この表現に関してもセン・ドレーズ（第八章）を参照のこと。

(16) 労働者の中に、カースト制等によるケーパビリティの大きな格差が存在しているインドのような社会で、労働市場がどのように機能するのかについて、インド人の経済学者たちは、いくつかの重要な分析をおこなっている。この点については、拙稿「貧困と労働市場」『アジア経済論の構図』V章を参照のこと。

(17) 特に、ラジャスタン中央出身の商人マルワリであるG.D.ビルラは、マハトマ・ガンジーときわめて親密な関係にあった（絵所　第五章　二〇〇八年）ようである。

(18) 絵所から、ジャイナ教徒のこの商人は、グジャラートに限定されており、ヒンドゥー商人であるマルワリと、ほぼ同じ階層の商人として認知されていることを教えてもらった。

(19) ここで使う幾つかの貿易に関する指標について注記しておく。まず「総合比較優位指数ＲＴＡ」とは、正式にはRelative Revealed Comparative Trade Advantage（顕示貿易総合比較優位指数）と呼ばれるものである。その推計は、Revealed Comparative Advantage（顕示比較優位指数）から、Revealed Comparative Disadvantage（顕示比較劣位指数）を差し引いた値である。また「純輸出比率ＮＥＲ」とは、ある貿易財の輸出額から輸入額を差し引いた値を、輸出額と輸入額との合計で除した値である。詳細は「アジア諸国の比較優位指標」データを参照のこと。

(20)「雇用なき成長」に関するインドでの議論については、絵所（第六章　二〇〇八年）を参照のこと。

(21) 中国の経済成長に関しては、本書第六部「中国経済の五〇年」を参照のこと。

(22) この人口移動調査の対象は、男子世帯員だけとなっているのである。

(23) この「民主主義的開発政体」という用語は、長年エチオピア政府と産業政策対話を続けてきた大野健一教授の相手であった、社会主義軍事政権崩壊後、一九九一年から二〇一二年まで首相を務めたメレス・ゼナウィが私的会話で大野教授に伝えた概念であり、「複数政党制のもとで自由選挙に勝利し、開発成果をあげて政権を長期的に維持し、一貫した開発政策を継続する体制」という意味である。

(24) 岡本は、「二一世紀の現代、「多元一体」の「中華民族」も、（台湾を統合する）「一つの中国」も、なお「夢」の段階であって、いまだ実現をみていない。（中略）なればこそ、政権はかえって「夢」の実現に固執してしまうのだろうか」と記していることを注記しておこう。

(25) 両国の経済史の詳細や関連文献については、拙著『アジア・

ダイナミズム』のⅢを参照のこと。

参照文献

邦語

絵所秀紀『離陸したインド経済　開発の軌跡と展望』ミネルヴァ書房　二〇〇八年。

絵所秀紀「モディノミクス——特徴・成果・残された課題」アジア研究会　二〇二〇年八月一二日報告資料。

絵所秀紀「インドの大メコン圏へのコミットメント—CLMVとの関係を中心に」『経済志林』法政大学経済学部　二〇一九年。

絵所秀紀・佐藤隆広編『激動のインド　第三巻　経済成長のダイナミズム』日本経済評論社　二〇一四年。

岡本隆司『シリーズ　中国の歴史⑤「中国」の形成　現代への展望』岩波新書　二〇二〇年。

椎野幸平「モディ政権を巡る論点」アジア研究会二〇二〇年八月一二日報告資料。

広瀬公巳『インドが変える世界地図　モディの衝撃』文春新書　二〇一九年。

柳澤悠・水島司編『激動のインド　第四巻　農業と農村』日本経済評論社　二〇一四年。

原洋之介『アジア経済論の構図　新古典派開発経済学をこえて』リブロポート一九九二年。

原洋之介『アジア・ダイナミズム　資本主義のネットワークと発展の地域性』NTT出版　一九九九年。

翻訳

アダム・スミス『国富論　国の豊かさの本質と原因についての研究　上・下』山岡洋一訳　日本経済新聞出版　二〇〇七年。

アマルティア・セン、ジャン・ドレーズ『開発なき成長の限界——現代インドの貧困・格差・社会的分断』湊一樹訳　明石書店　二〇一五年。

ギデオン・ラックマン『イースタニゼーション　台頭するアジア、衰退するアメリカ』小坂恵理訳　日本経済新聞出版社　二〇一九年。

ティルタンカル・ロイ『インド経済史　古代から現代まで』水島司訳　名古屋大学出版会　二〇一九年。

フェルナン・ブローデル『歴史入門』金塚貞文訳　太田出版　一九九五年。

フェルナン・ブローデル『文明の文法』松本雅弘訳　みすず書房　一九九五年。

プラナブ・バルダン『インドの政治経済学——発展と停滞のダイナミクス』近藤則夫訳　勁草書房　二〇〇〇年。

英文

Bardhan, P (2003) "Crossing Tigers, Lumbering Elephant" in Kaushik Basu, et.al, *Markets and Governments*, Oxford University Press

Esho, H (2019) "Modinomics 1.0 and the Indian Economy", *Journal of Interdisciplinary Economics*, 1-11, 2019

Yong, T. D., et al. (2010) "Rising Wages: Has China lost Global Labor Advantage?", *Pacific Economic Review* Vol.15, Issue 4

第八部　ペザンティズム農政

――近現代日本農政思想をどう継承するのか

はしがき

二〇一八年われわれは、明治維新一五〇年周年を迎えた。この一世紀半の近現代史のなかで、国民所得勘定で測られた市場的価値からみた、日本経済に占める農業の比重ないし重要性は大きく低下してきた。しかし、ポスト明治一五〇周年の時代において、国土保全といった市場経済的価値からは測定が困難な社会的価値の視点から、農業・農村が果たすべき役割が大きいことは間違いない。

本研究では、明治以降の一世紀半の時代を通じて、農業に対する国の政策、つまり「農政」がそれぞれの時代にどう展開してきたのか、そしてそれらの政策立案がどういう理念、より広くは思想に支えられていたのかを、考察していくことにする。

当たり前のことだが、過去一世紀半の間に、農政の課題は大きく変化し、かつ農政理念・思想も変貌してきた。しかし、その一方で、明治維新以来変わらない旧くて新しい政策課題が、厳として存在していることも間違いない。その典型が土地所有・利用に関わる課題である。戦前の小作法の立案や戦後の農地利用の公的管理に関する立案において、明治国家建設に伴って確立された、「土地の私的所有権の絶対性」が大きな制約として顕在化し、それへの対応に農政官僚は多大の努力を重ねてきた。そのような試行錯誤の過程で育まれてきた土地政策に関わる政策理念・思想は、決して時代遅れのものではない。その政策思想は、人口減少が確実にすすむ、これからの日本において、必要とされる経済社会を構築するためにも重要な役割を果たしうるものとなっているはずである。

学生時代の筆者の師であった荏開津典生は、農政論の進め方について以下のように書いている（荏開津・鈴木『農業経済学』「終章　農業政策と農業経済学」二〇一五年）「農業と農村の現状に関する着実な実態把握も、政策のもたらす効果の精確な分析も、経済学の理論と方法とを用いた体系的研究なしには誰も手に入れることができない。またそれは、長い年月にわたって蓄積された先人の研究を継承しその上に一歩を進めるという学問の発展なしには獲得できない知識である。」われわれは、自分の限られた知識だけで、勝手に政策論を展開してはいけない、というこの一文を念頭において、本報告では、明治以降現在までに、多くの農政官僚が苦労してつくりあげて農政理念を明確にすることを試みたわけである。

なお本部は、前年度の研究報告『戦前期日本の近代経済成長再考——農商務省の政策理念の変遷に焦点をあてつつ』を、農政だけに限定し、戦後期から現在までの農政の展開を含めた改訂版であることを付記しておこう。

二〇一八年二月

原　洋之介

ドイツ連邦共和国大統領ワイツゼッカー「過去に眼を閉じる者は、現在にも盲目になる」

東畑精一「農業以外の産業を研究する経済学者は、日本が外国と共通ではないという意識が乏しい。ところが農業は、西洋の農業論で日本の問題を解こうとしても、てんで初めから受け付けない。だから何とか別個の範疇を考えなければならんという現実問題にぶつかったのは、日本では農業経済学であった」

（大内力との対談「農業経済学問答」『経済セミナー』昭和三四年七月）

東畑精一「アメリカの農村とか農業というのは、日本とまるで違ってますからね。向こうでは所有権の移動というようなことは非常に自由で簡単だし、不動産マーケットも発達している。だからそういう連中が向こうの頭で日本のことをやろうとしても、なかなかそういう風にはいかない。結局、どうしても変な理解のしかたになってしまうのだな。」

（『農林水産省百年史』下巻）

柳田國男「取引所ノ制度。現在農産物ノ穀物取引所ハ其ノ数五〇ニ近ケレドモ（中略）取引所ノ利益トシテ一般ニ認メラルルモノ三アリ。其ノ一ハ物産ノ市場ヲ発達セシムルコトナリ。世間ニ現ワレザル生産者ヲ紹介シテ之ガ需要ノミアリテ之ヲ充スノ方法ヲ知ラザル消費者ニ接近セシムルコト、即チ是ナリ。（中略）第二ノ利益ハ物価ノ動揺ヲ能ウ限リ小ナラシムルトイウ点ナリ。取引所ノ取引ハ常ニ甚ダ公明ナリ。其ノ市価決定ノ手続ニハ些ノ隠密モナキ筈ナリ。而モ其ノ四周ヨリ各種ノ勢力ノ競イ進ミテ常ニ相牽制スルアリ。（中略）第三ノ利益トシテハ取引所ハニ其ノ機能ヲ拡張シテ異時異処ノ市価ノ上ニモ其ノ均衡調和ノ力ヲ施サントスルコトナリ。所謂定期取引所即チ売買ノ予約、現存セザル物品ノ取引ハ主トシテ此ノ結果ヲ持チ来タスモノナリ。

「我ガ国ノ農産物取引所ニ於テハ実際以上ノ何レニモ属セザル者殆ト取引所ニ出入リスルコトノミヲ専門トセル一種ノ人民アリ。（中略）取引所ノ理想ハ前述ノ如ク相場ノ平準ヲ保チ其ノ動揺ヲ小ニスルニ在ルナレバ、差益取得ヲ以テ主タル目的トスル者ノ便トスル所ハ決シテ此ノ制度ニ期スル所ニ非ザルナリ。」

（『農業政策』第四章）

小倉武一「日本の近代における土地所有は地主的所有の確立とそれの農民的所有への改革と要約できる。そして、現代にはいって農民的所有から企業的所有への発展か、それとも農民的所有から社会的所有（保有）への転換かが選択の問題なのである。」

（『日本農業は活き残れるか　中巻』）

東畑四郎「農業問題というのはやはり哲学ですよね。カネや食い物ということでなくて、その根源にある考え方でしょう。農業食糧問題はいつの時代でも尽きないいんじゃないでしょうか。」

（『昭和農政談』第五章）

序章　本部の課題

明治維新政府が引き継いだ歴史的遺産、つまり新政府が引き受けた日本の経済社会とは、江戸時代に作られてきた経済社会であった。明治新政府は、「富国」のための殖産興業によって、「強兵」目的の造船などの分野では外国に存在している最新鋭の工場の建設などをおこなおうとしたが、それ以外は江戸時代から引き継いだ産業の近代化を図った。まさに「外来の新しい要素―資本制経済への道」と、「江戸期の遺産という在来の継承的要素」との「新旧の混在」（東畑　一九六四年）という初期条件のもとに、近代経済の構築に向かうことになったのである。つまり、明治以降のわが国の経済成長とは、外来の新要素と歴史的に引き継いだ旧要素とが絡みあってすすんできた「二重構造的発展」ないし「複層的発展」（沢井・谷本　二〇一六年）といえる経路を辿ってきたものであった。

とくに、アジアのモンスーン気候帯に位置する日本においては、「外来の新しい要素」である移植技術に負うところの大きい工業部門における労働生産性に比べて、江戸期に完成をみたといってよい労働集約的農法を代表とする「在来的要素」が大きな比重を占める農業の労働生産性が相対的に低位にとどまり続けた。特に、経済発展の初期から世界市場に「売る」ための商業的農業を発達させた新開国とは違って、自給的小規模農業が支配的であったわが国では、このような技術革新の産業間格差は容易に解消されることはなかったのである。

いうまでもないが、江戸期からの遺産を引き継いだ在来部門の中心は、「小農」といわれる小規模家族農業であった。[1] この小農の農業生産性を向上させることは、殖産興業政策の開始時点から大きな課題とされていた。明治後期、特に二〇世紀に入るころ、官界だけでなく学会等でも、膨大な数の農民のなかから「本当に生産性を荷いうる農民」をどう育成するのかに関して多くの論者が論争することになった。この「農政論が光輝いていた時代」の代表作のひとつが柳田國男の「中農養成策」（一九〇四年）であった。また戦後の高度経済成長期に、明治以降本格的に導入された近代的製造業では先進国への「キャッチ・アップ」がほぼ達成されたのに対比して、小農の生産性上昇は遅れ続けており、改めて「本当に生産性を荷いうる農民」の育成策を巡って論争がおこなわれることになった。そして、日本経済のグローバル化が深化し、また人口減少という趨勢が進行する現在においても、なお、この「本当に生産を荷いうる農民」の育成は重要な政策課題であり続けている。[2]

明治維新以降の一世紀半の近現代史を俯瞰すると、明治以降前世紀半ばまでは、「土地と労働という農業生産の二大要因が一定不変であることを前提として、食糧、とくに主食の自給化を達成しようという集約的保護農政が展開された」（東畑「七〇年代の農政」一九七〇・二）時代であった。そして第二次大戦後、特にいわゆる高度成長期以降は、「農業労働の絶対数が減少する時代」であり、それへの対症も含めて農政が展開した時代であったといえよう。この事実を念頭において、以下、日本農業の中核的担い手であった小農経済を支えていた農地制度とその主要作物であった米穀市場の問題に限定して、近現代日本における農政の展開を再考していこう。[3] 明治維新以降から昭和前期までを「近代期」、昭和後期以降を「現代期」と区分して考察する。そして、本報告では、農商務省農政課にほんの短い間勤務した柳田國男（一八七五年生まれ）、戦前期農政官僚の代表者石黒忠篤（一八八四年生まれ）、そして農商務省が分離して独立した農林省に入省し戦後農政の基盤を構築した東畑四郎（一九〇七年生まれ）小倉武一（一九一〇年生まれ）の、今読むことのできる、その時々の発言記録や論考を再読することで、明治以降の農政の展開を追いながら、わが国の農政思想ないし農政理念の特徴とその変遷を、改めて考えていきたい。

本論にすすむ前に、一体農政とは、どういう特質をもつ行政なのであるのかを少しみておこう。これに関して小倉武一は、「日本の農（業行）政は、助成を手段とする行政、マスを対象とする行政、技術を主たる内容とする行政という特色をもつ」と指摘している。農政がこのような特性をもつにいたった理由として、小倉は次のように書いている。まず、「行政の対象が比較的に社会の上層に属し、その数の少ないものと、これとは反対に対象が大衆またはマスであって、甚だ多数人におよぶものとの二つのタイプがある。農業行政は、農民大衆を対象としている意味において、後者のタイプの行政に属する。このようなことは、農業と工業を比較すればよく分かる。工業もその企業（経営）単位は大中小にわたって多数に及ぶけれども、工業生産のシェアの多くは大企業によって占められる。歴史的にもそのような傾向をとってきた。しかし、日本の農業は、工業と大きく趣きを異にしている。」さらに「農業行政のもう一つの特色は、技術が重要性をもつことである。」これも日本の農業生産能力を向上させるためには、小農というマスに新しい農業技術を普及しその技術能力を引き上げることが必須の課題となったからである（小倉　上巻　一九八七年）。本稿では、小倉のいう三つの特性の中で、「マスを対象とする農政」に着目して考察していくことにしよう。

第一章　近代期の農政

地租改正以降の国家建設

明治新政府の恒常的財源は、幕藩体制下の旧地租・年貢であった。これでは不十分で、不換紙幣の発行や内外商人からの借入金等に依存していた。そこで国家の財政的基盤を成す新しい一般的租税体系の編成が急務となり、地租改正がおこなわれた。

明治四（一八七一）年一〇月に田畑勝手作を許可し、翌年三月土地永代売買解禁、同年八月地券交付を開始し、明治六年七月に公布された地租改正法に基づいて、「地主ノ其地ヲ自由スル権利」という、個人の私的所有権を制度的に確定させる地券の発行が開始された。こうして地価の一定割合である地租という「固定資産税」を支払う義務を伴った土地の「近代的所有権」が確立されていったのである。(4) 幕藩体制下では権力の射程は村落共同体のレベルにとどまり、個々の農民レベルにまでは及んでいなかった。明治政府は地租改正法を通してはじめて直接に個々の農民を把握し、安定した地租収入を基礎とする財政基盤を確立させようとしたのである。(5)

明治二二（一八八九）年に公布された大日本国憲法の第二七条は「日本臣民ハ其ノ所有権ヲ侵サルルコトナシ」と規定している。この憲法公布によって、「政府が民間の自由な経済活動を保障し、行政機能としては個人的所有権の保護を主要な任務とする一九世紀的国家体制」（辻一九七六年）が構築されたのである（今津　一九八七年）。

日本政治外交史家三谷太一郎は、この条文は「大日本帝国憲法の自由主義的側面」を表していると指摘している。そして丸山真男が、大学二年当時、学生団体主催の講演会に招かれた尾崎行雄の講演を聴き、その中で尾崎が「われわれの私有財産は、天皇陛下といえども、法律によらずしては一指もふれさせたもうことはできない。これが大日本憲法の趣旨だ」と述べたことに「目からウロコが落ちる思いがしました」と語っていたという（三谷　第四章　二〇一七年）。

この憲法制定とともに民法の制定の準備がはじまるが、とくに明治二三（一八九〇）年の旧民法の公布から、明治二九年民法第一～第三編の公布への過程で、土地所有制が地主の利益か企業的農業者の利益か、それは何れに基づくべきか、農業構造（土地所有構造）の改善がおこなわれるべきか、否かの論争があった。政府顧問であったボアソナードは次のように発言していた。

「経済学の研究が始まって以来、賃借権を物権とすることが重要となってきた。もし賃借権が賃貸人の意志によって何時にても賃貸地を取戻し得るようなものとするならば、賃借人が土地を数か年間利用したのちでなければ、収益を得られない場合に、賃借人にとってのみならず、その土地そのものにとっても不幸なことである。」

明治二六年から施行されるものとなっていた旧民法が二三年に公布されると、旧民法の擁護者とこれの反対論者間の論争が起こり、旧民法の施行が延期され、それが再検討されることになった。その結果、明治二九年旧民法の廃止と新民法の公布となったのだが、この民法による土地所有に関する規定は、地主にとって大きく有利で小作人にとっては不利なものとなった。それが民法の規定であり、その部分的改正が農地調整法（昭和一三年）とさらに戦争直後におけるその改正法（昭和二一年）によってなされることになった。それまで地主的土地所有制が法制上も確然として存続したのである（小倉　上　一九八七年）。六　そして現在もなお、明治維新時に確立された「侵サルルコトナシ」の「所有権の絶対性」（丹羽　一九八九年）が存続し続けているのである。

殖産興業政策の転換――松方デフレと農商務省の設立

明治一四年、「富国」の核であった殖産興業を実現させるために農商務省が設立された。その設置目的として「国家の介入、少数の農商業者の保護、国営企業と民間企業との競争から転換して、農商業の奨励と保護の法制を整備し、秩序を以て農商業を公正に誘導する」と記されていた。この設置目的に関して、小倉武一は「農商務省の主旨は明治初期における国の直営による資本主義的産業の建設から国家の誘導への転換とみることができる。誘導も国の一種の介入であることに変わりはない。日本語の「介入」は干渉を少しやわらくした感じがなくはないが、フランス語の介入には国の役割の意味で公権力の介入という言葉がよく使われる」と指摘している(小倉　下　一九八七年)(7)。

さて、農商省設置とほぼ同時に松方正義が実施した緊縮財政政策は、この殖産興業政策の進め方に決定的影響を与えた。松方財政は、不換紙幣を整理し、財政を緊縮して歳出を切り詰め、余剰金を正貨準備にあて、同年日銀を設立しそこにだけ紙幣発行権を認めた。この「松方デフレ」政策は、その前年の政変によって政府から下野した大隈重信の積極的財政政策を完全に否定するものであった。大隈は、財政支出によって生産的投資をおこなえば、輸出が増加して外貨獲得ができるので、財政赤字からの紙幣増発によってインフレになっても、問題はないと主張していた。また殖産興業政策の主役となった工部省が設立した官業企業、特に三井・三菱といった政商に対しても、財政からの支援を続けていたのである。この大隈が政変で下野したため、大隈流の殖産興業政策の継続は困難になった。そして松方は、育成されるべき企業への支援を、同年に設立された日本銀行の金融政策、つまり融資に大きく変更した。同時に、それまであった軍需工場を除く官営工場を民間へと払い下げたのである。さらに付け加えれば、松方デフレによって地租を払えなくなった農民は農地を売却し小作農に転落することになった。

さて松方は、勧農局長であった明治一二(一八七九)年に草した『勧農要旨』「農業ノ形勢ヲ論ス」で、いまだ日本農業は旧態を脱せず、いかほどの進歩の徴をも現していない、また農業革新を志向する動きさえ欠如している事実を強調していた。次いで、こうした深刻な日本農業の現況を打破するのに必要な政策を「勧農ノ主義」として論じていた。「本原ニ遡リテ之ヲ論スレハ、農業ノ人民営生ノ私業ニシテ、政府繊芥之ニ関与スヘキノ権力ヲ有セサレハナリ、仮令政府カ何等ノ新利良法ヲ以テ人民ニ勧ムルトイエトモ、之ヲ実行スルモノハ人民の力ナリ、而シテ之ヲ取舎スルノ権只人民ノ択ノミ」と。政府は人民営生上の利害損益に関する最も重大な事項に着眼して「人民自為ノ進歩」を補助すればたりるのであって、基本的にはその業を人民の手にゆだね人民をしてその利を享受させればいい。資金の貸与も民間の資本蓄積の端緒をひらくためである。松方は自営私為の原則を強調し、この原則を逸脱した、これまでの勧農政策を是正すべきであるとして、殖産興業政策の再編成を主張していた。松方は自らのこのアイディアを、デフレ政策と並行して実施した。この時期、自由民権運動とも結びついて、官がよけいな産業振興の旗を振る必要はない、また税の負担を軽くして産業の自由な発展を期するべきだとする世論も強かった。こういった時代状況も松方の政策を後押したのであろう。ちなみに松方は明治一一年パリに滞在し、「セーの法則」で有名なジャン・パティスト・セーの孫であるレオン・セーから経済学や財政論を学んでいたのである。

　歴史的に振り返れば、「より基本的には、そうした行政による直接的取締りが、私的所有と売買自由の商品社会経済を移植・育成するという明治の改革の方向に逆行するものだった」ので、「当初の直接的殖産興業政策から民業非干渉政策へと勧業政策の一大旋回があった」（玉　二〇一三年）といえる。政変のあった明治一四年に設立された農商務省の殖産興業のための政策形成も、この旋回した方向でおこなわれることになったのである。「政府自らが企業者となったことで、官業、模範工場の当事者となった。これは主として近代産業そのものを培養する処置であった。（中略）先進国では民間人の企業者が産業革命の担い手であったが、プロシャやロシアでは、かかる民間人に乏しいところから、その代替者となったものが政府であり、従って産業革命はいわば「国営」の色彩が強いものがある。明治の日本もまた然りであった。否、いっそうしかりであった」（東畑　前掲書）。東畑がこう説明している明治維新後の大久保による富国政策は、軍事に直接かかわるものを除いて廃止されたのである。

殖産興業のための経済制度づくり

明治初期における、いくつかの産業への資金の貸付と国立銀行の育成。鉄道、郵便、電信網の形成。工部省による官業工場の設立とその払下げ。民間企業への資金、設備の貸与とその払下げ。つまり、日本の経済発展は、まず金融機関、海運、鉄道などの整備にはじまり、民間企業としても鉱山業が官営から民間に払い下げられることによって先行した。日本経済史家中村隆英は、明治政府が採用した「殖産興業」政策のポイントをこう整理して、「それは、金融・交通・輸送などの分野がたち遅れた後発国としての避けがたい発展経路であったともいえよう」と記している(中村　第一章　一九七一年)。

さらに中村は、明治期の開発政策の特質を、ガーシェンクロンの「借りてこられた技術」というアイディアを援用して以下のように整理している。後発国であった明治日本は、何を「借りる」のかという選択において、工業の技術よりも、金融や法人企業という制度と、運輸・通信という公益事業の分野の技術を先に借りた。そうした制度や社会資本は、先進国イギリスでは工業技術の発展の後に充実された。だが、後発国明治日本では、工業の発展が企業の組織や運輸・通信手段を変化させたのではなく、企業組織や運輸・通信手段を先に充実させ、いわば容器をまず整えることによって、内容の充実をはかった(中村　同上)。

ところで、明治政府の殖産興業政策について東畑は次のように性格づけている(東畑　前掲書)。「当時のインダストリアリズムの実況とは、一言をもって表現できる。曰く「市場の拡大」これである。経済の諸関係(生産と流通)は全国的な規模で営まれる。資金と労働力とは国内的に移動し、商品は全国を目当てに流通する。また新たに植民地台湾を開発することとなったし、さらに日本経済は世界貿易に参加することいよいよ濃厚となった。銀行、会社はこの情勢に応じ、またこの情勢を強化すべく、後に示すように続々と設立せられた。政府はこの新たな経済の動向に即して多面的な立法を続々となした。これらはほとんど太平洋戦争に至るまでの数十年、日本の重要な経済立法の基礎となり将来を永く規制していくものとして運用された。」東畑のいう「インダストリアリズムのための市場の拡大」への政府の取り組みとは、地域ごとに分断されていた市場取引を、全国にわたって一律に効率的に機能する市場の仕組みを育成しようという「市場機能拡張型 market enhancing policy」の政策であったといってよいであろう。

市場拡張型政策——市場への間接的介入

明治維新時のように新旧要素が混在している経済社会の中で近代経済を作りあげる過程において、近代経済にとって不可欠な多様な財・サービスの取引を効率的におこないうる市場の仕組みを構築するために、政府はどういう政策を採りうるのであるか。いまだ未発達ではあるにせよ、将来それら市場での取引に参画するであろう経済主体の数は膨大であろう。また、それらは利害の対立する多くの経済主体から成り立っていた。明治維新時点で、江戸期から引き継いだ農商工の「在来産業」に従事している生産者や商人の数は巨大であった。そのため、まさに「マスを対象とする政策」にならざるをえなかった。そして、いうまでないが、政府が、これら無数の個別主体に直接的に接触し指導することはできない。そこで登場したのが組合という仕組みを媒介とすることであった。

　以下で説明するように、明治政府は「同業（者）組合」や「産業組合」という組織作りを通じて、「殖産興業」政策をすすめてきた。横井時敬は「農商務省設立当時は同業組合の設置奨励に全力を傾注するが如き観があった」と指摘していた（横井　一九二六年）。ただし続けて「而かも民間に自ら事を為さしむるという方法とは不似合に、各組合の設立許可権をば農商務省に於て之を収め、而も之には農工商歩調を一にするの必要ありとし、各局課の会議も以て認可を与えることとした」とも評していた。そして見落としてならないのは、この組合は決して「新しいもの」ではなく、江戸期の町で株仲間等の仲間、また村落での名主をリーダーとする村落組織、さらには無尽、頼母子・講等々の在来組織を踏まえそれを変質させたものであったのである。後に紹介するが、産業組合法の成立した明治三三年に農商務省農政課に勤務しはじめた柳田國男は、『最新産業組合通解』「自序」に、産業組合法の目的は「二宮尊徳翁の創意に成れる報徳社の組織」と同じであったと記している。さらにいえば、近代工業が発達して国民経済の主要部門になってくると、数の少ない企業が相互に競争するだけでなく、協調行動をとるようになり、カルテルを形成するようになる。このような場合にも政府はこれら自主的に形成された一種の同業組合を通じて、政策介入をするようになってくる。このカルテルといわれる近代的組合の起源は、江戸期の「株仲間」にあったことも間違いなかろう。[8]

　いうまでもないが、明治政府にとって地租という歳入源として、また国民が必須とする食糧品としても、米穀市場のあり様は決定的に重要な問題であった。明治農政には、苗の正条植えを農民に実施させるときに警察官に監視させた「サーベル農政」のような強権的な取締まり農政と、補助金の交付、産業組合の指導奨励等の誘導的農政という二つのタイプの政策が混在していた。すぐ後に検討する米穀検査は、産業組合とともに後者の「資本主義的な商品経済の発展に対応する」誘導的農政の柱であった。これに対して、農事奨励、耕地整理、試験研究の推進は、「農業生産の新しい発展を促進する」取締り政策であった。そして、歴史的に見れば、日露戦争後の農政は、取締り政策から誘導的農政へと農政の中核が変わっていったといえる。

取締り政策にふくまれる耕地整理法について、東畑は以下のように論じている（東畑 前掲書）。「これは土地法の基礎的なものであるが、その発布は三二年であり、同年の農会法と翌三三年の産業組合法ならびに重要物産同業組合法は、当時のわが農業が資本主義経済の中でいかに行動すべきかを指導せんとしたものであった。これらけ多くの点でドイツの農業立法を模倣せる点が強く、自然と日本の農業指導者の頭脳をドイツに傾斜させることになった。また日本の農学、農科大学もドイツのそれらに求めたことを付記するのも無駄ではあるまい。(9)」

そこで、農商務省が政策実施の鍵としていた組合という組織に焦点をあって、以下市場にでまわる米穀の品質改良と米穀そのものの増産における政府の政策関与について、みていこう。

同業組合を通じた米穀市場の近代化——市場機能向上に向けた補完的介入政策

幕藩体制下においては、諸大名が得た貢租米は、江戸だけでなく大阪の蔵屋敷へ廻送され、堂島の米会所に送られた。幕府直轄の米市場となった堂島米会所では、正米取引と、米請求権である米切手を原資とする帳合米取引とがおこなわれた。米切手を担保として融資をおこなう入替両替の存在など、投資資金の調達機会も豊富であった。前者の正米取引によって現物の価格平準化が、そして後者の帳合米取引によって価格変動リスクを避ける保険機能が、実現されていた。とくに米切手を媒介として財市場と金融市場が一体化していた後者の取引が、先物市場であった（柴本・高槻 二〇一七年）。著名な銘柄米、細川家の肥後米、鍋島家の肥前米などは、大阪で販売する前の段階で厳しい品質検査をおこなっていた。品質プレミアムを獲得を目指して、諸藩間が競争していたわけである。

近世最大の商品市場であった大阪米市場について、享保一五（一七三〇）年に幕府が堂島米会所を公認し、米仲買株を交付したことは大きな意味をもった。それはそこで発生した紛糾について出訴を取り上げるという関係が生まれたことを意味し、それまでが限られた米商人間の約束事で維持されてきた市場秩序が、司法の後ろ盾によって維持されることになり、公認の米仲間を通じて誰もが大規模な取引に参加できる市場へと変貌を遂げた。幕府が発した宝暦一一（一七六一）年の「空米切手停止令」や安永二（一七七三）年の「滞切手公銀入替令」は、空米切手の発行を禁止することに幕府の意図があったわけでなく、米切手所持人の財産権を保護することが目的で、それにより堂島米会所は米市場としてだけではなく、金融市場として発展することとなった。このような取引制度と決済制度からなる市場秩序は、商人たちが試行錯誤を経て作りあげた規則によって維持されていた。さらに、この株仲間が形成した秩序は、幕府司法によって支えられていた。このように、大阪市場において大量の米が円滑に売買された背景には、周到に構築された重層的商秩序が存在したのである（高槻二〇一二年）。

明治維新が米の流通・商業にもたらした重大な影響は、封建的な商業統制の中核であった株仲間等の解放であった。この米商業の自由化によって、旧来の商業秩序は大きく混乱しはじめた。そのため、正規の取引市場が必要となり、明治七年兜町に取引市場が作られた。しかし、その効果は十分ではなかった。そこで明治一九年に東京廻米問屋市場（深川正米市場）が正式に発足し、以後、全国の米穀市場の代表的存在として発展する。戦前の日本の卸売米価は、一貫してこの深川相場によって代表された。東京における米穀商業の新しい機構は、明治一三年の「東京府下米穀商取締規約」において、一応法制的に裏付けられた（持田一九七〇年）。

さて、この米穀取引市場の整備とともに、明治維新政府が直面した大きな問題は、市場に出回る米の粗悪化であった。明治六年の地租改正によって、江戸期以降の貢米制度は廃止され、地租の納入も金納となったため、米質、乾燥度、俵装・容量等の点での「粗悪米」が全国の米穀市場に氾濫するようになった。その背景には、米を販売する主体が江戸期の藩主や藩士ではなく個々の小農民となり、その結果として農村には多数の小商人が族生してきたこともあった。彼らは意図的に市場に売り出す米を粗悪化させることもあったという。まさに当時の米穀市場では「悪貨が良貨を駆逐する」というグレシャムの法則に近い状況が発生していたのである。

そこで大都市の市場に産米を供給する多くの府県では、自県米の品質低下、市場評価の下落に対処せざるをえなくなったのである。この頃市場に米を売り出していたのは、主として小作農から物納小作料として米を受け取っていた地主であった。たとえば、宮城県では明治一一年九月粗悪米取締規則及び輸出米検査心得を布達し、輸出米検査書を設け、警察署の協力の下に米穀移出入の取締りにあたった。翌年六月耕作者に対しても共進精米仕立申合書（準案）を示し、各村落において申し合わせるべき事柄を定めた。こういった動きが各地で表れるようになっていった。

前に述べておいたように、松方デフレ期に殖産興業の進め方において、大きな路線転換があった。「明治一四年農商務省が設置され、政府の勧業方針の一大旋回を見るに及び、かかる地方官憲の米穀製方に対する検束は禁止され、一時復活を見た米穀に対する公的検束は廃絶した。ここに於て公的検束に代わるものが必要となった」（池田一九三八年」）。農商務省の設立を契機として、明治政府による粗悪米に対する対策も、それ自体を直接対象とするものではなく、あくまで間接的な指導奨励を柱とするものへ転換していった。そして、明治一七年の同業者組合準則にそった粗悪米対策を政府が開始したのである。この準則は、そうした枠組みの中で全国各地の在来産業全般に起こってきた農談会、共進会といった「老農」を中心とする物産改良の動きを恒常的な組織に編成し、またそれを指導してきた各府県の勧業政策に根拠を与えるものとして布達されたものであった（玉　二〇一三年）。

ところで、明治一七年に発表された前田正名編纂の『興業意見』は、耕種指導に関して次のように主張していた。米質の粗悪化は、藩制時の検束がなくなったためである故、当時と同様の拘束力を有する小作条例を発布して地主小作間の契約を明確にすべきである。さらに米商たちの同業組合を設けて、この方からも粗悪米を押さえることが必要である。ここに述べられている小作条例とは、物納小作料として地主に米を支払っていた小作人が米の品質を改良しうるインセンティブをもちうるように、小作契約に含まれる多くの契約事項を明確にして立法化することであった。

残念ながらこの小作条例は制定をみなかった。一方、同業組合という案は、同業組合準則として同年府県に示されたのである。それ以降、以前と同じように県あるいは郡等が直接指導にあたることも続いたが、組合規約準則中に耕種法の改良について規約すべきことを示し、それに従って組合が指導に当たる動きが拡がるようになった。『興業意見』も指摘していたように、米穀検査事業が地主・小作関係に対立を生んでいたのは事実であった。ただし、この問題については、持田、玉等の優れた研究があるので、ここでは言及しないことにする。

ただこの文章にある小作条例に関連して、「小作料米納の慣行」（柳田　一九〇七年）における柳田の発言を紹介しておこう。「農事改良の一項目として農産物の品質を改良するということは流行の政策でありますが、米質改良のために府県が採っている検査その他の方法は国是として果して奨励すべきものであるや否や疑わしいということは、横井博士なども言っておられました。しかしかりに米質の改良という言葉はいたって広い意味であって、つまり産物の値を増加するということに帰するとすれば、少なくも国のために害のない政策ではあります。しかるにこの小作料米納の慣習なるものは、概して今の米質改良政策とは相容れざるものであります。今の普通の小作契約は、細かなようで或点には大まかなもので、例へば小作料として交付すべき米の品質に就ては、或は中米何石と言い上米何俵と言いましても、其上中米の標準がきめてない。従って此が上米でござると小作人が主張する時に、之を争うべき手段に乏しいのが普通であります。小作人は升目さへ約束通りならば出来るだけ粗悪なる米を出そうとします。此点は地主が最も難儀を感ずるところでありまして、それが為に地主勢力の優越してゐる府県会又は府県農会では、しばしば小作米検査法規の必要を決議致します。然れども此希望が完全に達せられるる時は、小作人の経済は亦大なる制限束縛を受けねばなりませぬ。かつまた検査令が小作人を強制して来年以後の米種を変更せしめるということはちょっとできにくかろうと思います。次に小作米品評会のごときも、悪口を言っては済みませぬが、まずは馬鹿気たものであります。小作人が優等の小作米を持って来たがために、地主が全体において収入に損をするようでは、品評会で奨励する甲斐がない。地主が損をせぬとすれば、その品評会に一等賞でも得るもののほかは小作人が多少の損をするのであります。一俵三十銭高の小作米を五俵納めたために一円の賞与を貰って喜んだならば、つまりその小作人は踊されたのであります。要するに米質改良の利益が小作人に帰するならば、たとい奨励を加えずとも徐々に目的を達するでありましょうし、改良の結果が大数を通計して小作人に損も徳もないとすれば、わきへ売る米は改良しても小作米に持って来る分は依然として劣等品を選ぶかも知れない。小作人には他所から特に小作料の米を買って来るくらいの智慧はあるのであります。全体地主が人に農業をさせておきながら、改良の必要を唱えるのは手前勝手の話で、小作人と休戚を共にするような昔風の地主ならばともかく、いわゆる不在主義の地主がこれを説くに至っては不条理の言たるを免れません。要するに小作料米納の慣習の下に米質改良策が効を奏せないのは当然であります。ゆえに恐ろしい法令の力を借りるのです。」

明治三〇年、その年に制定された重要物産同業組合法による同業組合に変わり、その下での検査へと切り替えられる。しかしその性格はかわらなかった。このいわゆる自治検査は、罰則・強制規制はあくまで「自治的な」形式のものであり、その強制力は弱く、市場での信用も薄かった。それに組合検査は移出米に限られていたので、生産改善には直接反映しにくかった。販売される米のすべてに適用される生産性検査が望ましかった。同業組合による検査では、このようなすべての米についての検査はほぼ不可能であった。こういう同業組検査の限界を乗り越えるには、府県当局による検査が必要であった。府県営の米穀検査は明治四〇（一九〇七）年からはじまり、大正前半にはほとんどの主要米作県に広がり、米穀検査制度が全国的に確立する。このように明治三〇年代の米穀市場の発達とその結果としての市場競争の激化によって、県当局が県営検査に踏み切らざるをえなかったのである（玉　前掲書）。

地主は小作料収入を受け取っていたので、受けとる米の品質の改善と市場向け優良米の入手とに関心をしめした。そこで彼らは、米の販売と米の品質改善をおこなう運動にみずから従事した。地主が米の販売活動を当然拡大するに至る経過は、米穀倉庫の建設と管理にみられ、ついには米穀証券を発行し、これは倉荷証券であって、貨幣市場に手形として流通しはじめた（小倉　一九六三年）。そして、昭和期になると、米穀市場には大きな変化が生じてくる。県営検査の全国への普及による米の差別化（特化）の進展は、全国各地での米穀市場での各産地による販売競争を激化させた。この競争の激化は、同時にその競争の質が変化したことでもあった。各銘柄はそれぞれに、広告費や販売費を投じて自己の特殊性を強調し、独自の市場を確保し、他の銘柄を排除しようとしたのである。かくして銘柄競争は「独占的競争」（東畑・大川 一九三九年）という様相を呈したのであった。こういった変化は、粗悪米への対応とは異なった問題を生みだすことになった（持田 前掲書）。米穀市場に登場したこれらの問題に対する政府の政策対応については、後に述べよう。

ところで、この米穀検査事業に関しては、農政史研究において今までそれほど強い関心は払われてこなかった。そういう中で、玉真之介が『近現代日本の米穀市場と食糧政策』（玉 二〇一三年）で検査事業が米穀市場発展において決定的に重要な役割を果たしたのではないかという非常に重要な問題提起をおこなっている。玉は、この米穀検査事業に関して、農商務省における代表的官僚であった石黒忠篤が、児玉完次郎『穀物検査事業の研究』（西ヶ原刊行会 一九二九年）の序に記した以下の文章に注目している。検査事業とは「収穫後に於ける穀物の品位及び其の減損防止並之が貯蔵・運搬・加工及取引等の改善を図り穀物の経済的価値を向上し且其の配給関係をして円滑ならしめる」ことを目的とする「公益事業」である。その際、事業が「個人の自由を多少束縛することを免れ得ない」が、それに勝る「多数人の福祉増進上必要且つ正当なるもの」なのであり、さらに「公益を目的とする穀物検査事業に対する多数関係者の相互関係は絶対に公正平等であるべきことは当然のことに属する」と強調されていた。以上のような記述から、石黒は、米穀検査制度は一つの市場制度として、「公共性」「中立性」及び「平等性」を基本理念として正当化されると考えていた。自由市場経済の原理である「公共性」「中立性」ないし「平等性」を体現した米穀取引の市場制度を構築するには、それぞれの米がもっている「地域的・品種的種差が銘柄として、品質的種差が等級として、いわゆる取引所の「格付表」のように比較可能なものに標準化されることが必要」（玉 前掲書）とならざるをえないからである。玉はこのように米穀検査制度を捉えるべきだと主張しているのである。玉のこの解釈を踏まえると、政府が米穀検査事業をおこなったことは先に述べた「市場拡張的」政策の一環であったといえるのではなかろうか。

石黒はその著書『農林行政』（石黒　一九三四年）の中で、米穀検査事業を次のように性格づけている。「我国の小作関係に於ては米麦の物納小作料によるものが多い為に、此の穀物検査事業の施行を契機として其の強制的励行に伴う穀物の品質及び包装の改良に関する負担が、往々にして小作農に転嫁される結果を招来せることを知らねばならぬ。」また、石黒は回顧（農業発達史調査会　一九五五年）の中で次のように発言している。「検査省令の発布に関して自分で作ったものを売るために、検査をしてそれで等級づけられて、そのために価格が決められ等外のものは売れないということは、所有権の制限ということになって、自由を拘束する。こういう議論で、これは非常にやかましく、農産課関係のやかましい法律論になった事件でありました。」この回顧は、当時の政策担当者たちが、大日本帝国憲法第二七条の「日本臣民ハ其ノ所有権ヲ侵サルルコトナシ」を、民間の経済活動に関与する立法をおこなうとき、最大の制約として認識していたことを語っているのではなかろうか。

耕地整理組合を通じた農業生産力の向上

明治期には、国家の財政収入の大半は農民が納める地租であった。そのため、明治政府は歳入の増加のためにも、農業部門の国税負担力を育成し強化する取締り型の農政に重点を置かざるをえなかったのである。

さて、耕地整理事業とは、江戸期から遺産として引き継いだ不整形な田形を方形・一定面積（一～三反歩）に均一化し、各田圃の一辺に用水および排水路それぞれが接するように区画、整理するというわが国稲作史上画期的な田地整備授業であった。明治三二（一八九九）年に公布された耕地整理法の骨子は、土地の交換・分合、形状区画の変更、畦畔の変更などについて、「村落の中の耕地の三分の二以上を保有する土地所有者の三分の二以上の賛成がある場合には」、その計画を不同意者にも強制できるというもので、地価据置、登録税免除などの優遇措置がついていた。

明治三八（一九〇五）年の耕地整理法の改正を経て、明治四二（一九〇九）年新しい耕地整理法が成立した。事業内容として従来の項目にくわえて「開墾、地目変更、造成工作物の管理、暗渠排水」が追加され、その中心は灌漑排水事業となった。また従来は地主の共同施工であったものを、あらたに「法人格をもつ耕地整理組合」を事業主体とすることに改められ、法人としての耕地整理組合の設立が認められた。地区内の土地所有者は全て組合員となる。組合を法人として資金の借入の便をはかるとともに、組合員の組合債務の対する連帯無限責任を規定している。

翌年には、政府は土地改良に対して大蔵省預金部の長期低利資金を勧業・農工両銀行を通じて融資することにした。これは、地主が農業への生産的投資に消極的になりはじめていたことを補完する意味をもっていた。こうして、法的資格が与えられることになった村落の耕地整理事業に金融機関から融資を受けることが出来るようになったのである。それ以前の明治二九年、政府は、土地改良事業への長期信用融資をおこなう勧業銀行を設立し、さらに各県に農業工業銀行を設立していった。さらに、蓄積されていた郵便貯蓄の資金を勧業銀行や農工銀行を通じて、低利での融資を流すこともできるようにもなったのである。

耕地整理法が目指した日本農業の中心である稲作の土地整備は、土地条件の改善という事業が村落社会の農家全員の参加を必要とする地域事業でなければならなかったことから、農村内の農家の組織化をうながして、土地条件の改善をはかろうとするものであった。江戸期からすでに日本の農村内には老農、地主をリーダーとする村社会が形成されていた。それは、内的結合力の強い、いわば「共同体」であった。この村社会という市場経済社会とは異質の日本農村のあり様が、この農民の組織化に際して大きな力を発輝したことは強調されるべきであろう。

以上のような政策に支援された耕地整理は、どういう成果を生んだのだろうか。稗本洋哉はそれを次のように整理している（稗本　第三章　二〇一五年）。この改正「耕地整理法」以降の耕地整理事業の進展は、多肥栽培における肥効の増大や稲作各耕種（工程）作業の効率化を通して、小農経営における家族労働の生産効率を大いに高めた。灌漑・排水の整備や耕地整理は、品種改良を柱とする農法の改善と並んで、「収穫逓減」作用の主要な回避策であった。その生産関数上の特質は、品種改良とは反対に、これ等の事業が規模の経済性を強く有した点である。

かつて近世末から近代への移行時代に輩出した大庄屋や地主層、いわゆる豪農が濯漑・排水を含む田区開始事業に積極的に参画した時期があった。こうした改良事業は、有力農による当時としての大規模経営が一定の経済性を有していたからである。だが灌漑・排水事業がより広域化する明治中期以降には、事業は地主層の手から離れ、代わって耕地整理事業に象徴される地方の地主・自作農の組織団体としての耕地整理組合や、さらに大規模な治水、河川改修や開墾事業については国・府県自らが事業主体となる国営、県営事業に引き継がれるようになった。

明治維新以降、直接税が賦課されていたのは、土地の私的所有権をもった地主・自作農だけであった。つまり農業・農村は、政府財政収入確保のために、他の産業や都市住民に比べて格段に大きく課税されていた。政府支出の使い方に関して議会等でこのような農民・地主の声を無視することは出来なかった。つまり、農業部門での生産性向上がなければ、政府収入の中心であった地租を課すこともできなかったので、いわゆる「明治農法」確立のための技術的・制度的政策である農業振興政策が実施されたのである。さらに、今日の発展途上国とは違って日本では外国資本の流入はなかった。このような耕地整理を代表とする農業政策を、大川・小浜は、農業と工業の共存的発展によって地租による財政基盤の安定を図る「共存的発展政策 concurrent growth policy」であったと性格づけている（大川・小浜　第七章　一九九三年）。

米穀市場への直接的管理型介入政策への転換

正米市場に対する政府の規制は、明治二九年農商務省令第一号であり、この省令によって正米市場は現物を取り扱う市場として規定された。その代表は深川正米市場である。それ以前の明治二六年に「取引所法」が公布され、清算取引をおこなう米穀取引所が各地に設立された。その代表が東京米穀商品取引所である。他国をみれば、現物を取りあつかう正米市場が発達して、その後に取引所ができるのが普通の順序であった。しかしわが国では、それが逆になっている。既に紹介しておいたように、江戸期にすでに大阪堂島において、先物取引がおこなわれていたという歴史上の事情がからみあっている（鈴木　一九七一年）のである。

一九世紀が二〇世紀に転ずる頃、すなわち日本が限界的な米輸出国たることから恒常的輸入国に転ずる時になって、米穀関税が主張されはじめた。明治三七年、日露戦争の戦費調達の為に、籾と米に対して従価一五％の輸入関税が課せられた。これは暫定的なものであったが、一九一〇年に、籾・米ともに六〇キログラム当たり一円の従量税が課されるように、関税が改正された。当時玄米の価格は六〇キロ当たり五円三〇銭、日給は八〇銭であったので、必需品としてはかなり高い関税であった。

明治四〇年代が米穀輸入関税の時代であったのに対し、大正二年の米移入税廃止以後の米価政策は、正米市場や取引所での米穀売買への政府の介入を中心としたものとなった。この流通過程への政府の介入は、いうまでもなく、当時「米価調整」と称された米価対策の必要性が一層たかまったことによるものであった。衆議院選挙対策であっても米価調整は、米価政策の新しいエポックを意味した。ひとつは米価維持を求める地主層の政治力の結集であり、もうひとつは自由主義的思想からタブー視されていた政府の干渉が、ようやく表舞台で認知されたことである。

明治後期から大正にかけて、輸送手段が水運から鉄道に変わるなどして、米の流通組織が大きく変貌し、米穀市場で価格は不安定になっていた。そのため、取引所に米投機が盛行し、米価の変動が一層激しくなっていた。そのため、政府は米穀取引に対して干渉することになった。投機取締米対策としては、取引所、正米市場への干渉がとられた。米穀市場のこのような変貌を受けて、明治四四年ころ牧野農相の下での初の米需給調査がおこなわれた。その際、東大の講師であったウェンチッヒ博士に米穀市場の改善に関する調査を依頼した。その結果、第一に主食である米の投機については、定期市場を原則として廃止し、正米市場も地方の小規模なものは廃止して、重点を中央正米市場の現物売買に置き、必要あるなら相当期間延べ取引を認めた方がいい。第二に、産業組合組織による穀物倉庫を普及し、地主に納入される小作米をここに納めることは、地主、小作関係からいっても、米の流通という観点からしても合理的だろう、という趣旨の調査報告が提出された（橋本他一九六九年）。そして、大正六（一九一七）年に「農業倉庫業法」が公布され、ほとんど産業組合が農業倉庫を経営するようになった。共販農家が各地に設立された農業倉庫にその米を委託し、その保管米を担保として金融を受け、これによって商人との結び付きを断ち切るとともに、その販売にあたってはその大量の貯蔵米を時期をみて売ることができるようになった。この産業組合の共同販売は目覚ましく発展し、農家の手取りを増加させるために、産地米穀問屋よりも消費地米穀問屋に結びつくようになる（鈴木一九七一年）。

大正一〇（一九二一）年二月、農商務省は米価調整調査会の考案した常平倉案を「米穀法」と近代的に改名して議会に提出した。同時にこの資金面を裏付けるために米穀需給調整特別会計法が提出された。(10) この米穀法をめぐる議会での議論の中心は、「穀ノ需給ヲ調整スル為必要アリト認ムルトキハ米穀ヲ買入、売渡、交換、加工又ハ貯蔵ヲ為スコトヲ得」とする第一条であった。需給の調整をうたいながら、価格の調整にはふれなかったことであった。農業側は価格調整を引き出そうとしたが、政府は量の調整が主眼であって、その結果として価格の調整になるとの答弁に始終した。価格調整となると、どの水準を目標とするかという問題が起こることを回避したためであろう。しかし、政府の考えの方の根底には、あくまで市場原理を前提として、緩衝在庫の操作によって米価を安定させるという常平倉的な発想が強くあったためともいえよう。米穀法は食糧自給政策を補強する価格安定化政策であったのであり、農会が当時求めていた米価つり上げ策では必ずしもなかった。米穀法は後年「日本はおそらく国内消費向け主食農産物の体系的価格安定を試みた世界で最初の国であった」(11)（小倉一九六三年）と評価されることになったものである。ただ、米穀法からスタートした食糧の価格安定措置が日本に導入されたのは、アメリカと同様に不足の条件のためでなく、過剰と価格下落という米穀経済の趨勢の中であったことだけ指摘しておこう。

その後、米価の支持は関税のほかに内地米の政府買入や米穀法の改正（一九三一年）による輸入量の制限によってもおこなわれるようになった。さらに昭和八年米穀法に代わって、米穀統制法が制定された。この法に基づいて、政府は⑴毎年最低・最高の米価を定めて、無制限に最低価格で買入れ、最高価格で売りわたすことになった。⑵米の市場出回りを季節的に調整するために米の買入、売渡をおこなう。⑶そして米とその他穀物の輸出入制限を恒常的に実施することにした。この法の制定と同時に米作の減反計画にも乗り出した。しかし軍部などの反対もあって生産制限は実施されなかった。しかし、この統制法によって、米その他の穀物の輸出入が恒常的に制限されるにいたった。これらの措置によって、内地米の外米に対する名目保護率は、昭和恐慌期においては二六〜四五％程度に上昇した。

ところで、現実の米価は先物取引の存在によって、単に数量のみでなく、思惑、投機によって変動していた。従って政府が市場介入する場合にも民間の投機者と同様に大きなリスクを伴うものだった。『農林水産省百年史　中巻』「回顧座談会」で東畑四郎は「荷見安課長以下米穀課は、米相場が仕事だからより付けない。日本銀行でオペレーションをやってるのと同じで、秘密でした。同じ農務局でも別島でしたね。」また大和田啓気は「あのころ片山技師をつかって取引場で自分で売り買いされていた。自分で米相場をにらんで政府の米を売ったり買ったりしていた。」こう回顧している。これが政府の市場介入政策の現実であった。

いずれにせよ、玉が的確に指摘しているように、政府がいわば最大の「米穀商人」として価格を維持しようとすることには無理があった。特別会計限度の増額によって相場への影響力を強めるほど、売却による相場大暴落のおそれとなって売却が制限され、巨額の損失を招くことになっていたからである。しかも当時の米穀市場にあっては、市場相場がただちに農村の庭先価格を引き上げるわけでもないため、農村対策としても限界をもっていたのである（玉前掲書）。そして戦時になって、昭和一四年に朝鮮で旱魃が起ったのを契機として自由市場のメカニズムの下での米の統制が機能しなくなり、需給の計画化による国家管理が導入されることになった。食糧管理法の制定である。

以上のような政府の米政策の展開について小倉は、『日本農業は活き残れるか　上』（小倉　一九八七年）で以下のような評価を与えている。米穀法、米穀統制法に至るまでも、明治初期以来、緊急の必要あるときは、臨時に政府が米の買入・売渡をおこなったことがある。また産業組合法による販売組合の設立、米の検査制度の漸進的整備、農業倉庫業法による販売組合の農業倉庫の建設の援助（これによる米価の季節的変動の調整）をおこなった。さらに昭和恐慌期の過剰米対策として米穀自治管理法（一九三六―四二）による過剰米の統制組合による自主的管理への助成が計画された。これらは、政府が市場構造の改善と市場行動の適正化を図る政策であった。食糧政策は、食糧自給とともに公正な米価形成のため市場組織にも向けられていたのである。

さらに石黒忠篤が『農林行政』（石黒　一九三四年）に次のように記していることも紹介しておこう。「現下所謂非常時日本の重大懸案は米穀統制問題である。我農村の生死が日本国家の将来を制約するものである以上、農村に立脚せる米価政策が非常時国策中の上位を占む可き事は多言を要しない。而して此の米穀政策が、米穀取引所関係者の投機及び米穀商の中間利得の制御排除に触れることあるは勿論である。米穀取引所、全国米穀商組合連合会、商業会議所等の米穀法、続いては米穀統制法、産業組合法反対の運動に抗し、断乎として諸法の行政的活動を進むるの外無いのである。」

農林省と商工省への分立

ところで、どうして農商務省は大正一四（一九二五）年に農林省と商工省に分立することになったのだろうか。分割当時の農務局長であった石黒忠篤は「米問題についての商工、農林」の間で「利害が相対立するような関係のことが非常に多くなり、その色彩が強くあらわれて来た。（中略）それで、農林、商工をわける機運が熟しておった（『石黒忠篤――談』一九五〇年）」と発言している。また当時文書課長であり、商工省でも最初の文書課長を務めた吉野信次は「とにかく一つの役所としては大きすぎるんですね。それからもう一つは米価問題でしょう」（『商工行政の思い出』一九六二年）と語っている。

石黒、吉野がともに言及している「米問題」「米価問題」とは何であったのか。分立が議論されはじめたころ、低米価実現を基調とする食糧政策が採られており、消費者の主食価格の安定をはかる商工系官僚の影響力が大きく、米価政策は、主として米価を抑制する方向で展開していた。米価政策をめぐる農務系・商工系官僚の対立は、基本的に、前者が米価維持（下落防止ないし引き上げ）、後者が米価抑制を主張する形で展開した。河合良成は「ぼくらの方はやはり消費者本位の考えであったし、農務局の方はどうしても生産本位というような思想」があったと発言している（産業政策史研究所『商工行政史談話会速記録』）。農商務省分割までの食糧政策は、増産政策には農務系官僚が、米価政策には商工系官僚が主として関与していた。こういう事態に対して農務局は、「食糧自給」政策を実現させるためには、増産政策を補完する米価維持政策の強化が必要であり、商工系の局に担当されていた米価政策を、生産を担当する農務局へ一元化させる必要があると主張していたのである（大豆生田　一九八六年）。

農商務省内での米価を巡るこのような対立の背景にあったのは、米騒動以来の朝鮮、台湾における産米増殖計画であった。その結果として、朝鮮、台湾からの米の移入量が増大し、米価調整を含めた米穀行政はもはや内地米だけを対象とすることができないようになりつつあった。東畑精一は、「四　二つの大戦をめぐって」(東畑　前掲書）で、以下のように書いている。「米騒動以後（中略）農業生産力の伸張による自給力の増強こそ、新たにたどられるべき道であったのである。しからば、だれがこの方向転換の担い手、主導力となったのか。ここでもそれは地主ではなかった。地主はただ黙して語らないものであった。主動力はむしろ商工業者であった。食糧の豊富はすなわち米価の低廉、従って、エンゲル係数が高くまた「米価は物価の王」であった当時においては低賃金を意味し、それは輸出力の増強の地盤であった。商工業者、当時の産業資本主義のチャンピオンにとっては、このような食糧政策こそその本来の狙いであった。（中略）その農業開発の場をどこに求むべきであったか。（中略）主力は未開発地域に注がれた。北海道もその一つであった。しかし植民地となって幾十年、その米作が顧みられるところがすくなかった台湾と朝鮮とが選ばれた。両地域における産米増殖計画がこれである。」もう少し追加すると、論文「磯永吉と台湾の蓬莱米」(東畑一九六八年一一月）で、「地主的農業利害は米騒動のために、そのお得意の農業哲学（著者追加—内地米作保護政策）をひっこめることとなった。ただ産米増殖計画を遂行したのは、地主的勢力に動かされていた政友会系の内閣ではなく、商工党ともいうべき憲政会系内閣であった」と記している。

小作調停法

戦前期、地主・小作関係を律する唯一の手段は、明治二八年に制定された民法であり、これは当時存した慣例を成文化する以上のものではなかった。この時代の民法に規定されていた土地所有権は、典型的な近代的土地所有権といえるものではなく、「土地所有権が耕作権を従属せしめ、地主は小作人を自己に従属せしめて」いる「地主的土地所有権」である。それは、「明治前期にみられたように、封建的慣習の一部を自らのうちに包摂せしめる」ものに過ぎなかった。小倉武一は、『土地立法の史的考察』(小倉一九五一年）でこう論じていた。

そして、地租改正以後の半世紀、地主と小作人の関係は契約自由という「レッセフェール」の思想で支配された。地租の重課、現金納付の必要、無制限に許された譲渡権、および契約自由の思想。これらすべてによって、多くの小農民は農地を売り払わざるをえなくなった。しかしながら、政府は、地主と小作人との私的な契約に介入すべきではない、と考えていたのである（小倉　一九五一年）。このような政策対応は、「個人的所有権の保護を主要な任務とする一九世紀的国家体制」下での行政の象徴的事例であったといえるのではなかろうか。

第一次大戦後、特に昭和恐慌期に、アメリカへの生糸輸出が急減し繭価格が暴落したことなどによって、各地で小作争議が多発するようになり、小作問題が最も重要な農政の課題となった。この時代、石黒と深い親交のあった那須皓が「公正なる小作料」を執筆して注目をあびていた(12)。那須は、「分配政策に於ては経済価値及び余剰効用が社会各階級間に如何に分配されるべきかを研究するものなるが故に労賃、地代、企業益、独占利益、並びに不生産階級の所得等の社会的意義を吟味し、その比率の公正化を図らねばならぬ」（那須　一九二五年）。ところが、土地の独占的性質からうまれた優越性の結果として現実の小作料は「資本主義経済組織下に於て自由競争の結果定められた」ものとしても、その額は余りにも高く、現実の小作関係は社会正義の理念に反している。さらに、公平な小作料が実現した後でも生活が苦しい原因は、小作料の存在にあるのではなく、「農業経営規模の過少又は経営組織の欠陥に基きて、農業労働の機会の僅少なること、或は一般的なる農業の薄利にあり」（那須　一九二八年）というように那須は認識していた。那須は「日本の小作農はイギリスのテナントではなく、英語ではアグリカルチュラル・ワーカーであるというべき」といったことをよく口にしていたという。「されば余は今後の専業農家は少なくとも二町歩以上、所によりては三、四町歩を耕作して、相当の収入を挙げ得るものと信ずる」（那須　一九二四年）と記している。さらに「経済的に独立せる中小自作農民の存在せざることは、地方自治の堅実なる発達に対しても不利を与へるであろう」（那須　一九三一年）とも書いている。

石黒忠篤は、明治四四年農政課長として「小作慣行調査」に関与した。その背景には柳田國男が明治四〇年におこなった講演「小作料米納の慣行」に石黒が大きく刺激されたこともあったようである（橋本他　一九六九年）。小作争議で小作人が要求していたのは、土地利用の安定的継続を保障し、かつ団体交渉の組合または協会を結成する小作法であったが、小作条件を規制するこの法は、地主が勢力をもっていた議会で審議未了になり、大正一三年小作調停法だけが成立した。そして調停をおこなう小作官、小作官補が設置された。

石黒は、基本的な小作法が存在しないのに、調停制度を立法しても、それを円滑に実施することは困難であると考えていたという。ところが、当時委員であった末弘厳太郎（東大助教授）から「近頃ヨーロッパでは、労働争議に対し、そういう実体規定を後回しにして、まず争議当事者間を調停して行くというやり方の法令が出されている例があり、そうしたものが集まって実体規定の内容を次第に形成していくという傾向が見える」といった発言があった（橋本他前掲書）。

小作調停法に関して、武田晴人（武田 二〇〇八年）は以下のように論じていることを記しておこう。「第一次世界大戦後の労働争議調停法とか小作調停法、借地借家人法などが、労働運動、農民運動などの社会問題の解決のために制定されたことである。これらの法律の特徴は、たとえば労働者の団結権とか団体交渉権など紛争当事者の権利を明確に規定した法律がないままに、紛争解決の手続きだけを定めたことであった。第一次大戦後から数年間の激しさを増した労働者や農民たちの組織的な運動が、政治的な要求ではなく、賃銀の値上げとか解雇の反対、小作料の引き下げとか土地取り上げへの反対のような経済的要求を掲げていた場合には、それらの要求はかなりの程度実現し、労働条件や小作条件の改善に役立ったことも事実であった。労働争議・小作争議などの紛争は、法的な手続きが整備されたことを背景に事実調停による解決の道を見出したからである。それは調停法という紛争解決の法的枠組みが、紛争を次第に沈静化していくことに効果を持ったことを意味した。」不幸にも成立しなかった小作立法の前段として成立した調停法のもちえた効果についての、末弘の発言の趣旨を補完する武田のこのような見解が語っているような効果があったことは否定できないであろう。つまり、いくら不充分であったにせよ、小作調停法はそれなりの威力を発揮したといえよう。

農商務省生え抜きの農務・農林官僚であった石黒忠篤は、一九三〇年初期に農林事務次官として、帝国農会に代表される地主中心の農業団体の反対を押し切って、貧農保護のための小作立法に奔走し、農林省の組織全体に農民博愛的な石黒イズムを注入し、「石黒農政」を展開した。前節でも触れておいたように、石黒は地主の土地所有権を明治憲法が規定している通り基本的に尊重していた。だが同時に、過剰人口に悩む当時の農村において、「地主的土地所有権」を改正して、地主と小作が対等に交渉できるような環境を作りだすべく努力を続けたのである。この辺の事情の一端を石黒は次のように書いている。「就中農林行政に関して特に然るのであって、如何なる政党が政権に就こうが、夫れとは殆んど没交渉に、行政自体は其の独自の建前を持って居る。否、日本農業に於ける其の歴史性を貫く基調こそ如何なる政党をも否応なしに夫れを納得せしめ、其の上に立つ政務のみを之を行うを得しめて居るのである。」（石黒一九三四年）

戦前期農林官僚の政策理念

「政治家らしい官僚」とも評された石黒に代表される戦前期の農政官僚の性格について、農業史専攻の岩本は、以下のように指摘している。彼等は、その自らの直接的な利害には左右されず、政策目的に従って合理的に行動するという点で近代官僚としての特性をもちつつも、同時に第二次大戦前の日本農村を覆っていた地主・小作問題を解決しなければならないという自発的情熱をも有していた。経済的・社会的に不利な位置にあった小作農民へのシンパシーが、彼らの政策立案の大きな推進力となっていた。小作農民の「護民官」たらんとする農政官僚のこうした意識は、しばしば「農林省的エートス」と呼ばれている（岩本）。

東畑四郎は、「戦前・戦後の農林官僚を解剖する」（東畑一九六八年一月）で、農林省入省時の想い出を語っている。「経済官僚の中で、優秀な者は大蔵官僚になり、残りがその他の官庁にいった。その中ではっきりと分かれるのが通産と農林だった。農林省は当時、小作争議が華やかで、ジャーナリズムを絶えず賑わせ、日本の大きな経済問題だった。アメリカの農業恐慌を起源に日本にも農業恐慌が起るという非常に不景気な時代だったから、農業問題はわれわれ学生時代から非常に魅力があった。当時、末広厳太郎という人がいて、彼が盛んに農業問題を論じ、学生にも農業問題が今日以上に魅力のあるテーマだった。したがって、同じ経済官僚でも、通産省にゆくのと農林省にゆくのでは非常に性格が違っていたのではないか。このため個人的にも尊敬し合わない仲が多かった。その中で農林官僚は、当時の農民の貧乏、地主制の下に苦難な生活をしている貧農の救済をするのは、自分らだ、という一つの使命感を強く持った者が比較的多く集まっていたといえると思う。」

「われわれに学生時代から、農業問題に興味を持たせると同時に、農林官僚が農民の代表だという意識を持たせた。農林官僚はいちばん左派的な考え方を持っていると自負していた。石黒忠篤は政治家との妥協を嫌って、独自の農林官僚イズムをつくった。」

「昭和恐慌期のころの農政には、ほかの社会が近代的な諸制度をどんどん採り入れて発展してゆく中で、農業は日本の資本主義発展の中では別の一つの体系をなしていて、だんだん遅れてゆくというあせりがあった。農林省はアメリカよりはヨーロッパ、特にドイツの諸制度を研究し、実情に合うように採り入れて、日本的にこなしてゆこうという時代で、不景気が恐慌的な状態になっているものだから、われわれ若い者はほとんど海外の諸制度の調査研究に専念した。」「地主制を何とか弱めてゆくのが、ほかの省とは違う独自の問題で、そこに農林省の官僚行政の魅力があり、また独自の抵抗の型ができたと思う。」

第二章　現代期の農政

農地改革

東畑精一は、戦後改革について以下のように指摘している。「占領政策はその具体策として、財閥の解体、労働組合の結成、農地改革を三つの大きな柱に打ち立てて、新生日本の経済の建設を図ったのである。これは破壊をともなった建設であり、創造的破壊となさるべきものであった。それは、「経済上の民主主義」の導入であった」（東畑一九六四年）。

昭和二〇（一九四五）年七月農商省「物納小作料ノ金納化ニ関スル件」（案）・「小作料統制令改正案」策定、一二月GHQ「農地改革に関する覚書」。一二月農地調整法改正（第一次農地改革）。昭和二一年一〇月生産者米価パリティ方式採用、一二月二一日農地調整法の第二次改正と自作農創設特別会計法といういわゆる第二次農地改革諸法令の公布。以下このような経過の背景を少しおさらいしておこう。

昭和二〇年一〇月に成立した幣原内閣で、松村謙三農林大臣の指示によって農林省は、広範な自作農創設のための政策立案を急ピッチですすめ、一一月末に国会に農地調整法改正案を提出した。この農地調整法とは、昭和一三（一九三八）年に制定されたものであり、自作農の創設制度の法律化、小作紛争の調停制度の強化策、そして耕作権の多少の強化策を法制化したものであった。この改正案には地主と小作人とが直接協議し、協議がととのわなかった場合には地方長官が譲渡を裁定するという「強制譲渡に代わる譲渡の裁定」という考え方が導入されていた。「地主の土地を小作人に一部解放させるのに、小作人と地主の間で協議させ、まとまらないときは知事が裁定を下す。その裁定で農地の所有権が移る。」ちなみに当時この立法にかかわった大和田啓気は「裁定という構想は、民法の権威、我妻栄先生のアイディアなんですよ」と語っている（「農地改革の裏舞台」寺山　一九七四年）。これがいわゆる第一次の農地改革案である。

ところが、この改革案を不徹底として批判した占領軍司令部から、昭和二〇（一九四五）年一二月の「農民解放の総司令部覚書」が日本政府に提出された。この覚書は、数世紀にわたる封建的圧制の下に日本農民を奴隷化してきた経済的くびき、つまり極端な零細農形態や小作人にきわめて不利な小作制度を打破する。このような農村の基本的な禍根が根絶されない間は、日本農民の解放は実現されないであろう。こう強調していた。

この覚書は、単に農地改革にとどまらず、創設された自作農の維持策として、農業金融制度の創設、農産物の価格安定策の確立、農業改良普及事業の開始、農業協同組合の育成などを指令していた。これらの論点を巡る占領軍との交渉を通じて、いわゆる第二次改革案が作成されていった。その結果、よりいっそう広範な自作農創設特別措置法が制定され、農地調整法の改正との二本立ての法律で、在村地主の土地保有制限は一ヘクタール（北海道は四ヘクタール）となり、土地の強制譲渡裁定ではなく、政府が地主から買いあげて耕作者に売り渡すというドラスティクな方針に変化していった。以上からも明らかなように、財閥解体などの戦後改革が占領軍の要請でおこなわれたのに対し、農地改革は日本側から主体的に着手された改革であったことは忘れてはならない。

農政課長として、第二次農地改革と農業協同組合制度の立案にあった小倉武一は「第二次農地改革の立案」（小倉一九六五年）で、以下のように語っている。[13]

「「農地改革に関する覚書」が日本政府に提示されたころは、それは第一次農地改革を推進するものとも考えられなくはなかったが、やがて第一次農地改革が司令部の意にみたないものであることを意味することが明らかになった。そして、第一次農地改革は、主として物納小作料の金納化の部分が実施されることになり、小作農の解放や農地委員会の改組の部分は実施が見合わせられることになった。」

「第二次農地改革が必要であることは明らかであったが、その内容についての司令部の意向も明らかではなかった。ただ、地主の保有面積をさらに制限すること、農地改革の実施を短期間でおこなうべきこと、政府が直接に解放農地の買い入れ、売り渡しをおこなうべきことが示唆されていた。」

「そのうち連合国の対日理事会が農地改革について審議を始め、英連邦案やソ連案などが明らかになるに及んで、司令部の意向を間接に知ることができるようになった。そして、山添局長の天然資源部との接触によって、英連邦案が参照されるべきものと判断された。そして英連邦案を参照して、第二次農地改革の要綱をつくったが、これがほぼそのまま司令部の了承を受け、閣議決定を終えた。」

「農地改革のような改革が可能であったのは、戦争直後の革命的雰囲気のもとに占領軍司令部の方針があり、しかもアメリカの政権が民主党にあって、司令部の要員にはニューディール派がいたことによるが、わが国における戦前からの農地制度改正の努力とその努力をしてきた官僚組織があったことを忘れてはならない。」

「農地改革を推進した官僚は、農地改革によって、農業を近代化させるための基盤とするという考え方であった。今日の言葉でいえば構造改革を意図したのである。むろん、農地改革は直接には零細耕作の構造についてはほとんどふれるところがなかった。農地改革が零細農耕の構造改革に及び得なかったのは、農地改革そのものを短期間で実施する必要上耕地の集団化に多くの努力をさくことができなかったことにもよるが、基本的には経営規模拡大への社会的経済的条件がまったく存しなかったことによるというべきであろう。すなわち、復員軍人や外地引揚者のほか国内失業者に対して雇用の機会を与え、あわせて食糧の増産を図ることが緊急の課題だったのである。」

小倉の前に農政課長であった東畑四郎は、次のように語っている。「アメリカが占領すれば、地主を使って占領政策をやるんじゃないかというのが、われわれの研究の結論なんですよ。農地改革どころの騒ぎじゃなくてね。地主制というものを温存して、その地主を使って日本の植民政策をやるであろうと。フィリピンを見たってそうですよね。だから、そういう政策をとるであろう。アメリカは農地政策はやらないだろうから、せめて従来の農地政策を一歩前進する条件をつくっておこうということです。たいへんな認識不足でしたがね。」(東畑　第一章　一九八〇年)。

また、農地改革法案の作成が短期間におこなわれたのかに関して、戦前小作官を務めたことのある田邊勝正は、次のようにその経過を語っている(「農地改革と農林官僚」寺山　一九七九年)。

「それは農政課には三〇年にわたる土地問題の歴史があって、それまでにいろいろと案をつくっている。一夜漬けのようにみえるが、実は石黒忠篤さん以来血のにじむ苦労の累積があったのです。机の中にしまってあるいろいろな改革案を加筆訂正すればよかった。」

「われわれの情勢判断では、アメリカがやってきたら地主制度をさらに強固なものにするだろう。そして資本家擁護の農業政策を断行して小作人を圧迫するに違いないと思った。ところがメモランダムをみると様子がだいぶ違う。」

農地改革に続いて、地主支配体制を解体して農村を民主化するという「覚書」に記された目的を、実現させるべくいくつかの重要立法がおこなわれた。その第一が、昭和二二年の農業協同組合法である。これは全体主義を基調とする権力的統制団体であった農業会を解体して、農民の自主的協同組合を確立しようとするものであった。しかし、「農業協同組合制度は、生産の全過程を共同化して、農業経営の規模を拡大するための適切な法制だったというわけにはいかないし、現在でも農協は農業経営の主体とはなりえないものであるものとされている」(小倉　一九六五年八月)。こう小倉は指摘していた。[14]

また、翌年の農業改良助長法によって普及事業は、従来の農会・畜産組合と農業会の技術員によっておこなわれてきた技術指導体制を解体し、中央政府の援助のもとに、府県の職員たる普及員が主体となって、科学的知識を農民に普及させることで農業生産の発展を図るとともに生活技術による農家生活の向上を期することとした。[15] さらに、土地改良事業については、昭和二四(一九四九)年に従来の耕地整理組合法にかわって、土地改良法が制定され、明治期以来の地主中心の土地改良から耕作者中心の土地改良に改めた。そして、土地改良のために必要な長期低利の農業金融については、昭和二六年に農林漁業金融通法が制定され、特別会計による政府資金の融通の道が開かれた。以上の諸改革はすべて、地主が中心となっていた旧来の「封建的農村」を、小農民主体による「民主的」農村を建設するためのものと、捉えられていたのである。

東畑四郎は、占領期の農政を次のように回顧している（東畑　一九六八年一月）。「終戦後、農林官僚はアメリカを利用して行政を進めていったので、いちばんやりやすい時代だったかもしれない。それ以前と違った点は民主化だとか、農業協同組合とか土地改良区とか、アメリカがやっている政策をそのまま移し替えた。昔の農林官僚はヨーロッパ的なものは研究していたが、アメリカ的なものについては研究していなかった。だから、アメリカ的なものの考え方に理解が足りず、なかなかスムーズには運ばなかった。農業協同組合法しかり、農業災害補償法しかりだ。」そして、「農林省の専門家がアメリカの言いなりにならず、日本的にこなしていた。日本の官僚のほうがアメリカの占領軍よりずっとすぐれていたから、むしろ向うのほうが相当トクをしたと思う」と、やや強烈に皮肉っている。

農業基本法

一九五〇年代にはいって、終戦直後の厳しかった食糧の需給事情が緩和し、米の管理制度も一応安定するようになった。その一方で、農業と非農業の間の生産性や所得の格差の是正が、大きな政治問題として登場してきた。つまり農政の基調も、国民に日々の生活に不可欠な食料供給という「食糧問題」への対応から、農業生産性向上や農業経営構造の改革といった「農業問題」への対応へと変わらざるをえなくなったのである。

昭和三五年五月、農林漁業基本問題調査会が「農業の基本問題と基本対策」を答申。これを受けて、国会での審議を経て、翌年六月に農業基本法が成立した。この基本法は、農政の具体的な政策の提示というよりは、政策の基本方針を述べた抽象的なものであった。だが、法律によって政策の基本方針を宣明したことは、その後農政の基本方針を定めた点で、重要な立法であったといえよう。

さて、この基本法の中核であった「自立経営」育成策を根拠づける政策理念とはどういうものであったのか。これについて、小倉は以下のように論じている（小倉　上　一九八七年）。

「一方において農業就業者の著しい減少があり、他方において勤労者との生活水準の均衡の必要が生じたことから農家の経営が問題となった。このときは、西ヨーロッパで用いられていたヴァイアブル・ファミリー・ファーム（自立経営農場）の概念を真似たものである。日本の自立経営農家の概念は「一正常な能率を発揮し、二社会的に妥当な生活水準の享受の可能な農業所得を稼得し、三近代的関係をもつ家族農業経営」と定義された。この定義は、「適正規模農家」のそれよりも粗雑であるが、顕著な相異は「社会的に妥当な生活を維持しうる農業所得」という点である。これは一般勤労者との生活水準ないし所得の均衡を含意している。生産性については明示的ではないが、労働集約的農法を前提にしていないことも相異点であろう。「近代的家族関係」に言及しているのは、労働力の主たる担い手は夫婦とあととり一人であることを意味している。」

「西欧の自立経営との相違は、西欧では所得の均衡は混合所得でもってするのではなく、要素所得の均衡（一般勤労者との比較では、自家労働＝不払労働に対する帰属所得）であろうことである。(16)」

ここで、農業基本法制定の舞台裏でどういう議論がされていたかを『農林水産省百年史下巻』（一九八一年）の回顧座談会の一端を記すことでみておこう。

「小倉武一　農産物価格を上げることで所得倍増になるといったことでは困るということ。この考え方に、役所のほうも思想統一がなされていたと思うのです。

東畑四郎　あとから考えると、ひとつの前提があるんだよ。その前提というのは、どうも農政の立場として農業人口が減るということに対して抵抗があったんじゃないか。農業人口というものを、なるべくもとのままに保っておきたいというような姿勢がいつでもいろいろな形で出て来る。だから構造改善といっても、自作農、それも小さい自作農になってしまう、それがどうもいつも前提というか、深層にはあったのじゃないかと思うのですね。

東畑精一　基本法という気運は、ＥＣの発展と結びついていると思うのですよ。それまでずっとアメリカの占領下に組み込まれていた日本が、占領が終わってからどうもアメリカ的なものにはなじめないということがあったときに、たまたまＥＣというものが発展していった。まずドイツに農業法ができたけれども、たまたまそのときこういうことをやっていた人たちが、小倉君にせよ、……みなフランス流なんだな、偶然にも、そこでドイツというよりはＥＣになっちゃった。というのは、あのときはフランスがＥＣをリードしていましたからね。

小倉武一　ドイツの農業法というのは、法律自体もそうですが、発想としてとくに参考とするにたりなかった。ところがフランスの農業基本法は多少日本の基本法に似て、中身がいろいろ書いてある。構造問題なりその他についてのアイデイアが豊富で、いろいろな試みをやってみようという気概が役人にもあるわけです。

東畑精一　これは僕の判断の誤りかもしれないけれど、基本法ができると国会で農業についての報告をしますね。それによって、他産業と農業との格差がますます開いていくことが国会の場で問題となる。そこではじめて本当の意味の農業保護といいますか、国民全体が農業をバックアップしてくれるようになるということから、やはり内容がなくたって、僕はやったほうがいいのじゃないかと思うといった。」

小倉は寺山義雄との対談「たして二で割る農業基本法」（寺山　一九七四年）では次のように語っていた。

「寺山　農基法は西ドイツの『農業法』とフランスの『農業の方向づけに関する法律』をたして二で割ったものだといわれた。そうなんですか？

小倉　両方とも参考にしたが、どちらかというとフランスのほうに近いかな。」

農地法の変遷

昭和二七（一九五二）年、農地改革事業直後の農地利用形態を規定した農地法が成立した。農地改革後の根幹をなしていた農地法は、①農地調整法 ②自作農創設特別措置法 ③自作農創設特別措置法及び農地調整法の適用を受けるべき土地の譲渡に関する政令の三本立てになっていた。そこで、これら三本立ての法制を一本化して新しく農地法を制定することになったのである。農地政策は、農地改革の成果を維持していくことを、政治的にも行政的にも確認しておく必要があったからである。さらに、法案の国会審議では、農地改革が手を触れなかった経営規模問題が問題となったという。

その後の農地法関連の法制化は、昭和三六年農業協同組合合併助成法、次いで農業基本法、三七年農地法・農業協同組合法改正、三八年農地法改正、そして四五年農地法改正・農業協同組合法改正、それを受けて農地保有合理化促進事業創設と続いた。

二七（一九五二）年の農地法成立以降のこれら法制化について、東畑四郎、小倉武一両氏は次のように語っている。まず小倉の「農地法制定三〇周年に寄せて」（小倉一九八二年七月一六日）を紹介しておこう。「農地改革は、農業発展のために広く農民に土地についての機会を均等に保証するという趣旨のもので、いわば農民を同じスタート・ラインに着かせるものだったとも考えられるのです。(17)こういう考え方は、農地改革の成果を恒久化するということとは違うはずです。農地改革の直後から農地についての所有権をできるだけ制約のないものとする方向がとられてきましたが、三四、三五年ころから始まった農業構造問題からする農地法への接近がその方向を強化することになったように思われます。農地保有合理化法人の機構もその一つです。農地についても市場機能をできるだけ発揮させようとした方向は、妥当なものであったかどうかそれが問題です。」

「このような方向に対して昭和四四年の「農業振興地域の整備に関する法律」（農振法）とくに昭和五〇年の農振法の改正が新しい要素を農地法制に加えることになりました。それは土地利用の規制、特定の場合における利用権の設定などにあらわれています。このような農地法制定後の経過をみると、市場メカニズムに妥協して農地ないし農用地の所有の私的性格を強化する方向と、そのなかに私的性格というよりは、むしろ社会的性格の萌芽ともいうべきものが識別できるのです。」

そして、「農地法制定三〇周年の間にこの近代的土地所有の上に近代産業としての農業が開花したとはいいにくいのです。すくなくとも土地所有の私的性格と社会的性格の調和が必要になってきているように思えます。その萌芽が昨今の農地法制のなかに認められるのではないでしょうか。」

続けて東畑四郎の発言（東畑　第一章一九八〇年）を記しておこう。「なんといっても農地法の大きな改正は昭和四五年の改正です。従来の自作農主義から一歩進んで、生産性の高い大規模な農業経営が成立する条件を整えるための改正を考えた。第一は、農地等の権利移動の制限について、許可基準を改正して資産保有を目的とするものにきびしく、生産性の高い経営の農地取得をやりやすくした。農業協同組合の経営受託を認めた。しかし、農地の賃貸、転貸は認めていない。農協みずからの農業のみを認めるという点に、ある面では農協の土地管理に対する不信が現れている。その反面に農業委員会に移動の許可基準を大幅に委譲している。また財団法人、社団法人、市町村、農協に農地保有合理化促進事業の実施を認めた。」

「第二に、農業生産法人の要件を改正して、専業農家を中核とし、兼業も含める協業的集団的生産組織の育成を図った。第三に、十年以上の定期賃貸借の更新拒絶は許可がいらないこととしたり、小作料の最高額の統制を廃止して、農業委員会が標準小作料を定めることにした。第四に、草地利用権の強制設定を認めた。この農地法改正によって農地保有合理化促進事業をおこなうために農地保有合理化法人が主要な県と中央にできた。」

東畑四郎の対談相手であった松浦滝雄は、東畑のこの発言を以下のように解読している。東畑は、農地管理利用組合という属地集団を村ごとに設立し、農地流動化政策の受け皿とすることを提唱した。しかしこの構想は、農民の土地所有権に、農民みずからの合意により統制をおこなうという点で、立法上きわめて困難であることがわかった。結局農振法による土地利用増進事業から地域農政の展開という現在の形に落ち着いた。そして東畑四郎の発想は、自作農の個人主義から「村のものは村で利用せよ」というひとつの古く新しい農村の在り方の模索にまで発展していくことになった(18)。

米価政策の変遷

占領時代から政治的独立と経済的自立への準備に伴って、「統制経済から自由経済へ」が農政の基調となり、食糧に関する多くの統制が廃止されていった。米の統制も廃止が検討されたが、朝鮮戦争の勃発によって、占領軍から米統制の廃止は拒否されたのである。そして、米価決定に関しては、戦後昭和二四(一九四九)年に米価審議会が設置されたが、非公式のものであった。一九五一年に審議会が法制化され、経済安定本部物価庁が所管。翌昭和二七(一九五二)年に農林省食糧局所管となった。

終戦直後には、食糧緊急措置法の下で政府が食糧調達に関して大きな力をもたざるをえなかった。そして昭和二一年産米からパリティ方式による米価決定がはじめられた。その際、政府買入価格の決定が難航し、結局GHQ総司令部からパリティ計算に基づく一五〇キロ当り五五〇円が提示され決着がついた。だが、パリティ価格決定で使われる諸物価を、過去の基準年次で指数算出の秤量をするラスパイレス式と、現在時を基準とするパーシュ式の何れを採用するかで、論争があった。そして、いずれの方式も戦後の混乱期の激変要素を公平に取り入れていないとして二二年産米からは、両要素の幾何平均をするフィッシャー式が採用されることになった。

どのような経過でフィッシャー方式が採用されたかの事情について、当事者であった松岡亮は次のようにその舞台裏を明かしている（松岡「アメリカ生まれのパリティ方式」寺山　一九七九年）。「米価に初めてパリティ方式を取り入れたのは、二一年三月だが、その年は新円切り替え、新物価体系の実施と占領下の経済政策が大転換した年です。当時は暫定的に採用し、本格的な採用は二二年度産米からです。当時、経済安定本部長官兼物価庁長官が和田博雄で（中略）生計費課長が大川一司、調査課長が下村治（中略）」であった。そのなかで、実際に大きな役割を果たした若き人物の名前を挙げ、「押川忠夫氏は、京大農経出身でよくやりました。統計学者の森田優三先生の本を探しだしてきて、日本の実情に合うフィッシャー方式を編みだした」と。決して占領司令部からの押し付けではなく、日本側からの積極的働きかけがあったのである。このことも忘れてはならないであろう。

昭和二七年に農業協同組合の第一回全国大会が開かれた。そして、麦類統制撤廃、所得パリティ方式の採用、そして二重米価原則を主要内容とするように、食糧管理法の改正がおこなわれた。そして、このパリティ方式での米価決定に際して農家と都市家計との所得格差是正がとり入れられることになった。この法改正が、それ以降の食糧管理法下での生産者米価引き上げという戦後保護農政の出発点となった。その後生産者米価決定方式は、昭和三五年にパリティ方式から生産費・所得補償方式へと切り替えられたが、これによってもっと明瞭に農家の所得補償が米価決定の基準とされることになったわけである。とくに、自家労働の自己評価に際して非農家での賃金水準が参照されたために、高度成長下の六〇年以降米価は毎年引き上げられることになった。これがまさに戦後日本農政の最大の特徴ともなり、また最大の問題点ともなったわけである。

米価審議会について、小倉は次のように記している（小倉　第一四巻　一九八二年）。「米審は、占領政策の時代は、占領軍に対する意思表示の機関たる役割を果たし、占領政策が終わってから三二年ころまでは、多少とも米価を決定するための交渉の場でもあった。ところが　三三年には、与党が米価決定の実力を握ったのである。極端ないい方をすると、具体的価格決定に米価審議会が参加する余地は残されないようになった。」

さてここで、米価決定を巡る政策の変遷についての東畑四郎の説明をみておこう（東畑四郎　第三章　一九八〇年）。

「米の統制撤廃問題は一大政治問題となっていた。麦類は国家貿易にしてGATTをのがれようとした。国家貿易ならGATTにふれてないわけですから、麦類の輸入は国家が全部管理することにした。生産者の価格は「再生産を旨とすべし」、それから消費者価格には「消費者家計の安定を旨とすべし」という宣言規定。要するに生産者価格と消費者価格とが全然違う哲学で決めるから、結果は二重価格制というものになるんですね。同時に米価も同じようにせにゃいかんじゃないかということになりまして、米価の規定も同時にそのように修正したわけです。」

「生産費及び所得補填方式は、二六年以来、毎年農業団体から要求が出され、さまざまな見当が加えられていた。基本的な考え方は、生産に必要な肥料、農薬などの資材費や機械の償却費、家族労働費、地代、資本利子などの生産費を分子とし、基準とする反収を分母として割り出す方式だが、生産費内部の諸要素の評価、限界生産費の線引き、需給動向の反映などをめぐって意見がなかなか一致しなかった。」[19]

「初めは生産費及び所得補償方式をとるにしても、需給事情を反映しなきゃいかんというので、生産費及び所得方式に需給事情を考慮して定める調整係数を乗じて求める額を算定する、いわゆるラムダー方式を馬場啓之助委員がつくりだした。」

昭和三四年度に、東畑自らが提案した生産者米価決定方式が米価審議会で承認された。それは、分子には平均生産費をとるが、分母の反収は主として土地条件が収量を左右する農業の特性からみて、米販売農家の反収分布表から統計的処理で産出される標準偏差を平均反収から差し引いて求める反収マイナス・ワンシグマとする方式である。この方式によって、米価は適正限界農家の生産費及び所得を補填することになるという趣旨であった、翌三五年産米米価から採用された。このマイナス・ワンシグマ方式による限界反収の計算は四二年度の大豊作まで続いた。

さらに当時の米政策の動きを少しだが、追加しておく。四一年米価審議会、生産者米価答申断念。翌四二年未答申。四三年米の作付け転換。四四年新規開田抑制、自主流通米制度の発足。四五年米生産調整対策実施要項通達。四六年米政府買入についての予約限度制。[20]

米の作付制限を実施せざるをえない状況のなかで、昭和四三（一九六八）年の審議会では、適正限界反収を引上げることを決定した。その後米の需給緩和基調が続いているため、平均生産費、平均反収を基礎にした方式に四五年から改められた。しかし五三年米の豊作の結果、自主流通米に三四万トンの余り米が発生して、値引き販売を余儀なくされ、米の過剰圧力によって、食管制度の在り方そのものが問題として問われるようになったのである。

この辺の事情を東畑は以下のように語っている（東畑第三章　一九八〇年）。「米作所得の維持と産米の確保を目的とした米価政策は、よく成果を挙げたのであるが、その成果としてまた過剰生産を招き、今後も招く恐れが多分にある、という事態になっている。（著者追加―一九六〇年代後期の）過剰米をどうやら解決したところが、二〇〇万トン備蓄しなければいかんというか長期な食糧の不足がまた盛んにいいだされたわけです。アメリカが大豆かなんかを輸出ストップして……。これで日本ではそれみろと国内派がこれを大いに宣伝利用して、国内で食糧増産をやらなきゃいかんということにまたなった。」

「そこへもう一つ悪いことは、備蓄二〇〇万トンが必要だということを決めたでしょう。これでは二〇〇万トンを毎年更新しなきゃいかんですからね。一般の需要以外に二〇〇万トンという古米を持たなきゃいかん。こういう考えが米の過剰にまたまた拍車をかけた。それがまたまた裏目にでた。つまり、自主流通米制度でやっと難をかわした米の需給と価格問題が再び米の過剰処理に苦闘することになった。」「政治的にいろんな名目で価格を決めることが、米穀の需給のバランスをいかにこわすかをまざまざとあらわしている。まあ、率直にいえば生産者米価を需給の実勢にどう適合させるかということで、いわゆる市場メカニズムをどう反映させるかです。これには、生産抑制だけじゃなくて、価格政策で問題を考えなおすほかないと想います。直接統制下でありながら、本格的に価格問題、流通問題を取り上げることが必要でしょう。」

東畑が、米価政策のあり方については、もう思い切った発想の転換を取入れる以外にないと考えていたことは明らかであろう。「いわゆる市場メカニズムを反映させる」という発言は、食管の法改正まで含んだ抜本的建て直しを提言していたのである。[21]

戦後農業政策の二面性

中村隆英は、『日本経済』で戦後期の農業政策の基本的問題点を「農業政策の二面制」と性格づけて次のように指摘していた（中村　一九九三年）。「一方においては経済合理性の考え方を農業にも採用して、価格機構の上で有利な分野を拡大し、また生産性の向上を図っていこうという考え方をとりいれつつ、他方政策的に農業と非農業との所得格差を是正するためには、農産物価格の「安定」を図るとのべて、直接的保護の姿勢を示していたのである。それは従来の農政の方向を転換しようとする一面と、継承しようとする他の一面とを併せもっていたということができる。いわば農業と農村とを現状に近く維持しようとする政策的背景の中で、現実の農業と農村とは、経済的環境の変化に敏感に対応しつつ、足早に変貌を遂げていった。」

「農産物の市場解法と食料の安全保障の矛盾を、国際化の波のなかで見直すべきときがきている。その際、考え直すべきことは一部の企業としての実態をもつ専業農家と、非農業重点の兼業農家との複合体を均質的な「農業」とみるフィクション自体ではないだろう。」

中村のいう「二面性」とは、農業政策をひとつの政策体系として捉えるとき、農業基本法と食糧管理法、農地法、農協法といった農業政策の核となる個別的仕組みとは、非整合的ないし非両立的関係にあったことを指摘したものであった。そして、戦後期からほぼ現在まで農政には、この二面性が常に付きまとっていたのである。

第三章　農政思想の変遷

農商務省設立前後――前田正名

既に紹介しておいたように、農商務省が設立された時点で、松方正義による「松方デフレ」と呼ばれるようになった緊縮財政政策によって、殖産興業政策は抜本的な変革を迫られた。農商務省が設立されて数年後の明治一七（一八八四）年に、当時農商務大書記官であった前田正名が編纂した『興業意見』が公刊された。前田は、フランス留学後内務省御用掛を経て、明治一四年に大蔵省・農商務省大書記官に就任していた。

この「意見」に盛られた殖産興業路線の特色は、何よりも農業を始めとする在来地場産業を最重要視する立場であった。「地方の農商工の優先的近代化」といった表現に体現されている、在来産業の振興を通じて富国に導くという政策路線の提唱であった。これは当時の政府主流の路線の考え方とは大きくくい違っていた。明治前期の殖産興業政策の基調は、大久保時代から近代機械産業をはじめ西欧の先進近代産業の移植・育成に主眼がおかれていた。『興業意見』は、このような在来産業よりも外来産業の移植に重点を置く殖産興業政策路線に対するアンチテーゼであった。

「意見」に盛られていた「興業銀行」の構想は、在来の地場産業を中心に殖産興業と輸出振興を図るものとして提案されていた。単なる土地抵当銀行ではなく、生糸・茶など在来産業路線に立つ重点部門に対し生産過程に直接介入する強力な政策金融をおこなおうとするものであった。これに対して大蔵省案は、土地抵当銀行たる中央銀行案で、その機能は必ずしも在来産業を除外するわけではないが、外来移植の大工業を重視する立場の構想であった。

このように、農商務省設立当初から省内には殖産興業政策を巡る路線の対立が存在していたのである。それは、端的にいって、松方正義の移植工業重視と前田の地方在来産業の振興との対立であった。そしてこの対立は、明治一八年前田が農商務省を去ることで一応決着することになった（祖田　一九七三年）。[22]しかし、小倉も指摘しているように、『興業意見』が明治前期における産業政策・施策の指針となったことは疑いないであろう（小倉　上　一九八七年）。

柳田國男の中農養成策と農産物市場論

一九世紀も末になると、農商務省は地方の在来産業の振興を改めて重視するようになった。その典型が、産業組合の政策的育成であった。ところで柳田國男は、明治三三年七月に農商務省に入省、農務局農政課に配属され、明治三五年二月に参事官として法制局に移動した。入省時のことを、「農商務省には、私の大学にいたころまで、高等官は一人もいず、局長の下はみな技師で、一人の事務官もいなかった。そこへちょうど産業組合とか農会法という農業関係の法律が一時にたくさん出たため、岡野敬次郎さんの口利きで、われわれ法学士が四、五人も同省に入った」と『故郷七〇年』（柳田　二〇一〇年）で語っている。

そもそも柳田の大学卒業論文は「三倉沿革」と題され義倉・社倉・常平倉の歴史やその機能を論じた作品であった（藤井　第一章　二〇〇八年）。この三倉のなかで社倉は協同組合的性格が強く、農民が任意に米穀をだし合って村で貯蔵し自治的に管理していたことを指摘しているという。また、こういう論文を書いていたからであろうか、農商務省で最初に担当した仕事は産業組合法の制定であった。

農商務省にはわずか一年半だけ勤務しただけであったが、その後もいくつかの農業関連団体に関わりを持ち続け、日本農業や農政に関する出版物を公刊し、農政官僚たちに多大の影響を与えた。[23]

中農養成策

柳田の農政論の骨格を、当時の農政批判のかたちでより鮮明かつ鋭角的に提示しているのが一九〇四年執筆の「中農養成策」という短い論考である。「吾人は必ずしも有力なる農業保護説の天下に呼号せらるるを欲するものにあらず。（中略）わが国農地の面積の狭小にして農家の数のはなはだ多きことは、一朝一夕の現象にはあらず。（中略）予はわが国農戸の全部をして少くも二町以上の田畑を持たしめたしと考う。」「農戸の減少は必ずしも悲しむべきことにあらず、耕地の面積が非常なる制限を被ふれるわが国のごときにありては、悲しむべきはむしろその増加なり。」「労働の分賦を調摂することは資本の分賦を計るとともに国の経済政策の主眼なり。今の日本にては工業は資本やや豊かなれども労働は欠乏せり。ある種の製造にして少しく繁栄を告ぐればたちまち労賃の騰貴を愁う、これその一証なり。これに反して農事にありては資本大いに足らずして労働過剰あり。自由貿易派の説に従いてこれを自然に放任するも労働者は転移すべく、もしこれに対して国の行為を立ち入らしむとせば、むしろ適度の転移を慫慂すべき時なり。語を換えて言わばこれ機運なり。予は何がゆえに世の識者なる者がこの機運の淵源するところを察せざりしかを怪しむ。あるいははた察していまだこれを説かざりしか。」

こう書き出した後に、なんと「農企業の独立」といった現代風の表現まで用いて柳田は次のような「中農」養成のために必要と考えられる政策案を提示していたのである。

（以下要約）

「一　土地の分合交換を盛んならしむること

国家干渉の根拠はすでに存するにあらずや。ことに（著者追加―土地価格の）評価に関する私益の牴触のごとき、これを救済すべき公平なる判断者は公の機関を措きて他にあることなし。

二　土地の分割自由を制限すべきこと

土地はまた売買の目的をもって生産せられたるものにはあらずして、むしろ所有者の使用に供するをもってその本来の性質とす。

(1)　村の機関をして土地売買の媒介、評価等の労を執らしむるか

(2)　耕地整理組合を永続的の法人となし（著者追加―当時耕地整理組合は一時的な組織であった）将来組合員が不必要を感じたる耕地は、公平なる計算によりてこれを組合内に分賦するの契約を結ばしむるか、または

(3)　産業組合法により、購買生産（使用）組合を設立し、

必要なる資金を準備して、売らんとする近傍の土地を購入してあるいはこれを売り渡しあるいはこれを貸し付くるの方法を採る等、なるべく直接の利用者をしてこれを取得するを得せしむべきなり。

三　土地兼併の傾向に注意すべきこと

村の耕地は村に属すという旧時代の思想を復活し、村民の共同団結をもってなるべく他村他郡県の人の手に所有を移さざるの手段を講ずるを要す。

四　模範農場を設くること

五　地方工業を奨励すること

特別の状況ある二三の地方は除き、全国を通算するときは、農地面積に比して労働の供給の過剰あることは、すでに読者の首肯を得たりと信ず。家畜労役の普及せざる、新機械の採用せられること少なき、いわゆる金肥の十分に売れざるはともにこれに原因する現象にして、必ずしも資本の欠乏のためのみにあらず、多くして従って低廉なる人の労働が常にその代りを務むればなり。かくのごときは社会のために決して幸福なる傾向にあらず。一方には一年五〇万の人口増殖を認めながら、これを自然に放任するは不親切も極まれり。しこうして余が希望にして行われ、中農場の数次第に増加するに至らば、さらにまた多数の農労働者を不用ならしむべし。何となれば小農自身の労働の価賤しきに反して、被雇者の労賃は普通労働市場の相場に左右さるべければ、中農農場においてはなるべくこれを省略するの手段を力むべきをもってなり。今中農養成策にしてその予期の効を奏し、日本農民の中堅は鞏固となりたりとも、一方にこれら下級の労働者の幸福を増進するあたわずば、いまだ万全の謀というべからず。（中略）かくのごとくして早くも幸福なる小工業の存立を絶望せんとするは、深く思わざるの論なり。

六　産業組合制の活用せらるること

小農の資力に乏しくただちに農場の組織を改めて中農となるあたわざるものは、組合共同によりて少くも中農の利益の一部を収むることを得せしむべし。」そして、「ことに農をもって安全にしてかつ快活なる一職業となすことは、目下の急務にしてさらに帝国の基礎を鞏固にするの道なり。「日本は農国なり」という語をして農業の繁栄する国と言う意味ならしめよ。困窮する過小農の充満する国という意味ならしむるなかれ。ただかくのごときのみ」という文章で締めくくられている。

柳田農政論の中核は「真実の生産性を荷っているもの」を育成することにあった。農業における企業経営の育成である「農企業の独立」、そのための信用・金融制度の改革、つまり「対人信用による、生産的用途への資金融資」という仕組みの構築、さらに小作料の物納を排した金納化のすすめ、これらが柳田農政論の柱であった。いずれも、当時の日本農村経済の市場経済化を避け難い趨勢と認識していたことがその背景にあった。また当時の政府の増産一本やりの農政にも大層批判的であった。東畑精一は、柳田の農政論が当時の農政界では「孤独なる荒野の叫び」であった(東畑　一九六一年一月)といっている。そして、柳田について、経済学なる専門分野がまだ成立してなかった当時の日本で「彼のような人材がどうして生まれてきたかは、日本の経済思想史上の一つの奇跡であるともなし得よう」とまでいわしめている(東畑　一九八三年)。

そして農業基本法の制定で中心的役割を果たした小倉武一は、基本法制定から後になって「中農養成策を論じた最初の学級は柳田國男であった。(中略)農業基本法に規定している「自立経営」に類似する考えが、その半世紀以上も前に彼によって論じられているのである。われわれ(農林業基本問題調査会)は、唯、柳田の「中農養成策」をモデルにすればよかったのであるが、慚愧なことにも、われわれはその存在を全く知らなかったのである」(小倉　上　一九八七年)と記しているのである。

ここで、「中農養成策」より二五年たった時点での著作『都市と農村』(一九二九年)の一端を紹介しておこう。まず、第七章「小作問題の前途」において、地租改正によって小農の分裂がはじまり、小作人に転落する農民が多数生まれてきた。「耕作権というからには耕作するために存する権利、耕作をやめると消えてしまう権利でなければならぬ。」にもかかわらず「今日では他の一方に、土地の得がたく貴重のものであり、そのいわゆる独占的価値のできるだけ高からんことを、希望している者が相応に多いのである。」

続けて第八章「指導せられざる組合心では、「土地の公共管理」と題して、以下のような現在にも決定的に重要な含意をもつ議論を示していたのである。

「不幸にして農村の古老たちは、何ゆえに古制を守らねばならないかの、理由を説明する途を知らなかった。(中略)知らずに致してしまったものの後始末としては、現在の組合運動などは意外にも取掛りが早かった。今ならばまだ決して間に会わぬというほどに、手遅れにはなってはいないのである。多くの生産過程の共同処理法には、かえって技術の新しい時代に適したものが見出される。今度はできるならば最初から、事業の意義を組合員に理解させて、代りも見つけずに今まであったものを棄てぬばかりでなく、少しは保存以上の前進を計画させなければならぬ。それには必ずしも面倒なる訓練を要するわけでもない。単に今日のごとき小さ過ぎる農民が、このまま盛えて行くわけがないということを、一様に自覚させることが肝要である。」

「土地の公共管理は日本の農村においては、必ずしもあり得べからざる夢想ではない。」

「いわゆる不在地主の持地に対しては、事実上村民がその先買権を行い得た。田畠を他村の者に渡すまいと決心すれば、協力によってこれを取り戻すことも困難ではなかった。自作農の創設維持は、国ではむつかしいが村ならば若干の忍耐を持って、これを実現することもできるかと思う。ただ地主の不労所得を非難しつつ、耕作権の利益の外部に持ち去らるることを省みず、農民の独立を期すと称して、その実農場の無限に細分され、いらずらにいわゆる土地の足枷を引きずって、町と村との中間にさまよう者を多からしむるようでは、いつになってもそれがまだ問題の解決にはならぬだけである。」

農産物市場論

次いで、米市場のあり方について柳田國男『農業政策』（柳田　刊行年不明）「第四章　農業ト市場」での次のような鋭い指摘を紹介しておきたい。「取引所ノ制度。現在農産物ノ穀物取引所ハ其ノ数五〇ニ近ケレドモ（中略）取引所ノ利益トシテ一般ニ認メラルルモノ三アリ。其ノ一ハ物産ノ市場ヲ発達セシムルコトナリ。世間ニ現ワレザル生産者ヲ紹介シテ之ガ需要ノミアリテ之ヲ充スノ方法ヲ知ラザル消費者ニ接近セシムルコト、即チ是ナリ。（中略）第二ノ利益ハ物価ノ動揺ヲ能ウ限リ小ナラシムルトイウ点ナリ。取引所ノ取引ハ常ニ甚ダ公明ナリ。其ノ市価決定ノ手続ニハ些ノ隠密モナキ筈ナリ。而モ其ノ四周ヨリ各種ノ勢力ノ競イ進ミテ常ニ相牽制スルアリ。（中略）第三ノ利益トシテハ取引所ハ更ニ其ノ機能ヲ拡張シテ異時異処ノ市価ノ上ニモ其ノ均衡調和ノ力ヲ施サントスルコトナリ。所謂定期取引所即チ売買ノ予約、現存セザル物品ノ取引ハ主トシテ此ノ結果ヲ持チ来タスモノナリ。」このように柳田は、商品の取引制度が発揮しうる重要な市場機能を、実に過不足なく的確に指摘していたのである。

「我ガ国ノ農産物取引所ニ於テハ実際、以上ノ何レニモ属セザル者殆ト取引所ニ出入リスルコトノミヲ専門トセル一種ノ人民アリ。（中略）取引所ノ理想ハ前述ノ如ク相場ノ平準ヲ保チ其ノ動揺ヲ小ニスルニ在ルナレバ、差益取得ヲ以テ主タル目的トスル者ノ便トスル所ハ決シテ此ノ制度ニ期スル所ニ非ザルナリ。」取引制度という市場機構が「公益的」「中立的」に機能させるには、商人たちが自らの私的利益追求のために作りあげた取引所のもつ欠陥を修正するために政府が「介入」することも必要であることを示唆していたのである。

さらに、柳田は先に紹介した「小作料米納の慣行」で以下のように述べていることも付記しておこう。「地主は現在田地所在の村落を去り、しからざるも政治家などとなってしまって、まったく農業とは縁のなき人民となっておっても、その米穀のために販路を模索する手段の功妙なる点においては、小さき純農業者のはるかに及ばぬところがあります。もっとも地租や借金に遂われてよんどころなく米を売り放すものもないではないけれども、一般に地主は売上手で、よく新聞の相場などで見るごとく、米産地の大地主が売控えをしたがために中央市場の米価が引き締まることは稀（まれ）なる事実ではありません。すなわち地主は値比（ねごろ）を見計って貯蔵売却の二つに一つを決するのみならず、なお進んで市場の景気を制御するのであります。この相場たるや合百師（ごうひゃくし）が空手で勝負を決するのとは違って、片手に実物を持っての掛引でありますから、小なりといえども勢力であります。この点にかけては永年の練習によって地主は皆相応の技倆（ぎりょう）をもっております。ことに片足を商業界にも入れている地主は、ずいぶんこれによって烈しい遣繰（やりくり）をするようであります。その結果として、田舎の経済界ことに金融の上に著しい波動を与えるのであります。」

石黒忠篤の農政論

戦前期の代表的農政官僚石黒忠篤は、一九〇八年農商務省入所し、その後イギリスに留学。土地制度史を学ぶ。一九二〇年小作制度調査会を設置。一九二四年小作調停法成立。同一九二四年農務局長に。翌二五年農林省独立に伴い農林省農務局長に。ここで石黒は小作調停法に引き継いで取り組んだのが、「自作農創設」問題であった。石黒は、『農林行政』（石黒　前掲書）で日本農政の課題等について以下のように記述していた。

「元来我国の農業と商工業とは根本的に異なれる行き方を示すもので之を同一規範に似て律したり、同一政策の下に指導せんとするは錯誤と云わねばならない。殊に世界大戦後に於ける商工業の発展と其の頓挫とは明治年間に於けるよりも甚しく農業を損傷し、その犠牲に依って自己の途を開拓せる観がある。斯る場合に若しも農商工を総て所管する産業行政官庁として依然たる農商務省たらしめたならば、商工的勢力の下に稍もすれば農業者の正当なる利益は無視せられ、其の緊切なる要望も能く内閣へ反映せざるに至るは自明である。此の意味に於て商工業が農業と矛盾せざるが如き組織体制を採用するの期至るか、若しは農業自体が商工業の圧迫を感ぜざる程迄強力にならない限り、農林、商工両行政官庁の分立は、単に農業者の利益たるのみならず、実に既述の如く特異なる農業を国家の基礎とする我国民経済並に社会全体の順調な発展の為に必ずや寄与するものと筆者は確信する。」

さらに、「我国特殊の農業事情は我農業政策をして生産に依って国富の増進に寄与せんとする経済政策たると同時に、必ずや其の半面は社会政策たるものならしめて居る。」続けて農林省の補助金制度について「之は又国民経済の一部が世界経済の到達して居る段階より立後れて居り、其れを取戻す事が当該国家存立の為に必要である場合や、国民経済内部に於て各種産業部門間に著しき発達の不均衡があり、夫れを放置する事が全体の健全なる発展の妨げである場合に、夫々当該産業部門の立後れを追補し、均衡を図るところの財政的保護助長制度とも考うべきである。」「（著者追加―第一次）世界大戦後に於ける商工業の躍進が農業の発展速度を遥かに凌駕し、農村疲弊の社会問題を醸成せるに際しては、之に単に産業助長策たるに止らず実に社会政策的意義をも其の結果として併せ有するに至ったと言い得る。此の事は消極的補助金制度たる免税の特典に関しても同様に考えられる。最近問題にされ始めた産業組合の免税も、漠然ながら、商工業と農業との負担の均衡を図らんとする国家の社会政策的施設とも見られるのである。」

第二次大戦後一九五六年に公刊された『農政落葉籠』（岡書院刊）という対談集では、次のように発言している。「工業と農業との違いは、工業が物理、化学的原則に支配されるが、農業はそうした原則の外に、生物の生命にかかわる生物学的法則や、気候、風土、季節など天然現象によって支配されているところにある。その相違が農と工との発展テンポを開かせるのだから、そのギャップを埋めるのが農政である」。「農業と工業とは、がんらい発展のテンポが違う。足弱な農業を放っておいて、工業だけがさっさと進んで行くとなると、国の産業政策は不健全なものとなってしまう。これをどう調和するかが問題なのだ。」まさに石黒は、序章で論じておいた、後発国では、農業の生産性の伸び率がどうしても外来要素が大きな役割を果たす近代工業の生産性の伸び率に比べて、相対的に遅れることを的確に認識していたのである。

さらに、「小農組織の国では、協同組合その他農民団体による小農の心からの力の結集による協同組合組織の確立発展によるほかに、繁栄の道はない。このことは日本が七十年来経験してきたことである」。「資本主義は自由を原理としながら、人間を金融資本の奴隷と化し、大衆を弱肉強食の経済下に甚だ不自由の地位に陥れているし、共産主義は平等を原理としながら、人間をイデオロギーの奴隷と化し、大衆を甚だ不平等な独裁政治の桎梏下に呻吟せしめているのが、現前の事実である。両者の行き過ぎを是正して、個人の自由を尊重しつつ互いに協力して、人間性の豊かな社会を建設するのが、自主独立の農民に課せられた使命であるように思われる。」ここでは、産業組合の必要性を強調した柳田國男と全く同様の金融資本に主導される資本主義経済についての認識を、表現は違うが、石黒は抱いていたのである。

戦後農政官僚の農政思想
——東畑四郎と小倉武一

ペザンティズム農政

あえて言うまでもなかろうが、明治初期より昭和六〇年代に入った頃までの農政を通じて、農業の経営規模に関して、大農・中農・小農という三つのタイプの農民のうち、いずれを日本農業の担い手とするかに関して、論争が続いてきた。(25)

では、明治以降の農政は、この三つのなかで、どのタイプの農民を主たる対象として農政を展開してきたのでろうか。この点を明確にするために、東畑四郎の『昭和農政談』(東畑　第五章　一九八〇年)での回顧を振りかえっておこう。

「入省当時は、官僚国家ですから、農林省というか農林官僚が、農民のためになるあらゆる政策をやること自体が必要なんだ。なんといわれても農林官僚がまっさきに立って貧困な農民を救わなければいかんという時代でした。このような社会施策的な農政を展開するためにも、「農業は国の本である」ということをいわねばならなかったかもしれません。」「私なんかは、零細農耕制の上に日本農業の仕組みというものを考えていくんだ、政策を考えていくんだということで始終一貫しておった。戦後の高度成長が行われるまで、ほとんど零細農耕制という考え方をしてきました。それが世にいう農林官僚の「農本主義」だと私は思っています。日本は零細農耕制と農民保護政策が結合した、世界に例のない中進国的存在として発展してきたわけでしょう。」「外国でいうペザンティズムといいますか、零細農耕制とよくいわれる、そういう日本農業のシステム、これを農本主義というように思っていたわけです。」

別の論稿(東畑「日本の農政」一九六五年)では「農村、農業、農民をつねに同質一体として把握し、そのなかに異質、対立的なものがあっても、つねに隣保共助、和の精神によって組織化していた。これを支えたものは中央政府の補助金と地方政府の補完的補助金であり、これを実施したのが無数の農業集団であった」と記している。

東畑のいうペザンティズムという表現について、小倉は以下のように指摘している(小倉　上　一九八七年)「ペザンティズムという言葉は、アメリカの社会学者がフランスの農政思想の解説のために造ったもので、辞書にある言葉ではない。[26]ペザント（フランス語でペィザン）は、日本の農民に当たる。英語のファーマーとは語感がちがう。イギリスやアメリカでは近代の自国の農業経営者を決してペザントとはいわない。」

続けて以下のように書いている。「ペザンティズムは明らかに農民保護に結びつく。それがやがて農業保護論になるのである。農民保護は農業保護に直結する。そういう関係があったのだ。管見によると、ペザント（農民）という言葉でその国の農業者を指称するところでは、構造問題があるといってよさそうである。農業協同組合法や農業委員会等に関する法律には、法文の中に「農民」がでてくる。ところが農業基本法では、農民ではなく農業従業者であり、農業経営または家族農業経営という言葉も出て来る。これに対して、一般によく用いられる「農家」は法律用語として用いられるのは稀である。英国でのファミリー・ファームはよく「農家」と訳されるが、これは適訳ではない。」

昭和四〇年代に入るころから、東畑は、明治以降のペザンティズム農政は、大きな限界に直面しはじめたことを強調するようになっていた。「農本主義」と題した朝日新聞への投稿（一九六五年五月二〇日）で次のように書いているのである。

「農民をいつも〝全農民〟としてとらえ、農業、農村の「一体性」を基調とした農本主義的農業保護主義的思潮は、かってわが国農政を支配した農本主義の基調でもあった。個はいつも全体の中に埋没されてしまった。しかし、経済の高度成長がわが国の農村、農業、そして農民を大きく分解してしまった。さきに述べたカアチャン農業がいたるところで見られる現象になった反面、とても想像さえできなかったような高所得の企業的農業者も少数ではあるが生まれてきた。農業経営と工業経営との経済的距離が接近してしまったものすらできてきた。むつかしい言葉ではあるが、垂直的統合という翻訳語まで熟してきた。農民は消費財の生産者ではなく、加工業への原料材の生産者であるという契約農業も発展してきた。農村にも農家にも、意識や職業の異質の人間や家族が同居するようになった。農民、農業、農村の一体性は、高度経済成長のあらしの中で空中分解し、農本主義的思潮は神話になってしまった。」

「最近「自立経営の育成」といった西欧的考え方がわが国農政の基調として導入された。これは明らかに農民層の分解を意図し、離農を前提とする考え方である。しかし、これには「農民の首切り」といった政治的反論がおこる。そこで「自立経営の育成」と「協業経営の助長」といった二枚看板がかかげられ、いかにも全農民が農政の対象として平等に取扱われているという政治的配慮がくだされる。」「しかし、これは日本の農政独自の考え方ではないようだ。家族自作農を農業構造の中心としている先進諸国においても、農民を一体としてとらえ、その保護を主張する農本主義的思潮が政治的にはなお強く残っている。低開発国には重工業化を中心とする工業基本主義こそあれ、農本主義は成熟せず、逆に先進国には農民の一体化を基盤とする農本主義がなお政治的に根強く生きているのである。わが国のこれからの農業構造政策を支えるものは、はたしていかなる農民層を期待してよいのだろうか。」

農地の公的管理――東畑の柳田農政論再評価

東畑は、農地の公的管理について以下のように記している（東畑　第五章　一九八〇年）。「要するに太閤検地なんかでも所有権を与えられなかった。（中略）徳川封建制がそうでしょう。大名さんはみな石高をもっておるんで、土地をもらっているわけではないでしょう。ある意味においては土地国有だな。班田収受でも死ねば国有でしょう。ところが明治政府は地租改正で私的所有権を与えていった。これから、日本の農地問題の根本が変わってきて、そして農地改革によって自作農主義が完結した。これで所有権の移動による規模拡大が行われるであろう――雇用がどんどんふえていくんだから――という仕組みだったわけです。それが今、短期的にみますと、規模拡大は行われない。資産的土地所有が急増してしまった。将来それじゃ十年、二十年先に跡継ぎがなくなった場合に農地はどうなるのだろうということについて定説がない。前にもいった自作農をいつも同一視し、所有権を農業生産力を挙げる魔法の黄金のように考えていた思想が崩壊した。」

「公的管理といってもなかなかむずかしい概念です。要するに農用地はもっとも農業生産力の高い仕組みで利用しなきゃいけないという思想がどうしても前提となる。水田は野草がぼうぼうでもいい。土地は資産なんだ。どう利用しようと所有者の自由なんだということであれば、公的管理という思想も成立しない。そこで土地を必要とする農業をどうするかという日本農政の確立が必要となる。」「国内で農地は効率的利用しなければならないということが国の農政で確立することが公的管理の必要条件である。そして農用地を地域に即してもっとも効率的に利用することを国益と私益との中間項としての地域の公益として考えることです。」

さらに「土地と農政」という別稿（一九七七年三月）では、土地の公的管理を言い出したのが柳田國男であったことを指摘し、次のように続けている。「柳田先生は、本来であれば土地の所有権を、農業を本業としてゆく農家に与えるべきであるけれど、日本の土地の私的所有権というものを強制的にそういう者に与えるということは大変な問題である。したがって、土地の利用権——普通は賃借権——を公的に管理することの必要性を説かれたのです。ここで先生は、公的という概念を持ち出されたのでありまして、土地の利用権を公的に管理することが日本の農政において も夢想ではありえないという進歩的なことを言っておられるのです。土地所有権を取り上げることは日本の資本主義のもとではできないから、利用権というものを公的に管理して、その農家に利用させて独立をはからなければならない、ということを昭和四年（著者追加—『都市と農村』）に言われています。」

「外国における公という観念には、すべてにわたって公という思想があるのであります。したがって、土地というものについても、私有財産として持っているだけでなく、公的側面をもっています。政府が介入しなくても、民間ベースでも公という観念があるのです。そこに、イギリスなどで土地の適正利用というような問題が取り上げられる根拠があるのです。わが日本では、残念ながら公というのはお役所ということで、民間は私だということです。こういう公私の区分に対して、もう一つ何かを私的なものに結合して、そこに公的原理をどういうふうに導入するか、ということが日本の農政にとって非常に重大な問題です。(27)」

明治初期に確立した「土地所有権の絶対性」という憲法で定められた基本的社会基盤にこれから対応していくべきなのか。明治維新後一五〇年たった現在、農政だけでなく国土政策の根幹にかかわるこのような課題への対応を考えるとき、柳田の議論を継承した東畑のこのような土地・農地の公的管理論は、大きな示唆を与えてくれるものとなっていよう。

協同経営の構築——小倉の「異端」の農政論

小倉は、日本の零細小規模農業という構造を、国際比較の視点から次のように捉えている（小倉　中　一九八七年）。「日本は、政界の諸類型のなかで、先進市場経済に属する「農民的」＝「小農的」構造である。日本に似た小農制は、東南アジアに見出しても欧米には見出し難い。アメリカやオーストラリアは、農業構造そのものも市場経済機能による進展がみられるという、経済体制である。それは新しく開発された大陸という歴史的条件に恵まれた体制なのである。いわば市場経済に依存する経済学がそのまま妥当するところだともいえる。イギリスは旧開国であるが、西ドイツ、フランスとは異なって、近代において企業的構造になった珍しい例である。それはイギリスが世界の他の先進国の先駆になって、資本主義経済を確立し、それを農業にまで及ぼしたからである。」

以上のような国際比較を踏まえて、日本の農業構造改革に関して、次のように論じている。

「農地改革によって創設された自作農＝農民的土地所有者は、その土地を有効に耕作する責務をもった筈である。それは土地所有の権利は、利用の責務を伴うと表現してもよい。そのことが忘れ去られてはならない。」

「日本の近代における土地所有は地主的所有の確立とその農民的所有への改革と要約できる。そして、現代にはいって農民的所有から企業的所有への発展か、それとも農民的所有から社会的所有（保有）への転換かが選択の問題なのである。」

「農地改革の理念とした農業経営主体は、個別の家族（農家）、個別の農民的土地所有、自家労働中心の三位一体ともいうべきものであった。したがって、農作業の協同化や農業施設の共同利用が農業協同組合の事業として認められたのみで、農業協同組合が農業を営むことは原則として認められなかった。農地改革法も農業協同組合が農地を取得することを原則として認めなかった。」

「協同経営に関しては農協法が一九六二年に改正されて、農事組合法人が法制化され、同時に農地法が改正されて、この農事組合法人のほかその他の法人（株式会社を除く）が農地法の定める農業生産法人という制約のもとではあるが、農地の取得をなしうるようにしたのである。ここで始めて、農政の方針として農業生産を協同で行いうることが法律上許容されることになった。」

以上のような指摘をした後、小倉はこれからの日本農業がどうあるべきかに関して、「協同農場の建設」という、非常にユニークな提案をおこなっていたのである。「まず、土地とくに農用地の所有権が社会的性質をもっていることを確認する必要がある。農用地所有権の社会的性格を確認しつつ、農業危機克服の方途の一つの道として協同農場制を提唱したいと思う。この協同農場（農業生産協同組合）については、作目・地域に応じて三つのタイプを考えることができる。一つは家族同志的または仲間同志的小協同農場であり、一つは集落的中規模農場であり、一つは町村的大規模農場である。第一の同志農場は、崩壊する農家に代りうべきものであり、第二の集落農場は集落を基礎とするものであって、場合によっては、第三の町村農場の作業組ともなるべきものである。町村農場は主要作物とくに米作（とその裏作）について相当に規模の大きな協同農場の形成を目的とする。」

一九八〇年代には、日本の農村は、高度経済成長によって、企業的な専業農家と、非農業に依存する兼業農家が、混在する社会へと変質していた。東畑のいう均質の農民によって構成された農村というペザンティズム農政が想定していた農村は、ほぼ消滅していたのである。この事実を冷静に受け止め、いや農村の変貌があったからこそ、既に紹介した、「近代産業として農業を開花させるには、すくなくとも土地所有の私的性格と社会的性格の調和が必要となってきている」という認識を具体化させるために、小倉は、この提案を発表したのではなかろうか。筆者の推測は別にして、「個別農家を前提とし、その規模拡大という方向だけでは、日本農業は活き残れない。」国際比較を試みたことも踏まえて、こう確信していた小倉は、自らの見解を「異端」と表現していたのである（小倉　下　一九八七年）。

さらに、小倉が自らの農政論の基本は、以下のようなものであったと語っていた（小倉　一九七八年九月二六日）ことを付記しておこう。「農業ですが、これは市場原理を受け入れるものだということを否定するわけはまいりません。農業は一国だけをとってみても幾十万、数百万の経営単位から成り立つからです。しかし、市場原理のままに任せてよいと割り切っている国は、洋の東西、体制の東西を通じて、あまりないように思います。東西共通なのは、むしろ政府が大なり小なり市場に介入している点だと思うのです。」

最終章　現在の農政――旧くて新しい政策課題

現在日本農政が直面している問題は、東畑・小倉の時代とは大きく異なったものとなっていることは誰の眼にも明らかであろう。明治維新以降のキャッチ・アップ型成長の終焉と人口減少。「深く」グローバル化した日本経済。農業の比重の低下。さらに、耕作放棄に起因する農地の劣化に顕在化しているように、農地の市場経済的価値は激減している。しかしその一方で、農地・林地の国土保全のための重要性は減少してない。つまり、農地の私的価値と公的価値との乖離が増大している。まさに、農業の市場経済的価値と非市場的価値とのトレード・オフが極端に顕在化している。「市場メカニズムの活用によって農業経済の効率を高めることが、はたして社会厚生の他の要因にマイナスにならないかどうか、農業は市場経済の一部門ではあるが、農業政策について考察するに当たっては、この点に充分配慮しなければならない」（荏開津・鈴木　終章　二〇一五年）のである。

東畑は「農林官僚、今と昔」（寺山　一九七四年）で農政の時代的変質を以下のように語っている。「昔の農林行政は、今ほど複雑ではなかった。信じた方向をまっしぐらに突進すれば目的の大半は達成した。ただし、確信をもつまでの苦労は骨身を削る思いだった。今の農政は複雑な要因がからみ、苦労の仕方もまるで違う。困難性の点では、今のほうが大変だと思う。国内だけでなく、国際的な視野も必要で、農民も多面的で一筋ナワではいかない。農業経営も単純ではなく分化している。」

東畑のいうように、現在の農政に課されている課題は、多面的でかつ複雑であり、それへの政策対応は過去の時代と大きく変わってきていることは間違いない。しかしながら、日本農業は、明治期の農商務省ができたころと変わらぬ問題、旧くて新しい課題に改めて直面していることも間違いないのである。そこで以下、米政策と農地政策に限定して、この点をみておきたい。

米政策の再編

一九九四年「主要食糧の需給及び価格の安定に関する法律」(いわゆる「食糧法」)が制定され、一九九五年の施行とともに食糧管理法は廃止され、一九九九年には米価審議会も廃止された。そして、二〇一八年の今年、米の減反政策も廃止され、米直接支払も廃止される。

さて現在、米の流通市場で、製品差別化された「銘柄米」(産地・品種)間の競争が激化している。その背景には、道府県レベルでの稲育種試験場での新品種の開発競争がある。二〇〇四年産以降の生産調整政策において、都道府県別の生産数量目標配分に需要実績基準が導入されたこともあって、銘柄間競争が激しくなった。特に良食味米銘柄のブランド化においては、品質高位平準化の栽培指導と連動した品質を区分した集荷・出荷統制に加えて、生産者・圃場の登録制や生産面積の認可制を導入している。さらには、事業規模や連携体制に程度の差はあれ、県行政と系統農協等が連携した営業・広報活動を展開している。まさに大正後期から昭和初期に見られた、県営検査の国への普及による銘柄競争という「独占的競争」が、当時の生産地における移出米問屋と消費地問屋との取引を軸としていた流通の仕組みとは大きく異なっているが、再現しているのである。

しかし、これら銘柄米開発競争が、需要側の現状と大きく乖離している事態を軽視してはならない。この間米価が大幅に下がったにもかかわらず、コメ消費の減退傾向は続いている。米価を引き下げれば需要が拡大するとは単純にはいえないようである(青柳　二〇一七年)。

いうまでもないが、その背後には、米の流通の仕組み、つまり米取引の制度に大きな変化が起こっているわけだ。集荷・販売において、農協の集荷率は低下し続けている。卸売業者界において取扱数量一万トン未満の業者が五〇%近いという零細規模構造も変わっていない。その一方で、小売市場において、二〇〇四年の食糧法の改正による米流通の完全自由化、二〇〇六年の流通業務の許可制から届け出制へという二つの制度変化によって、米穀専門店から量販店へという劇的変化が起こっている（小池　二〇一七年）。

米価にかんしては、二〇〇五年産米まで、全国米穀取引・価格形成センターの入札価格（入札二割、相対が八割）、二〇〇六年産米からは全農の相対取引価格米市場における価格が、その時々の米の相場価格としてそれなりに機能してきた。しかし、全農の集荷力の低下、業者の急増、多様な取引ルートの発生、中抜きで競争の激化が進む現行の米市場において、多くの市場参加者は価格形成過程が不透明になったと考えているようである。

こういう状況のなかで、米の先物市場の再整備が政策課題として登場してきている。リスクヘッジ機能の他、公正な価格形成の場および資金運用手段としての機能をもつ先物市場を整備すれば、現物市場での価格形成過程が透明になるという考えであろう。

この議論の有効性を考えるに際して、二〇〇六年コメ先物の上場が不認可となった当時、総合食料局長であった岡島正明の次の発言は重要であろう。東京穀物商品取引所の「コメ研究会」報告書（荏開津委員長）に言及しながら「アメリカでは先物が機能しているのは、生産調整だけでなくプラス輸出補助金があるからです。つまり過剰になれば「外」つまり国外に出すことが制度化されている。だからこそワークするんです。日本の場合はというと、この過剰処理をどうするかが、結果的には制度化されていない。生産調整でも過剰処理ができるではないかという意見もあるが、生産調整はあくまで需給調整の手段の一つでしかない。特に米のような商品特性、在庫できてしまうという特性を持つ商品の場合、生産調整だけで過剰処理はできてこなかったし、であれば市場がワークしなくなるのも、歴史的にみて事実でしょう。当時の政府は生産調整を推進する立場にあった。そのさなか、過剰処理の制度もないそのさなかに先物取引を始めるのは、明らかに政策を歪めることになってしまう。極めて簡単なロジックながら、そのような結論に至らざるをえなかったというわけです。」そして「政府は、主要食糧については、「需給および価格の安定を図る」ことについて一定のコミットメントをするべきであると思っています。」

小倉も「明治以降の歴史を鑑みても、米穀法、米穀統制法、食糧管理法の数十年にわたる歴史をみても、米その他の主要食料を市場経済の原則に委せてよいという結論にはなるまい。供給不足にしろ供給過剰にしろ政府の市場介入を必要としたのである。」また「米の生産・流通に競争原理を導入するのも程度問題であって、その原理が最高（プライム）だとは、日本の近代食料政策史においても、西欧の現代食料政策においても証明されたことになっていない。米のようなものは自由市場が必ずしも合理化の基準とはなりにくいのである。」このように記している（小倉　下一九八七年）。

以上のように、農政に携わった農政官僚は、現物市場にしろ先物市場にしろ、米の市場を「公正」かつ「中立」に機能させるのは、何らかの政府の介入が必要なことを認識していたのである。政府の介入の必要性は、米穀検査事業に関して石黒が強調していた（「同業組合を通じた米穀市場の近代化」）。また柳田も、米取引所をそこへの参加者にとって透明かつ公平な仕組みとするためには、参加者を厳しく限定するなどの公的介入が必要であることを示唆していた（「柳田　農産物市場論」）ことも想いおこしておこう。(28)

農地法改正に経営規模拡大論の問題点

過去半世紀ほどの間に、米生産においてたしかに、経営規模が大きくなると「生産規模の経済性」によって平均生産費は低下している。このように数十年間も、異なった経営規模間で生産性格差の存在という「大規模借地農の成立条件」が存続してきたのにもかかわらず、現在にいたるまで農地流動化による経営規模拡大は進展していないのである。

国際競争に耐えうる米づくりには、経営規模の拡大が不可欠である。しかし、農地法に代表されるような規制政策が、農地流動化を阻害している。そのためにも、農地法等の規制を撤廃すべきである。こういった見解の代表ともいえる八田達夫・高田眞『日本の農林水産業』は、農地の集積を促すためには、集積を妨げている規制を抜本的に改革することが必須であるとして、次のように提案している。第一に、株式会社の参入を妨げている規制をなくすべきである。第二に、遠隔地の経営者がどこにどのような農地があるのかが分かるように、農地を不動産取引市場と同様のマーケットに載せられるようするべきである。そして第三に、小規模の農地を統合するには、現状のように全員合意を前提にすると、余りに取引コストが高く、統合がすすみにくい。このような場合、農地集積組合をつくり、土地の面積で四分の三の地主が賛成すれば、反対した人には市場価格で補償したうえで統合するという方策も考えられる。

この規制緩和論にかかわる問題点を指摘しておこう。高橋大輔「農地流動化と取引費用」は、農家間での土地利用の最適配分が、円滑な市場取引の成立を妨げる取引費用が存するために実現されていないではないかという仮説の妥当性を、県レベルの集計データによる計測を通して検討している。計測結果のポイントは以下の三つである。農業振興地に指定されている農用地の割合、基盤整備済み農地の割合が上昇すると流動化率が上昇する。また、田面積における転用地比率が上昇すると流動化率が下がる。最後に年に三回以上の寄り合いをおこなう集落の割合があがると流動化率が上がる。そして高橋は次のような結論を導いている。基盤整備事業への公投資を実施することや、農地転用規制の強化などの制度的構築をおこなうことなど、政府が取引費用を軽減するための制度を整備することが農地流動化に有効であろう。また、集落機能に取引費用を低減させる外部効果が存在するのであれば、集落活動に対する助成金が構造政策のひとつとして機能しうる。このような市場取引の統治機構を整備することこそが、市場メカニズムを通じた効率的な農地利用のためには必要なのである。

高橋のこの結論は、農地利用に関する規制撤廃は必ずしも農地利用の効率化に繋がるのではないこと、つまりそれは必要条件ではあっても十分条件ではないことを的確に論証してくれているはずである。神門善久（神門　二〇一一年九月）は、先に引用した八田らに代表される参入規制の完全自由化・規制緩和論を、「何の疑問も持つことなく、農業でも完全競争モデルが当てはまると思い込み、競争を阻害している規制さえ取り除けば農業が成長する」と考えている「経済学の罠」に陥っていると強く批判している。

ここで「中農養成策」での以下のような柳田の主張を想いだしておこう。「一筆一反歩以下の面積を有する田畑は、いっさいこれを分割することを禁止すべし。」さらに、「村の耕地は村に属すという旧時代の思想を復活し、村民の共同団結をもってなるべく他村他郡県の人の手の所有を移さざる手段を講ずるを要す。」つまり「村の土地は村で利用する」という我が国の歴史的伝統を守らなければならないと主張していた。さらに、昭和はじめの『日本農民史』「三農民とその境遇の変化」では、明治維新時の地租改正によって土地を私有財産として売買することが公的に認められたといっても、「土地には地味・地位その他一筆ごとに品質が相違し、見本取引ができぬ」以上、広域に散らばって居住している多数の人々が参加する土地市場などは成立し難いことを的確に指摘していた。

さらに、小倉が以下のように指摘していたこと（小倉下　一九八七年）も紹介しておこう。「農業用地については、その賃貸借等の契約の自由化によって自立経営に集積されるとする見通しには疑問がある。たとえば、自由な契約による農業用地の移動の場合にも移動は権利の移動であって、土地そのものが移動して集団化するわけではなく、その所在は分散のままである。それでは営農の効率が挙がらない。それには土地の用益権の集積それ自体は、土地保有者層のなかに土地保有規模の格差を拡大して、集落ないし近隣の人間関係に悪い影響を起こすおそれもある。まして、政策的にそういう方向を推進するのには抵抗を生じるであろう。土地の社会的性格を考慮に入れる場合にも個別の私的土地保有の拡大と、それによって他方の私的土地保有の縮小をもたらす根拠とはなりにくいに違いない。なお、小作料の完全な自由化にも問題がなくはない。」

いずれにせよ、土地利用型農業における個別経営の成長戦略を構想するに際して、産業としての農業の特性や水資源管理に関わっている農村社会のあり様を軽視することは許されない。水田農業再建の鍵とは、農地を集積する農家への効果的な支援や耕作放棄を食い止める組織的な営農の育成である。零細分散錯圃の農場の再編成のための新しい制度の構築や、農道・用排水路の維持のための集落組織の再編成もこれからの課題であろう。そしてこれらの課題は、政府の政策変更だけで対処しきれるものでない。残念ながら、これら日本農業の危機の根幹にある問題については、それらの解決にとって本当に有効で効果的と考えられる政策・戦略の体系はいまだ示されていないままなのである。(29)

明治以降の土地制度の根本的見直しを

東畑の農地の公的管理論、小倉の協同経営論。戦前から農林省に勤務し、戦後の農政においても主導権を発揮した二人の農政官僚が、ともに農地所有という私的権利には、その農用地を耕作する義務が課されていることを強調するようになっていた。この論点は、土地の私的所有権の絶対性という明治維新以降のわが国の土地制度の根幹にかかわり、憲法改正とも絡む問題である。明治維新時に「個人的所有権の保護を主要な任務とする一九世紀的国家体制」が確立されて一五〇年を迎えた今こそ、この問題を止面から検討すべきなのではなかろうか。

そこで、改めて、土地、農地がどういう主産要素であるのかを考えておこう。そのためにも、『農政学』（柳田 公刊年不明）に記された「国富の源泉」としての土地論を再読しておこう。「現今の経済組織においては各国ともに私有財産の制度を認め、国内における富の源泉（Resources of national wealth）はこれを各個人に分賦し、個人はおのおのその力に応じてこれを占有し、自由にこれによりて生産しその結果を享受することを得。」まさに近代資本主義経済の制度的基盤が、土地も含めた財産の私的所有制であることを的確に認識していた。だが同時に「私有制を行う国家は必ず権利の行使を安全ならしむると同時に、権利の行使によりて他人が損害を受けざることを期すべきものなり（「第一章　農政学の目的」）」として、私的所有権が絶対的なものではないことも的確に理解していたのである。

「ことに未来の国民の利害のごときはしばしば軽々に看過せらるるの傾あり。学理の推理に頼らず単に多数者の説に聴くときは、たといいかに熟慮したる計画なりとも、なおこの弊に陥りやすきなり。何となならば私有財産としての富の源泉は兼ねてまた国の富源なり。私有はこれを子々孫々に相続せしむるとしても、これをこの物と国家との関係に比ぶるときははるかに短期なり。」そして続けて「富源の種類によりては個人利用法の如何は豪も未来に影響を与えざるものあれど、また大なる痕跡を未来に遺すものあり」として、富源を四つに類別している。「第一、無尽蔵なる富源。第二、供給が有限にしてかつ再び恢復すべからざる富源。第三、恢復することを得れども私人の利用のみに一任するときは漸次衰頽するのおそれあるもの。そして第四、恢復し得るのみならず私人の活動のみによりて産額を発達せしめ得るもの。」さらに「以上四種類の中第一と第四（純然たる）とは個人の自由なる占有が煩を未来に残すことを患うるに及ばざれども、その他の物にありては今の利は後の害となり少数者の希望は一般の希望に反することと多し。」

さらに農地については「土地の肥養力のごときは、元来人の力をまちて始めてその効用を発揮し、一見この第四類に入るべきものなるがごときも、経営方法のよろしきを失するときには、たといこれが利用はいかに活発なりとも、後ようやくその価値を失うことあるを免れず、土地がすでに農業用として確定したる後には、あるいはその利用をまったく個人に委ね国家はただかたわらこれを監督矯正するをもって足れりとせんも、土地の用途がいまだ定まらずまたはその用途を自由に変更し得る場合においては、私人の判断に基づく利用が国家のためにあるいは危険なるものあること、さらに第三の富源と異なることなきなり。」その保全ないし持続性まで考慮に入れると、農地は、所有権をもつ私人の勝手な利用だけに任しておくと重大な問題が生じることを、このように強調していたわけである。

ところで、こういった柳田の農政論は、どういう学問研究から生まれたものであったのだろうか。『日本農民史』や『都市と農村』を一読すれば、それが日本の歴史研究であったことが容易に理解できよう。柳田の弟子といってよい折口信夫は、「先生の学問には、広い意味の歴史に対する情熱、狭く見ればやはり経済史学に帰する愛が土台となっています」と鋭く指摘していたのである。これまた既に紹介しておいたように、一世紀以上前に、柳田は、米の取引の仕組みを生産者である多数の農民にとって公平な制度にするためには、何らかの公的介入が必要なことを示唆していた。また柳田は、財産化だけを目的とするような者が主体となるような土地の売買市場には、公的機関の介入が必要であることを強調していた。これらの政策論は、決して現代風にいうと経済学のテキストに書かれている市場論を根拠としたようなものではなく、日本の経済史・農業史の研究を踏まえて、書かれたものであったことを忘れてはならない(30)。

農政思想をもとにして近現代史の再検討を

小倉武一は、『日本の農政』（小倉　一九六五年）で次のように農政と土地の問題を整理している。「農業は他の産業に比べると、より長い歴史を背負っている。そしてまた、それは他の産業にくらべて、より強く人間を土地に結びつけている。農業はいわば歴史の産業である。しかも、その歴史は単なる事実や過去ではなく、農家のうちに生きた営みを果たしており、その土地は単なる場所や位置ではなく、農業のうちに生きた営みを果たしている。それだけに農業は動きにくいし、動かしにくい産業である。この社会的諸力の一つとして、政府がなんらかの意図をもって農業を動かそうとするものを農政というならば、これが全国的規模でおこなわれるようになったのは、明治維新以降のことである。」

まさに小倉のこの指摘の通り、明治以降の農政にとって常に土地問題への対処が、最も重要な政策課題であった。そしてこの土地問題とは、端的にいって、明治憲法に根拠づけられ、民法によって補強された土地の私的所有権の絶対性、換言すると政府によっても「侵されることのない所有権」であった。いうまでもないが、この強固な財産の私的所有権こそが、明治以降のわが国の資本主義＝市場経済社会の基盤であったのである。

明治期米穀検査省令の発布にあたって、政府が、自分が生産した米穀品質の検査をして等級をつけることは、憲法で認められた個人の財産所有権を拘束することになるという批判があったことを石黒忠篤は記していた（「同業組合を通じた米穀市場の近代化」）。また、明治憲法の趣旨とは、「われわれの私有財産は、天皇陛下といえども、法律によらずしては、一指もふれることができない」という尾崎行雄の発言に、丸山真男が感激したという（「地租改正後の国家建設」）。また、戦後直後の農地改革法案の農林省内部の立案において、農地の国による強制買取などは、憲法に規定されている財産権の保護に牴触するとして、たかだか、地主と小作人との間の協議が整わない限りで、地方長官が譲渡を裁定するという案が検討されていた（「農地改革」）。そして、一九七〇年の農地法改正においても、農民の土地所有権に、農民間での合意によって、土地利用の統制をおこなうことは、やはり憲法上の問題もあって立法上きわめて困難であることをうけて、市町村や農業委員会に、土地管理を任せることにしている（「農地法の変遷」）。

いうまでもなく、明治維新後の戦前期と戦後とは、国家行政の仕組みに大きな変化があった。しかし、個人財産、特に個人に賦与された土地財産権の絶対性は、明治憲法から現行憲法に変わっても、基本的に不変のままである。そして戦後高度成長期に、地価が高騰したことによって、小規模兼業農家は、地価上昇を期待する「土地持ち労働者家計」という「偽装農家」（神門　二〇〇九年）となってしまい、本来耕作するという義務を負っていたはずなのに耕作を放棄するまでになっていった。こういう状況を受けて、東畑四郎ら農政官僚は、土地の公的管理を強調するようになった（「農地の公的管理」）。まさに、明治国家建設の基盤となった「個人的所有権の保護を主要な任務とする」国家行政体制が潜在させていた大きな矛盾が顕在化してきたのである。

公的管理が農政上必須となってきたことについて、東畑はこう語っていた（「農地の公的管理」）。「柳田先生は、本来であれば土地所有権を、農業を本業としてゆく農家に与えるべきであるけれど、日本の土地の私的所有権というものを強制的にそういう者に与えるということは大変な問題である。したがって、土地の利用権を公的に管理することの必要性を説かれたのです。」

ここで柳田が、農地の私的所有権の性格について、次のような議論していた（『農政学』「第三章　土地財産制度」）ことに注目しておこう。「国家の機能並びにその発現たる法律制度はいわゆる生産の三要件よりはなおいっそう根本的のものにして、全社会の経済組織はことごとくその基礎をこの上に有するなり。」「我輩はもし私有制の起源を説くの要ありとせばその根拠を一国の立法権に置かんとす。すなわち法律説を採らんとするものなり。」「もし私有制度が絶対に人類の正義に合したるによりて成立するものなりとせば、これを措きて他に変更を求むべき余地に乏しく、いわゆる私有制の保護は完全なるべしといえども、すでに国の法律に基きて始めて存するものなりとせば、法律は時勢と国情とによりて成りたるものにして、国家権力の存続する限りは立法は二者の変遷と相伴うべきものなれば、現今の私有制度は少くも常在不変のものにはあらざることを知るべし。」法学士でもあった柳田の経済・農政思想の根幹には、明治国家の憲法を支えた理念を相対化させる透徹した近代国家観があったのである。

そして現在、農地や林地という、まさに「国富の源泉」である土地において、所有者不明地が増大し続けているのである。その背景には、人口減少という大きな問題がある。しかしそれ以上に、市場経済での評価において農地・林地の価値が激減していることが重要であるといえよう。端的にいって、土地を所有し続けることに、費用がかかってしまうようになっているのだ。このように農地の市場経済的価値はマイナスにまでなっているが、その一方で、これらの土地の国土保全にとっての重要性は高まっている。まさに、農地の私的価値と公的価値とは大きく乖離しているのである。この乖離を生めるには、最低限、東畑が強調していた土地利用の公的管理が必要なのである。いずれにせよ、「国富の源泉」としての土地論をも含めた柳田の農政論は、農地に限らず、人口減少社会にはいった現在わが国が直面している「国土」の利用・監理を構想する時にも忘れてはならない。

東畑は土地の公的管理の必要性を説くにあたって「外国における公という観念には、すべてにわたって公という思想があるのであります。したがって、土地というものについても、私有財産として持っているだけでなく、公的側面をもっています。政府が介入しなくても、民間ベースでも公という観念があるのです。そこに、イギリスなどで土地の適正利用というような問題が取り上げられる根拠があるのです。わが日本では、残念ながら公というのはお役所ということで、民間は私だということです。こういう公私の区分に対して、もう一つ何かを私的なものに結合して、そこに公的原理をどういうふうに導入するか、ということが日本の農政にとって非常に重大な問題」です」といっている。戦前期以降、農政官僚たちは、ドイツ、フランス、イギリス、そして戦後はアメリカに留学までして、諸外国の農業事情だけでなく農業政策と、その政策を根拠づけている経済学・農業経済学を学んできた。そして彼らは、決してそれら学んだ政策や経済理論をそのまま直輸入するのではなく、日本農業の現実に適用可能なものへと修正していく努力を続けてきたのである。

明治以来の「私的所有権の保護という任務」という近現代日本の「全社会の経済組織」（柳田）の基盤に、どう対応するべきか。この重大問題についても、東畑が示唆しているように、西欧諸国、アメリカだけでなく、アジア諸国の土地制度も含めて、真剣に研究することが必要である。そして先人に倣って、外国での知見を現在の日本の現状に適用可能なように修正していかねばならない。柳田も、「農業経済と村是」で「今日の時節に必要なのは西洋の農業経済学の普及ではなく、日本の農業経済学の開発であるからであります。（中略）学問でも何でも役に立つのは国産でありますが、日本では聖徳太子・吉備大臣の昔から舶来の学問でなければ価値がないように思う悪柳癖がありまして、（中略）今日ほど農業経済の学問の進歩せぬ時代も珍しいのであります」（柳田　一九一〇年）と書き記していたのである。

東畑四郎の発言（東畑　第五章　一九八〇年）を紹介する

ことで、本稿を終えよう。「農業問題というのはやはり哲学ですよね。カネや食い物ということでなくて、その根源にある考え方でしょう。農業食糧問題はいつの時代でも尽きないんじゃないでしょうか。」

補論一　柳田國男の産業組合論と戦後の農業協同組合法

一　産業組合法の成立

明治二四（一八九一）年末に帝国議会に、品川弥二郎と平田東助が立案した信用組合法案が提出されたが、衆議院解散もあり審議未了で流産した。続いて、明治三〇年二月農商務省が立案した産業組合法が議会に提出され、明治三三年二月に修正された第二次法案が提出され、最終的に「産業組合法」が制定された。

この産業組合法の成立過程について、『農林水産省百年史　上』に収録されている回顧座談会の一部を紹介しておこう。

「東畑精一　フェスカやケンネルなどドイツ人は、日本を勉強することを教えてくれた。イギリスやアメリカから来た人は、実際のことを教えなかった。クラークなど、精神家ですよ。イギリスの先生なんかみんなイギリスの教科書をもってきて、そのまま講義した。

近藤康男　イギリスは当時五つの海をまたにかけていて、つまり商業的です。ところがドイツは、遅れて出発したものだから国内で産業を興さなければならなかった。いわば自作農主義とでもいうか資本の種類からいえば産業資本主義で、自分で働いて、自分で工夫してつくり出す、そういう気風の違いがあるんじゃないですか。

大内力　ライファイゼン式の協同組合の影響を受けながら信用組合をつくっていこうという思想は、おもにドイツから入れられたのではないのか。

東畑精一　品川と平田が立案した最初の信用組合法案というのは、いわゆるシュルツェ式、都会の協同組合と同じです。横井先生や渡辺朔さんらがつくられた産業組合制度は、協同組合の組織原理には二つあるという考え方で、農村の協同組合であるライファイゼン式の総合協同組合です。

近藤康男「生産及経済組合」を信用組合と一緒にやらなきゃいかんというのが、横井先生の考え方ですね。

東畑精一　それが産業組合法のもとになった。品川、平田の最初の信用組合法案は議会で流産したけれども、あれは流産したほうがよかったかもしれない。最初のは、商業者向けのものですね。

大内力　興行銀行法案を松方は明治一八年に出すが、これはフランスのクレディ・フォンシュのまねをしてつくろうということでした。松方は地租改正をやったあとフランスへいって、フランスでずいぶんほめられる。それから松方自身大変フランスが好きになった。そしてフランス流の農業金融組織をつくりだしたいということになったわけですが、それはどちらかというと地主を中心とした大経営を育成していくという考え方ですね。これに対して農商務省の系統は、はじめは前田正名の興業銀行構想から始まるが、それが松方につぶされたあと、ドイツ流の信用組合を入れて対抗する、こういう考え方になるようです。これが後々までずっと続き、勧銀、農工銀行ができたときは、勧銀、農工銀行を産業組合の親銀行にするということで、両者の接合が図られるのですが、結局それがうまく動かず、産業組合中央金庫が大震災のときにできるということになるわけです。

東畑精一　日本と外国との関係からいえば、ドイツ系は行政というか憲法、それと軍事と農業です。造船とか純経済の方はやはりイギリスです。その文武の争いというのはしょっちゅうあったらしいんです。農業界は軍と結ぶということがあって、どうしてもドイツ系統になっていく。」

二　柳田の産業組合論

産業組合法が制定された明治三三年に農商務省にはいった柳田國男は、その二年後に『最新産業組合通解』を公刊している。その内容を紹介しながら、柳田の産業組合論の骨格をみておこう。

「自力、進歩協同相助これ、実に産業組合の大主眼なり」という文句で有名な『最新産業組合通解』の「序論」に、この時代の経済趨勢を「経済上の大変動（中略）資本の集積、資本の勢力これなり。」「現今経済社会における富の分配は、多くに加え少なきに減ずるの奇観を呈せり。」「資本の集積と貧富の懸隔」という自然の傾向が顕在化していると指摘している。そして以下のように、産業組合がなぜ今必要になっているのかを説明している。

「西洋各国にありては、産業組合法の制定ははるかにこの組織の発生の後にして、人民各自にややその運用を会得し事業の進展に臨みたる際にありとす。しかれども本邦産業組合の法制は、いささか他国と状況を異にするものあり。」「けだし宇内の各国を通じて、小農小商工の数に富めること、わが邦のごときはむしろ稀なるところにして、加うるに維新の政変の後急劇なる西洋文物の輸入ありしより、従来の産業組織は、一としてその影響を受けざるものはなく、資本の集積労役者増加の趨勢は歴々としてこれを認むるを得べきをもって、産業組合のごとき適当なる方法を用いて、社会の危機を未然に防制することは、決して当今の急務ならざるにあらず。しかりといえどもいかにせん一部人民の間には旧習のいまだ脱しがたきものありて、あるいは自家経済上の地位を覚知することあたわざるものあり。もし現在の状態に放任するときは、この制度の利便を了解し協同相助の法によりて各自の経済を発達し保持するの必要は、近き未来においては一般にこれを感ぜしむることあたわざるべし。ゆえにまず法規を設けて国民の注意を喚起し、一方には各種の便宜を具えて、直接に組合の設立を誘致するの要あり。産業組合法制定の当時における政府当局者の意向もまたほぼこの辺に存せしがごとし。」

続けて「総論」で、「産業組合とは同心協力によりて、各自の生活状態を改良発達せんがために、結合したる人の団体なり。現時の社会にありては、孤立独行の不利益なることは、各人皆しかり。されどもかの企業家と称して、大なる資本を有し蓄積の力をもって、経済界に立つものは、その目的を達せんがためにいまだ必ずしも他人と協同することを要せず。」「直接または間接にその力を結合し、多数の勢力をもって対抗を試みしむるの一法あるのみ。産業組合が中産以下の農工業者の間において、最もその必要あるはこれがためなり」と。さらにより具体的な政策として、産業組合法で認められたのは「信用組合、販売組合、購買組合、生産組合の四種に限り」とし、「法律上の産業組合には、法人格を認め、租税を免ずる等の各種の特典を与え、自から他のものと区別せり」と。「さて上に掲げる四種の事業は、資本の力なき者にして個々単独にこれを営むときは、不便不利益を見ること最も著しきものなれば、国家が法律を定めて人民の共同組合を保護し、十分の利益を与えてその設立を誘導する。」「産業組合法は、かくのごとくまず産業組合の範囲を限り、これに当たるべき共同団体にして一通りの条件を備え、地方長官の許可を経かつ登記をなしたるものは、法律上独立したる人と同様にみなし、組合の名義をもって財産を所有することを得せしむ。すなわち組合を社団法人となすなり」としている(31)。

そして最後に「農工銀行は各地方にありて、農業その他の生産業の発達を奨励するため、政府の後援を得て長期低利をもって資金を貸付するを目的とする銀行なり。この銀行の性質たる利益の多大ならんよりは、むしろ存立の安固ならんことを期するがゆえに、その貸付を請求し得るものは、市町村等の公共団体の他はすべて十分なる担保を差し出すを必要とせり。しかるに産業組合に限りては信用、購買、生産の三種にして、その組織無限責任なるときには無抵当にて資金の貸付を請求することを得」と、政策上産業組合はこのような金融上の特権をもつものであることを強調していたのである。

以上のような柳田の産業組合論は、「資本の集積と貧富の懸隔」という「経済上の大変動」の状勢の中で小農民や小作人が置かれていた、「小作料米納の慣行」で次のように指摘していた不利な情勢を念頭においたものであった。

「純然たる小作人はもとより、多少の所有地があってもこれに小作を兼ねるくらいな小農では、もともと固定資本とてもきわめて少なく融通の資本もはなはだ乏しいのに、今また主たる生産物の過半を現品のまま処分してしまうとしますれば、その生産経営の規模の情なく小さいのは当然でありまして、その市場に対する売主としての勢力のごときも、全力を尽してもすでに小さい者が、米納の慣行のためにいよいよ小さき売主となって、いかなる場合にも常に他動的の市価によって支配せらるるのみならず、小さい資本なるがためにいよいよ回収の急を感じ、常に小仲買人のために苦しめらるるものであります。」

「本来農村金融の問題というものは、中以上の農業者のためのみに輿論(よろん)を呼び起したのではないのに、現在におけるいっさいの金融機関はいまだにその恩沢を小作人の上に及ぼしておりませぬ。信用組合も土地なき小農を疎外するようです。小農に対する金融の問題を研究する人は、ぜひとも小作人の金融力が小作料米納の契約によって著しく制限せられていることに留意せねばなりませぬ。」

いずれにせよ、柳田が産業組合法に期待していたことは、金融市場だけでなく農産物販売市場も含めて、それらの市場での取引に参加する能力で決定的に劣勢であった小農民や小作人に、地主や大農にそれなりに対抗しうる条件を整備することであった。この意味で、産業組合法は、「市場拡張型」政策の一種であったといってよいであろう。

産業組合法のその後の展開について、少しだけであるが、補足しておこう（小倉　一九六二年）。当初は信用事業をおこなう組合は他の種類の事業をおこないえなかったが、明治三六年の改正でこの制限は廃止された。明治四〇年組合出資金に対する政府の支援、四二年には県及び全国連合会の設置、そして大正八年農民におこなう倉庫サービスの認可などである。そして、両大戦間の初期には、購買活動にくらべて信用事業が組合活動の大半を占めた。信用は政府資金の裏付けをえて、その援助が農民に届く導管の役割を果たした。一方、販売購買の面では組合は商人から強い反対を受けた。信用組合としての役割は、地方の民間銀行が一九三〇年代の不況時に倒産したため、また政府補助金を農民に流す経路として使用されたため、その後は非常に高まった。

初期の協同組合では、地主に対しては、耕作者と同等かおそらくそれ以上に利益を与えた。最も大きい米の販売は、地主に対して小作米として出荷された数量であり、地主はこのため価格安定措置の影響を直接的に受けた。地主の関心はその小作人の肥料を購入する資金を直接かまたは組合を通じて与えることにあった。というのは、この方法で小作人が現物小作料の金額を支払うことを期待したからである。つまり、第二次世界大戦の終わりのころまで、地主たち大農家が組合を支配し続けたのである。

それはさておき、石黒忠篤は、産業組合法の成立が農政に与えた影響を次のように評していた（石黒　一九三四年）。明治時代になっても、「農村の事情には実質的変化を見ず、農民と国家との関係は徳川時代より更に密接になり、国家の財源は依然農業にあったために、農民政策の基調が金貸の農民に対する作用の抑制にあった事は明白である。茲に国家の農政当局の発意に依って明治三三年産業組合法が制定せられた事が先見的時代適応の方策であったと同時に、之を一の必然的な現れであると看取し得る脈絡がある。」

柳田は『明治大正史　世相篇』「第十三章　伴を慕う心」で、「郷党の努力」「隣保の情誼」（「第十二章　貧と病」）といった「供を慕う心」を組織原理とする「共同団結に拠る以外に、近代人の孤立貧には光明を得ることはできないのであった」と強調している。ただ明治・大正の政府が主導した産業組合には、批判的であった。「法令で社会制度が造れるかのごとく誤認した政府の方針によって、実に多くの新しい団体を乱造した。（中略）他の農工商等がかつて各自の階級内で、それぞれに営んでいた旧時代の自給組合の消長については深い理解を欠いていた。」「そうして政府が指図して細かに定規まで作ってやったということは、他面組合の依頼心をいたずらに増長させることになって、いやが上にもかつて組合が具えていた共同団結の自治心を、薄弱にしてしまったのであった。」「救われねばならぬ人々の自治の結合が成就してこそ、目的は達せられるのであるのに、その点の顧りみられなかった結果は、かえって比較的貧苦の危険の少ない者から、まず国家の保護を受けることになり、彼らは従順に行政庁の指導に服する代償として、機関を利用してこのとおり勢力を外に張ることを得たのであった。」柳田は、江戸時代に村民の間に存在していた「郷党の結合心や懇親」を「恢復」させて、産業組合を強化し直すべきと考えていたのである。

さらに柳田は、農業において過剰生産が発生してきたことにも注目している。「発見工夫は農家には無益のものの如く考え、ひたすら模倣をもって平凡なる安全率を保障しようということになって、たちまちにして作り過ぎの現象が生じた。かつては必需品の供給を誇りとしていた土地産業が、烈しい仲間の競争をしなければならぬ。」「最近ようやくのことで生産統制の必要を認めるようになったが、府県が互いに傷つけつつ販路の争奪をしていたのは、かなり久しい前からのことであった。その原因は総計の数字を重んじ過ぎたことが一つ、今一つは補助や補償の不自然な手段に誘導せられて、各自の危険をもって経験を積み、計画を進めようとせぬ者が多くなったことである。」「この単調なる生産統計の増加を、社会繁栄の兆のごとく見ていたのは惰性であった。」

ここで、農業における過剰生産問題への対応に関する東畑精一の産業組合、つまり協同組合についての議論を紹介しておこう。自由経済には、価格形成の機構という「内在的統制力」が備わっている（「個別産業の独立性―統制経済の一問題」）。だがそれは不完全でしかないため、まずは各産業内部から「生産者自らの自律的統制」が生まれる。大規模製造業でのカルテルの形成が、その典型例である。そして、激化する競争によって個々の経営では利潤を実現させえなくなっている無数の小規模農民が主役の農業では、協同組合を通じた販売統制が必要となる。生産者の出荷形態の変更即ち協同組合の構築は、特定の人格者間の相互主義に依拠して、即自的な営利主義を抑制し、構成員全体の効用の最大化を図ることになる。つまり、農家という個々の経済単位が「組合と云う一つの計画的意志の下に置かれる。」そして組合の増加は、不完全な競争のなかに計画的領域を次第に拡張していく過程となる。しかしその結果は不完全競争、少数者間競争、独占的競争という経済体制になってしまう。このようなタイプの市場経済では、過剰蓄積がすすみ競争が激化すれば、容易に販売統制の協定が破られてしまおう。そのため特に農業においては「外部からの統制」つまり「政府による統制」が必要となる。その代表が米穀統制法であるが、政府の介入は、統制というより「強制」ともいうべき強い干渉となってしまうことも多い（市岡　二〇〇六年）。

高度経済成長が本格化していた一九六四年に上梓された『日本資本主義の形成者』で、東畑は以下のように書いている。二つの大戦間に、半生産者の大群である小農民は、産業組合への参加によって、産品の販売などの面ではそれなりに「完全生産者性」をもつことができるようになった。しかし生産は、依然として「半生産者性」の状態に留まっている。協同組合は、農業生産力の向上に直接的に有効なものではない。篠崎尚夫が『東畑精一の経済思想』（篠崎第四章　二〇〇八年）で指摘しているように東畑は、あまりにも補助金などで国に頼り過ぎていて、「自発的な発展能力に欠ける」として、現実にある協同組合には批判的であった。このように、東畑が産業組合・協同組合にそれほどは期待していなかったことは確かである。日本農業の抱える根本的弱点である戸別農家の経営規模の拡大には、協同組合は効果的ではないと判断していたわけである。明治・大正・昭和前期と時代がすすむにつれて、農業・農村に生まれた不可逆的とも思える変化を冷静に受け止めて東畑は、農政学から民俗学へとその研究をシフトさせた柳田のようには、「郷党の結合心の恢復」に期待できないと考えていたのであろう。

三　農業協同組合法の成立

占領下の昭和二二年一二月に農業協同組合法が制定された。この法の成立過程について、小倉武一は次のように振り返っていた（小倉　一九八一年一月）。

「協同組合法を立案する当初、戦時中は法律制度としては、なくなっていた農事実行組合（著者追加―昭和七年に法制化されていた）という制度を復活し、それを「生産共同体」と称した。そして、実行組合単位に、たとえば土地の交換分合する、共同経営までいかなくても、いろいろな作業の共同化を行うということにすれば、共同経営とは紙一重のようなところまでいけるのではないかという考え方はあった。この生産共同体は、協同組合制度をつくるときの一つの目玉だったわけだ。当初の協同組合法案の中では―第一次農地改革立案のころだが―耕地整理事業というものを協同組合法の中に入れた。それは、耕地整理法などという強制加入の制度を独立してやることはむずかしいし、地主中心の耕地整理組合というのはいずれにしても解体せざるをえないだろう、それなら生産者中心の協同組合が耕地整理事業をやることにしたらいいだろうというので、耕地整理事業だからあるていど強制加入なども盛り込んだ。ところが指令部の係員が、協同組合法に強制的な要素を入れることは、アメリカン・デモクラシーに反するからだめだという。最後には、実行組合自体がだめだといいだして、実行組合の規定も削除されてしまうという経過を経ている。だから「生産共同体」というのが空念仏みたいになってしまったわけだ。しかし、アメリカの占領政策遂行のためのテキストブックには、日本の村には部落というのがあって、これは日本の農政なり農業を考える場合には非常に大切なものだ、ということが載っている。ローマ字でBURAKUと書いてあった。」

さらに『農林水産省百年史　下巻』の回顧座談会での発言も紹介しておこう。

「小倉武一　農協の事業に土地改良事業を取り組むと、農協の性格としてどうしても強制加入的な要素が必要になってくる。これは土地改良事業という事業自体の性格から、日本のような場合には、（著者追加―明治期の耕地整理組合への参加条件であったように）ある程度その事業に強制的に参加させるということが必要なのですけれども、それをG

ＨＱのほうではできなかった。その理由ははなはだ簡単明瞭で、協同組合というのは、要するに民主主義で、自由な加入、脱退が原則であるから、例外をつくることはまかりならんという意向です。

東畑四郎　まずは生産の協同化のための制度作り。それが耕地整理や共済だということになってくると、強制加入的な性格を持たせることが必要となった。これにＧＨＱは反対であった。結局、当初考えていた制度の構想は、農協と土地改良と共済との三つに分解された。ここでも問題は強制加入の問題であった。土地改良区ということでなんだかわけのわからないむずかしい法律ができた。それから協同組合のほうは、当初立案したものとできたものとがまったく違ったわけです。

斎藤誠　ＧＨＱは、日本には戦前に産業組合法というものがあったじゃないか、産業組合の思想で農協制度をつくるべきと主張。また生産協同組合的なものはまったく理解できなかったようですね。

東畑精一　アメリカの農村とか農業というのは、日本とまるで違ってますからね。向こうでは所有権の移動というようなことは非常に自由で簡単だし、不動産マーケットも発達している。だからそういう連中が向こうの頭で日本のことをやろうとしても、なかなかそういう風にはいかない。結局、どうしても変な理解のしかたになってしまうのだな。

小倉武一　（著者追加―独禁法との関係について）アメリカの法律を勉強してみると、向こうの協同組合法は州でできているわけですね。その中に独禁法の適用を除外するという趣旨のことが書いてあった。これこれというわけで、それを書き入れたことがある。」

さらに、信用事業をどう取り扱うかという問題に関しては、以下のような議論がおこなわれていた。

「大内力　兼営していたら、信用事業としての独立性とか健全性がなくなるのではないか。ＧＨＱはこれを大層気にしていた。

斎藤誠　農協から金融部門を独立させるという思想があった。金融部門をとると農協が非常に弱くなるのは、明らかであった。

小倉武一　農業保険についても、強制加入等のことがあるので、どうも農業協同組合組織ではうまくいかないということで、農業保険法を別途に立案して共済組合を別につくろうということになった。

大内力　いまでも農林水産省は行政指導でやっているのでしょうが、信用事業を営む農協は、一地区に一つしかないでしょう。これは自由設立主義とはまったく反するわけですが、当初からＧＨＱでは問題にしなかったのですか。

小倉武一　ＧＨＱは自由設立主義だから、まさかそういうことになろうとは、まったく思いおよばなかったわけです。最初は、一町村一総合農協とか、一信用組合ということでは必ずしもなかったわけです。」

さらに、東畑四郎は次のように語っている（東畑　第四章　一九八〇年）。「戦時経済下で、産業組合と帝国農会が全国農業会とかいうちょっとわけのわからない団体統合がおこなわれた。戦後たちまち解体した。」

「占領軍の農業協同組合法を結局のまされた。そこで思いだすのですが、やっぱり和田博雄さんは偉かったな。米の供出をやるために、農業会から農協へ早く切り替えなきゃいかんというのが当時の大方の意見だったけれども、そんなことやったら、民主的なルールからいったっておかしいと。そういう農協をつくってはいかん。米の供出をやる団体は別個にしたらいい、本当の意味の農協は、じっくりと農民の組織として別個につくっていったらどうだ、今の農業会を農協に安易に肩がわりすることは米の供出のために必要かもしれないが、いわゆる農民の農業協同組合というのはじっくりとつくったらいいじゃないか、こういうのが、和田農政局長の意見だった。

ところが松村謙三大臣その他は米の供出がたいへんですからね。米の供出のために今の農協を急速につくった。そういうことで農業協同組合をつくっても実態はあまり変わらなかった。そのままで今日まできた。あの時が一つの大きな変革時期ではなかったのではないでしょうか。農協が生産や土地に直接関与しないで、主として流通や金融を扱う協同組合になったのもその根源はこの時からです。だから農協法ができたって実は中身はちっとも変わらない。それがずっとつづいていますから、農林中金といい農協といい、やっぱり食管と不可分ですよね。供出から融資から、全部結びついた。其れ、ダッコとかオンブとかいうじゃないですか。」

東畑四郎のこの発言以降、農業協同組合がどういう変遷をたどり、農協法の大幅改正にいたったかについては、既に多くの研究（例えば、本間　二〇一〇年）があるので、ここでは触れないことにする。ただ小倉が以下のように論じていたことだけは紹介しておこう（小倉　上　一九八七年）。

「戦前の農会と産業組合とくに農会と戦時中の農業会は、農業行政と密着していた。いわば相合して、農業を擁護し、農政を支持して来たともいえる。これに対して、戦後の農協組織はこれらより遥かに民主的な組織と運営になっている。そして、戦前の農会・産業組合の体制よりも、より強力になっている。換言すると、農政は、漸次、農協系統組織の意向を無視しては展開できにくくなるに至っている。系統農協は、プレッシャー・グループ（圧力団体）としてノートリアス（悪名高き存在）にすらなっている。」

現在、確かにこれまでの農業協同組合制度の改革は、必要であろう。その改革を構想するに際しては、世界の多くの国での、農業協同組合だけでなくより広く多様な協同組合の成立から今日までの歴史的変遷を比較研究することが必須の作業となるのではなかろうか。特にわが国において農政論をはじめて説いた新渡戸稲造が次長を務めていた国際連盟の成立後に設立された国際労働機構ＩＬＯに一九二〇年協同組合局が設けられ、各国の協同組合の国際的連盟がつくられた。そして二〇一二年は「国際協同組合同盟 International Cooperative Alliance 年」と宣言されているのである。こういう動きを踏まえて、わが国に特有な問題点を前提として、農業協同組合がこれからすすむべき方向を、国際比較の視点から構想することが必須となっているのではなかろうか。

補論二　東畑精一の農業近代化論と戦後農業

第二次世界大戦直後の一九四六年一月に公表された「日本農政の岐路」と題する論考で、東畑精一は食糧不足という当面の問題ではなく、「農政のもってゐる根本課題」つまり「日本農業を貫いてゐる国民経済的機構、構造」こそが農政が働きかけるべき最重要な対象だとして、以下のように論じていた。「単に食糧の増加生産があたかも絶対唯一の事柄の如くに受けとられてしまふ点である。換言すれば食糧は如何に増産されるべきかについての関心が閉ざされる危険が多いことである。戦時中の食糧増産論も、この「如何に」に無関心の危険が多かったが依存として其の態度が続いてゐる。さようなれば農業の近代化――云う迄もなくその中心問題は如何に労働力があるかに懸かってゐる――などは蹴り落されるであろう。」「日本の農政は今や農業の近代化や零細農社会の崩壊の猪口のところで、逆行するの岐路に彷徨してゐる。」「求めるところは農業以外における大なる就業機会」の「創造」である。そしてまた一九五二年六月の「農地改革、そのあとさき」では、日本農業の最大の問題点は、「農地所有権の細分化」ではなく「農業経営の細分化」であるとし、戦後作られた自作農は、土地所有だけに熱心で農業生産には意欲のない農家へ退化してしまう危険性があると指摘していた。このように五〇年以上前に東畑精一が危惧した事態が、いまだに我が国には存在しているのである。

とくに農業構造改革は、政策当局の期待を裏切ってほとんど進展してこなかった。先ほど紹介した東畑の問題意識などを踏まえて、一九六一年に農業基本法が制定されはした。この法に基づき、翌年から零細規模経営の非効率性を克服するために、つまり「自立経営」育成を目差して開始された「農業構造改善事業」は、北海道など一部の地域を除いて成功しなかった。とくに稲作においては、生産性向上の余地がほとんどない零細規模の兼業農家がいまだ多数存在し続けている。彼らは、外見的には農業生産をおこなっていることになっているが、真の狙いは農地転用で一儲けを目論んでいるとしかいえない「偽装農家」である。こういった議論（神門 二〇〇九年）すらある。

東畑は『日本資本主義の形成者』「四 二つの大戦をめぐって」では、「半生産者としての中小業者、とくに農民」といった概念を使用して、次のように論じている。農民という「半生産者の大群にいかにして完全生産者性を賦与していくかが、この期間（著者追加―二つの大戦の間）における農村問題の解決の一大重点となったのである。対策の一つは、小農民をして協同組合（当時の産業組合）を結成せしめることで、それは村単位で信用・販売・購買・加工などを一手にまとめて経済活動規模の拡大を図ることにほかならない。（中略）そして農民の経済行動の一側面、とくに流通取引の面が組合に結成されているかぎりは、それだけ彼らは完全生産者性に近づくことができた。」だが「産業組合運動も日本農業の零細性そのものを動かしえなく、その生産はいつまでも小規模として営まれることに変りなかった。」

国民経済全体として「全労働力が最大の能率を発揮できるのは、あらゆる部門において労働の限界生産力が均等化することだ」と東畑はいう。だが同時に、農業が「半生産者」であるために、国民経済全体としての最大能率達成が阻害されていることも指摘している。この議論では、農業を資本主義的な近代製造業と対比させ、非資本主義的な農業の担い手としての農民を捉える概念として「半生産者（性）」という概念が用いられているわけである。そして「半」という表現によって、農業から近代製造業への労働移転がスムーズにおこなわれ難いため、農業労働の限界生産力が製造業のそれにはるかに及ばないことが、国民経済政策上の重要問題となっていることを語っているわけである。今にして思うとこの議論は、東畑流の日本経済の「二重構造」論であった。東畑は、日本の就業状態を通常の経済学で定義されている「完全雇用」ではなく、「全部雇用」であると性格づけていたのである。

さらに東畑は、農地改革後の農業を踏まえて、「経済主体としての自作農なるもの」を、土地所有では地主性、水利施設・農器具・農舎・家畜の所有では資本性、自ら働いている労務者、小規模ながら企業者・経営者であり、また農業技術者でもあると性格付けている。そして「重要な点は、彼らの行動においてこれらの諸資格のうちどれが主動力となって、他の諸性格をリードしているかである」と捉えている。農地改革によって「日本は世界でも最高度の自作農国となった。」しかし、その結果生まれた「独立自営農民」とは、地主・労働者・資本主・経営者という資格ないし職能が「未分化の一体」の存在でしかないというわけである。

さらに「農本主義的な考え方」は「農業を以て他の諸産業とは異なる論理の貫いている経済活動となしていた。農業は産業ではなく、農業経営は企業ではなかった。農民もまた他の産業人とは異なる活動をなすものとなされた。」こういう「農業・農民特別観（特殊観）」の弊害について、「貧弱な農業、貧乏な農民をそのままにしていて、こう説きたてるところに、逆に日本農民の間に卑屈の心情を培い、インダストリア的勤勉に努める念を枯らしてしまうこととなった。特別観は斜視観であった。あらゆる農民に対して、他の産業人と等しき経済論理を追求するべしと説くにしくはない」と書いている。さらに「農業孤立観も農業特殊観も意味をなさない。わが伝来の農業も孤島から離れて資本制経済の運行の大陸のなかに巻きこまれて、産業としての同質性を保たざるをえなくなるであろう」とも記している。東畑の先輩教授であった横井時敬や那須皓の議論は、基本的には農業の特殊性を強調するペザンティズムの農政論であった。これに対して東畑は、農業を非農業と区別せず同じ論理で動く産業として捉えるインダストリアリズムの農政論を目指していた（浦城晋一「農業構造政策論における「インダストリアリズム対ペザンティズム」」）といってよいのかも知れない。

「農地改革は農民の解放であるとしばしば言われる。しかり、旧地主制からの解放であり自由であることに異論をはさむものはないであろう。しかしこれは自由の一面である消極的なもので、あるものからの解放（freedom from〜）であるにすぎない。それだけではすまない。もっと前向きの自由、なにごとかをなさんとする自由（freedom to〜）がなくてはならない。」

この一文に、『日本資本主義の形成者』を執筆しながら深く関わっていた農業基本問題調査会から一九六一年の農業基本法制定にいたる時点での、日本農政に関する東畑精一の問題意識が端的に表現されていたといえよう。

注

（1）世界農業の比較の視点からの日本の小農経済の特徴については、拙著（原『アジアの「農」日本の「農」』二〇一三年）を参照のこと。

（2）明治以降現在までのわが国における農政論・農業経済学の展開に関しては、拙著（原『「農」をどう捉えるか』二〇〇六年）を参照のこと。

（3）明治以降一貫して、日本農政中心軸であった農業技術改良政策の展開については、既に多くの研究業績があるので、本報告では言及しないことにする。

（4）地租改正事業の具体的展開、さらにこの制度改革によって江戸期の貢租村請制の下で発達していた村内での土地割替制が消滅したことについては、丹羽（一九八九年）を参照のこと。

（5）数量経済史家アンガス・マディソンは、明治政府は、地租改正と同時に行われた秩禄処分が徳川時代人口の六％の武士層の消費がＧＤＰの四分の一を占めていた制度を解体することで、経済発展と軍備近代化のための多大の資源を手にすることができた、と指摘している（マディソン　第三章　二〇一五年）。

（6）小倉は『土地立法の史的考察』（小倉　一九五一年）で、地租改正で創設された農民的土地所有制が、明治から大正期にかけて、蚕食されて地主的土地所有制になっていったと論じていた。

（7）農商務省公報第一号に「農業ハ米作ノミヲ頼ムベキニ非ズ」と記されていた（小倉「明治農政の人と思想」寺山　一九七九年）。

（8）最近比較歴史制度分析において、株仲間といった民間主体がつくりあげた経済制度が、国家に代わって、私的契約の執行を担保し、私的所有権を保護することで、市場経済の発達に積極的な機能を果たしたことが解明されている（岡崎　一九九九年）。

（9）一九世紀末から二〇世紀にかけての時期には、ヨーロッパ経済圏の中で最も「先進的」であったイギリス経済は、後発国であったドイツでの重化学工業化によって、相対的には衰退期に入っていた。そのためであろうか、当時の政策指導者たちは、ドイツに学ぶべきだと考えていたのではなかろうか。

（10）井野碩哉は、米穀法は「河合良成の発想だ。彼が若い事務官時代で、えらい勉強家でね。しかし、その大もとは平安時代の「常平倉」の思想をとっているのです」と回顧している（井野「大正・昭和初期の農政秘史」寺山　一九七九年）。

（11）大正一二年に腐敗性農産物である生鮮食料品に関して「中央卸売市場法」が制定された。米穀法とこの市場法とは、農産物価格対策における車の両輪のような位置にあった（鈴木　一九九〇年）。ちなみに青果物市場で使われている「出荷組合」の名付け親は石黒忠篤であったという（橋本他　一九六九年）。

（12）那須農政学については、拙著（原　Ⅱ部　二〇〇六年）を参照されたし。

（13）農地改革法案が第一次から第二次へと変化する時点で農政課

長は東畑四郎から小倉武一に交代していたのである。

(14) 詳しくは、補論一を参照のこと。

(15) 農業普及事業に関する占領軍の指令については、東畑（第四章　一九八〇年）を参照のこと。

(16) 西欧と日本とのこの違いについては、拙稿（原　第Ⅱ部「生産費」二〇一六年）を参照のこと。

(17) 小倉は、農地改革を支えた理念を「土地所有の均分の理論」である「アグラリアリズム」であると指摘している（小倉　上　一九八七年）。

(18) 松浦のこの解読については、最終章でやや詳しく検討する。

(19) この論点に関して、昭和二六年の米価審議会の小委員会（大川一司委員長）で、三つの方式案が提示されている。詳細は東畑（第三章　一九八〇年）を参照のこと。

(20) いわゆる米の減反政策の展開とその問題点については、荒幡の二つの優れた研究（荒幡　二〇一四　二〇一五年）を参照のこと。

(21) 食糧管理法下の米価決定については、いずれも米価審議会において重要な役割を果たした大川一司（大川　一九四九年八月一三日）と馬場敬之助（馬場　一九六八年）も参照のこと。

(22) 松方と前田の対立については、三谷（第二章　二〇一七年）も参照のこと。さらに、小倉（一九七八年二月二一日）によると、農商務大臣を勤めた高橋是清が「前田君は、国家と自己を一つの物に考えた人で、私服を肥やすなどという念慮は毛頭ない、唯々国家本位の精神家であった。」「我輩は前田君に私淑し、常に尊敬していた」と述べていたという。そしてこのような発言の背景には、福沢諭吉が前田を「本来無識、無学、文明の思想に乏しい」という罵詈雑言をあびせていたことがあったという。

(23) 柳田の農政学については、拙著（原　Ⅰ部　二〇〇六年）を参照されたし。

(24) この農政概念については、中村（中村　二〇〇七年）も参照のこと。

(25) この点については、小倉（小倉　中　一九八七年）と拙著（原　二〇〇六年）を参照のこと。

(26) Aordon Wright, *Rural Revolution in France*, Stanford University Press, 1964.

(27) 小倉は、農業基本法を立案する過程で、「農地の公的管理」という概念を議論したが、実はその中身の内容の具体的な吟味は出来なかったと証言している（小倉　上　一九八七年）

(28) 特に先物市場の開設に関しては、江戸期の堂島米取引所の仕組み（「同業組合を通じた米穀市場の近代化」）や戦前期の政府の米穀取引所への売り買い介入の歴史（「米穀市場への直接的管理型政策への転換」）を改めて見直して、先物市場が効率的に機能するために必要な条件を考えるべきであろう。

(29) これは、「協同農場の建設」という小倉の提案に通じる重要な論点である。

(30) 理論経済学者ジョン・ヒックスは、『経済史の理論』で、商人が自らの利益のためにつくり挙げた「商人的経済」にとって、土地という生産要素の取引は「手に負えない」ことを強調している。西欧経済史の再検討を踏まえたヒックスの議論に照らすと、柳田の議論は、経済理論的に充分に理解しうるものとなっている。この点については、拙著（原　Ⅱ　一九九六年）と拙稿（原　二〇一八年）を参照のこと。

（31）柳田は、産業組合法で「組合員の生産したる物を加工し、または組合員をして産業に必要なる物を使用せしむるを目的とするもの」と規定された生産組合は「共同して物の生産に従事するにあらず」と考えていた（『最新産業組合通解』各論　第四章）。さらに「生産組合の性質について」（「大日本農会報　明治三四年九月」）で、「産物逓増（インクリィシング・リターン）」が重要な製造業と違って、規模の経済の実現が困難な農業においては、資本主義的な生産組合は成立しがたいのではないかという問題提起をおこなっていたことを付記しておこう。

参照文献

青柳斉「コメの産地マーケティングの新展開—特徴と展望」『農業と経済』二〇一七年一二月

稙本洋哉『日本農業近代化の研究—近代稲作農業の発展論』藤原書店　二〇一五年。

荒幡克己『減反四〇年と日本の水田農業』農林統計出版　二〇一四年。

『減反廃止　農政大転換の誤解と真実』日本経済新聞社　二〇一五年。

今津健治「工業化に果たした勧業政策の役割—農商務省商工系技師をめぐって」南亮進・清川雪彦編『日本の工業化と技術発展』東洋経済新報社　一九八七年。

池田美代二「日清戦争前後に於ける農会運動」『帝国農会報』第二八巻第七号、一九三八年。

石黒忠篤『農林行政』日本評論社　一九三四年。

市岡義章「東畑精一『日本農業展開過程』と協同組合主義の可能性」鈴木信雄責任編集『日本の経済思想②』日本経済評論社　二〇〇六年。

岩本純明　「法をつくる人・動かす人—比較農政官僚論へのプローチ」東京大学大学院農学生命科学研究科編著『農学・二一世紀への挑戦』世界文化社　二〇〇〇年。

浦城晋一「農業構造政策論における「インダストリアリズム対ペザンティズム」」『農業経済研究』一九八七年一〇月号

荏開津典生・鈴木宣弘『農業経済学　第四版』岩波書店　二〇一五年。

岡崎哲二『江戸の市場経済　歴史制度分析からみた株仲間』講談社　一九九九年。

岡島正明「あの時の真実」『米麦日報』二〇一三年八月一二日号。

大川一司「価格体系における米価」『食糧管理月報』一九四九年八月一三日号。

大川一司・小浜裕久『経済発展論　日本の経験と発展途上国』東洋経済新報社　一九九三年。

大豆生田稔　「農林省の成立と食糧政策」原朗編『中村隆英先生還暦記念　近代日本の経済と政治』山川出版会　一九八六年。

小池恒男「コメ市場と価格形成の新たな動向を探る」『農業と経済』二〇一七年一二月。

神門善久『偽装農家』飛鳥新社　二〇〇九年。

「農業復興計画と「経済学の民」『復興と希望の経済学」経済セミナー増刊号二〇一一年九月。

小倉武一『土地立法の史的考察』農業総合研究所　一九五一年。

『日本の農政』岩波書店　一九六五年。

「第二次農地改革の立案」『日本農民新聞』一九六五年八月一七日号。

「基本問題調査会と基本法の成立」『日本農民新聞』一九六五年一二月七日号。

「有真有命」『日本農民新聞』一九七八年二月二一日号。

「視点」『日本農業新聞』一九七八年九月二六日号。

「基本法農政を超えて　討議会」『農業構造問題研究』一九八一年一月。

『小倉武一著作集　第一四巻』農文協　一九八二年。

「農地法制定三〇周年によせて」『全国農業新聞』一九八二年七月一六日号。

『日本農業は活き残れるか(上)―歴史的接近―』『同(中)―国際的接近』『同―異端的接近―(下)』農文協　一九八七年。

小倉武一　編集・監修「付録　日本の経験の意義」『近代における日本農業の発展』農政調査委員会　一九六三年。

沢井実・谷本雅之『日本経済史　近世から現代まで』有斐閣　二〇一六年。

篠崎尚夫『東畑精一の経済思想　協同組合、企業者、そして地域』日本経済評論社　二〇〇八年。

柴本昌彦・高槻康郎「米切手取引市場」深尾京司他編『日本経済史の歴史二　近世』岩波書店　二〇一七年。

鈴木忠和「農業市場政策」篠原泰三・逸見謙三編『農業政策講義』青林書院新社　一九七一年。

祖田修『前田正名』吉川弘文館　一九七三年。

高橋大輔「農地流動化と取引費用」『農業経済研究』二〇一〇年一二月。

高槻泰郎『近世米市場の形成と展開』名古屋大学出版会　二〇一二年。

武田晴人『日本人の経済観念―歴史に見る異端と普遍』岩波現代文庫　二〇〇八年。

玉真之介『近現代日本の米穀市場と食糧政策』筑波書房　二〇一三年。

東畑四郎「日本の農政」『基金月報』農業共済基金　一九六五年一二月。

「基本法農政をめぐって」農林漁業公庫『調査月報』四号　一九六五年五月号。

「戦前・戦後の農林官僚を解剖する」『日本農業の動き』一一号　農政ジャーナリストの会　一九六八年一月号。

「七〇年代の農政」『経団連月報』一九七〇年二月。

「土地と農政」『農地保有合理化促進パンフレット・シリーズ』一九七七年三月。

『昭和農政談「聞き手松浦龍雄」』家の光協会　一九八〇年。

東畑精一「個別産業の独立性―統制経済の一問題」『産業と教育』一九三五年八月号。

「日本農政の岐路」『世界』岩波書店　一九四六年一月号。

「農地改革、そのあとさき」『文藝春秋』一九五二年六月号。

「農政学者としての柳田國男」『文学』岩波書店　一九六一年一月号。

『日本資本主義の形成者――さまざまの経済主体――』岩波新書　一九六四年。

「柳田國男の協同組合論」『協同組合の名著　柳田他』家の光協会　一九八三年。

「磯永吉と台湾の蓬莱米」『図書』一九六八年一一月。

東畑精一・大川一司『朝鮮米穀経済の研究（一）』日本学術振興会、

有斐閣発売　一九三九年。

辻清明編『行政の歴史』『行政学講座二』東大出版会　一九七六年。

寺山義雄『対談集　生きている農政史』家の光協会　一九七四年。

『農政秘史　あの時　あの人　五五人の証言』楽游書房　一九七九年。

中村隆英『戦前期日本経済成長の分析』岩波書店　一九七一年。

『日本経済　第三版』東京大学出版会　一九九三年。

中村宗弘『近代農政思想の史的発展』私家製　二〇〇七年。

那須皓『農村問題と社会理想』岩波書店　一九二四年。

『経済政策原理』岩波書店　一九二五年。

『農業政策』日本評論社　一九三一年。

丹羽邦男『土地問題の起源　村と自然と明治維新』平凡社　一九八九年。

農林水産省百年史編集委員会編纂『農林水産省百年史』上巻　一九七九年　中巻　一九八〇年　下巻　一九八一年。

橋本伝左衛門他監修『石黒忠篤伝』岩波書店　一九六九年。

八田達夫・高田眞『日本の農林水産業』日本経済新聞社　二〇一〇年。

藤井隆至『評伝　日本の経済思想　柳田國男　『産業組合』と『東野物語』のあいだ』日本経済評論社　二〇〇八年。

原洋之介『アジア・ダイナミズム　資本主義のネットワークと発展の地域性』NTT出版　一九九六年。

『「農」をどう捉えるか　市場原理主義と農業経済原論』書籍工房早山　二〇〇六年。

『アダム・スミスの「豊かさへの自然な道筋」論をどう読むか――「資本主義と農業」論再考』二〇一八年。

馬場啓之助「食糧管理制度の改善と改革」『農業構造問題研究』農政研究センター一九六八　本間正義『現代日本農業の政策過程』慶應義塾大学出版会　二〇一〇年。

「コメの価格変動と現物・先物市場対応」『農業と経済』二〇一五年九月。

持田恵三『米穀市場の展開過程』農業総合研究所　一九七〇年。

三谷太一郎『日本の近代とは何であったか　問題史的考察』岩波新書　二〇一七年。

柳田國男『最新産業組合通解』大日本実業学会　一九〇二年。

『農政学』早稲田大学政治経済科講義録　発行年不明
『農業政策』中央大学出版部　発行年不明
「中農養成策」『中央農事報』一九〇四年。

「小作料米納の慣行」『中央農事報』明治四〇（一九〇七）年一一二月号。

『時代ト農政』一九一〇年。

『日本農民史』一九二七年。

『都市と農村』一九二九年。

『明治大正史　世相篇』一九二七年。

『故郷七十年』のぎく文庫　二〇一〇年。

横井時敬「農業篇」三宅雄二郎監修『新日本史』第二巻、高朝報社　一九二六年。

翻訳

マディソン、アンガス『世界経済史概観——紀元一年—二〇三〇年』岩波書店　二〇一五年。

第九部　アダム・スミスの「豊かさへの自然な道筋」論をどう読むか

——「資本主義と農業」論再考

はしがき

資本主義と農業との関係、いや端的にいうとこの両者は両立しうるのであろうか。ほぼ五〇年前に農業経済学を学びはじめてから今日まで、筆者は常に、この疑問を問い続けてきた。この間、主として東南アジア地域の多くの農村を訪ねることで、『アジアの「農」日本の「農」』で報告しておいたように、資本主義との関係でみて「親和的な農業」と「敵対的な農業」が存在していることを確認した。一九世紀半ばに開拓が進んだ中部タイには、世界市場に売ることを目的とした、資本主義と親和的な農業が発展している。一方、二〇〇〇年以上前に人々が定住していたジャワや北ベトナムには、自給農業という資本主義とは敵対的な農業が存在しているのである。また、『「農」をどう捉えるか』と題した拙著では、明治以降わが国の農業経済学者が、日本農業の在り様を分析するなかで、資本主義と農業との関連をどう捉えていたかを、検討した。

そしてごく最近、改めて、アダム・スミスの『国富論』を再読してみて、スミスが「資本主義と農業」との関係を、国民経済の健全な発展のための「資本の使い方の自然な順序」として、実に適格に論じていたことを発見した。そこで本部では、『国富論』でのこの順序論の解読を通じて、半世紀にわたって問い続けてきた疑問に私なりの解答を与えてみることにしたい。

二〇一八年二月

原　洋之介

「未来のために過去に照らして現在を研究しなければならない」
（ケインズ「マーシャル伝」）

はじめに

日本は、既にロストウの経済発展段階論に即していえば、その最終段階「高度大衆消費」に到達しており、それ以前の段階におけるような高い経済成長を望みえない状態にある。そして人口減少が短期間に止まることも予想できない以上、日本経済のこれからに過去のような「高度成長」の再現を夢見ることは現実的ではない。ケインズが「孫の世代の経済的可能性」で論じているように、「差し迫る経済的心配事からの自由をどう活かすかという問題、すなわち科学技術と複利による資本蓄積によって人間が得た自由を、賢明に、心地よく、善良に生きるために、いかに用いるかという問題」を熟考することが必須となっているのではなかろうか。(1)

こういった経済発展の最終段階において、日本農業も政策的対応が非常に困難な問題に直面している。まずTPPの締結に代表される、我が国とは全く異質の発展経路を辿ってきたアメリカやオーストラリアの大規模資本主義的農業との競争にどう対応するかという問題である。現在日本農政の基準となっている前世紀末に制定された食料・農業・農村基本法に照らしていうと、成長産業としての農業育成ないし「農企業」の育成を促進することが急務であるということになる。まさに「産業政策」としての農政の確立である。いうまでもなく、これは半世紀以上前の農業基本法制定以来、いまだに存在し続けている「旧くて新しい」問題である。

もうひとつは、現在の基本法で強調されている「農村」の再生という課題である。我が国の農山村が、人口が社会減から自然減となった「人の空洞化」、農林地の荒廃という「土地の空洞化」、そして集落機能の脆弱化という「ムラの空洞化」によって崩壊の危機に直面しはじめてから既に久しい。この農山村の再生を巡って、現在多くの提案がなされているが、その大半は農業成長ではなく農村に居住する人々を対象とする「地域政策」ないし「社会政策」といえるものである。

そして、産業政策としての農政の目的と地域・社会政策としての農政。この両者の政策目標は、調和させるのが実に困難な関係にあり、両立はほぼ不可能なのである。具体的にいうと、TPPという「大改革」と、「小規模」「分散」「複合化」「近隣循環」からなる地元原理を基盤とする農山村再生とは、鋭い対立関係にあるからである(小田切・藤

山　終章　二〇一三年）。

いずれにせよ、高度経済成長後という成長段階における農業をどのように位置づけ、また脱成長という経済局面での「農」のあるべき姿をどう構想するのか。先に触れておいたケインズの問題提起を受けとめて、低成長しか望めない、ポスト・近代ないしポスト・資本主義時代の農業論を構築する責務を我々は背負っているのである。

このような問題意識を念頭において、本部では、前近代から近代への移行期、別の言い方では封建制から資本制への移行という歴史の大転換期を生きた二人の経済学者の農業論を再読していこうと思う。その二人とは重商主義を批判して重農主義を提唱したフランソア・ケネー（一六九四―一七七四年）と、同じく重商主義を批判し、かつ重農主義をも受け入れず自由主義政策を提唱したアダム・スミス（一七二三―一七九〇年）である。まさに我々はこれからポスト・近代、ポスト・資本主義の時代を生きていく以上、プレ・近代、プレ・資本主義が終焉していなかった近代化・資本主義化の揺藍期に書かれた経済・農業論を振りかえって、そこで「資本主義と農業」との関連がどう論じられていたかを再確認しておくことが必要なのである。

いうまでもないが、ケネーはフランスの封建制下の農業、そしてスミスは産業革命直前の農業革命期の農業を論じており、そのいずれも、小農制の日本農業とは歴史的発展の経路は異質であり、それぞれの発展段階での農業・農村の構造も全く異質である。しかし二一世紀の農業を考えるのに、非常に重要な多くの洞察を読み取ることができる、といえるのである。特に、ケネーもスミスも、現代的にいえば、産業間の経済循環ならびにそれらの相対的変化を伴う成長という視点から国民経済の動きと農業との関連を論じている。そして、グローバリゼーションが進む現代世界においても、いまだ消え失せていない一国の国民経済における農業のあるべき姿を構想することに対して、多くの示唆を与えているのである。(2)

資本主義にとっては「他人の領域」の農業

ところで、スミスの『国富論』の解読にはいる前に、筆者が農業経済学を学びはじめた頃からずっと問い続けてきた「資本主義と農業」という問題について、筆者の思いを少し記しておこう。この大きな問題に関しては、最近筆者なりに、「農業とは資本主義、特に金融資本主義にとっては、最も他人の領域に属する産業活動である」と捉えるべきであるという結論に辿りついた。このような結論を、フェルナン・ブローデルの歴史論とジョン・ヒックスの市場経済論を融合させながら、以下のように論じてきた(3)。この結論は、市場経済論理だけに基づいた農業経済論に示されている「農」の捉え方に内在している農業論の限界を明確にすることを可能にする視点をも提示してくれる。この点については、最終節で再度論じることにしよう。

ヒックスは『経済史の理論』「第七章　農業の商業化」で「市場の勃興」について、以下のように記している。「組織の一形態としての市場は、商人の、そして引き続いては金融業者の創造物であり、商品市場と金融市場とは市場制度が本来あるべき場である。」ブローデルも、資本主義の本質は状況依存性であり、「その強さの秘訣は適応と再転換の速さ」にあり、専門化とは無関係であるとしながら、金融業だけはその例外であり、それこそ資本主義にとって「自分の領分」に属するといっている（『交換のはたらき』「第四章　自らの領域における資本主義」）。資本主義とは、商品・金融を問わず、自らとは違う領域にいる経済主体が情報を不完全にしか保有しえない状況を巧みに利用して、情報仲介に専門化することでネットワークをつくり拡大させていく経済の仕組みである。まさにブローデルの資本主義の担い手は、ヒックスの市場生成の担い手と同じ存在なのである。

そして、このような資本主義にとって、モノづくりは「他人の領分」の活動であるとブローデルは指摘している（前掲書「第三章　生産あるいは他人の領分における資本主義」）。その代表といえる「産業資本主義」とも通称される工業生産においては、固定資本財への投資が必要となり、利益実現には少なくとも数年かかる。こういった工業生産は、資本主義の純粋原理からみると、利益実現までの時間が長く、かつ収益予想も不確実である。また工場での生産には、人々の組織化が不可欠であり、この組織づくりにはその社会での人間関係のあり様といった要因が強く関連してくる。こういった要因のために、金融市場は長期資金である付加資本を工業生産に十分に回すといった機能を果たしえないのである。

さらに農業は、特定の土地・自然を基盤とし、そこに歴史を築いてきた人々の社会的な関係の中で営まれる生産活動である。資本をもつ者が農地の購入によって農業生産を営む活動は、「農業資本主義」といえよう。このような資本家的農業まで含めて、そこでの資本形成の時間単位は、土地を含めた自然への働きかけが不可欠であるため、製造業に比べてもはるかに長い。また、生産が気候変動などに強く左右されるため、収益は常に不確実でリスクに満ちている。さらにその生産活動は、村落社会といった歴史的形成物に深く埋め込まれていることが多い。以上のような特質のために、農業は、資本主義にとって工業以上に「他人の領分」に属しているといえる。資本主義が、こういう農業の持続的成長に必要な長期的資本の需要に対して、期待収益が不確実であるため、付加資本を十分に提供してくれることなどありえない。まさに金融資本は、モノづくり、特に農業生産には、冷酷な存在なのである。

商人が自らの利益を追求する動機で作り出す市場は、土地や労働という生産要素の利用にはあまり適した経済取引の仕組みではない事実を、ヒックスが強調していることも指摘しておこう。「土地市場と労働市場の形成に進む場合、市場制度は比較的支配しにくい領域に浸透しつつあるか、あるいはそれを「植民地化」しつつあるのである。この領域においては、市場原理は適合しないか、適合できるとしても困難を伴う。そこに抗争が生ずることになる。」(『経済史の理論』「第七章」)続けて労働市場については、以下のように書いている。「もっとも完全に商業化した労働市場は臨時労働に対する市場であって、そこでは従者はいつ解放されるかわからないし、主人の方もいつ見限られるかわからないのである。労働市場が商品市場に似せて形成された場合にはそのようなものとなる。賃金労働者に対する市場は、必ずしもこういった性格をもっているとは限らないし、また完全にこうした性格のものであるわけもない。しかし、商業化そのものが、このような方向に市場を動かしていくのである(「第八章　労働市場」)。」「組織の一形態としての市場は、商人のそして引続いて金融業者の創造物ではあっても、農民や手工業者の創造物ではない(「第七章」)。」そして、市場が自らの管理しにくい不得意な領域である要素取引にまで浸透していくことは「植民地化」である。こうヒックスは表現している。

東畑精一の農業信用論

以上のような視点から、資本主義と農業の関連についての議論をさらに深めるために、農業への銀行の信用供与の特質を論じた東畑精一の議論（東畑　一九三一年）を紹介しておこう。「金融の世界は永久に固定したる愛児を有せず、何れの経済部門にも中立であって之れを吸引する経済的な能力と位置を有するものに向って流れて他に容易に流れず。換言すれば農業金融は夫れ自体として閉鎖され固定せる世界ではない。」以上は、若い東畑がボン大学でシュンペーターの指導を受けていた留学中に執筆した論考「農業信用の理論」中の一文である。そして、「何れの経済部門にも中立的」な金融、つまり近代的銀行の農業への生産信用供与に関して、次のように指摘していた。「現今殊に所謂旧開国一般に於ては其の国農業の発展に実に多くの困難が横たわっている。農業自体が極めて長き期間に亙って始めて一経済循環を終えること、多くの疑處危険を其の期間に合み易き農業金融の長期性が信用能力に欠くる所あるは言うを俟たず。」このように、二〇世紀はじめに日本農業が「劣位産業化」しつつあった現実を踏まえて、東畑は、すべての産業を平等に評価する中立的な」金融機関、銀行は、将来の利益率が不確実な農業への信用供与には消極的にならざるをえないのだという冷静な認識を提示していたのである。この論文には引用されていないが、東畑の信用論が、シュンペーターのいう「新結合を可能にする交換経済の監督者」である銀行家という論理を踏まえたものとなっていたことは明らかであろう。

「斯くして新生産方法を実施せんことを図る能才が次第に外界に走り去る。農村の所謂衰微とは斯かる経路をさすに他ならぬ。また農業内に於ける新方法は旧開国を捨てて漸次新開国へと走って実行せられる。」「旧開国の金融機関は斯くして将来に乏しき農業を捨てて、農業に投資すべくんば即ちこれを自国の外において行ふ。之れ即ち植民其の他に基く農業的帝国主義に外ならない。而して此の種の資本の輸出は他種の経済部門よりも常に先きである。何故ならば新開国に於ては、他種の経済部門の将来的見込みが大きくないから。斯くして農業的帝国主義（工業原料を求める帝国主義と共に）他種の夫れに先立つのである。斯かる経路の結果として考えられるものに二つあり。曰く、内地に於ける農業生産手段の流出による其の価格高騰。他に新開園、植民地より内地に流れ込む農産物に依る其の価格低下作用之れである。共に旧開国の農業を圧迫して益々農業信用能力を阻害するは明かである。」

この論考が書かれた一九二〇年代末の世界では、「旧開国」とは西欧諸国であり、「新開国」とは「西欧の分家」であった北米であった。この両者の間で、資本移動と移民とによって形成された大西洋経済圏内での一九世紀以降の貿易構造の変遷をみておこう。一九世紀には、合衆国が代表する新大陸は農業に比較優位を、そして英国が代表する西ヨーロッパは工業に比較優位をもっていた。この異質な二つの地域の間で、移民と資本移動とが組み合わさって発展した貿易とは、双方ともに生産性伸張が「輸出バイアス的」であり、相互に利益しあうものであった。さらに、英国はこの貿易によって、その狭い国土における資本と労働を「収穫逓増」産業に集中し、海外から「費用逓増」産業の生産物を購入することができた。こうして、英国の工業の比較優位は、単にその貿易の条件を形成していたにとどまらず、その貿易の産物としてますますその程度を強めていったのである。

さらに第一次大戦後になると、農業での自由放任型政策から方向転換したイギリスだけでなく他のヨーロッパ諸国でも、農業保護が農業・食料政策の基本となり、世界農産物市場で恒常的な過剰が常態化して、世界農業は再び長期不況へと突入していった。一九一〇年代には、合衆国の生産性の伸張は工業部門で急速になった。すなわち「輸入バイアス的」になった。英国およびその他西ヨーロッパ諸国では輸出市場で非常な困難に遭遇するようになり、深刻な「ドル不足」が出現した。イギリスは商品交易条件だけでなく要素交易条件でも著しく不利となった。そのためアメリカ等からの農産物の輸入を減らすために、食糧増産を実施し、その結果農産物生産は過剰になった。一九世紀後半以降の近現代の歴史においては、一九世紀の国際経済が国際分業深化の累積的過程であったのに対して、第一次世界大戦後の国際経済は国際分業解消、アウタルキーへの累積過程であったのである(4)。このような変遷に、東畑が「農業的帝国主義」という概念を使って提起していた問題点が典型的に顕在化していたといってよいであろう。

アダム・スミス『国富論』再読

以上のような金融資本による信用供与と農業との関連の推移の背後には、いうまでもなかろうが、国民経済の工業化という発展過程における農業の位置や役割の歴史的変化・変質がある。このような「国民経済の発展と農業の役割の変化」に関して、アダム・スミスは『国富論』第四編

第九章において、次のように記している。

「国内で余った土地生産物が増加を続けていけば、いずれ、土地の改良と耕作で通常の利益率を確保できる水準以上に資本が増加する。資本のうち余った部分は自然に、国内で製造業者を雇うために使われるようになる。そして国内の製造業者は、国内で仕事に使う原料と生活に必要な食料を購入できるので、技術力では劣っていても、材料や食料をはるかに遠い地域から入手する商業国の製造業者と変わらないほど安いコストで生産できるように、すぐにもなるかもしれない。」

「農業国の製品は技術力が徐々に高まるとともに安くなり、やがて自国市場以外でも売れるようになって、外国市場に進出し、商業国の製品の多くを同じように徐々に追い出すようになるだろう。農業国ではこのように土地生産物と製品の生産量が増加を続け、やがて、農業と製造業で通常の利益率を確保できる以上に資本が増加する。資本のうち余った部分は自然に、自国の土地生産物と製品のうち、国内の需要を超える部分を外国に輸出するために使われるようになる。」

この文章からも容易に想像されるように、スミスは『国富論』で国内に蓄積される資本が、農業、製造業、国内商業、そして最後に外国貿易へと投下されるのが、国民経済の発展において望ましい「資本の使い道の自然の順序」であるという議論を展開しているのである。この議論は、農業のみに地代が発生するから農業は工業よりも生産的であるといった生産的労働の定義づけの議論とともに、地代が存在するのは土地の量が有限であるからに過ぎないと、リカードやJ・S・ミルによって批判されていた。さらに多くの問題点もあり「ほとんど全面的に破産している」とまで酷評されてきたものである。しかしスミスのこの議論には、国民経済の発展過程における農業の変化・変質を考えるとき見落とすことができない多くの論点が含まれているので、この論点に絞って『国富論』を再読しておこう。

「どの社会、どの地域にも、労働の賃金と資本の利益には、業種ごとに相場になっている通常で平均的な水準がある。この相場は後に示すように、一つには社会全体の状況によって、つまり豊かか貧しいか、発展しているのか停滞しているのか衰退しているのかによって、もう一つにはそれぞれの業種の性格によって自然に決まっている（第一編第七章）。」つまり、労働の賃金、資本の利潤にはその社会の一般的事情によって規定される通常率または平均率がある。それは「社会の諸事情が必要としている適当な率」「自然率」であり、市場によって影響されるが、基本的には社会的な意味での評価によって決まるものというのがスミスの見解であった。この引用からも明らかなように、スミスの議論は、資本の自由な移動に焦点をあてており、新古典派経済学での完全競争・不完全競争論に典型化されているような価格をパラメーターとする商品市場での自由競争とは、異質の議論であった。利潤追求を動機として経済を動かす資本主義の力学と、価格変化を媒介とする商品の需給調整を担う市場経済の力学とは、やはり異質なのである。

「資本のさまざまな用途」

さて、スミスの市場経済論のエッセンスを明確に捉えておくために、「第二編第五章　資本のさまざまな用途」での以下の記述に注目しておこう。「資本のうち農業に使われる部分の比率が高いほど、国内で雇われる生産的労働の量が多くなり、社会の土地と労働による年間生産物に付け加える価値が多くなる。農業のつぎに製造業に使われる資本が、国内で雇われる生産的労働の量が多く、年間の生産物に付け加える価値が多い。輸出に使われる卸売り業の資本は、この三つのなかでは効果がもっとも少ない。」

「社会のなかでとくに尊敬される地位にある人の労働にも、家事使用人の労働と同じく、何の価値も生み出さず、具体的な物や販売できる商品の形になることがなく、労働が終わったときに、後に同じ量の労働を購入するのに使える商品を残さないものがある。たとえば、国王や、国王に仕える裁判官と軍人、陸軍と海軍の将兵の労働はすべて非生産的である。」「ある年の生産物のうち、非生産的労働者の維持に使われる部分が少ないほど、生産的労働者の維持に使われる部分が多くなり、翌年の生産物の量が多くなる。」「年間の生産物は、土地で自然にできるものを除けば、すべて生産的労働によるものだからだ。」（第二編　第三章）

あえて記す必要もないが、ここにも、マルクスにまで引き継がれた、労働を「生産的」と「非生産的」に二分するいわゆる「古典派経済学」の労働価値説が表明されている。(5)根岸が的確に整理しているように、スミスは資本＝利潤の獲得を目的として蓄積された資財によって養われる、したがってその成果が実現するまで時間のかかる労働を「生産的労働」、そして地代や利潤などの収入により養われ、利潤をうまない労働を「不生産的労働」として区別しているわけである（第二編　第三章）。

さらに第三篇第一章「豊かさへの自然な道筋」では以下のように論述している。「利益率が同じか、ほとんど変わらないのであれば、たいていの人は自分の資本の使い道として、製造業や貿易業よりも土地の改良と耕作を選ぶ。土地に資本を投じれば、貿易に資本を投じる場合よりも、事業を直接に監視し監督できるし、思わぬ出来事で資産を失うことも少ない。貿易業の場合には、風と波によって資産を失いかねない。それに、相手の人格や状況を熟知することがまずできないまま、遠くの国の商人に巨額の信用を与えるので、人間の愚かさと不誠実さというはるかに不確かな要因によっても資産を失いかねない。これに対して地主の資本は、土地改良に投じられており、世の中の性格を考えればこれ以上はないほど安全だといえる。そのうえ、農村は美しく、田舎暮らしは楽しく、心が落ちつくし（中略）多かれ少なかれひきつける魅力がある。そして、土地の耕作は人間にとって本来の仕事だったので、人類は歴史のどの段階にも、太古からの職業である農業を好む傾向をもちつづけているようだ。」

ところで『国富論』第五編第一章を読めば明らかなように、スミスも彼の同時代人の論者と同じく、豊かさの増進を、狩猟から牧畜、農業へという自然な進歩として捉え、商業の起源と発達を、農業の歴史がより高度な発展段階にはいった自然な結果だと考えていた。「こうして農業社会のあとには、商業社会の開始が可能になり、開始は定めでもあった。ちょうど農作物のあとに穀物倉が建つように。」農業を犠牲にして製造業を厚遇する税制を手段として用い、商工業の大国にしようという、フランスのコルベールの重商主義は、自然の成り行きを妨げる逸脱した試みである。また逆に、フランス農業の改革を最重要するケネーら重農主義者らは、重商主義政策を政府が主導して逆転させることを提案したものであり、これまた自然の順序を妨げる無謀な試みである。エジンバラ大学、グラスゴー大学での講義録までも詳しく検討して、国富論執筆までのスミスの生涯を描き出したニコラス・フィリップソンは『アダム・スミスとその時代』「第九章」で、このようにスミスは主張していたと論じている。この点は後に再度検討しよう。

『国富論』の第四編第二章に戻ろう。「第一に、誰でも自分の資本をできるかぎり近い場所で使おうとし、その結果、国内の労働を最大限に支える形で使おうとする。（中略）このため、利益率が同じかあまり変わらないのであれば、卸売り商人はみな自然に、国内消費用の貿易より国内取引を選び、中継ぎ貿易より国内消費用貿易を選ぶ。国内取引であれば国内消費用貿易とは違って、自分の資本が長期にわたって目の届かないところにある状態が頻繁に起こるわけではない。それに、信用を供与した取引先の性格や状況を十分に知ることができるし、だまされることがあっても、熟知している法律で救済を求めることができる。中継貿易の場合には、商人は資本をいうならば二つの外国に投じており、その一部を母国にもち帰るとはかぎらないし、みずから監視し管理する機会があるとはかぎらない。」スミスはこう記している。

商業においても、国内商業の方が優先されるべきものである。なぜなら、海外貿易とりわけ遠方との大規模貿易は非効率でありまたリスクもあるからである。このような遠隔地貿易に必然的に内在している問題点のスミスによる指摘に関連して、ジョン・ヒックスの『経済史への理論』での商人経済の議論を紹介しておこう。「もっとも単純な交換ですらそれは一種の契約である」以上、市場経済が隆盛に向かうには、財産の保護とともに契約の保護が、確立されることが必須の条件となってくる。だが商人と非商人との間では取引・交換の契約等において了解が成立しがたいが、商人的共同体が、ある社会的結合あるいは接合をすでに獲得しておれば、相互了解はそれなりに可能となり、商人仲間が合意した仲裁条項を入れることによって契約を守らせることができる。ヒックスは、このような商人的共同体の歴史的事例として、中世以来遠隔地交易の中心的担い手であったユダヤ人やパールシー教徒の商人集団をあげている。

いずれにせよ、スミスは、資本の最も効率的な使い方の選択に関して、国内取引に比べて海外との中継貿易への資本投下においては、「人間の愚かさと不誠実さというはるかに不確かな要因」によって「思わぬ出来事で資産を失う」可能性が大きいことを強調していたのである。スミスのこの指摘は現在、アドバース・セレクション、モラル・ハザードなど、情報の経済学が注目している論点そのものであったといってよい。

「自然の道筋を妨害する」経済政策

中国、古代エジプト、古代インドは、「世界の歴史のなかでとくに豊かになった国だが、それでも主に農業と手工業が発達していたことで知られている。貿易で卓越していたとは思えない。古代エジプトは海を嫌う迷信をもっていた。これに似た迷信がインドでも一般的であった。そして中国が貿易で卓越していた時期はない。これら三国では、余った生産物がつねに外国人によって輸出されていたようで、外国人の商人がこれらの国で需要のあるもの、多くの場合には金銀と交換していた（第二編 第五章）。」この歴史的事例のように、「ものごとの自然な順序に従うなら、発展を続けている社会では、資本の大部分がまず農業に向けられ、つぎに製造業に向けられ、最後に貿易に向けられる。この順序はきわめて自然なので、ある程度の領土をもつ国ならどこでも、程度の差はあってもかならずこうなるとわたしは確信している。」しかしながら、「どの社会でもある程度まではこの自然の順序に従った動きが起こっているはずだが、近代ヨーロッパのどの国でも、さまざまな面でこの順序が逆転している（第三編 第一章）」のである。

「労働の際に使われる技能や技術がかなり発達している諸国では、労働を全体的にどの方向に導くのかについて、国によって大きく違う政策をとってきた。（中略）農村の産業をとくに奨励する政策をとってきた国もあれば、都市の産業をとくに奨励する政策をとってきた国もある。どの産業も平等に扱ってきた国はまずない。（中略）これらの政策はおそらく、当初はある階層の私利と偏見によって作られたのであり、その際に、社会全体の幸福と利益にどのような影響を与えるかは考えられていなかったし、まして見通されてはいなかっただろう。しかしその後、これらの政策から経済政策に関して、大きく違う理論がいくつか生まれてきた。そのなかには、都市の産業の重要性を誇張している理論もあり、農村の産業の重要性を誇張している理論もある。これらの理論は識者の意見に大きな影響を与えているだけでなく、国王や国の政策にも大きな影響を与えている。」以上は「序論と本書の構成」に記されている文章である。

まず「都市の産業の重要性を誇張している」重商主義政策を以下のように論じている。「重商主義の政策全体を誰が考えだしたのかを突き止めるのは、そう難しくない。消費者は、自分たちの利益をまったく無視する政策を考えだすはずがないと確信できる。生産者が、自分たちの利益を注意深く配慮する政策を考えだしたと確信していい。そして生産者のなかでも、商人と製造業が立案の中心になっている。この章で論じてきた重商主義の法規では、国内製造業の利益がもっとも配慮されている。そして消費者の利益よりもさらに、大製造業以外の生産者の利益が犠牲にされている（第四編　第八章）。」

「第四編　第九章」では、次のように記している。「ルイ一四世の財政総監として有名なジャン・パティスト・コルベールは、（中略）残念なことに重商主義の偏った見方をすべて信奉していた。」「都市の産業を奨励するために農村の産業を沈滞させ、抑圧することも辞さなかった。都市の住民が食料を安く買えるようにし、（中略）穀物の輸出を全面的に禁止し、農村の産業で飛びぬけて重要な商品について、農村の住民をすべて外国市場から排除した。（中略）農業の抑制と沈滞は、フランス国内のすべての地域で多かれ少なかれみられる現象であり（中略）原因の一つは、コルベールが作った制度によって都市の産業が農村の産業より優遇されてきたことだとみられる。」

続けて「コルベールの政策で都市の産業を農村の産業より重視しすぎたのは確かだが、重農主義で逆に都市の産業を軽視しすぎたことも確かだと思える。」「農村の産業の重要性を誇張している」重農主義政策については、次のように指摘している（第四編　第九章）。

「本書第三編第一章で論じたように、どの国でも、もっとも大規模で重要な取引は、農村の住民と都市の住民との間のものである。（中略）農村の住民と都市の住民という二種類の住民の間で行われている取引は、結局のところ、ある量の土地生産物とある量の製品を交換するものである。このため、製品が高いほど、土地生産物は安くなる。どの国でも、製品価格を上昇させる要因は、土地生産物の価格を低下させる要因であり、したがって農業を抑制する要因である。（中略）また、どの国でも製造業人口の減少をもたらす要因は、土地生産物の市場のうちもっとも重要な国内市場の縮小をもたらす要因であり、農業をさらに抑制する要因である。」「したがって、さまざまな産業のなかでとくに農業を優遇し、農業を振興するために製造業と貿易を抑制する政策は、その意図とは正反対の結果をもたらし、奨励しようとしているまさにその産業を間接的に抑制することになる。この点で、重農主義はおそらく重商主義と比較してすら、一層矛盾している。重商主義は農業よりも製造業と貿易を奨励し、社会の資本の一部を、社会にとって有利な産業から不利な産業に振り向けさせる。それでも、奨励しようとしている種類の産業を実際に振興する結果となる。だが、重農主義は、奨励しようとしている種類の産業を逆に抑制する結果になるのである。(6)」

国富論執筆当時に、ヨーロッパにおける豊かさの進歩について議論で焦点となっていたのは、田舎カウントリーと都市タウンとの経済的な関係であった。当時の人々は都市が田舎から自然資源を吸い取っていると考えていたのだが、それに対してスミスは、本来の両者の関係は互恵的なもので、田舎は都市の経済が依存する生活物資や原料財の供給源であり、都市は田舎にとって産品を売る市場、そして製造品や農業への投資にも向けられる資本の供給源である、と応じた。フィリップソンはこう指摘している（第一一章）。

先に紹介したように論じた後、スミスは次のような結論を提示している。「以上から明らかなように、ある種の産業を特別に奨励し、社会の資本のうちその産業で使われる部分の比率を自然に任せた場合より高めようとするか、ある種の産業を特別に抑制し、社会の資本のうちその産業で使われる部分に比率を自然に任せた場合より低くしようとする政策はすべて、実際には、その政策の意図とは反対の結果をもたらす。こうした政策は真の富と偉大さに向けた社会の進歩を加速するのではなく、逆に妨げ、社会の土地と労働による年間生産物の真の価値を増やすのではなく、逆に減らすことになる。ある産業を優遇するとか抑制する制度をすべて完全に撤廃すれば、自然な自由という単純明快な仕組みが自然に確立する（第四編　第九章）。」

さらにスミスは以下のようにも書いている。イギリスでは、「一八世紀後半の現在、一七世紀や今世紀初めと比較して、農村の労働の賃金は製造業の賃金に近づいてきたし、農業の資本の利益率も、商工業のものに近づいてきた。この変化は、都市の産業に対する極端な優遇の結果として、きわめてゆっくりとではあるが必然的に起こることなのかもしれない。都市の産業で蓄積される資本が長年のうちにきわめて巨額になり、都市に特有の産業に投じても、以前のような利益率は確保できなくなる。（中略）そして資本が増加すれば競争が激しくなり、利益率がかならず低下する。都市の産業で利益率が低下すれば、資本は農村に向かうしかなく、そうなれば農村の労働に対する新たな需要が生れて、賃金が上昇する。（中略）ヨーロッパのどこでも、農村の大幅な発展はこのように、もともと都市で蓄積された資本が農村にあふれでたことの結果であり、この点は後に論じる。そして、後に同時に示していくが、都市から農村へというこの道筋は、いくつかの国が豊かになるとき通ったものではあるが、性格上きわめて遅く、不確かで、数々の偶然の動きによって混乱し中断する可能性があり、どのような観点からみても、自然と理性の秩序に反している（第一編　第一〇章）。」

根岸による「資本の使い方での自然の順序」解釈

「序論と本書の構成」で「役に立つ生産的な労働」をおこなう「労働者が働けるようにするために使われている資本」といっているように、『国富論』での資本とは、雇用する労働者や使用する原料に対して、労働の成果が実現する以前に、前払いとして支払う財ないし貨幣、つまり「前払資本」として捉えられていた。[7] そしてこの資本は流動資本と固定資本とに分類されている（「第二編　第一章」）。それらは生産終了後の販売によって「回収」されるものと捉えられていた。念のためこのことを再確認しておこう。

さて根岸隆は、スミスの投資の自然な順序論に関して次のようにその問題点を指摘している。資本の使用においては、年々の生産物に付加する価値の大小が投資の順序を決める、というのが、スミスの議論である。だが、産業間で労働生産性が等しくないかぎり、年々に作りだされる価値の大小と、産業毎の生産的労働の大小とは一致しなくなる。さらにスミスは、第一編の分業論であれほど重視していた労働生産性という論点を、資本の使い方の順序の議論では全く使っていない。

こう指摘した後、根岸は次のようにスミスの命題を捉え直している。分業が進むとお互いにますます他人の生産物への依存が増大するから、それらを入手できるまでの期間を支えうるだけの資本の蓄積が必要である。分業が起こると、個人の欲望は、自らの生産物だけでなく、この生産物と交換に入手する他人の労働の生産物とによって充足される。この交換は、彼自身の労働の生産物が完成するまでできないので、そのときまで彼を扶養し、また彼にその仕事の原材料や道具類を供給するのに十分な種類の財貨の蓄積、つまり「資本」が存在していなければならない彼にとって各期のはじめにおいて必要な資本の量は、分業がない場合に比べて、分業がある場合には大きくなるであろう。それはスミスが強調したように、分業の結果として作業速度が増大し、原料として使用される財の量が増大するからである。このように、スミスの分業と資本蓄積に関する理論の骨格を整理して、次のように投資の自然の順序論を論理的に正当化させている。

ある社会の資本のすべてが農業に振り向けられている産業未分化の状態では、投資はすべて農業内部でおこなわれ、農業の生産力は発展していく。やがて資本の蓄積が十分に大きくなると、製造業が農業から分離して、分業が展開していくことになる。つまり農業と製造業がそれぞれ他産業の生産物を資本として蓄積できるようになり、製造業においても投資が進んでいく。両産業間でのこのような分業の深化は、社会全体の資本蓄積によりはじめて可能となる。農業、そして製造業が地域的に分化し、特定の生産物に特化するようになると、国内商業が重要になりそれが発展するためには、資本の蓄積がさらに進まなければならない。こうして資本蓄積が進むと、国内地域間の分業が可能となり、国内商業に資本が投下されていく。そして最終段階は、国際分業の登場である。この段階での国際貿易では、スミスがいうように「国内取引ほど速く資本を回収することはめったにない」ため、各国はそれに必要な多くの資本を蓄積しなければならない(8)。

以上のように、農業、製造業、国内商業、外国貿易という投資の自然的順序は「分業は資財の蓄積の進展に応じてしか深化していかない」というスミス自身が提案した分業に関する原理により統一的に説明することが可能である。なぜスミスがそうしなかったのかは、まさに『国富論』における謎である。根岸は、こう指摘しているのである。

金融仲介機関の発展の「資本のさまざまな用途」への影響

ではなぜ、スミスも「近代ヨーロッパのどの国でも、さまざまな面でこの順序は逆転している」と記しているように、「豊かさへの自然の順序」に沿う経済発展が実現されなかったのか。これに関して根岸は、外国貿易を振興させることに努めた諸国の経済政策があったことがそのひとつの要因だろうと指摘している。この要因は、今までに紹介してきたようにスミス自身が「第四編　経済政策の考え方」の各章で議論していたことである。この要因以外に、根岸は、スミスの所論は分業するには資本が必要であるというもっぱら産業における財の生産、供給の問題にのみかかわるものであり、どのような財が需要され消費されるかという問題が捨象されていることも無関係ではないであろう、と指摘している。

どうしてヨーロッパの大半の国がスミスのいう「豊かさへの自然の道筋」から外れてしまったのか。その要因として根岸の指摘した二つの論点に加えて、本稿ではスミスの時代にはまだ本格化していなかった金融仲介機関の発達があったことに注目しておきたい。ヒックスが『経済史の理論』「第九章産業革命」で強調している、固定資本投資に必須の長期資金を調達しうる資本市場の発達という論点である。特になぜスミスが最も強調した農業へ資本が移動しなかったのかは、この問題と密接に関連しているのではないかと考えているからである。

まずスミスの金融論を再検討しておこう。(以下要約)「年間生産物のうち、土地で生産されるか、生産的労働者によって生産された直後に資本の回収にあてられる部分の比率が上昇するとともに、どの国でも金融資本と呼ばれるものが自然に増加する。所有者が自分で使う手間をかけることなく収入を確保したいと望む種類の資本は、資本全体の増加に伴って自然に増加する。言い換えれば、資本が増加するともに、利付で貸し出される資本は増加していく。」「利付で貸し出させる資本が増加すれば、金利、つまり資本の使用に対して支払わなければならない価格はかならず低下する(第二編　第四章)。」このように、イギリスで「流動資金をもっている人から借入れる」ことができる場である「銀行手形のように簡単に現金に替えられる南海会社証券やインド会社証券」といった有価証券が売買される市場(ヒックス　前掲書　第九章)が発達してきたことをスミスも的確に認識していた。

「どの国でも、信用力のある事業主にとって、一つには手形割引の利便性によって、もう一つは現金口座の利便性によって、当面の支払い用に資本の一部を現金で遊ばせておく必要がなくなれば、銀行や銀行家からそれ以上の支援を期待するのは適切だといえない。銀行家は自分の利害と安全を考えれば、そこまでの貸し出しを行っているとき、それ以上に貸し出すことはできない。」「固定資本はほとんどの場合、流動資本よりも回収に時間がかかる。そして、固定資本に投じられた資金は、とくに慎重な判断によるものであっても、ほとんどの場合、回収するまでに何年もかかり、銀行の便宜を考えたときに適切な期間をはるかに超えている。もちろん商人などの事業のかなりの部分を借り入れた資金で、適切に遂行する場合があるのは、疑う余地がない。しかし、債権者の立場を考えれば、その場合には事業主に資本が十分あって、いうならば債権者の資本に保証を与えられなければならない（第二編　第二章）。」ここでも、固定資本形成への銀行融資に基づく資本利用における将来収益のリスク・不確実性が強調されている。

さて、以上のようなスミスの議論に対して、『国富論』出版後ほぼ一世紀半後に、東畑が留学時代に師事していたシュンペーターが『経済発展の理論』（シュンペーター一九七七年）で次のように批判的なコメントを記している。

「アダム・スミスの議論を研究するならば、われわれがそこに見出す経済的真理は本質的にそのような静態的性質のものだけである（第一章）。」さらに「旧師スミス」が「資本と呼んだものはたしかに財貨そのものであって、企業者がこれを購入するために用いた貨幣ではない。しかし続いて彼は、資本が異なった財貨に分解されることを繰返しのべている。」そして『国富論』の「借手が真に欲し貸手が彼に真に供給するものは、貨幣ではなくて、その貨幣に値するものあるいはそれによって購入しうる財貨である」という文章を引用した後、「しかしこれはなにを意味するのであろうか。たしかに貨幣は消費されないで、購買のために使用される。しかしそのためにまさに貨幣が貸し付けられるのであって、「それによって実際に購入しうる財」が貸し付けられるのではない。もしそう仮定するとすれば、それはこの過程を歪曲するものである（第三章）。」

この引用からも明らかなように、スミスは、資本を先にふれた「前払資本」として捉え、異なった経済主体間で、これらの資本が相互取引されるという市場を想定していた。そこでは、貨幣を媒介とする金融市場の重要な機能という産業革命以降の現代経済の鍵が的確に理解されていない。シュンペーターはこう指摘していたわけである。さらに後に紹介する五つの「新結合」の項目には、農産物や製造品といったモノづくりに投入されるスミスのいう「生産的労働」以外の経済活動が含まれている。つまり、シュンペーターは、「生産的労働」「非生産的労働」といったスミス以来の古典派流の二分化も認めていなかったことも間違いない。

では、国富論出版後の一〇〇年強の間に、金融市場にどういう発展があったのか。[9] イギリスでは、銀行が短期資金の供給という商業銀行の伝統に沿ったものであり続けたが、その一方で先にふれておいたような民間会社が発行する証券が売買される証券市場が、スミスが想像できないくらい本格的に発達してきた。また、イギリスにくらべて後発国であったドイツでは、急速に大規模工業を発展させるために、大銀行から長期資金を企業が借り受ける間接金融型の市場が本格的に形成されてきた。ドイツの銀行は、形式的には短期だが実際には長期の当座預金信用という工夫を通じて、工業企業の経営を指導するようになった。第一次世界大戦勃発まで、ドイツ銀行の主要な活動領域は石炭採掘、鉄鋼製造、電機および一般機械、そして重化学生産であり、繊維産業、皮革産業、食料品製造業は、銀行にとって周辺的な関心事でしかなかった（ガーシェンクロン　第一章　二〇〇五年）。

さてシュンペーターは、金融市場の歴史的発展に関して次のように書いている。「たとえば過去五〇年間の世界経済の外貌を変化させたものは、貯蓄や利用可能な労働量の増加そのものではなく、その転用にほかならなかったのである。とくに人口の増加や、さらに貯蓄を生む収益源泉の増加も大部分は、そのときどきに存在する生産手段の転用によってそもそも始めて可能になった（第二章）。」「発展は、信用借りをしないことを誇りとするような類型の経済主体をやがて押し流してしまうのである（第三章）。」そして、「百年前（著者追加—一九世紀はじめ）の工場主について資本家と企業者を区別することは経済学にとっても困難に思われたのである。その後の事態の進行はたしかにこの区別の貫徹を容易にしたのであって、それはイギリスの借地制度が農業経営者と封建地主との区別を容易にしたのと同様である（第二章）。」

以上のような歴史的発展を踏まえて、シュンペーターは、新しい商品の創出、新しい生産方法の開発、新しい市場の開拓、原材料の新しい供給源の獲得、新しい組織の実現という五つの「新結合」という経済発展を実現させることに「銀行による貨幣創造」つまり信用供与が不可欠であることを強調していた。

「銀行家は単に「購買力」という商品の仲介商人であるのではなく、またこれを第一義とするものではなく、なによりもこの商品の生産者である。しかも現在ではすべての積立金や貯蓄はことごとく銀行家のもとに流れ込み、既存の購買力であれ新規に創造される購買力であれ、自由な購買力の全供給はことごとく彼のもとに集中しているのがつねで、あるから、彼はいわば私的資本家たちにとって代わり、彼らの権利を剥奪するのであって、いまや彼自身が唯一の資本家となるのである。彼は新結合を遂行しようとするものと生産手段の所有者との間に立っている。社会的経済過程が強権的命令によって導かれていない場合にのみいえることであるが、彼は本質的に発展の一つの現象である。彼は新結合の遂行を可能にし、いわば国民経済の名において新結合を遂行する全機能を与えるのである。彼は交換経済の監督者である（第二章）。」

「金融市場はつねにいわば資本主義経済の中央本部であり、ここから各部門に命令が発せられるのであって、ここで議論されここで決定されることは、つねにその最も内面的な本質において次の発展計画を確定することである。あらゆる種類の信用要求がここに現われ、あらゆる種類の経済的企図がここで始めて他のものと関連づけられ、ここで実現を競い合うことになる。かくして、将来価値の実現のための信用流通あるいは発展に対する金融は、金融市場ないし資本市場の主要機能である。発展がこの市場をつくり、この市場は発展によって生存する（第三章）。」

まさに吉川洋が指摘している通り、シュンペーターは、企業家が構想した新結合を絵に描いた餅に終わらせないために必要なファイナンスを担う経済主体として、「銀行家」というプレーヤーを重視したのである（吉川　第五章二〇〇九年）。「企業者であることは職業ではなく、通常一般には永続する状態ではない」（第二章）という文章からも、その企業者という概念は、抽象的であり理念的なものであるが、シュンペーターは、新結合を遂行する企業者と信用を供給する資本家とを明確に区別していった。そして企業家の事業が失敗した場合の危険を負担するのはもっぱら信用供与者であると捉えていたのである。

企業家は、新株発行によって新規資金を調達することも可能であったが、シュンペーターは銀行の役割を重視した。これはドイツの資本主義における大銀行の大きな役割がシュンペーターの頭の中にあったためであろう。吉川はこう指摘している。『経済発展の理論』の初版が出版されたのは、一九一二年であったことを踏まえると、先に紹介したような重化学工業化で主導的な機能を果たしたドイツの銀行のことを、シュンペーターが自らのアイディアの根拠としていたことも十分にありうることであろう。また伊東光晴は、「シュンペーターによって理念化された銀行は、産業を支配するドイツのそれではない。商業銀行に終始し、長期設備投資資金を供給しないイギリスの商業銀行でもない。まだ見ることのない、アメリカの投資銀行を理想化したのであろうか」と指摘している（伊東・根井　一九九三年）ことも付記しておこう。

我が国でも、高度経済成長期に、銀行が町工場からソニーやホンダを育て上げることに成功した。こういった事例では、日本の銀行が「新結合」の遂行を可能にするというシュンペーターのいう市場経済の「監督者」という役割を果たしたといえる。吉川はこう指摘した後、「一九八〇年代後半には銀行はバブルを生み出す立役者となり、九〇年代に入って長期不況が始ってからも建設・不動産・流通など問題を抱える企業やセクターを温存させるために「追貸し」を続けた」と続けている。

スミスの金融論

そこで再度、スミスの銀行論（第二編　第二章）をみておこう。「銀行が賢明な活動によって国の産業を振興できるのは、国内の資本を増やすことによってではなく、国内の資本のうち生産的に使われる部分を増やすことによってである。（中略）銀行が賢明な活動によって金貨と銀貨のうちかなりの部分を紙幣に置き換えれば、国の遊休資本のうちかなりの部分を生産的に使われる資本に、国にとって何かを生み出す資財に転換できる。国内に流通している金貨と銀貨は、いってみれば幹線道路のようなものである。道路は国内で生産された牧草や穀物を市場に運搬して流通させるのに使われるが、それ自体では牧草や穀物をまったく生産しない。突飛な比喩にはなるが、銀行の賢明な事業は、馬車の通る街道を空中に作り、幹線道路のうちかなりの部分を牧草地と穀物畑に転換し、労働と土地の年間生産量を大幅に増やすようなものだといえる。」

「しかしイカロスの翼のような紙幣の力で、いわば空中を飛ぶようになると、金貨と銀貨という堅固な道を歩んでいる場合とくらべて、国の商業と産業はある程度盛んになるだろうが、まったく安全だとはいえなくなることを認識しておくべきだ。銀行による紙幣の管理が未熟なことによって問題が起こりかねないうえ、銀行が紙幣をどれほど賢明に巧みに管理しつづけても避けられない問題にもぶつかりかねない。」

フィリップソンは、国富論でのこの部分の執筆に関して、スミスが、一七七二年に発生したスコットランドのエア銀行の破綻が大きく影響していたことを指摘している。イングランドの銀行制度とは異なり、スコットランドの制度では、取引の主要な媒体として紙幣や為替手形の流通に頼りきっていた。こういう中で、注文にほとんど即応する形で為替手形の割引をおこなったり、回収のあやしい債権を危険な水準まで取得したりして、取引が支払能力を超えてしまっていた。

エア銀行の破綻に関して、ディヴィッド・ヒュームが「度を越した地に足のつかない信用に歯止めがかかったことによって、人々はもっと堅実で強気にならない事業へと向かい、それと同時に商人や製造業者の間には倹約が行き渡りますから、長期的には有利にはたらいた」とスミスに伝えた。大まかにはスミスもこのような意見だったが、競争によって慎重な判断が銀行家たちの間で育まれ、競争相手の中に「悪意による取り付け」を仕掛ける動きがないか用心するようになるという理由から、『国富論』においては、イングランド・スコットランド両国で銀行の数が増えることは金融組織全体にとって有益である、と指摘していた。これは勅許を与えられた銀行が、手堅い銀行業務を放棄したせいで招いた結果であるが、これまでスコットランド経済の変貌を支えてきたのはそうした銀行であり、これからも引き続きその向上に努めることはできるはずである。というのも、スコットランド経済が目覚ましい発展を遂げたのは、一七〇七年の合同によって生まれた自由市場の体制、改良の精神、そして意欲的でありながら概して手堅い経営をする金融組織のおかげであり、金融市場は市場からの要求に応える形で、ごく当り前に発達したものであったからだ。フィリップソンは、スミスはこのように考えていたのであろうと指摘している。

いずれにせよスミスは、銀行業の必要性を認め、銀行券の流通が取引の円滑油として機能することが重要であることを歓迎していた。しかし同時に、スミスは銀行が過剰紙幣を発行することに大きな危惧を抱いていたことも明らかである。別の言い方をすれば、あらゆる手形振出しや銀行貸し付けが不健全なバブルをもたらすわけではないが、同時にそういう危険がつねに潜在していることを的確に、スミスは認識していた。佐伯敬思がいうように「健全な銀行券の流通」を「スミスは、実体的な生産と確実な利潤、そしてその結果生じる、銀行と企業の間の規則的で確かな取引に求めた」(佐伯　二〇一四年)といってよいであろう。

ケネーとスミス

ところで、スミスが批判した重農主義政策を主張したフィジオクラートの代表者であるケネーは、その代表作『経済表』で、当時のフランスの経済社会が、生産的階級(農民)、地主階級、不生産的階級(主として製造業者)の三つから成立していると捉え、次のように論じていた。農業こそが「国家とあらゆる民とのすべての富の源泉であり、さらに商業を拡大し、工業を活気づけ、富を増加し永続させるからである。この豊富なる源泉に、国の行政のあらゆる部分の成功がかかっている。」したがって重要なことは「不動産および動産の所有権は、その正当な所有者に保証されるべきこと、なぜなら所有権の安全は、社会の経済的秩序の肝心な基礎だからである。」「耕作すべき大地域を有し自国農産物の大商業を行いうる国民は、貨幣と人間の使用をあまりに製造業と賛沢品商業に広げすぎ、以て農業の労働と支出を損なうべきではない。なぜなら、何よりもまず、固には富める耕作者が数多くいなければならないからである。」

ケネーのこの議論に対して、スミスは次のように記している。「重農主義の考え方で、土地が年間に生み出す総生産物が前述の三階級にどのように分配され、非生産的階級の労働が自分の消費の価値を回収するだけで、総生産物の価値をどのような点でも高めないのはなぜなのかは、重農主義を提唱したきわめて独創的で学識豊かな著者、フランソワ・ケネーが数式の形で示している。このうち第一の数式、重要性を示すために「経済表」と名付けた表では、完全に自由な状態、したがってもっとも繁栄した状態、年間の生産物で得られる純生産物がもっとも多くなり、各階級が年間の総生産物を適切な比率で受け取れる状態で、総生産物が三階級にどのように分配されるとみられるかを示している(第四編　第九章)。」このようにスミスは、生産から分配までの生産物の取引循環をひとつの表で、分析したケネーの議論を高く評価していた(10)。だがその一方で、次のように批判もしていた。「重農主義では、土地所有者が支出する基礎経費と、農業経営者が支出する当初経費と年経費だけが生産的経費だと考えられている。とくに手工業・

製造業の労働者は、重農主義ではまったく非生産的な階級に属するとされている。その労働は、その仕事に使われた資本を回収して通常の利益が得られるだけだとされる。土地所有者と農民にとって、商工業の労働をどのような点でも抑制し制限するのが利益になることはありえない。」

フィリップソンは、『アダム・スミスとその時代』「第一一章」で「ケネーの描く図式が前提としているのは、イングランドでおこなわれているような「質の高い耕作」方式であって、フランスやヨーロッパの大半にありがちな自耕自給の農法ではない」と指摘している。この点を少し検討しておこう。スミスが『国富論』を執筆していた時代は、イギリスでは、休閑地を節約して冬季における厩舎での家畜飼育をおこなう集約的なノーホーク農法が進展し、またエンクロージャーもおこなわれ、後に農業革命ともいわれるようになる主として大規模地主からの借地による大農経営が急速に発展していた。このイギリスと比較すると、フランスでは、いまだ小規模の農業が主体で、かつまた分益小作も広範に存在していた。ケネーは『借地農論』や『穀物論』で、牛耕の二圃式農法の小規模農業が主体のフランス農業を、当時北部・北西部で芽生えていた「裕福な借地農による馬耕三圃制の大農経営」の確立によって再建することを構想していたのである。そしてこの議論において、この両者の農法での農業に関して、その収益やコストに関する数値例を検討している。

さらに当時のフランス王国では、国民に人頭税、飲料税、通過税等々複雑で多様な税が賦課されていた。同時に徴税請負制度が採用され、請負業者の私服を肥やす徴税もおこなわれていた。さらに農民には、徭役も課されていた。この点に関してケネーは、これらの税を全廃して、所有地の評価額に比例した課税だけにする単一課税を提案していた。『租税論』で、地主階級の収入は「国民の真実の富であり、主権者の富、臣民の富、国家の需要を満たす富、したがって国家の統治ならびに国防に必要な支出のために賦課させる税を納付する富」であるので、それにこそ課税すべきである。一方土地の耕作に充てられる農業者の富に課税しではならない。これがケネーの「土地からの純所得＝純地代に対する単一課税」論であった。ケネーは、イギリスで発達していたような農業がフランスで発達していないのは、当時の絶対王政が農民に恣意的な重い課税を課し、またコルベールの重商主義政策によって穀物の取引が強く規制されていたからだと考えており、フランス農業の発達には重商主義政策の撤廃と土地単一課税が必要だと主張していたのである。

シュンペーターは、『経済分析の歴史』で、ケネーの農業論について以下のように解説している。「ケネーの農業計画はかれの場合にはほとんど経済政策の全体に等しいものであるが、これは比較的大規模な農業経営の必要と結びつけられていた。すなわちカンティヨンと同様、彼もまた、当時のあらゆる技術的ならびに商業的機会を完全に掌握しており、聡明で活動力に富む農業階級の企業を中心とするか、またはこれによって推進されているような農業の世界のみを考慮したのであって、それ以外のいかなるものも真面目にとり上げなかった。かれはそのような聡明な自営農を、自分の土地を持つ所有者としては考えず、むしろ土地所有者から長期にわたって広大な用地―開墾されて建物もついているもの―を借り、自分の思うままに活動して、地主のあらゆる干渉からは解放されている者として考えていた。共有地は当然解放されて他の土地と同じく個々人に割り当てられるべきであり、封建的権利義務―とりわけ農地において狩猟する権利―のごときは当然廃止されるべく、また生産物の処分を妨げる内国税ないし対外関税、ならびに人間の努力を挫くような租税もまた廃止されるべきであるとされた（これが地主によって支払われるべき単一税を主張する実際的な理由の一つであった）。さらに田園は、いわば分解されて繁栄する農企業の集団となるべきであり、それぞれの農企業は自分自身の工夫に任され、高い価格で売却し、自力で精力的にせわしく働き、国民経済の全体を活気づけるべきであるとされた。」要約的にいうと、このような仮想された農業社会を、自然法によって生まれるはずの理想社会の姿として構想していたのである。

フィリップソンが指摘しているように、ケネーは単一税の確立という大手術さえおこなえば、フランスの土地所有者を効率のよい農業改良者たちの階級に変身させることができると考えていた。しかし「スミスにとっては経済学に対するケネーの取り組み方は、あまりにも思弁的で歴史に無関心すぎるほか、フランスに起こったことやフランス王政の行く末に対して今持ち上がっている懸念に直結した話になりすぎて、現実味をもった経済発展の一般理論の基礎とはなっていなかったのである。」

だが、このような農業重視のフィジオクラットの議論が当時のフランスでは十分に受け入れられる状況にあった。この点についてシュンペーターは以下のように記述している。「第一、農業技術の革命が農業問題に斬新な現実性を与えるところとなった。それはフランス全体においてはイギリスにおける程度には達しなかったが、しかしパリにおいてはロンドンにおけるとまったく同じ程度に多くの応接間の話題となった。第二、人間の自然権が、社会の栄光化された原始状態と非論理的にも結びつき、さらの後者がこれらに劣らず非論理的にも農業という職業と結びつき、その結果、確かにケネーの真面目な教義とは関係がないにもかかわらずケネーの進路を助けたような、応接間の人気が、農業に対して湧き立つようになった。」

ところでスミスは、ケネーについて以下のような実に興味深い指摘を記している。「ケネーは医者であり、医学理論に詳しいので、社会についても人体についてと同じように考えて、完全な自由と完全な正義という厳格な規則にしたがわなければ繁栄しないと思ったようだ。ケネーは考慮しなかったようだが、社会の場合には、各人が自分の生活をもっとよくするために努力しつづける自然な動きが健全性を維持する仕組みになっていて、ある程度偏っていて抑圧的でもある経済政策の悪影響を多くの点で防ぐか是正できる。（中略）完全な自由と完全な正義が確立していないかぎり国が繁栄できないのであれば、世界には繁栄できた国は一つもなかったはずである。だが社会の場合には幸い、自然の英知によって、人間の愚行と不正義が及ぼす悪影響を是正する力が十分にある。人体の場合に怠惰で不節制な生活をしていても、その悪影響が是正されるように（第四編　第九章）。」フィリップソンは前掲書「第一〇章」で、ケネーは循環的な流通の仕組みが数学的に法則に従って動くと主張したが、スミスは価格や価値の問題は「駆け引きや交渉」によって動くのであり、数学的な必然性はないと考えていたと記している。ケネーとスミス、この二人の経済政策論に、フランスとイギリスとの間での思想の差異が現れているといってよいのではなかろうか[11]。

ケネーは『経済表』で次のように記している。「封建政治は、かつてこの土地所有権を領主の武力の根底とみたが、しかしただ土地の所有権についてしか考えなかった。そのために、不動産の相続の順序について慣習と奇妙な法律がたくさんでき、君主政体において起った幾多の変動にもかかわらず、いまだ存続している。これにひきかえ、不動産を利用しうる唯一のものである耕作に必要な動産の保全については、ほとんど注意が払われなかった。」フィリップソンもスミスの思想について以下の点を強調している。スミスにとって、豊かさの進歩の遅れや、事物の本体の順序が逆になっていることの根本原因は、封建制だった。封建制の下で土地所有者は地所の改良よりも拡大へと走り、借地人は従属の状態、それどころか隷従の状態さえ余儀なくされた。この土地所有こそ、スミスの認識においてもっとも非生産的な労働形態とされるものである。そのうえ、『国富論』「第五編」の課税論などに記されているように、封建制は長子相続によって、また土地保有権や限嗣不動産権といった、経済的効率に反するばかりか、同じくらいの人々のもつ自然な道理の感覚にも反する制度によって、人為的に維持されてきた体制だった。スミスは、当時のイギリスの土地保有制度は、商業と改良の時代における「社会の産物」と名付けたものとは根本的に相容れない、封建制の原理に基づいていると捉えていた。また、長子相続や限嗣相続、遺言に基づく相続といった相続関連の法律の基本条項は、市場経済の働きを促進するというより、貴族の力の永続化に関与しているとも考えていたのである。(12)

いずれにせよ、ケネーの思想の根幹にあるのは、「自然法による支配」すなわち本来あるべき社会や個人の自由な姿を追い求める自然法の思想である。「人間の恣意、規則、強制」を廃して、神によって与えられた自然的秩序の上に統治システムを構築すべきである。こういう考えであった。

人間の恣意や強制とは、コルベールティズム（重商主義）を指し、自然法を背景とする人間的な自由の確立が必要だと主張する。具体的にいえば、私有財産権と自由競争の原理である。人間は労働によって自己保存に有用なものを獲得し、それを保有する権利をもつ。また一切のものを自由に放任し、個人に自由な活動の場を与えることを主張する。ケネーを代表者とする、当時「エコノミスト」と呼ばれていたフランスの経済政治学者の小集団フィジオクラートの標語は、「個々人の利益は公共の利益の僕である」つまり「レッセ・フェール」であったのだ。フランスとイギリスという思想の無視しがたい差異があるものの、スミスの「（神の）見えざる手」という表現にも引き継がれる「自由放任主義」の主張である。ケネー、スミス双方に共通していた自然法の思想こそ「封建社会」から、「資本主義社会」への扉を開く基盤となったものであったといえよう。ただしシュンペーターが指摘しているように、二人の思想には無視できない差異もあった。ケネーは競争社会における各個人の利益の一般的な両立性、さらには階級利益の普遍的な調和さえ主張していたのに対して、スミスは社会階級間の対立を鋭く意識していたのである(13)。

二一世紀のおける国民経済のあるべき姿

本稿の書き出しにも触れておいたことだが、純粋経済学的視点からの農業論を超えて「農」を捉える手掛りを、ケネーとスミスの記述から少し拾い出しておこう。

　重農主義者ケネーは、当時のフランスでの重商主義政策の農業への影響を『穀物論』で、次のように記している。「製造費や手間賃を安くする目的で、わが国の小麦の価格は引き下げられた。人間と富が都市に集積された。わが国の産業でもっとも豊かで貴重な部門である農業をわが国の富の本源としては来なかった。農業は農業者と農業労働者の利害にしか関係のないものと思われ、彼らの仕事の範囲を農産物の購入によって耕作の支出を支払うところの国民の生活資料にのみ限った。そして人々は工業を基礎とする商業こそ、王国の金銀を搬入するはずだと考えた。ブドウの栽培が禁止され、クワの栽培が奨励され、農産物の販売は停止命令を受けた。土地の所得が減らされて、わが国本来の産業にとって有害な工業が奨励された。」

　またスミスも高く評価していた代表作『経済表』では、以下のように農民と農業に関して記している。「富める農夫と農産物取引に従事する富める商人こそは、農業を活気づけるものであり、遂行させ、命令し、統治し、独立的であり、国民の収入を保証するものであり、出生・品格・学問に秀でた地主に次いで、最も実直な、最も賞賛すべきかつ最も重要なる階級を形づくるものである。」「財産を獲得すべきあらゆる方法のうち、農業よりもよりよい、より豊富な、より愉快な、より人に適する、より自由な人に一層値するものはほとんどない。（中略）なぜなら、土地の耕作は、人の生活および神の尊崇のために望みうるあらゆるものを生産するからである。」神谷が指摘していたように「重農主義と訳されているフィジオ・クラシーとは、デモクラシーが「人民のための、人民による政治」なら「自然のための、自然による支配」ということになろう（神谷第四章　一九七八年）。

　ケネーの重農主義を批判したスミスも、農業・農民に関して興味深い指摘を多く記している。「ヨーロッパのどこでも、都市の産業が農村の産業より優位にあるのは、同業組合と同業組合法のためだけではない。他のさまざまな法規によっても、有利になっている。外国製の工業製品と外国の商人が持ち込むすべての商品に対する高率の関税も、都市の産業の優位を支えている。同業組合法があるので、都市の住民は価格を引き上げても、自国内の住民が自由に競争してもっと安く売るのではないかと心配する必要がない。高関税が課されているので、外国人について同じ心配をする必要がない。これらによる価格の上昇はどこでも、最終的に農村の地主、農業経営者、労働者の負担になるが、農村の住民がこのような独占体制の確立に反対することはめったにない。農村の住民は一般に団結しようとはしないし、団結に適してもいない。そして商工業者は声が大きく、弁がたつので、社会のなかの一部、それも劣った部分の私利に過ぎないものを、社会全体の利益なのだと簡単に言いくるめてしまう（第一編　第一〇章）。」まさにこれは、経済政策決定の政治経済学的記述である。そしてこの一文にも、なぜ「豊かさへの自然の道筋」を歪める重商主義政策が採用されたのかについてのスミスの見解が表明されている。

西欧の歴史を踏まえて、国の豊かさの最も重要な条件としての農業の重要性が次のように指摘されている。「戦争や政治によるごく普通の変化でも、商業だけに依存する富の源泉は簡単に枯渇する。農業の進歩というもっと着実な基盤があれば富ははるかに長続きする。西ヨーロッパでローマ帝国滅亡の前後に続いたように、敵対的で野蛮な民族が一世紀にもわたって略奪を続けるといったはるかに激烈な変動がないかぎり、破壊されることはない（第三編　第四章）。」

さらに、このように歪められた農業生産に従事する農民については、以下のような重要で興味深いスミスの認識が書きとめられている。「農村の住民は広範囲に散らばって住んでいるので、簡単には団結できない。同業組合が作られた例はないし、組合の精神がいきわたってもいない。農業は農村で最大の産業だが、農業経営の資格を得るために徒弟修業が必要だとされたことはない。しかし、芸術と専門職の仕事を除けば、農業ほど多様な知識と経験が必要な職業はおそらくないだろう。」「農作業全体の指揮をとる農業経営はもちろんだが、農村労働力のうちもっとも下級の職種でも、手工業の大部分よりはるかに熟練と経験を必要とする。真鍮や鉄を加工する仕事であれば、仕事に使う機器や材料はいつもほとんど性質が変わらない。しかし、馬や牛を何頭か使って畑を耕す場合には、牛馬の健康状態、体力、気分がそのときどきで大きく違っている。畑の状態も牛馬の状態と変わらないほど変化し、どちらについてもかなりの判断力が必要になる。一般に農業労働者といえば愚鈍と無知の典型のように思われてきたが、この判断力が欠けていることはめったにない[14]（第一編　第一〇章）。」

農村の豊かさが次のように記されている。「地主の資本は、土地改良に投じられており、世の中の性格を考えればこれ以上はないほど安全だといえる。そのうえ、農村は美しく、田舎暮らしは楽しく、心が落ちつくし（中略）、多かれ少なかれひきつける魅力がある。そして、土地の耕作は人間にとって本来の仕事だったので、人類は歴史のどの段階にも、太古からの職業である農業を好む傾向をもちつづけているようだ[15]（第三編　第一章）。」

以上のような、ケネーやスミスの記述から何を読み取るべきか。それらはフランスやイギリスの産業革命期前後の農業に関するものであり、借地大農業とは歴史的に農業類型が違う我が国には余り関係がないという見方もあろう。しかしこういった類型差を超えた読み方も可能であろう。労働とは特定の場所・土地と結びついた、しかも特定の技能やら特定の作用やらと切り離せない人間の活動である。とくに農業労働は、その地の生態系や長い歴史時間に錨をおろすものである以上、どこにでも移動可能な労働ではない。こういった重要な事実を読み取るべきであろう。筆者はこう考えているところである。

ケネーを代表者とする重農主義思想の現代的意義に関して、神谷が次のように指摘していたことも付記しておこう。ケネーの経済学も重要であるが、それ以上に人間は自然の支配に従順にしたがうべきという重農主義思想の根幹こそに、改めて我々は注意を払うべきである。そして二宮尊徳の『二宮翁夜話』に記されている、水車は半分は水にしたがい、半分は空中にあって水の流れとは逆に動くという「水車のごとし」説話を引用して、次のように締め括っている。「人間は自然にしたがって農業をやるが、半分は水に逆らう。これによって水車は動く。人間と自然とは、水車のように働きかけ、働きかけられて調和しながら動いているというわけです（神谷　前掲書）。」

いずれにせよ、二一世紀世界での国民経済のあるべき姿を構想するとき、自らにとっては苦手な存在であるがゆえに、農業を殺そうとする金融資本が中核の担い手となっている世界経済統治レジームを改革することも、必須の政策的課題になっているはずである。さらに経済理論の問題としても、金融市場の仲介者・形成者としての「交換経済の監督者」というシュンペーター信用論が軽視していた、農地改良・保全を含んだ固定資本形成に必然的な将来収益の不確実性に対処しうるような金融制度を再構想することが必要であろう。

このことと関連して、グローバル資本主義と農業の関連についてのケインズの鋭い指摘も是非紹介しておきたい。「戦後我々が手にしている退廃的な国際的かつ個人的な資本主義は成功していない。それは知的ではなく、美的ではなく、公正ではなく、有徳ではない。（中略）金融的計算という原則に従うことによって、我々は、田舎の美しさを破壊し、星や太陽を遮り、ロンドンを芸術の都にすることに失敗したのである。さらに我々は、一ペニーでも安くパンを手にするためならば、土地を貧しくし、農業に伴った数百年にもわたる人間の慣習を破壊することが道徳にかなったことだとさえ考えてきたのである。」（「国家的自給」）「この国に農業を維持する余地がないという人は、余地という言葉の意味を勘違いしている。芸術や農業、発明や伝統を維持する余地のない国は、人々が生活する余地のない国である。」（「関税に対する賛否両論」）グレゴリー・クラークの推計によると、英国における国民所得に占める地代の割合は、一七五〇年には七五％を占め、その中で農地地代の比率が決定的に大きかった。しかし、一九五〇年代には、農地地代の比率は、ゼロ近くまで低下しており、また一九五〇～二〇〇〇年には都市の地代比率もほぼ五％程度となっている（クラーク 図一〇・三 二〇〇九年）。農地が国民経済に占める割合がほぼゼロということは、市場経済的価値からみれば農業の国民経済への貢献度はほぼなくなったことを含意している。このような時代になっても、ケインズは農業の非市場的価値は決してなくなったわけではないことを強調していたのである。

ケインズのこの議論は、アダム・スミスの農業論とも親和的なものである。このようにスミスやケインズが強調していた、資本主義によって破壊されかねない非経済的価値を、改めて見直すべきであろう。そして我々も、自らの農業が辿ってきた歴史を冷静に見直し、かつ世界経済のあるべきガバナンスの仕組みを構想しながら、農業の再生戦略を考えていかなければならないのではなかろうか。

補論――柳田國男の「市場ノ拡張ノ普通ノ順序」論

現在日本における民俗学の創設者として知られている柳田國男は、実は一九〇〇年に大学を卒業した後、農商務省に、ほんの短い間であったが勤務した農政官僚であった。そして驚くべきことだが、入省からほぼ一〇年間に、現在もなお、その示唆が色あせていない多くの農政に関する論考を書いていた。その一つ、中央大学での講義録『農業政策』がある。この中で、柳田は国内の市場取引の仕組みの発達に関して、下記のような非常に興味深い独自の歴史論を提示していた。「市場ノ拡張ニ付テハ別ニ述ブベキモ、大体一ノ小渓谷ト隣ノ渓谷トノ有無相通ヨリ進ミテ府県ノ如キ一地域内ノ自由ナル交易トナリ、次ニハ境ヲ越エテ中央ニ集リ更ニ又各地方間ノ相互補完トナリ、最後ニ至リテ国際間ノ輸送ナルモノガ起ル。是レ市場ノ拡張ノ普通ノ順序ナリ。」西欧の政治経済に関する書物を多く読んでいた柳田であるが、残念ながらスミスの『国富論』を読んでいたかどうか、確認できないようである。しかし、この短い文章に現れている市場拡張の順序論は、スミスの「豊かさへの自然の順序」論とも、その考え方と通底するものがあるのではなかろうか。そこでこのことを明らかにするためにも、もう少し柳田の議論を紹介しておこう。

この「市場拡張ノ普通ノ順序」という議論で柳田は、実は次のことを主張していたのである（藤井　一九九五年、佐藤　二〇〇四年）。明治以降、我が日本ではこうした「普通ノ順序」が踏まれずに、東京、大阪などに大市場あるいは中央市場が急速に形成された一方で、全国各地に存在していた無数の小市場は消滅してしまった。そのために、複雑奇怪な流通機構と割高の流通コスト、つまり商人の過剰と流通マージンの異常な高さが生まれたばかりではなく、大都市圏の商人資本が全国津々浦々の農村を支配し、ひいてはそれらを疲弊させることになったという議論である。柳田にとっては、「市場組織ノ改良」とは、最も地理的範域の狭い「小市場」の回復であり、遠地取引の抑制であった。具体的には、農民自身による商業活動を再開することであり、そのためには「生産者ト消費者トヲ相接近」させるような交通網が必要である。要するに、大商人を少しでも排して産業組合を拠点とすることで、地域主義的な観点から日本経済の市場構造を再構築していこうという提案であった。地方を重視しその基盤の上に製造業と外国貿易を、次第に市場の規模を広げながら積み重ねることでできあがる、分権的で複合的な経済構造こそが、健全な経済社会である。これが柳田の市場論のポイントであったに違いなく、柳田は現代流にいうと地域主義者であった。中農養成と一体になった地方工業育成、中農と地方工業を核とした地域経済圏、地方経済圏の連合体としての日本経済の構築を志向していたわけである。何より柳田にとっては、顔見知りの範囲内での具体的生活の中で感覚や体験を共有しながら、円滑なコミュニケーションをおこない相互信頼観を醸成できる場である小市場が重要であった。柳田は、このような人々の間での社交の積み重ねで形成される地域社会に、家と国家を繋ぐものとして強い期待を抱いていたのである。(16) 柳田の「市場拡張ノ普通ノ順序」論の骨子が、スミスの「豊かさへの自然な道筋」論とほぼ完全に重なりあっていることは、誰も否定できないであろう。そして、われわれは今こそ、スミスや柳田が提示してくれた「豊かさへの道筋」論の含意を真剣に再評価すべきであろう。

注

(1) デレック・ボック（二〇一一年）を参照のこと。

(2) 祖田（二〇一三年）も参照のこと。

(3) この詳細は、原（第一章　二〇一三年）を参照のこと。

(4) 詳細は前掲拙著『「農」をどう捉えるか』「序」を参照のこと。

(5) この区分は、労働への支払い賃金だけが生産費を構成する要素であり、土地への支払いである地代は、生産費を構成する要素ではないといった見解を生むことになった。この問題については、拙著（原　第Ⅱ三　二〇〇六年）を参照のこと。

(6) この議論は、大川一司らの農工二部門経済成長モデルの基本的問題意識そのものである。大川一司（一九六二年）を参照。

(7) シュンペーターは、「国富論」第一編第八章の労働需要は「賃金支払に当たられるべき基金の増加に比例する以上には増加しえないのは明瞭である」という文章を引いて、スミスはこの前払い賃金という「賃金基金論」をケネーから引き継いでいたと指摘している（シュンペーター　第二編　第五章　二〇〇五年）。

(8) シュンペーターは、スミスの議論が「一九世紀の、農業における収穫逓減、工業における収穫逓増の学説の先駆となった」と指摘している（シュンペーター　第二編第三章　二〇〇五年）。

(9) イギリスでは、一九世紀に個人の富の源泉は土地所有からコンソル債のような長期の国債という金融資産に劇的に転換し、ケインズのいう「金利性格者」階層が生み出された。

(10) 神谷慶治は、重農主義者ケネーと古典学派スミスとの関係について、次のように指摘している。ケネーとスミスとは、「ちょうどニュートンとライプニッツのどちらが微分・積分を発見したかというのと似た関係です。経済学の流れには、スミス、リカード、マーシャル、そしてケインズという見方もありますが、いっぽう、現代の経済学者レオンティーフやサミュエルソンの源流をたどると、むしろスミスは消え、ケネーが浮かび上がってきます（神谷　第四章　一九七八年）。」

(11) イギリス人とフランス人との思考の差異に関して、スミスの盟友であったヒュームのフランス重農主義者への興味ふかい批判については、フィリップソン第一一章を参照のこと。

(12) この点は、ピケティが『二一世紀の資本』で、フランスやイギリスの富の分配に関して重要視している「家産制的（世襲型）中間階層」の歴史を考えるに際して、重要な示唆を与えてくれよう（ピケティ　第三章　二〇一四年）。

(13) 太田（二〇〇五年）、越村（一九七四年）も参照のこと。

(14) スミスが次のような興味深い論点を指摘していることを付記しておこう。「労働の報酬が高いと、人口の増加を促すことになるが、同時に庶民が勤勉になる。労働の賃金は勤勉さを刺激するものであり、人間の資質はすべてそうだが、勤勉さも刺激の程度に応じて向上する（第一編　第八章）。」

(15) スミスは、「第四編第五章」の「穀物取引と穀物法に関する余論」で、穀物市場への凶作への対策としての取引制限といった政策や、穀物輸出奨励金政策が農業への資本の使用に対して大きな歪みを結果させるという興味深い議論を展開していることも付記しておこう。

(16) 柳田の農政学については、拙著(原　二〇〇六年)を参照されたい。

参照文献

邦語文献

伊東光晴・根井雅弘『シュンペーター　孤高の経済学者』岩波新書　一九九三年。

大川一司「均衡成長と農業・食糧問題」『日本経済分析・成長と構造　増補版』春秋社　一九六二年。

大田一貫「フランソア・ケネー――再生産の秩序と秩序の再生産」坂本達哉責任編集『経済思想③黎明期の経済学』日本評論社　二〇〇五年。

小田切・藤山浩編著『地域再生のフロンティア――中国山地から始まるこの国の新しいかたち』農林漁村文化協会　二〇一三年。

神谷慶治『現代農業本論』東京農業大学　一九七八年。

越村信三郎『ケネー経済表研究』東洋経済新報社　一九四七年。

佐伯敬思『幻想のグローバル資本主義　上アダム・スミスの誤算』中公文庫　二〇一四年。

佐藤光「農政学」『柳田國男の政治経済学』世界思想社　二〇〇四年。

祖田修『近代農業思想史　二一世紀の農業のために』岩波書店　二〇一三年。

東畑精一「農業信用の理論」『横井時敬先生追悼論文集』一九三一年。

原洋之介『「農」をどう捉えるか―市場原理主義と農業経済原論』書籍工房早山　二〇〇六年。

『アジアの「農」日本の「農」――グローバル資本主義と比較農業論』書籍工房早山　二〇一三年。

藤井隆至『柳田國男　経世済民の学―経済・倫理・教育』名古屋大学出版会　一九九五年。

吉川洋『いまこそ、ケインズとシュンペーターに学ぶ――有効需要とイノベーションの経済学』ダイヤモンド社　二〇〇九年。

柳田國男『農業政策』中央大学講義録『柳田國男全集三〇』ちくま文庫　一九九一年。

翻訳

アダム・スミス『国富論　国の豊かさの本質と原因についての研究　上・下』山岡洋一訳　日本経済新聞出版社　二〇〇七年。

ガーシェンクロン、アレクサンダー　絵所秀紀／雨宮昭彦／峯陽一／鈴木義一訳『後発工業国の経済史――キャッチアップ型工業化論――』ミネルヴァ書房　二〇〇五年。

クラーク、グレゴリー『一〇万年の世界経済史』久保恵美子訳　日経BP社　二〇〇九年。

ケネー、フランソア『ケネー『経済表』以前の諸論稿』坂田太郎訳　春秋社　一九五〇年。

ケインズ、J．M．「孫の世代の経済的可能性」『ケインズ説得論集』山岡洋一訳　日本経済新聞社　二〇一〇年。

「国家的自給」「関税に対する賛否両論」『デフレ不況をいかに克服するか　ケインズ一九三〇年代評論集』松川周二編訳　文春学藝ライブラリー　二〇一三年。

シュンペーター、J．A．『経済発展の理論　企業者利潤・資本・信用・利子および景気の回転に関する一研究　上・下』塩野谷祐一・中山伊知郎・東畑精一訳　岩波文庫　一九七七年。

シュンペーター、J．A．『経済分析の歴史　上』東畑精一・福岡正夫訳　岩波書店　二〇〇五年。

デレック・ボック『幸福の研究』土屋他訳　東洋経済新報社　二〇一一年。

ジョン・ヒックス『経済史の理論』新保博・渡辺文夫訳　講談社学術文庫　一九九五年。

フィリップソン、ニコラス『アダム・スミスとその時代』永井大輔訳　白水社　二〇一四年。

フェルナン・ブローデル『物質文明・経済・資本主義　一五―一八世紀　交換のはたらき』山本淳一訳　みすず書房　一九八六年。

ピケティ、トマ『二一世紀の資本』山形浩之他訳　みすず書房　二〇一四年。

あとがき

本書の第一部「比較アジア経済論を求めて」の末尾に、原先生は「日本が直面している難問を克服する政策体系とそれを支える政策理念の確立こそが、我が孫たち世代に対して、我々世代が背負っている責務であるはずです。そして、それは日本の将来世代だけでなく、アジア諸国にとっても、重要な教訓を与えるものとならなければなりません。これこそが、『世界の中での課題解決型先進国』としての日本の課された最大の課題だといえるのではないでしょうか。」と結ばれています。

一九九〇年代以降、日本の長期停滞が起きた中で生じる様々な政策課題に対して、原先生は、その解決策を示せていない「我々の世代」の一人として、もどかしく思われていたと推察されます。そのような思いを胸に、難題への対処を決して諦めることなく、考え続けられた研究人生であったものと思います。第三部「二一世紀のアジア経済をどう捉えるか」において、来るべきデジタル社会の姿について捉えようとするなど新しい課題にも常に目を向け、その問題意識と知的探求心は晩年も涸れることはありませんでした。その学びと研究への姿勢、経済や歴史についての広い見識、そして、愛嬌溢れる温かい人柄が多くの人を魅了し、愛された研究者でした。

本書は、原先生の急逝後に、その研究業績を形として残したいとの思いから、政策研究大学院大学の関係者を中心に、原先生の晩年の仕事を書籍として纏めたものです。アジア経済論、日本の農政、アダム・スミスとバラエティーに富んだ内容となりましたが、その多様な仕事それぞれが繋がり合い、原先生の独自の視点を生み出してきたものと考えます。一つの対象に留まらなかった原洋之介の研究について、本書を機会に関心を持たれた読者、特に若い世代の方が、原先生の他の書籍を手に取るきっかけとなるようであれば、本書を編纂したものとして望外の喜びです。

最後に、本書の刊行を受けていただいた書籍工房早山の早山隆邦様に御礼申し上げます。早山様は原先生の多くの書籍発刊を携われ、一九八〇年代に一緒に研究会を開催されるなど原先生を大変よく知る方です。原先生が記された最後の書籍発刊を早山様が担われたことを、原先生は喜ばれているのではと思う次第です。

二〇二一年三月

故原洋之介先生追悼企画発起人一同

原洋之介（はら ようのすけ）先生の略歴

1944年　兵庫県生まれ
1972年　東京大学大学院農学研究科博士課程修了
1972年　東京大学東洋文化研究所助手
1976年　農学博士
1986年　東京大学東洋文化研究所教授
2006年　政策研究大学院大学教授
2017年　政策研究大学院大学政策研究院シニア・フェロー/参与
2019年　政策研究大学院大学名誉教授
2021年　４月３日　永眠

専攻　経済発展論、アジア経済論、農業経済論

〈主著作〉

『クリフォード・ギアツの経済学』（リブロ・ポート、1985年、1986年度発展途上国研究奨励賞受賞）『東南アジアからの知的冒険』（編著、リブロポート、1986年）『東南アジア諸国の経済発展』（東京大学東洋文化研究所、1994年、第12回大平正芳記念賞受賞）『アジア・ダイナミズム』（NTT出版、1996年）『エリア・エコノミックス』（NTT出版、1999年）『アジア型経済システム』（中央公論新社、2000年）『現代アジア経済論』（岩波書店、2001年）『開発経済論　第２版』（岩波書店、2002年）『新東亜論』（NTT出版、2002年）『東アジア経済戦略』（NTT出版、2005年）『「農」をどう捉えるか』（書籍工房早山、2006年）『北の大地・南の列島の「農」』（書籍工房早山、2007年）『アジアの「農」日本の「農」』（書籍工房早山、2013年）他。

比較アジア経済論を求めて

2022年３月30日　初版第一刷発行

著者　原洋之介
編者　故原洋之介先生追悼企画発起人一同
発行者　早山隆邦
発行所　有限会社 書籍工房早山
〒101-0025 東京都千代田区神田佐久間町2-3　秋葉原井上ビル602号
電話　090(8323)8564
FAX　03(3722)3693
印刷・製本　モリモト印刷株式会社

ISBN 978-4-904701-60-7　C0033